BALLETS RUSSES ET BALLETS SUÉDOIS
LA MUSIQUE À LA CROISÉE DES ARTS, 1917-1924

Derniers titres parus dans la collection

Solenn HELLÉGOUARCH, *Musique, cinéma, processus créateur : Norman McLaren et Maurice Blackburn, David Cronenberg et Howard Shore*, 2020, 296 pages.

Jean-Jacques NATTIEZ, *Fidélité et infidélité dans les mises en scène d'opéra*, 2019, 320 pages.

Hector BERLIOZ, *Mémoires d'Hector Berlioz de 1803 à 1865, et ses voyages en Italie, en Allemagne, en Russie et en Angleterre, écrits par lui-même*, texte établi, présenté et annoté par Peter BLOOM, 2019, 920 pages.

De la Libération au Domaine musical : dix ans de musique en France (1944-1954), sous la direction de Laurent FENEYROU et Alain POIRIER, 2019, 576 pages.

Federico LAZZARO, *Écoles de Paris en musique, 1920-1950 : identités, nationalisme, cosmopolitisme*, 2018, 436 pages.

Pauline GIRARD, *Léo Delibes : itinéraire d'un musicien des Bouffes-Parisiens à l'Institut*, 2018, 432 pages.

Maurice EMMANUEL, *Lettres choisies, 1880-1938*, rassemblées, présentées et annotées par Christophe CORBIER, 2017, 632 pages.

Jules MASSENET, *Mes souvenirs et autres écrits*, textes rassemblés, présentés et annotés par Jean-Christophe Branger, 2017, 360 pages.

Violaine ANGER, *Berlioz et la scène : penser le fait théâtral*, 2016, 304 pages.

Regards sur le Dictionnaire de musique de Rousseau : des Lumières au Romantisme, sous la direction d'Emmanuel REIBEL, 2016, 290 pages.

En format poche

Jerrold LEVINSON, *L'expérience musicale : appréciation, expression, émotion*, textes réunis, traduits et introduits par Clément CANONNE et Pierre SAINT-GERMIER, 2020, 360 pages.

Jerrold LEVINSON, *Essais de philosophie*, textes réunis, traduits et introduits par Clément CANONNE et Pierre SAINT-GERMIER, 2015, 288 pages.

Simha AROM et Denis-Constant MARTIN, *L'enquête en ethnomusicologie : préparation, terrain, analyse*, 2015, 288 pages.

Pour l'ensemble des titres de la collection, voir la page qui lui est dédiée sur le site internet de l'éditeur : www.vrin.fr

BALLETS RUSSES ET BALLETS SUÉDOIS
LA MUSIQUE À LA CROISÉE DES ARTS, 1917-1924

par
Jacinthe Harbec

Ouvrage publié avec le concours
de l'Observatoire interdisciplinaire de création et de recherche en musique (OICRM)
et de l'Université de Sherbrooke

VRIN

MusicologieS

La collection *MusicologieS* présente des ouvrages qui répondent aux attentes des mélomanes, des musiciens, des musicologues mais aussi à celles de toutes les personnes qui s'intéressent à la musique et qui souhaitent découvrir et explorer son histoire, son langage, sa place et son rôle au cœur des sociétés occidentales et non occidentales.

La musicologie contemporaine possède de multiples orientations disciplinaires : histoire, histoire de l'art, philosophie, psychologie, psychanalyse, esthétique, sociologie ou anthropologie, pour ne citer qu'elles. Les ouvrages de la collection puiseront à ces univers et contribueront à la connaissance et à la compréhension des musiques savantes et populaires de toutes les époques.

MusicologieS
collection dirigée par
Malou Haine et Michel Duchesneau

Imprimé en France

ISSN 2114-169X
ISBN 978-2-7116-2956-5

www.vrin.fr

INTRODUCTION

> Nous voyons peu à peu naître en France une sorte de théâtre qui n'est pas le ballet proprement dit et qui ne trouve sa place ni à l'Opéra-Comique, ni sur aucune de nos scènes du boulevard.
> Ce genre nouveau, plus conforme à l'esprit moderne, et qui s'ébauche jusque dans le music-hall, reste encore un monde inconnu, riche en découvertes.
>
> Jean Cocteau, juin 1921 [1]

Cette citation de Jean Cocteau décrit bien l'esprit dans lequel les artistes parisiens ont contribué au renouvellement du ballet au cours des années 1920. Avec l'arrivée des Ballets russes, en 1909, Paris devient « le centre du monde de la danse » [2], attirant plusieurs danseurs étoiles du monde entier [3]. La scène parisienne est alors partagée par plusieurs manifestations de danse fort originales. Parmi les troupes engagées dans cet étonnant mouvement d'innovation, celle des Ballets suédois fait son entrée dans la capitale française en 1920 et devient rapidement la principale concurrente des Ballets russes de Serge de Diaghilev. En effet, par leurs spectacles ultramodernes, les Ballets suédois de Rolf de Maré mobilisent l'intelligentsia artistique de Paris.

Dans leur quête d'un renouveau dansé, ces troupes vont redéfinir le langage chorégraphique en réorientant le spectacle de danse traditionnelle selon une approche moderniste qui participe de la notion du *Gesamtkunstwerk* de Richard Wagner. Ce concept d'« œuvre d'art totale » exige qu'une collaboration étroite s'établisse entre le

1. Jean Cocteau, « Les ballets suédois et les jeunes », *La Danse*, numéro spécial *Les Ballets suédois*, n° 9, juin 1921, [n.p] ; repris dans Jean Cocteau, *Écrits sur la musique*, éd. David Gullentops et Malou Haine, Paris, Vrin, 2016, p. 204.

2. Erik Näslund, *Rolf de Maré : fondateur des Ballets suédois, collectionneur d'art, créateur de musée*, traduit du suédois par Étienne Clotuche, Arles, Actes Sud / Stockholm, Bokförlaget Langenskiöld, 2008, p. 169.

3. Précisons qu'avant l'implantation des Ballets russes à Paris, d'autres artistes ont préparé la voie à ce changement dans le milieu de la danse. Nous pensons, entre autres, à ces deux danseuses américaines : Loïe Fuller (1862-1928) qui affiche sur scène sa danse serpentine en 1892, et Isadora Duncan (1877-1927) qui, vêtue d'une tunique ample et dansant pieds nus, présente en 1900 une chorégraphie rappelant le style grec. Abordant la danse dans une perspective plus large et plus libre que le ballet classique, ces deux artistes ont eu une influence incontestable sur le développement de la danse moderne et l'orientation donnée aux spectacles des Ballets russes, dont la chorégraphie est alors dirigée par Michel Fokine. *Ibid.*, p. 180-181. Pour une étude détaillée de la contribution de Loïe Fuller et Isadora Duncan, voir Felicia McCarren, *Dancing Machines, Choreographies of the Age of Mechanical Reproduction*, Standford [Californie], Stanford University Press, 2003, p. 58-98.

poète, le peintre, le compositeur et le chorégraphe pour que chaque mode d'expression artistique occupe une place d'importance. Ainsi, une démarche nettement collaborative assure la mise en œuvre du spectacle de danse que le poète Francis Picabia résume en quelques mots : « Le Ballet moderne, c'est la Poésie, la Peinture, la Musique autant que la Danse : [c'est la] synthèse de la Vie intellectuelle d'aujourd'hui »[4]. Adopté comme moyen d'expression, le ballet devient donc, à cette période spécifique, un carrefour privilégié de débats esthétiques et d'échanges interartistiques dynamiques menant à des œuvres des plus avant-gardistes.

L'actuel ouvrage s'intéresse à ce mouvement de forte agitation créatrice, qui voit le ballet moderne connaître un véritable essor à Paris au début du XXe siècle[5]. Dans une perspective interartistique, il présente une étude approfondie de sept ballets créés sur la scène parisienne entre 1917 et 1924. Découlant des profonds changements socioculturels qu'engendre la Belle époque et de l'immense soif de profiter pleinement de la vie qui suivra les années sombres de la Grande Guerre, ces productions de ballet sont porteuses de la révolution esthétique amorcée par l'art scénique au début des Années folles.

Parade, présenté le 18 mai 1917 par les Ballets russes de Serge de Diaghilev, entreprend ce virage dans l'histoire de la danse. En fait, *Parade* est le prototype de cet esprit de collaboration marqué par un échange interactif entre les artistes Jean Cocteau, Pablo Picasso et Erik Satie qui a engendré un spectacle mémorable dans lequel s'imposent le cubisme et le futurisme. La participation de Picasso à cette production est historique, comme le précise Cocteau : « Avant Picasso le décor ne jouait pas dans la pièce ; il y assistait »[6]. Avec son décor de composition géométrique, ses hommes-décors revêtus d'une gigantesque construction cubo-futuriste et sa musique parsemée de bruits familiers, *Parade* oriente le ballet vers une véritable manifestation interartistique dominée par un courant esthétique distinct.

À partir de *Parade*, les peintres modernes, de plus en plus sollicités par les compagnies de danse, transformeront la scène en laboratoire, ouvrant ainsi la voie à l'intégration du cubisme, du futurisme, du surréalisme et du dadaïsme. Les troupes de danse, comme les Ballets russes et les Ballets suédois, délaisseront progressivement leur héritage folklorique national pour adopter les tendances esthétiques définies par l'avant-garde française. Au sein d'un esthétisme fortement influencé par les courants picturaux en développement, le théâtre populaire et le music-hall trouvent une place de choix parmi ces nouvelles productions qui serviront de modèles durant plusieurs années à venir.

Les œuvres présentées dans ce volume ne laissent aucun doute quant au rôle déterminant des arts picturaux dans cette nouvelle façon de penser le ballet, en donnant une couleur esthétique spécifique aux différentes formes artistiques engagées

4. Francis Picabia, *Écrits : 1921-1953 et posthumes*, éd. Olivier Revault d'Allonnes et Dominique Bouissou, Paris, Pierre Belfond, 1978, p. 165. La typographie utilisée dans la citation est celle de Picabia.

5. Il y a approximativement 280 ballets qui ont été créés en France et dans la Principauté de Monaco entre 1900 et 1929 selon Manfred Kelkel (*La musique de ballet en France de la Belle époque aux années folles*, Paris, Vrin, 1992, p. 281).

6. Jean Cocteau, *Le Rappel à l'ordre*, dans *Œuvres complètes* [1926], vol. 9, Genève, Marguerat, 1950, p. 287.

dans la production[7]. Dans cette transformation du ballet, la danse ne joue plus le rôle prépondérant. En effet, puisque la chorégraphie se voit soumise aux règles de courants artistiques distincts, le danseur devient, dans plusieurs cas, un objet de décor, limité à des mouvements souvent minimalistes ne requérant que peu ou pas de virtuosité. À partir de ce principe, selon lequel la scène est considérée comme un tout, la danse est désormais une des composantes d'un tableau vivant où interagissent le pictural, le théâtral, le dansé et le musical.

Question de bien saisir les enjeux esthétiques et stylistiques qui sous-tendent ces spectacles de ballet, nous consacrons notre premier chapitre à définir le contexte socioculturel qui les a vu naître et à décrire l'évolution des arts modernes dans le Paris du début du XXe siècle, ayant comme référent le cubisme. À l'intérieur de ce cadre, nous verrons notamment comment le développement du cubisme a laissé une marque indélébile sur l'affirmation de la modernité. Car, en plus de conduire vers de nouveaux courants tels que le futurisme, le surréalisme et le dadaïsme, l'expérimentation du cubisme par Picasso « des *Demoiselles d'Avignon* [1907] aux costumes de *Parade* [1917] »[8], a aussi eu des retombées significatives dans plusieurs domaines artistiques. Compte tenu de ces éléments, une partie de ce chapitre portera sur les spécificités stylistiques et formelles propres aux mouvements picturaux, lesquelles ont été récupérées par la littérature, la musique et la danse. Parmi ces spécificités, nous pensons entre autres à l'art primitif, au collage, au principe de fragmentation, à la notion de proportion, à la typographie et au simultanéisme.

Le premier chapitre se termine par un survol de l'histoire des Ballets russes et des Ballets suédois, compagnies qui ont servi de plateforme à la création et à la diffusion de ce « nouveau genre » de spectacle. Dans ce mouvement de redéfinition des postulats esthétiques qu'entraîne l'arrivée du XXe siècle, nous nous penchons tout particulièrement sur la façon dont ces deux compagnies de danse aspirent au renouvellement du langage chorégraphique et adhèrent au principe du *Gesamtkunstwerk*, cette fois transposé dans la sphère spécifique de l'art moderne français.

Les sept chapitres suivants se livrent à l'étude détaillée d'une œuvre de ballet distincte en lien avec les caractéristiques stylistiques et formelles définies dans le premier chapitre. Les œuvres étudiées au sein de ces chapitres suivent en majorité l'ordre chronologique de leur création, allant de 1917 à 1924. Leur particularité repose sur le fait que la plupart des artistes qui y ont contribué en sont à leur première expérimentation dans le monde de la danse.

C'est notamment le cas de Cocteau, Picasso, Satie et Léonide Massine, pour la réalisation du ballet *Parade*, abordé au deuxième chapitre. À travers un cubisme picassien, *Parade* côtoie, tel un collage d'objets hétéroclites, plusieurs univers contrastants allant du monde imaginaire du cirque à la réalité inhumaine des grandes métropoles, comme

7. À ce sujet, voir Denis Bablet, « Le peintre sur la scène », *Théâtre en Europe*, n° 11, juillet 1986, p. 6-17.

8. Pierre Daix, *Le cubisme de Picasso : catalogue raisonné de l'œuvre peint 1907-1916*, texte de Pierre Daix et catalogue raisonné de Pierre Daix et Joan Rosselet, Neuchâtel, Éditions Ides et Calendes, 1979, p. 181. Pour plusieurs spécialistes du cubisme, le ballet *Parade* fait partie de l'évolution de ce courant pictural. À ce sujet, consulter notamment Pierre Cabane, *Le Cubisme*, Paris, Terrail, 2001.

Paris et New York. Le collage et l'effet de contraste propres au cubisme révèlent ainsi tous les constituants artistiques du ballet.

À l'exception de *Parade*, produite par les Ballets russes, les six autres œuvres présentées dans cet ouvrage sont issues des Ballets suédois. Cette troupe de Rolf de Maré devient effectivement le principal acteur du ballet d'avant-garde à Paris durant ces Années folles, ayant comme chorégraphe attitré Jean Börlin. Dès sa première saison, en 1921, le directeur de Maré réussit à mobiliser des artistes des plus audacieux dans leur pratique artistique. Aussi le chapitre III abordera-t-il le thème du surréalisme mis de l'avant par Cocteau dans son ballet *Les Mariés de la tour Eiffel* (1921). Désirant peindre « plus vrai que le vrai »[9], le poète vise à réhabiliter les lieux communs en recourant au monde fantastique du music-hall. Pour développer cette thématique, Cocteau fait appel à Irène Lagut pour les décors, à Jean Hugo pour les costumes et aux jeunes compositeurs du Groupe des Six pour la musique. Cinq membres de ce groupe[10], Georges Auric, Darius Milhaud, Arthur Honegger, Francis Poulenc et Germaine Tailleferre, uniront leurs efforts pour créer une musique évoquant efficacement l'effet de dérision exploité par Cocteau.

Durant la même saison de 1921, la troupe des Ballets suédois crée *L'Homme et son désir*, sur un argument de Paul Claudel avec décor et costumes d'Audrey Parr et musique de Milhaud. Le chapitre IV présente ce ballet sous un angle symboliste, dans lequel les pulsions primitives de l'Homme occupent le centre de l'action. Le symbolisme sous-jacent à l'argument s'exprime à travers un fauvisme dominé par des formes cubistes. Les caractéristiques spatiotemporelles affichées dans le dispositif scénique se retrouvent également dans la composition musicale.

Le thème des pulsions passionnelles élaboré dans *L'Homme et son désir* sera ensuite traité sous un autre angle dans le chapitre V, avec l'étude du ballet *Skating Rink* (1922), de Ricciotto Canudo. Ce dernier explore le comportement unanimiste à partir des sentiments éprouvés par les membres d'un trio amoureux, en lien avec un groupe d'individus vivant des sentiments humains similaires. Dans ce drame, qui évolue sur une patinoire, le peintre Fernand Léger cherche à créer des effets de contraste pour souligner la force des émotions, et ce, dans un cubisme qui accentue la physionomie angulaire des personnages, qui se fond au décor géométrique. Arthur Honegger se joint à la production en composant une musique d'une grande vitalité motrice, faisant ressortir l'enjeu dramatique qui émerge de cette séance de patinage.

L'art cubiste de Léger apparaît de nouveau durant la saison suivante des Ballets suédois, cette fois, dans un ballet de Blaise Cendrars intitulé *La Création du monde* (1923). L'intérêt du poète pour les civilisations primitives l'amène à écrire un argument sur le thème de la genèse du monde, à partir des légendes et contes africains. Inspiré des masques et des totems de l'Afrique noire, Léger conçoit les décors et les costumes dans un style qui unit le cubisme et le primitivisme. Ainsi, le sixième chapitre discutera notamment de l'expérimentation cubo-primitiviste propre au ballet *La Création du*

9. Jean Cocteau, « *Les Mariés de la tour Eiffel* : préface », dans Gullentops et Haine (éd.), *Écrits sur la musique*, p. 252.

10. Seul Louis Durey du Groupe des Six se désiste du projet.

monde et des caractéristiques qui imprègnent la musique composée par Milhaud. Car, le compositeur de *L'Homme et son désir* se tourne dans cette production vers la musique afro-américaine pour traduire le thème de la cosmogonie africaine. Tel un collage musical, la composition de Milhaud juxtapose des mélodies aux sonorités jazz à des passages de style purement classique.

L'Amérique sera le sujet principal du chapitre VII avec *Within the Quota* (1923). Plus précisément, ce ballet porte sur la découverte de la culture américaine par un immigrant suédois tout juste débarqué à New York. Conçu par Gerald Murphy et Cole Porter, deux Américains bien intégrés au milieu artistique parisien, *Within the Quota* (intitulé en français *L'Immigrant*) est une satire de la loi américaine sur les quotas d'immigration. Pour exprimer l'américanisme et sa démesure, Murphy élabore un décor qui reproduit, au moyen de collages cubistes, la gigantesque page frontispice d'un journal tabloïd rassemblant les nouvelles les plus sordides et les moins compatibles avec le fantasme du rêve américain. Pour accompagner les divers numéros exécutés par des personnages stéréotypés du cinéma américain, Porter compose une partition rassemblant des musiques de danse très en vogue, telles que fox-trot, shimmy, ragtime, etc. Même si le jazz définit le style de la composition, celle-ci emprunte aussi des timbres à la musique française ; effet d'influence du milieu artistique que côtoie le compositeur depuis 1918. L'orchestration de la partition ayant été confiée à Charles Koechlin, le métissage franco-américain est indéniable.

La dernière production des Ballets suédois, qui fera l'objet du huitième chapitre, se réalise dans une tout autre démesure. Intitulé *Relâche* (1924), ce spectacle, qui dépasse le cadre du ballet, est né de la collaboration entre l'ex-dadaïste Francis Picabia et l'extravagant Erik Satie. Sous-titré *Ballet instantanéiste en deux actes*, un *entr'acte cinématographique, et « la queue du chien »*, *Relâche* pousse à son paroxysme l'esprit surréaliste et dadaïste que les deux auteurs ont expérimenté durant les années antérieures. Nous verrons dans ce chapitre que les créateurs ont pris tous les moyens possibles pour créer une œuvre déroutante. Ici, tant l'argument et la scénographie de Picabia que la musique de Satie exploitent les thèmes de l'hédonisme, de l'érotisme et de la dérision. Se joignant à l'équipe Picabia-Satie, le cinéaste René Clair réalise un film fait d'un collage d'images entièrement incongrues qui perpétue les idées insolites du ballet, destiné à être projeté durant l'entracte du spectacle. En somme, *Relâche* est l'exemple d'un spectacle multidisciplinaire dans lequel interagissent, en toute cohérence, divers modes d'expression artistique.

Notre perception de ces ballets comme des manifestations d'« œuvres d'art totales » ouvre ainsi la voie à l'application d'une analyse fondée sur une approche interartistique. Puisque de multiples disciplines (la littérature, les arts visuels, la danse, et la musique) entrent en jeu dans la création de ces œuvres, notre étude tente non seulement de révéler le détail de ces interactions artistiques, mais aussi de démontrer le rôle de la musique dans le résultat final de ces productions. Même si les sujets des Ballets russes et des Ballets suédois ont fait couler beaucoup d'encre ces dernières années, peu d'ouvrages se sont réellement penchés sur la question de la musique en tant que composante esthétique intrinsèque du processus de réalisation.

Néanmoins, nous ne pouvons passer sous silence les travaux pionniers de Manfred Kelkel [11] sur la musique composée spécifiquement pour des spectacles de ballet français entre 1900 et 1929. L'inventaire d'œuvres que fait l'auteur est impressionnant, même si son cadre d'étude ne lui permet pas de livrer une description approfondie de chacun des ballets. De leur côté, Glenn Watkins [12] et Daniel Albright [13] adoptent aussi une approche multidisciplinaire, dans un répertoire plus large que celui du ballet, pour démontrer que les courants esthétiques définis par les arts visuels ou littéraires influencent l'évolution de la musique moderne. Pour notre part, nous avons choisi un corpus d'œuvres plus restreint dans le but de réaliser une démonstration détaillée et systématique de chacun des ballets.

À cet égard, la démarche adoptée dans l'ouvrage de Deborah Mawer [14] sur les ballets de Maurice Ravel s'approche davantage de la nôtre. Tout comme Mawer, nous prônons une méthodologie qui démontre que la musique s'inscrit entièrement dans le phénomène de l'interaction artistique qui se joue au sein même du processus de création des ballets. Dans cette perspective, il faut mentionner le travail substantiel effectué par Sabine Vergnaud [15] sur plusieurs œuvres des Ballets suédois. Pour notre part, nous complétons l'investigation amorcée en insérant de nouvelles avenues analytiques et en ajoutant au répertoire examiné les ballets *Within the Quota* et *Relâche*. À propos de cette dernière œuvre, mentionnons la contribution remarquable des travaux de Carole Boulbès [16], qui a exploré plusieurs aspects artistiques entourant ce spectacle tout en établissant un rapport avec les autres productions des Ballets suédois. Notre expertise en musicologie analytique offre, par ailleurs, une lecture alternative de ce spectacle.

Notre regard sur ces quelques œuvres de ballet a requis la consultation de travaux monumentaux, comme ceux d'Erik Näslund [17], qui décrivent en détail l'aventure de Rolf de Maré et de sa troupe des Ballets suédois. Les archives photographiques sur les décors et costumes intégrées dans l'ouvrage de Näslund nous permettent de reproduire assez fidèlement les spectacles présentés lors de leur création.

L'actuel ouvrage est la somme de nombreuses années d'investigation et de recherches ayant fait l'objet de plusieurs articles. Ces publications ont servi de point de départ pour pousser encore plus loin notre réflexion sur l'interaction artistique dans les productions de ballet. Dans l'étude de chacune des œuvres choisies, nous suivons une démarche précise divisée en plusieurs volets. Nous établissons d'abord la genèse de chaque œuvre afin de bien connaître les circonstances dans lesquelles sa production s'est réalisée. À partir de documents d'archives recueillis lors de séjours de recherche à la Bibliothèque nationale de France, à la Bibliothèque historique de Paris et au Centre d'étude du

11. Kelkel, *La musique de ballet en France de la Belle époque aux Années folles.*

12. Glenn Watkins, *Pyramids at the Louvre : Music, Culture, and Collage from Stravinsky to the Postmodernists*, Cambridge, Harvard University Press, 1994.

13. Daniel Albright, *Untwisting the Serpent : Modernism in Music, Literature, and Other Arts*, Chicago / London, The University of Chicago Press, 2000.

14. Deborah Mawer, *The Ballets of Maurice Ravel : Creation and Interpretation*, London, Ashgate, 2006.

15. Sabine Vergnaud, *La musique et les arts dans la collaboration du Groupe des Six avec les Ballets suédois (1920-1925)*, thèse de doctorat, Saint-Étienne, Université Jean-Monnet de Saint-Étienne, 2010.

16. Carole Boulbès, *Relâche : dernier coup d'éclat des Ballets suédois*, Dijon, Les Presses du réel, 2017.

17. Näslund, *Rolf de Maré : fondateur des Ballets suédois.*

Dansmuseet de Stockholm, nous relatons les diverses étapes de sa réalisation tout en mettant à profit les précisions qu'apportent les correspondances entre les auteurs, pour établir les faits. Dans ce volet, nous accordons également une place à l'étude de divers croquis et tapuscrits du livret ainsi qu'aux programmes de concert, afin de mieux comprendre, dans chaque cas, les intentions de l'auteur.

Une fois la genèse de chaque œuvre établie, nous nous penchons sur l'étude sémantique et formelle du livret ou de l'argument. Celle-ci est ensuite suivie d'une analyse des éléments scénographiques (décors, costumes et chorégraphie) effectuée à partir de documents photographiques du spectacle original. Cette analyse se réalise en lien avec la portée thématique et sémantique du texte littéraire sous-jacent au ballet, ce qui permet d'identifier les caractéristiques formelles, stylistiques et esthétiques déployées dans la production, qui sont habituellement associées à un courant artistique spécifique. Après avoir analysé les éléments scénographiques, nous présentons une description aussi fidèle que possible du déroulement du ballet lors de sa création.

L'étape suivante de notre démarche examine avec soin la dimension musicale intégrée à chacune des productions de ballet. Selon nous, il importe d'accorder une place prépondérante à la musique au sein d'une telle étude interartistique. Même si la composante musicale est souvent négligée dans les ouvrages sur les ballets, rappelons que la musique est indissociable du processus créatif de ce genre de spectacle au même titre que les autres éléments artistiques en place. Par conséquent, nous procédons à une analyse approfondie de la partition musicale de chacune des œuvres du corpus, ce qui constitue en soi l'apport original de cet ouvrage. Notre approche tient évidemment compte des caractéristiques esthétiques, sémantiques et formelles relevées dans les constituants visuels et littéraires du ballet. En plus, nous incluons une étude motivique et thématique pour mieux comprendre le processus compositionnel propre à chaque œuvre musicale. Plusieurs exemples musicaux, tableaux et schémas formels accompagnent la démonstration, facilitant ainsi la compréhension du propos. Cette partie de la démarche dévoile le degré de cohérence stylistique et formelle qui se manifeste entre les composantes artistiques en place.

Chacun des chapitres se termine par un résumé de la réception du spectacle par la presse parisienne à partir des commentaires et critiques relevés dans les journaux de l'époque. Les opinions des plus acérées exprimées dans les commentaires sont assurément provoquées par le caractère extrêmement novateur et avant-gardiste de ces productions de ballet.

Au cours de la préparation de ce volume, nous avons reçu le soutien de plusieurs personnes et de diverses instances que nous tenons à remercier. Tout d'abord, nous sommes très reconnaissante aux directeurs de la collection « MusicologieS », Malou Haine et Michel Duchesneau, pour avoir accueilli avec enthousiasme ce projet de livre. Nous exprimons notre gratitude toute particulière à Malou Haine pour son suivi éditorial rigoureux, diligent et pertinent.

Les assistants de recherche de l'Université de Sherbrooke ont effectué un travail exceptionnel. Parmi eux, nous adressons nos remerciements à Éric Massé, Éloïse Hardy, Marc-Antoine Gagnon, Marie-Hélène Choquette et Corinne Philippon. Nous exprimons également notre reconnaissance à tous les responsables des divers départements de la Bibliothèque nationale de France ainsi qu'à la Bibliothèque historique de Paris et au Centre d'étude du Dansmuseet de Stockholm, qui nous ont toujours accueillie avec professionnalisme.

Enfin, nous sommes profondément redevable à plusieurs instances de l'Université de Montréal, tout particulièrement à l'Observatoire interdisciplinaire de création et de recherche et à la Chaire en musicologie de la Faculté de musique, ainsi qu'au vice-rectorat à la recherche et à la Faculté des lettres et sciences humaines de l'Université de Sherbrooke.

ABRÉVIATIONS

Sociétés

AID	Archives internationales de la Danse
BHVP	Bibliothèque historique de la ville de Paris
BnF	Bibliothèque nationale de France
Dansmuseet	Rolf de Maré Study Center – Dansmuseet (Musée de la danse), Stockholm, Fonds Ballets suédois
IMEC	Institut Mémoires de l'édition contemporaine
NRF	*Nouvelle Revue Française*
ORTF	Office de radiodiffussion-télévision française

Instrumentation

Bsn	Basson
Cbsn	Contrebasson
C. A.	Cor anglais
Cb.	Contrebasse
Cél.	Célesta
Cl.	Clarinette
Cor	Cor français
Fl.	Flûte
Htb.	Hautbois
Picc.	Piccolo
Sax. A.	Saxophone alto
Trb.	Trombone
Trp.	Trompette en *do*
Vla	Alto (violon)
Vlc.	Violoncelle
Vln	Violon

Référence aux documents

ann.	Annexe
ch.	Chiffre
col.	Colonne
coll.	Collection
ex.	Exemple
mes.	Mesure
min.	Minutes
ms.	Manuscrit
n.	Note de bas de page
n.p.	Non paginé
p.	Page
s.d.	Sans date
s.l.	Sans lieu
s. l. n. d.	Sans lieu ni date
str.	Strophe

Motifs

a	Motif fondamental
a.b.	Appogiature brève
Arp.	Motif d'arpège
b	Motif *bluesé*
Br	Motif de broderie
C	« Choral » dans *Parade*
Chr	Chromatique
G	Motif en trait de gamme
i-a	Motifs d'incantation a
i-b	Motifs d'incantation b
Im	Motif de l'Immigrant
P	*Parade*
Pl. S.	Plans sonores
Q	Motif de quarte ou quinte
R	Motif de notes répétées
S	Structure
T	Tierce
Tr	Triton

Schéma

Cont	Contraste
Ost	Ostinato
Percu	Percussion
Poly	Polyphonie

Analyse harmonique

D	Dominante
PD	Préparation à la dominante
T	Tonique

Chapitre I

LES ARTS DANS LE PARIS DES ANNÉES 1900 : QUAND LE CUBISME TRANSCENDE LES CODES

À l'arrivée du XXe siècle, l'essor fulgurant de l'industrialisation et de l'urbanisation [1] provoque une période de profonds bouleversements sociaux et culturels. La ville de Paris est particulièrement touchée par ces énormes changements dans les modes de vie. Les moyens de transport, la pratique du sport, les loisirs et les arts évoluent considérablement pour s'harmoniser au rythme effréné de cette société émergente, marquée par le développement industriel.

Le visage de la métropole française, influencée par cette vague de transformations, se métamorphose. L'automobile envahit les grands boulevards. Sous un nouvel éclairage électrique, d'immenses structures métalliques – telles la tour Eiffel (1889) et la Grande Roue (1900) – s'élèvent à proximité des monuments historiques.

Le milieu du travail affronte des besoins inédits, qui poussent les autorités à modifier les conditions de travail et à réduire les heures de service obligatoires [2] ; en conséquence, le temps accordé aux loisirs augmente. Les activités comme le sport et la danse sociale gagnent en popularité et s'intègrent graduellement à la vie quotidienne des Parisiens. Dans les agendas, fêtes populaires côtoient spectacles de cirque et projections cinématographiques. Friands de plaisirs et de frivolités, les bourgeois fréquentent le music-hall, le café-concert et les boîtes de nuit de Montparnasse, où coulent à flots les spiritueux. La ville s'anime au rythme des danses à la mode empruntées à l'Amérique.

Les comportements engendrés par cette révolution industrielle et socioculturelle, que l'on a surnommée la « Belle époque » [3], modifient complètement la manière dont chacun conçoit le monde. Ce regard renouvelé influence aussi le domaine des arts. Peinture, musique, littérature et danse, qui sont en quête de modernité, définissent de

1. Pour une connaissance générale des transformations qui se sont opérées au cours du XXe siècle, consulter Pascale Goetschel et Emmanuelle Loyer, *Histoire culturelle de la France de la Belle Époque à nos jours*, Paris, Armand Colin, 2005.

2. La semaine régulière de travail consiste en cinq jours de huit heures du lundi au vendredi et en une demi-journée le samedi.

3. La Belle Époque s'étale de la fin du XIXe siècle jusqu'au début de la Première Guerre mondiale en 1914.

nouveaux codes d'expression fondés sur la volonté de se rapprocher du vécu quotidien. Ce contexte voit naître le cubisme, sans équivoque le mouvement le plus influent au cours du XXe siècle. « L'époque allait se mettre à ressembler au cubisme », affirme Pierre Daix[4]. Comme le sous-entend cet énoncé, le cubisme imprègne non seulement les diverses pratiques d'art, mais entraîne également la naissance de multiples courants artistiques tout aussi avant-gardistes les uns que les autres.

Les sections suivantes de ce chapitre retracent l'évolution de l'art moderne dans chaque domaine artistique. Ayant le cubisme comme point de référence, nous aborderons le fauvisme, le primitivisme, le futurisme, le surréalisme et le dadaïsme ainsi que leurs répercussions dans les domaines de la littérature, de la musique et de la danse. L'étude de ces mouvements artistiques soulignera l'essence esthétique qui sous-tend les productions du ballet moderne ayant marqué la scène parisienne au cours des Années folles à Paris.

L'ART PICTURAL

« Le cubisme est avant tout un art des formes », reporte l'initiateur du mouvement, Pablo Picasso (1881-1973)[5]. Dans sa réflexion sur un renouveau formel dans l'art pictural, marqué par l'abolition de la perspective illusionniste, le dépouillement du sujet et la représentation géométrisée du monde ambiant, Picasso s'inspire principalement de l'œuvre de Paul Cézanne (1839-1906), du fauvisme et de l'art primitif.

Les antécédents du cubisme : à la croisée de l'art cézannien, du fauvisme et de l'art primitif

Cézanne considérait la nature comme un réservoir de formes plastiques qu'il fallait simplifier pour leur imprimer une plus grande force : il faut « traiter la nature par le cylindre, la sphère, le cône, le tout mis en perspective, soit que chaque côté d'un objet se dirige vers un point central », écrit le peintre aixois à Émile Bernard le 15 avril 1904[6]. S'écartant des surfaces et des taches vibrantes des impressionnistes, Cézanne mise plutôt sur une composition équilibrée de formes simples et nettes pour représenter la nature. La simplicité naturelle et l'équilibre harmonieux des formes comme code pictural constituent la source de plusieurs mouvements artistiques émergents.

Henri Matisse (1869-1954) appartient à ces artistes qui emprunteront à Cézanne cette façon d'aborder la peinture à partir de grands aplats nettement délimités. Attiré par les tons purs les plus crus, Matisse vise un art qui accentue l'expressivité de la couleur; il tend également à la simplification des formes, voire à leur géométrisation

4. Pierre Daix et Joan Rosselet, *Le cubisme de Picasso : catalogue raisonné de l'œuvre 1907-1916*, texte de Pierre Daix et catalogue raisonné de Pierre Daix et Joan Rosselet, Neuchâtel, Éditions Ides et Calendes, 1979, p. 176.

5. Pablo Picasso; cité dans John Golding, *Le cubisme*, traduit de l'anglais par Françoise Cachin, Paris, René Juillard, 1965, p. 128.

6. Lettre de Paul Cézanne à Émile Bernard, 15 avril 1904, dans *Mercure de France*, 16 octobre 1907, p. 617-618; cité dans *ibid.*, p. 95-96.

dans une composition qui abolit la perspective et supprime les ombres. Ces principes esthétiques, principalement fondés sur le jaillissement de couleurs vives, presque violentes et non modulées, répondent à un besoin de traduire de fortes émotions. D'autres peintres, comme Maurice de Vlaminck, André Derain, Raoul Dufy, Georges Braque, pour ne nommer que ceux-ci, suivent cette voie tracée par Matisse, que l'on qualifie de « fauvisme » à la suite de la réaction du critique d'art Louis Vauxcelles lors du Salon d'automne de 1905 [7].

Dans cet art où prime la couleur pure, la peinture de certains fauvistes adopte un style de tendance décorative. D'ailleurs, le traitement formel des personnages chez Matisse s'effectue en lien avec le décor ambiant. Par exemple, les formes des personnages ou de la nature morte adoptent des formes simplifiées pour s'harmoniser aux éléments décoratifs placés sur le mur d'une pièce [8]. De par cette spécificité décorative, le fauvisme va inspirer des artistes de scène. C'est le cas de Léon Bakst (1866-1924), qui, lors de la production de *Schéhérazade* par les Ballets russes en 1910, conçoit un décor où domine avant tout la couleur. L'assemblage des aplats de vert, de bleu et de rouge éclatants soulève particulièrement l'attention.

Dans leur démarche de la simplification formelle, quelques peintres fauves, comme Matisse, Vlaminck et Derain, se tournent vers l'art africain et océanien. L'art primitif, dont la révélation s'est manifestée lors des expositions universelles, provoque un tel engouement chez les artistes qu'ils se mettent à collectionner des sculptures et des masques de tribus indigènes. Outre le fait qu'ils intégreront dans leur toile des personnages aux visages couverts de traits striés, ils retiennent de l'« art nègre » [9] la qualité de recréer le monde avec des formes simples : les visages s'apparentent à des masques déposés sur les corps fragmentés en larges volumes.

Même si le mouvement fauviste commence à péricliter vers 1908, ses actions incitent les artistes à repenser l'art pictural en fonction d'une démarche formelle plus conceptuelle, ce qui deviendra l'essence même du cubisme.

Le cubisme et la révolution formelle

Le cubisme constitue « la plus importante "révolution esthétique" du XXe siècle » [10]. Installé à Paris depuis 1900, Picasso va bousculer le milieu artistique parisien dès 1907 avec son tableau *Les Demoiselles d'Avignon* (ill. 1). En effet, la toile marque un moment

---

7. Plus précisément, le terme « fauve » est utilisé par Louis Vauxcelles dans son compte-rendu de la salle VII de ce IIIe Salon d'automne, dans laquelle cohabitent des toiles aux couleurs violentes et des sculptures classicistes. Il décrit donc ce contraste entre les œuvres en ces termes : « Au centre de la salle, un torse d'enfant et un petit buste en marbre, d'Albert Marque, qui modèle avec une science délicate. La candeur de ces bustes surprend au milieu de l'orgie des tons purs : Donatello chez les fauves » (Louis Vauxcelles, « Le Salon d'automne », *Gil Blas*, Supplément à *Gil Blas*, 17 octobre 1905, [n.p.]. À partir de ce moment, on appelle « fauvisme » le mouvement pictural engendré par Matisse.

8. À titre d'exemple, voir le tableau de Matisse, *La Desserte* (1908). Ernst Hans Gombrich, *Histoire de l'art*, traduit de l'anglais par J. Combe, C. Laurio et D. Collins, Paris, René Juillard, 1963; Paris, Phaidon, 2011, p. 572-573.

9. Il est d'usage à l'époque d'utiliser le terme « nègre » pour qualifier l'art issu des peuples africains.

10. Jean Clay, *De l'impressionniste à l'art moderne*, Paris, Hachette, 1975, p. 312.

décisif dans la manière de traiter l'espace et de représenter les sujets. Influencé par Cézanne et l'art primitif, le peintre espagnol dépouille la forme et abolit la perspective illusionniste, transformant ainsi la toile en surface plane. Il y multiplie les angles de vision, décomposant et recomposant les formes comme si elles étaient perçues à partir de différents points de vue. Par exemple, dans *Les Demoiselles d'Avignon*, l'œil de la femme de gauche, représenté de face, trône sur une figure de profil, tandis que les deux femmes suivantes présentent un nez de profil sur un visage vu de face.

Illustration 1. Pablo Picasso, *Les Demoiselles d'Avignon*, 1907, huile sur toile, 243,9 x 333,7 cm., Museum of Modern art, New York.

Le traitement des figures de ces *Demoiselles* révèle l'influence de l'art africain, qui connaît un essor fulgurant en ce début du XXe siècle [11]. En effet, le visage des personnages encadrant ce tableau témoigne du contact avec la sculpture ibérique et les masques africains [12]. De plus, en s'inspirant de l'art primitif, Picasso enfreint la règle des proportions humaines entre les diverses parties du corps, comme l'illustrent la main et le pied de la demoiselle de gauche. Sur le plan structural, les composantes de cette toile convergent vers le centre. Cette convergence transparaît particulièrement dans le coin de la table pointant le personnage central : les demoiselles qui le bordent créent une symétrie. Selon Pierre Cabanne, cette construction, spécifique de la peinture cubiste, se présente majoritairement sous une *structure symétrique* ou *pyramidale* [13].

Ami proche de Picasso, le poète Guillaume Apollinaire (1880-1918) lui présente Georges Braque (1882-1963), connu à l'époque comme l'un des principaux praticiens du fauvisme. Ébahi devant les esquisses des *Demoiselles d'Avignon*, Braque s'allie sans tarder à Picasso dans cette recherche formelle et spatiale de la peinture, qui recevra des critiques de l'art le nom de « cubisme » [14]. Au cours des sept années suivantes, Picasso et Braque demeurent en étroite relation. En conséquence, l'art cubiste connaît une évolution intense qui se scinde en trois périodes distinctes : la période de préparation, dite cézannienne (1907-1909), la période analytique (1909-1912) et la période synthétique (1912-1914). Pendant ces années de transformation, plusieurs autres peintres, comme Fernand Léger, Jean Metzinger, Albert Gleizes, André Derain et Robert Delaunay, adhèrent à leur façon au mouvement cubiste. Une quatrième période (1914-1917), dite ingresque, est, comme nous le verrons plus loin, spécifiquement associée à Picasso, alors le seul cubiste à Paris, ou presque, à pouvoir exercer son art pendant les années de la Grande Guerre.

Dans les périodes cézannienne et analytique, le cubisme est abordé principalement par une sorte d'analyse de la nature – traduite par la décomposition en volumes simples des objets dans l'espace. De ces techniques résulte la reconstruction presque géométrique : la peinture est dès lors un art qui perçoit les choses plus qu'il ne les reproduit. Cette démarche intellectuelle conduit la peinture de Picasso et de Braque vers une représentation quasi abstraite. Cette phase du cubisme, la phase analytique, a été

---

11. Gauguin et Matisse, entre autres, subiront également cette influence.

12. Daix et Rosselet, *Le cubisme de Picasso*, p. 17.

13. Nous employons l'italique pour mettre en évidence les caractéristiques propres aux pratiques picturales, qui seront utilisées lors de l'étude interartistique des ballets.

À noter : plusieurs autres toiles de Picasso dévoilent une structure pyramidale. Nous pensons, entre autres, aux toiles *La Rue-des-Bois* (1908) et *Femmes aux poires* (1909) ainsi qu'à d'autres œuvres abordées plus loin. Pour décrire cette spécificité structurelle, Cabanne (*Le cubisme*, Paris, Terrail, 2001, p. 54) utilise l'expression « armature pyramidale ».

14. Cette appellation ne provient ni de Picasso ni de Braque, même si ceux-ci représentent les premiers initiateurs de ce nouveau courant. Selon Cabanne (*ibid.*, p. 31), le critique Charles Morice est le premier à utiliser le mot « cubisme » dans le *Mercure de France* du 16 avril 1909. Toutefois, Golding (*Le cubisme*, p. 16) précise que Louis Vauxcelles, dans sa critique de l'exposition à la galerie Kahnweiler, publiée dans le *Gil Blas* le 14 novembre 1908, décrit la peinture de Braque en utilisant le terme « cubes ». Il a, de plus, employé l'expression « bizarreries cubiques », lors du Salon des Indépendants en 1909.

qualifiée d'hermétique, compte tenu de la difficulté à lire la composition, l'accent étant mis plutôt sur la « structure picturale » que sur la « description du monde visuel » [15].

Aussi, beaucoup des compositions de Picasso et de Braque s'articulent en un système complexe de plans monochromes de gris et de bruns; ils s'interpénètrent et glissent les uns avec les autres de manière à former, dans plusieurs des cas, une *structure pyramidale*. Par peur de se noyer dans une analyse trop abstraite et intellectuelle du sujet, les cubistes incorporent des clés ou des indices en trompe-l'œil dans leurs tableaux. Pour éviter la reproduction exacte, ils ne représentent pas leur sujet dans sa forme entière. En développant le procédé de fragmentation, les peintres reproduisent certaines facettes des objets vues sous divers angles. L'apparition des « signes typographiques » – des lettres, des mots et parfois des chiffres – dans leurs toiles affirme plus que jamais le refus d'un art totalement abstrait et la volonté de maintenir le contact avec le réel.

Cette prise de conscience pousse le cubisme vers une nouvelle phase, appelée synthétique. Cette période est caractérisée, entre autres, par des constructions en matériaux divers, tels que le carton, le bois, l'étain ou la tôle, par lesquels l'artiste tend à se rapprocher de l'environnement immédiat. Le tableau *Guitare* (ill. 2), réalisé en 1914 par Picasso, réunit des morceaux de métal et de fer. De cette construction émane la simplification tant recherchée depuis le début du cubisme. Des fragments de matériaux émergent de la surface picturale, menant ainsi à l'avènement du *collage* et du *papier collé*. Ces morceaux étrangers par rapport à la facture de la peinture sont des faux « trompe-l'œil », se signifiant eux-mêmes parce qu'ils sont du « tout fait » [16]. Cette dernière expression préfigure le « *ready-made* » de Marcel Duchamp (1887-1968), où l'objet manufacturé est à la hauteur de l'œuvre artistique.

Par exemple, dans *Compotier avec fruits, violon et verre* (dorénavant *Violon*) [17] de Picasso (ill. 3), les morceaux de papier journal collés sur la surface possèdent des significations différentes selon la place que le peintre leur attribue. Au centre droit du tableau, la présence d'une partie des lettres du mot « journal » témoigne de son sens littéral : il est un objet déposé sur la table. Sur ce fragment de journal est surimposé un second morceau : il sert de support à un dessin cubiste, où plusieurs formes minimalistes d'un verre à vin se fusionnent en une seule image. Au bas de la toile, le grand morceau de journal indique, pour sa part, que la nappe retombe. Le fragment découpé de cette même feuille de journal est collé à l'angle supérieur gauche et évoque un compotier [18]. Il y a évidemment répétition de la forme en demi-cercle, comme si l'artiste avait découpé la page du journal et en avait distancé les deux morceaux afin de découvrir ce qui se cache

---

15. Pour des exemples, voir *Portrait de Daniel-Henry Kahnweiler* (1910) de Picasso ou *Clarinette et bouteille de rhum sur la cheminée* (1911) de Braque. Dans les deux cas, le langage formel utilisé dans la représentation de l'objet prime sur l'objet lui-même.

16. Cette expression aurait été utilisée pour la première fois par le collectionneur et marchand d'art Daniel-Henry Kahnweiler (*Juan Gris : sa vie, son œuvre, ses écrits*, Paris, Gallimard, 1946; 1990, p. 216).

17. Ce tableau reçoit différents titres dans les ouvrages sur le cubisme : *Compotier avec fruits, violon et verre*, dans Daix et Rosselet, *Le cubisme de Picasso*, p. 114; *Nature morte avec fruits et violon* dans Edward J. Fry, *Le cubisme*, traduit de l'américain par Éléonore Bille-de Mot, Bruxelles, La Connaissance, 1966, p. 92; *Violon*, dans Golding, *Le cubisme*, p. 191.

18. Les coupures de journaux proviennent du quotidien parisien *Le Journal* des 6 et 9 décembre 1912. Fry, *Le cubisme*, p. 176, n. 21.

dessous. Nous appelons ici *forme ouverte* cette continuité d'un objet ailleurs dans la composition[19]. Les éléments figuratifs – les fruits et le violon – et la présence des lettres parmi la représentation abstraite participent à une lecture plus facile de la toile cubiste. En effet, certains objets font partie du quotidien des artistes fréquentant les cafés, le music-hall ou le cirque et ils figurent de plus en plus dans leurs œuvres ; c'est le cas du journal et du verre à vin, mais aussi de bouteilles d'alcool, de pipes ou d'instruments de musique.

Illustration 2. Pablo Picasso, *Guitare*, 1914, feuille de métal et fil de fer, 77,5 x 35 x 19,3 cm., Museum of Modern art, New York.

19. Nous retrouverons notamment cette particularité dans l'organisation compositionnelle du ballet *Parade* discuté dans le chapitre II.

Illustration 3. Pablo Picasso, *Compotier avec fruits, violon et verre* (*Violon*), 1913, papiers collés, gouache et fusain, 64,8 x 49,5 cm., collection A. E. Gallatin, Philadelphia Museum of Art, Philadelphia.

À la déclaration de la guerre, Picasso, n'étant pas conscrit, se retrouve quasiment isolé. La situation pousse le cubisme vers sa dernière phase, une étape de maturation et de réflexion : le peintre alloue alors une première place à l'esthétique réaliste. Cette préoccupation devient si importante qu'il se met à dessiner des portraits individuels de personnalités connues dans un style « classiciste »[20] et naturaliste. Les tableaux *Max Jacob, Erik Satie* et *Igor Stravinski* s'inscrivent dans une série de portraits dessinés à la mine de plomb, propre à sa période dénommée « ingresque ». Seule la préoccupation d'exprimer le réalisme justifie ce retour au naturalisme, style pourtant proscrit lors des premiers essais cubistes. Dans cette phase paradoxale, interprétée comme une abdication du mouvement, Picasso alterne entre des œuvres de styles antagonistes : certaines sont complètement cubistes, tandis que d'autres aspirent au naturalisme, aussi appelé « classicisme ». Cette recherche du *réalisme* l'amène à juxtaposer des éléments figuratifs et non figuratifs dans un même tableau. La spécificité du côtoiement de deux styles contrastants, nommée « juxtaposition cubiste »[21], est bien démontrée dans le visage de l'*Homme au chapeau melon assis dans un fauteuil* de 1916 (ill. 4). Le côté gauche, dessiné de façon plus naturaliste, contraste avec les formes géométriques peintes à droite. Au centre, bouche et moustache empruntent les techniques de l'école naturaliste tandis que le nez applique les normes cubistes. Encore une fois, c'est dans une *structure pyramidale* que les fragments cubistes et naturalistes d'étendue diverse s'imbriquent les uns dans les autres.

Étrangement, au cours de cette période austère de la guerre, Picasso adopte un style de plus en plus décoratif. Alors que les thèmes empruntés au monde du divertissement, comme le cirque et le music-hall, composaient majoritairement son répertoire avant ses œuvres strictement cubistes, Picasso se passionne à nouveau pour ces sujets. Parmi une gamme de personnages à losanges, *Arlequin* de 1915 (ill. 5) illustre bien cette *simultanéité* de plusieurs aspects physiques du sujet. Les couleurs franches, la construction simple et la tendance plus figurative expriment cette nouvelle voie de la peinture picassienne. Superposées, les longues surfaces rectangulaires se fondent en une seule image : ce fondu apporte la dimension réaliste « de pendule, de pantin, de métronome, d'homme mécanique »[22], autant de qualificatifs pouvant être directement liés au travail routinier du monde forain. La *structure symétrique* de l'*Arlequin* s'harmonise avec cette suggestion de la régularité.

L'esthétique réaliste de la série des arlequins de Picasso culmine lorsqu'elle atteint les planches du théâtre : en 1917, le peintre participe à *Parade*, avec Jean Cocteau (1889-1963) et Erik Satie (1866-1925). En plus de sa spécificité cubiste, ce « ballet réaliste »[23] emprunte certains traits au futurisme, dont les fondements sont de plus en plus présents dans les œuvres des cubistes. Il importe donc d'examiner comment le cubisme s'est graduellement modifié sous l'influence du futurisme.

20. Ce terme est emprunté à Cabanne (*Le cubisme*, p. 168).

21. Cette expression est utilisée par Richard Hayden Axsom (« *Parade* » : *Cubism as Theater*, New York, Garland, 1979).

22. Carter Ratcliff, « Picasso's "Harlequin" : Remarks on the Modern's "Harlequin" », *Arts Magazine*, n° 51, 1977, p. 124-126, ici p. 125. Nous traduisons.

23. Tel est le sous-titre donné à *Parade*.

Illustration 4. Pablo Picasso, *Homme au chapeau melon assis dans un fauteuil*, 1915-1916, huile sur toile, 130,2 x 89,5 cm., The Art Institute of Chicago, Chicago.

Illustration 5. Pablo Picasso, *Arlequin*, 1915, huile sur toile, 183,5 x 105,1 cm., Museum of Modern art, New York.

Le futurisme et le cubo-futurisme de Fernand Léger

Le futurisme puise sa source dans un mouvement poétique, artistique et politique lancé par l'écrivain milanais Filippo Tommaso Marinetti (1876-1944). La version officielle de son *Manifeste du futurisme* paraît en français dans *Le Figaro*, le 20 février 1909 [24], puis en italien (sous le titre *Manifesto del Futurismo*) dans l'édition février-mars de la revue milanaise *Poesia*, qu'il dirige lui-même [25]. Ce « manifeste de violence culbutante », selon les termes de Marinetti, réclame un art actuel bannissant le passé et glorifiant « la beauté de la vitesse » [26] qu'engendrent les progrès technologiques associés à cette nouvelle ère de modernité.

Au cours de l'année suivante, le mouvement littéraire de Marinetti rejoint le milieu des peintres. Conséquemment, le 11 avril 1910, cinq peintres italiens, animés par le besoin d'exprimer le dynamisme et l'énergie cinétique, signent le *Manifeste des peintres futuristes*, que le *Comœdia* publie le 18 mai 1910 [27]. Proclamant que l'art plastique « ne peut plus se contenter de la Forme et de la Couleur », les peintres futuristes définissent la peinture comme étant « la *sensation dynamique* elle-même » [28].

Même si les futuristes rejettent l'effet d'immobilité et le registre coloré restreint, ils se tournent vers leurs homologues cubistes pour acquérir des moyens techniques qui expriment mieux leurs idées artistiques. Alors que le cubisme renvoie à une révolution formelle de la représentation picturale, le futurisme est un art de mouvement aux intentions littéraires et romantiques, traitant de thèmes sociologiques qui provoquent le scandale. Il aborde « de "grands sujets" avec une esthétique agressivement contemporaine qui s'exprim[e] dans la haine du passé et la glorification de la machine » [29]. Cabanne compare ainsi les deux mouvements :

> Si le cubisme est *un art de réalisme*, les futuristes expriment des symboles, des états d'âme; quand les cubistes peignent des objets, ils s'intéressent moins aux objets qu'aux moyens alors que les futuristes, partant de l'impressionnisme, de l'expressionnisme, du divisionnisme et du cubisme, inventent une imagerie nouvelle, des sujets neufs, les

---

24. Le *Manifeste du futurisme*, daté du 11 février 1909, est reproduit notamment dans Giovanni Lista, *Futurisme : manifestes, proclamations, documents* (Lausanne, L'Âge d'Homme, 1973, p. 85-89) et dans Jean-Pierre A. de Villers (éd.), *Le Premier Manifeste du futurisme* (édition critique avec, en fac-similé, le manuscrit original de F. T. Marinetti, Ottawa, Éditions de l'Université d'Ottawa, 1986, p. 107).

Écrivain italien de langue française, Marinetti choisit de lancer officiellement son *Manifeste du futurisme* à Paris, représentant à l'époque « un centre intellectuel international incomparable » (Lista, *Futurisme : manifestes*, p. 49). D'ailleurs, le manuscrit est rédigé sur du papier à lettres à l'entête du « Grand Hôtel de Paris » (de Villers, *Le Premier Manifeste du futurisme*, p. 50-66).

25. Précédant la version officielle, le texte du manifeste, sans le prologue, paraît en italien dans *La Gazetta dell'Emilia* de Bologne le 5 février 1909. Après une publication complète et officielle dans *Le Figaro*, le *Manifeste du futurisme* est traduit en plusieurs langues : en italien, en anglais, en russe, en espagnol et en allemand. En agissant ainsi, Marinetti s'assure de faire connaître son texte dans l'Europe entière. *Ibid.*, p. 21.

26. Marinetti, *Manifeste du futurisme*, dans *ibid.*, p. 47.

27. Les cinq peintres ayant signé le manifeste sont Umberto Boccioni, Carlo D. Carrà, Luigi Russolo, Giacomo Balla et Gino Severini. Le texte du manifeste est également reproduit dans Lista, *Futurisme : manifestes, proclamations, documents*, p. 163-166.

28. *Ibid.*, p. 163. Les majuscules et l'italique appliqués à certains mots de la citation sont du manifeste.

29. Golding, *Le cubisme*, p. 56-57.

rapports de l'homme avec la machine ou avec la ville, la vitesse, les mouvements du corps, leurs sentiments… [30].

À l'instar des cubistes, les futuristes intègrent les formes géométriques dans leur composition picturale. Aussi les critiques d'art de l'époque confondent-ils fréquemment les deux mouvements, même si leurs fondements esthétiques divergent grandement. Comme il se rapproche du cubisme sur le plan formel, le futurisme est vu comme un art de synthèse, d'où la dénomination du « cubo-futurisme » [31].

Cette nouvelle tendance anime plusieurs cubistes, comme Robert Delaunay, Albert Gleizes, Jean Metzinger et, tout particulièrement, Fernand Léger (1881-1955). Fasciné par le monde de la machine et de la vitesse ainsi que par les immenses structures métalliques (telles la tour Eiffel et la Grande Roue), Léger inclut dans son langage cubiste la dimension cinétique propre aux œuvres futuristes, tout en éliminant leurs composantes romantiques et expressionnistes. Considéré par Giovanni Lista comme « le véritable inventeur du cubo-futurisme » [32], Léger élabore des assemblages dynamiques de formes géométriques vivement colorées, qui recréent des scènes de la vie moderne : les personnages s'y transforment en robots à la silhouette désarticulée. Comme on le voit dans *Charlot cubiste* de 1924 (ill. 6), le personnage chez Léger devient ni plus ni moins un homme-machine, dont les gestes routiniers de pendule et de métronome évoquent le milieu urbain industrialisé [33].

Le langage de Léger est donc directement lié au fractionnement du sujet que lui inspire la machine de l'ère moderne. Son vocabulaire distinctif, axé sur le contraste, la dissonance et le cinétisme, juxtapose de multiples fragments géométriques de couleurs éclatantes. Les contrastes dynamiques projetés par ses compositions picturales engendrent un effet de dissonance plastique, un concept qui correspondra à l'un des plus importants fondements esthétiques formulés dans son ouvrage *Fonctions de la peinture* [34].

Autour des années 1913-1914, Léger, en compagnie des poètes Max Jacob, Blaise Cendrars, Ricciotto Canudo et Guillaume Apollinaire, redécouvre le spectacle forain en fréquentant le Cirque Médrano. Les clowns, les jongleurs et les acrobates occupent principalement son imaginaire créatif. Sa fascination pour les personnages de cirque, pour qui le corps humain se métamorphose en objet mécanisé, en « objet-spectacle »

30. Cabanne, *Le cubisme*, p. 74. Nous soulignons.

31. Terme utilisé, entre autres, dans Cabanne (*Le cubisme*, p. 73) et Giovanni Lista (« La poétique du cubo-futurisme chez Fernand Léger », dans Hélène Lassalle (dir.), *Fernand Léger*, catalogue d'exposition (Villeneuve d'Ascq, Musée d'art moderne, 3 mars-17 juin 1990), Villeneuve-d'Ascq, Éditions Mazzotta, 1990, p. 29-44).

32. Giovanni Lista, « Léger scénographe et cinéaste », dans *Fernand Léger et le spectacle*, catalogue d'exposition (Biot, 30 juin-2 octobre 1995), Paris, Éditions de la Réunion des musées nationaux, 1995, p. 31-86, ici p. 31.

33. *Ibid.*, p. 31.

34. Fernand Léger, *Fonctions de la peinture*, Paris, Éd. Gonthier, 1965 ; Galimard, 1997 ; nouv. éd. de Sylvie Forestier, 2004 ; 2009. Ce concept de la dissonance et des contrastes dynamiques développé par Léger est clairement démontré par Dorothy Kosinski (« Un langage pour le monde moderne », dans Dorothy Kosinski (dir.), *Fernand Léger : le rythme de la vie moderne 1911-1924*, catalogue d'exposition, Paris, Flammarion, 1994, p. 17-27, ici p. 17-18).

en quelque sorte, s'accroît lorsqu'il voit en 1916 un film de Charlie Chaplin[35]. Au cours de cette période, Léger, en compagnie de Cendrars et Canudo, fréquente régulièrement le cinéma, qui constitue pour lui un nouveau terreau d'expérimentations artistiques. Fortement intéressé par ce médium visuel, il réalise les illustrations pour le scénario du film *La Fin du monde filmée par l'Ange N.-D.* (1919) de Cendrars et collabore au tournage des scènes les plus techniques et mécaniques (comme l'aiguille de la locomotive, par exemple) dans le film *La Roue* (1921) d'Abel Glance[36].

Léger est envoûté par les sujets mécaniques qu'offre la machine. Il transpose les mécanismes d'engrenages, de dynamos et de roues dans le traitement de ses personnages issus du monde du spectacle sous toutes ses formes : fêtes de rue, cirque, music-hall, et même cinéma. À partir de 1918, les personnages de cirque constituent l'élément dominant de ses toiles. Lista décrit à juste titre la peinture de Léger de cette époque : « La composition est traversée, au centre, par les formes au géométrisme mécanique des acrobates qui s'enroulent et se déroulent esquissant un mouvement en spirale. La composition se veut synthèse fragmentaire de tous les éléments visuels du spectacle »[37]. Le mouvement circulaire de la spirale prend alors une importance particulière chez l'artiste.

Autour des années 1920, Léger entame cette fois une série de toiles et de dessins consacrés à Charlot : il y expérimente l'effet cinétique produit par la succession de plusieurs dessins, proche de la séquence de film d'animation[38]. Son intérêt croissant pour le cinéma l'amène à rédiger un scénario de film intitulé *Charlot cubiste* (1920), où le protagoniste est joué par une marionnette pour laquelle il effectue toute une série d'esquisses[39]. Comme ce projet ne se concrétise pas, le sujet de Charlot occupe toujours l'esprit de Léger au moment où il intervient dans le projet de ballet *Skating Rink*, créé à partir du livret de Canudo. Comme nous le verrons dans le chapitre V, consacré à ce ballet, l'allure du personnage principal se confond avec celle de Charlot. Mais, avant toute chose, *Skating Rink* est un exemple où la scène sert de plate-forme au peintre pour transposer « les nouvelles formes du vécu de la ville moderne », tout comme y aspire le mouvement futuriste[40].

En somme, le cubo-futuriste de Léger se traduit par ces principales caractéristiques : un langage de contraste et de dissonance plastique, une fascination pour la vitesse, une composition dynamique de la surface et un processus de fragmentation du sujet menant à une géométrisation angulaire ou tubulaire de ses différents fragments. À ces éléments, qui traduisent le monde urbain industrialisé, s'ajoute le simultanéisme, où

35. Giovanni Lista, « De "l'objet-spectacle" au "théâtre du peuple" », dans Lassalle (dir.), *Fernand Léger*, p. 59-86. Selon l'auteur, c'est Apollinaire qui aurait emmené Léger voir un film de Chaplin au Ciné Montparnasse (*ibid.*, p. 59). Voir également Lista, « Léger scénographe et cinéaste », dans *Fernand Léger et le spectacle*, p. 31.

36. Serge Fauchereau, *Fernand Léger : un peintre dans la cité*, Paris, A. Michel, 1994, p. 17.

37. Lista, « De l'"objet-spectacle" au "théâtre du peuple" », dans Lassalle (dir.), *Fernand Léger*, p. 59.

38. C'est ce que l'on voit dans la succession de deux dessins pour *La Chaplinade* d'Yvan Goll, simulant la scène de Charlot qui salue avec son chapeau. *Ibid.*, p. 60.

39. Lista, « Léger scénographe et cinéaste », dans *Fernand Léger et le spectacle*, p. 36-37. Le scénario de ce projet de film est reproduit dans Pierre Descargues, *Fernand Léger*, Paris, Cercle d'Art, 1955, p. 17-18.

40. Giovanni Lista, *Le futurisme : création et avant-garde*, Paris, Éditions de l'Amateur, 2001, p. 191.

une multiplicité de points de vue se juxtaposent les uns aux autres. Cette spécificité, inspirée par le cinéma, entraîne une série de poètes dans une voie semblable au développement du cubisme et du futurisme. Elle donne également naissance à d'autres courants artistiques qui marqueront l'avant-garde parisienne.

Illustration 6. Fernand Léger, *Charlot cubiste*, 1924, éléments en bois peints cloués sur contreplaqué, 73,6 x 33,4 x 6 cm., Centre Pompidou, Paris.

L'ART LITTÉRAIRE

La révolution picturale qui s'opère en art visuel en ce début du XXe siècle se répercute dans le milieu littéraire. Apollinaire soulève la question de la rencontre entre « les cubistes et les poètes » dans un article qu'il publie dans le *Mercure de France* du 16 septembre 1912. Cet écrit bien ciblé suit de quelques mois la réflexion sur un éventuel « cubisme littéraire » que livre Georges Polti dans l'édition du 15 février 1912 de la revue *Les Horizons*[41]. Voyons comment se manifeste le cubisme en littérature.

Le cubisme littéraire

L'avènement du cubisme suscite donc un engouement chez plusieurs littéraires de manière à vouloir appliquer une démarche similaire dans leur propre pratique. Par exemple, les poètes Apollinaire et Gertrude Stein (1874-1946), qui côtoient Picasso et Braque depuis le début du cubisme, en deviennent de fervents défenseurs. Leur démarche poétique se teinte d'ailleurs des recherches formelles associées à ce mouvement. Ils créent des poèmes pourvus de propriétés visuelles ou picturales. Celles-ci se remarquent notamment dans *Picasso* (1909) de Stein ainsi que dans *Calligrammes* (1913) et *Picasso* (1917) d'Apollinaire[42].

Cet intérêt pour le pictural dans le littéraire provient sans nul doute de l'héritage typographique laissé par Mallarmé. La fascination pour la typographie représente en effet le dénominateur commun entre peintres cubistes, peintres futuristes et poètes d'avant-garde. S'y ajoute la montée fulgurante du cinéma, qui souligne la notion de simultanéité rencontrée dans les arts de l'époque. Ce concept renvoie à la représentation ou à l'expression instantanée de multiples points de vue, aux contrastes des couleurs pures (surtout chez Delaunay et Léger)[43] ainsi qu'aux aspects de vitesse et de multiplicité événementielle propres au cinéma et à la vie moderne urbaine[44].

Cette notion de simultanéité est si présente que Blaise Cendrars (1887-1961) publie en 1913 le « premier livre simultané », intitulé *La Prose du Transsibérien et de la petite Jehanne de France*[45]. L'intention de Cendrars dans ce poème long de deux mètres (dans le sens vertical lorsqu'il est déployé), avec couverture et illustrations en couleurs simultanées de Sonia Delaunay[46], est de créer une forme d'art multiple. En parlant des « télégrammes-poèmes » de Cendrars publiés dans *Paris-Journal*, Cabanne explique que « l'application du simultanéisme pictural à la poésie donne une cacophonie d'images »,

---

41. Cabanne, *Le cubisme*, p. 160.

42. Nous verrons dans le chapitre VIII que Francis Picabia donne une forme visuelle à son texte de présentation du ballet *Relâche*.

43. Ce phénomène était identifié sous le nom d'« orphisme ». En 1913, Apollinaire, en référence à l'orphisme, parlera de « peinture pure, simultanéité »; les deux termes, « orphisme » et « simultanéisme », correspondent donc au même principe. Golding, *Le cubisme*, p. 44-45.

44. Kosinski, « Un langage pour un monde moderne », p. 22.

45. Le poème *La Prose du Transsibérien et de la petite Jehanne de France* est conservé à la Bibliothèque national suisse de Berne.

46. Née Sara Stern, l'artiste peintre Sonia Delaunay (1885-1979), d'origine ukrainienne, est l'épouse de Robert Delaunay.

qui traduit « les bruits, les cris, les couleurs violentes, le mélange des visages, des gestes, des mots et des sons »[47], soit tous les éléments ambiants.

Pour Dorothy Kosinski, « la simultanéité suppos[e] une conscience multiple, au-delà des notions finies de temps et d'espace, exigeant de nouveaux discours esthétiques »[48]. Ainsi, les poètes tels que Cendrars, Stein et Apollinaire, auxquels se joignent Max Jacob, Ricciotto Canudo et Pierre Reverdy, procèdent à une libération des normes langagières, que proclamaient déjà les signataires du *Manifeste du futurisme*. Plus spécifiquement, la base de leur expérimentation poétique consiste à délivrer la syntaxe et la ponctuation de ses règles strictes au profit de la *fragmentation* du langage verbal, qui est parfois accompagnée d'un montage typographique. Ce procédé fragmentaire permet ainsi l'application de la *juxtaposition simultanéiste*, qui utilise des mots aux idées disparates et contrastantes ou même la répétition de mots ou de vers. Au sein même de la juxtaposition simultanéiste émergent ainsi à la fois le contraste et la fusion entre « passé remémoré et présent perçu »[49]. Cendrars pousse cette idée au point de bousculer les concepts fondamentaux de début et de fin dans *La Fin du monde filmée par l'Ange N.-D.* (1919), scénario illustré de dessins typographiques et simultanéistes de Léger. Cinq ans plus tard, René Clair (1898-1981) reprend ce renversement conceptuel entre début et fin, entre vie et mort, dans son film *Entr'acte cinématographique* (1924), créé pour la représentation du ballet *Relâche* de Francis Picabia (1879-1953). Ce sujet sera traité plus en profondeur dans le dernier chapitre du présent ouvrage.

Le cas Cocteau

Dans cette mouvance créative, Jean Cocteau est tenu à l'écart du clan littéraire de la rive gauche. Son entrée dans le milieu artistique se réalise plus officiellement avec les Ballets russes, fondés et dirigés par Serge de Diaghilev (1872-1929). Après *Le Dieu bleu*, premier essai non concluant en 1912[50], Cocteau, en quête d'identité, vit une période de découvertes artistiques, qui le mène vers des collaborateurs plus audacieux, aptes à bousculer les codes esthétiques en place.

La présentation du *Sacre du printemps* d'Igor Stravinski (1882-1971) le 29 mai 1913 donne une véritable gifle à Cocteau. Sans contredit, le langage ultramoderne et primitif du *Sacre* déclenche chez lui le besoin d'ouvrir ses horizons. Il se met alors à lire *Les Soirées de Paris*, revue fondée par Apollinaire, à laquelle collabore l'avant-garde parisienne, dont Jacob, Cendrars et même le peintre Léger. Pour satisfaire sa soif de création, il s'abreuve de toutes les nouveautés du monde culturel, que ce soit la peinture cubiste, la poésie simultanéiste, la photographie ou le cinéma.

Cocteau tente, sans succès, une collaboration avec Stravinski pour son projet *David*[51]. Il se tourne ensuite vers l'« excentrique » Satie, qu'il rencontre en octobre 1915. À la fin

47. Cabanne, *Le cubisme*, p. 165-166.

48. Kosinski, « Un langage pour un monde moderne », p. 22.

49. *Ibid.*

50. *Le Dieu bleu* a été présenté le 13 mai 1912 par les Ballets russes. Jean Cocteau et Frederico de Madrazo (le neveu de Reynaldo Hahn) signent le livret ; Léon Bakst conçoit les costumes et les décors ; Reynaldo Hahn compose la musique ; et Michel Fokine crée la chorégraphie. De plus, Cocteau réalise l'affiche du spectacle.

51. Les détails sur le projet *David* sont abordés dans le chapitre suivant.

du même automne, une autre rencontre lui est déterminante : Edgar Varèse (1883-1965) l'introduit auprès de Picasso. Quelques mois plus tard, des liens de collaboration s'établissent entre Cocteau, Satie et Picasso [52]. De cette alliance naît *Parade*, qui provoque un deuxième grand scandale pour les Ballets russes, après le *Sacre du printemps*. Le cubisme de Picasso, qui se révèle dans ce ballet, est en partie responsable du tollé soulevé en ce soir du 18 mai 1917 au Théâtre du Châtelet. Bien que la dimension cubiste de *Parade* ne soit plus à prouver, ses repères futuristes doivent toutefois être considérés.

Au moment où se prépare *Parade*, Diaghilev, qui a installé ses studios de production à Rome, s'intéresse aux performances des futuristes italiens et, tout particulièrement, à celles de Luigi Russolo (1885-1947). Il songe même à créer un ballet avec la musique de Stravinski, en s'inspirant du *Manifeste sur l'art des bruits* de Russolo, qui honore le « son-bruit » au point de « remplacer la variété restreinte des timbres des instruments » [53]. Résidant en Italie, les futuristes russes Michel Larionov (1881-1964) et Natalia Gontcharova (1881-1964) collaborent étroitement avec Diaghilev dès 1915 ; en 1916, ils sont rejoints par les Italiens Giacomo Balla (1871-1958) et Fortunato Depero (1892-1960). C'est à l'hiver 1917, dans les studios des Ballets russes de Rome, que Cocteau et Picasso rencontrent ces futuristes lors de la production des décors et des costumes de *Parade*. Ce contexte colore divers éléments du ballet : ils empruntent plusieurs pratiques futuristes, dont la présence des bruits dans la partition musicale, la déshumanisation dans le traitement des personnages et la fascination pour l'Amérique [54].

Comme artiste, Cocteau partage avec le futurisme cette notion du côtoiement dissonant entre le passé et le présent, entre l'ancien et le nouveau monde. Toutefois, de par sa personnalité, il expose ce contraste de l'ancien et du moderne sous l'angle de la dérision, du merveilleux et de l'absurdité. Cette position le rapproche plus du surréalisme à venir que du futurisme. D'ailleurs, Apollinaire dans « *Parade* et l'esprit nouveau » (le texte de présentation du ballet), introduit pour la première fois le terme « sur-réalisme ». Cependant, comme nous le verrons, il relève ici plus du superlatif de la thématique réaliste propre à l'art cubiste que du sens qui lui sera attribué dans le *Premier Manifeste du surréalisme* de 1924 [55].

52. La genèse de la rencontre et de la collaboration entre ces trois artistes est exposée dans le chapitre II consacré à *Parade*.

53. Luigi Russolo, *L'Art des bruits, Manifeste futuriste 1913*, introduction de Maurice Lemaître, Paris, Richard-Masse, 1954, p. 39.

54. Le sujet de l'imprégnation du futurisme dans *Parade* sera traité dans le prochain chapitre.

55. Selon Malou Haine, Apollinaire lance ce néologisme dans le but de faire une propagande pour son « drame surréaliste » intitulé *Les Mamelles de Tirésias*, qui sera présenté le 24 juin 1917, soit un mois suivant la création de *Parade*. Malou Haine, « Jean Cocteau, impresario musical à la croisée des arts », dans Sylvain Caron, François de Médicis et Michel Duchesneau (dir.), *Musique et modernité en France (1900 et 1945)*, Montréal, Presses de l'Université de Montréal, 2006, p. 69-134, ici p. 74.

La scène musicale

Si le ballet *Parade* est à la fois témoin et reflet des effets du cubisme sur l'art littéraire et pictural, à travers la présence de Cocteau et de Picasso, il dépeint aussi les influences du mouvement sur la musique, par l'entremise du compositeur Erik Satie.

Satie et le Groupe des Six

Satie adhère aux fondements esthétiques du cubisme de 1915, caractérisé par une simplicité et une clarté propres au classicisme et à l'art populaire. À partir de la création de *Parade*, Satie, considéré comme le chef de file incontesté de cet esthétisme musical, inspire toute une nouvelle génération de compositeurs, qui se regroupent d'abord sous l'étiquette de la Société des Nouveaux Jeunes, puis sous celle du Groupe des Six[56]. Leurs musiques se colorent de mélodies empreintes de la tradition française du music-hall ou du cirque, qui s'entremêlent à des airs de *bands* américains.

Avide de défendre toute cause artistique, Cocteau devient leur porte-parole. Dans un esprit très nationaliste, développé en réaction aux nombreuses occupations militaires, il écrit un manifeste esthétique intitulé *Le Coq et l'Arlequin : notes autour de la musique*[57]. Accompagné de deux monogrammes de Picasso et d'un portrait de Cocteau, ce livre-tract composé d'aphorismes fait l'apologie de la musique française en prenant Satie comme modèle. Il faut tourner le dos à « la musique française russe ou [à] la musique française allemande », proclame Cocteau[58]. Contrairement à Claude Debussy, qui « a dévié, parce que de l'embûche allemande, il est tombé dans le piège russe »[59], Satie nous « enseigne la plus grande audace à notre époque : être simple »[60]. L'esthétisme prôné dans *Le Coq et l'Arlequin* témoigne de l'expérimentation artistique menée lors de l'élaboration de *Parade*.

Les compositeurs Darius Milhaud, Arthur Honegger, Francis Poulenc, Germaine Tailleferre et Georges Auric, issus du Groupe des Six, suivent cette voie de la musique « de tous les jours », inspirée des cafés-concerts, du music-hall et du cirque. Ainsi, ils amalgament les genres musicaux, passant de la mélodie française aux rythmes syncopés du fox-trot et du rag-time, puisés dans le jazz américain. Tout comme le « bon maître d'Arcueil »[61], ils affichent leur esthétisme musical lors de collaborations scéniques novatrices avec les Ballets russes et les Ballets suédois.

---

56. Jacinthe Harbec, « Le ballet chez Cocteau : vers une manifestation avant-gardiste en compagnie du Groupe des Six et des Ballets suédois », dans Tom Gordon (dir.), *Jean Cocteau : évangéliste de l'avant-garde*, numéro spécial *Revue de musique des universités canadiennes*, vol. 22, n° 1, 2001, p. 40-67, ici p. 40-48, et plus précisément voir la note 11, p. 43.

57. Jean Cocteau, *Le Coq et l'Arlequin : notes autour de la musique, avec un portrait de l'auteur et Deux Monogrammes par Pablo Picasso*, Paris, La Sirène, 1918 [en réalité janvier 1919] ; repris dans Jean Cocteau, *Écrits sur la musique* [avec variantes de textes selon les éditions, manuscrits, dactylogrammes ou corrections d'épreuves d'imprimerie], éd. David Gullentops et Malou Haine, Paris, Vrin, 2016, p. 97-133.

58. Cocteau, *Le Coq et l'Arlequin*, dans *Écrits sur la musique*, p. 109.

59. *Ibid.*, p. 108.

60. *Ibid.*, p. 110.

61. Satie est appelé ainsi par ses amis musiciens puisqu'il habite la banlieue Arcueil-Cachan.

Ainsi, ces compositeurs contribuent à leur manière au développement de l'art moderne en s'adonnant avec les artistes peintres et littéraires à des manifestations interartistiques des plus avant-gardistes. À la suite de l'avènement du cubisme et du futurisme, d'audacieux courants artistiques tels que le dadaïsme et le surréalisme envahissent la scène parisienne.

L'ÉCLATEMENT DES NORMES ARTISTIQUES

Le 5 février 1916, sous le coup de ce dynamisme artistique déchaîné, Hugo Ball (1886-1927) fonde le Cabaret Voltaire, à Zurich. C'est à cet endroit que se déploie, en mai 1916, le dadaïsme, aussi appelé « Dada ». En pleine période de guerre, un groupe de jeunes artistes et d'écrivains s'y retrouvent; leur mouvement se transforme vite en révolte contre ce contexte extrême et cruel. À l'image des atrocités de guerre, leur art, dont l'essence repose sur ce paradoxe entre destruction et vie, s'exerce de manière violente, absurde et chaotique.

Le dadaïsme de Tzara et l'instantanéisme de Picabia

Mis à part Ball, les participants aux soirées éclatées du Cabaret Voltaire comptent de fortes personnalités, comme le poète roumain Tristan Tzara (1896-1969), mais aussi les peintres Jean Arp (1886-1966) et Marcel Janco (1895-1984). Repoussant les dogmes et les écoles, les séances de musique, de poésie et de peinture comportent tous les genres et les styles avant-gardistes, allant des expressionnistes allemands aux cubistes et futuristes français. Tzara exprime dans sa *Chronique zurichoise* la puissante vitalité qui y règne : « Dada!! dernière nouveauté!!! syncope bourgeoise, musique bruitiste, dernier cri, chanson Tzara, danse, protestations - la grosse caisse - lumière rouge, policemen - chanson tableaux cubistes »[62]. De nouvelles expérimentations se réalisent à partir de techniques connues, à savoir le collage, l'art primitif (le chant et la danse « nègres ») et le poème simultané ou « phonétique » avec une attention particulière apportée à la typographie. La *Dada-soirée* organisée le 14 juillet 1916 reflète l'éclectisme qui caractérise tant les dadaïstes, en réunissant plusieurs moyens d'expression dans un même programme : « Musique, danses, théories, manifestes, tableaux, costumes [et] masques »[63].

Du Cabaret Voltaire, en activité de mai à juillet 1916 seulement, on passe à la Galerie Dada (Zurich) au printemps 1917, à l'initiative de Tzara. Le mouvement dadaïste provoque d'énormes tapages, surtout depuis la publication de la revue *Dada* (1917)[64],

62. Dominique Baudoin, « Étude historique et critique », dans Tristan Tzara, *Dada*, t. II, réimpression intégrale et dossier critique de la revue publiée de 1917 à 1922, éd. Michel Sanouillet et Dominique Baudoin, Nice, Centre du XXe siècle, 1983, p. 1-67.

63. Chronique suédoise, cité dans *ibid.*, p. 9.

64. Les deux premiers numéros, *Dada 1* et *Dada 2*, datent de juillet et de décembre 1917, respectivement. Jusqu'en novembre 1919, il y aura cinq numéros de la revue *Dada*, publiés à Zurich. Pour plus de détails sur l'historique de la revue *Dada*, voir *ibid.*, p. 12-13 et 23-34.

qui compte, parmi ses collaborateurs, les artistes français Reverdy, Delaunay, Paul Dermée et Philippe Soupault. Le dadaïsme franchit donc vite les frontières du monde artistique parisien.

À son arrivée à Paris en janvier 1920, Tzara s'allie avec Francis Picabia[65] et André Breton (1896-1966). Les trois artistes organisent la première manifestation dadaïste parisienne le 23 janvier 1920, annoncée sous le nom de la *Première Matinée de Littérature*. Au programme, réunissant plusieurs formes d'art, figurent, entre autres, les poètes Cocteau, Tzara, Breton, Pierre Bertin et Louis Aragon; les peintres Léger, Juan Gris et Giorgio de Chirico; les musiciens Satie, Milhaud, Auric et Poulenc[66]. Plusieurs de ces artistes collaboreront dans d'autres types de spectacles, comme les ballets présentés dans cet ouvrage[67].

Les manifestations dadaïstes qui s'ensuivent sont tout aussi déroutantes les unes que les autres. Lors d'une *Manifestation dada* tenue le 27 mars 1920 à la Maison de l'Œuvre, Tzara présente sa pièce de théâtre *La Première Aventure céleste de M. Antipyrine*, avec une scénographie de Picabia[68]. Complètement à l'encontre des conventions, le jeu des acteurs s'effectue derrière un décor transparent conçu par Picabia. Carole Boulbès décrit cette œuvre :

> La scénographie était plutôt rudimentaire : des ficelles tendues entre sol et plafond, une roue de bicyclette et des cadres comportant des maximes loufoques : « Dada est contre la vie chère », « Dada est un microbe vierge », « Si vous tendez les bras, vos amis vous les couperont », « La paralysie est le commencement de la sagesse… »[69].

Ce spectacle sous-entend une prémisse essentielle du dadaïsme : l'art doit se rattacher non pas à la réalité, mais à la « vie » dans son sens le plus littéral. Picabia pousse cette idéologie jusqu'à songer à « introduire des animaux vivants dans ses œuvres ». Dans ce désir profond de s'approcher de la vie réelle, il « désacralise la valeur de l'œuvre d'art », en renversant complètement les codes. Par exemple, « il remplace la peinture par une toile blanche ou un entrecroisement de cordes rattachées à un cadre ». Sous-tendant un refus des conventions et des constructions logiques, l'auteur du tableau *L'Œil cacodylate* (1921)[70], selon Boulbès, « déconstruisait avec humour, sans violence, avec tact et retenue ». Avec son sens aigu de la formule provocatrice et de la typographie animée, Picabia mise sur l'effet propagandiste de la pancarte, sur laquelle il affiche des maximes décapantes, telles que celles rencontrées dans le décor de *Relâche*. Dans ce ballet qualifié d'« instantanéiste » par Picabia lui-même, l'artiste fait un pied de nez à Dada, duquel

65. À la fois peintre et poète, Francis Picabia est également critique d'art.

66. Le programme de la *Première Matinée de Littérature* est illustré dans Carole Boulbès, *Relâche : dernier coup d'éclat des Ballets suédois*, Dijon, Les Presses du réel, 2017, p. 24.

67. C'est à cette période que naît la renommée revue *Bulletin Dada*, lancée le 5 février 1920. *Ibid.*, p. 48-49.

68. Le programme de la *Manifestation dada* est reproduit dans Boulbès, *Relâche*, p. 27.

69. Carole Boulbès, dans Francis Picabia, *Écrits critiques*, éd. Carole Boulbès, préf. Bernard Noël, Montréal, Mémoires du livre, 2005, p. 501 (Chapitre IV, « Picabia et le spectacle »). À moins d'indication contraire, les citations insérées dans le paragraphe suivant sont issues de cette partie de l'ouvrage (*ibid.*, p. 499-500).

70. Le tableau *L'Œil cacodylate* (1921) est une huile sur toile qui comporte près de cinquante citations et signatures de connaissances proches, dont la plupart sont des artistes.

il s'est dissocié depuis le fameux procès Barrès du 13 mai 1921[71]. À travers *Relâche*, il démontre ses talents en matière de polyvalence artistique, en remplissant les diverses fonctions de poète, de décorateur et de metteur en scène, comme nous le verrons dans le dernier chapitre du volume.

Le surréalisme

Ainsi, dès le printemps 1921 commence une série de malentendus et de discordes entre le groupe de Breton et celui de Tzara. Les attaques les plus virulentes entre les deux camps s'étendent jusqu'à la légendaire soirée *La Cœur à barbe* du 6 juillet 1923, marquée de coups violents[72]. Entre-temps, Breton, entouré d'Aragon, de Soupault et de Paul Éluard, fonde un nouveau mouvement centré sur le potentiel créatif de l'inconscient qu'il nomme » surréalisme »[73]. Même s'ils visent une finalité artistique plus positive, les surréalistes perpétuent les valeurs promulguées par les dadaïstes, aussi contradictoires soient-elles : la provocation et la dérision puisées dans l'irrationnel, l'absurde et les rêves sont des pratiques communes aux deux mouvements.

La question du « sur-réel » ou du « nouveau réel » est posée dès 1922 dans la revue *Littérature*, qui se veut paradoxalement antilittéraire. Puis, en 1924, Breton publie le *Premier Manifeste du surréalisme*[74], dans lequel il définit le « surréalisme » comme suit :

> SURRÉALISME, *n.m.* Automatisme psychique pur, par lequel on se propose d'exprimer, soit verbalement, soit par écrit, soit de toute autre manière, le fonctionnement réel de la pensée. Dictée de la pensée, en l'absence de tout contrôle exercé par la raison, en dehors de toute préoccupation esthétique ou morale.
> ENCYCL., *Philos.* Le surréalisme repose sur la croyance à la réalité supérieure de certaines formes d'associations négligées jusqu'à lui, à la toute-puissance du rêve, au jeu désintéressé de la pensée. Il tend à ruiner définitivement tous les autres mécanismes psychiques et à se substituer à eux dans la résolution des principaux problèmes de la vie[75].

L'automatisme représente pour les surréalistes le moyen d'unir le monde réel et le monde onirique. Il offre ainsi une synthèse entre la réalité et l'imaginaire. S'adonner au surréalisme, c'est donc détruire la réalité pure pour en construire une autre, toute nouvelle, qui s'approche de l'univers fantastique. Au moyen de l'écriture automatique, qui se pratique dans un état second de lâcher-prise, entre le sommeil et le rêve, l'artiste crée sans contraintes morales ni codes préétablis. Il développe ainsi une poésie composée de phrases dictées par l'inconscient, exempt de tout contrôle. Parmi les méthodes de création de l'art non contrôlé s'inscrit également le jeu collectif du « cadavre exquis », qui procède ainsi : chacune des personnes d'un groupe fait circuler un morceau de

---

71. Les tenants et aboutissants de ce procès contre Maurice Barrès sont décrits par Baudoin (« Étude historique et critique », dans Tzara, *Dada*, t. II, p. 53).

72. Pour les détails, voir *ibid.*, p. 56.

73. Pour un aperçu du mouvement, consulter Yvonne Duplessis, *Le surréalisme*, 17ᵉ éd., Paris, Presses universitaires de France, vol. 432, 1950 ; rééd. 2002.

74. Le *Second Manifeste du surréalisme* est publié en 1930.

75. André Breton, *Premier Manifeste du surréalisme*, dans *Œuvres complètes*, t. 1, édition établie par Marguerite Bonnet avec la collaboration de Philippe Bernier, Étienne-Alain Hubert et José Pierre, Paris, Gallimard, 1988, p. 311-346, ici p. 328. L'utilisation des lettres majuscules et de l'italique est de Breton.

papier sur lequel elle a écrit un mot ou tracé un dessin. Il résulte de ce procédé une composition poétique ou picturale particulièrement singulière, obtenue par l'effet du hasard.

Chez les artistes visuels, l'objet fabriqué à l'usine, le « tout fait » ou le « *ready-made* », représente cette notion du hors contrôle : l'objet est ce qu'il est, dépourvu de contrôle humain. Duchamp, qui, dès 1913, initie le *ready-made*, est pris en exemple. Similairement aux cubistes qui, pour traiter le *réalisme*, inséraient des morceaux tout faits dans leur peinture (ex., papier journal, carton, bois, tôle), les surréalistes recourent à la technique du *collage* pour illustrer les images précises qui émergent aussi bien de la réalité que du rêve [76]. En ce sens, ces objets rétablissent le lien entre ces deux mondes.

La danse à la croisée des arts

Avec tout ce développement de courants esthétiques, force est de constater que l'héritage du cubisme est considérable dans la construction du modernisme artistique. En fait, le cubisme donne le coup d'envoi à une gamme de réflexions esthétiques et de mouvements artistiques qui jalonnent la modernité.

À partir de 1910, tous les acteurs de l'art – peintres, sculpteurs, poètes et musiciens – se réunissent pour définir les balises de cette modernité qui les caractérisera. La scène devient un lieu privilégié pour mettre en œuvre leurs réflexions. Avec l'arrivée à Paris de nouvelles troupes de ballet, les années 1920 bouleversent le milieu de la danse : le ballet académique se transforme en performances avant-gardistes, où l'art occupe le premier rang. L'impératif d'exprimer l'art pour l'art primant sur le désir d'afficher des prouesses de virtuosité corporelle, les spectacles de ballet deviennent de plus en plus des manifestations interartistiques ; elles prônent ainsi la notion de l'œuvre d'art totale dans une perspective moderniste. C'est notamment l'orientation que prendront les Ballets russes et les Ballets suédois.

Les Ballets russes

Pendant que la peinture établit les premières bases de la modernité, les Ballets russes de Diaghilev font leur entrée parisienne en 1909 [77]. Diaghilev ne cesse d'étonner le

---

76. Ajoutons toutefois une distinction entre le *ready-made*, dont l'objet se présente seul, et les « objets surréalistes », qui font foi d'une composition hétérogène de divers objets. À ce sujet, voir Jochen Heymann, « Un petit oiseau va sortir : le théâtre de Jean Cocteau et l'esthétique du *Ready-made* », dans Volker Kapp et Suzanne Winter (dir.), *Jean Cocteau et les arts*, numéro spécial de *Œuvres critiques : revue internationale d'étude de la réception critique des œuvres littéraires de langue française*, vol. XXII, n° 1, 1997, p. 77-89, ici p. 81.

77. C'est depuis 1906 que Diaghilev présente des événements culturels à Paris. Mentionnons l'exposition « Deux siècles de peinture et de sculpture russes » (15 octobre-11 novembre 1906), présentée au Grand Palais de Paris ; une série de « Cinq concerts historiques russes » (16 au 30 mai 1907), donnée à l'Opéra de Paris ; sept représentations, incluant la création française, de l'opéra *Boris Godounov* de Moussorgski, données à l'Opéra de Paris du 19 mai au 4 juin 1908. Oleg Brezin, « Chronologie », dans John E. Bowlt, Zelfira Tregulova et Nathalie Rosticher Giordano (dir.), *Étonne-moi ! Serge Diaghilev et les Ballets Russes*, Catalogue d'exposition (Nouveau Musée national de Monaco, 9 juillet-27 septembre 2009), Milan, Skira, 2009, p. 313-319, ici p. 314.

public français avec ses productions exotiques et somptueuses[78]. En exportant à Paris une troupe formée des meilleurs danseurs du Théâtre Maryinski de Saint-Pétersbourg, l'imprésario russe sort le ballet classique de son cadre traditionnel et en actualise le vocabulaire. La danse accède alors à un statut de plus en plus reconnu dans le domaine des arts.

C'est le 19 mai 1909 que les Ballets russes présentent leur toute première représentation à Paris, au Théâtre du Châtelet. Le Tout-Paris est ébahi par la direction artistique donnée à la danse. Elle offre un nouveau regard sur les traditions folkloriques russes, notamment avec les décors fauves d'Alexandre Benois, de Léon Bakst et de Nicolas Roerich; les sonorités slaves de Nikolaï Rimsky-Korsakov et de Modeste Moussorgski, pour ne nommer que ceux-ci; les gestuelles modernistes que le chorégraphe Michel Fokine propose à la troupe, dont font partie les danseurs étoiles Vaslav Nijinski, Anna Pavlova et Tamara Karsavina.

Fervent du drame musical de Richard Wagner et de son concept du *Gesamtkunstwerk* (œuvre d'art totale), Diaghilev aspire à des spectacles issus de la rencontre des arts, d'où son intérêt de développer le spectacle du ballet[79]. Dès la fin de la première saison parisienne, qui ne comporte que des chorégraphies fondées sur de la musique existante, Diaghilev commande des œuvres originales à des compositeurs contemporains. Il déstabilise le milieu de la danse en collaborant avec Stravinski, qui, avec ses deux premiers ballets, *L'Oiseau de feu*[80] et *Petrouchka*[81], bouleverse complètement les codes de la musique de ballet, forçant la danse à renouveler son langage. Stravinski pousse encore plus loin les limites chorégraphiques avec *Le Sacre du printemps*[82], dont la complexité rythmique touche un niveau inégalé. En dépit de ces francs succès, Diaghilev recherche toujours des collaborateurs capables d'un réel échange artistique, menant à des productions avant-gardistes.

En 1917, *Parade* marque en ce sens un tournant majeur dans l'histoire des Ballets russes : il témoigne d'un grand travail collaboratif entre ses auteurs. Représentatifs de l'avant-garde parisienne, Cocteau, Picasso et Satie donnent aux Ballets russes un second souffle, bienvenu dans ce contexte de guerre qui a ralenti leurs activités en France. Ainsi, à partir de *Parade*, des artistes de la jeune garde parisienne intègrent graduellement la compagnie de danse russe. La prochaine décennie voit apparaître, dans les programmes

78. Les œuvres inscrites à la première saison parisienne du 19 mai au 18 juin 1909 se divisent entre ballets et opéras : les ballets *Le Pavillon d'Armide, Cléopâtre, Les Danses polovtsiennes du Prince Igor, Le Festin* et *Les Sylphides;* les opéras *Ivan le terrible, Rousselan et Ludmilla* et *Judith.*

79. Dans certaines de ses productions d'opéra ou d'oratorio, Diaghilev intègre le ballet, comme dans les œuvres *Ivan le terrible, Rousselan et Ludmilla* et *Judith* mentionnées dans la note ci-haut. Pour une liste complète de ce genre d'œuvres hydrides (opéra-ballet), créées tout au long de l'existence de la troupe (1909-1929), consulter Lynn Garafola, « Appendix : Operas and Ballets Produced by Serge Diaghilev », dans Lynn Garafola et Nancy Van Normand Baer (dir.), *The Ballets Russes and its World*, New Haven, Yale University Press, 1999, p. 313-320.

80. *L'Oiseau de feu* est créé au Théâtre national de l'Opéra de Paris le 25 juin 1910 : le décor est d'Alexandre Golovin, les costumes sont de Golovin et Bakst, le livret et la chorégraphie de Michel Fokine.

81. *Petrouchka* est créée le 13 juin 1911 au Théâtre du Châtelet de Paris : le livret est de Stravinski et d'Alexandre Benois, la chorégraphie de Fokine, tandis que le décor et les costumes sont de Benois.

82. *Le Sacre du printemps* est créé le 29 mai 1913 au Théâtre des Champs-Élysées de Paris : le livret est de Stravinski et de Nicolas Roerich; la chorégraphie de Nijinski; le décor et les costumes sont de Roerich.

des Ballets russes, les noms de compositeurs français tels que Maurice Ravel, Debussy, Poulenc, Auric, Milhaud et Satie ainsi que les noms de peintres actifs dans le milieu parisien comme Picasso, Braque, Matisse, Delaunay, Derain et Marie Laurencin. En confiant la création des décors et des costumes à ces artistes peintres bien établis, Diaghilev modifie la tradition du milieu théâtral, qui veut que cette tâche revienne à des décorateurs de scène.

Les Ballets suédois

En 1920, soit trois ans après la création de *Parade*, la compagnie des Ballets suédois de Rolf de Maré (1888-1964), nouvellement installée à Paris, pousse encore plus loin cette expérimentation du modernisme dans la pratique de la danse et de l'art total en faisant preuve d'audaces esthétiques sans précédent. Jeune aristocrate suédois, captivé par la peinture, la musique et la danse, de Maré [83] nourrit le rêve de créer sa propre troupe de ballet, surtout depuis sa rencontre avec Michel Fokine (1880-1942) à Stockholm en 1913 [84]. Mais ce n'est qu'à la fin de la Grande Guerre qu'il démarre son projet. À l'été 1918, de Maré donne son soutien à Fokine pour former les meilleurs danseurs scandinaves, parmi lesquels figure Jean Börlin (1893-1930) [85].

Impressionné par le talent du jeune danseur, de Maré investit davantage dans sa formation. Il octroie à Börlin un voyage d'études lui permettant de s'initier aux nouveaux courants artistiques et aux danses du monde [86]. À la suite de ces séjours de perfectionnement, Börlin est décidé à quitter son poste de danseur à l'Opéra royal de Stockholm pour entreprendre une carrière à Paris. Il arrive dans la capitale française en novembre 1919.

Sans tarder, Börlin présente à la Comédie des Champs-Élysées [87], le soir du 24 mars 1920, un spectacle de danse solo qui comprend sept créations chorégraphiques et six

83. Rolf de Maré est agriculteur de formation. Issu d'une famille riche et très cultivée, il voyage partout dans le monde, ce qui lui permet de s'ouvrir à toutes les formes artistiques et de collectionner des objets d'art des plus originaux, dont plusieurs masques originaires de Bangkok. Sa collection contient également des œuvres de peintres représentatifs de l'avant-garde parisienne tels que Picasso, Braque et Léger. Dans les arts, de Maré connaît la musique jusqu'à pouvoir lire parfaitement une partition au piano et démontre un grand intérêt pour la danse populaire et folklorique. Pour une biographie complète sur de Maré, consulter Erik Näslund, *Rolf de Maré : fondateur des Ballets suédois, collectionneur d'art, créateur de musée*, traduit du suédois par Étienne Clotuche (Arles, Actes Sud / Stockholm, Bokförlaget Langenskiöld, 2008) et Bengt Häger, *Ballets suédois* (Paris, Jacques Damase, 1989).

84. Michel Fokine quitte la compagnie des Ballets russes le 8 juin 1912, soit le lendemain de la création de *Daphnis et Chloé*, dont la chorégraphie est assumée par Nijinski, le nouveau protégé de Diaghilev. Après sa démission, Fokine poursuit une carrière de chorégraphe, de danseur et de professeur à Saint-Pétersbourg, à Stockholm et à Copenhague. Le 3 juin 1913, alors maître de ballet à l'Opéra royal de Stockholm, il rencontre de Maré. En colère contre Diaghilev, pour qui il a travaillé pendant quatre ans, Fokine espère monter une troupe de ballet qui fera concurrence aux Ballets russes. Näslund, *Rolf de Maré*, p. 137-141.

85. À noter que Jean Börlin ainsi que Carina Ari ont déjà dansé pour Fokine lors de son passage à l'Opéra royal de Stockholm. C'est Rolf de Maré qui paie les leçons privées de ces danseurs à Fokine, qui se trouve à Copenhague pendant cette période. *Ibid.*, p. 139-144.

86. En Afrique du Nord, Börlin apprend la danse des « derviches tourneurs » tandis que, à Séville, il étudie la danse espagnole.

87. La Comédie des Champs-Élysées est une petite salle se trouvant au Théâtre des Champs-Élysées, dont la direction est assumée par Jacques Hébertot (1886-1970).

interludes pendant lesquels il change de costume[88]. Interprétées par un orchestre de quarante-cinq musiciens sous la direction de Désiré-Émile Inghelbrecht, plusieurs œuvres inscrites au programme sont signées par des compositeurs français contemporains. La critique n'est pas tant étonnée par le fait que Börlin, à lui seul, « parvien[ne] à intéresser toute une salle pendant deux heures »[89] que par le résultat de la recherche stylistique, qui confère à ses chorégraphies un caractère extrêmement moderne[90].

De Maré profite de ce succès pour former prestement sa compagnie de danse, qui s'établit au Théâtre des Champs-Élysées[91]. Le Suédois nomme Börlin au poste de chorégraphe et dépêche aussitôt le directeur du théâtre, Jacques Hébertot, en Scandinavie. Ce dernier y recrute une trentaine de danseurs, qu'il trouve d'abord à Stockholm[92], puis à Copenhague[93].

Le premier lever de rideau sur les Ballets suédois a lieu le 25 octobre 1920[94]. Dans la programmation de sa première saison parisienne, de Maré inclut *Jeux* (1912) de Debussy, œuvre originalement dansée par Nijinski aux Ballets russes en 1913. Malgré la comparaison inévitable entre les deux troupes, la presse donne dans l'ensemble une critique favorable à la nouvelle compagnie de danse. Même si, à leurs débuts, les Ballets suédois suscitent le scepticisme à propos de leur valeur artistique, le milieu du spectacle réalise que, comme le précise Cocteau, « l'entreprise de M. Rolf de Maré [et] le travail

---

88. Le spectacle de danse de Börlin est organisé en collaboration avec Jacques Hébertot et avec le soutien financier de Rolf de Maré. Lors de cette soirée, Börlin crée les sept numéros chorégraphiques suivants à partir de la musique existante : *Arlequin*, sur deux *Études* de Frédéric Chopin ; *Danse céleste*, sur un extrait de l'opéra *Lakmé* de Léo Delibes ; *Sculpture nègre*, sur le *Poème-Nocturne* d'Alexandre Scriabine ; *Danse suédoise*, sur des airs folkloriques ; *Danse tzigane*, sur un extrait de l'opéra *Henri VIII* de Camille Saint-Saëns ; *Devant la mort*, sur une adaptation de *Légendes* de Franz Liszt ; *Derviches*, sur la *Danse de Salomé* d'Alexandre Glazounov. Frank Claustrat, « Jean Börlin hors limites : le temps des solos », dans Josiane Mas (dir.), *Arts en mouvement : les Ballets suédois de Rolf de Maré, Paris 1920-1925*, Montpellier, Presses universitaires de la Méditerranée (Centre d'étude du XXe siècle, Université Paul-Valéry), 2008, p. 259- 275, ici p. 260-263.

La musique choisie pour les interludes entre les numéros de danse est de Debussy, Alexandre Borodine, Ravel, Wilhlem Peterson-Berger, Florent Schmitt et Désiré-Émile Inghelbrecht. Voir Nancy Van Norman Baer et Tirza True Latimer, « Ballets Suédois Productions : Chronology », dans Nancy Van Norman Baer (dir.), *Paris Modern : The Swedish Ballet*, San Francisco, Fine Arts Museums of San Francisco, 1995, p. 150-152, ici p. 150. Voir également le programme reproduit dans Näslund, *Rolf de Maré*, p. 163.

89. Louis Laloy, « Concert de Danses par M. Jean Börlin », *Comœdia*, 26 mars 1920, p. 1.

90. Pierre Scize, « Jean Börlin, danseur », *Bonsoir*, 26 mars 1920, p. 13.

91. De Maré ira jusqu'à signer un bail de sept ans au Théâtre des Champs-Élysées. Häger, *Ballets suédois*, p. 14.

92. Voyant la perte de ses meilleurs danseurs, le directeur de l'Opéra royal de Stockholm lance une virulente compagne d'intimidation en émettant des communiqués diffamatoires auprès de la presse. Appuyé par le gouvernement, il accuse les danseurs de traîtrise et les force à s'expatrier. Comme Hébertot offre des conditions d'emploi très alléchantes, les danseurs choisissent vite de partir à Paris. Näslund, *Rolf de Maré*, p. 165-168.

93. Comme certains danseurs proviennent du Danemark, on se demande d'ailleurs pourquoi la troupe de danse porte le nom de Ballets suédois. *Ibid.*, p. 171.

94. *Ibid.*, p. 604 et Baer, « The Ballets Suédois : A Synthesis of Modernist Trends in Art », dans Baer (dir.), *Paris Modern*, p. 10. Mentionnons qu'avant la première soirée officielle du 25 octobre, il y a eu une répétition générale privée qui s'est tenu le 22 octobre 1920. Le lendemain, on organisa une « générale publique » devant un auditoire composé de la bourgeoisie et du milieu artistique parisiens. Näslund, *Rolf de Maré*, p. 174.

infatigable de Jean Börlin viennent d'ouvrir toute grande une porte aux explorateurs »[95]. De Maré a effectivement vu juste en choisissant Börlin comme chorégraphe de la troupe, car, du début jusqu'à la fin de cette aventure[96], il démontrera des qualités exceptionnelles dans l'exercice de ses fonctions :

> Jean Börlin fut le grand animateur des Ballets suédois. Excellent musicien, lisant couramment les partitions les plus difficiles, artiste jusqu'au bout des ongles, il était cependant d'une rare modestie. Ami généreux et camarade fidèle, il fut très aimé de notre troupe[97].

De Maré fait tout en son pouvoir pour fonder une compagnie solide et stable : il crée notamment des postes permanents, une structure inédite dans le milieu de la danse. Ainsi, le personnel régulier des Ballets suédois regroupe des administrateurs, des danseurs, un costumier, des techniciens scénographiques et un orchestre, qui compte à ses débuts 90 musiciens accomplis, livrant des exécutions de « qualité musicale remarquable », selon Émile Vuillermoz[98].

Cette troupe se caractérise par son haut degré de réceptivité aux idées nouvelles et à la critique, par son infatigable persévérance au travail et par un esprit d'équipe exemplaire. Elle possède ainsi les qualités requises pour accéder au premier rang de la scène parisienne. Grâce aux efforts remarquables de ses membres, la compagnie monte à elle seule neuf ballets en l'espace de trois semaines, entre le 25 octobre et le 18 novembre 1920[99].

La force des Ballets suédois se reconnaît non seulement dans leur capacité à travailler avec rigueur, mais aussi dans leur disposition à créer une alliance entre les arts au sein des productions. Ils partent du principe que « dans un ballet, la danse ne doit être qu'un élément de l'ensemble »[100] ; chaque forme artistique occupe donc une place considérable dans leurs productions. Le critique Fernand Divoire décrit bien l'orientation adoptée par cette compagnie de ballet :

> Les Ballets suédois sont intelligence et peinture plus que danse, plus que musique, plus que sensibilité. Chacun d'eux se comporte comme l'illustration d'un texte. [...] Ni danse, ni musique, ni décor ne sont sacrifiés, mais restent subordonnés à un ensemble, en

---

95. Cocteau, cité dans Pierre Tugal (dir.), *Les Ballets suédois dans l'art contemporain*, Paris, Éditions du Trianon, 1931, p. 55.

96. La troupe des *Ballets suédois* cessa ses activités le 17 janvier 1925. Näslund, *Rolf de Maré*, p. 370.

97. Rolf de Maré, « Naissance et évolution des Ballets suédois », dans Tugal (dir.), *Les Ballets suédois dans l'art contemporain*, p. 25-26.

98. Émile Vuillermoz, cité dans *ibid.*, p. 12.

99. Même si certains ballets reposent sur une musique déjà existante, les chorégraphies sont des créations originales de Börlin. Les œuvres inscrites au programme de la première saison parisienne sont les suivantes : *Jeux* (Debussy), *Derviches* (Glazounov), *Ibéria* (Isaac Albeniz), *Nuit de St-Jean* (Hugo Alfvén), *Maison de Fous* (Viking Dahl), *Le Tombeau de Couperin* (Ravel), *El Greco* (Inghelbrecht), *Pas de deux* (Chopin, orchestration d'Eugène Bigot) et *Les Vierges folles* (Kurt Atterberg, d'après des airs folkloriques suédois). À noter que le peintre suédois Nils Dardel (1888-1943) exécute le décor et les costumes de deux des ballets présentés dans cette saison (*Nuit de St-Jean* et *Maison de Fous*). Ami intime de longue date avec de Maré, Dardel l'initie à la peinture moderne et le conseille dans l'enrichissement de sa collection. Pour connaître les liens qui se sont développés entre les deux hommes, voir Näslund, *Rolf de Maré*, p. 70-109.

100. Fernand Divoire, cité dans Tugal (dir.), *Les Ballets suédois dans l'art contemporain*, p. 17.

> définitive, pictural. La danse est appropriée au décor et à la musique au point qu'on ne sait lequel des trois arts a entraîné les autres [101].

Même si l'aventure des Ballets suédois ne dure que cinq ans, leurs productions atteignent une richesse artistique hors du commun. Intitulé *Relâche, Ballet instantanéiste en deux actes, un Entr'acte cinématographique, et « La queue du chien »*, leur dernier spectacle, des plus multidisciplinaires, repousse la limite de l'audace en confrontant les conventions artistiques à l'art d'absurde.

Enfin, les Ballets suédois et les Ballets russes réunissent les plus grands artistes contemporains français sur la scène pour créer des spectacles interartistiques. Ces troupes ont ainsi permis d'amener au théâtre les arts de leur temps en mariant à la danse le cubisme, le futurisme, le dadaïsme et le surréalisme. C'est notamment sous l'angle de l'interaction artistique que sera abordée l'étude des ballets présentée dans les prochains chapitres, qui commence par une lecture du ballet *Parade* sous la loupe du cubisme et du futurisme.

---

101. *Ibid.*, p. 16.

CHAPITRE II

PARADE : LA RENCONTRE DU RÉALISME ET DU CUBISME

« Voici la *Parade*, ballet cubiste, paradoxal peut-être pour les myopies – vrai pour moi »[1] : voilà comment Léon Bakst présente *Parade, ballet réaliste en un tableau*, créé le 18 mai 1917 au Théâtre du Châtelet par les Ballets russes de Serge de Diaghilev. Alors que le librettiste Jean Cocteau assigne un sens « réaliste » au spectacle, Bakst, de son côté, lui attribue la connotation cubiste puisqu'il a assisté à la production des décors et des costumes, signés par Pablo Picasso. La présence du maître cubiste dans l'élaboration de *Parade* contribue à faire l'unanimité sur sa valeur cubiste et sur le fait qu'il soit la première manifestation du genre dans la capitale française.

Que *Parade* soit qualifié de cubiste ou de réaliste relève plus de la synonymie que du « paradoxe ». Comme nous l'avons vu dans le chapitre précédent, le réalisme est une notion intrinsèquement liée au développement du cubisme. Et c'est ce réalisme à travers le cubisme que Cocteau veut traduire dans son ballet *Parade* : « Il convenait non seulement de rendre sa place au réalisme, mais encore de lui attribuer pour la première fois son véritable sens théâtral », précise l'auteur[2].

Cocteau tient vraiment à « secouer le théâtre endormi dans de vieilles routines », afin de donner sa juste place à l'art français dans une période où « la France éclate de toutes parts sous le tonnerre d'Avril »[3]. Dans cette dernière année de la Grande Guerre, *Parade* « marque une relance de la vie artistique d'avant-garde »[4]. Sous l'empreinte du cubisme, le cirque et les saltimbanques qui animaient jadis la peinture et les quartiers parisiens servent de véhicule à la thématique réaliste :

1. Léon Bakst, « Programme des Ballets russes : chorégraphie et décors des nouveaux Ballets russes », *Programme des Ballets russes*, 18 mai 1917; publié en avant-première dans *Excelsior*, 11 mai 1917; repris dans Jean Cocteau, *Entre Picasso et Radiguet*, éd. André Fermigier, Paris, Hermann, 1967, p. 74.

2. Jean Cocteau, « Avant *Parade* », *Excelsior*, n° 2376, 18 mai 1917, p. 5; repris dans Jean Cocteau, *Écrits sur la musique*, éd. David Gullentops et Malou Haine, Paris, Vrin, 2016, p. 80-82, ici p. 82.

3. *Ibid.*, p. 81.

4. Dominique Baudoin, « Étude historique et critique », dans Tristan Tzara, *Dada*, t. II, réimpression intégrale et dossier critique de la revue publiée de 1917 à 1922, éd. Michel Sanouillet et Dominique Baudoin, Nice, Centre du XXe siècle, 1983, p. 44.

> Nous souhaitons que le public considère *Parade* comme une œuvre qui cache des poésies sous la grosse enveloppe du guignol. Le rire est de chez nous ; il importe qu'on s'en souvienne et qu'on le ressuscite même aux heures les plus graves. C'est une arme trop latine pour qu'on la néglige. *Parade* groupe le premier orchestre d'Erik Satie, le premier décor de Pablo Picasso, les premières chorégraphies cubistes de Léonide Massine et le premier essai pour un poète de s'exprimer sans paroles.
> La collaboration a été si étroite que le rôle de chacun épouse celui de l'autre sans empiéter sur lui[5].

Cocteau souligne ici l'importance d'une production qui réunit quatre futures têtes d'affiche du milieu artistique parisien. Leur fructueuse collaboration interartistique incite Apollinaire à rédiger un manifeste intitulé « *Parade* et l'esprit nouveau ». Dans ce texte accompagnant le programme du spectacle, Apollinaire aborde les grandes lignes de la pensée esthétique du ballet :

> C'est un poème scénique que le musicien novateur Erik Satie a transposé en une musique étonnamment expressive, si nette et si simple que l'on y reconnaîtra l'esprit merveilleusement lucide de la France même.
> Le peintre cubiste Picasso et le plus audacieux des chorégraphes, Léonide Massine, l'ont réalisé en consommant pour la première fois cette alliance de la peinture et de la danse, de la plastique et de la mimique, qui est le signe évident de l'avénement [*sic*] d'un art plus complet. [...]
> De cette alliance nouvelle, [...] il [a] résulté, dans *Parade*, une sorte de sur-réalisme où je vois le point de départ d'une série de manifestations de cet esprit nouveau qui, trouvant aujourd'hui l'occasion de se montrer, ne manquera pas de séduire l'élite et se promet de modifier de fond en comble les arts et les mœurs dans l'allégresse universelle, car le bon sens veut qu'ils soient au moins à la hauteur des progrès scientifiques et industriels. [...]
> Jean Cocteau appelle un ballet réaliste. Les décors et les costumes cubistes de Picasso témoignent du réalisme de son art.
> Ce réalisme, ou ce cubisme, comme on voudra, est ce qui a le plus profondément agité les arts durant les dix dernières années. [...]
> On le verra dans *Parade*, avec un étonnement qui deviendra vite de l'admiration. Il s'agit avant tout de traduire la réalité. [...]
> En somme, *Parade* renversera les idées de pas mal de spectateurs. Ils seront surpris, certes, mais de la plus agréable façon et, charmés, ils apprendront à connaître toute la grâce des mouvements modernes dont ils ne s'étaient jamais doutés[6].

La thématique réaliste de *Parade* se traduit, entre autres, dans l'espace circonscrit pour la scène. Cette dernière représente le devant de l'entrée d'une baraque foraine ; de chaque côté s'élèvent des édifices à étages. Dans ce contexte, le cirque sert à la fois de lieu d'évasion et de référent à la vie moderne urbaine, qui étouffe les moindres rêves. Cocteau résume le spectacle :

---

5. Cocteau, « Avant *Parade* », dans Gullentops et Haine (éd.), *Écrits sur la musique*, p. 81.

6. Guillaume Apollinaire, « *Parade* et l'esprit nouveau », *Programme des Ballets russes*, 18 mai 1917 ; reproduit en fac-similé dans Annie Guédras (éd.), *Jean Cocteau à Montparnasse : ailleurs et après*, Paris, Éditions des Cendres / Musée de Montparnasse, 2001, p. 66-67 ; repris dans Fermigier (éd.), *Entre Picasso et Radiguet*, p. 69-71.

> *Parade*, c'est l'histoire du public qui n'entre pas voir le spectacle intérieur malgré la réclame et sans doute *à cause de la réclame* qu'on organise à la porte.
> Trois Managers, dont un à cheval (ce cheval sort des haras de Medrano), représentent les divinités vulgaires de la réclame. Ils étonneront peut-être par leur taille géante. Tumulte des villes, maisons qui bougent autour de notre marche, affiches arrogantes, machines, autant de thèmes qui nous ont servi à établir les mœurs de ces personnages inhumains [7].

Les trois Managers dont il est question incarnent respectivement un Manager français, un Manager américain et un Manager à cheval. De taille surhumaine, ils s'opposent à trois personnages de taille humaine : le Prestidigitateur chinois, la Petite Fille américaine et le couple d'acrobates (ici, considéré comme un seul personnage). Voilà les personnages qui feront la « parade » l'un après l'autre pour annoncer le spectacle donné à l'intérieur d'une barque foraine. Ils créeront cette dichotomie entre le rêve et la réalité omniprésente tout au long de *Parade*.

C'est notamment par la voie du réalisme que le cubisme s'imprègne dans le ballet. Comment cette rencontre du réalisme et du cubisme propre à *Parade* se manifeste-t-elle dans plusieurs composantes artistiques ? Pour répondre à cette question, l'étude qui suit relate d'abord les diverses étapes de la genèse de l'œuvre et les circonstances qui permettent la formation d'un collectif d'auteurs des plus avant-gardistes. L'analyse de l'argument fait ensuite ressortir les éléments thématiques et stylistiques essentiels. Ils servent de points de départ pour les discussions subséquentes liées au transfert des notions cubistes et réalistes dans les décors, les costumes, la chorégraphie et, finalement, la musique. Afin d'atteindre son objectif, la démonstration se fonde sur des caractéristiques étroitement rattachées au cubisme, notamment :

- le réalisme
- le collage
- la construction fragmentaire
- la structure symétrique ou pyramidale
- la forme ouverte
- le contraste stylistique ou la juxtaposition cubiste.

La genèse : une collaboration historique

Né de la plume de Cocteau, *Parade* est l'aboutissement de plusieurs projets de danse que le jeune poète concocte dès 1911 [8], c'est-à-dire au moment de sa toute première participation aux Ballets russes avec *Le Dieu bleu*, créé en 1912. Insatisfait du demi-succès remporté, Cocteau, qui n'a collaboré que partiellement à ce ballet, talonne

7. Cocteau, « Avant *Parade* », dans Gullentops et Haine (éd.), *Écrits sur la musique*, p. 82. C'est Cocteau qui souligne.

8. Selon un journal inédit de Cocteau (collection privée de Bernard Loliée), le poète travaille sur un projet de danse portant sur le personnage biblique de David, et ce, dès le 11 juillet 1911. Pierre Caizerques, « Notes : en marge de *Parade* », dans Jean Cocteau, *Théâtre complet*, éd. Michel Décaudin *et alii*, Paris, Gallimard, 2003, p. 1583-1585, ici p. 1583.

Diaghilev pour obtenir sa vraie chance en tant qu'auteur. Exaspéré, Diaghilev adresse à l'ambitieux néophyte un ultimatum clair, qui le marque à jamais. Cocteau se remémore :

> Une nuit de 1912, je nous vois place de la Concorde. Diaghilev rentre après le spectacle, la mâchoire en désordre, l'œil humide comme l'huître portugaise, le chapeau minuscule juché sur son chef énorme. En avant Nijinski boude, son smoking déformé par les muscles. J'étais à l'âge absurde où l'on se croit poète et je sentais chez Diaghilev une résistance polie. Je l'interrogeais : « Étonne-moi, me répondit-il; j'attendrai que tu m'étonnes ». Cette phrase me sauva d'une carrière de brio. Je devinai vite qu'on n'étonne pas un Diaghilev en quinze jours. De cette minute je décidai de mourir et de revivre. Le travail fut long et atroce. Cette rupture... je la dois, comme tant d'autres, à cet ogre, à ce monstre sacré, au désir d'étonner ce prince russe qui ne supportait de vivre que pour susciter des merveilles [9].

Le défi du « prince russe » porte fruit. Cocteau cherche dès lors la formule « étonnante ». Deux années s'écoulent avant que, bien averti que l'on n'étonne pas aussi facilement Diaghilev, il lui propose *le* projet que personne n'oserait refuser. Au cours de cette période de réflexions, il fait des rencontres déterminantes et s'imprègne de toutes les avancées de l'avant-garde parisienne. Dans cette phase de mutation esthétique et de fort élan créatif, il crée le livre-collage *Le Potomak* [10] et conçoit deux projets de ballet, *David* et *Le Songe d'une nuit d'été*.

Le projet David

Le projet *David* émerge pendant les répétitions du *Dieu bleu* alors que Cocteau voit danser Nijinski. Le 5 janvier 1912, il écrit dans son journal : « Il faudrait inventer pour Vaslav un ballet biblique sur *David* » [11]. Deux ans plus tard, soit en janvier 1914, il revient sur cette idée de ballet. Cette fois, il modèle complètement le rôle de David en pensant à quelqu'un d'autre, en l'occurrence à son ami Paulet Thévenaz [12], danseur reconnu pour ses talents en techniques eurythmiques. Portant le nom de *David, parade en trois tours* [13], le ballet de Cocteau se résume à ces quelques lignes :

---

9. Cité dans Francis Steegmuller, *Cocteau*, trad. de l'anglais par Marcelle Jossua, Paris, Buchet/Chastel, 1973, p. 64.

10. Le livre devait paraître en août 1914 au *Mercure de France*. Ce n'est qu'en 1919 que la Société littéraire de France publie *Le Potomak*, accompagné d'une longue notice explicative et de dessins de guerre.

11. Cocteau, cité depuis son journal inédit dans Caizergues, « Notes : en marge de *Parade* », dans Décaudin *et alii* (éd.), *Théâtre complet*, p. 1583.

12. D'origine suisse, le peintre et danseur Paul Thévenaz (dit Paulet, 1891-1921) enseigne à l'École d'Eurythmie de Jaques-Dalcroze, tout récemment implantée à Paris. L'Eurythmie est une danse très populaire en 1914. Fréquentant le milieu des artistes, Thévenaz devient vite l'amant de Cocteau, dès les premières leçons de gymnastique qu'il donne à l'auteur en 1911. Thévenaz quitte la France en 1917 pour aller s'installer à New York, où il meurt en 1921. Caizergues, « Notes : en marge de *Parade* », dans Cocteau, *Théâtre complet*, éd. Décaudin *et alii*, p. 1585 et Jean Cocteau, *Lettres à sa mère*, t. 1 : 1898-1918, éd. Pierre Caizergues et Pierre Chanel, Paris, Gallimard, 1989, p. 143.

13. Nom donné à la deuxième ébauche du livret de *David*. Les deux ébauches de *David* sont reproduites dans Cocteau, *Théâtre complet*, éd. Décaudin *et alii*, p. 13-18.

Un acrobate ferait la parade du *David* grand spectacle supposé donné à l'intérieur ; un clown qui devient ensuite une boîte, pastiche théâtral du phonographe forain, formule moderne du masque antique, chanterait par un porte-voix les prouesses de David et supplierait le public de pénétrer pour voir le spectacle intérieur [14].

Pour assurer le succès de ce nouveau *David*, qui « n'est pas une danse, mais une acrobatie de gymnasiarque forain » [15], le poète sollicite Stravinski dès mars 1913. Il patiente jusqu'en janvier 1914 avant d'obtenir enfin une rencontre avec le fameux compositeur du *Sacre*, pour lui parler de son projet. Sans s'apercevoir du peu d'enthousiasme que ce dernier manifeste, Cocteau entame une série de correspondance trop insistante et trop familière au goût du Russe [16].

D'autres aspects freinent l'engagement du compositeur : la référence à l'exégèse biblique – sujet qu'il évite à ce moment précis [17] – de même que la présence du personnage forain et de la boîte « de taille d'homme » [18] qui renvoie trop étroitement à son ballet *Petrouchka*. À cela s'ajoutent les pressions de Diaghilev. En fait, l'imprésario russe, qui attend depuis un moment la livraison de la partition du *Rossignol* [19], tient Stravinski en otage sur le plan monétaire et il n'accepte pas que son protégé partage son temps entre deux projets, surtout si l'un d'eux provient de Cocteau.

En mars 1914, Cocteau arrive inopinément à Leysin, en Suisse, où séjourne la famille du compositeur russe [20]. Durant toute la visite de Cocteau dans les Alpes vaudoises, Stravinski se montre très évasif et plutôt indisponible. Mais son attitude ne semble pas affecter l'auteur. Au contraire, Cocteau est fort enthousiaste du travail qu'il effectue, surtout dans les quatre jours (du 16 au 20 mars) où son ami Thévenaz le rejoint. Aussi ne s'attend-il pas à ce que Stravinski abandonne le projet [21].

---

14. Jean Cocteau, *Le Coq et l'Arlequin : notes autour de la musique, avec un portrait de l'auteur et Deux Monogrammes par Pablo Picasso*, Paris, La Sirène, 1918 [en réalité janvier 1919] ; repris dans Jean Cocteau, *Écrits sur la musique* [avec variantes de textes selon les éditions, manuscrits, dactylogrammes ou corrections d'épreuves d'imprimerie], éd. David Gullentops et Malou Haine, Paris, Vrin, 2016, p. 97-133, ici p. 97.

15. Lettre de Cocteau à Misia, mars ou avril 1914, dans Caizergues et Chanel (éd.), *Lettres à sa mère*, t. 1, p. 476. Née Sophie Olga Zénaïde Gobeska (Pétersbourg 1872-Paris 1950) dite Misia, elle est une amie proche de Cocteau. Personne très en vue dans le milieu bourgeois parisien, Misia est d'abord l'épouse de 1893 à 1904 de Thadée Natanson, l'un des directeurs de la *Revue blanche*, puis de 1904 à 1909 d'Alfred Edwards, fondateur du *Matin* » et finalement du peintre catalan José Maria Sert qu'elle marie le 22 août 1920.

16. Une grande partie de la correspondance est reproduite dans Steegmuller, *Cocteau*, p. 73-82.

17. *Ibid.*, p. 80.

18. Cocteau décrit cette boîte en ces termes : « cube de taille d'homme ». Cocteau, *Théâtre complet*, éd. Décaudin *et alii*, p. 16.

19. *Le Rossignol* a été créé le 26 mai 1914.

20. Stravinski et sa famille se trouvent alors au Grand Hôtel de Leysin en Suisse ; sa femme et sa dernière fille, atteintes de tuberculose, reçoivent des soins dans un sanatorium. Steegmuller, *Cocteau*, p. 73-74.

21. Pour plus de détails sur les dessous de l'histoire de *David*, voir Claude Arnaud, *Jean Cocteau*, Paris, Gallimard, 2003, p. 124-131 ; Pierre Caizerques, « Notes : en marge de *Parade* », dans *Théâtre complet*, éd. Décaudin *et alii*, p. 1583 ; Cocteau, *Lettres à sa mère*, t. 1, éd. Caizergues et Chanel, p. 137-150.

Le Songe d'une nuit d'été

Les péripéties malencontreuses de *David* sont vite éclipsées par des engagements inattendus, liés à la déclaration de la guerre en août 1914 [22] et à la mise sur pied d'un autre spectacle de Cocteau, conçu à partir d'une adaptation française ultramoderne de la pièce *A Midsummer Night's Dream* de William Shakespeare. Intitulé *Le Rêve d'une nuit d'été* lors de sa première ébauche en 1912 [23], le projet vise un tout nouveau genre théâtral [24] et est imaginé l'année suivante sur « une musique célèbre de Mendelssohn » [25]. Ce spectacle, alors renommé *Le Songe d'une nuit d'été*, est programmé pour la saison 1913-1914 du tout récent Théâtre des Champs-Élysées par Gabriel Astruc, le directeur de l'établissement. À la suite de la faillite d'Astruc, la représentation n'a pas eu lieu.

De mars à novembre 1915 [26], le projet connaît un second souffle, mais il se déplace dans un lieu plus populaire. Avec la collaboration des peintres cubistes André Lhote et Albert Gleizes, Cocteau retravaille *Le Songe d'une nuit d'été* pour une présentation au cirque Medrano de Montmartre avec les clowns Fratellini [27]. En cette période de guerre, le producteur, Astruc, et le metteur en scène, Firmin Gémier, pensent présenter le spectacle au profit des directeurs de théâtre [28].

L'adaptation du *Songe* que conçoit Cocteau repose sur la transfiguration de la vie quotidienne en un univers forain, voire fantastique. Franchir le cercle de la piste, ornée de lanternes magiques, transporte le public du monde réel au monde fantastique [29]. Pour sa part, l'œuvre de Mendelssohn est remplacée par un pot-pourri de musiques françaises, sous la direction d'Edgar Varèse. Les pièces choisies sont de Florent Schmitt, de Ravel, de Stravinski et de Satie. La programmation prévoit l'interprétation de la version orchestrale, réalisée par Debussy, des *Gymnopédies* (1888) de Satie. Mais ce dernier, qui ne prêche que la nouveauté, aurait peut-être écrit en parallèle *Les Cinq Grimaces pour « Le Songe d'une nuit d'été »*. Étrangement, le manuscrit datant du 2 avril 1915 [30] n'est

22. Au début de la guerre, Cocteau s'engage dans un organisme d'ambulanciers, le service de Secours aux Blessés, mis sur pied par le comte Étienne de Beaumont. Steegmuller, *Cocteau*, p. 105-108.

23. Pour plus de détails sur la genèse du *Songe d'une nuit d'été*, voir Ornella Volta, « Cocteau et Shakespeare », dans Pierre Caizergue (dir.), *Jean Cocteau et le théâtre*, Montpellier, Centre d'études du XXe siècle, Université Paul-Valéry, 2000, p. 141-142; Brigitte Borsaro, *Cocteau, le cirque et le music-hall*, numéro spécial des *Cahiers Jean Cocteau*, nouv. série, n° 2, 2003, p. 9-162, ici p. 12-27; Malou Haine, « *Le Songe d'une nuit d'été* : spectacle avorté de Jean Cocteau (1912-1915 », *Cahiers Jean Cocteau*, n° 18, 2020, p. 25-54, ici p. 25, https://cahiersjeancocteau.com/articles/songe-d-une-nuit-d-ete.

24. Malou Haine, « Catalogue des textes de Cocteau mis en musique », dans David Gullentops et Malou Haine (dir.), *Jean Cocteau : textes et musique*, Sprimont-Belgique, Mardaga, 2005, p. 206.

25. Lettre de Cocteau à Gabriel Astruc, 30 août 1913, BnF, Département de la musique; cité dans Borsaro, *Cocteau, le cirque et le music-hall*, p. 12.

26. Selon Haine, dans son article « *Le Songe d'une nuit d'été* », Cocteau reprend le projet du *Songe* dès février 1914.

27. Pour connaître la distribution envisagée, consulter Haine, « Catalogue des textes de Cocteau mis en musique », dans Gullentops et Haine (dir.), *Jean Cocteau : textes et musique*, p. 205-206.

28. Steegmuller, *Cocteau*, p. 100.

29. Voir l'analyse faite par Conrad DeBold, *« Parade » and « Le Spectacle Interieur » : The Role of Jean Cocteau in an Avant-garde Ballet*, thèse de doctorat, Atlanta, Emory University, 1982.

30. Robert Orledge, *Satie the Composer*, Cambrige, Cambrige University Press, 1990, p. 305-306. La partition d'orchestre des *Cinq Grimaces pour « Le Songe d'une nuit d'été »* est trouvée au décès de Satie dans sa chambre d'Arcueil, enfouie sous une pile de documents et de lettres non ouvertes. Satie aurait reçu l'aide

jamais soumis au chef d'orchestre, pas même pour les répétitions de novembre 1915[31]. Pour des motifs qui restent aussi obscurs, le projet avorte.

La rencontre avec Satie

L'expérience du *Songe d'une nuit d'été* en 1915 permet à Cocteau de côtoyer des personnes qui joueront un rôle déterminant dans sa carrière. Outre les cubistes, il tient à connaître le mystique Satie, qu'il a rencontré lors d'une réunion des Apaches le 21 mars 1915[32]. Une rencontre subséquente se produit par l'intermédiaire de Valentine Gross[33], qui a développé une amitié avec le musicien excentrique. Le 18 octobre 1915, dans l'appartement de la jeune peintre, un premier rendez-vous a lieu entre les deux hommes, en compagnie d'Astruc[34]. La discussion tourne autour du *Songe*. Leur deuxième rencontre suit rapidement, sans la présence d'Astruc ; le 29 novembre suivant, sous les mêmes auspices, Cocteau expose à Satie un projet dont les idées directrices se rapprochent étrangement de celles de *David*. Sans mot dire sur le refus de Stravinski, Cocteau demande la collaboration de Satie dans un esprit qu'il décrit en ces termes : « Je me suis cogné contre Igor en marchant sans le savoir vers Satie »[35]. Et, effectivement, il vise très juste en s'adressant au « Velvet Gentleman »[36]. Car, au cours de 1916, Misia[37] encourage fortement Diaghilev à monter un ballet à partir de la musique de Satie.

De son côté, Cocteau, pris par ses occupations d'ambulancier de guerre, ne peut développer son projet dans l'immédiat. Lors d'un congé, il assiste en compagnie de Valentine Gross au Festival Erik Satie-Maurice Ravel, qui a lieu le 18 avril 1916[38]. Il y écoute en préambule une conférence sur Satie, donnée par le jeune compositeur Roland-Manuel. Mais, surtout, il y entend les *Trois Morceaux en forme de poire*. C'est, pourrait-on dire, à ce moment que jaillit l'éclair de génie chez Cocteau :

---

de Varèse pour orchestrer cette œuvre, d'après James Harding (*Erik Satie*, Londres, Martin Secker & Warburg, 1975, p. 139). La partition d'orchestre est publiée, ainsi que la réduction pour piano de Darius Milhaud, en 1929 chez Universal.

31. Toute la question de la musique dans *Le Songe d'une nuit d'été* est loin d'être élucidée. À ce sujet, dans son article « *Le Songe d'une nuit d'été* : spectacle avorté de Jean Cocteau », Haine émet l'hypothèse que Satie aurait repris une musique composée antérieurement pour un projet non abouti par Varèse pour la présenter au spectacle de Cocteau, d'où le titre *Les Cinq Grimaces pour « Le Songe d'une nuit d'été »*.

32. Selon Haine (*ibid.*), cette réunion a lieu chez Cipa Gobeski. Pour en connaître davantage, voir Malou Haine, « Cipa Godebski et les Apaches », *Revue belge de musicologie*, vol. 60, 2006, p. 221-266.

33. Jeune peintre et illustratrice, Valentine Gross (1887-1968), qui devient vite une amie très proche de Cocteau, épouse Jean Hugo (arrière-petit-fils de Victor Hugo). Personne clé dans le milieu artistique, elle réunit, tous les mercredis, des peintres, des écrivains et des poètes dans son appartement de l'Île Saint-Louis.

34. La chronologie des événements qui ont favorisé la collaboration entre Cocteau et Satie est clairement présentée dans Ornella Volta, *Satie/Cocteau : les malentendus d'une entente*, Bègles, Castor Astral, 1993, p. 19-29.

35. Lettre de Cocteau à Misia, juin ou juillet 1916, dans Steegmuller, *Cocteau*, p. 120.

36. Satie est ainsi surnommé parce qu'on le voit toujours habillé d'un ensemble en velours gris qu'il a en plusieurs exemplaires.

37. Renommée pour son mécénat, Misia est une amie proche et influente de Diaghilev. D'ailleurs, elle contribue à l'échec de *David* en reportant à Diaghilev les confidences de Cocteau sur ce projet.

38. Le programme du festival est conservé à l'Institut Mémoires de l'édition contemporaine (IMEC), SAT 25-11. Caroline Potter, *Erik Satie : A Parisian Composer and his World*, Woodbridge (UK), Boydell Press, 2016, p. 86.

> L'idée m'en est venue pendant une permission d'avril 1915 [*sic*, pour 1916] (j'étais alors aux armées), en écoutant Satie jouer à quatre mains avec Viñes[39] ses *Morceaux en forme de poire*.
> Une sorte de télépathie nous inspira ensemble un désir de collaboration[40].

À la suite de cet événement, un entretien est prévu le 26 avril entre les deux artistes, toujours chez Valentine Gross. La veille du rendez-vous, un Satie enthousiaste écrit à Cocteau que ce dernier est « l'homme *Aux idées* »[41], même s'il craint que l'auteur lui propose de reprendre les *Trois Morceaux en forme de poire* comme trame sonore. « J'espère que l'admirable Cocteau ne se servira pas de mes vieilles œuvres. Faisons du neuf, n'est-ce pas ? », envoie-t-il le même jour à Valentine Gross[42]. Le compositeur à binocle a vu clair, puisque, à leur rencontre, Cocteau présente sur « trois feuillets de papier pelure »[43] son intention d'utiliser cette musique pour un ballet constitué de trois numéros dansés chacun par un personnage. Ornella Volta décrit les trois figures :

> Ces personnages étaient censés illustrer chacun une forme différente de spectacle populaire. Le Prestidigitateur chinois évoquerait le music-hall, caractérisé, à cette époque, par les illusionnistes exotiques ; l'Acrobate représenterait le cirque et ses exercices périlleux ; la Petite Fille américaine ferait revivre, sur une scène de théâtre, les invraisemblables aventures des petites dactylos dans les feuilletons cinématographiques alors en vogue, tels *Les Mystères de New York*[44].

Vu l'opposition de Satie, le poète retravaille son projet en fonction d'une musique originale. Le mot « parade » s'associe de nouveau à son idée. Il l'inscrit sur la couverture d'un de ses carnets de notes et le fait suivre d'une définition puisée dans le dictionnaire *Larousse* : « Scène burlesque, jouée à la porte d'un théâtre forain pour attirer le monde »[45]. La ressemblance avec le projet *David*, qu'il a voulu monter avec Stravinski, est indéniable. De même, le thème du cirque présent dans *Le Songe d'une nuit d'été* se maintient.

Le 1er mai 1916, Cocteau envoie à Satie une liasse de notes traçant les lignes directrices du spectacle et esquissant la description des trois mêmes personnages, placés dans un ordre différent : le Prestidigitateur chinois, la Petite Fille américaine et l'Acrobate. Pour l'auteur, cette version est plus complète que la précédente :

---

39. Pianiste reconnu dans le milieu musical avant-gardiste, Ricardo Viñes (1875-1943) crée et interprète plusieurs œuvres de Satie.

40. Cocteau, « La Collaboration de *Parade* », *Nord-Sud* nos 4-5, juin-juillet 1917 ; repris dans Cocteau, *Le Coq et l'Arlequin*, p. 100 et dans Décaudin *et alii* (éd.), *Théâtre complet*, p. 1580.

41. Lettre de Satie à Cocteau, 25 avril 1916, dans Erik Satie, *Correspondance presque complète*, éd. Ornella Volta, Paris, Fayard / IMEC, 2000 ; 2e éd. rév., 2003, p. 239. C'est Satie qui souligne.

42. Lettre de Satie à Valentine Gross, 25 avril 1916, dans *ibid.*

43. Ornella Volta, « *Parade* : une œuvre célèbre à redécouvrir », dans Erik Satie, *Parade, ballet réaliste*, partition d'orchestre, Paris, Éditions Salabert / Rouart-Lerolle, EAS 16425, © 1917 ; éd. rév. par Gilbert Delor et Ornella Volta, introduction de Ornella Volta, Paris, Éditions Salabert, EAS 16425N, © 1999, p. ii-xix, ici p. iii.

44. *Ibid.*

45. Cité dans Steegmuller, *Cocteau*, p. 111.

Ces indications n'avaient rien d'humoristique. Elles insistaient au contraire sur le prolongement des personnages, sur le verso de notre baraque foraine. Le Chinois y était capable de torturer des missionnaires, la Petite Fille de sombrer sur le *Titanic*, et l'Acrobate d'être en confidence avec les anges [46].

Dans cette ébauche, la musique forme un magma où elle se mêle et s'oppose à des chants pour voix de contralto et d'enfants [47] ainsi qu'à des bruits urbains et industriels : sirènes, aéroplane, dynamo, appareil Morse, etc. Dès la réception des notes, Satie répond avec enthousiasme à Cocteau, mais lui fait valoir qu'« il y a là un travail de cheval » [48] !

On croira peut-être que l'acceptation du bon maître d'Arcueil facilite cette fois la tâche de Cocteau. Mais Satie ne supporte pas la pression obsessionnelle du jeune écrivain. Il se met alors à jouer sur deux tableaux. « J'ai envie de faire des mufleries au pauvre monde », avoue-t-il à Valentine Gross en songeant à Cocteau et à Misia [49]. En fait, sans l'avoir avoué au poète, le compositeur des *Gymnopédies* travaille simultanément à un projet en lien avec *Les Fables* de La Fontaine, projet dont il aurait discuté avec Misia avant de le proposer à Diaghilev.

Une situation tortueuse naît donc entre mai et août 1916. L'imbroglio, impliquant son amie de confiance Valentine Gross dans l'affaire Cocteau-Satie-Misia, transparaît à travers une avalanche de lettres. À la grande satisfaction de Misia, qui tente sans relâche de freiner le projet *Parade* – puisqu'elle ne l'a pas proposé elle-même –, Satie laisse entendre qu'il travaille à son « truc » et que « le "truc" Cocteau viendra après » [50]. Pourtant, un mois avant, le compositeur a écrit à l'auteur de *Parade* pour calmer ses appréhensions :

> Ne soyez pas inquiet, non plus que nerveux : je travaille. Laissez-moi faire, bon vieux.
> Sachez que je ne vous présenterai l'œuvre qu'en *octobre*. Vous n'en connaîtrez pas *une note*, avant. Cela, je le jure !
> Voulez-vous me permettre de dire que vous êtes l'auteur du sujet ? J'en ai besoin.
> Madame Edwards [Misia] soutient cette œuvre. Je lui ai dit qu'elle devrait attendre *octobre* [51].

Satie poursuit son jeu de « mufleries » jusqu'en août. Ce moment correspond à une brouille avec la « tante Trufaldin », comme il surnomme Misia dans ses lettres envoyées à Valentine Gross [52]. Après une lettre mensongère [53], la « tante » en question use également de fourberie avec les deux hommes, ainsi que le sous-entendent ces mots envoyés à Cocteau :

---

46. Cocteau, *Le Coq et l'Arlequin*, p. 100-101 ; repris dans Gullentops et Haine (éd.), *Écrits sur la musique*, p. 85. C'est Cocteau qui souligne.

47. Lettre de Cocteau à Satie, 1er mai 1916, dans Volta (éd.), *Correspondance presque complète*, p. 240.

48. Lettre de Satie à Cocteau, 2 mai 1916, dans *ibid.*, p. 241.

49. Lettre de Satie à Valentine Gross, 13 juillet 1916, dans *ibid.*, p. 248.

50. Lettre de Satie à Misia, 9 juillet 1916, dans *ibid.*, p. 247.

51. Lettre de Satie à Cocteau, [7] juin 1916, dans *ibid.*, p. 246. C'est Satie qui souligne.

52. Dans sa correspondance, Satie attribue plusieurs noms à Misia, tels que « tante Trufaldin », « tante Brutus », « mère tue-tout » et « faiseuse d'anges ».

53. À ce sujet, voir Arthur Gold et Robert Fidzdale, *Misia, la vie de Misia Sert*, Paris, Gallimard, 1981, p. 229, n. 1.

> Je vous répondrai après [une] longue lettre de Val[entine] parlant d'Erik Satie et vous... je vous redirai simplement que je savais cette collaboration puisque dans mon esprit et sans le dire, en demandant à E[rik] S[atie] s'il voulait faire quelque chose par Serge, vous étiez sous-entendu... J'attends Serge cette semaine et espère définitivement arranger cette chose[54].

Pendant cet épisode importun, Cocteau continue à voir Picasso. Il espère persuader le peintre de se joindre à son projet de ballet.

La collaboration avec Picasso

À sa deuxième visite, Cocteau porte un costume d'arlequin – pour rendre hommage à la période bleue de Picasso. Cette extravagance amuse le cubiste et pose les jalons d'une amitié entre lui et Cocteau. Pendant sa permission des fêtes pascales, ce dernier voit plusieurs fois Picasso et pose pour l'artiste espagnol le 1er mai 1916[55]. Cette date coïncide avec l'envoi des notes à Satie. Cocteau profite fort probablement de l'occasion pour exposer au peintre son nouveau projet de ballet et sa volonté de le voir y collaborer. Pour Cocteau, Picasso a sans contredit le pouvoir d'« étonner » le « monstre sacré » des Ballets russes.

Mais tout n'est pas gagné. En plus de convertir Diaghilev à la peinture moderne, Cocteau doit convaincre le maître cubiste de travailler pour la troupe russe. Or, le mouvement cubiste manifeste un mépris général pour ce type d'activités artistiques, la dénonçant comme un divertissement prétentieux et bourgeois. Toutefois, le projet de Cocteau suscite de l'intérêt chez Picasso grâce à plusieurs circonstances. Parmi elles, le sentiment d'isolement et de morosité qui s'abat sur le peintre espagnol dans ce contexte de guerre[56] favorise le rapprochement avec le vif poète. Par ailleurs, le sujet en lui-même intéresse Picasso, qui s'est remis à peindre des arlequins depuis quelque temps. Finalement, ami de Satie, le peintre se réjouit d'apprendre la participation du compositeur. Ainsi, avant de s'engager, Picasso l'aurait longuement entretenu du projet lors de leurs promenades nocturnes[57]. Le peintre souhaite contrôler ses créations, et c'est la raison pour laquelle il demande une période de réflexion.

Cocteau reste à convaincre Diaghilev du potentiel sensationnel de l'art picassien au ballet. Le fondateur des Ballets russes consent, à la fin du mois de mai 1916, à rencontrer Picasso, Cocteau et Satie à Paris. Même si les peintures cubistes dans l'atelier provoquent un effet « sinistre » chez lui, l'imprésario semble s'intéresser au projet[58].

Le 24 août 1916, une bonne nouvelle arrive chez Valentine Gross : « Picasso fait *Parade* avec nous », lit-elle sur une carte postale signée conjointement par Cocteau

---

54. Lettre de Misia à Cocteau, juin 1916, dans *ibid.*, p. 229.

55. Il en ressort un dessin au crayon dans le style « Ingres ». Lettre de Cocteau à Valentine Gross, 1er mai 1916, dans Douglas Cooper, *Picasso théâtre*, Paris, Cercle d'art, 1968 ; 1987, p. 15, n. 10.

56. Plusieurs de ses proches – Braque, Derain, Léger et Apollinaire – sont au front, et sa maîtresse, Éva Gouel (née Marcelle Humbert), vient de mourir de tuberculose. Steegmuller, *Cocteau*, p. 103.

57. Pierre Cabanne, *Le Siècle de Picasso*, vol. I : *La jeunesse, le cubisme, le théâtre (1881-1937)*, Paris, Denoël, 1975 ; nouv. éd. rev. et aug., Paris, Gallimard, 1992, p. 296.

58. Cooper, *Picasso théâtre*, p. 16, n. 15.

et Satie[59]. Nous pouvons imaginer l'enthousiasme avec laquelle Satie et Cocteau lui envoient ce message : le peintre cubiste a enfin pris sa décision ! L'enthousiasme de Cocteau est d'autant plus grand qu'il réalise que « Picasso et Satie s'entendent comme Misia et Serge »[60]. Si la collaboration de Picasso apporte une telle joie aux deux créateurs initiaux, les artistes de Montmartre et de Montparnasse réagissent moins bien. Voir un des leurs participer aux Ballets russes déclenche une confrontation. Face à cette querelle idéologique, Cocteau parle de *Parade* comme de « la plus grande bataille de la guerre »[61]. Il explique en quoi elle consiste :

> Il n'y avait pas de gauche ni de droite politique ; il n'y avait qu'une gauche et une droite de l'art, et nous étions dans le patriotisme de l'art[62].
> [...]
> Les intellectuels s'étaient portés vers le patriotisme et tout à coup le patriotisme de l'art a pris une intensité extraordinaire, parce que le patriotisme tout court avait en quelque sorte débarrassé la ville de ces intellectuels de surface. Nous étions partagés entre ce spectacle et celui des bombes et du feu d'artifice, mais il est de toute évidence que notre véritable combat était à Paris, à Montparnasse[63].

Laisser le patriotisme de l'art pour travailler aux Ballets russes : comme scandale, on ne peut faire mieux. Aussi Picasso est-il considéré par les puristes du cubisme comme traître à leur art. De son côté, Cocteau se félicite d'avoir poussé Picasso vers les planches :

> Ce qui me regarde, c'est Picasso décorateur de théâtre. Je l'ai entraîné là. Son entourage ne voulait pas croire qu'il me suivrait. Une dictature pesait sur Montmartre et Montparnasse. On traversait la période austère du cubisme. Les objets qui peuvent tenir sur une table de café, la guitare espagnole, étaient les seuls plaisirs permis. Peindre un décor, surtout aux Ballets russes (cette jeunesse dévote ignorait Strawinsky [*sic*]), c'était un crime[64].

Cette victoire de Cocteau a un prix. Depuis toujours maître absolu dans sa pratique artistique, Picasso n'a pas comme tempérament de se plier aux exigences d'une équipe de travail. De plus, le peintre établit très rapidement une grande complicité avec Satie. Imposer ses idées originales devient difficile pour Cocteau, l'auteur initial de *Parade*.

L'évolution du spectacle

Une particularité du livret provoque de sérieuses dissensions entre les collaborateurs : l'élément des voix chantées ou déclamées. Originalement, ces effets vocaux étaient projetés au moyen d'un haut-parleur et introduisaient chacun des numéros de *Parade* :

---

59. Steegmuller, *Cocteau*, p. 125.
60. Lettre de Cocteau à Valentine Gross, 31 août 1916, dans *ibid.*
61. *Ibid.*, p. 122.
62. *Ibid.*, p. 113.
63. *Ibid.*, p. 122.
64. Jean Cocteau, *Le Rappel à l'ordre* (1918-1926), dans *Œuvres complètes* [1926], vol. 9, Genève, Marguerat, 1950, p. 244.

> Après chaque numéro de Music-Hall, une voix anonyme, sortant d'un trou amplificateur, chantait une phrase type, résumant les perspectives du personnage[65].

Picasso n'aime réellement pas l'idée de ces voix anonymes. Il suggère tout d'abord de les personnifier par trois Managers géants[66], qui rivaliseraient par une réclame acharnée :

> Lorsque Picasso nous montra ses esquisses, nous comprîmes l'intérêt d'opposer à trois chromos [personnages humains], des personnages inhumains, surhumains, qui deviendraient en somme la fausse réalité scénique jusqu'à réduire les danseurs réels à des mesures de fantoches[67].

Dans sa troisième version du livret, Cocteau ajoute trois « Managers nègres », chacun ayant la responsabilité de promouvoir un des artistes de la parade. Leurs slogans étaient alors diffusés par des porte-voix camouflés dans la fosse d'orchestre. Après cette transformation du livret, le texte parlé est donc toujours présent.

La suggestion de Picasso de créer des Managers gigantesques séduit particulièrement Satie, ce qui entraîne d'innombrables vicissitudes entre les créateurs. En effet, Cocteau se sent menacé dans son rôle, selon cette lettre adressée à Valentine Gross :

> Faire comprendre à ce cher Satie en pénétrant les brumes d'apéritifs que je suis tout de même pour quelque chose dans *Parade* et qu'il n'est pas seul avec Picasso. Je crois *Parade* une sorte de rénovation du théâtre et non un simple « prétexte » à musique. Il me peine lorsqu'il *hurle* et *trépigne* à Picasso : « C'est vous que je suis ! C'est vous mon maître ! » et semble entendre pour la première fois de sa bouche des choses que je lui ai dites et redites. Entend-il ma voix ? Il n'y a peut-être là qu'un phénomène *d'acoustique*. [...] Chut ! – Brûlez, car l'œuvre marche et c'est le principal. Picasso invente des merveilles et la Petite Fille américaine de Satie est presque faite[68].

D'ailleurs, Satie confirme ces sentiments à Valentine Gross :

> Si vous saviez combien je suis triste ! *Parade* se transforme *en mieux* derrière Cocteau !
> Picasso a des idées qui me plaisent *mieux* que celles de notre Jean !
> Quel malheur ! Et je « suis » pour Picasso ! Et Cocteau ne le sait pas ! Que faire !
> Picasso me dit de continuer sur le texte de Jean, & lui, Picasso, travaillera sur un autre texte, le *sien* – qui est étourdissant ! Prodigieux !
> Je deviens fou & triste ! Que faire ?
> Connaissant les belles idées de Picasso, je suis navré d'être *obligé* de composer sur celles du bon Jean, moins belles – Oh ! oui ! moins belles[69].

---

65. Cocteau, *Le Coq et l'Arlequin*, p. 101 ; repris dans Gullentops et Haine (éd.), *Écrits sur la musique*, p. 85.

66. Nous verrons plus loin que cette proposition de Picasso au sujet des trois Managers géants a été retenue.

67. Cocteau, *Le Coq et l'Arlequin*, p. 101 ; repris dans Gullentops et Haine (éd.), *Écrits sur la musique*, p. 85-86.

68. Lettre de Cocteau à Valentine Gross, [4 septembre 1916], dans Steegmuller, *Cocteau*, p. 127. C'est Cocteau qui souligne.

69. Lettre de Satie à Valentine Gross, 14 septembre 1916, dans Volta (éd.), *Correspondance presque complète*, p. 258. C'est Satie qui souligne.

Moins d'une semaine après l'envoi de cette lettre, Satie rassure sa charmante amie en mentionnant que « c'est arrangé. Cocteau sait tout. Lui et Picasso se sont entendus » [70]. L'entente conclue consiste à supprimer le texte parlé, mais à conserver les bruits industrialisés qui sont intégrés dans la partition [71]. Au lieu d'en aviser Satie, Cocteau entretient la zizanie semée par le vieux compositeur, comme il le confie à leur amie commune :

> Étiez sans doute inquiète [...]. Brave Socrate [72] s'embrouille entre Picasso et moi – s'imagine que l'un parle blanc et l'autre noir à cause des différences de vocabulaire. Avons décidé avec Picasso de mentir à Satie pour qu'il marche sans comprendre de travers [73].

En dépit des querelles de coulisse, le projet avance bon train, surtout depuis la soirée organisée le 6 octobre 1916 par madame Eugénia Errázuriz [74] où se rassemblent les collaborateurs de *Parade* et l'imprésario des Ballets russes [75]. Celui-ci profite de l'occasion pour leur présenter Léonide Massine [76], qu'il destine à ce projet à titre de chorégraphe et danseur. Cette visite ravit tous les convives, et particulièrement Cocteau, qui s'empresse d'exprimer son enthousiasme à Misia :

> Très bonne rencontre avec Serge et Massine dont l'intelligence fraîche et la tenue me plaisent beaucoup. Il me semble que Serge aime notre œuvre et qu'il a *très* bien compris la manière toute simple d'apparence dont j'ai motivé le mariage du musicien et du peintre. Je leur donne la main au milieu. Grâce à lui je trouve des effets neufs et son sens du théâtre m'excite [*sic* pour « m'incite »] à découvrir sur mon plan des choses qu'il propose sur le sien. [...] Pour la première fois je me sentais en contact avec Serge – ce qui m'a été très doux [77].

À la suite de cette rencontre, Satie reçoit une avance de Diaghilev. Il rend compte à Cocteau de son travail sur sa partition :

---

70. Lettre de Satie à Valentine Gross, [20 septembre 1916], dans *ibid.*, p. 259.

71. Comme le démontrent les manuscrits, cette décision est prise quand Satie a déjà inséré le texte parlé ou chanté dans sa composition. Volta, « *Parade* : une œuvre célèbre à redécouvrir », dans Satie, *Parade*, partition d'orchestre, p. x-xi.

72. Satie est dénommé ainsi en raison de sa nouvelle commande, faite par la Princesse de Polignac. Épouse du Prince Edmond de Polignac ((1834-1901), la riche Américaine Winnaretta Singer (1865-1943), fille du fabricant de la fameuse machine à coudre, est une mécène passionnée de la musique d'avant-garde. Elle commande à Satie une œuvre à partir des dialogues de Platon intitulée *Socrate*, drame symphonique pour trois sopranos, mezzo-soprano et orchestre de chambre. Des extraits seront interprétés chez la Princesse de Polignac le 3 avril 1918 par Jane Barthori et Satie. L'œuvre complète est créée le 14 février 1920. Gullentops et Haine, dans Cocteau, *Écrits sur la musique*, p. 130, n. 238. Pour plus de détails, voir Orledge, *Satie the Composer*, p. xxxiv-xxxv.

73. Lettre de Cocteau à Valentine Gross, [22 septembre 1916], dans Steegmuller, *Cocteau*, p. 128.

74. Eugenia Errázuriz (née Huici Arguadas, 1860-1951) joue un rôle important dans le soutien des productions modernes, comme c'est le cas pour les projets de Stravinski et de Diaghilev.

75. Volta, « *Parade* : une œuvre célèbre à redécouvrir », dans Satie, *Parade*, partition d'orchestre, p. vi. Selon Steegmuller (*Cocteau*, p. 128-129), cette soirée a lieu plutôt le 7 octobre 1916.

76. Le moscovite Léonide Massine (1896-1979) fait ses débuts aux Ballets russes dès 1913. Avec les succès qu'il remporte comme danseur dans la troupe de Diaghilev, il remplace Vaslav Nijinski comme chorégraphe de 1915 à 1921.

77. Lettre de Cocteau à Misia, octobre 1915, dans Steegmuller, *Cocteau*, p. 128-129. C'est Cocteau qui souligne.

> J'ai travaillé à notre « truc » – très fort.
> La « Petite Américaine » va bien.
> Le « rag »[78] est en bonne santé; il se place bien. Toutefois, je ne pourrai vous le montrer demain, car je ne puis y travailler cet après-midi. Vous en serez « baba », à l'audition[79].

Cocteau sait que Satie saisit bien ses intentions depuis qu'il a vu quelques mesures de la partition du « Prestidigitateur chinois » le 31 août 1916[80]. Le 12 décembre suivant, le compositeur montre à Valentine Gross un avant-goût de l'ouverture de l'œuvre qu'il décrit comme suit :

> J'ai écrit le « Petit prélude du Rideau rouge ». C'est une exposition de fugue, très *recueillie*, très *grave*, & même assez « barbeuse », mais *courte*. J'aime ce genre légèrement « pompier » & faussement naïf tout à fait « kono », comme disent les « Japons »[81].

Le 26 décembre de la même année, la partition à quatre mains de *Parade* est composée. Satie demande à sa charmante amie d'organiser une « *lecture "purement amicale"* »[82] avec la participation du pianiste Ricardo Viñes. Le 1er janvier 1917, le compositeur annonce fièrement à Cocteau que la musique est terminée :

> « Parade » est composé *entièrement*[83] : chic!
> C'est cette nuit, en rentrant, que « *Parade* » a vu le jour – le « Jour de l'An » – sur le papier.
> « *Parade* » musique, bien entendu.
> Mon rôle est terminé, cher Gros; le vôtre commence. Il commence bien.
> Ce sera – & c'est – la première fois [...] qu'un ballet est réellement fait par un poète. C'est justice.
> Le même événement aura lieu du côté du peintre, croyez-le.
> J'en ai eu la vision il y a quelques jours[84].

La signature du contrat avec Diaghilev suit de près la phase finale de la composition musicale – en janvier 1917[85] – alors que Massine exprime son impatience à commencer son travail[86]. Du côté du peintre, les esquisses des costumes et du décor évoluent allègrement. Le 17 février, l'équipe, à l'exception de Satie, part rejoindre Diaghilev et Massine à Rome, où la compagnie de danse s'est installée pour éviter l'occupation allemande de Paris.

---

78. Satie fait allusion au morceau « Rag-time du paquebot » qu'il intègre dans sa partition de *Parade*. Nous discuterons plus loin de ce morceau très spécifiquement.

79. Lettre de Satie à Cocteau, 19 octobre 1916, dans Volta (éd.), *Correspondance presque complète*, p. 262.

80. Lettre de Cocteau à Valentine Gross, le 31 août 1916, dans Steegmuller, *Cocteau*, p. 126.

81. Lettre de Satie à Valentine Gross, 12 décembre 1916, dans Volta (éd.), *Correspondance presque complète*, p. 267. C'est Satie qui souligne. Nous discuterons plus loin du lien entre le titre de ce mouvement de la composition et le *Rideau rouge* que Picasso conçoit spécialement pour *Parade*.

82. Lettre de Satie à Valentine Gross, 26 décembre 1916, dans *ibid.*, p. 268. C'est Satie qui souligne.

83. Plus précisément, la partition à quatre mains est entièrement complétée le 9 janvier 1917. Ce n'est toutefois que le 8 mai 1917 que la partition d'orchestre est achevée. Robert Orledge, *Satie the Composer*, p. 312.

84. Lettre de Satie à Cocteau, 1er janvier 1917, dans Volta (éd.), *Correspondance presque complète*, p. 271. C'est Satie qui souligne.

85. Les termes du contrat sont entièrement convenus entre Diaghilev et Cocteau, ce qui met Satie en colère. Volta, dans *ibid.*, p. 873.

86. Voir la lettre de Léonine Massine à Cocteau, 21 janvier 1917, dans Steegmuller, *Cocteau*, p. 132.

C'est à la cave Taglioni que la version finale de *Parade* prend corps. Mis à part de petits accrocs entre Diaghilev et Cocteau, l'échange entre le poète, le peintre et le chorégraphe se réalise dans une atmosphère des plus stimulantes. Massine transpose les désirs des auteurs en pas de danse adéquats. Cocteau exulte : « Mon rôle fut d'inventer *des gestes réalistes*, de les souligner, de les ordonner, et, grâce à la science de Léonide Massine, de les hausser jusqu'au style de la danse »[87]. En fait, Cocteau se réjouit de reprendre enfin le contrôle sur son œuvre. Il en vient même à s'attribuer une bonne part du crédit pour la chorégraphie.

Picasso, quant à lui, installe son atelier sur la charmante *via Margutta*, rue appréciée pour sa superbe vue sur la Villa Médicis. Là évoluent les différentes esquisses du décor et des costumes, dont Cocteau garde un souvenir précieux :

> Je n'oublierai jamais l'atelier de Rome. Une petite caisse contenait la maquette de *Parade*, ses immeubles, ses arbres, sa baraque. Sur une table, en face de la Villa Médicis, Picasso peignait le Chinois, les Managers, l'Américaine, le Cheval[88].

L'exécution des décors et des costumes est d'abord prévue à Rome. Mais, pour des raisons pratiques, on fixe les éléments scéniques à Paris, sous la surveillance de Picasso, qui arrive de la capitale italienne le 4 mai 1917. À Paris, il brosse, avec l'aide du futuriste Carlo Socrate, le gigantesque rideau spécial[89], qui suit l'ouverture du rideau du théâtre et précède le dévoilement du décor.

La répétition d'orchestre se tient également à Paris, sous la direction d'Ernest Ansermet[90]. Ce n'est qu'après l'arrivée de la compagnie dans la Ville Lumière que la troupe de danse travaille avec l'orchestre. Un mois plus tard, la première de *Parade* est annoncée.

L'ARGUMENT DE *PARADE* : DU RÉALISME DANS LE FANTASTIQUE

Le spectacle présenté lors de la matinée du 18 mai 1917 annonce un univers forain très singulier, que Cocteau expose dans son argument, reproduit dans le somptueux programme des Ballets russes. Écrit dans un style télégraphique, le contenu de l'argument se limite à quelques indications sur le décor, les personnages et l'intrigue :

> Le décor représente les maisons à Paris un dimanche.
> Théâtre forain. Trois numéros du Music-Hall servent de parade.
> Prestidigitateur chinois
> Petite Fille américaine
> Acrobates.

87. Cité dans Cooper, *Picasso théâtre*, p. 20. Nous soulignons.

88. Cocteau, *Le Rappel à l'ordre*, dans *Œuvres complètes*, vol. 9, p. 246.

89. Il existe une photo où l'on aperçoit Picasso et ses aides lors de l'exécution du *Rideau rouge*. Cette photo est reproduite, entre autres, dans Anne Rey, *Erik Satie* (Paris, Éditions du Seuil, 1974, p. 93) et Deborah Menaker Rothschild (*Picasso's « Parade » from Street to Stage : Ballet by Jean Cocteau, Score by Eric Satie, Choreography by Léonide Massine*, London, Sotheby's Publications, 1991, p. 210).

90. Le chef d'orchestre suisse Ernest Ansermet (1883-1969) assume la direction musicale des spectacles des Ballets russes de 1915 à 1923, grâce à quoi il se fait connaître dans plusieurs pays du monde.

Trois Managers organisent la réclame. Ils se communiquent dans leur langage terrible que la foule prend la parade pour le spectacle intérieur et cherchent grossièrement à le lui faire comprendre.

Personne ne se laisse convaincre.

Après le numéro final, suprême effort des Managers.

Chinois, Acrobates et Petite Fille sortent du théâtre vide. Voyant le crach des Managers, ils essayent une dernière fois la vertu de leurs belles grâces.

Mais il est trop tard.

N.B. – La direction se réserve le droit d'intervertir l'ordre des numéros de la parade[91].

Selon l'argument de Cocteau, toute l'action se déroule à l'extérieur du théâtre forain. Voyant que la parade ne remporte pas le succès escompté, les Managers, puis les forains font une dernière tentative, mais en vain. Exténués, ils s'écroulent pendant que la foule disparaît. Le ballet est donc la parade du spectacle donné à l'intérieur, qui – lui – ne sera jamais vu.

Au premier abord, l'argument final de *Parade* ressemble de près à l'ancien projet de *David*. Cocteau avoue lui-même que *David* « était, en quelque sorte, la première ébauche de *Parade*, mais compliquée inutilement de bible et d'un texte »[92]. En fait, la seconde version du livret de *David*, deux fois plus longue que la première, se rapproche beaucoup du livret de *Parade* élaboré en 1916[93]. Ces deux œuvres présentent une « parade en trois tours »[94]. La principale différence entre les textes réside dans le nombre de personnages impliqués dans l'action. Du seul acrobate de « David le bateleur »[95], *Parade* passe à six personnages, comme l'indiquent les premières lignes de son livret :

Trois tours de parade se succèdent sur un tréteau forain.
Un Prestidigitateur chinois.
Une Petite Fille américaine et un Acrobate[96].

---

91. À l'exception du *Nota bene*, cette version de l'argument de Cocteau est celle que l'on trouve dans le *Programme des Ballets russes*, argument reproduit en fac-similé dans Guédras (éd.), *Jean Cocteau à Montparnasse*, p. 58; repris dans Erik Satie, *ballet réaliste*, partition d'orchestre, éd. rév. par Delor et Volta, p.i. Le *Nota bene* (N.B.) figure dans une autre version de l'argument reproduit notamment dans *Parade, ballet réaliste en un tableau*, réduction pour piano à quatre mains, Paris, Éditions Rouart-Lerolle / Salabert, R.L. 10.431, © 1917.

En fait, il existe plusieurs versions de cet argument avec de légères variantes. La principale différence entre elles réside dans l'ordre des numéros de la parade : dans certaines versions, le numéro des Acrobates survient en deuxième lieu et celui de la Petite Fille américaine en troisième. Pour consulter les différentes versions, voir Cocteau, « *Parade* », dans *Théâtre complet*, éd. Décaudin *et alii*, p. 9-11 et *Œuvres complètes*, vol. 7, Genève, Marguerat, 1948, p. 303.

92. Cocteau, *Le Coq et l'Arlequin*, p. 97; repris dans Gullentops et Haine (éd.), *Écrits sur la musique*, p. 129.

93. Les trois textes en question sont reproduits dans Cocteau, *Théâtre complet*, éd. Décaudin *et alii*, p. 13-23.

94. *Ibid.*, p. 16.

95. Cocteau, « Livret de *David* » seconde ébauche, dans *ibid.*, p. 17.

96. Étrangement, l'Acrobate, qui se trouve mentionné ici, ne figure pas dans la liste des personnages qui précède le texte même. On y lit :
Les trois Managers nègres
Prestidigitateur chinois
Petite Fille américaine
Cocteau, « Livret de *Parade* » (1916), dans *ibid.*, p. 19.

> Pendant les trois tours trois Managers nègres essayent de faire entrer le monde qui se contente de regarder la parade.
> À la fin, morts de fatigue et d'angoisse les trois Managers s'effondrent les uns sur les autres.
> La même parade qui recommence les redresse et la toile tombe sur leurs vociférations inutiles[97].

Désormais exempts de toute allusion biblique, ces personnages entretiennent déjà une forte parenté avec ceux de l'argument de 1917. Dans cette version finale, l'auteur supprime toutefois la connotation « nègre » des Managers. Sans que ce soit clairement précisé, le ballet comprend désormais un Manager français, un Manager américain et un Manager à cheval. Ce dernier, un bucéphale en étoffe, se promène seul, alors que les premières versions prévoyaient un mannequin représentant un écuyer noir. Elles conservaient ainsi l'idée d'africanité dans le spectacle. Mais, lors de la générale, le cavalier noir tombe sans cesse de la selle et il est supprimé. Du même coup, toute référence « nègre » disparaît du spectacle[98].

L'autre élément qui diffère entre les versions de 1916 et de 1917 est la question du texte parlé. Comme il a été soulevé précédemment, Cocteau, dans sa première version de *Parade*, emprunte à *David* l'idée de commentaires clamés par les trois Managers. Pour rendre leur jeu efficace, il songe à cette solution scénique : « Trois acteurs, assis à l'orchestre, criaient, dans des porte-voix, des réclames grosses comme l'affiche KUB pendant les poses d'orchestre »[99]. Cette explication souligne que Cocteau relie les Managers aux immenses panneaux publicitaires du bouillon allemand KUB, qui envahissent les routes françaises pendant l'occupation allemande. Dans un esprit sarcastique, il truffe la dernière partie du livret du slogan « Exigez le K », que les trois Managers crient en chœur[100]. Outre ces slogans provocateurs, les Managers devaient proclamer des formules publicitaires pour promouvoir la vie moderne associée au culte américain :

> Entrez apprendre la vie américaine – entrez voir les trépidations, les courts-circuits, les détectives, l'Houdson, le Rag Time [*sic*], les usines, les chemins de fer qui déraillent et les paquebots qui coulent[101].

97. *Ibid.* Selon Volta, ce livret de *Parade* correspondrait à la troisième des six moutures que Cocteau réalise (« *Parade* : une œuvre célèbre à redécouvrir », dans Satie, *Parade*, partition d'orchestre, p. v-vi). Remontant probablement à l'été 1916, cette version sert sûrement de canevas à Satie.

Précisons qu'il existe plusieurs carnets de notes inédits sur *Parade*, dont la plupart se trouvent à la Bibliothèque historique de la ville de Paris. Pour une description de ces carnets, consulter Pierre Caizergues, « Notes : en marge de *Parade* », dans Cocteau, *Théâtre complet*, éd. Décaudin *et alii*, p. 1577-1578.

98. Il semblerait que, lors de la reprise à Londres en 1919, Massine demande à Picasso de retravailler les moyens techniques pour maintenir en place le mannequin « nègre ». On pense alors remplacer le cheval par un centaure animé par un seul danseur, ce qui est rejeté par Massine. On conserve finalement la formule présentée en 1917. Volta, « *Parade* : une œuvre célèbre à redécouvrir », dans Satie, *Parade, ballet réaliste*, partition d'orchestre, p. xvii.

99. Cocteau, *Le Coq et l'Arlequin*, p. 102; repris dans Gullentops et Haine (éd.), *Écrits sur la musique*, p. 86.

100. Cocteau, « Livret de *Parade* » (1916), dans *Théâtre complet*, éd. Décaudin *et alii*, p. 23.

101. *Ibid.*, p. 21.

Plus tard, dans un carnet reçu de Massine à Rome [102], Cocteau remplace le texte par un charabia incompréhensible : « Cube tic tic tic tic au centième étage un ange a fait son nid chez le dentiste tic tic tic Titanic toc toc Titanic sombre avec éclat sous les vagues... glace au soda Pullman tic tic » [103].

Tous les types de paroles – mots, onomatopées et bruits – inclus dans le livret donnaient une allure très théâtrale au ballet. Comme il a été mentionné, Picasso, appuyé par Satie, veut réduire à une forme plus simple le spectacle de danse. Selon lui, musique, chorégraphie et décor se suffisent à eux-mêmes pour exprimer l'intention du poète. En accord avec le principe de simplicité, le bruit des trépignements de pieds effectués dans les moments de silence entre les numéros de la parade se substitue aux voix.

Dans la dernière version de l'argument de *Parade*, deux caractéristiques ressortent, en ce qu'elles accentuent l'essence du spectacle : le jeu de contraste et l'insistance de l'auteur sur le chiffre trois, associé aux deux catégories distinctes de personnages. Le contraste dans *Parade* vise avant tout à rapprocher rêve et réalité. Ce rapprochement se manifeste d'abord sur le plan du décor. Dans la première ligne de son argument, Cocteau oppose les « maisons de Paris » (des édifices à étages) au « théâtre forain », ce lieu d'évasion de la réalité urbaine. Instantanément, il se crée une juxtaposition du réel et de l'irréel [104]. De cette baraque de cirque sortiront l'un à la suite de l'autre les trois forains de la parade : le Prestidigitateur chinois, la Petite Fille américaine et les Acrobates [105]. Leur rôle est de donner un aperçu de leur numéro pour inciter le public à entrer voir le spectacle. À ceux-ci s'ajoutent les trois Managers qui ont pour fonction d'organiser, à leur manière, la réclame de chaque numéro de la parade. Les entrées des personnages s'effectuent de façon à ce que chaque Manager soit associé à un forain, comme le souligne le schéma suivant :

Manager français	→	Prestidigitateur chinois
Manager américain	→	Petite Fille américaine
Manager à cheval	→	Acrobates

L'enchaînement fondé sur l'alternance des deux catégories de personnages constitue un autre type de contraste. Les Managers sont issus du monde urbain et tranchent avec les forains par la structure haute de trois mètres qu'ils portent. Ces hommes-décors, « féroces, incultes, vulgaires, tapageurs » [106], comme les décrit Cocteau, demeurent sur la

102. Le carnet que Massine offre à Cocteau à son arrivée à Rome compte 64 feuilles parchemin de format 14,5 cm sur 12,8 cm. À la première page de ce carnet, qui sert pour les notes et les croquis de Cocteau, se trouve une dédicace de Massine : « À mon cher Jean... premier jour à Rome, Massine ». Caizergues, « *Parade* : notes sur le texte », dans *ibid.*, p. 1578.

103. Cocteau, cité dans Arnaud, *Jean Cocteau*, p. 779, n. 40.

104. Par « irréel », nous faisons référence à tout ce qui échappe à la réalité quotidienne et qui fait appel à l'imaginaire ou au divertissement.

105. Il est à noter que le troisième numéro est maintenant représenté non plus par un seul Acrobate, mais par un couple d'Acrobates. Rappelons que dans la présente étude, nous considérons le couple comme un seul personnage.

106. Cocteau, *Le Coq et l'Arlequin*, p. 101 ; repris dans Gullentops et Haine (éd.), *Écrits sur la musique*, p. 86. Rappelons qu'initialement, Cocteau avait planifié, à la place des Managers, « de faire entendre une voix anonyme sortant d'un trou amplificateur ». Elle devait reproduire des bribes de phrases chantées ou

scène pendant tout le spectacle. Mais ils s'animent uniquement avant le numéro de leur artiste attitré pour clamer leur boniment publicitaire. Lors de son entrée sur la scène, le forain contraste avec le Manager qui le précède ou qui le suit par sa taille, son costume et ses déplacements. Ce personnage à taille humaine se dresse devant les Managers emboîtés dans de « monumentaux cartonnages » [107]. Le forain prend le plancher avec une telle agilité qu'elle tranche entièrement avec la danse en bloc exécutée par le personnage du Manager.

L'effet de contraste qui se déploie de façon constante alors que défilent les personnages du ballet procède d'un regroupement différent de celui du *trois* contre *trois*. Les notions de réel et d'irréel dans *Parade* se réalisent plutôt dans un rapport de deux à un. La figure 1 regroupe les six rôles du ballet selon les *trois* lieux distincts d'où ils proviennent. Parmi ces derniers, deux renvoient à des milieux urbains réels, Paris et New York. Le troisième lieu, le cirque, évoque un monde irréel.

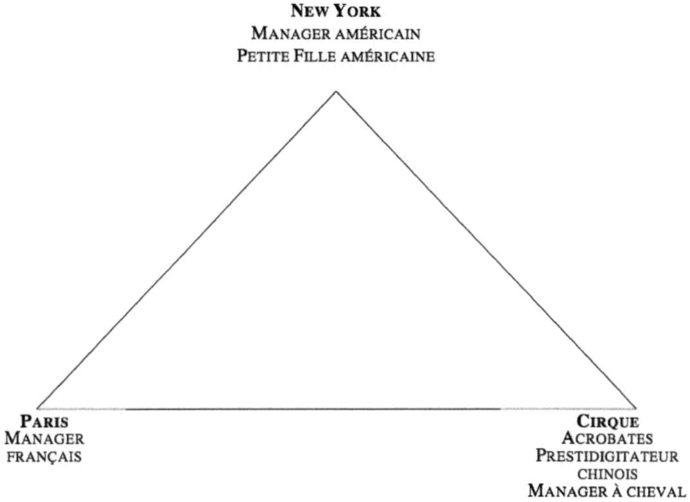

Figure 1. Relation entre les civilisations évoquées dans *Parade*.

Dans ce rapport, la ville de Paris semble être davantage représentée, puisqu'elle suggère à elle seule deux lieux d'action : le boulevard, où se tiennent les maisons parisiennes, et le cirque. Ils font respectivement référence au moderne et à l'ancien. L'accent mis sur la capitale française est contrebalancé par le jeu des personnages. Leur mouvement mécanisé, leur rivalité et leur préoccupation de sollicitation, tout reflète le nouveau courant de la *business thought* de New York. Le message de la pièce participe aussi à l'équilibre; la manière « clownesque » et « ridiculisée » dont il est rendu par le

déclamées introduisant ainsi l'atmosphère du prochain numéro (*ibid.*). Comme nous l'avons vu, cette idée, qui provenait du projet *David*, a été rejetée par Satie et Picasso. Voir Steegmuller, *Cocteau*, p. 128.

107. Henri Quittard, [extrait de journal non identifié], 18 mai 1917, [n.p.], BnF, Département des Arts du spectacle, Fonds Rondel 4-RO-12535.

jeu des danseurs amène cette civilisation réelle et actuelle à se confondre de plus en plus avec celle du cirque. (La vie menée dans les grandes villes contemporaines ne s'apparente-t-elle pas à l'absurdité du manège ?) Placée en plein centre des trois numéros, New York relie, d'un côté, la réalité moderne de Paris et, de l'autre, l'imagerie issue de l'ancienne tradition foraine[108].

De plus, si la taille irréelle des trois Managers contraste avec la taille réelle des trois autres personnages, ce n'est pas le seul regroupement possible. Le tableau 1 en présente deux autres types. Il oppose d'abord les personnages selon leur provenance – lieux réels ou univers irréel du cirque –, puis selon leur taille. Des trois personnages issus d'un lieu réel (Paris ou New York), deux atteignent une taille irréelle, alors qu'un seul affiche une taille réelle. Le rapport de deux à un ainsi établi s'inverse dans le groupe des personnages empruntés au cirque. C'est ainsi que Cocteau équilibre les lieux évoqués et les catégories de personnages.

Personnages issus de lieux réels	**Taille**	
Manager français	irréelle	
Manager américain	irréelle	2
Petite Fille américaine	réelle	1
Personnages issus du cirque	**Taille**	
Manager à cheval	irréelle	1
Prestidigitateur chinois	réelle	2
Acrobates	réelle	

Tableau 1. Rapport entre les types de personnages dans *Parade*.

Le contraste qui s'effectue entre réel et irréel, entre ancien et moderne, constitue le principal enjeu stylistique de *Parade*, sous-titré « ballet réaliste ». Il convient donc à l'auteur de développer cette notion. Sur ce sujet, Cocteau s'inspire de Picasso, comme en témoignent des notes prises à Rome :

> Il n'y a pas, comme on croit, un seul réalisme qui consiste à photographier. Si c'est là le réalisme, un kodak suffit. Le réalisme, c'est de partir du vrai, d'avoir un tremplin de bois solide. Nous avons sans cesse pensé à une ville, à des mœurs de Managers, à l'horreur de la réclame américaine, aux charmes du music-hall et du cirque. *Parade* est très court. Nous avons essayé d'y mettre le plus de choses possible tout en restant gros comme le guignol et les clowns qui touchent les enfants et les artistes avec des moyens simples[109].

108. Cette interprétation a été présentée dans une de nos publications antérieures : Jacinthe Harbec, « La musique dans les ballets et les spectacles de Jean Cocteau », dans Gullentops et Haine (dir.), *Jean Cocteau : textes et musique*, p. 33-60.

109. Cocteau, « Carnets d'esquisses et de notes », Bnf, Bibliothèque-musée de l'Opéra, fonds Kochno ; cité dans Nicole Wild et Jean-Michel Nectoux, *Diaghilev : les ballets russes*, catalogue d'exposition, Paris, Bnf, 1979, p. 81. Une partie des notes de Cocteau inscrites dans ce carnet sont reproduites dans Cooper, *Picasso théâtre*, p. 338-339.

L'intérêt d'employer le cirque pour déguiser le réalisme repose sur le fait que ce lieu magique devient à son tour l'image du « tous les jours ». La scène de la baraque foraine et des amuseurs publics est familière pour tout Parisien en ce début de siècle. Et, ainsi, Cocteau redéfinit l'« art réaliste » qui est pratiqué jusqu'alors au théâtre et qu'il surnomme « art de pléonasmes », une expression qu'il emploie dans l'exposé du ballet paru dans l'*Excelsior* :

> Ce qu'on baptise jusqu'ici « art réaliste » est en quelque sorte un art de pléonasmes, et surtout au théâtre où le réalisme consiste à mettre en scène des objets réels qui perdent leur réalité au moment même qu'on les introduit dans un milieu factice.
> Les trompe-l'œil et les trompe-l'oreille de *Parade* suscitent la réalité, qui seule, même bien recouverte, possède la vertu d'émouvoir[110].

Avec cette dernière phrase, Cocteau appose l'étiquette cubiste au ballet. D'ailleurs, les sujets de « cirque » et de « vie quotidienne » en sont les « lapsus volontaires » puisqu'ils constituent les thèmes favoris des cubistes. C'est précisément cette opposition entre le rêve et la réalité, propre à la *juxtaposition cubiste*, qui se manifeste tout au long de *Parade*.

La scénographie de *Parade* : une mise en scène de la *juxtaposition cubiste*

Un regard sur les éléments scénographiques et sur le déroulement du ballet révèle l'application de cette opposition entre le rêve et la réalité, entre l'ancien et le nouveau. Ce genre d'opposition qui provoque une *juxtaposition cubiste* se manifeste dès l'apparition du *Rideau rouge*.

L'avant Parade *: le* Rideau rouge *féérique*

Le spectacle commence avant même le lever du rideau. À l'extinction des lumières, une homophonie lourde et dissonante, jouée par des cuivres, éclate des murs comme si elle exprimait une douleur dépassant celle des tréteaux. À l'audition de cette musique, le spectateur s'interroge. Que se passe-t-il ? S'agit-il toujours d'un spectacle de cirque ? Mais, sans tarder, la désagréable harmonie cède la place à une mélodie paisible, pendant laquelle le rideau de théâtre s'ouvre lentement… sur un autre rideau. À la vue de ce *Rideau rouge*, ainsi intitulé par Picasso (ill. 7), le public est stupéfait : l'œuvre est exempte de cubes !

110. Cocteau, « Avant *Parade* », p. 5 ; repris dans Gullentops et Haine (éd.), *Écrits sur la musique*, p. 82.

Illustration 7. Pablo Picasso, *Rideau rouge*, 1917, rideau de scène du ballet *Parade*, peinture à la colle de peau sur toile de jute, 105 x 164 cm., Musée national d'art moderne, Paris.

Le *Rideau rouge* affiche un style figuratif « passéiste » [111]. Brossée sur un réel rideau de velours rouge [112], cette gigantesque peinture expose une scène de la vie des forains, qui pourrait se dérouler à l'intérieur de la baraque foraine. Bien que cette impressionnante œuvre d'art soit très figurative, la perspective est faussée par l'absence de la troisième dimension, ce qui a pour effet de mieux accentuer l'aspect plan de la surface.

Le *Rideau rouge* dépeint une scène de théâtre, encadrée à son tour par des rideaux pourpres : ils sont des rideaux peints sur un rideau. Entre ces tentures décoratives, l'espace est occupé par d'éclectiques personnages de boulevard. Arlequin, Pierrot et Colombine proviennent de la *commedia dell'arte*, très populaire dans les théâtres de rue français. Se joignent à eux des étrangers tels que le Noir au turban blanc, le Marin napolitain, qui s'accroche à la Jeune Blonde au chapeau pointu, et le *picador* guitariste. Par ces figures illustrées, Picasso rend un hommage, d'une part, à l'Italie - où il a séjourné pendant les mois de préparation de *Parade* - et, d'autre part, à l'Espagne - où il est né.

111. Terme utilisé par Bakst, « Programme des Ballets russes : chorégraphie et décors des nouveaux Ballets russes », dans Cocteau, *Entre Picasso et Radiguet*, p. 74.

112. Plus spécifiquement, le *Rideau rouge* est brossé dans un atelier de Montmartre par Picasso lui-même, aidé par le futuriste Carlo Socrate, un fidèle collaborateur des Ballets russes, et par trois autres assistants. Giovanni Carandente, « Picasso et la réalité italienne », dans Jean Clair (éd.), *Picasso 1917-1924 : le Voyage d'Italie*, catalogue édité sous la direction de Jean Clair, assisté d'Odile Michel, Paris, Gallimard, 1998, p. 39.

En examinant la composition de ce « rideau-tableau », nous remarquons que les personnages de la scène foraine ne se trouvent pas en exhibition puisque les accessoires – ballon étoilé, tambour et chien savant – sont au repos. Ces forains vivent en fait une facette concrète de leur quotidien, en accomplissant un geste banal, celui de s'attabler. S'apprêtent-ils à manger ? Sont-ils réunis sous l'égide d'une amicale assemblée après s'être restaurés ? De toute évidence, ils regardent à gauche la scène fantastique d'une fée ailée, debout sur le dos d'un pégase allaitant son poulain. La fée avance la main pour saisir un singe assis en haut d'une échelle peinte en bleu, blanc et rouge. Le paysage à l'arrière-plan est-il une vue réelle du Vésuve ou sa représentation factice pour un décor de théâtre ? Quelle qu'en soit l'interprétation, Picasso réalise une *juxtaposition cubiste* en rapprochant le réel de l'irréel dans un même tableau. Est-ce là la parade du ballet réaliste ?

À ce sujet, quelques éléments de cette immense fresque préfigurent le spectacle à venir. Les teintes tricolores empruntées au drapeau français annoncent un spectacle français. La fée, quant à elle, reviendra sous forme de la Petite Fille américaine ; le pégase se transformera en Manager à cheval. Par ailleurs, il semblerait que Cocteau souhaite initialement que le rideau remplisse un tout autre rôle. Selon Claude Arnaud, il l'imagine comme une sorte d'immense affiche générique, sur laquelle défilerait le nom des auteurs, comme au cinéma. Ici, Picasso comble et déjoue à la fois le désir de Cocteau. Il métamorphose le nom des créateurs en symboles personnifiés : le musicien *torero* suggère Picasso ; l'arlequin, Cocteau ; le singe, Satie ; et le pierrot, Massine[113].

Le décor : le passage du fantastique au réaliste

Au lever du rideau, l'imagerie populaire est brisée par une délirante évocation du milieu urbain. Le passage de l'onirique *Rideau rouge* au réaliste décor urbain relève encore une fois de cette stratégie du contraste ; toutefois, dans ce cas, elle se réalise dans une dimension temporelle. Pour Pierre Caizergues, ce contraste est « une façon de situer le ballet à la frontière de l'ancien et du moderne pour inciter justement les spectateurs à passer d'un monde à l'autre, fidèle en cela au propos fondateur de l'œuvre »[114].

Les formes angulaires et la couleur monochrome du décor dénotent un cubisme antérieur (ill. 8). D'ailleurs, alors que la pratique habituelle est celle du rideau de fond, *Parade* se distingue par l'usage d'un dispositif en trois dimensions. Le décor représente un boulevard parisien agrémenté de quelques arbres. Encore une fois, l'évasion occupe la place d'honneur puisqu'en plein centre de ce boulevard d'édifices à étages trône une baraque foraine. L'entrée est voilée par un rideau. Que cache-t-il ? La scène du *Rideau rouge* ? Un spectacle de danse gitane, comme le suggère l'affiche apposée sur le côté gauche de ce théâtre forain ?

113. Arnaud, *Jean Cocteau*, p. 179.

114. Caizergues, « *Parade* : notice », dans Cocteau, *Théâtre complet*, éd. Décaudin *et alii*, p. 1572. Dans cette notion du passage d'un monde à l'autre, la référence au *Songe d'une nuit d'été* est indéniable.

Illustration 8. Pablo Picasso, décor de *Parade*, 1917, photographie, Fondation Erik Satie.

Le cadre de l'entrée de cette baraque est placé de travers pour mieux en affiler les coins et faire ressortir l'aspect vieillot de ce genre de spectacle. Il est habillé d'un manteau d'arlequin, orné de colonnes et d'une lyre dorée, dont le dessin naïf évoque la maison en pain de sucre des contes enfantins. De chaque côté de cette baraque s'allongent deux balustrades basses ; elles reproduisent la même forme géométrique alors que celle de droite devrait être le miroir de celle de gauche. Cette aberration ne s'applique pas seulement aux balustrades, elle donne le ton à toute la composition. Le peintre cubiste triche encore une fois avec la perspective, et ce, malgré la facture du décor en trois dimensions.

À l'instar des compositions antérieures de Picasso, l'ensemble est organisé de manière *symétrique*. Dans un rappel du procédé de *forme ouverte*, utilisé dans sa toile *Le Violon* (voir ill. 3), Picasso récupère une forme dans sa composition, la coupe et la déplace. Dans le décor, un fragment triangulaire blanc siège sur le cadre d'entrée de la baraque. Ce fragment manque à la partie supérieure du rideau blanc, derrière cette même entrée. La forme triangulaire se répète. Emprunté au rideau d'entrée, ce fragment revêt ainsi une autre signification : il représente la pointe de la monture du chapiteau.

Les Managers : des décors dans le décor

Le décor cubiste se prolonge dans les deux Managers placés de chaque côté de la scène. Tout comme le décor, le Manager français et le Manager américain appartiennent au monde urbain. Pour les rendre « inhumains » ou « surhumains », comme le désire

Cocteau[115], Picasso conçoit, en guise de costumes, des superstructures en papier mâché dans le style de ses constructions cubistes telles que *Guitare* (ill. 2).

La parade débute avec le Manager français, aussi appelé le Manager en Frac, du nom du costume qui le recouvre, sous la forme d'une superstructure (ill. 9). De face, cette structure peinte en bleu, blanc, vert et rouge présente un homme avec une moustache revêtant un frac, un plastron amidonné et un haut-de-forme, soit une véritable représentation du Parisien type de l'époque. Il transporte sur son dos une maison avec des arbres empruntés à un boulevard parisien. Au bout de son bras gauche artificiel, il tient une longue pipe blanche ; dans son autre main, une canne frappe le plancher pour attirer les promeneurs vers le numéro qu'il promeut.

Illustration 9. Le Manager français, 1917, photographie, coll. Boris Kochno, Fondation Erik Satie.

115. Cocteau, *Le Coq et l'Arlequin*, p. 101 ; repris dans Gullentops et Haine (éd.), *Écrits sur la musique*, p. 86.

Le second Manager, le Manager américain, porte également le nom de Manager de New York, en référence aux gratte-ciel qui s'élèvent derrière son dos (ill. 10). Malgré sa tenue *Wild West*, comprenant des bottes de cow-boy, un chapeau tuyau et une chemise rouge plissée, il ressemble plutôt à un robot sortant directement de l'industrie américaine. De la main droite, il montre un panneau sur lequel est écrit « PARADE »[116]. De la gauche, il amène un mégaphone à sa bouche et incarne ainsi le bonisseur. Le mégaphone fait sans doute allusion aux paroles supprimées à la demande du peintre, qui auraient vanté à tous les passants les adresses de son artiste, en l'occurrence la Petite Fille américaine.

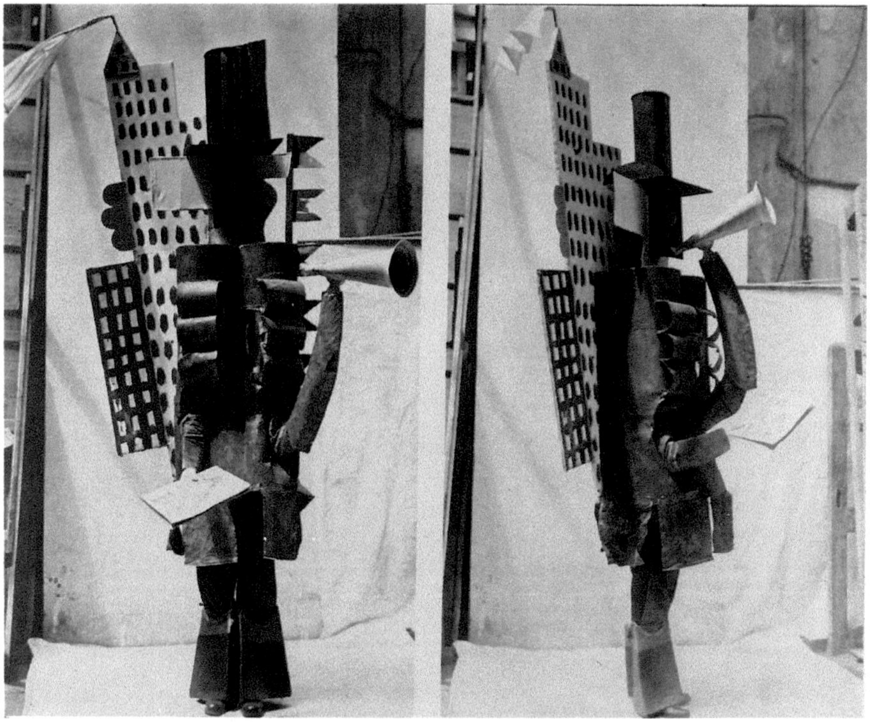

Illustration 10. Le Manager américain, 1917, photographie, coll. Boris Kochno, Fondation Erik Satie.

Ces deux Managers ont été pensés de manière à provoquer la fusion personnages-décor en un tout. Les éléments environnementaux, qui figurent sur leur attirail cartonné, tels que les édifices du Manager américain et le feuillage du Manager français, accentuent cette liaison. Ces personnages deviennent des « décors mobiles » dans un décor fixe. Le style angulaire cubiste appliqué aux structures des costumes favorise le rapprochement avec les éléments du décor. Même si le style rappelle le cubisme, la portée déshumanisante des Managers se relie plutôt au futurisme. Comme nous l'avons

116. Cooper, *Picasso théâtre*, p. 23.

mentionné dans le précédent chapitre, Picasso, lors de son séjour à Rome, assiste à la réalisation, par le futuriste Fortunato Depero, de ce genre de costumes-constructions pour le *Chant du Rossignol* de Stravinski, projet de Diaghilev qui a échoué finalement. Ainsi, Picasso reprend l'idée pour les Managers de *Parade*, et Depero lui-même réalise ces constructions d'après les croquis du peintre espagnol[117].

Le troisième Manager découle d'une tout autre influence et contraste complètement avec les deux précédents. Provenant des spectacles de cirque, le Manager à cheval est une monture rembourrée de tissu, habitée par deux danseurs (ill. 11). Le style de sa tête amusante est du ressort de l'école cubiste. Elle fait référence au masque Baulé de la Côte d'Ivoire et à la juxtaposition de divers points de vue, traités en formes géométriques.

Illustration 11. Le Manager à cheval, 1917, photographie, coll. Boris Kochno, Fondation Erik Satie.

117. Ornella Volta, « *Parade* : une œuvre célèbre à redécouvrir », dans Satie, *Parade, ballet réaliste*, partition d'orchestre, p. vi.

D'apparence sympathique, le Manager à cheval rivalise facilement avec les deux autres. Le contraste entre ses origines foraines et leurs référents urbains s'inscrit dans cette pratique de la *juxtaposition cubiste*. Elle se manifeste également dans les dimensions attribuées aux deux catégories de personnages : les Managers géants tranchent avec les artistes de taille réelle de la parade.

Les forains : des funambules entre le monde réel et la fantaisie du cirque

La taille réaliste des forains et la fluidité de leur mouvement séparent les forains du reste de la scénographie. De ce fait, ces personnages adoptent le même rôle que les papiers collés dans les tableaux cubistes. Comme ceux-ci, les forains apportent du réalisme à l'ensemble : c'est pourquoi Cocteau pense que, « contrairement à ce que le public imagine, ces personnages relèvent plus de l'école cubiste que [les] Managers »[118].

Les costumes des forains soulignent ce rôle réaliste, puisqu'ils sont conçus à partir de référents réels et communs. Par exemple, l'apparence du Prestidigitateur chinois s'inspire de Chung Ling Soo, pseudonyme de l'Américain William Ellsworth Robinson. Figure connue dans le milieu du music-hall français, ce pseudo-Chinois fait fureur avec ses tours de magie à l'Alhambra de Paris entre 1911 et 1914. Pour renforcer la référence à ce magicien vedette, Picasso dessine un costume semblable au sien et reproduit la longue tresse qui pend dans son dos.

Le Prestidigitateur chinois de *Parade* frappe l'attention par les couleurs vives de ses habits en soie, surtout par rapport à la monochromie du décor et aux teintes plus sobres des cartons-pâtes habillant les Managers. Ce Chinois à la longue tresse revêt une tunique orange sanguine, ornée de bandes jaunes sur le côté gauche. Le devant du vêtement affiche des queues de dragon, qui s'assemblent en forme de colimaçon sur une applique matelassée blanche (ill. 12). Des rayures noires et jaunes zigzaguent le long du pantalon de soie. Ce forain est coiffé d'un chapeau à plusieurs pointes reprenant le jaune, l'orangé et le noir de son costume.

La Petite Fille américaine représente toute la culture en train de se construire aux États-Unis autour de l'industrialisation. Elle s'habille de vêtements de sport composés d'une veste de marin et d'une jupe blanche à plis plats (ill. 13). Un énorme nœud blanc couronne sa tête. L'élégance n'est plus une priorité. « Les États-Unis, réfléchit Cocteau, évoquent une jeune fille chez qui le plaisir d'aller bien l'emporte sur le sentiment de sa beauté. Elle nage, boxe, danse, saute sur des trains en marche, sans se savoir belle »[119]. De toute évidence, Cocteau veut rapprocher sa Petite Fille américaine de l'étoile Pearl White, jouant dans les *Périls de Pauline* (1914-1915), qu'il a visionnés[120].

---

118. Cocteau, *Le Coq et l'Arlequin*, p. 103; repris dans Gullentops et Haine (éd.), *Écrits sur la musique*, p. 87.

119. Cocteau, cité dans Steegmuller, *Cocteau*, p. 126.

120. Mary E. Davis, *Erik Satie*, London, Reaktion Books, 2007, p. 110. À la même occasion, Mary E. Davis mentionne que Mary Pickford fait sûrement partie des vedettes qui inspirent Cocteau. Le titre du film *Poor Little Rich Girl* (1917), sorti la même année que la création de *Parade*, ressemble fortement au nom de la Petite Fille américaine.

Illustration 12. Le Prestidigitateur chinois, 1917, photographie, coll. Boris Kochno, Fondation Erik Satie.

Illustration 13. La Petite Fille américaine, 1917, photographie, coll. Boris Kochno, Fondation Erik Satie.

Récupérés directement du cirque, les Acrobates de Cocteau sont à la fois « benêts, agiles et pauvres »[121]. Son intention pour le couple d'Acrobates est « de les revêtir de cette mélancolie du cirque du dimanche soir, de la retraite qui oblige les enfants à enfiler une manche de pardessus en jetant un dernier regard vers la piste »[122]. Pour « être en confidence avec les anges »[123], d'après le souhait de Cocteau, ils arborent un costume épuré. Celui de l'homme acrobate se limite à un maillot de soie bleu pâle décoré d'étoiles et de lignes en spirales. Ces motifs font écho à ceux présents sur le costume du Prestidigitateur chinois. Sa compagne acrobate porte une courte jupe blanche, élément féminin de son maillot tapissé de figures fuselées (ill. 14).

Illustration 14. Les Acrobates, 1917, photographie, coll. Boris Kochno, Fondation Erik Satie.

121. Cocteau, *Le Coq et l'Arlequin*, p. 105; repris dans Gullentops et Haine (éd.), *Écrits sur la musique*, p. 87.

122. *Ibid.*

123. *Ibid.*, p. 101 ; repris avec une variante dans Gullentops et Haine (éd.), *Écrits sur la musique*, p. 85.

Réduits à vivre dans un monde réel, par rapport aux hommes-décors que sont les Managers, ces « chromos » ou ces « fantoches », comme les nomme Cocteau [124], exécutent à tour de rôle leur numéro de la parade. Se tenant près de la production de *Parade*, Bakst a une opinion juste par rapport à l'ensemble des éléments décoratifs : « Picasso nous donne une vision à lui d'un tréteau de foire, où les Acrobates, Chinois et Managers se meuvent dans un kaléidoscope, à la fois réel et fantastique » [125]. Ce contraste constant du réel et de l'irréel, si présent dans la conception cubiste du spectacle, constitue la ligne directrice de la mise en place scénographique et chorégraphique.

La chorégraphie : la danse selon la méthode picassienne

« Faire de la danse réaliste comme le cubisme qui est réaliste, qui ne groupe jamais des formes dans le vague mais cherche le relief, le volume, la matière des objets » [126], c'est là l'application de ce que Cocteau appelle la « méthode picassienne du plus vrai que le vrai », c'est-à-dire la « synthèse de gestes familiers jusqu'à obtenir une danse » [127].

Aussi, la chorégraphie que réalise Massine, suivant fidèlement les indications de Cocteau, ne relève plus de l'école de la danse classique traditionnelle, mais plutôt d'une sorte de pantomime dansée. Cocteau explique sa vision :

> Pour les quatre personnages [en comptant les deux Acrobates], il s'agissait de prendre une suite de gestes réels et de la métamorphoser en danse sans qu'ils perdissent leur force réaliste, comme le peintre s'inspire d'objets réels pour les métamorphoser en peinture pure sans pourtant perdre de vue la puissance de leurs volumes, de leurs matières, de leurs couleurs et de leurs ombres [128].

Apollinaire souligne le génie dont témoigne Massine dans l'application de cette vision :

> Massine s'est plié d'une façon surprenante à la discipline picassienne. Il s'est identifié avec elle et l'art s'est enrichi d'inventions adorables comme le pas réaliste du cheval de *Parade* dont un danseur forme les pieds de devant et un autre danseur les pieds de derrière [129].

Ainsi, l'équipe étudie sérieusement les gestes rattachés aux exploits d'un magicien, les scènes mémorables de vedettes de cinéma muet (comme Pearl White, Mary Pickford et Charlie Chaplin) et les prouesses des acrobates de cirque. Les mouvements familiers que ces personnages traduisent en danse accentuent la distance entre eux et les Managers. Cette volonté de réalisme crée, dans la chorégraphie, un défi et une occasion, comme l'exprime Cocteau :

---

124. *Ibid.*

125. Bakst, « Programme des Ballets russes : chorégraphie et décors des nouveaux Ballets russes », dans Cocteau, *Entre Picasso et Radiguet*, p. 74.

126. Cocteau, cité dans Steegmuller, *Cocteau*, p. 136.

127. Cocteau, *Rappel à l'ordre*, dans *Œuvres complètes*, vol. 9, p. 246.

128. Cocteau, *Le Coq et l'Arlequin*, p. 104; repris dans Gullentops et Haine (éd.), *Écrits sur la musique*, p. 87.

129. Apollinaire, « *Parade* et l'esprit nouveau », dans Cocteau, *Entre Picasso et Radiguet*, p. 70-71.

> Les Managers, dont le rôle consiste surtout à donner aux quatre personnages leur taille délicate de cartes postales, sont une faiblesse parce qu'ils bougent sous des carcasses dont la forme et la peinture expriment déjà, immobiles, le mouvement [130].

Autrement dit, les Managers avec leur superstructure se déplacent en bloc, ce qui suscite une toute nouvelle manière de penser la danse, particulièrement appréciée par Cocteau :

> La gêne pour se mouvoir sous ces charpentes, loin d'appauvrir le chorégraphe, l'obligerait à rompre avec d'anciennes formules, à chercher son inspiration, non dans ce qui bouge mais dans ce autour de quoi on bouge, dans ce qui remue selon les rythmes de notre marche [131].

Les mouvements lourds et patauds qu'entraîne l'attirail des Managers s'opposent de toute évidence à l'agilité avec laquelle s'effectuent les déplacements de leur artiste attitré. Cette accentuation est d'autant plus frappante du fait que les numéros des Managers et ceux des forains alternent. La description suivante met en relief les effets de contraste provoqués par les deux catégories de danseurs participant au spectacle.

Le « pendant » Parade : l'union entre l'urbain et le cirque

Au lever du *Rideau rouge*, le Manager français se déplace massivement vers le centre de la scène. Au son d'une musique répétitive, il effectue maladroitement des courbettes cérémonieuses et frappe trois fois le sol avec sa canne pour attirer l'attention des passants et leur vendre le premier numéro du spectacle. C'est alors, comme on le voit au music-hall, qu'« un bras anonyme sort des coulisses montrant la pancarte "n° 1" » [132].

Au son d'une roue de loterie, le Prestidigitateur chinois sort brusquement de la baraque. Plié sur ses jambes, il lance mécaniquement sa tresse de gauche à droite. Son caractère cruel est à l'image du dragon affiché sur sa tunique. Avec « les mouvements anguleux d'une marionnette un peu disloquée » [133], il exécute ses quelques tours d'adresse : « Le Chinois tire un œuf de sa natte, le mange, le digère, le retrouve au bout de sa sandale, crache le feu, se brûle, piétine pour éteindre les étincelles, etc. » [134]. S'apercevant de son échec, il salue une dernière fois et disparaît dans la baraque.

Arrive sans tarder, du côté jardin, le Manager américain, qui se met à danser sans musique. « Rien ne me contenta mieux que ce silence et que ces trépignements », écrit Cocteau [135]. « Leur danse était un accident organisé, des faux pas qui se prolongent et s'alternent avec une discipline de fugue » [136]. Il amène le porte-voix vers sa bouche pour

---

130. Cocteau, *Rappel à l'ordre*, dans *Œuvres complètes*, vol. 9, p. 246.

131. Cocteau, *Le Coq et l'Arlequin*, p. 102-103 ; repris dans Gullentops et Haine (éd.), *Écrits sur la musique*, p. 86-87.

132. La description des principaux mouvements chorégraphiques conçus par Massine lui-même lors de la reconstitution du ballet dans les années 1960 est présentée dans Volta, « Repères chorégraphiques », dans Satie, *Parade, ballet réaliste*, partition d'orchestre, p. 118.

133. Henri Guittard, [extrait de journal non identifié], 18 mai 1917, [n.p.].

134. Cocteau, *Le Coq et l'Arlequin*, p. 104; repris dans Gullentops et Haine (éd.), *Écrits sur la musique*, p. 87.

135. *Ibid.*, p. 102 ; repris dans *ibid.*, p. 86.

136. *Ibid.*, p. 102 ; repris dans *ibid.*, p. 86-87.

vanter de toutes ses forces le palpitant spectacle donné par une Américaine. Dès que la pancarte « n° 2 » apparaît des coulisses, la Petite Fille américaine arrive sur scène en sortant de la baraque.

La jeune danseuse, qui incarne cette société moderne et industrialisée des États-Unis, n'est plus la ballerine en pointes, mais l'audacieuse Américaine qui envahit la scène sur un rythme syncopé, entrecoupé de bruits de machines à écrire, de coups de pistolet et de sirènes. Pendant son numéro, « la Petite Fille monte en course, se promène à bicyclette, trépide comme l'imagerie des films, imite Charlot, chasse un voleur au revolver, boxe, danse un rag-time, s'endort, fait naufrage, se roule sur l'herbe, prend un kodak, etc. »[137]. La vie essoufflée de l'Américaine, évoquée par l'enchaînement rapide d'une succession de mimiques saccadées, n'attire pas beaucoup de personnes. « Les deux Managers, déçus, tapent du pied »[138]. Alors vient le tour du troisième Manager.

Mettant à profit les échecs de ses prédécesseurs, le Manager à cheval use de son côté amusant pour inviter le public à voir le « n° 3 » du spectacle. Au sein de déplacements sans musique, ses poses comiques annoncent que le prochain numéro extraira le spectateur de la réalité d'une vie moderne pour le replonger dans l'imagerie populaire du cirque.

Le troisième numéro de la parade est exécuté par un couple d'Acrobates. Pendant leur « pas de deux », sur un air de valse rapide, ils essaient de montrer leur agilité par des arabesques et des pirouettes. Ils s'acharnent, en vain, à prouver leur adresse par un tour d'équilibristes, réalisé sur une corde imaginaire « au milieu des avions et des étoiles »[139].

S'apercevant de l'insuccès des numéros, les trois Managers reviennent à la charge une dernière fois pour intéresser la foule. Sans faire mieux, les personnages se joignent à eux. Mais il est trop tard ; la médiocrité transparaît dans leurs mouvements devenus flasques. « Dans l'affolement général, seul le Chinois demeure impassible, en souriant d'une façon énigmatique »[140]. La foule se disperse devant ce spectacle déchu. Le *Rideau rouge* réapparaît pour dissimuler cette affreuse scène finale.

Encore une fois, une *juxtaposition cubiste* se réalise par l'enchaînement de cette scène décevante de la vie réelle d'artiste et de celle exposée sur le *Rideau rouge*, dans laquelle les forains sont transportés dans un monde plus fantastique et plus réjouissant, loin de la réalité moderne.

LE CUBISME MUSICAL DANS *PARADE*

Du point de vue esthétique, la conception qu'a Satie de la composition musicale de *Parade* s'apparente de près au processus de création des éléments scéniques de Picasso. Le collage, la forme ouverte, la juxtaposition cubiste et la fragmentation sont des procédés cubistes identifiables dans la musique de Satie.

---

137. *Ibid.*, p. 104 ; repris dans *ibid.*, p. 87.
138. Volta, « Repères chorégraphiques », dans Satie, *Parade*, partition d'orchestre, p. 118.
139. *Ibid.*
140. *Ibid.*

Le collage musical

De prime abord, l'allégeance cubiste que l'on a prêtée à la partition de Satie ne s'appuie pas sur les spécificités compositionnelles de la juxtaposition cubiste et de la construction fragmentaire, mais plutôt sur les sons concrets (les bruits) mêlés à l'orchestration. Cocteau rapporte sa perception : « La partition de *Parade* devait servir de fond musical à des bruits suggestifs, tels que sirènes, machines à écrire, aéroplanes, dynamos, mis là comme ce que Georges Braque appelle si justement des faits »[141].

Nous rappelons que Picasso et Satie désapprouvent fermement l'utilisation de bruits dans *Parade*. Il est à se demander si leur objection repose sur leur volonté d'éviter un rapprochement avec le futurisme, et plus précisément avec l'art des bruits de Russolo, ou bien de se démarquer de Cocteau pour lequel les bruits ont une tout autre connotation. Pour lui, ils agissent dans la composition musicale comme les fragments d'objets intégrés dans le collage cubiste. Vus sous cet angle, ces effets sonores s'agencent parfaitement au style cubiste. Ils se métamorphosent en trompe-l'oreille, références aux trompe-l'œil cubistes, tout en s'inscrivant dans la thématique réaliste du spectacle.

Malgré son opposition, Satie dresse tout de même un inventaire d'effets sonores sur une page du manuscrit de *Parade* : « Xylophone, bouteillophone (ou xylophone à tubes), flaques sonores, sirène aiguë, roue de loterie, claquette, machine à écrire, bruits de vapeur, sonnette électrique, sirène grave, gong (tam-tam), coup de revolver, bruit de dynamo »[142].

Une seule partie de cette liste survit jusqu'à la partition finale : le bouteillophone, les flaques sonores[143], les sirènes aiguë, médiane et grave, la roue de loterie, la machine à écrire[144], le revolver et le tuyau d'orgue de seize pieds. Contre sa volonté, Satie élabore ainsi une composition capable d'intégrer ces bruits et il réussit de telle façon que l'idée lui est toujours attribuée. Mais, pour le compositeur, le collage musical s'effectue d'une autre manière. Pour introduire des trompe-l'oreille, le musicien insère des bribes de mélodies connues. Il les puise dans le répertoire du music-hall pour le Chinois, du cirque pour les Acrobates et des *bands* américains pour la Petite Fille américaine.

En fait, mélodies connues et bruits s'agencent aussi bien grâce au langage musical alors employé. Ses deux facettes recèlent chacune un certain réalisme : les extraits empruntent directement à la rue, au cirque et au music-hall ; les bruits, à la vie de « tous les jours ». Pour établir un lien avec le milieu populaire, Satie dote son écriture musicale d'une sonorité à la fois sobre et éclatante, semblable à celle qui se dégage de la fosse

---

141. Cocteau, *Le Coq et l'Arlequin*, p. 66 ; repris dans Gullentops et Haine (éd.), *Écrits sur la musique*, p. 112-113.

142. Erik Satie, *Parade*, liste des instruments et d'objets à effets sonores, accompagnée des registres du xylophone et du bouteillophone, deux feuilles manuscrites, [1916], Bnf, Département de musique, Ms. 9677 (5).

143. Cet instrument est mentionné dans les carnets de notes de Satie. Comme son nom le sous-entend, il se compose probablement de récipients d'eau, dont le musicien tire le bruit résonnant en les frappant à l'aide d'une baguette.

144. Selon les témoignages des critiques, on compte quatre machines à écrire sur la scène. Lire, par exemple, Guy Noel, « Les Ballets russes », 27 mai 1917. [n.p.], BnF, Département des Arts du spectacle, Dossier de presse, Fonds Rondel 4-RO-12535.

d'orchestre des tréteaux. Pour donner l'effet attendu, il recourt à un grand orchestre et à une large section de percussion qui inclut les machines à bruit [145].

Un regard sur les différentes versions de la composition

Comme nous le verrons plus loin, Satie conçoit une œuvre hautement architecturée, qui répond à l'esthétique réaliste et cubiste promulguée par Cocteau et Picasso. La composition se construit à partir des trois numéros de la parade, selon les notes préliminaires de Cocteau. Dans l'ordre, Satie écrit le « Prestidigitateur chinois » de mai à septembre 1916, la « Petite Fille américaine » au mois d'octobre suivant et, en novembre, les « Acrobates ». Au mois de décembre, il ajoute le « Prélude du Rideau rouge » et « Suite au "Prélude du Rideau rouge" » [146]. C'est seulement en avril et mai 1919, à la demande de Diaghilev et en vue de la reprise de *Parade* à Londres [147], que Satie compose un « Finale », qui prendrait la place de la « Suite au "Prélude du Rideau rouge" ». Mais, en réalité, aucun morceau n'est supprimé, de sorte que la composition se termine par la « Suite au "Prélude du Rideau rouge" ». Pour équilibrer le début et la fin de l'œuvre, le compositeur fait précéder le « Prélude du Rideau rouge » d'un « Choral » [148].

Le « Choral » et le « Finale », même s'ils ont été composés au piano, n'ont jamais été insérés dans l'édition de la partition pour piano à quatre mains. Satie voit ces deux morceaux comme réservés au théâtre, dans ce cas-ci pour un spectacle de danse ; pour lui, ils n'ont pas leur place dans une œuvre destinée au concert, telle la partition à quatre mains. Un autre élément à considérer par rapport au lieu d'interprétation provient du « Finale ». Il y est inscrit le mot « FIN », en marge du manuscrit autographe de la partition d'orchestre de 1919. Cette mention est suivie d'une note de Satie : « Au théâtre, qu'on ne joue pas la contre-exposition de la Fugue » [149]. Comme ces exceptions deviennent compliquées, les interprétations sont dorénavant effectuées sans considération des avertissements du compositeur, que ce soit en concert ou au théâtre en guise d'accompagnement au ballet.

En se référant aux interprétations données, l'étude qui suit se base sur les trois éditions de *Parade* :

- la réduction pour piano à quatre mains (Rouart-Lerolle, 1917, réédition Salabert, R.L. 10.431, [s.d.]) ;
- la partition d'orchestre, édition de poche (Rouart-Lerolle, 1917, réédition Salabert, EAS 16425, 1979) ;

145. L'orchestration est composée ainsi : un piccolo, deux flûtes, deux hautbois, un cor anglais, une clarinette en *mi* bémol, deux clarinettes en *si* bémol, deux bassons, deux cors en *fa*, un piston en *si* bémol, deux trompettes en *do*, trois trombones, un tuba, des timbales, une harpe, des cordes, une section de percussion (tambour, tambour de basque, claquette, tarolle, tam-tam, cymbales, grosse caisse, xylophone et triangle) et les bruits mentionnés plus haut.

146. Orledge, *Satie the Composer*, p. 312.

147. La reprise de *Parade* à Londres a lieu en novembre 1919. Volta, « *Parade* : une œuvre célèbre à redécouvrir », dans Satie, *Parade*, partition d'orchestre, p. xvii.

148. *Ibid.*, p. xv.

149. *Ibid.*, p. xvi, n. 34. Dans sa discussion, Volta mentionne que cette annotation est par la suite raturée par une autre personne, qui demeure inconnue.

- la partition d'orchestre, édition révisée par Gilbert Delor et Ornella Volta (Salabert, EAS 16425N, 1999).

La réduction pour piano à quatre mains est un apport très important. Les morceaux qu'elle comporte correspondent à la musique jouée lors de la première représentation en 1917, soit à une première version pour orchestre, exempte du « Choral » et du « Finale »[150]. Pour suppléer à l'absence d'éléments visuels lorsque l'œuvre est présentée en concert, Satie inscrit dans cette édition pour piano à quatre mains de nombreuses remarques tant sur la structure de la composition et de l'interprétation que sur le déroulement du ballet lui-même. De plus, pour projeter le lecteur dans l'ambiance du spectacle, cette partition inclut une préface de Georges Auric, l'argument du ballet et la distribution des rôles lors de sa création[151]. Des indications scéniques et des titres précis parsèment la partition comme telle. Ils sont reproduits dans les deux colonnes de gauche du tableau 2. Les indications scéniques contribuent particulièrement à donner un aperçu du déroulement du spectacle.

Réduction pour piano à quatre mains de 1917		**Version d'orchestre de 1979**	**Version d'orchestre de 1999**
Intitulés	Indications scéniques	Intitulés	Intitulés
		Choral	Choral
Prélude du Rideau rouge	RIDEAU	Prélude du Rideau rouge	Prélude du Rideau rouge
	RIDEAU SPÉCIAL		
PREMIER MANAGER		Prestidigitateur chinois	Entrée des Managers
N° 1- Prestidigitateur chinois			I. Prestidigitateur chinois
	Fin du Prestidigitateur chinois et entrée du deuxième manager		
N° 3- Petite Fille américaine		II- Petite Fille américaine	II. Petite Fille américaine
Rag-time du paquebot			Rag-time du paquebot
	Fin de la Petite Fille américaine et entrée du troisième manager à cheval		
N° 2- Acrobates		III- Acrobates	III. Acrobates
	Fin des Acrobates		
SUPRÊME EFFORT ET CHÛTE DES MANAGERS			Suprême effort des Mangers
	RIDEAU SPÉCIAL		
		Final	Finale
Suite au « Prélude du Rideau rouge »		Suite au « Prélude du Rideau rouge »	Suite au « Prélude du Rideau rouge »
	FIN – RIDEAU		

Tableau 2. Liste des intitulés et des indications dans les diverses partitions de *Parade*.

150. Rappelons que le « Choral » et le « Finale » sont inclus dans les éditions de la partition pour orchestre.

151. À la création de *Parade*, le Prestidigitateur chinois est dansé par Léonide Massine; la Petite Fille américaine par Maria Chabelska; les Acrobates par Lydia Lopokova et Nicholas Zverev; le Manager français par Léon Wozikovski; le Manager américain par Maximilian Statkevitch; le Manager à cheval par Alexander Oumanski et Nova.

Pour sa part, l'édition de poche de 1979 présente le titre des morceaux de manière différente de la partition pour piano, comme le montre la colonne centrale du tableau 2. Le titre « Premier Manager » est absent de la partition de poche. Dans les faits, la musique correspondant au « Premier Manager » est tout d'abord composée pour le numéro du Chinois, qui équivaut, selon les premières liasses de notes de Cocteau, à l'entrée en jeu du ballet. Or, les modifications à l'argument original suggérées par Picasso mènent à l'ajout de trois Managers. Aussi Satie transfère-t-il le thème d'entrée du Chinois à celui du « Premier Manager ». Toutefois, dans l'édition de 1999, Volta retient le titre « Entrée des Managers » (tableau 2, col. de droite). Ce titre se conforme ainsi à l'intitulé que Satie appose sur un extrait de la partition servant d'illustration au programme de la première audition de la partition pour piano à quatre mains de *Parade*, lors d'un concert donné à la salle Huyghens et organisé par le peintre Moïse Kisling [152].

Un retour au thème du « Premier Manager » survient sous l'intitulé « Suprême effort et Chûte [*sic*] des Managers » dans la partition pour piano. Ce titre, omis dans l'édition de poche, est remplacé par « Suprême effort des Managers » dans l'édition révisée de 1999. Le mot « chute » est retiré dans un esprit de cohérence avec la scénographique : les superstructures que Picasso a conçues pour les Managers empêchent tout geste de ce genre [153]. De la même façon, l'intitulé « Rag-time du Paquebot » figure dans la version pour piano à l'intérieur du numéro de la « Petite Fille américaine », mais manque dans la partition de poche; il est toutefois récupéré par l'édition révisée de la version pour orchestre.

Cet exercice de comparaison entre les trois éditions souligne que les trois numéros de la parade subissent une numérotation différente selon qu'il s'agit des versions d'orchestre ou de la réduction pour piano. Ainsi, si le morceau de la « Petite Fille américaine » porte le « n° 3 » dans la version pianistique, il survient tout de même au deuxième rang. Dans les trois cas, la numérotation change, mais l'ordre des morceaux reste le même. Ce faisant, Satie veut-il afficher toute la confusion que sèment les divers changements apportés par Cocteau ? Il a été mentionné que, lorsque le compositeur reçoit les notes du livret de Cocteau, le numéro de l'Acrobate (alors seul) se place en deuxième position, avant celui de la Petite Fille américaine. D'ailleurs, l'argument présenté dans la réduction pour piano reproduit cette confusion dans l'ordre des numéros par rapport au spectacle réel : le numéro des Acrobates précède le numéro de la Petite Fille américaine, alors que l'inverse se produit dans le spectacle. À ce sujet, Cocteau prend soin d'ajouter un *Nota Bene* : « La direction se réserve le droit d'intervertir l'ordre des numéros de la parade » [154]. Sûrement dans un esprit ironique, Satie dispose les morceaux dans l'ordre finalement convenu, mais leur appose une numérotation conforme à la version de l'argument imprimée dans la partition pour piano.

Enfin, la partition révisée pour orchestre prend en compte les données des deux autres versions et offre une disposition des morceaux plus adéquate par rapport

152. *Ibid.*, p. xiii-xiv. Voir l'extrait manuscrit dédicacé au peintre Moïse Kisling reproduit dans les premières pages de la partition (*ibid.*, [n.p.]).

153. *Ibid.*, p. xiii, n. 28.

154. Satie, *Parade, ballet réaliste en un tableau*, réduction pour piano à quatre mains.

au spectacle. Comme elle permet de mieux déceler l'architecture remarquable qui sous-tend la composition de Satie, son étude approfondie est primordiale.

L'étude de la composition : la juxtaposition cubiste et la musique fragmentaire

Avant d'aborder le sujet de la structure de l'œuvre, examinons en quoi l'essence de la composition répond à une esthétique cubiste et réaliste, à l'instar des autres constituants du ballet. Outre la référence à la technique du *collage* mentionnée plus haut, le facteur déterminant de l'esthétique de *Parade* repose sur la notion de la *juxtaposition cubiste* : des éléments contrastants se côtoient, tels que la combinaison de l'irréel et du réel, du classicisme et du cubisme, comme en témoigne le *Rideau rouge* de Picasso (ill. 7), le dispositif scénique, les costumes, l'argument et la chorégraphie. Dans la composition, la juxtaposition cubiste se manifeste soit dans un morceau, soit dans l'enchaînement de plusieurs morceaux.

Le « Choral »

Le « Choral », préambule musical donné au *Rideau rouge* de Picasso, use de la juxtaposition cubiste en ce sens qu'il se divise en deux sections. La première section, dotée d'une écriture homorythmique, est représentative du genre choral traditionnel. La lourdeur de son langage est définie par des accords dissonants, un tempo lent et une priorité donnée aux cuivres et au registre bas de l'instrumentation. Il dénote ainsi toute la douleur qui se cache derrière les tréteaux et les manèges du cirque.

Écrite dans le ton de *do* (voir ex. 1), cette section du « Choral » utilise une progression harmonique fondée essentiellement sur des accords de tonique (T), de préparation à la dominante (PD) et de dominante (D). À l'intérieur de ces derniers se glissent des harmonies de passage ou de broderie, qui empruntent le mode mixte de *do*. L'exemple 1 reproduit les huit mesures de la première section de ce morceau. Il montre bien comment Satie, au sein de son écriture homorythmique, accorde une importance particulière à la cohésion motivique. Les notes *do – fa – mi – si*, composant la ligne de basse des deux premières mesures, constituent les notes piliers de la progression harmonique développée dans les six autres mesures (voir les hampes allongées de l'exemple 1)[155]. Nous nommons « motif C », en référence à « Choral », cet ensemble de quatre notes se trouvant à la base de la première section du morceau.

Les trois premières notes du motif « C », *do – fa – mi*, sont immédiatement reprises dans la partie du soprano (trompettes). Elles sont doublées harmoniquement dans la partie du ténor (clarinette 2 et trombone 3) avec les notes *mi – la* bémol – *sol*. Identifié par « C' », ce motif rétracté de la mesure 3 revient dans la voix médiane de la mesure 5, mais cette fois dans un contour rétrograde-inversé (*si* bémol – *la – ré*). Le motif *mi – la – sol* exposé dans la voix supérieure est une variante du motif « C' » par l'absence du demi-ton, variante qui reçoit la lettre « P », pour des raisons expliquées plus loin.

155. L'importance que Satie accorde à ce motif se révèle dans les versions manuscrites de la composition de « Choral ». Certains de ces manuscrits sont reproduits dans Orledge, *Satie the Composer*, p. 132. Orledge (*ibid.*, p. 175) précise que ces notes, et plus particulièrement le *do* et le *mi*, représentent les principaux centres tonaux exploités dans la partition de *Parade*.

À noter que l'intervalle de quarte caractéristique de ce motif, identifié par la lettre « Q », pour « quarte » (ou « quinte », qui en est le renversement), s'insère sept fois dans l'harmonisation des cinq premières mesures. Un motif de deux quartes (ou quintes) consécutives, telles que *ré – sol – do*, apparaît souvent sous la forme réordonnée de *sol – do – ré*, comme dans la voix médiane de la mesure 3. L'exposant » 2 » accompagnant le motif « Q » indique que celui-ci comprend deux intervalles de quarte ou de quinte[156].

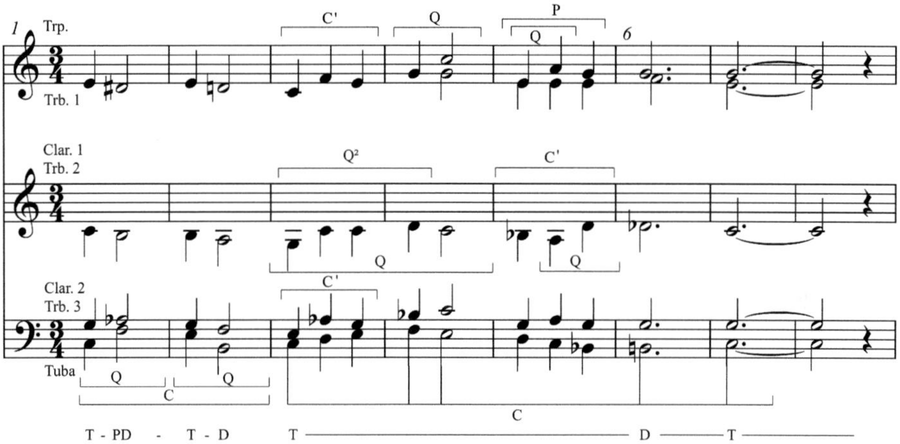

Exemple 1. Erik Satie, *Parade*, « Choral », mes. 1-8.
© 1917, Paris, Éditions Rouart-Lerolle / Salabert / EAS 16425.

L'indication « Très expressif » sur la partition d'orchestre marque le début de la seconde section. Elle s'oppose au lourd timbre des cuivres de l'ouverture avec sa sonorité diaphane, produite par l'agencement de la flûte, du violon et de la harpe, et son utilisation d'un style d'écriture que nous qualifions de linéaire et d'immobile. Contrairement au langage homorythmique de la première section, qui procède par progressions d'accords, le matériau sonore de la seconde section s'organise sur des bases strictement mélodiques, donc linéaires (ex. 2). En plus d'une mélodie interprétée par les violons et la flûte, le tissu musical se compose principalement de notes pédales *la – sol* et de l'ostinato *fa – mi*, qui se détache de la ligne mélodique. Leur caractère répétitif et régulier supprime l'impression d'un mouvement harmonique de surface et procure à l'audition l'effet d'immobilité[157], surtout en comparaison à la première section.

156. Le motif Q^3, *ré – sol – do – fa*, par exemple, comprend trois quartes ; Q^4, quatre quartes ; et ainsi de suite.

157. Dans ce cas-ci, l'effet de suppression du mouvement harmonique et d'immobilité, identifié dans la composition de *Parade*, se rapproche du phénomène de suppression de la perspective dans les peintures cubistes, qui procure l'impression d'une surface plate. On peut alors comprendre pourquoi la musique de *Parade* est décrite en ces termes : « La profondeur de l'écoute est supprimée au profit d'une *musique à plat* » (Jean-Paul Armengaud, *Erik Satie*, Paris, Fayard, 2009, p. 552). Nous soulignons.

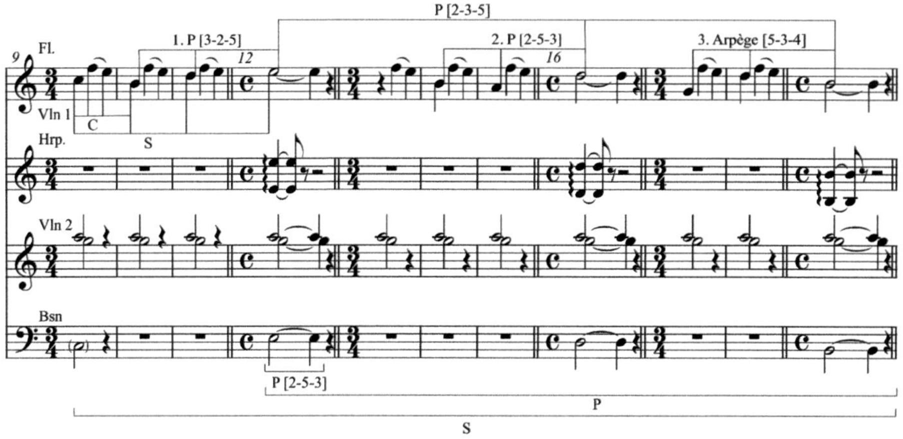

Exemple 2. Erik Satie, *Parade*, « Choral », mes. 9-19,
© 1917, Paris, Éditions Rouart-Lerolle / Salabert / EAS 16425.

Lorsqu'elle commence, la ligne mélodique de cette seconde section établit une cohésion motivique en reprenant les quatre premières notes de la ligne de basse de la section précédente, soit le motif « C », *do – fa – mi – si*. Exclure les notes d'ostinato *fa – mi* permet l'identification de trois motifs servant de ligne mélodique (ex. 2, motifs 1 à 3). Le troisième motif affiche les notes de l'arpège de la dominante *sol*. Quant à eux, les deux premiers motifs, *si – ré – mi* et *si – la – ré*, possèdent les mêmes intervalles de tierce mineure, de seconde majeure et de quarte juste, mais disposés dans un ordre différent[158]. De sonorité pentatonique, ce motif spécifique est désigné par la lettre « P », pour « *Parade* », puisqu'il représente le motif générateur de l'ensemble de la composition. Comme le montre l'exemple 2, ce motif « P » revient sous une forme harmonique à la mesure 12 : les notes *mi – la – sol* de cet accord sont les mêmes que les notes utilisées dans la dernière phrase de la première section de « Choral » (ex. 1, mes. 5-8). Sur le plan structural, chacune des phrases se termine par une valeur longue. Ces trois notes, *mi – ré – si* (mes. 12, 16 et 19), recréent le motif « P » *si – ré – mi*, mais dans une forme rétrograde. En reliant la première note *do* de la section aux trois notes structurales ponctuées par les bassons, nous obtenons le motif structural « S » (pour « structure ») *do – si – ré – mi* (ex. 2, mes. 9-12).

Cette analyse pointe sans contredit un trait dominant de la démarche créative de Satie : l'importance de la cohésion motivique. L'exemple 3 dresse la liste des principaux motifs identifiés dans « Choral », auxquels se référera l'étude des autres morceaux de *Parade*[159]. Apparaissant par ordre d'importance, trois catégories de motifs se

158. Les chiffres 3-2-5 désignent le nombre de demi-tons que renferme chaque intervalle, allant de la seconde mineure à la quarte augmentée. Les plus grands intervalles sont ramenés à leur renversement. Par exemple, le chiffre 5 désigne autant la quarte juste que son renversement, la quinte juste.

159. L'analyse motivique ici présentée n'est pas exhaustive. Pour consulter une analyse plus complète, voir Jacinthe Harbec, *Parade : les influences cubistes sur la composition musicale d'Erik Satie*, mémoire de maîtrise, Montréal, Université McGill, 1987, p. 116-189.

distinguent : en premier lieu, le motif « P » provient du motif « S » ; en deuxième lieu, le motif « C' » est un sous-ensemble du motif « C » ; en troisième lieu, les motifs « Q^2 » et « Q^3 » sont formés d'une succession de deux ou trois quartes consécutives. À remarquer que le motif « Q^3 », comme tous les autres motifs comptant trois quartes consécutives ou plus, génère des motifs » P ».

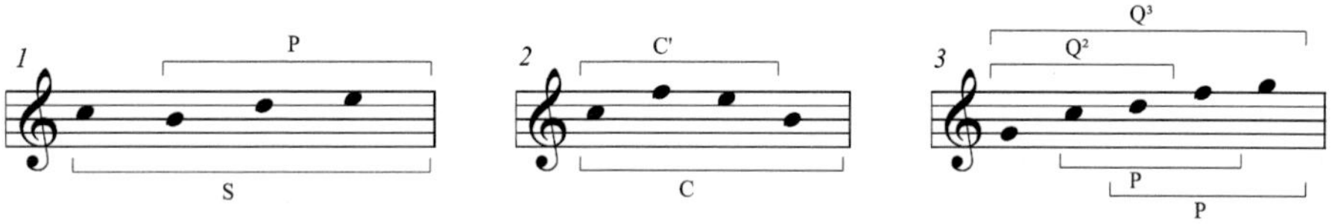

Exemple 3. Liste des principaux motifs dans *Parade*.

Outre l'aspect motivique, le « Choral » montre avant toute chose un contraste stylistique entre ses deux sections. Satie utilise une écriture traditionnelle de type « choral » dans la première section, alors que le langage de la seconde devient très linéaire, avec une sonorité moderne. C'est ainsi que le compositeur applique une *juxtaposition cubiste* à l'intérieur du morceau « Choral » : il y rapproche un style « passéiste » d'un style « moderne ».

Le « Prélude du Rideau rouge » et l'« Entrée des Managers »

Après avoir élaboré son « Choral », Satie se tourne vers une exposition de fugue à quatre voix. Le bon maître d'Arcueil inscrit « Hommage à Pablo Picasso » sur le manuscrit du « Prélude du Rideau rouge » [160]. Pour ce deuxième mouvement, le musicien cherche à donner à sa composition un style « passéiste », qui s'harmonisera à la fresque de Picasso. Conforme aux normes établies, le sujet de la fugue est écrit dans une tonalité distincte, celle de *do* majeur, la même que dans le « Choral ». Il est suivi d'une réponse tonale à la quarte juste, ou intervalle « Q », caractéristique du « Choral ».

Le sujet de la fugue se fonde sur les motifs discutés précédemment (ex. 4 et 5). Tel que le démontre l'exemple 5, les quatre premières notes du sujet reprennent de façon rétrograde celles de la section 2 du « Choral ». La rétrogradation du motif s'obtient tout simplement par un changement de clef. Le lien motivique entre ces deux premiers mouvements est encore plus clair à la fin du sujet : le motif *do – si – ré – mi*, à la mesure 3 du « Prélude au Rideau rouge », retranscrit les notes de la ligne structurale formée des motifs « S » et « P », soulignés par les bassons dans la seconde section du « Choral » (comparer ex. 2, mes. 9-12 et ex. 4, mes. 22-23).

160. Cette dédicace à Picasso apparaît seulement sur le manuscrit autographe. Or, dans la partition publiée pour piano à quatre mains, la dédicace s'adresse à une autre personne de son entourage : « à Madame Edwards (née Godebska) ».

Exemple 4. Sujet de fugue du « Prélude du Rideau Rouge », mes. 20-26.

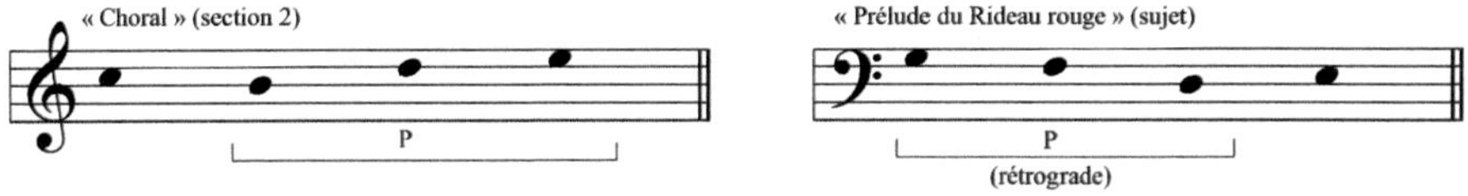

Exemple 5. Comparaison entre le motif du « Choral » (mes. 9-12)
et du « Prélude du Rideau Rouge » (mes. 20-21).

Après les entrées successives du sujet dans les quatre voix distinctes (du registre bas à l'aigu), Satie semble entreprendre un épisode, mais le contrepoint atonal subitement employé élimine cette hypothèse (partition [161], mes. 32-34). Cette composition provoque un effet de contraste stylistique, mais, aussi, l'omission de toute la section consacrée au développement. Cette construction rappelle un peu l'esthétique de l'époque, où, par exemple, les poètes superposent une série d'images et de situations sans les développer [162]. Dans le « Prélude au Rideau rouge », l'enchaînement des autres mouvements de *Parade* remplace le développement, alors que ce contenu musical contraste évidemment avec le genre « passéiste » de la fugue. Celle-ci réapparaît sous forme de réexposition dans le dernier mouvement de la partition (p. 115), alors intitulé « Suite au “Prélude du Rideau rouge” ». Ces deux mouvements extrêmes, possédant le même contenu thématique, encadrent l'œuvre de *Parade*.

Nous nommons *forme ouverte* cette particularité formelle, qui inclut ultérieurement dans la partition la « suite » d'un morceau en apparence laissé en suspens. Mais nous pouvons supposer que cette portion du morceau se joue à l'intérieur du chapiteau des forains, voire dans la tête du spectateur, pendant que d'autres musiques remplissent l'espace de la parade [163]. Ce procédé s'apparente à l'utilisation du papier journal dans la toile *Violon* de Picasso (voir chap. I, ill. 3) ; il est aussi le miroir musical du fragment triangulaire que le peintre transporte du cadre de l'entrée au rideau de la baraque dans le décor de *Parade* (ill. 8).

Après ce qui pourrait se qualifier de transition contrapuntique atonale, une autre coupure franche se produit, tout bonnement, avec une gamme descendante de *la* majeur doublée à quatre voix, d'une façon qui crée des accords de septièmes parallèles

161. À moins d'indication contraire, la référence à la partition dans cette section du chapitre renvoie à la partition d'orchestre révisée de 1999.

162. Le poème *Picasso* (1917) d'Apollinaire offre un exemple de ce style littéraire.

163. Nous reviendrons sur cette notion lors de la discussion sur la forme de la composition.

(mes. 35-38)[164]. En interrompant brusquement le développement de la fugue du « Prélude du Rideau rouge », cette gamme instaure un motif d'ostinato fondé sur l'intervalle de quarte qui servira d'accompagnement pour le prochain morceau[165].

L'« Entrée des Managers » commence alors réellement, et ce, quatre mesures avant son intitulé dans la partition (mes. 41), puisque l'ostinato ici introduit se poursuit pendant les seize prochaines mesures. Voilà un exemple de ce que nous appelons « fond sonore » : un motif réduit à sa plus simple expression et continuellement répété, de manière à passer inaperçu lorsque surviennent un thème, une ligne mélodique ou un son concret. Satie explique lui-même cette idée : « J'ai composé [...] un fond à certains bruits que Cocteau juge indispensables pour préciser l'atmosphère de ses personnages »[166].

L'intitulé « Entrée des Managers » de la partition chapeaute le thème qui accompagne la danse du Manager français. Ce thème se pose confortablement sur un fond sonore pendant les douze mesures de son déploiement (mes. 45-56). Satie le présente successivement quatre fois en modifiant à peine l'ostinato qui l'accompagne. La monotonie créée par ces multiples répétitions évoque la rengaine prononcée machinalement par les bateleurs des parades de foire. Cette vision mécanique et répétitive du cirque, que suggérait déjà l'*Arlequin* de Picasso (ill. 5), est appuyée par deux détails de *Parade* : l'aspect visuel du Manager français et l'« Entrée des Managers », élément musical composé de façon à soutenir la particularité angulaire de ce personnage. La vie misérable des forains cause un vif sentiment de douleur, qu'ils cachent derrière leur masque. Cette souffrance se transmet dans l'instrumentation de plus en plus alourdie et intense à mesure que s'amorce la répétition du thème. À la quatrième reprise (mes. 78), ce sentiment culmine quand une sirène aiguë et stridente retentit.

Les quatre énoncés du thème du Manager français engendrent, par l'alternance des changements d'indicateur de mesure – du 3/8 au 2/4 – et de la transposition, un schéma A-B-A'-B' (tableau 3). De plus, chaque reprise de ce thème s'effectue dans un registre différent. Chose curieuse, en organisant de cette manière le matériel musical du Manager, le compositeur reprend certaines caractéristiques de l'exposition de fugue du morceau précédent : quatre énonciations d'un même thème, exécuté chaque fois dans un registre différent. De même, la relation de la quarte *sol* – *do* entre les entrées de l'exposition de fugue du « Prélude au Rideau rouge » se répercute dans les deux premiers énoncés du thème du Manager. En juxtaposant ces deux morceaux, Satie semble confronter deux approches, l'une traditionnelle et l'autre nouvelle, d'une même formule compositionnelle basée sur l'exposition d'une fugue.

164. Lorsqu'il n'y pas référence aux exemples, nous renvoyons le lecteur à la partition d'orchestre révisée de 1999.

165. Dans son processus de modèle-séquence, Satie reproduit, en reliant les premières notes des mesures 39 à 41, le motif « P » *la* – *sol* – *mi* entendu dans le « Choral », sous la forme *mi* – *la* – *sol* (ex. 1, mes. 5). À noter que dans l'identification motivique, l'ordre des notes n'a pas d'importance. Cette règle s'applique également lorsque le motif est transposé.

166. Satie, cité dans Cocteau, *Le Coq et l'Arlequin*, p. 105 ; repris dans Gullentops et Haine (éd.), *Écrits sur la musique*, p. 87.

Registre :	Médian	Aigu	Grave	Très aigu
Forme :	A	B	A'	B'
Mes. :	45-56	57-65	66-77	78-86
Nombre mes. :	12	9	12	9
Indicateur :	3 8	2 4	3 8	2 4
Thème : notes début et fin	*sol*	*do*	*mi*	*do*
Ton / mode	*mi* éolien	*do* majeur	*mi* majeur	*do* majeur

Tableau 3. Analyse formelle du numéro « Entrée des Managers ».

Concrètement, Satie réalise dans l'enchaînement de ces deux morceaux une *juxtaposition cubiste*, au moment où le *Rideau rouge* passéiste cède sa place au décor urbain cubiste. Cette spécificité a été examinée dans le tableau *Homme au chapeau melon* (ill. 4). Picasso y montre, à gauche, une représentation du visage à tendance traditionnelle, alors que, à droite, il reprend ces quelques éléments faciaux dans un style cubiste. Le tableau propose ainsi une recomposition formelle du visage, mais la position de tous ses éléments, c'est-à-dire l'ordre dans lequel ils surviennent dans le visage, est respectée. En somme, Picasso suit l'organisation structurale de la face gauche, la plus traditionnelle, comme schéma de base pour la représentation cubiste de droite. Placer côte à côte, ces deux interprétations du même visage les mettent en rapport. Similairement, Satie insère dans la composition du deuxième morceau des indices d'emprunt formel au premier : quatre énoncés d'un même thème dans des registres différents alternent entre deux centres tonaux (tableau 3).

Le matériau compositionnel du thème du Manager français comporte un lien de parenté avec celui qui est présenté dans la seconde section du « Choral ». Plus précisément, le même matériel mélodique est utilisé dans les deux cas. Pour mieux en saisir le rapprochement, prenons comme exemple la deuxième reprise du thème commençant par la note *do* (mes. 57). L'exemple 6 superpose les deux énoncés thématiques. Rappelons que les quatre premières notes de la ligne de basse de la première section du « Choral » servent de point de départ à la composition de la ligne supérieure de sa seconde section (ex. 1 et 2). Or, l'exemple 6 montre que tout le matériel mélodique de la section 2 du « Choral » est réutilisé dans la composition du thème du Manager français.

Dans les faits, ce thème correspond aux premières mesures que Satie compose pour *Parade*, lorsqu'il était convenu que le ballet devait commencer par le numéro du Prestidigitateur chinois. Au moment où il est décidé que des Managers seront ajoutés au spectacle, Satie remplace l'intitulé original par celui de « Premier Manager ». Deux ans plus tard, Satie décide d'écrire le « Choral » qui précédera sa fugue, comme le veut la tradition. Aussi le compositeur emprunte-t-il le matériel du thème du Manager pour générer, au sein du « Choral », les premières notes de la ligne de basse de la première section et la ligne mélodique de la seconde section.

Exemple 6. Lien motivique entre « Choral » et « Entrée des Managers ».

Le thème accompagnant le « Premier Manager » revient dans le morceau « Suprême effort des Managers » (mes. 552) et forme un second cadre pour les trois numéros de la parade. Ce second cadre s'insère à l'intérieur du premier cadre, cette fois créé par les morceaux du « Prélude au Rideau rouge ». Dans les deux cas, Satie réduit la longueur de ces reprises à la fin de l'œuvre, dans la partition pour piano à quatre mains. Les deux énoncés du thème du Manager français et les deux entrées de la fugue procèdent donc à l'inverse : la « Suite au "Prélude du Rideau rouge" » commence par la réponse suivie du sujet. Dans le cas du « Suprême effort des Managers », l'énoncé est entendu deux fois et commence avec la note *do*, reproduisant encore une fois le motif « C », *do – fa – mi – si* (1re fois en 2/4, mes. 552; 2e fois en 3/8, mes. 561).

Dans la partition d'orchestre, le thème associé aux Managers réapparaît une troisième fois, juste avant « Suite au "Prélude du Rideau rouge" » (mes. 658), sans qu'il soit spécifié dans la partition. Entre les deux reprises, Satie insère le « Finale » (mes. 574), un pot-pourri des thèmes entendus lors des numéros des forains. Encore une fois, une *forme ouverte* se profile, mais dans un espace temporel plus court que celui se trouvant entre le « Prélude du Rideau rouge » et la « Suite au "Prélude du Rideau rouge" ».

Les trois numéros de Parade

À l'intérieur du double cadre s'insèrent les trois numéros de *Parade*. Plus encore, la notion de double cadre se maintient dans chacun de ces numéros : ils présentent tous un thème d'entrée spécifique, repris à la sortie du personnage. Divisé en deux parties, ce thème remplit la fonction de double cadre à l'intérieur du numéro.

Le style d'écriture récupère le principe de fond sonore, mais Satie l'accentue avec la présence accrue de notes pédales et d'ostinatos. D'ailleurs, le changement de notes pédales et d'ostinatos survient de façon abrupte, sans transition, et produit, dans la composition, un effet de *construction fragmentaire*. Le tissu musical consiste alors en une série de fragments autonomes que nous nommons « plans sonores ». Chaque nouveau plan sonore s'accompagne d'un changement de motifs d'ostinatos. Comme la musique de *Parade* procède par une succession de blocs sonores constitués de courts motifs mélodiques clairement délimités, un lien stylistique s'établit entre la facture morcelée en plans géométriques du décor ou des costumes des Managers et la construction fragmentaire par plans sonores des numéros de *Parade*. Des bruits, tels des fragments de papier collé, s'ajoutent de temps à autre à certains plans sonores. En somme, le motif obstiné, spécifique à chaque plan, procure le fond sonore sur lequel se superpose parfois une mélodie, parfois un effet sonore (un bruit), voire les deux simultanément.

Le « Prestidigitateur chinois »

Pour donner un meilleur aperçu de ce principe de la construction fragmentaire, nous représentons l'organisation formelle du « Prestidigitateur chinois » sous forme de schéma formel. La série de rectangles rassemblés au schéma 1 délimite les treize plans sonores du numéro. La partie sous le schéma indique la numérotation des treize plans sonores et le numéro des mesures où ils débutent dans la partition révisée de 1999.

Utiliser des figures géométriques pour illustrer la facture de la composition suggère une caractéristique prééminente de l'œuvre – le passage brusque, sans transition, d'une section à l'autre. En effet, le morceau est conçu en une succession d'ostinatos clairement délimités qui, à leur tour, définissent le plan sonore. Un changement d'ostinato annonce un nouveau plan sonore, qui peut comporter une mélodie ou un bruit. Ainsi, les rectangles apparaissent sous trois surfaces distinctes. Les surfaces hachurées révèlent le déroulement d'une mélodie, par contraste avec les surfaces blanches, qui témoignent de son absence. Les surfaces noires marquent la présence d'un bruit : dans le schéma 1, la roue de la loterie se manifeste aux plans 1 et 12 alors que les flaques sonores occupent le plan 5.

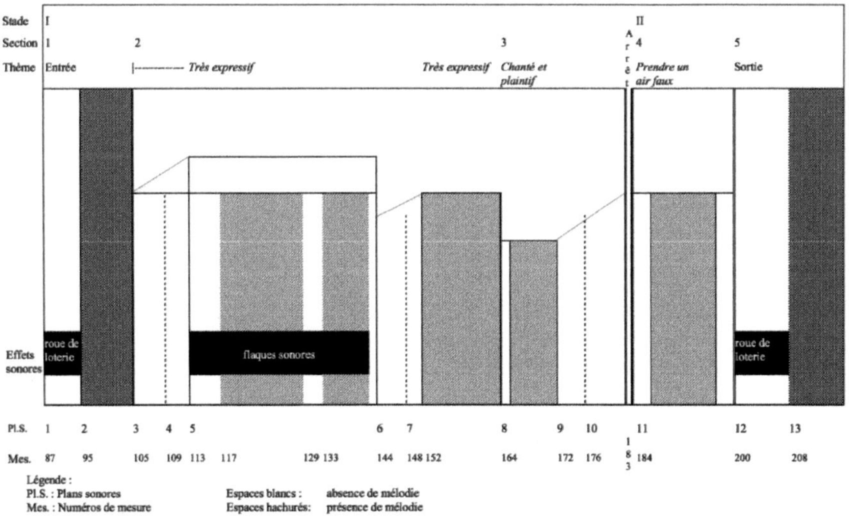

Schéma 1. Représentation formelle du « Prestidigitateur chinois ».

Au sein de cette construction fragmentaire par plans sonores, une structure formelle clairement délimitée se profile. Comme le montre le schéma du « Prestidigitateur chinois », Satie articule le numéro en deux stades précis, séparés par un point d'orgue (voir « arrêt », mes. 183). La composition de ce mouvement de l'œuvre respecte le « Livret de *Parade* » de 1916, qui précède l'argument final. Au deuxième point de la partie « Détails » de ce livret, Cocteau insiste sur ce point d'arrêt :

> Chaque Tour de la parade est coupé en deux par un silence d'orchestre. L'orchestre s'arrête comme au cirque avant un exercice difficile.
> Les cris du Premier Manager remplissent le silence du Chinois [167].

Même si le texte confié au Manager français a été supprimé, la structure fondamentale du numéro du « Prestidigitateur chinois » a été conservée. Le stade I présente dix plans sonores, regroupés en trois sections définies par des composantes thématiques facilement repérables dans la partition. Selon la partie supérieure du schéma 1, le thème d'entrée annonce la section 1 ; le thème « Très expressif », la section 2 ; et le thème « Chanté et plaintif », la section 3. Ainsi, le thème « Prendre un air faux », à la section 4, et le thème de sortie, à la section 5, constituent le stade II du morceau.

Rappelons que le numéro du « Prestidigitateur chinois » commence réellement huit mesures avant son intitulé (mes. 87). Il correspond au premier plan du numéro qui remplit la fonction d'introduction au thème d'entrée du personnage. L'introduction comporte ainsi deux plans sonores spécifiques (plan 1, mes. 87-94, et plan 2, mes. 95-104), qui reviennent intégralement à la fin du numéro (plan 12, mes. 200-207, et plan 13, mes. 208-217). À ce moment, ces deux derniers plans accompagnent la sortie du Prestidigitateur chinois. Force est de constater que le morceau « Prestidigitateur chinois » est muni d'un double cadre, à l'instar de l'œuvre entière.

Le bruit de la « roue de la loterie » (mes. 87) annonce le numéro du Prestidigitateur chinois. Ce bruit évocateur des fêtes foraines se pose confortablement sur un fond sonore composé d'un ostinato. Construit sur les notes *mi* – *do* – *fa* dièse, ce dernier correspond au motif « C' » du « Choral », avec le *fa* diésé (voir ex. 1). L'ostinato est répété tout au long des huit mesures du plan sonore 1.

Après ces huit mesures, les trompettes et les trombones font retentir un fragment mélodique et dialoguent avec les clarinettes, elles-mêmes doublées par les violons (ex. 7). La ligne mélodique qui résulte de cet échange construit le thème d'entrée (schéma 1, plan 2, mes. 95) et de sortie (plan 12, mes. 200) du « Prestidigitateur chinois ». Pour traduire l'orientalisme et l'exotisme du personnage, Satie use de la sonorité pentatonique dans la composition de son thème. Le motif « P » *si* – *ré* – *mi* annonce la partie mélodique du thème (ex. 7, trp. et trb.). C'est la première fois depuis le début de l'œuvre que le compositeur affiche aussi clairement ce motif. Jusqu'alors, « P » était camouflé à l'intérieur d'une facture comprenant à la fois mélodie et ostinato, comme dans le « Choral » et l'« Entrée des Managers » (ex. 6, les notes fondamentales).

---

167. Cocteau, « Livret de *Parade* (1916) », dans Décaudin *et alii* (éd.), *Théâtre complet*, p. 19.

Exemple 7. Thème d'entrée du « Prestidigitateur chinois », mes. 95-104.

Dès la première mesure du thème mélodique du « Prestidigitateur chinois », le rôle des notes *si – ré – mi* en tant que motif caractéristique se confirme. Satie structure le thème de façon à souligner l'importance de ce motif : comme le montre l'exemple 7, la mélodie offre tout d'abord deux unités similaires de trois mesures chacune (trp. et trb., mes. 95-97 et 98-100). Ces mesures se subdivisent de manière à séparer la première des deux suivantes. Conformément à l'énoncé thématique, le premier motif « P » du thème se répète pendant les quatre mesures suivantes (ex. 7, mes. 101-104). Cette organisation insère le motif original « P » dans six des dix mesures que regroupe le thème. Puisque les quatre autres mesures (mes. 101-104) se basent sur un même fragment mélodique (celui de la première mesure), le thème ne contient alors que deux idées mélodiques, exprimées avec simplicité et brièveté. De plus, l'exemple 7 démontre la cohésion motivique dont fait preuve Satie : le motif « P » *si – ré – mi* se répercute à plusieurs niveaux structuraux de la composition. Par exemple, le grand motif structural « P », illustré sous la portée des violons, découle du motif « Q^3 » formé par l'ensemble des deux commentaires mélodiques émis par les clarinettes et les violons.

Le changement de motif d'ostinato signale le début d'un autre plan sonore (mes. 105), même si les notes *si – sol* se maintiennent dans la basse. À noter que ce court plan sonore de quatre mesures (mes. 105-108) et le suivant (mes. 109-112) ne renferment pas de mélodie spécifique, d'où l'usage de la surface blanche dans le schéma 1. Dans ces plans sonores 3 et 4, les parties mélodiques de l'ostinato empruntent le même contenu intervallique que le thème d'entrée du « Prestidigitateur chinois ». Elles servent d'introduction à la deuxième section du morceau, dont le thème porte l'indication « Très expressif » (schéma 1). Ce thème survient quatre mesures après que s'est fixé le nouvel ostinato du plan sonore 5 (mes. 113) ; le bruit des « flaques sonores » (représenté par la surface noire du schéma) s'y superpose.

La partie mélodique de la section 2 (mes. 113) se distingue par un fond sonore dont l'ostinato en saut d'octave (aux violoncelles, puis aux contrebasses) est le plus long de toute la partition de *Parade* (47 mesures). Ce motif d'octave, présenté tout d'abord au plan sonore 5 (mes. 113) sur la note *fa* dièse, se répète pendant 31 mesures. Il revient, mais un demi-ton plus haut (sur *sol*), durant les seize mesures du plan sonore 7 (mes. 148-163) après une courte interruption provoquée par le plan sonore 6 (mes. 144-147). L'ostinato de trois notes, exécuté dans ce plan sonore 6 par la clarinette (*la* – *mi* – *fa* dièse) et imité au hautbois (sur les notes *fa* – *do* – *ré*), relève encore une fois du motif « P », propre à *Parade*. Cette sonorité « P » est également utilisée dans l'ostinato des premiers violons au plan sonore 5 (mes. 113), sur les notes *do* dièse – *fa* dièse – *ré* dièse.

Sur ce fond de motifs obstinés, accompagné du bruit des flaques sonores, une mélodie modale (en *sol* dièse éolien) retentit du cor français. Les surfaces hachurées du schéma 1 témoignent de la présence de cette mélodie. Cette dernière est entrecoupée d'un espace de quatre mesures (mes. 129-132) avant que le cor solo poursuive le déroulement du thème « Très expressif » pendant sept autres mesures (mes. 133-139). Il y a réexposition partielle de ce thème au plan sonore 7 (mes. 152-163). Cette fois joué à la flûte, il est interprété un demi-ton plus haut, tout comme l'ostinato du fond sonore (mes. 148-163), qui s'appuie sur une note pédale *sol*.

Un autre thème, de moindre importance cette fois, s'énonce au plan sonore 8 (schéma 1, mes. 164). Il se développe à partir d'un ostinato « Plaintif » aux premiers violons et aux hautbois, jumelé à un second ostinato « Chanté » par les deuxièmes violons[168]. En seulement huit mesures, le plan sonore change. À ce moment du plan sonore 9, le tissu musical se fragmente de plus en plus. Satie intensifie ainsi l'atmosphère pour arriver au point culminant du numéro, juste avant le point d'orgue. Les deux plans sonores précédant le silence de l'orchestre (schéma 1, plan 9, mes. 172 et plan 10, mes. 176) sont très significatifs du point de vue motivique.

L'exemple 8 montre que le plan sonore 9 (mes. 172) débute en réaffirmant, dans une forme verticale, le motif « P », *si* – *ré* – *mi*, de l'entrée du « Prestidigitateur chinois ». Une pédale *fa* dièse escorte la note de basse *si* de ce motif dans une relation de quinte juste. Une texture faite d'accords répétés se brise soudainement quand survient une montée (ex. 8, mes. 176). La réduction graphique de l'exemple 8 dévoile que les deux portées inférieures sont structurées de manière à reproduire une série de motifs « P » harmoniques. Cette montée mène au sommet du morceau, qui se pose sur un accord de *mi* bémol septième mineure (ex. 8, mes. 180). Cet accord n'est pas anodin puisqu'il renferme deux motifs « P » superposés, ayant comme notes communes *ré* bémol et *mi* bémol : le premier motif « P », *mi* bémol – *si* bémol – *ré* bémol, se trouve dans les voix inférieures ; le second, *ré* bémol – *mi* bémol – *sol* bémol, dans les voix supérieures.

---

168. Indication spécifiée dans Satie, *Parade*, partition d'orchestre, p. 28.

Exemple 8. Motifs « P » aux plans sonores 9 et 10 du » Prestidigitateur chinois », mes 172-180.

La bémolisation du motif « P » *si – ré – mi* propre au numéro du « Prestidigitateur chinois » contribue à la division structurelle du morceau en deux stades. L'exemple 9 reprend les notes fondamentales des principaux plans sonores. Un contrepoint en mouvement contraire est ainsi recréé. Il provoque la formation de motifs structuraux « C' » et « P » ainsi qu'un échange de voix avec les notes *sol* et *mi*, qui ponctue chacun des deux stades. Pour apporter un élément de contraste, les notes sont bémolisées à la fin du stade I.

Sous l'indication de « Prendre un air faux »[169] démarre le stade II du numéro (schéma 1). Il ne compte que 34 mesures, réparties en deux sections. L'expression « air faux » associée à la section 4 vient du fait que la superposition de diverses notes pédales provoque des dissonances de septième majeure (*do – si*) et de quarte augmentée (*do – fa* dièse). Un chant « très sec »[170] s'ajoute à ce fond sonore, qui combine les tons de *do* majeur à ceux de *mi* mineur. Celui-ci bâtit un pont vers les deux plans sonores entendus à l'entrée du personnage, qui font ici office de thème de sortie et qui répètent, sur les trois registres supérieurs, le motif caractéristique *si – ré – mi* du « Prestidigitateur chinois ».

169. Indication spécifiée dans Satie, *Parade*, partition de piano, p. 7.
170. *Ibid.*

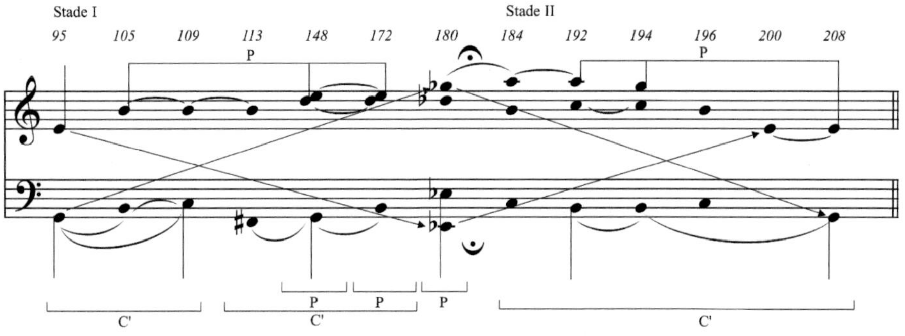

Exemple 9. Réduction du « Prestidigitateur chinois ».

La « Petite Fille américaine »

Précédé par les bruits de pas du Manager de New York, le numéro 2 de la parade s'ouvre sur un motif de battement de secondes, qui dégringole par paliers de quarte et de quinte. L'exemple 10 illustre les quatre premières mesures sur les huit qui forment le plan sonore 1 de la « Petite Fille américaine ». L'exemple en question montre que le compositeur commence ce numéro en réutilisant les notes du motif original « C », *do – fa – mi – si*, discuté dans le « Choral », l'« Entrée des Managers » et le « Suprême effort des Managers ». Joué par les deuxièmes violons, ce motif se forme aussi bien de manière mélodique qu'harmonique. Les quartes harmoniques des deux premières croches de la voix supérieure reproduisent les notes *do – fa – mi – si* utilisées dans la ligne mélodique. Les premiers violons exécutent pour leur part le motif « Q^3 » *sol* dièse – *fa* dièse – *ré* dièse – *do* dièse. Il se situe à un demi-ton de distance du motif « Q^3 » *la – sol – mi – ré* de la partie des flûtes. Les trois premières et les trois dernières notes de chacun de ces motifs recréent le motif « P ».

Le battement de secondes propre au motif d'entrée revient dans trois autres passages du numéro de la « Petite Fille américaine » (mes. 243, 273 et 382), de même que les motifs « C », « P » et « Q » refont surface à maints endroits. Satie récupère également le jeu d'octave brisé qui accompagne le thème « Très expressif » du « Prestidigitateur chinois » (comparer la voix de basse des mesures 113 et 227).

Mais la « Petite Fille américaine » se différencie du « Prestidigitateur chinois » dans la manière dont se manifestent les plans sonores associés à la construction fragmentaire. Dans ce deuxième numéro, le procédé d'ostinato ne délimite pas systématiquement les plans sonores. Alors que le motif d'accompagnement des mesures 227 à 230 se résume à la répétition exacte d'une mesure, celui de plusieurs passages de la « Petite Fille américaine » se réalise plutôt avec le processus de modèle-séquence. C'est le cas dans le tout premier plan sonore de ce numéro (ex. 10).

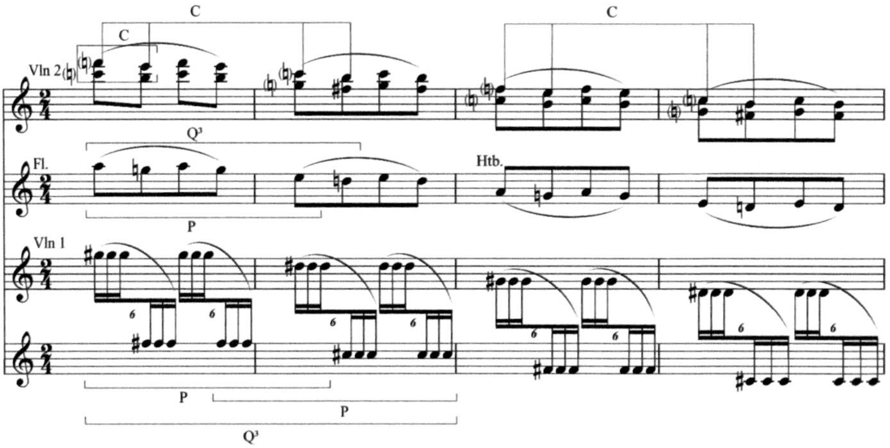

Exemple 10. Motifs d'entrée de la « Petite Fille américaine », mes. 219-222.

L'ensemble de la « Petite Fille américaine » regroupe 22 plans sonores. La durée réduite de ces plans sonores en double le nombre, par rapport au « Prestidigitateur chinois », et ce, malgré un nombre similaire de mesures. Cet aspect se répercute dans la quantité de lignes mélodiques qui sont de courtes durées. D'ailleurs, ces mini-mélodies très rythmées facilitent la définition du plan sonore et contribuent à construire l'image de la « Petite » Américaine. Ils se juxtaposent à un rythme aussi rapide que la vie trépidante de la jeune société des États-Unis.

Le schéma 2 découpe la succession des 22 plans sonores distincts de la « Petite Fille américaine ». Le système d'espaces blancs et hachurés est toujours utilisé afin d'indiquer l'absence ou la présence de mélodies caractéristiques. Quant aux espaces noirs, ils signifient les effets de bruit. Mais ce schéma-ci comporte peu de passages complètement blancs. Au contraire, la grande partie des numéros sont occupés par de courtes mélodies évocatrices de la culture états-unienne. Pour donner ce caractère spécifique, Satie fait jouer plus fréquemment les cuivres, en référence aux *bands* américains, et insère des bribes de mélodies syncopées entendues dans les cabarets et les music-halls. L'exemple 11 offre un aperçu du genre de mélodie choisie.

En plus de personnifier la « Petite Fille américaine », ces insertions de fragments mélodiques assument un rôle semblable à celui des morceaux de papier collé dans la peinture cubiste. Elles se conforment au concept des *ready-made* en ce sens qu'elles sont l'insertion du « tout fait », déjà évoqué. D'ailleurs, toujours en lien avec le collage cubiste, la « Petite Fille américaine » comporte plus de bruits concrets que les autres numéros, qui sont bien illustrés dans le schéma 2 :

- la claquette (plan sonore 3, mes. 231-238) simule le bruit des sabots de sa balade en cheval et la danse du même nom ;

- la machine à écrire (plan sonore 8, mes. 253-268) symbolise le développement technologique et l'industrialisation ;

- les coups de revolver (plan sonore 12, mes. 281-284) évoquent la chasse aux gangsters des grandes villes américaines ;

- la sirène grave (plan sonore 18, mes. 353-356) fait référence au dernier coup de sirène donné par le Titanic avant son naufrage.

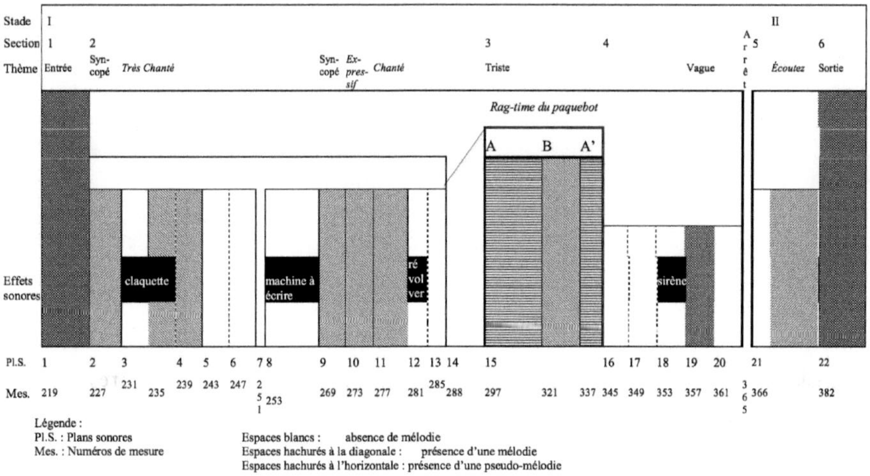

Schéma 2. Représentation formelle de la « Petite Fille américaine ».

Exemple 11. *Parade*, « Petite Fille américaine », mes. 269-272,
© 1917, Paris, Éditions Rouart-Lerolle / Salabert / EAS 16425.

La représentation formelle du schéma 2 démontre que la « Petite Fille américaine » s'articule aussi en deux stades, séparés par un point d'orgue (voir « arrêt », schéma 2, mes. 365). Et, comme dans le « Prestidigitateur chinois », ce deuxième numéro se munit de thèmes expressifs dont l'un est plus élaboré que les autres.

Le plan sonore 3 se consacre au déroulement du thème « Très chanté »[171]. Après les mesures d'introduction (mes. 231-234), les premiers violons entament, dans leur registre aigu, les quatre premières mesures de cet air, immédiatement repris aux octaves inférieures par les clarinettes, les trombones, les violoncelles et les contrebasses (ex. 12, mes. 235-242). Malgré l'indication du *fortissimo* exigée dans la reprise de la mélodie (ex. 12, mes. 239, registres inférieures), les bois aigus (piccolo, flûte et hautbois), qui défilent des traits de gamme rapides en doubles croches, masquent le chant émis par le registre grave des autres instruments. L'ostinato ainsi présenté par les bois et les cordes médianes emprunte les notes de la gamme de *mi* par tons : cette même gamme forme la ligne mélodique, sauf que cette dernière commence sur le *si* bémol (un triton plus bas).

Repris au plan sonore 10, le thème « Très chanté » porte cette fois l'indication « Expressif » (mes. 273). Ici, le compositeur se tourne vers le mode de *fa* par tons; construit à partir de la seconde échelle par tons, ce mode contraste par son contenu avec les modes de *ré* et de *si* bémol par tons utilisés dans les énoncés précédents. Cette reprise du thème « chanté » s'accompagne d'un motif d'ostinato en battement de secondes rappelant le thème d'entrée de la « Petite Fille américaine ».

Dans un esprit de cohésion, Satie expose dans ce thème un motif en croches, qui sera exploité plus loin. Comparer la mesure 237 de l'exemple 12 avec la mesure 345 ou la mesure 357 de l'exemple 13 mène à observer une constante : le contour mélodique est conservé malgré le changement de mode. Dans l'exemple 13, le motif est écrit dans le mode de *sol* bémol pentatonique et reproduit ainsi le motif « P » après le saut de quinte. Amorcé à la mesure 345, ce motif persiste pendant 20 mesures (mes. 345-364), mais se déplace d'un instrument à l'autre toutes les quatre mesures[172]. Ce transfert provoque chaque fois un changement de plan sonore.

La structure de la « Petite Fille américaine » diffère de celle des autres numéros : elle bénéficie d'une forme dans une forme. En fait, le morceau de la « Petite Fille américaine » est conçu pour renfermer, à l'intérieur de la forme ouverte dont elle dispose, un autre morceau de forme entièrement fermée, intitulé « Rag-time du Paquebot ». Le « Rag-time du Paquebot » se distingue des autres morceaux de *Parade* parce qu'il contient tous les éléments pour former une œuvre autonome et complète. Pour la première fois (à l'exception du « Choral », qui est un morceau à part, mais qui ne figure pas dans la réduction pour piano), une idée musicale se développe et s'accomplit sans interruption jusqu'à une cadence franchement articulée. Pour le « Rag-time du Paquebot », le compositeur délaisse la construction fragmentaire et accède à une structure formelle plus traditionnelle, typique du genre ragtime. La pièce est donc écrite dans une tonalité bien affirmée de *do* majeur et se développe en suivant les règles thématiques et harmoniques de la coupe ternaire A-B-A'.

---

171. *Ibid.*, p. 8.

172. Une exception se note au plan sonore 17 (mes. 349-352), dans lequel le transfert du motif à un autre instrument s'opère après deux mesures.

Exemple 12. *Parade*, « Petite Fille américaine », mes. 235- 242,
© 1917, Paris, Éditions Rouart-Lerolle / Salabert / EAS 16425.

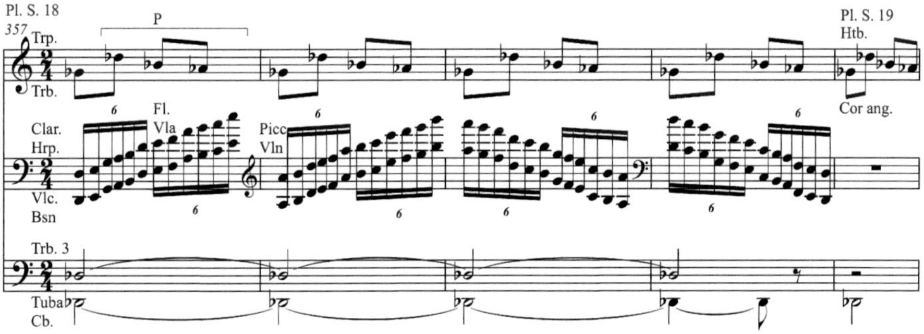

Exemple 13. *Parade*, « Petite Fille américaine », mes. 357-361,
© 1917, Paris, Éditions Rouart-Lerolle / Salabert / EAS 16425.

Dans le « Rag-time du Paquebot », Satie emprunte le rythme de la chanson américaine *That Mysterious Rag*, d'Irvin Berlin et Ted Snyder. Selon Mary E. Davis, cette chanson à succès, datant de 1911, devient populaire à Paris en 1913 alors qu'elle constitue un des moments forts de la revue *Tais-toi, tu m'affoles*, qui tient l'affiche au Moulin-Rouge pendant une grande partie de l'année[173]. Satie adopte rapidement ce genre à la mode. Dans les soirées amicales ou aux cabarets, il interprète des ragtimes, tout particulièrement ceux de Jelly Roll Morton, que lui a fait découvrir Stravinski[174]. Pour exprimer la fascination des Français pour l'Amérique et ses immenses transatlantiques, Satie se sert du morceau *That Mysterious Rag* comme « *Canevas Rag* »[175] pour composer son propre « Rag-time du Paquebot ». Pour ce premier ragtime joué en concert[176], Satie emprunte les figures rythmiques des deux premières mesures de *That Mysterious Rag*. À partir de cette base, il invente des thèmes à l'intérieur de la forme ternaire traditionnelle A-B-A' (tableau 4).

La section A présente également une division tripartite ayant comme première partie un thème « Triste »[177] de dix mesures (mes. 297-306). Ce thème, qui se termine sur un accord de dominante, se développe à l'intérieur d'une courte unité de six mesures (mes. 307-312). Cette dernière s'interrompt elle aussi sur un accord de dominante et, de cette façon, reprend partiellement la section 1, qui se finalise sur l'accord tonique de *do* (mes. 313-320). Les 24 mesures de la section A égalent la somme des sections B-A' (tableau 4). Alors que les seize mesures de la section contrastante B exploitent d'autres régions tonales et des harmonies chromatiques pour se diriger au bout du compte vers la dominante (mes. 321-336), la section A' se limite à réexposer intégralement les huit dernières mesures de la section A (mes. 337-344). Dans son ensemble, le « Rag-time du Paquebot » dénote une grande symétrie, où les 48 mesures du morceau se divisent en deux parties égales de 24 mesures, selon le tableau 4.

A			=	B	+	A'
24				24		
10 +	6 +	8		16	+	8
I – V	vi – V^6	I –		V/V (mod) – V^6		I

Tableau 4. Structure du « Rag-time du Paquebot », mes. 297-344.

Le thème « Triste » du « Rag-time du Paquebot » est un bien mauvais présage. Huit mesures après sa cadence finale, un bruit de sirène grave (mes. 353) siffle avec une force à faire « trembler comme une feuille ». Telle est l'indication que Satie appose sur la

173. Davis, *Erik Satie*, p. 111-112.

174. De retour des États-Unis en 1916, Ernest Ansermet rapporte à Stravinski des disques de jazz. Gabriel Fournier, « Erik Satie et son époque », *La Revue musicale*, n° 214, 1952, p. 130.

175. Voir la lettre de Satie à Valentine Gross, 25 octobre 1916, dans Volta (éd.), *Correspondance presque complète*, p. 263. C'est Satie qui souligne.

176. Selon Volta, « *Parade* : une œuvre célèbre à redécouvrir », dans Satie, *Parade, ballet réaliste*, partition d'orchestre, p. x. À son tour, Stravinski créera *Ragtime*, pour onze instruments, et *Piano-Rag-Music*, en 1919.

177. Indication spécifiée dans Satie, *Parade*, réduction pour piano à quatre mains, p. 11.

partition de piano (p. 13) pour marquer ce moment de frayeur. Le « rag » étant terminé, la musique morcelée de la « Petite Fille américaine » reprend son cours afin de représenter le naufrage du Titanic. « La “vague” fera son effet après le “rag” », écrit Satie [178]. Pour créer cet effet, il dessine une grande courbe musicale d'une étendue de quatre octaves, qui occupe les bois, les cordes et la harpe. Pendant cette longue ligne, une gamme de *ré* dorien en sextolets de doubles croches dégringole pour évoquer l'immense mouvement d'une vague qui s'abat sur le paquebot (ex. 13).

La note pédale *ré* bémol d'un demi-ton de distance avec le mode de *ré* dorien provoque une dissonance qui soutient la vive affliction ressentie face à cette tragédie mémorable. En plus de la note pédale, l'ostinato qui accompagne cette « vague » musicale se compose de notes aussi rattachées à *ré* bémol (ex. 13). Une fois la vague redescendue, seul l'ostinato persiste pendant quatre autres mesures (mes. 361-364), avec, toutefois, un changement d'instrumentation. Puis, tout s'interrompt brusquement à la mesure suivante.

Le vide causé par le point d'orgue à ce moment précis de la partition devait être comblé par « un texte en langage morse » [179], violemment dicté par le Manager américain. Après le point d'orgue, chaque note accentuée de la ligne stridente des flûtes, au plan sonore 21 (mes. 370-378), devait être accompagnée des paroles » tic, tic, tic, le Titanic s'enfonce allumé dans la mer » [180]. Comme le numéro se termine avec le naufrage du Titanic, le thème d'entrée de la « Petite Fille américaine » ressurgit subitement pour accompagner la danseuse dans sa sortie de scène.

Les « Acrobates »

Arrive alors l'amusant Manager à cheval, qui tente d'émouvoir la foule avec ses allures de bouffon sympathique. Ses pas heurtent le plancher, et leur bruit remplit le silence de l'orchestre. Puis, un air de valse plutôt balourd marque l'entrée en scène d'un couple d'Acrobates moroses et maladroits. Quatre mesures d'introduction (mes. 391-394) rappellent les sons cuivrés et les éclats de cymbales des fanfares foraines. Le xylophone effectue ensuite un ostinato fait d'une ligne brisée qui passe de haut en bas du registre par ses sauts d'octave, d'onzième et de quarte (mes. 395-402). Ces zigzags se calquent aux pas chancelants des Acrobates, funambules qui vacillent sur leur fil de fer. L'usage de la bitonalité dans ce passage (*do* – *fa* dièse) exprime la distorsion entre les capacités acrobatiques et les attentes des spectateurs.

Brusquement, un glissando annonce une mélodie encore plus menaçante, menée principalement par les trombones (mes. 403). Alors que la ligne obstinée précédente se restreignait aux notes *fa* dièse – *do* dièse – *sol* dièse (motif « Q^2 »), cette mélodie entreprend une longue descente de dix notes : elle enchaîne la gamme par tons de *fa* (mes. 403-406), puis entame quatre notes de la gamme de *ré* mineur descendante (*fa* – *mi* – *ré* – *do* dièse), pour se terminer avec le saut de quarte *do* dièse – *sol* dièse déjà

178. Lettre de Satie à Cocteau, 19 octobre 1916, dans Volta (éd.), *Correspondance presque complète*, p. 262.

179. Cocteau, « Livret de *Parade* (1916) », dans Décaudin *et alii* (éd.), *Théâtre complet*, p. 19.

180. D'après le manuscrit autographe, BnF, Département de la musique, MS 9603 (4), p. 7 ; reproduit dans Volta, « *Parade* : une œuvre célèbre à redécouvrir », dans Satie, *Parade, ballet réaliste*, partition d'orchestre, p. xi.

entendu. Tout au long du morceau des « Acrobates », Satie privilégie les longs traits en notes conjointes et accorde sa préférence aux gammes par tons (mes. 403-406 et 423-430) et aux échelles modales (entre autres, gamme mineure mélodique de *ré*, mes. 431-438 et de *sol*, mes. 497-501 ; *sol* lydien, mes. 479-480 ; *fa* dorien, mes. 495-497 ; *ré* phrygien, mes. 506-507). Les différentes formes des motifs « P » et « Q » s'intègrent également dans la construction des mélodies et des lignes d'accompagnement de ce morceau.

À l'instar des deux autres numéros, celui des « Acrobates » s'articule autour de plans sonores définis par des motifs d'ostinato ou d'accompagnement. La représentation formelle des « Acrobates » (schéma 3) illustre les dix-neuf différents plans sonores divisés en sept sections distinctes, comme l'indique sa partie supérieure. Une priorité y est donnée aux sections extrêmes (sections 1 et 7) et à la section centrale 4. À la différence des numéros antérieurs, celui des « Acrobates » se réalise en un seul stade et ne comporte donc aucun point d'arrêt. Les plans sonores présentent aussi un plus grand nombre de motifs mélodiques, de sorte que ce schéma contient peu d'espaces blancs comparativement aux deux premiers (schémas 1 et 2). L'aménagement des plans sonores pousse à constater que le thème d'entrée et de sortie, qui forme le cadre du numéro des « Acrobates », est beaucoup plus long : il réunit trois plans sonores, répartis chaque fois sur 23 mesures (mes. 391-414 et 527-550).

Les types de surface du schéma 3 montrent si les mélodies sont plutôt linéaires ou si elles possèdent un caractère chantant. Les surfaces lignées sont utilisées dans un passage linéaire constitué de broderies (lignes horizontales), de sauts (lignes verticales), de traits de gammes ascendantes (lignes diagonales ascendantes) ou descendantes (lignes diagonales descendantes). Les surfaces hachurées signalent la présence d'une mélodie caractéristique, comme à la section 4. En fait, la musique de cette section centrale est l'exception qui confirme la « règle ». Dans le reste du morceau, elle se compose principalement de traits de gammes en croches (mes. 415-416, par exemple), en noires (mes. 420-421) ou en blanches pointées (mes. 423-430). Les notes des gammes sont parfois ornées d'un saut de tierces (mes. 431-433) ou d'un double saut exécuté par une tierce ascendante suivie d'une quinte descendante (mes. 417-419). Ces ornements ponctuent les pas élancés ou les sauts périlleux des Acrobates. À ces idées mélodiques se superposent des ostinatos en valeurs longues. Élaborés le plus souvent dans un autre ton, les ostinatos discordent dans l'atmosphère de cirque, rendant plus misérables encore les Acrobates, qui, sans succès, exécutent leurs mouvements d'adresse.

Ces composantes mélodiques se succèdent en courts plans sonores jusqu'à la section 3. Sous l'indication « Charme » (mes. 451) réapparaît la gamme descendante en blanches pointées ayant pour contre-chant une série de reproductions des motifs « P » et « C' » (et de ses variantes) en marche descendante (ex. 14). Afin d'établir un lien avec le début du mouvement, les mêmes lignes en diagonales occupent les surfaces des plans sonores 3 et 9 du schéma 3. Le terme « ralentir » (mes. 465) clôt ce passage linéaire, qui s'efface sous le bruit sourd des deux « tuyaux bourdons de seize pieds ». En réalité, dans un tempo trois fois plus lent, la musique se tait pendant trois mesures. Elle laisse vibrer, dans toute son amplitude, le son du *mi* ronflant qu'expulsent les tuyaux d'orgue pendant les trois plans sonores à venir (schéma 3, plans 10-12).

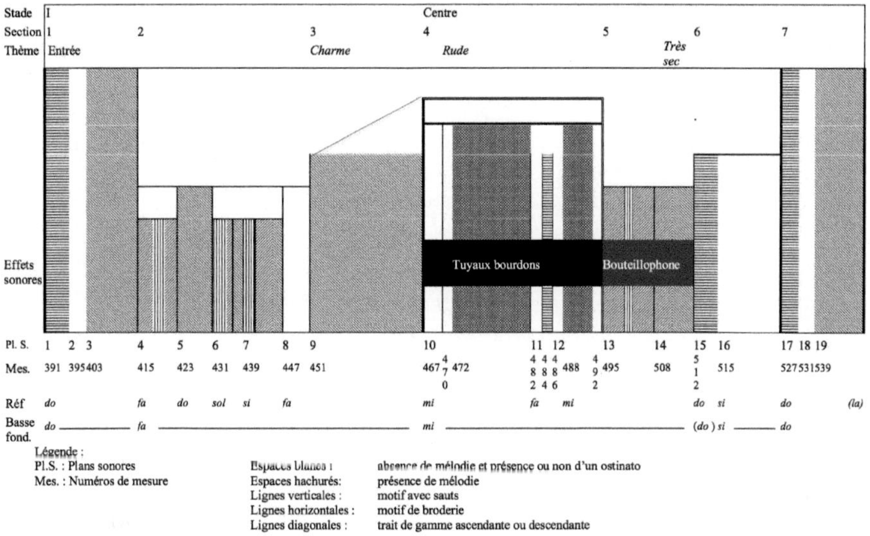

Schéma 3. Représentation formelle des « Acrobates ».

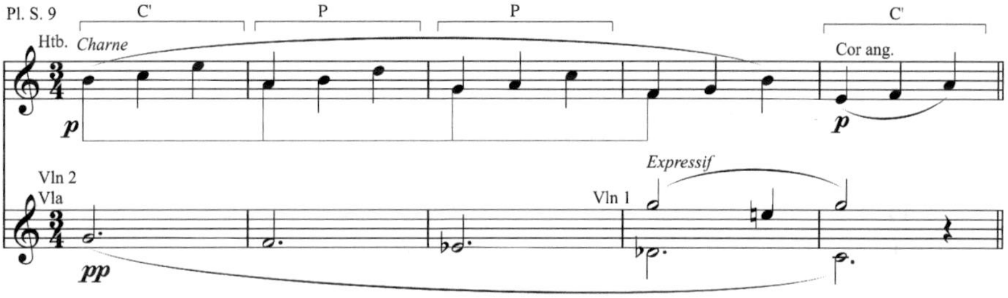

Exemple 14. *Parade*, « Acrobates », mes. 451-455,
© 1917, Paris, Éditions Rouart-Lerolle / Salabert / EAS 16425.

Le plan sonore 10, doté d'une grande intensité, survient au point central des « Acrobates » (plus précisément, à la 76e des 160 mesures du morceau). De plus, il se déploie sur une étendue longue de 28 mesures, soit une longueur presque égale aux neufs premiers plans sonores à tempo similaire[181]. À la mesure 470, les violons et les altos accomplissent machinalement un « rude »[182] ostinato, formé du motif « Q2 » *la – si – mi*. Deux mesures plus loin, une mélodie très aiguë s'y pose (ex. 15). Venant de la hauteur des étoiles, elle est de sonorité pentatonique : elle met en valeur le motif derrière le contre-chant au plan sonore 9 (hautbois, ex. 14) en combinant les motifs

181. Le compte des unités de temps donne 76 unités pour les mesures 391 à 466 et 84 unités pour les mesures 467 à 494.

182. Indication spécifiée dans Satie, *Parade*, partition d'orchestre, p. 81.

caractéristiques « Q[2] » et « P » (ex. 15). Le grand vide entre le registre du bourdon et de la flûte évoque à merveille l'énorme distance qui sépare la piste des Acrobates, perchés sur leur fil de funambule.

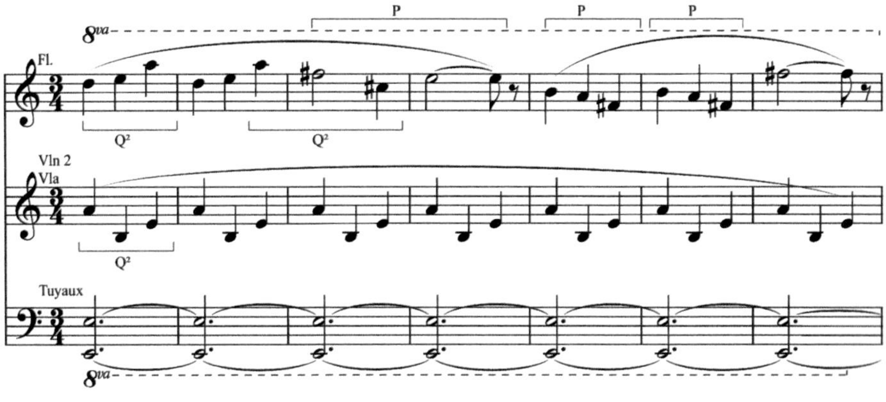

Exemple 15. *Parade*, « Acrobates », mes. 472-478,
© 1917, Paris, Éditions Rouart-Lerolle / Salabert / EAS 16425.

Le suspens provoqué par le danger menaçant les Acrobates s'amplifie lorsque la note pédale des tuyaux d'orgue et celle de l'ostinato montent d'un demi-ton (de *mi* à *fa*) pour quatre mesures (plan sonore 11, mes. 482-485). Une fois le danger « hors la tête »[183], les premières mesures du plan 10 reviennent : la reprise effectuée au plan sonore 12 propose une structure tripartite à l'intérieur de la section 4, ayant comme mouvement de basse les notes *mi* – *fa* – *mi*.

Sur la note *fa*, le cristallin bouteillophone entame à la mesure 495 une montée rapide; il réexpose les premières mesures du plan 4 (schéma 3, mes. 415-419) avec le rythme rapide d'une valse. Sa vive mélodie de couleur modale (sur *ré*) contraste avec le « très sec »[184] choral de cuivres du plan sonore 14 (mes. 508-511). Des accords dissonants de quinte augmentée de *do* et de *ré* occupent le plan 15 (mes. 512-514). Au plan 16 (mes. 515), ils s'appuient sur une longue pédale de *si* (aux cordes). Alors que le hautbois et le cor anglais émettent un motif de broderie, le tuba bâtit son ostinato selon le motif « P » (*si* – *la* – *fa* dièse) caractéristique de la mélodie des flûtes lors du plan sonore 10 (mes. 476). Étrangement, Satie attribue cette cellule motivique à un instrument complètement opposé à la flûte, tant dans son registre que sa légèreté.

De la note *si* du plan 16 (mes. 515), la ligne de basse se dépose sur la note *do* aux plans sonores 17 et 18 pour réexposer tout le matériel du thème d'entrée des « Acrobates ». Dans les dernières mesures du plan final 19 (mes. 539), le compositeur place, juste avant le *la* final, les notes *fa* – *mi* – *si* – *do* (mes. 547-549) entendues à plusieurs reprises depuis la première mesure du « Choral » (ex. 1). Ce motif « C », déjà utilisé à la fin du plan sonore 3 (mes. 411-413), est repris de manière macroscopique, soit à l'échelle

183. Satie, *Parade*, réduction pour piano à quatre mains, p. 17.
184. Satie, *Parade*, partition d'orchestre, p. 87.

du numéro complet. La partie inférieure du schéma 3 montre les notes référentielles de chaque plan sonore du numéro des « Acrobates ». Au-dessous de celles-ci figure le mouvement fondamental de la ligne de basse *do – fa – mi – do – si – do*. Étonnamment, il utilise les mêmes notes que celui déployé dans l'ensemble de la première section du « Choral » (ex. 1). Encore une fois, Satie surprend par l'ingéniosité des liens motiviques établis au sein de toute sa composition.

Le « Suprême effort des Managers » et le « Finale »

La musique des « Acrobates » s'arrête brusquement. Après un silence tenu par un point d'orgue, le thème des Managers revient avec force pour soutenir leur « Suprême effort ». Les deux énoncés du thème des Managers se réalisent à partir du même motif caractéristique « C », *do – fa – mi – si*. Le premier énoncé s'effectue en 2/4 avec un accompagnement bâti sur une note pédale de *do* (mes. 552-560) ; le second, en 3/8 avec *mi* comme note pédale (mes. 561-572). Les composantes métriques et tonales du « Suprême effort des Managers » sont les mêmes que celles de l'« Entrée des Managers », au début de l'œuvre. Mais elles se présentent en sens rétrograde (comparer avec le tableau 3).

La partition pour orchestre n'enchaîne pas directement avec « Suite au "Prélude du Rideau rouge" », comme la partition pour piano à quatre mains. Elle inclut un « Finale » et une reprise modifiée du premier énoncé du « Suprême effort des Managers ». Rappelons que ces ajouts dans la partition ont été apportés en 1919, deux ans après la création. En réexposant le thème des Managers à la suite du « Finale », Satie use encore une fois de la *forme ouverte*. Concrètement, après son second énoncé, le « Suprême effort des Managers » s'interrompt, mais reprend plus loin, une fois que le « Finale » a eu lieu. Autrement dit, les quatre sections du pot-pourri que comporte ce « Finale » se glissent à l'intérieur d'un autre cadre, constitué du thème des Managers.

Même si le « Finale » et l'énoncé supplémentaire du thème des Managers n'appartiennent pas à la conception originale de l'œuvre, ils démontrent le bien-fondé d'une démarche appliquant à la composition musicale non seulement le principe de la *forme ouverte*, mais également de la *construction fragmentaire*. En effet, dans le processus compositionnel des quatre sections du « Finale », Satie juxtapose des fragments épars, sélectionnés dans les trois numéros, après les avoir transposés et réorchestrés.

La première section (mes. 574-589) rappelle la « Petite Fille américaine » : elle puise des fragments dans les plans sonores 3, 4 et 5 de ce morceau (mes. 231, 239 et 243). La deuxième section emprunte l'air du « Rag-time du Paquebot », énoncé cette fois au tuba à partir de la note *si* (au lieu de *mi*). Cette section se termine avec le passage syncopé de l'avant-dernier plan sonore qui précédait alors le « Rag-time du Paquebot » (comparer mes. 285-288 et 606-609). La mélodie en gammes par tons des « Acrobates » (voir mes. 423) ouvre la troisième section du « Finale » (mes. 610). Puis, le dernier plan sonore du thème d'entrée et de sortie des « Acrobates » affiche, encore une fois, la ligne de basse caractéristique *fa – mi – si – do – la* (comparer mes. 618-621 avec mes. 547-549). Avant de procéder à la quatrième section du « Finale », Satie reproduit les dernières mesures du plan sonore 4 des « Acrobates », dont il inverse l'ordre. Plus précisément, pour les mesures 622 à 625, il commence par le contenu de la mesure 422, qu'il fait suivre par celui des mesures 420 et 421. Débutant avec six mesures d'ostinato (mes. 626-631), la quatrième section ramène le motif « P », *fa* dièse – *sol* dièse – *si*, du plan sonore 3 du « Prestidigitateur chinois » (mes. 105-108). Un accord de *sol* de neuvième majeure et quinte diminuée couvre les six dernières mesures de cette section (mes. 652-657). Il est rejoint par le thème des Managers (mes. 658). Cette « danse mélancolique de tous les personnages, au milieu du décor » [185] annonce les derniers moments de *Parade*.

En concluant avec la « Suite au "Prélude du Rideau rouge" », l'œuvre se termine comme elle a commencé [186].

La grande structure formelle : vers une symétrie

À travers une cohésion compositionnelle qui tisse continuellement des liens entre les motifs mélodiques, Satie construit une œuvre d'une qualité architecturale remarquable. Cette particularité n'échappe pas à Cocteau :

> La partition à quatre mains de *Parade* est, d'un bout à l'autre, un chef-d'œuvre d'architecture [...]. Une fugue se déhanche et donne naissance au rythme même de la tristesse des foires. Puis, viennent les trois danses. Leurs nombreux motifs, distincts les uns des autres, comme des objets, se suivent sans développement et ne s'enchevêtrent pas. Une unité métronomique préside à chacune de ces énumérations qui superposent la simple silhouette du rôle et les rêveries qu'il suscite. Il y a dans le Chinois, la Petite Américaine et les Acrobates, des Nostalgies inconnues jusqu'à ce jour avec des moyens d'expression d'une si grosse loyauté ! [...] Jamais Satie ne remue le marais [187].

Voilà qui résume opportunément la partition de Satie. Mais, au-delà de l'enchaînement cohérent des numéros, la composition de *Parade* recèle une structure ingénieuse et organisée, qui mérite d'être élucidée. Pour mieux en éclaircir l'importance, le tableau 5 dresse, à partir de l'étude des partitions de *Parade*, une liste des onze scènes du ballet. Dans le contexte d'un spectacle de ballet, le terme « scène » s'applique souvent mieux que « morceau » puisque certains personnages s'exécutent sans musique. La caractéristique musicale associée à chacune des onze scènes figure entre parenthèses. Les lignes tracées à gauche du tableau 5 dénotent la présence du double cadre [188]. La fugue du « Prélude du Rideau rouge » agit comme un cadre externe, mais elle contient également un second cadre, formé du thème répétitif des Managers.

Comme nous l'avons mentionné, les trois numéros de *Parade* se déroulent à l'intérieur de ce double cadre. Nous avons également spécifié que le « Rag-time du Paquebot » se prévaut d'un statut particulier : morceau distinct et autonome, il s'insère au milieu des numéros de la parade. De plus, il est le seul mouvement à l'intérieur du

---

185. Volta, « Repères chorégraphiques », dans Satie, *Parade*, partition d'orchestre, p. 118.

186. Ici, on exclut le « Choral », qui se joue avant le début du spectacle comme tel.

187. Cocteau, *Le Coq et l'Arlequin*, p. 68-69; repris dans Gullentops et Haine (éd.), *Écrits sur la musique*, p. 113-114.

188. Cette structure du double cadre est présente dans *Trois Morceaux en forme de poire* de Satie, pièce qui a inspiré le projet *Parade* à Cocteau. Voir Cocteau, *ibid.*, p. 100; repris dans Gullentops et Haine (éd.), *ibid.*, p. 84-85.

double cadre qui répond aux règles harmoniques et contrapuntiques du système tonal. Ce morceau se différencie aussi des autres par son découpage, effectué selon la forme ternaire traditionnelle A-B-A'. Sa tonalité de *do* majeur bien affirmée est la même que celle employée dans l'exposition de la fugue, entendue dans le « Prélude au Rideau rouge », et dans sa réexposition, « Suite au "Prélude du Rideau rouge" », respectivement placées aux extrémités de l'œuvre.

Nom des scènes

1. **Prélude du Rideau rouge**
   (fugue en *do* majeur)
2. **Entrée des managers**
   (thème répétitif)
3. **Prestidigitateur chinois**
   (cirque)
4. **Manager de New York**
   (trépignement)
5. **Petite Fille américaine**
   (thème américain)
6. **Rag-time du paquebot**
   (ternaire en *do* majeur)
7. **Petite Fille américaine**
   (thème américain)
8. **Manager à cheval**
   (trépignement)
9. **Acrobates**
   (cirque)
10. **Suprême effort des Managers**
    (thème répétitif)
11. **Suite au Prélude du Rideau rouge**
    (fugue en *do* majeur)

Tableau 5. Liste des scènes de *Parade*.

À partir de ces éléments communs – c'est-à-dire les formes traditionnelles et la tonalité de *do* majeur –, trois points de l'œuvre sont reliés de manière à constituer l'*architecture pyramidale* tant exploitée par les cubistes. Le schéma 4 montre cette spécificité formelle de la composition de *Parade*. Le schéma supérieur traduit la structure formelle en une figure triangulaire. À l'intérieur du triangle se succèdent, de gauche à droite, les onze scènes de la partition. Les chiffres précédant les titres de ces onze scènes réapparaissent dans la partie inférieure du schéma. Ces chiffres désignent le début de chaque scène et leur matériel musical, regroupé ici en grandes sections, est représenté par des rectangles. Le « Choral » ne figure pas dans ce schéma et le « Finale » est exclu de la numérotation puisque ces deux morceaux ne font pas partie de la composition originale de 1917.

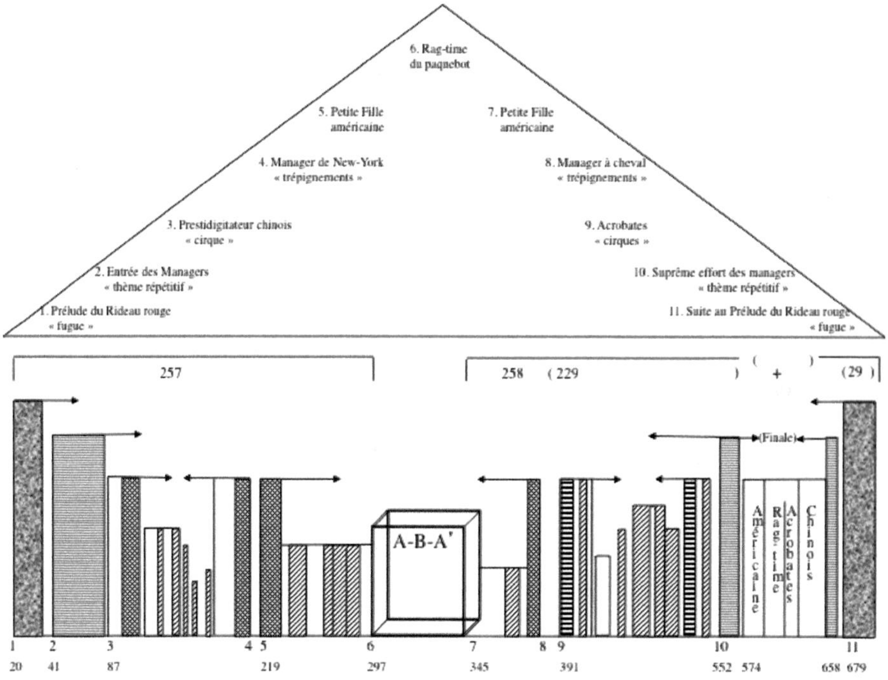

Schéma 4. Structure pyramidale de *Parade*.

Les espaces vides entre les rectangles (voir les scènes 4 et 8) signalent que la musique se tait pour faire place aux trépignements des pas du Manager de New York et du Manager à cheval. Le côté supérieur de certains rectangles se prolonge par une flèche. Lorsque la flèche est orientée vers la droite, elle laisse entrevoir une particularité formelle, celle de la *forme ouverte*, où le matériel thématique d'un morceau est interrompu momentanément pour donner cours à d'autres morceaux ou passages. La flèche pointant à gauche au-dessus d'un rectangle de même hauteur indique la reprise du matériel thématique suspendu. Par exemple, l'exposition de la fugue du « Prélude du Rideau rouge » (scène 1 du schéma inférieur) est munie d'une flèche se dirigeant vers la droite ; face à cette dernière, une autre flèche s'accroche à un rectangle de même hauteur. Il correspond à la réexposition de la fugue, la « Suite du "Prélude du Rideau rouge" » (scène 11). Ces deux flèches signalent que le matériel musical illustré dans les rectangles extrêmes se rattache au même morceau, le « Prélude du Rideau rouge ». Sa partie centrale de développement se déroule alors en silence, ou bien « à l'intérieur »[189], tandis que les morceaux accompagnant la parade occupent « l'extérieur », qui *lui* est visible. Dans ses propres mots, Cocteau décrit ce phénomène : « Peu à peu vint au monde une partition où Satie semble avoir découvert une dimension inconnue grâce à laquelle on écoute simultanément la parade et le *spectacle intérieur* »[190].

Dans le schéma 4, la hauteur des rectangles est proportionnelle au laps de temps qui sépare l'interruption et l'ouverture d'un morceau. Ainsi, comme l'espace séparant les deux mouvements associés à la fugue du « Prélude du Rideau rouge » (scènes 1 et 11) est plus long que celui entre les morceaux « Entrée des Managers » et « Suprême effort des Managers » (scènes 2 et 10), les rectangles des premiers sont plus hauts que ceux des deuxièmes ; ces derniers, eux-mêmes plus hauts que ceux des trois autres numéros.

Ce procédé, qui suggère qu'une pièce se divise ou s'ouvre, intervient donc à trois niveaux :

- 1er niveau : la fugue du « Prélude au Rideau rouge » ;
- 2e niveau : le thème des Managers ;
- 3e niveau : le thème d'entrée et de sortie de chacun des trois numéros de la parade.

D'importance structurale équivalente, les trois numéros de *Parade* (scènes 3, 5 et 9) sont identifiés par des rectangles de même hauteur. Les flèches sur les côtés supérieurs révèlent que chacun des morceaux présente un thème spécifique semblable à l'entrée et à la sortie des personnages. Une coupe tripartite se profile ainsi, malgré le langage moderne utilisé.

Par ailleurs, les scènes correspondant à la « Petite Fille américaine » (scènes 5 à 7) se munissent d'un aspect formel plus complexe. Entre ces rectangles s'insère le « Rag-time du Paquebot » (scène 6), qui, contrairement aux sections centrales des deux autres numéros, « Prestidigitateur chinois » (scène 3) et « Acrobates » (scène 9), est une pièce nouvelle et complète. Représenté par un cube aux côtés fermés, le « Rag-time du Paquebot » se différencie nettement des autres numéros de la parade. Cette particularité n'a rien de fortuit. Le schéma 4 révèle que, si le « Rag-time du Paquebot » se place au centre de la « Petite Fille américaine », il est surtout au cœur de la composition. Les nombres 257 et 258, placés au-dessus du schéma, sont la somme des mesures apparaissant de part et d'autre du « Rag-time du Paquebot », à l'exclusion du « Choral » et du « Finale ». Ce calcul confirme que le « Rag-time du Paquebot » constitue le point central de la composition originale[191].

---

189. Voici un exemple de la notion de « spectacle intérieur » que Cocteau associe à *Parade* (Cocteau, « Avant *Parade* », p. 5). On pourrait jusqu'à considérer que ce développement se déroule *à l'intérieur* de la tête du compositeur, qu'il est « un développement qui n'existe pas, ou plutôt qui n'existe que pour une personne – et encore peut-être même également virtuellement : le compositeur » (Vincent Lajoinie, *Erik Satie*, Lausanne, L'Âge d'Homme, 1985, p. 324).

190. Cocteau, *Le Coq et l'Arlequin*, p. 101 ; repris dans Gullentops et Haine (éd.), *Écrits sur la musique*, p. 85. Nous soulignons.

191. La division par deux des 686 mesures que rassemble la version augmentée de la partition de 1919 donne le chiffre 343 comme point central. Or, le « Rag-time du Paquebot » se termine à la mesure 344. Satie maintient donc la notion de symétrie propre à *Parade* en ajoutant, respectivement à chaque extrémité de la partition, les morceaux du « Choral » et du « Finale ».

Parce que le « Rag-time du Paquebot » intervient au milieu de toutes les *formes ouvertes* de *Parade*, il figure au sommet de la pyramide dans la partie supérieure du schéma 4. En fait, chaque palier de la pyramide (soit les scènes 1 et 11, 2 et 10, 3 et 9, etc.) comporte des scènes musicales aux caractéristiques analogues. En se rapprochant de plus en plus, elles mènent au sommet de cette structure. Ce n'est sûrement pas par simple coïncidence que Satie décide de fermer les cadres au point central de l'œuvre – alors qu'il les ouvre dans tous les autres morceaux – pour entreprendre la composition d'une pièce complète. Le compositeur touche ainsi à un haut niveau de symétrie dans *Parade*, tout en l'évitant dans la composition des trois numéros, dont la longueur varie. Cette particularité de l'œuvre musicale rejoint la configuration symétrique du décor de *Parade*.

La structure adoptée par Satie accentue les effets de contraste qui se manifestent dans les différentes composantes du ballet. Les jeux de contraste qui, jusqu'à présent, ont été repérés dans la succession des thèmes musicaux (surtout entre les matériaux traditionnels associés au « Prélude du Rideau rouge » et ceux, non traditionnels, de l'« Entrée des Managers ») se retrouvent à un autre niveau sonore. L'intervention du Manager de New York (scène 4) et du Manager à cheval (scène 8) dans le ballet tranche avec celle des autres personnages : ces Managers dansent dans le silence. En opposition avec le reste de la partition, leur scène est ponctuée de bruits ambiants, produits par le tintement rythmé de leurs pas sur le plancher.

La *juxtaposition* d'éléments traditionnels et non traditionnels, le *collage*, réalisé par l'insertion de bribes de mélodie connues ou de bruits, et la *fragmentation* du tissu musical en blocs sonores prouvent que la partition de *Parade* adhère à l'esthétique cubiste et réaliste du ballet.

L'APRÈS *PARADE* : « UN BEAU SCANDALE »

Désormais inscrit dans la modernité, le ballet est une révélation aux yeux de la nouvelle génération de compositeurs. Georges Auric, qui compte parmi les Nouveaux Jeunes[192], jette un regard juste sur la portée esthétique de la composition musicale :

> *Erik Satie* s'inspirant de la parade désabusée d'un petit théâtre forain n'avait pas à faire trépider dans sa musique une foule que nous rencontrons tous les jours.
> Comme celui de *Picasso*, son art ne veut point nous séduire par une évocation brillante et mouvementée. [...]
> La partition de Satie est conçue pour servir de fond musical à un premier plan de batterie et de bruits scèniques [*sic*].
> Ainsi elle se soumet très humblement à la réalité qui étouffe le chant du rossignol sous le roulement des tramways[193].

192. Dès le 1er décembre 1917, un concert de la musique des Nouveaux Jeunes est présenté à la Salle Huyghens. Les noms de Georges Auric, Louis Durey, Arthur Honegger et Germaine Tailleferre, qui feront partie plus tard du Groupe des Six, sont inscrits au programme. Robert Shapiro, « Les Six : Survey of an Avant-guarde Movement », dans Robert Saphiro (dir.), *Les Six : The French Composers and their mentors Jean Cocteau and Erik Satie*, Londres, Peter Owen Publishers, 2011, p. 43.

193. Georges Auric, [« Préface »], dans Satie, *Parade*, réduction pour piano à quatre mains, [n.p.].

Par ce témoignage, Auric révèle que Satie, à l'instar de Picasso, a voulu faire de *Parade* une œuvre d'art de la simplicité qui aspire au réalisme. Et, à travers cette simplicité de la vie réelle, le spectacle prend tout son sens puisqu'il est une réflexion sur la vie quotidienne urbaine, cachée sous le masque du guignol. Or, cette signification échappe complètement au public de 1917. En fait, celui-ci ne saisit pas vraiment que le spectacle prévu à l'intérieur de la baraque ne sera jamais présenté. Il attend toujours que le spectacle commence[194], surtout après cette parade qui dure à peine seize minutes. Tout ce que le public voit, c'est un retour continuel à la parade : le titre annonce une parade ; le *Rideau rouge* de Picasso propose une parade ; le ballet comme tel est la parade du spectacle intérieur. En réalité, du début à la fin, le spectacle fait « parade » à la parade. Ce retour perpétuel au point de départ reflète le travail routinier et répétitif du monde forain, lui-même métaphore de la réalité quotidienne.

Dans son rôle de compositeur, Satie rehausse la régularité de pendule du geste familier. Il uniformise tous les morceaux de *Parade* en un seul mouvement métronomique de 76 pulsations à la minute. Suivant le jeu emboîté du spectacle dans un spectacle, de la parade dans *Parade* ou d'un rideau dans le *Rideau rouge*, la composition musicale repose sur cette stratégie de la forme dans une forme. En outre, Satie répond avec justesse à la thématique réaliste du quotidien, grâce à un langage musical sans prétention, proche du « tous les jours » emprunté à la rue, au cirque et au music-hall.

Parade montre en plus comment le cirque contribue à ce que l'homme moderne s'évade de sa routine. Confronté à sa propre réalité, l'auditeur participe, malgré lui, au jeu et adopte le double rôle du spectateur-acteur : tout en assistant au spectacle, il est l'objet de sollicitation des Managers et des numéros de la parade. Or, cette dimension théâtrale de *Parade* n'est pas réellement comprise par le public de l'époque, ce qui suscite de fortes réactions, allant des applaudissements aux sifflements. Poulenc témoigne de l'ambiance fougueuse de la salle :

> Et le spectacle monté en 1917, en pleine guerre, parut à certains un défi au bon sens. La musique de Satie, si simple, si crue, si naïvement savante, comme un tableau du Douanier Rousseau, fit scandale par sa désinvolture. Pour la première fois – il s'est bien rattrapé depuis – le music-hall envahissait l'art – avec un grand A. En effet, on dansait un *one step* dans *Parade*. À ce moment-là, la salle se déchaîna en huées et en applaudissements. Tout Montparnasse, au poulailler, hurlait : « Vive Picasso ! » Auric, Roland-Manuel, Tailleferre, Durey et beaucoup d'autres musiciens hurlaient : « Vive Satie ! » Ce fut un beau scandale[195].

194. À ce sujet, il semblerait que Cocteau avait pensé présenter, juste avant la tombée du rideau, une affiche à éclairage stroboscopique qui aurait proclamé que « le drame qui n'a pas eu lieu pour les personnes qui sont restées à l'extérieur est de Jean Cocteau, Erik Satie, Pablo Picasso ». Malheureusement, seules des sources secondaires, dont le texte est en anglais, font allusion à cette affiche, qui se lit alors comme suit : « *The drama which didn't take place for those people who stayed outside was by Jean Cocteau, Erik Satie, Pablo Picasso* ». Cocteau, cité dans Frederick Brown, *An Impersonation of Angels : A Biography of Jean Cocteau*, New York, The Viking Press, 1968, p. 144; repris dans Alan M. Gillmor, *Erik Satie*, New York/Lonon, Norton, 1988, p. 199. Nous traduisons.

195. Francis Poulenc, *Moi et mes amis*, éd. Stéphane Audel, Paris, La Palatine, 1963, p. 88-89.

Comme l'affirme avec justesse Caizergues, « l'accueil réservé à *Parade*, d'une ampleur inhabituelle dans la presse de ce temps de guerre, relève plus de l'incompréhension que de "la colère unanime" »[196]. Pour échapper à ce que l'un considère comme une « pitrerie »[197], une « sinistre bouffonnerie »[198] ou « une si plate niaiserie »[199], Cocteau croit qu'il aurait fallu doter le ballet d'une intrigue claire :

> Une œuvre ne saurait être belle sans une intrigue de mysticisme, d'amour ou d'ennui. Le bref, le gai, le triste sans idylle, sont suspects. L'élégance hypocrite du Chinois, la mélancolie des paquebots de la Petite Fille, la niaiserie touchante des Acrobates, tout cela qui est resté lettre morte pour le public de *Parade*, lui aurait plu si l'Acrobate avait aimé la Petite Fille et avait été tué par le Chinois jaloux, tué à son tour par la femme de l'Acrobate, ou toute autre des trente-six combinaisons dramatiques[200].

Ce qui choque le critique Jean Poueigh est justement l'absence d'argument ou de thème à l'égard duquel « le critique perd ses droits », écrit-il une fois qu'il a condamné durement le spectacle : « Il est parfois amusant de constater jusqu'à quel degré l'ineptie peut descendre. Mais sans doute n'était-ce pas le genre d'agrément qu'eussent préféré nous offrir les auteurs de cette tentative de rapins sur-réalistes »[201].

Les commentaires de Poueigh fustigent Picasso :

> Un rideau soi-disant passéiste, en réalité laborieusement primitif, sur lequel des artistes forains sont représentés dans l'attitude contorsionnée du torticolis; un décor dont la prétendue originalité réside en ce qu'il est posé tout de travers; [...] de hideuses constructions géométriques à plusieurs plans, encageant le Manager en frac et le Manager de New York; et un grotesque cheval de cavalcade carnavalesque ruant par les jambes de ses deux danseurs, ne sauraient constituer un ballet qu'à moitié cubiste seulement, malgré les prétentions de M. Pablo Picasso et en dépit de la réclame et du tapage organisés autour de son nom[202].

Les constructions démesurées des Managers font aussi l'objet de fortes réactions, comme le souligne Auric :

> L'apparition des Managers, grands monstres aux carapaces de bois et de carton peint, leurs pas déréglés, féroces, soulevant la poussière de la scène trop vaste du Châtelet, fut un

196. Caizergues, « *Parade* : notice », dans Cocteau, *Théâtre complet*, éd. Décaudin *et alii*, p. 1574. Le passage cité est de Cocteau, « La collaboration de *Parade* », dans *Le Coq et l'Arlequin*, p. 106; repris dans Gullentops et Haine (éd.), *Écrits sur la musique*, p. 88.

Précisions que cette étude sur l'accueil de *Parade*, ainsi que ceux des ballets suivants, n'est pas exhaustive. Elle a comme objectif de présenter un aperçu ou une vue d'ensemble des réactions du public et des critiques provoquées par l'œuvre. C'est la raison pour laquelle la présentation est construite à partir des commentaires énoncés et non suivant l'ordre chronologique des critiques de la presse.

197. « Les Planches – Échos », *Le Bonnet rouge*, 22 mai 1917, p. 2; cité dans Caizergues, « *Parade* : notice », dans Décaudin *et alii* (éd.), *Théâtre complet*, p. 1574.

198. [Anonyme], « Picassottises », [extrait de journal non identifiée], [n.p.], BnF, Département des Arts du spectacle, Dossier de presse, Fonds Rondel 4-RO-12535.

199. Jean d'Udine, « Couleurs, mouvements et sons : les Ballets russes, en 1917 », *Le Courrier musical*, n° 19, juin 1917, p. 237-241, ici p. 239.

200. Cocteau, *Le Coq et l'Arlequin*, p. 69-70; repris dans Gullentops et Haine (éd.), *Écrits sur la musique*, p. 115.

201. Jean Poueigh, « *Parade – Soleil de Nuit – Las Meninas* », *Le Carnet de la Semaine*, 3 juin 1917, p. 12.

202. *Ibid.*

prétexte à l'indignation et aux sifflets. À partir de cette entrée, une salle déchaînée couvrit la musique d'un tumulte que nous n'oublierons pas [203].

Perçus par Simone de Caillavet comme « un assemblage chaotique de non-sens » [204], le Manager français et celui de New York sont ainsi décrits par Léon Guillot de Saix : « Deux personnages monstrueux, qui ont des jambes comme vous et moi et un corps monumental d'angles droits » [205]. « Et tout cet échafaudage, où la figure humaine n'est reconnaissable qu'à une pipe et à une trompette, est d'une laideur à peine pittoresque » [206], écrit Henry Bidou. De Caillavet renchérit, à propos du Manager à cheval : « Ce Bucéphale [...] tient à la fois de la girafe, du boa constrictor et du prodige » [207], tandis que Bidou déplore que, « formé de deux danseurs et d'une tête assez plaisante, [il] ne forme guère une figure nouvelle » [208].

Les critiques ne s'expliquent pas forcément mieux les forains et se demandent « pourquoi, à côté des monstrueux Managers en cubes, il y a des gens logiquement habillés comme le Chinois, l'Acrobate » [209]. La Petite Fille américaine passe pour une « épileptique qui se livre inopinément au pénible simulacre d'une crise nerveuse. Cette pantomime impressionnante symbolise, paraît-il, la trépidation d'une nation agitée entre toutes et l'activité fébrile d'un siècle entreprenant, sportif et pressé » [210]. Ceci confirme le constat que fait Cocteau : « Le public a pris pour des grimaces les danses motivées par la gesticulation familière de la vie » [211]. Mais Régis Gignoux voit le travail de Massine comme une nouvelle orientation pour la danse :

> Déjà voici classé jeune maître parmi les plus célèbres metteurs en scène de l'Europe, avec cette différence qu'il ajoute encore une nouvelle conception à cet art plus précis, plus détaillé, plus compliqué que la seule mise en scène : la chorégraphie. Mais cette chorégraphie a la prétention d'être ici plus qu'un art charmant et veut refléter l'époque [...] et l'esprit du fameux peintre cubiste [212].

D'ailleurs, même si la performance de la Petite Fille américaine est très critiquée, celle de Massine dans le numéro du Prestidigitateur chinois attire des louanges : « Sa silhouette de Prestidigitateur chinois est étonnante de réalisme et d'exubérance vitale » [213], « reproduisant à miracle les mouvements anguleux d'une marionnette un peu disloquée » [214].

---

203. Georges Auric, « Les Fortunes diverses de *Parade* », *Le Gaulois*, 8 juillet 1919, [n.p.].

204. Simone de Caillavet, « Ballets russes », 25 mai 1917, [n.p.], BnF, Département des Arts du spectacle, Dossier de presse, Fonds Rondel 4-RO-12535.

205. Léon Guillot de Saix, « Les Ballets russes au Châtelet », 24 mai 1917, [n.p.], BnF, Département des Arts du spectacle, Dossier de presse, Fonds Rondel 4-RO-12535.

206. Henry Bidou, « Les Ballets russes », *Feuilleton du Journal des débats*, 21 mai 1917, [n.p.].

207. De Caillavet, « Ballets russes », [n.p.].

208. Bidou, « Les Ballets russes », [n.p.].

209. Noel, « Les Ballets russes », [n.p.].

210. De Caillavet, « Ballets russes », [n.p.].

211. Cocteau, *Le Coq et l'Arlequin*, p. 69 ; repris dans Gullentops et Haine (éd.), *Écrits sur la musique*, p. 115.

212. Régis Gignoux, « Avant-première : Théâtre du Châtelet », *Le Figaro*, 18 mai 1917, p. 4.

213. Noel, « Les Ballets russes », [n.p.].

214. Henri Quittard, [extrait de journal non identifié], 18 mai 1917, [n.p.].

« La musique de M. Erik Satie ne mérite pas moins de louanges », écrit Henri Quittard. De prime abord séduit, ce malicieux critique trouve plutôt que le compositeur « s'est donc diverti, avec une fantaisie tant soit peu laborieuse, à reproduire les effets burlesques qu'une douzaine de musiciens de foire produisent sans effort et même sans y penser » [215]. Plusieurs critiques se plaisent à décrire les « quatre machines à écrire », qui, malgré leur emploi singulier, ne procurent pas, d'après eux, de résultat probant [216].

En général, la presse dénigre le savoir d'orchestrateur de Satie, car, selon l'expression de Cocteau, son orchestre est « sans sauce » [217], comparativement à la musique envoûtante des impressionnistes du genre debussyste. Auric, de son côté, saisit bien la volonté du compositeur français :

> Satie, dans *Parade*, dédaigne l'artifice, les fausses perles, et promène M. Ingres dans un orchestre étonnamment dépouillé et claquant. [...] Il aime les lignes droites, crée une façon de perspective musicale nouvelle où l'oreille ne chavire plus dans un jeu d'accords [218].

Mis à part cette sobriété, le côté ironique de Satie, qui imprègne si fortement ses œuvres pour piano, jette une ombre sur cette première composition orchestrale. Cette dérision vaut au compositeur « très music-hall sans cesser d'être musical » [219] les attaques les plus acerbes de la part du critique Poueigh :

> Ironiste à froid, il sait mettre de l'humour partout, sauf dans sa musique. Surtout il épèle [*sic*] assez mal le langage des sons. Comme il veut nous persuader qu'il le parle mieux qu'un piètre amateur, il a écrit pour l'introduction de *Parade* quelques entrées de fugue dont le piteux classicisme jure avec le cubisme environnant. Et ce ne sont pas les crécelles, non plus que les machines à écrire qui parviendront jamais à introduire ici l'esprit, l'invention, le métier qui font si cruellement défaut à la musique de M. Erik Satie [220].

C'en est trop pour Satie, qui envoie à Poueigh des mots d'injures grossières. Ils lui rapportent une poursuite au tribunal et une condamnation de huit jours de prison pour « injures publiques et diffamation » [221], et ce, malgré les contestations pendant l'audience, à laquelle assistent majoritairement des défenseurs poètes, peintres et musiciens [222].

Parade suscite donc une grande part d'incompréhension. Mais, pour Paul Souday, elle n'est pas entièrement négative : « Cette incompréhension d'une partie de l'auditoire, qui s'est mis à siffler, tandis qu'une autre partie applaudissait avec vivacité, prouve que les auteurs ont atteint leur but et doit leur être comptée comme un succès » [223].

---

215. *Ibid.*

216. C'est le cas de Poueigh (« *Parade – Soleil de Nuit – Las Meninas* »), de Guillot de Saix (« Les Ballets russes au Châtelet ») et de Noel (« Les Ballets russes »).

217. Cocteau, *Le Coq et l'Arlequin*, p. 68; repris dans Gullentops et Haine (éd.), *Écrits sur la musique*, p. 113.

218. Auric, « Les Fortunes diverses de *Parade* », [n.p.].

219. De Caillavet, « Ballets russes », [n.p.].

220. Poueigh, « *Parade – Soleil de Nuit – Las Meninas* », p. 12.

221. Pierre-Daniel Templier, *Erik Satie*, Paris, Les Éditions Rieder, 1932; Éditions d'aujourd'hui, 1975, p. 37.

222. Pour en savoir davantage sur ce procès, consulter Volta, « Le procès d'Erik Satie », dans *Satie / Cocteau*, p. 31-38.

223. Paul Souday « Un ballet cubiste », *Le Siècle*, 25 mai 1917 [n.p.], BnF, Département des Arts du spectacle, Dossier de presse, Fonds Rondel 4-RO-12535.

Le ballet *Parade* est créé lors du second gala de bienfaisance de guerre organisé par les Ballets russes [224]. Pendant cette saison de 1917, *Parade* compte trois représentations, les 18, 21 et 23 mai. Le ballet est repris en novembre 1919, dans une version augmentée, à l'Empire Theatre de Londres. Entre 1919 et 1926, *Parade* est donné neuf fois à partir de la chorégraphie originale de Massine, et ce, malgré son départ des Ballets russes en 1920 [225]. À la demande du chorégraphe Maurice Béjart, Massine ressuscite de mémoire le ballet *Parade* au Théâtre de la Monnaie à Bruxelles en 1964. Depuis, plusieurs troupes américaines et européennes ont inscrit cette version originale à leur programme [226].

Auric affirme, en 1919, que « *Parade* [est] la première manifestation musicale de cet "esprit nouveau", qui maintenant s'épanouit en liberté dans la jeune peinture et la jeune poésie française » [227]. Il aura eu raison : l'histoire considère ce ballet comme une œuvre importante dans l'évolution de la danse et de la musique.

Symbole de modernité, *Parade* marque son époque par un esthétisme cubiste, qui, pour la première fois, monte sur la scène théâtrale parisienne. Cette qualité est d'autant plus importante que le cubisme imprègne toutes les dimensions du spectacle : les éléments visuel, littéraire, musical et chorégraphique se réunissent pour en faire une œuvre dotée d'une grande cohésion artistique. *Parade* devient ainsi le modèle de plusieurs ballets, dont *Les Mariés de la tour Eiffel.*

224. Au même programme, dirigé par le chef Ernest Ansermet, se donnaient *Les Sylphides* de Michel Fokine sur la musique de Chopin, *Soleil de nuit* de Massine sur la musique folklorique russe et *Petrouchka* de Stravinski.

225. Volta, « *Parade* : une œuvre célèbre à redécouvrir », dans Satie, *Parade*, partition d'orchestre, p. xviii.

226. Pour la liste des reprises, consulter *ibid.*, p. xviii-xix.

227. Auric, « Les Fortunes diverses de *Parade* », [n.p.].

Chapitre III

LES MARIÉS DE LA TOUR EIFFEL : LE SURRÉALISME TOTAL DU « PLUS VRAI QUE LE VRAI »

Quatre années s'écoulent entre *Parade* et *Les Mariés de la tour Eiffel*, ballet de Jean Cocteau créé le 18 juin 1921 par les Ballets suédois au Théâtre des Champs-Élysées. Pendant cette période, Jean Cocteau consolide ses idées sur l'œuvre de théâtre idéale : selon lui, elle « devrait être écrite, décorée, costumée, accompagnée de musique, jouée, dansée, par un seul homme »[1]. Pour le poète, *Parade* ne correspond pas exactement à l'œuvre d'art totale à laquelle il aspire, en raison des différents points de vue conceptuels de ses collaborateurs Pablo Picasso et Erik Satie. Par conséquent, dans ses productions suivantes, Cocteau intègre des éléments artistiques qui ont été supprimés de *Parade*, son « ballet réaliste », pour s'approcher peu à peu du spectacle « surréaliste »[2] des *Mariés de la tour Eiffel*, lequel « cherche à peindre *plus vrai que le vrai* »[3].

Dans *Les Mariés de la tour Eiffel*, le poète vise *a priori* une réhabilitation du « lieu commun », mais présenté « de telle sorte qu'il retrouve ses vingt ans », comme Cocteau l'exprime lui-même[4]. Il écarte l'art symbolique pour mieux se rapprocher de « l'esprit de bouffonnerie » qui est, pour lui, « le seul qui autorise certaines *audaces* »[5]. Ainsi, le loufoque, la dérision et l'incongruité représentent les voies qu'emprunte Cocteau pour

1. Jean Cocteau, « À vol d'oiseau sur *Les Mariés de la tour Eiffel* », *La Danse*, n° 9, juin 1921, [n.p.] ; repris dans Jean Cocteau, *Écrits sur la musique*, éd. David Gullentops et Malou Haine, Paris, Vrin, 2016, p. 201-204.

2. Puisque ce courant n'est pas encore défini, il ne correspond pas ici au surréalisme pur, mais plutôt à un art présentant les prémisses surréalistes ou à un art « quasi surréaliste ». Francis Ramirez et Christian Rolot, « *Les Mariés de la tour Eiffel* : notice », dans Jean Cocteau, *Théâtre complet*, éd. Michel Décaudin *et alii*, Paris, Gallimard, 2003, p. 1593-1599, ici p. 1593.

3. Cocteau, « *Les Mariés de la tour Eiffel* : préface », dans Gullentops et Haine (éd.), *Écrits sur la musique*, p. 251-258, ici p. 252. C'est Cocteau qui souligne.

Le manuscrit « *Les Mariés de la tour Eiffel* : préface » comporte 14 feuillets et est conservé à la BHVP, Fonds Jean Cocteau, dossier « *Les Mariés de la tour Eiffel* », MS-FS-05-0362. Cette « Préface » est publiée dans *Les Œuvres libres*, n° 21, mars 1923, p. 351-361. Le texte connaît plusieurs variantes et est repris dans les diverses publications des œuvres de théâtre de Cocteau, dont *Écrits sur la musique* (p. 251-258) et *Théâtre complet* (p. 33-39). Pour connaître la liste complète des publications de ce texte, voir Cocteau, *Écrits sur la musique* (éd. Gullentops et Haine, p. 251) et *Théâtre complet* (éd. Michel Décaudin *et alii*, p. 1599-1600).

4. Cocteau, « *Les Mariés de la tour Eiffel* : préface », dans *Écrits sur la musique*, p. 252.

5. *Ibid.*, p. 254. C'est Cocteau qui souligne.

peindre les lieux communs de la noce traditionaliste d'un bourgeois moyen, qui choisit la tour Eiffel pour tenir le banquet nuptial. Il enveloppe le tout d'une poésie théâtrale singulière, qu'il définit comme suit :

> Dans *Les Mariés de la tour Eiffel*, j'ai voulu produire de la poésie *de* théâtre. C'est-à-dire illustrer l'action en retirant les images du texte ; accompagner cette action plus réelle que réelle (et en ce sens, irréelle) – avec les mots les plus simples et avec les lieux communs que chacun a dans l'oreille, tout comme chacun a dans l'œil des objets communs ou la Vénus de Milo[6].

Cette définition de la « poésie de théâtre » s'apparente en quelque sorte au surréalisme. Mais ce surréalisme s'associe non pas à celui que proclame André Breton dans son manifeste de 1924, mais plutôt au « sur-réalisme » qu'Apollinaire expose d'abord dans le programme de *Parade* et, ensuite (à un mois d'intervalle), dans son drame *Les Mamelles de Tirésias* (1917).

Le surréalisme affiché dans *Les Mariés de la tour Eiffel* prône une rupture avec le traditionalisme[7], rupture soulignant la modernité qui prend forme au rythme des développements technologiques et industriels. Pour mieux illustrer la quintessence de ce ballet de 1921, ce chapitre examine d'abord le cheminement artistique parcouru par Cocteau à travers trois projets réalisés entre *Parade* et *Les Mariés de la tour Eiffel*, à savoir : *Le Bœuf sur le toit* (1920), *Caramel mou* (1921) et *Le Gendarme incompris* (1921)[8]. Les caractéristiques soulevées dans ces productions se trouvent à la base des traits esthétiques du ballet *Les Mariés de la tour Eiffel*.

Après ce survol de l'œuvre de Cocteau, l'étude comme telle de ce « ballet satirique en un acte »[9] s'amorce. La genèse du spectacle est tout d'abord retracée : elle comprend l'examen des multiples versions tapuscrites du texte de Cocteau, indispensable pour qu'émerge le spectacle le plus proche de la première représentation. La section à propos de la genèse se termine par une vue d'ensemble des diverses étapes de la réalisation du spectacle.

S'ensuit une section qui se penche sur la description détaillée de la scénographie et du déroulement de la pièce ; elle souligne les attributs des personnages et leur interaction

6. Comme le texte original français à partir duquel provient cette citation est toujours inconnu, nous présentons sa version anglaise : « *In* Les Mariés de la tour Eiffel *I wanted to produce poetry of the theatre. That is to say to image the action and to remove images from the text; to accompany this action more real than the real (and in this sense unreal) – with the simplest words and with the commonplaces which everybody has in his ears, as everybody has ordinary objects or the Venus de Milo in his eyes* ». Jean Cocteau « The Comic Spirit in Modern Art », *Vanity Fair*, n° 1, septembre 1922, p. 66 et 102 ; repris dans *Écrits sur la musique*, p. 236-240, ici p. 238 ; traduit en français par David Gullentops et Malou Haine sous le titre « L'esprit comique dans l'art moderne : une note sur le réalisme inhérent à l'exagération et à la caricature », dans *ibid.*, p. 241-250, ici p. 243.

7. On pourrait également faire certains liens avec le dadaïsme qui vise à rompre totalement avec les valeurs morales et les codes « bourgeois » de l'époque. Dans le cas de Cocteau, cette rupture n'est pas si catégorique. Il choisit plutôt d'établir des contrastes entre la tradition et la nouveauté, entre l'ancien et le nouveau.

8. Ici, nous ne considérons pas les projets non concrétisés de Cocteau, comme *USAnge de New York*, auquel il a travaillé à l'hiver 1918. À propos de ces projets, voir Jacinthe Harbec, « La musique dans les ballets et les spectacles de Jean Cocteau », dans David Gullentops et Malou Haine (dir.), *Jean Cocteau : textes et musique*, Sprimont [Belgique], Mardaga, 2005, p. 48-49.

9. Cette qualification de genre des *Mariés de la tour Eiffel* a été donnée ultérieurement par Cocteau à la place de « tragi-comédie en un acte ». Ramirez et Rolot, « *Les Mariés de la tour Eiffel* : notes sur le texte », dans Cocteau, *Théâtre Complet*, éd. Décaudin *et alii.*, p. 1599.

avec les différents numéros de musique. Dans cette section, la discussion sur les thèmes du spectacle, les éléments du décor et des costumes, la chorégraphie et la musique cherche à élucider l'importance accordée à chacun des éléments artistiques interagissant pour faire valoir la thèse du surréalisme total, « plus vrai que le vrai ».

La musique prenant une place de choix dans le spectacle, elle fait ensuite l'objet d'une analyse méthodique. Celle-ci démontre à la fois les aspects ludiques et modernes du langage musical, qui, paradoxalement, sont utilisés dans des cadres formels traditionnels.

La dernière section du chapitre expose les divers points de vue de la critique lors de la première représentation.

En somme, ce chapitre sur *Les Mariés de la tour Eiffel* vise à démontrer comment les divers modes d'expression artistiques concourent à *l'orientation surréaliste* donnée à ce spectacle pour l'ériger en un tout uniforme gouverné par le « prince frivole » [10], Cocteau.

Du *Bœuf* aux *Mariés* [11]

Le ballet *Parade*, qui exprime à travers une esthétique moderniste les traditions françaises du music-hall et du cirque, a pour effet d'inciter de jeunes musiciens à se regrouper autour de Satie et de Cocteau. Ces derniers fondent la Société des Nouveaux Jeunes, qui prend de plus en plus de place dans la vie du poète [12]. Devenu leur porte-étendard, Cocteau défend ardemment la musique de ces « Nouveaux Jeunes » à grand renfort d'écrits (comme le livre-tract *Le Coq et l'Arlequin* [13]) et, surtout, de performances résolument non conformistes, données en grande partie au Théâtre du Vieux-Colombier et à la Salle Huyghens. En référence à Satie, elles exploitent la simplicité, la clarté et la pureté du discours musical, dans un univers stylistique dont les fondements proviennent du cirque, du music-hall et du café-concert.

L'allégeance esthétique proclamée par Cocteau cède vite la place à une étroite alliance amicale entre les membres du groupe. Ils se réunissent chaque samedi soir en

10. *Le Prince frivole* (Paris, Mercure de France, 1910) est le titre donné au recueil de 73 poèmes que compose Cocteau au cours de l'été 1909.

11. Ce volet du chapitre s'appuie, en partie, sur deux de nos articles précédents : « La musique dans les ballets et les spectacles de Jean Cocteau » (dans Gullentops and Haine (dir.), *Jean Cocteau : textes et musique*, p. 48-55, *passim*) et « Le ballet chez Cocteau : vers une manifestation avant-gardiste en compagnie du Groupe des Six et des Ballets suédois » (dans Tom Gordon [dir.], *Jean Cocteau : évangéliste de l'avant-garde*, numéro spécial de la *Revue de musique des universités canadiennes*, vol. 22, n° 1, 2001, p. 40-67, ici p. 43-48, *passim*).

12. Comme nous l'avons vu dans le chapitre précédent, le concert du 1er décembre 2017 donné à la Salle Huyghens présente les œuvres de Georges Auric, Louis Durey, Arthur Honegger et Germaine Tailleferre. Voir Robert Shapiro, *Les Six : The French Composers and their mentors Jean Cocteau and Erik Satie*, London, Peter Owen Publishers, 2011, p. 43.

Francis Poulenc rejoint le groupe des Nouveaux Jeunes pour le concert présenté à la Salle Huyghens au mois de septembre 1918. Enfin, Darius Milhaud adhère au groupe dès son retour du Brésil, soit à l'hiver 1919.

13. Jean Cocteau, *Le Coq et l'Arlequin : notes autour de la musique, avec un portrait de l'auteur et Deux Monogrammes par Pablo Picasso*, Paris, La Sirène, 1918 [en réalité janvier 1919] ; repris dans Jean Cocteau, *Écrits sur la musique* [avec variantes de textes selon les éditions, manuscrits, dactylogrammes ou corrections d'épreuves d'imprimerie], éd. David Gullentops et Malou Haine, p. 97-133.

compagnie d'autres artistes, comme Paul Morand, Marcelle Meyer, Marie Laurencin, Irène Lagut, Valentine Gross, Jean Hugo et Raymond Radiguet. Toutes les semaines, les « samedistes », comme ils se baptisent, s'amusent follement, d'abord chez Milhaud, puis dans un modeste restaurant et, ensuite, à la Foire Montmartre ou au cirque Medrano [14], pour clore leur soirée au bar Gaya [15]. De ces dîners de grande gaieté et de frivolité [16] naissent de nouveaux projets de ballets et de spectacles avec, comme collaborateurs, des musiciens qui seront identifiés sous le nom de Groupe des Six [17].

Adieu, New York! fait partie du « Premier Spectacle-Concert » organisé par Cocteau [18] sous le patronage du comte Étienne de Beaumont [19]. Ce « spectacle d'avant-garde », comme il s'annonce dans le *Comœdia*, se tiendra à la Comédie des Champs-Élysées le 21 février 1920. Cocteau signe un article [20] qui introduit la « farce » et la « musique à l'emporte-pièce » qui sont présentées. Cinq créations sont au programme de ce spectacle : *Ouverture* de Poulenc; *Adieu, New York!*, un fox-trot d'Auric, dansé par les clowns Footit et Jackly; *Cocardes*, mélodies de Poulenc sur trois poèmes de Cocteau; *Trois Petites Pièces montées* de Satie; *Le Bœuf sur le toit*, ballet-pantomime de Cocteau et Milhaud [21].

---

14. Darius Milhaud, *Notes sans musique*, Paris, Julliard, 1949; 2 e éd. rév. et aug., Paris, Julliard, 1963; nouvelle édition sous le titre *Ma vie heureuse*, Paris, Belfond, 1973; réimpression, Bourg-la-Reine, Zurfluh, 1998, p. 84.

15. Jean Hugo, *Avant d'oublier 1918-1931*, Paris, Fayard, 1976, p. 110.

16. Germaine Tailleferre, *Mémoires à l'emporte-pièce*, dans Frédéric Robert (éd.), numéro spécial de la *Revue internationale de musique française*, n° 19, février 1986, p. 29. Pour donner un aperçu de l'atmosphère qui se crée lors de ces rassemblements amicaux, Tailleferre relate avoir vu « Cocteau monté à bicyclette sur la table, à la fin du repas, et se livrant à mille pitreries » (*ibid.*). Alors que Tailleferre ne parle que du restaurant le Petit-Bessonneau, Jean Hugo, pour sa part, mentionne dans son carnet de notes plusieurs noms de restaurant comme lieu de rencontre des samedistes (par exemple, Chez René, Gauclair et Delmas). *Jean Hugo peintre-poète*, éd. Pierre Caizergues, Montpellier, Centre d'études du XX e siècle, Université Paul-Valéry, 1996, p. 82-100.

17. On attribue au critique musical et compositeur Henri Collet (1885-1951) l'appellation du Groupe des Six, apparue à la suite de la publication de deux articles dans *Comœdia*. Le premier article paraît le 16 janvier 1920, sous le titre « Un livre de Rimsky et un livre de Cocteau : les Cinq Russes, les Six Français et Erik Satie »; le second paraît une semaine plus tard, soit le 23 janvier 1920, et s'intitule : « Les Six Français : Darius Milhaud, Louis Durey, Georges Auric, Arthur Honegger, Francis Poulenc et Germaine Tailleferre ». À partir de ce moment, le « Groupe des Six » est officiellement lancé avec Cocteau comme porte-parole.

18. Tel est le titre donné au programme de ce « Premier Spectacle-Concert », qui est reproduit dans Cocteau, *Écrits sur la musique*, éd. Gullentops et Haine, p. 182.

19. Le comte Étienne de Beaumont (1883-1956) est connu pour son mécénat artistique. Avec le soutien de l'Association franco-américaine, il a organisé plusieurs expositions de peinture et de concerts de musique, dont le Spectacle-Concert de Cocteau. Pour plus de détails, voir les annotations de Gullentops et Haine dans Cocteau, *Écrits sur la musique*, p. 185, n. 7.

20. Cocteau, « Avant *Le Bœuf sur le toit* », *Comœdia*, n° 2623, 21 février 1920, p. 1 et 29; repris dans Gullentops et Haine (éd.), *Écrits sur la musique*, p. 182-185. À noter que le titre « Un spectacle d'avant-garde » ne figure que dans le périodique et non dans les écrits de Cocteau.

21. C'est Cocteau qui crée la chorégraphie pour *Le Bœuf sur le toit* et *Adieu, New York!*. D'ailleurs, il est le maître d'œuvre du Spectacle-Concert complet. Malou Haine, « Jean Cocteau, impresario musical à la croisée des arts », dans Sylvain Caron, François de Médicis et Michel Duchesneau (dir.), *Musique et modernité en France*, Montréal, Presses de l'Université de Montréal, 2006, 69-134, ici p. 89.

La « farce dansée » du Bœuf sur le toit

Par rapport à *Parade*, *Le Bœuf sur le toit* explore une Amérique plus étendue. En effet, Cocteau s'approprie, dans ce « ballet-pantomime », des rythmes de la musique sud-américaine pour créer l'atmosphère d'un bar d'une grande ville américaine, bar où « il ne se passe rien »[22]. La musique de Milhaud joue un rôle indissociable du projet lui-même, car elle en est l'élément déclencheur. En souvenir de son séjour au Brésil, Milhaud compose une série de tangos, maxixes et sambas[23]. Il donne le titre de *Cinéma-Fantaisie* à cette collection de pièces aux accents latinos, composée alors qu'il a en tête les films muets de Charlie Chaplin. En écoutant Milhaud et Auric lire la réduction à quatre mains de la partition d'orchestre, Cocteau a aussitôt l'idée d'une « farce »[24], qui prend la forme d'un spectacle de danse intitulé *Le Bœuf sur le toit*[25]. Cocteau finit par persuader Milhaud de se joindre à son projet de ballet-pantomime, sachant pertinemment que la musique brésilienne du compositeur donnerait le ton juste à la « farce » envisagée[26].

Cette idée de « farce » trotte dans la tête du poète depuis la présentation de *Parade* : « C'est en voyant ce mot "farce" employé à tort pour *Parade* que l'idée me vint de faire une Farce, une vraie Farce du Moyen Âge, avec les masques, les hommes jouant les rôles de femmes, la pantomime et la danse »[27]. Pour accentuer l'effet de la « vraie farce », il fait appel, comme il avait souhaité le faire lors du projet avorté *Le Songe d'une nuit d'été*[28], aux clowns Fratellini. Aux trois frères Fratellini s'ajoutent dans la distribution quatre clowns et un nain issus du cirque Medrano[29]. Les personnages qu'ils incarnent sont munis de masques grotesques[30]. Ces masques énormes, « trois fois grandeur nature »[31], faussent complètement les proportions de leur corps. En procédant ainsi, Cocteau vise

22. Dans le programme, le titre complet de la pièce se lit comme suit : *Le Bœuf sur le toit ou The Nothing-Happens Bar*. Cocteau, *Écrits sur la musique*, éd. Gullentops et Haine, p. 182.

23. Milhaud, *Ma vie heureuse*, p. 86. Pour une étude approfondie sur les emprunts aux airs brésiliens ayant servi à l'élaboration de la partition du *Bœuf sur le toit* de Milhaud, voir Manoel A. C. do Lago, « Brazilian Sources in Milhaud's *Le Bœuf sur le toit* : A Discussion and a Musical Analysis », *Latin American Music Review*, vol. 23, n° 1, 2002, p. 1-59; Marie-Noëlle Lavoie, *Darius Milhaud et l'emprunt musical : procédés, répertoires et construction identitaire*, thèse de doctorat, Montréal, Université de Montréal, 2010, p. 53-67.

24. Dans son article, Cocteau revient sans cesse au mot « Farce », qu'il utilise, dans la majeure partie, avec la première lettre majuscule. Cocteau, « Avant *Le Bœuf sur le toit* », dans Gullentops et Haine (éd.), *Écrits sur la musique*, p. 183-185.

25. *Le Bœuf sur le toit* est le titre d'un tango qui a remporté un grand succès lors du Carnaval de Rio de Janeiro en 1918. Do Lago, « Brazilian Sources in Milhaud's *Le Bœuf sur le toit* », p. 3.

26. Dans une chronique signée sous le pseudonyme Jacaremirim, Milhaud avait écrit : « J'écrirai peut-être un ballet sur le carnaval à Rio qui s'appellera *Le Bœuf sur le toit*, du nom de cette samba que la musique jouait ce soir pendant que dansaient les négresses vêtues de bleu ». Darius Milhaud, « *Le Bœuf sur le toit* (1919) », dans *Notes sur la musique, essais et chroniques*, éd. Jeremy Drake, Paris, Flammarion, 1982, p. 97.

27. Cocteau, « Avant *Le Bœuf sur le toit* », dans Gullentops et Haine (éd.), *Écrits sur la musique*, p. 183-184.

28. Ce projet est discuté dans le chapitre II, « *Parade* : la rencontre du réalisme et du cubisme ».

29. Pour la distribution détaillée, voir les annotations de Gullentops et Haine dans Cocteau, *Écrits sur la musique*, p. 182, n. 3.

30. Les masques et les costumes sont dessinés par Guy Pierre Fauconnet (1882-1920). À la suite de son décès le 5 janvier 1920, Cocteau confie à Raoul Dufy la tâche de réaliser le décor et les autres éléments décoratifs du spectacle (tels que les cartonnages). Pour connaître les motifs du décès de Fauconnet, voir Milhaud, *Ma vie heureuse*, p. 87-88.

31. Cocteau, *Le Bœuf sur le toit*, dans Décaudin *et alii* (éd.), *Théâtre complet*, p. 25-29, ici p. 27.

le « rajeunissement du masque antique », qui lui permet d'opposer la « vraie Farce du Moyen Âge » aux « Farces modernes », comme celles de Charlie Chaplin [32].

Le spectacle *Le Bœuf sur le toit ou The Nothing-Happens Bar* se déroule dans un bar américain, rebaptisé justement « Le Bœuf sur le toit » [33]. Dans cette « farce-pantomime », ainsi sous-titrée par Cocteau, figurent plusieurs personnages issus de l'univers américain : entre autres, il y a un boxeur noir, une dame rousse décolletée, un *bookmaker*, un barman et un *policeman*. Leurs rôles complètement insolites s'intègrent dans des scènes des plus surréalistes, comme celle où le bar se transforme en laiterie. Comme l'écrit Cocteau :

> Ici, j'évite le sujet, le symbole. Il ne se passe rien (*Nothing-Happens Bar*) [34] ou ce qui se passe est si gros, si ridicule, que c'est comme s'il ne se passait rien.
> Ne cherchez ni double sens ni anachronismes, dans le *Bœuf*. C'est, je vous le répète, une Farce américaine faite par un Parisien qui n'a jamais été en Amérique [35].

Semblables aux Managers de *Parade*, les personnages deviennent des hommes-décors, un « *décor qui bouge* » [36]. Pour accentuer l'aspect mécanique de leur mouvement, Milhaud utilise la forme rondo dont le refrain se répète à un intervalle régulier [37], telle une boîte à musique. Dépourvus de toute agilité, ils se déplacent en mouvements très lents. Créant l'effet « d'engourdissement d'un bar » [38], la chorégraphie repose sur des gestes exécutés « "au ralenti", à contre-courant de la musique » [39] de Milhaud. Ce concept d'« une gesticulation lente sur une musique rapide » vise à distancier la musique du geste et, ainsi, à éviter « entre l'œil et l'oreille une sorte de pléonasme qui empêche de bien voir et de bien entendre à la fois » [40].

En concevant une danse allant à « contre-courant » de la musique, Cocteau rehausse l'effet de contraste entre le réel et l'irréel tant exploité dans le ballet *Parade*. L'auteur réussit, encore une fois, à transporter son public d'une situation réelle – le bar – à un monde irréel. L'usage des masques disproportionnés au reste du corps réel des personnages accentue encore le jeu de contraste continuellement adopté par Cocteau.

---

32. Cocteau, « Avant *Le Bœuf sur le toit* », dans Gullentops et Haine (éd.), *Écrits sur la musique*, p. 183-184. Cocteau pense d'ailleurs à projeter un film muet de Chaplin pendant le spectacle. *Ibid.*, p. 182, n. 3.

33. Cocteau fait allusion au bar Gaya (rue Duphot), lieu de rencontre des « samedistes », qui a été rebaptisé « Le Bœuf sur le toit » lors de son déménagement sur la rue Poissy d'Anglas en 1922. Voir Malou Haine, « Catalogue des textes de Cocteau mis en musique », dans Gullentops et Haine (dir.), *Jean Cocteau : textes et musique*, p. 198.

34. Cette parenthèse est incluse dans le texte paru dans *Comœdia*, le 21 février 1920. Pour la présentation de Londres, qui a lieu au Coliseum le 12 juillet 1920, le spectacle porte notamment le titre *The Nothing-Doing Bar*. Voir Frank William David Ries, *The Dance Theatre of Jean Cocteau*, Ann Arbor, UMI Research Press, 1986, p. 68.

35. Cocteau, « Avant Le Bœuf sur le toit », dans Gullentops et Haine (éd.), *Écrits sur la musique*, p. 184.

36. Cocteau, *Le Bœuf sur le toit*, dans Décaudin *et alii* (éd.), *Théâtre complet*, p. 27. C'est Cocteau qui souligne.

37. Sûrement pour moderniser cette ancienne forme musicale, Milhaud présente les différentes répétitions du refrain dans les douze tonalités. Pour une analyse de l'œuvre, voir do Lago, « Brazilian Sources in Milhaud's *Le Bœuf sur le toit* », p. 14-18.

38. Cocteau, « Avant Le Bœuf sur le toit », dans Gullentops et Haine (éd.), *Écrits sur la musique*, p. 185.

39. Cocteau, *Le Bœuf sur le toit*, dans Décaudin *et alii* (éd.), *Théâtre complet*, p. 27.

40. Cocteau, « Avant *Le Bœuf sur le toit* », dans Gullentops et Haine (éd.), *Écrits sur la musique*, p. 184.

Le « théâtre-bouffe » : Caramel mou *et* Le Gendarme incompris[41]

Le succès fracassant du *Bœuf sur le toit* incite Cocteau à pousser plus loin ce type de séance. Il organise, en collaboration avec Pierre Bertin, un « spectacle de théâtre-bouffe », prévu pour le 24 mai 1921 au Théâtre Michel à Paris[42]. Cocteau inscrit deux nouvelles pièces au programme : *Caramel mou*, un shimmy pour jazz-band de Darius Milhaud et *Le Gendarme incompris*, musique de scène de Francis Poulenc à partir d'un texte satirique de Jean Cocteau et de Raymond Radiguet, sur le sujet de la prose de Stéphane Mallarmé[43].

Le but de ce nouveau genre de « théâtres-bouffe » est d'intégrer de la musique à l'intérieur des textes parlés. Ainsi, sur des « paroles complètement absurdes »[44] que signe Cocteau, Milhaud compose un shimmy[45] pour une petite formation de jazz[46] telle que l'on en voit dans les boîtes de nuit[47]. Avec une complicité remarquable, le compositeur adhère aux aspirations esthétiques du poète. Cocteau le reporte : « Rien d'improvisé, d'accidentel, de trop momentané, dans le chimmy [*sic*] de Milhaud. Il résume l'atmosphère des dancings actuels, concentre volontairement et tranquillement la verve excentrique des orchestres noirs »[48]. Dans le but d'accentuer le contenu loufoque du texte, Milhaud structure sa composition, comme il l'a fait dans *Le Bœuf sur le toit*, par une sorte de rondo.

Quant à la pièce *Le Gendarme incompris*, elle se présente comme une « critique bouffe en un acte » qui, sur un ton sarcastique, veille à se moquer de l'élite littéraire mallarméenne. Pour employer les termes de Cocteau :

41. Pour une étude plus approfondie de ces œuvres, voir Harbec, « La musique dans les ballets et les spectacles de Jean Cocteau », dans Gullentops et Haine (dir.), *Jean Cocteau : textes et musique*, p. 33-60, ici p. 52-55.

42. Haine, « Catalogue des textes de Cocteau mis en musique », *ibid.*, p. 199. Voir également l'affiche reproduite dans Cocteau, *Écrits sur la musique*, éd. Gullentops et Haine, p. 198.

43. Le texte de *Caramel mou*, comprenant une allocution d'introduction et l'argument de la pièce, est reproduit dans Jean Cocteau [et] Darius Milhaud, *Correspondance*, éd. Pierre Caizergues et Josiane Mas, Montpellier, Centre d'études littéraires françaises du XXe siècle, Université Paul Valéry, 1992 ; éd. rev. et aug., St-Denis, Novetlé / [Paris], Massalia, 1999, p. 101-103. Le texte « Allocution pour *Caramel mou* » est repris dans Cocteau, *Écrits sur la musique*, éd. Gullentops et Haine, p. 197-199.

44. Cocteau, « Allocution pour *Caramel mou* », dans *ibid.*, p. 199.

45. Le shimmy, danse noire américaine, peut être défini comme un ragtime dansé. Sabine Vergnaud, *La musique et les arts dans la collaboration du Groupe des Six avec les Ballets suédois (1920-1925)*, thèse de doctorat, Saint-Étienne, Université Jean-Monnet de Saint-Étienne, 2010, p. 452.

46. Il s'agit d'un quintette instrumental, composé d'une clarinette en *si* bémol, d'une trompette en *ut*, d'un trombone, d'une batterie, d'un piano (joué par Milhaud lui-même) accompagnant une partie de chant. Aussi bien le style de musique jazz que la référence aux dancings sont des caractéristiques qui inspireront d'autres ballets discutés plus loin, notamment *La Création du monde*, pour ce qui est de la musique jazz de Milhaud, et *Within the quota*, pour la musique de danse jazz de Cole Porter.

47. Comme nous le verrons dans le chapitre VII, consacré au ballet *Within the Quota*, plusieurs types de danses, originaires de la musique noire nord-américaine à la fin du XIXe siècle, tels que le shimmy, le ragtime et le fox-trot, deviennent très populaires dans les boîtes de nuit et les salles de danse en Europe au début du XXe siècle.

48. Cocteau, « Allocution pour *Caramel mou* », dans Gullentops et Haine (éd.), *Écrits sur la musique*, p. 199. Le chapitre VI, sur le ballet *La Création du monde*, se penche, entre autres, sur l'intérêt de Milhaud pour la musique des noirs d'Amérique à partir du moment où il revient du Brésil, avec une escale à New York, en janvier 1919.

> *Le Gendarme* est une critique, en ce sens que le style Stéphane Mallarmé le motive, que cette critique est bouffe parce qu'elle se moque en même temps de la critique et que sa nouveauté vient de ce qu'au lieu de commenter un texte, on le montre simplement sous un aspect inattendu[49].

Poulenc s'associe à ce projet en composant sept morceaux pour voix et orchestre de chambre[50], qui s'intercalent entre les répliques dérisoires des personnages. Dans la composition des diverses pièces vocales, notamment les duos (« Musique n° 2 » et « Musique n° 3 ») et le « Final » (« Musique n° 5 »), Poulenc choisit le style musical approprié afin de mettre en valeur la dérision qui se rattache au texte. Il va jusqu'à appliquer le *parlando*[51] à la voix chantée pour mieux accentuer l'absurdité de la satire.

À la surprise de Cocteau, qui prévoyait une « 1000ᵉ représentation »[52], *Le Gendarme incompris* connaît un échec total. Mais ce fiasco tombe vite dans l'oubli grâce à la tenue, après moins d'un mois, de son prochain spectacle, *Les Mariés de la tour Eiffel*, présenté par les Ballets suédois de Rolf de Maré.

La satire « petite-bourgeoise » des Mariés de la tour Eiffel

Grâce aux dîners du samedi soir et à des connaissances communes, Cocteau rencontre le directeur de la troupe des Ballets suédois. En effet, l'écrivaine Thora de Dardel, épouse du peintre Nils Dardel, lui-même lié à la compagnie suédoise, est une amie proche de Radiguet. Comme ce dernier a une relation intime avec Cocteau, la rencontre entre l'auteur et de Maré est inévitable. Ils nouent une étroite amitié, qui se poursuivra durant toute leur vie. Accompagné des « samedistes », Cocteau assiste régulièrement aux représentations des Ballets suédois[53].

Le dynamisme et l'ouverture d'esprit du directeur des Ballets suédois incitent sans contredit Cocteau à se rallier à son entreprise. Cocteau soumet ainsi à de Maré l'idée d'un ballet qu'il mûrit depuis plusieurs années, peut-être même avant que *Parade* franchisse les feux de la rampe. L'absurdité et « l'esprit de bouffonnerie »[54] étant associés à l'art candide du cirque, le genre théâtral vit une véritable révolution, où, selon les termes de Cocteau, « la féerie, la danse, l'acrobatie, la pantomime, le drame, la satire, l'orchestre, la parole, se combinant, réapparaissent sous une forme inédite »[55].

L'action, dont l'objet est de railler une noce « petite-bourgeoise » en confrontant le banquet traditionnel et le nouveau cérémonial de la photo, se déroule le 14 juillet, jour commémoratif de la prise de la Bastille, sur la terrasse du premier niveau de la

---

49. Cocteau, « Excuses aux critiques », *Comœdia*, n° 3085, 28 mai 1921 ; repris dans *ibid.*, p. 199-200, ici p. 200.

50. L'orchestre de chambre est constitué d'une clarinette, d'une trompette, d'un trombone, d'un violon, d'un violoncelle, d'une contrebasse et d'une section de percussion. Il est à remarquer que cette formation instrumentale, à l'exception des cordes, est très semblable à celle que l'on trouve dans *Caramel mou* de Milhaud.

51. Le *parlando* est un procédé qui se rapproche de la voix parlée sur laquelle on ajoute des figures rythmiques pour accentuer certaines syllabes vocales.

52. Cocteau, *Le Gendarme incompris*, dans Décaudin *et alii* (éd.), *Théâtre complet*, p. 153-163, ici p. 153.

53. Hugo, *Avant d'oublier 1918-1931*, p. 111.

54. Cocteau, « *Les Mariés de la tour Eiffel* : préface », dans Gullentops et Haine (éd.), *Écrits sur la musique*, p. 254.

55. *Ibid.*, p. 255.

tour Eiffel (ill. 15). Dans cette parodie de la petite bourgeoisie française endimanchée, Cocteau recourt aux « ressources populaires que la France méprise chez elle, mais qu'elle approuve dehors lorsqu'un musicien étranger les exploite » [56]. Voici comment il perçoit sa pièce :

> Ici, je renonce au mystère. J'allume tout, je souligne tout. Vide du dimanche, bétail humain, *expressions toutes faites*, dissociations d'idées en chair et en os, férocité de l'enfance, poésie et miracle de la vie quotidienne [57].

Illustration 15. *Les Mariés de la tour Eiffel*, 1921, scène du début, photographie Isabey, Dansmuseet, Stockholm.

En la présence du Directeur de la tour Eiffel et du Photographe, muni d'un appareil détraqué, entre le cortège nuptial. Deux Phonographes [58] placés aux extrémités de la scène annoncent solennellement chaque membre du cortège :

> PHONO UN : La Mariée, douce comme un agneau.
> PHONO DEUX : Le Beau-Père, riche comme Crésus.
> PHONO UN : Le Marié, joli comme un cœur.
> PHONO DEUX : La Belle-Mère, fausse comme un jeton.
> PHONO UN : Le Général, bête comme une oie.
> PHONO DEUX : Regardez-le. Il se croit sur sa jument Mirabelle.
> PHONO UN : Les garçons d'honneur, forts comme des Turcs.
> PHONO DEUX : Les demoiselles d'honneur, fraîches comme des roses [59].

---

56. *Ibid.*, p. 253.

57. *Ibid.*, p. 252. Nous soulignons.

58. Cocteau reprend dans ce ballet l'idée du phonographe parlant rejeté par Satie et Picasso dans *Parade*. Voir le chapitre II, « *Parade* : la rencontre du réalisme et du cubisme », dans le présent ouvrage.

59. Cocteau, *Les Mariés de la tour Eiffel*, dans Décaudin *et alii* (éd.), *Théâtre complet*, p. 40-54, ici, p. 44-45.

Une fois assis, les convives du banquet nuptial sont constamment interrompus par la visite d'intrus les plus farfelus. Ces derniers forment une troisième catégorie de personnages qui s'ajoutent aux deux premières comme le montre le tableau 6.

Catégories des personnages	**Nom des personnages**
I- Les Personnes déjà sur place	Le Directeur de la tour Eiffel Deux Phonographes humains
II- Les invités de la noce	Le Photographe avec son appareil détraqué Les membres du cortège nuptial
III- Les visiteurs instrus	L'Autruche évadée Le Chasseur maladroit La Cycliste cherchant la route de Chatou L'Enfant meurtrier La charmante Baigneuse de Trouville Cinq Dépêches affolées Le Lion dévorant le Général Le Collectionneur d'art Le Marchand de tableaux

Tableau 6. Personnages des *Mariés de la tour Eiffel* répartis en trois catégories.

Tous ces personnages « évoluent pendant que des Phonographes humains, à droite et à gauche de la scène, commentent leurs actes »[60]. Accordant plus de place au texte et à la musique qu'à la danse, le ballet se transforme en un spectacle théâtral[61].

Dans le but de porter au paroxysme l'appropriation des lieux communs, la noce se passe devant une reproduction de la tour Eiffel, qui, pour Cocteau, « évoque les myosotis, les papiers [de] guipure des cartes postales parisiennes »[62]. Représentant Paris « à vol d'oiseau », la toile de fond, que l'artiste Irène Lagut (1893-1994) a conçue, rappelle notamment ces « cartes postales parisiennes » qui émeuvent tant le public. Dans cet esprit du « lieu commun déguisé »[63], Cocteau caricature et exagère chaque élément, surtout ses personnages endimanchés. Avec la collaboration précieuse du peintre Jean Hugo (1894-1984), il les rend de taille surhumaine et leur attribue des caractéristiques à la fois grotesques et fortement stylisées. Il explique :

> Grâce à Jean Hugo, ces personnages au lieu d'être, comme il arrive toujours au théâtre, trop petits, trop pauvrement réels pour supporter les masses lumineuses et décoratives, sont construits, rembourrés, rectifiés, repeints, amenés à force d'artifice à une ressemblance et à une échelle qui ne flambent pas comme paille, dans le brasier de la rampe et des projecteurs[64].

60. Cocteau, « À vol d'oiseau sur *Les Mariés de la tour Eiffel* », dans Gullentops et Haine (éd.), *Écrits sur la musique*, p. 202.

61. Le déroulement du spectacle est décrit dans la section intitulée « Le conte musical de la noce » du présent chapitre.

62. Cocteau, « *Les Mariés de la tour Eiffel* : préface », dans Gullentops et Haine (éd.), *Écrits sur la musique*, p. 255.

63. Cocteau, « À vol d'oiseau sur *Les Mariés de la tour Eiffel* », dans *ibid.*, p. 203.

64. *Ibid.*, p. 202.

Dans son ensemble, Cocteau emprunte à *Parade* l'idée des superstructures des Managers et, au *Bœuf sur le toit*, celle des masques. Il trouve en ceux-ci le pouvoir de pousser plus loin la parodie, ce qui répond à sa volonté de poétiser le quotidien, mais aussi de « peindre plus vrai que le vrai »[65]. Le poète commande alors une « musique française de France »[66], que réalisent cinq membres du Groupe des Six[67]. La composition musicale est le fruit d'un réel travail collectif, qui a exigé une collaboration très étroite de leur part. Il est rare qu'un tel travail de groupe se solde par une cohésion stylistique aussi remarquable. Dans *Les Mariés*, la musique répond adéquatement à l'orientation esthétique donnée au spectacle. Pour accentuer cette réhabilitation des lieux communs, la partition inclut des sonorités empruntées à la fanfare de quartier entendue lors des jours de fête. En contraste à l'allure populaire et traditionnelle de ce genre instrumental, la musique offre des sonorités très modernes, que les compositeurs avertis ont pris soin d'intégrer.

En somme, la forme finale des *Mariés de la tour Eiffel* est l'aboutissement de maintes réflexions que Cocteau n'a pu réellement concrétiser dans ses précédents spectacles. L'idée de mettre en scène une satire de la noce, un événement festif bien ancré dans les mœurs socioculturelles, émerge en lui avant même l'arrivée des Ballets suédois dans la capitale française. Aussi importe-t-il de jeter un regard sur la genèse et l'évolution de la démarche artistique de Cocteau pour ce spectacle singulier.

La genèse des *Mariés de la tour Eiffel*

Retracer la genèse des *Mariés de la tour Eiffel* constitue une tâche complexe parce que les divers documents et manuscrits entourant ce ballet – textes, partitions et croquis – sont dispersés dans plusieurs centres de recherche[68] et collections privées. En plus, plusieurs documents d'archives ont été perdus lors des tournées européennes et américaines des Ballets suédois ou lors du rapatriement à Stockholm d'une partie des documents qui avaient été rassemblés aux Archives internationales de la Danse (AID)[69]. Avec les informations disponibles, nous tentons de relater les différentes étapes

65. Cocteau, « *Les Mariés de la tour Eiffel* : préface », dans *ibid.*, p. 252.

66. Cocteau, *Le Coq et l'Arlequin*, p. 59 ; repris dans Gullentops et Haine (éd.), *Écrits sur la musique*, p. 109.

67. Comme nous le verrons plus loin, Louis Durey du Groupe des Six s'est désisté du projet.

68. Pour ce qui est des établissements européens, nommons, entre autres, le Rolf de Maré Study Center – Dansmuseet Stockholm (Centre d'étude Rolf de Maré – Musée de la danse de Stockholm, ci-après Dansmuseet), la Bibliothèque-musée de l'Opéra de la Bibliothèque nationale de France (BnF) et la Bibliothèque historique de la Ville de Paris (BHVP).

69. La société Archives internationales de la Danse (AID) était un lieu de référence implanté à Paris par Rolf de Maré en 1931. Prenant place dans un hôtel particulier du 16e arrondissement de Paris (6, rue Vital), l'établissement rassemblait un musée, une bibliothèque, des archives (photos, programmes, coupures de presse, films, etc.), une salle de conférence et des salles d'expositions temporaires. À la suite de la dissolution de la société en 1952, de Maré a partagé son fonds entre la Bibliothèque-musée de l'Opéra et le Dansmuseet de Stockholm. Patrizia Veroli, « Les Archives internationales de la danse, une histoire dans l'Histoire », dans Inge Baxmann, Claire Rousier et Patrizia Veroli (dir.), *Les Archives internationales de la Danse, 1931-1952*, Pantin, Centre national de la danse, 2006, p. 43.

d'élaboration de ce spectacle, que Cocteau perçoit comme « innommable »[70]. Ce volet se penche d'abord en grande partie sur les diverses phases de rédaction du livret, puis sur les étapes de réalisation du spectacle proprement dit.

L'idée initiale : « La Noce, poésie en un acte »

D'après les recherches de Malou Haine et David Gullentops, c'est depuis 1919 que germe dans l'esprit du poète l'idée d'un spectacle gravitant autour d'une noce. Ces deux spécialistes de Cocteau en situent l'origine grâce à la découverte d'un cahier manuscrit[71]. Selon leur description, ce cahier contient, entre autres documents, trois textes manuscrits : les poèmes du *Mirliton d'Irène*, dédicacés à Irène Lagut, la version primitive de « Cheveux d'anges », poème faisant partie du recueil *Vocabulaire*[72], et, avant toute chose, l'ébauche d'un plan de spectacle intitulé « La Noce, poésie en un acte »[73].

Que révèle ce plan autographe ? Tout d'abord, trois personnes se sont impliquées dans ce projet, car les noms de Cocteau, Radiguet et Auric siègent sous le titre de gauche, à l'intérieur d'un triangle pointant vers le bas. Ensuite, entre les deux intitulés, l'auteur spécifie le lieu de l'action : « Sur la tour Eiffel ». Et, finalement, le plan du spectacle envisagé montre un découpage en quinze scènes distinctes.

Ce plan de « La Noce » est entièrement reproduit dans la partie gauche du tableau 8. Chaque numéro de scène (1re colonne de gauche) est suivi d'un libellé (2e colonne de gauche), lui-même accompagnant une note qui précise le genre de musique souhaité pour la scène en question (3e colonne, les parenthèses sont de Cocteau également)[74]. Les quinze scènes incluses dans ce plan synoptique décrivent assez précisément l'action à laquelle participent l'Autruche, le Chasseur, la Dépêche, le Directeur de la tour Eiffel, le Photographe, le cortège de la noce, la Cycliste, le Général, le Rameur de Trouville, l'Enfant qui massacre la noce, le Lion qui mange une jambe du Général et le Président de la République, qui clôt la noce. Force est de constater que cette liste diffère peu de celle mentionnée plus haut (tableau 6). Le projet initial se rapproche donc de près du spectacle final.

---

70. Cocteau, « À vol d'oiseau sur *Les Mariés de la tour Eiffel* », dans Gullentops et Haine (éd.), *Écrits sur la musique*, p. 201.

71. Ce cahier de manuscrits appartient à une collection privée belge. Pour connaître l'étude des manuscrits, consulter David Gullentops et Malou Haine, « Raymond Radiguet coauteur des *Mariés de la tour Eiffel* » (dans *Le Regard de la mémoire : sur les pas de Cocteau et Radiguet*, Le Lavandou, Réseau Lalan, 2003, p. 148-159) et Malou Haine et David Gullentops, « Un manuscrit retrouvé de Jean Cocteau *Le Mirliton d'Irène*, "Cheveux d'anges" et *Les Mariés de la tour Eiffel* » (*Annales d'Histoire de l'art et d'Archéologie*, vol. XXV, 2003, p. 83-107).

72. Le recueil de poèmes portant le titre *Vocabulaire* est publié aux Éditions de la Sirène en 1922. Haine et Gullentops, « Un manuscrit retrouvé de Jean Cocteau *Le Mirliton d'Irène*, "Cheveux d'anges" et *Les Mariés de la tour Eiffel* », p. 99.

73. À noter que Cocteau inscrit deux fois le titre « La Noce », une fois sur chaque coin supérieur du feuillet. Sur le coin supérieur gauche, il ajoute le sous-titre « poésie en un acte ». Le mot « acte » remplace ici le mot « tableau », après que le poète l'a biffé. Ce plan autographe est reproduit dans Gullentops et Haine, « Raymond Radiguet coauteur des *Mariés de la tour Eiffel* », p. 148.

74. Les trois colonnes de gauche du tableau 8 sont une retranscription du tableau figurant dans *ibid.* L'ensemble du tableau 8 présente une version simplifiée et modifiée du tableau comparatif entre les différentes versions des *Mariés de la tour Eiffel* dressé par Vergnaud, *La musique et les arts* (p. 593-594).

Deux autres feuillets reproduits dans l'article de Gullentops et Haine entretiennent un lien direct avec *Les Mariés de la tour Eiffel*. Le deuxième feuillet présente un autre plan, cette fois intitulé « Cheveux d'ange »[75]. Deux éléments de ce plan attirent notre attention : une liste de pièces musicales et un croquis. La liste des pièces musicales figure dans la colonne de droite du tableau 7. Pour faire une comparaison avec le contenu du feuillet « La Noce », nous avons retranscrit dans la partie de gauche du tableau 7 les éléments du plan synoptique de ce second feuillet : les intitulés des scènes, tout à gauche du tableau, et les indications musicales, au centre.

Feuillet « La Noce » (plan synoptique)			Feuillet « Cheveux d'ange »
sc.	Intitulés des scènes	Indications musicales	Pièces musicales
		Ouverture	Ouverture
1	L'Autruche qui traverse la scène	marche [qui] trotte	Petit galop
5	Arrivée de la noce	(marche nuptiale)	Marche nuptiale
6	Discours du Général	(danse)	Le discours du Général
6 *bis*	La Danseuse [corrigé en le Rameur] de Trouville		Dance – Trouville
7	Seconde photo – l'Enfant	(musique)	
10	Le Lion	(musique)	Danse du Lion
12	(enterrement du Général)	Marche funèbre	Marche funèbre
13	(réflexions du Phonographe)	Polka	Polka
14	Président de la République	Hymne	Hymne patriotique

Tableau 7. Comparaison entre deux feuillets manuscrits : « La Noce » et « Cheveux d'ange »[76].

Au premier coup d'œil, plusieurs titres de « Cheveux d'ange » s'apparentent aux intitulés et aux indications musicales du plan synoptique de « La Noce ». En effet, les rares variantes entre les deux feuillets se situent aux scènes 1, 6, 6 *bis* et 10. Plus précisément, Cocteau assigne l'intitulé « Petit galop » à la scène 1 de « Cheveux d'ange », alors qu'il demande une « marche [qui] trotte » dans « La Noce » ; il retire le numéro de danse pendant « Le discours du Général » (scène 6 de « La Noce ») pour la remplacer par une pièce musicale dans « Cheveux d'ange » ; il conçoit une danse pour la Baigneuse de Trouville (scène 6 *bis* de « Cheveux d'ange ») et une « Danse du Lion » (scène 10 de « Cheveux d'ange »).

Sous la liste des pièces musicales du feuillet « Cheveux d'ange » paraît un minuscule dessin représentant le décor d'un théâtre : sur un fond de grillage de diagonales sont dessinés deux phonographes et un immense appareil photographique[77]. Ces deux éléments seront retenus dans l'élaboration des *Mariés de la tour Eiffel*.

75. Cocteau reprend ici le même titre que le texte poétique *Cheveux d'anges*, mais en supprimant le « s » dans l'intitulé du feuillet manuscrit « Cheveux d'ange ».

76. Gullentops et Haine, « Raymond Radiguet coauteur des *Mariés de la tour Eiffel* », p. 152-153.

77. D'après les auteurs (dans *ibid.*), cette page, qu'ils ont reproduite dans leur article, précède celle où figure le plan discuté plus haut. Dans cet article, Gullentops et Haine (*ibid.*, p. 153-154) tentent de faire le lien entre ce titre, qui se rapporte au recueil de poèmes, et le dessin accompagnant le plan qui préfigure le spectacle *Les Mariés de la tour Eiffel*.

« LA NOCE, sur la tour Eiffel [poésie en un acte] »			*Les Mariés de la tour Eiffel*, ballet satirique en un acte			
1	2	3	4	5	6	7
sc.	**Plan synoptique**	**Ind. mus.**	sc.	**Plan synoptique – Extraits du livret reconstitué**		**Pièces musicales**
	Ouverture	(imitant les instruments qui s'accordent)			I	Ouverture
1 2 3 4 5	L'autruche qui traverse la scène Le chasseur et la dépêche Les mêmes plus le directeur de la Tour Eiffel Les mêmes plus le photographe qui cherche l'autruche Arrivée de la noce	marche trotte (sans musique) (sans musique) (sans musique) (marche nuptiale)	1 2 3 4 5	[…] PHONO DEUX : Tiens! Une autruche. […] Voici le Chasseur. […] le Directeur de la tour Eiffel. […] Voici le photographe. […] Que dit-il? PHONO UN : […] Ne bougeons plus, un oiseau va sortir et il sort une autruche. […] Ciel une dépêche. PHONO DEUX : Ils mettent la nappe. PHONO UN : Marche nuptiale. PHONO DEUX : Le cortège. PHONO UN : La Mariée, douce comme un agneau. […] PHONO DEUX : J'ai le vertige!	II	Marche nuptiale
6 bis	La table le mirage de la cycliste [*ajout interlinéaire*] – le décor [*sic*, discours] du général. Photographie (La danseuse [corrigé en le rameur] de Trouville	danse	6	PHONO UN : Le Général s'écrie : « À table, à table! » Et la noce se met à table. […] PHONO DEUX : Discours du Général.		
					III	Discours du Général
			 7	PHONO DEUX : On ne dirait jamais qu'il a soixante-quatorze ans. PHONO UN : Mais quelle est cette charmante cycliste en jupe-culotte ? […] PHONO UN : […] Cette cycliste pédale en réalité sur la route de Chatou.	(1)	Ritournelle
			8	PHONO DEUX : […] Un oiseau va sortir. *Sort une baigneuse de Trouville*. […] PHONO UN: Oh! la jolie carte postale!		
					IV	Baigneuse de Trouville
				[PHONO DEUX : (*fort*) (*la musique finie*)] : Le Photographe ne partage pas les plaisirs de la noce. […] c'est une cabine de bains. *Fin de la danse*		
7	Seconde photo – l'enfant.	(musique)	9	PHONO DEUX : La noce forme un autre tableau. Madame, votre pied gauche sur un des éperons. […] Un oiseau va sortir. *Il presse la poire. Sort un gros enfant.*	(2)	Ritournelle 2
8	Le massacre	(paroles)	10	PHONO DEUX : Des balles. PHONO UN : Que fait-il avec ces balles? […] PHONO DEUX : Il massacre la noce. […] PHONO UN : Sois maudit.	V	Fugue du massacre

			11	PHONO DEUX : Les dépêches prises tombent en scène et se débattent. [...] En avant la musique!		
					VI	Valse des Dépêches
9	On essaye de faire rentrer l'enfant il refuse et veut être photographié lisant Jules Verne		12	PHONO UN : Je veux qu'on me tire en photographie avec le Général. PHONO DEUX : Mon général, vous ne refuserez pas ce plaisir à notre petit Justin? PHONO UN : Soit		
10 11	Le Lion Lutte avec le général. Il rentre sous la table suivi du Lion qui sort seul avec une jambe et rentre dans l'appareil	(musique)	13 14	PHONO DEUX : Pauvre Photographe. [...]Un oiseau va sortir. *Sort un lion.* [...] PHONO UN : Après avoir mangé le Général, le Lion rentre dans l'appareil.	(3)	Ritournelle n° 3
12	[Danse biffé] Enterrement du Général	Marche funèbre	15	PHONO UN : Funérailles du Général. [...] Adieu, adieu, vieil ami. [...] ou plutôt au revoir, car votre type se perpétuera aussi longtemps qu'il y aura des hommes sur la terre.	VII	Marche funèbre (*fin termine pianissimo*)
13	Danse [Polka *ajout interlinéaire*] bal musette [réflexions du phonographe)	Polka	16	PHONO DEUX : « Les Mariés de la tour Eiffel », *quadrille*, par la musique de la Garde républicaine, direction Parès. PHONO UN *et* PHONO DEUX : Bravo! Bravo! Vive la Garde républicaine		
					VIII	Quadrille
14	Le directeur reçoit l'ordre de démolir la tour Eiffel et de la remplacer par une girafe *biffé et corrigé en marge dans une bulle par* Cible sur la toile de fond – on voit apparaître le président de la république en calèche – saluant musique militaire la noce fait la foule et agite les mouchoirs] [jeu de boules *ajout* à la bulle]	Hymne	17	PHONO UN : Vous êtes trop aimable. Je suis confus. PHONO DEUX : À la guerre comme à la guerre. [Mais que veut mon petit-fils?] *L'appareil sursaute*	(4)	Ritournelle [4]
15	Bruit – l'autruche revient poursuivie par le chasseur – Elle rentre dans l'appareil – Le Chasseur casse l'appareil – Il en sort le Président de la République qui lui donne le grand cordon – (Un bienfait n'est jamais perdu.) Hourras de la Noce - Rideau		18	PHONO UN : Je veux qu'on m'achète du pain pour donner à manger à la tour Eiffel. [...] PHONO DEUX : [...] L'autruche disparaît. [...] Messieurs et dames, je vais enfin pouvoir vous photographier tranquillement. Mon appareil était détraqué; il fonctionne. Ne bougeons plus.		(Ritournelle s'arrête net)
			19	PHONO UN : Le Marchand de tableaux modernes et le Collectionneur moderne s'arrêtent devant la noce.		
			20	L'APPAREIL : Je voudrais rendre le Général. PHONO DEUX : Il saura bien se rendre lui-même.	(5)	Ritournelle [5x]
			21	PHONO UN : Le Général reparaît. [...] PHONO DEUX : Allons, mesdames et messieurs je vais compter jusqu'à cinq. Regardez l'objectif. Un oiseau va sortir. [...] Une. [...] Cinq.		(*Ritournelle s'arrête*)
			22	PHONO UN : Ce n'est pas ma faute. Tenez, votre train, le voilà qui part.	IX	Marche nuptiale

Tableau 8. Plans synoptiques de « La Noce » et des *Mariés de la tour Eiffel*.

Le troisième feuillet dont il est question dans l'article arbore un dessin de scène[78] avec des éléments scénographiques ressemblant encore plus à ceux du spectacle final de Cocteau. La scène en question montre, au premier plan, une tour Eiffel très stylisée. Quatre cerceaux aériens l'entourent et engendrent un effet de mouvement fluide et de légèreté. Au premier étage de cette tour Eiffel, une autruche traverse une scène encadrée par deux phonographes placés respectivement de chaque côté. Du côté droit de la page, un homme est assis sur un petit tabouret. Décontracté, il examine la scène en faisant des ronds de fumée avec sa pipe. D'ailleurs, deux ronds de fumée ornent le titre, divisé en deux parties : « La tour » s'insère dans le rond supérieur et « Eiffel », dans le rond inférieur. À droite, juste au-dessus des ronds, est tracé le profil d'une femme, qui pourrait bien être Irène Lagut[79], la dédicataire des textes poétiques rassemblés sous le titre *Mirliton d'Irène*. Certains d'entre eux devaient être mis en musique par deux membres du Groupe des Six, en l'occurrence Germaine Tailleferre et Darius Milhaud[80].

Ces trois feuillets datent de novembre 1919 environ[81]. Ils forment en quelque sorte le canevas ayant présidé à la rédaction du livret des *Mariés de la tour Eiffel* de 1921[82].

Le livret : la multiplicité des versions

Jusqu'à sa publication en 1923[83], le livret des *Mariés de la tour Eiffel* subit une multitude de modifications, à commencer par celles de son intitulé. « La Noce » se transforme d'abord pour devenir « La Noce massacrée »[84]. Cet intitulé tient jusqu'à peu de temps avant la première représentation du 18 juin 1921. Apparemment à la demande de Stravinski, qui veut éviter la confusion avec son ballet *Les Noces*[85], Cocteau opte pour *Les Mariés de la tour Eiffel*, plus évocateur que le titre précédent[86].

---

78. *Ibid.*, p. 156.

79. *Ibid.*, p. 158. On se souvient que c'est Irène Lagut qui signe les décors des *Mariés de la tour Eiffel.*

80. Haine et Gullentops, « Un manuscrit retrouvé de Jean Cocteau *Le Mirliton d'Irène*, "Cheveux d'anges" et *Les Mariés de la tour Eiffel* », p. 87-92.

81. Date établie à partir de la version préliminaire des poèmes du *Mirliton d'Irène*, le 1er novembre 1919. Gullentops et Haine, « Raymond Radiguet coauteur des *Mariés de la tour Eiffel* », p. 150.

82. D'autres documents antérieurs aux *Mariés de la tour Eiffel* auraient pu être pris en compte dans cette étude, tels que le roman-feuilleton « L'Île d'amour » (*Le Coq*, n°s 1-2, mai-juin 1920), la pièce inédite *Le Baron Lazare* (1920) et le *Carnet de l'amiral X...* (également écrits en 1920, mais publiés chez Fata Morgana en 1997). À ce sujet, voir Ramirez et Rolot, « *Les Mariés de la tour Eiffel* : notice », dans Cocteau, *Théâtre Complet*, éd. Décaudin *et alii*, p. 1594.

83. Une première édition des *Mariés de la tour Eiffel* est publiée dans le périodique *Œuvres libres*, 1er mars 1923 (p. 351-380). La « Préface » qui précède le texte est connue sous le titre « Préface de 1922 » et accompagnera les publications subséquentes : *Nouvelle Revue Française* (NRF), 1924, 1927 ; *Œuvres complètes de Jean Cocteau*, t. VIII, Lausanne, Marguerat, 1948 ; *Théâtre*, t. I, Paris, Gallimard, 1948 ; *Théâtre*, t. I, Paris, Bernard Grasset, 1957 ; *Théâtre complet*, Paris, Gallimard, 2003. C'est sur cette dernière publication que nous fondons notre étude.

84. Il est à noter que le titre « La Noce massacrée » a déjà été utilisé pour un texte accompagné de portraits et de souvenirs que Cocteau a écrit lors de son séjour au Piquey entre le 17 août et le 15 octobre 1917. Ramirez et Rolot, « *Les Mariés de la tour Eiffel* : notice », dans Cocteau, *Théâtre Complet*, éd. Décaudin *et alii*, p. 1594.

85. Stravinski compose *Les Noces* (*Noces villageoises*) entre 1914 et 1917. L'orchestration finale est datée de 1923 et la création par les Ballets russes se réalise le 13 juin de la même année. Gullentops et Haine, dans Cocteau, *Écrits sur la musique*, p. 205, n. 69.

86. Dans une entrevue avec Marcel Rieu, Cocteau mentionne cette requête : « Cela devait d'abord s'intituler *La Noce*, puis *La Noce massacrée*, mais Stravinski qui a déjà écrit, pour Diaghilev, un oratorio

Lorsqu'il est comparé aux documents d'archives, le texte publié est dépourvu de plusieurs indications précises. Aussi les tapuscrits sont-ils incontournables pour donner un aperçu assez fidèle du spectacle original. Commençons par décrire les tapuscrits disponibles dans les fonds d'archives.

Deux tapuscrits des *Mariés de la tour Eiffel* sont conservés dans le Fonds Jean Cocteau de la Bibliothèque historique de la Ville de Paris. Ils sont identifiés comme « texte de la pièce 1 » et « texte de la pièce 2 » [87]. Le « texte de la pièce 1 » compte 33 pages dactylographiées, accompagnées de quelques ratures et annotations au crayon de Cocteau. Contrairement au premier, le « texte de la pièce 2 » possède une page de titre qui inclut les noms des collaborateurs, musiciens et peintres. À noter que, sur cette page, le titre original « La Noce massacrée » est biffé. Cocteau l'a remplacé par *Les Mariés de la tour Eiffel*, qu'il sous-titre « spectacle » tout simplement. Au bas de la page, il ajoute : « Il y aura aussi une préface de Cocteau [88] et une dizaine de dessins de Jean Hugo ». La deuxième page du « texte de la pièce 2 » décrit le décor; la troisième ne comporte que l'intitulé « Ouverture. Le 14 juillet [à Paris] [89] » et une didascalie biffée. Le texte en soi totalise 37 pages numérotées, largement raturées et annotées. La comparaison des deux textes porte à croire que le « texte de la pièce 1 » est la mise au propre du « texte de la pièce 2 » en prévision de la publication envisagée, même si cette numérotation semble illogique.

Dans une lettre du 9 septembre 1921 envoyée à Rolf de Maré, Cocteau annonce la publication prochaine du texte de sa « pièce » :

> Je publie la pièce dans les *Œuvres libres*. Ce magazine a un tirage considérable. J'ajoute une préface longue où je parle de votre belle entreprise. Ainsi aurons-nous la chance pour que le public sache de quoi il en retourne. Au moment de vos spectacles je rééditerai le texte en brochure pour vendre dans la salle [90].

Transportons-nous maintenant au fonds d'archives des Ballets suédois du Centre d'étude Rolf de Maré du Musée de la danse de Stockholm (*Rolf de Maré Study Center – Dansmuseet Stockholm*, ci-après « Dansmuseet »). Dans ce lieu d'archives, le dossier « *Les Mariés de la tour Eiffel* » renferme plusieurs autres tapuscrits : deux tapuscrits correspondent à la traduction anglaise du texte [91]; six tapuscrits distincts rassemblent

intitulé *Les Noces villageoises*, m'a demandé de ne pas adopter un titre aussi proche du sien ». Jean Cocteau, « *Les Mariés de la tour Eiffel* au Théâtre des Champs-Élysées », entrevue avec Marcel Rieu, *Comœdia*, n° 3107, 19 juin 1921; repris dans Gullentops et Haine (éd.), *Écrits sur la musique*, p. 205-206, ici p. 205.

87. Un autre tapuscrit était la propriété privée de Bolette Natanson, nièce de Misia Sert et amie proche de Cocteau. Ce dernier lui a envoyé un des premiers manuscrits des *Mariés de la tour Eiffel* en décembre 1923, accompagné d'une lettre-dédicace reproduite dans l'ouvrage de Brigitte Borsaro, *Cocteau, le cirque et le music-hall*, numéro spécial des *Cahiers Jean Cocteau*, nouv. série, n° 2, 2003, p. 9-162, ici p. 54).

88. Il s'agit de la « Préface » précédant le texte publié dans *Les Œuvres libres* mentionné plus haut.

89. Les indications placées entre crochets indiquent un ajout manuscrit au tapuscrit.

90. Lettre de Jean Cocteau à Rolf de Maré, 9 septembre 1921, Dansmuseet, Fonds Ballets suédois, dossier « *Les Mariés de la tour Eiffel* », boîte des correspondances. Sauf mention contraire, nous n'indiquerons dans ce chapitre que « Dansmuseet » et le nom de la boîte comme référence au fonds des Ballets suédois à Stockholm.

91. La traduction date de 1924 selon la chronologie établie par Jean-Louis Meunier (« Jean Cocteau – Jean Hugo : *Les Mariés de la tour Eiffel* », dans David Gullentops [dir.], *Cocteau et la musique*, numéro spécial des *Cahiers Jean Cocteau*, nouvelle série n° 4, 2006, p. 29-41, ici p. 37).

l'entièreté du texte. Dans l'ensemble, ils se distinguent les uns des autres par leur longueur, ce qui les divise en deux types de versions : la version longue et la version courte. Deux copies de la version longue réunissent chacune 34 pages, et quatre copies de la version courte comptent soit 26 pages (un tapuscrit), soit 25 pages (trois tapuscrits)[92]. Sauf exception, Cocteau utilise dans ces différentes versions le double titre « *La Noce massacrée* ou *Les Mariés de la tour Eiffel* », indiquant sa difficulté à statuer sur l'intitulé de son ballet.

L'investigation menée sur les divers tapuscrits révèle clairement que plusieurs passages des versions longues sont indispensables pour reconstituer le déroulement du spectacle. Notre intention n'est pas de reprendre l'étude comparative déjà réalisée par certains auteurs[93], mais de nous pencher sur les aspects qui se rapprochent le plus possible du spectacle donné en juin 1921. Cette étude permet également de reconnaître la multidisciplinarité dont témoigne ce « ballet satirique ».

La mixité des genres vers le spectacle multidisciplinaire

« Pièce ? Non. Revue ? Non. Ballet ? Spectacle musical ? Non. Tragédie ? Non. » Telles sont les questions de genre que pose Cocteau dans son article « À vol d'oiseau sur *Les Mariés de la tour Eiffel* »[94].

Comme il a été mentionné, Cocteau vise à combiner plusieurs formes artistiques dans une seule œuvre. Il lui importe donc d'intégrer des éléments purement théâtraux au sein d'un spectacle de danse. Pour ce faire, le poète conçoit un texte à mi-chemin entre la pièce de théâtre et l'argument de ballet. En effet, la présence des didascalies et, surtout, des dialogues attribués aux deux Phonographes, qui ont pour rôle de commenter l'action, atteste une forte tendance théâtrale dans tous les textes examinés. Ces éléments de théâtre remettent en cause les conventions de la danse.

Sur la question du genre artistique, Cocteau aspire de toute évidence à un spectacle totalement multidisciplinaire. Son plus profond désir est de réunir dans une même œuvre la littérature, la chanson, le cinéma, la musique et la danse. Même si la chanson et le cinéma ne font pas partie du spectacle final, ils imprègnent toutefois les premières ébauches du spectacle. En effet, l'auteur du *Prince Frivole* (1910) a l'idée de projeter un préambule cinématographique avant le spectacle des *Mariés de la tour Eiffel*. Transcrit au début du manuscrit de Natanson, ce préambule se lit comme suit :

---

92. Pour une description plus détaillée de ces divers tapuscrits, voir Vergnaud, *La musique et les arts* (p. 261-270). À l'intérieur de ces pages, Vergnaud propose une chronologie des différentes versions. Selon son étude, les tapuscrits conservés au Dansmuseet (boîte des tapuscrits) se situent entre février 1921 et janvier 1922, soit entre les deux versions se trouvant à la BHVP (Fonds Jean Cocteau, dossier « *Les Mariés de la tour Eiffel* », MS-FS-05-0360 et MS-FS-05-0361).

93. Nous pensons notamment aux travaux suivants : Vergnaud, *La musique et les arts*, p. 254-271 ; Borsaro, *Cocteau : le cirque et le music-hall*, p. 52-66 ; Carine Ermans, « Les passages entre crochets doivent être supprimés à la représentation » dans Gullentops (dir.), *Cocteau et la musique*, p. 15-27.

94. Cocteau, « À vol d'oiseau sur *Les Mariés de la tour Eiffel* », dans Gullentops et Haine (éd.), *Écrits sur la musique*, p. 202.

Rideau - écran
Projection

Mesdames, Messieurs,

Notre œil et notre oreille aiment les lieux communs.
Il semble qu'on ne puisse pas faire une bonne pièce de théâtre sans employer toujours la même intrigue.
Le seul danger du lieu commun, c'est qu'il ne nous procure plus la moindre surprise et que souvent à force de l'entendre nous ne le voyons plus ni ne l'entendons plus.
Notre pièce est une suite de lieux communs, mais amenés, placés, combinés, de telle sorte qu'ils nous frappent et ne perdent pas leur force.
Vous allez voir les événements en quelque sorte plus vrais que le vrai. Des associations d'idées en chair et en os.
[Revue de fin d'année ? Non. Guignol ? Non. Tragédie grecque ? Non. Molière ? Non. Drôle ? Non. Triste ? Non. Charmant ? Non. Sublime ? Non.
Neuf ? Oui.
Vieux comme le monde] [95].

En lien avec le principe des « lieux communs » sur lequel Cocteau insiste dans son préambule, il veut clairement intégrer, en plus du cinéma, des formes d'arts populaires telles que la chanson de music-hall. Aussi pense-t-il à inclure dans le ballet une « Chanson idiote », si on se réfère au huitième numéro de musique inscrit au programme paru dans *La Danse* de juin 1921 (tableau 9).

1 er	Ouverture « Le 14 juillet »	Georges Auric
2 e	Marche nuptiale pour l'entrée	Darius Milhaud
3 e	Discours du Général	Francis Poulenc
4 e	La Baigneuse de Trouville	Francis Poulenc
5 e	Le Massacre (Fugue)	Darius Milhaud
6 e	Danse des Dépêches	Germaine Taillefer[re]
7 e	Marche funèbre	Arthur Honegger
8 e	Chanson idiote	Francis Poulenc
9 e	Quadrille	Germaine Taillefer[re]
10 e	Marche nuptiale pour la sortie	Darius Milhaud
Pendant l'action trois ritournelles de Georges Auric [96]		

Tableau 9. Ordre des musiques paru dans *La Danse*, n° 9, juin 1921.

Une autre chanson tout aussi loufoque est envisagée : intitulée « Un caramel mou », cette chanson, insérée dans certaines versions préliminaires [97], devait sortir de l'orifice de l'appareil photographique. En voici un extrait :

95. Borsaro, *Cocteau : le cirque et le music-hall*, p. 55-56. Borsaro a placé entre crochets la dernière partie de ce texte, en estimant que, compte tenu de la différence d'encre utilisée, ce passage avait été écrit plus tard. À noter que le début de ce passage est utilisé dans le papier de Cocteau, « À vol d'oiseau sur *Les Mariés de la tour Eiffel* » (dans Gullentops et Haine [éd.], *Écrits sur la musique*, p. 201-204).

96. Cocteau, « À vol d'oiseau sur *Les Mariés de la tour Eiffel* », *La Danse*, [n.p.].

97. La chanson « Caramel mou » se trouve notamment dans deux tapuscrits : « La Noce massacrée » (Dansmuseet) et « *Les Mariés de la tour Eiffel*, texte de la pièce 2 » (BHVP, Fonds Jean Cocteau, dossier « *Les Mariés de la tour Eiffel* », MS-FS-05-0361).

Un caramel mou
Se met n'importe où,
Mais il est moins pur
Qu'un caramel dur.
Un caramel mou
Est doux dans le cou,
Un caramel dur
Fait mieux sur le mur.
[...]

PHONO 1 ET PHONO 2 :
(sur l'air des lampions)
Caramel - Caramel - Caramel -
Caramel - À Berlin - Caramel -
À Berlin - Caramel[98].

Même si Cocteau abandonne l'idée d'inclure ces chansons vaudevillesques, il conserve toutefois l'atmosphère du music-hall. De là ressort toute l'importance de traiter la musique comme faisant partie intégrante de la pièce.

La reconstitution du livret en lien avec les morceaux musicaux

La musique constitue assurément la trame de fond du spectacle, qui se veut un ballet avant tout autre chose. Dans la page précédant le texte du livret publié (NRF, 1924), Cocteau inscrit l'ordre des musiques retenues. Leurs titres sont retranscrits dans la partie gauche du tableau 10 ci-contre. (Les titres de l'édition Salabert sont discutés dans la prochaine section du chapitre.)

Pour connaître l'emplacement exact de la musique dans le spectacle, il s'avère indispensable de se reporter aux tapuscrits du livret et aux manuscrits des partitions d'orchestre conservés au Dansmuseet. En fait, les didascalies inscrites dans les versions courtes des tapuscrits (celles de 25 pages environ) précisent les points d'intervention de la musique dans l'œuvre. En fin de chapitre est reproduit le texte des *Mariés de la tour Eiffel*, avec, entre parenthèses, les diverses indications musicales recueillies dans les trois tapuscrits de 25 pages (voir Livret reconstitué, p. 187-197).

À partir de ce travail de retranscription, un plan synoptique des *Mariés de la tour Eiffel* a été élaboré de manière à mettre en lien les pièces musicales avec les différentes scènes du spectacle. Ce plan synoptique, que nous avons reconstitué, figure sous les colonnes 4 et 5 du tableau 8. Il se découpe en 22 scènes distinctes (voir la colonne 4, libellée « sc. »). La colonne 7, quant à elle, répertorie les quatorze pièces musicales du spectacle. Elles se divisent en deux catégories, marquées par le type de numérotation adopté dans la colonne 6 : les neuf chiffres romains renvoient aux morceaux en

98. Cocteau, *La Noce massacrée*, tapuscrit, Dansmuseet, boîte des tapuscrits. Dans le tapuscrit « *Les Mariés de la tour Eiffel*, texte de la pièce 2 », ce passage chanté est entièrement raturé. BHVP, Fonds Jean Cocteau, dossier « *Les Mariés de la tour Eiffel* », MS-FS-05-0361. Rappelons que le sujet de cette chanson surréaliste des plus absurdes, supprimée du texte final, a fait l'objet du spectacle de « théâtre-bouffe » présenté un mois avant la création des *Mariés de la tour Eiffel*.

eux-mêmes[99], alors que les cinq chiffres arabes placés entre parenthèses indiquent une énième occurrence de la *Ritournelle* (1 pour la 1re apparition, 2 pour la 2e, etc.). Il ne s'agit donc plus de « trois ritournelles », comme on le retrouve dans le programme (tableau 9) et le livret (tableau 10), mais bien d'une seule et unique *Ritournelle*. Le chiffre qui suit l'intitulé *Ritournelle* dans la colonne 7 (à partir de la 2e occurrence) varie selon ce qu'il est écrit dans les tapuscrits du texte ou les manuscrits des partitions. Avouons que cette façon de faire accentue l'ambiguïté qui se crée autour de la *Ritournelle*. Nous traitons plus loin cette question spécifique.

N°	NRF, 1924	Salabert, 1962-1972	Compositeur
I	Ouverture	Ouverture	Georges Auric
II	Marche nuptiale (entrée)	Marche	Darius Milhaud
III	Discours du Général	Discours du Général	Francis Poulenc
IV	La Baigneuse de Trouville	La Baigneuse de Trouville	Francis Poulenc
V	Le Massacre (Fugue)	Fugue du massacre	Darius Milhaud
VI	Valse des Dépêches	Valse des Dépêches	Germaine Tailleferre
VII	Marche funèbre	Marche funèbre	Arthur Honegger
VIII	Quadrille	Quadrille	Germaine Tailleferre
IX	Marche nuptiale (sortie)	Sortie de la noce	Darius Milhaud
	Pendant l'action trois ritournelles	Ritournelle	Georges Auric

Tableau 10. Comparaison des titres utilisés dans l'édition du livret (NRF, 1924)[100] et dans les partitions (Salabert, 1962-1972)[101].

La colonne 5 du tableau 8 inclut des bribes de dialogues échangés par les Phonographes et certaines didascalies, en italique. En plus de signaler les débuts de chaque scène du spectacle, les extraits choisis marquent le début et la fin de chacune des interventions musicales. Par exemple, la *Marche nuptiale*, qui débute à la suite de la réplique « Le cortège » (fin de la scène 4), se déroule pendant que les Phonographes présentent la noce en commençant par « La Mariée » (scène 5). Ce numéro musical se termine avec la riposte « J'ai le vertige ! ».

La comparaison entre « La Noce » et Les Mariés de la tour Eiffel

Le tableau 8 montre que la majorité du plan synoptique des *Mariés de la tour Eiffel* (col. 4 à 7)) concorde avec celui du feuillet autographe de « La Noce » (col. 1 à 3). À l'exception du Rameur (scène 6 *bis* de « La Noce ») et du Président de la République

99. Les titres des morceaux reportés dans le tableau 8 sont empruntés aux partitions éditées chez Salabert (colonne centrale du tableau 10). Pour éviter la confusion avec les autres marches utilisées dans l'œuvre, nous reprenons, dans le tableau 8 (col. 7) et dans le chapitre, le qualificatif « nuptiale » lorsqu'il est question de la « Marche » de Milhaud. Comme il a été signalé, les chiffres romains ont été privilégiés dans le tableau 8 (col. 6) pour différencier la numérotation des pièces de celle utilisée pour la *Ritournelle*, indispensable à la reconstitution de la pièce.

100. Cocteau, *Théâtre complet*, éd. Décaudin *et alii*, p. 41. La numérotation choisie est celle adoptée dans le tableau 8 (colonne 6) et non celle qui paraît dans le livret.

101. En comparaison avec la liste du tableau 9, la « Chanson idiote » est retirée et certains intitulés varient.

(scènes 14 et 15)[102], tous les personnages mentionnés dans « La Noce » (col. 2) font partie du texte des *Mariés* (col. 5). Il en va de même pour la musique : ouverture, marche nuptiale, marche funèbre et polka sont des genres conservés dans la version finale (comparer les colonnes 3 et 7).

Il est aussi possible de rapprocher les deux plans synoptiques quand il est question de l'ordonnancement des scènes. Même si la numérotation inscrite dans la colonne 4 change à partir de la scène 7, étant donné que Cocteau n'a pas tenu compte dans son plan initial de l'entrée de la Cycliste et du Rameur de Trouville (ou de la Baigneuse de Trouville dans la dernière version), la succession et le contenu des scènes subséquentes sont assez similaires : les scènes 9 à 15 de « La Noce » (col. 1-2) correspondent respectivement aux scènes 12 à 18 dans le ballet *Les Mariés de la tour Eiffel* (col. 4-5). Dans ce dernier, les scènes 19 à 22, formant la section finale, diffèrent du plan initial.

La musique au cœur des dialogues

En présentant côte à côte le texte et la musique, le plan synoptique des *Mariés de la tour Eiffel* (tableau 8) souligne qu'il y a peu de moments dans le spectacle où la musique est jouée seule, sans texte. Ces cas, représentés par les cellules en gris, sont seulement au nombre de cinq par rapport aux quatorze interventions musicales énumérées dans la colonne 7. Les morceaux en question sont *Ouverture, Discours du Général, La Baigneuse de Trouville, Valse des Dépêches* et *Quadrille*. Signalons également que, dans cette liste, trois morceaux uniquement sont consacrés à la danse, ce qui est peu pour un spectacle de ballet ! Il s'agit de *La Baigneuse de Trouville, Valse des Dépêches* et *Quadrille*. Parmi ces trois numéros, celui de *La Baigneuse de Trouville* pose problème, d'après les didascalies des tapuscrits. En effet, la dernière intervention du Phono deux à la scène 8 (col. 4-5) entraîne une ambigüité, parce qu'elle est précédée de l'indication « *la musique finie* », alors que la didascalie « *Fin de la danse* » est inscrite seulement à la fin de la réplique (voir aussi le livret reconstitué, p. 187-197). Aussi étrange que cela puisse paraître, ces deux indications laissent croire que la Baigneuse poursuit sa danse sans accompagnement musical pendant que le Phono deux termine sa longue réplique !

Le plan synoptique des *Mariés de la tour Eiffel* montre donc clairement que la musique intervient à toutes les scènes du spectacle. Malheureusement, cette spécificité n'est pas apparente dans le livret publié, ce qui se reflète dans la plupart des enregistrements réalisés. Mentionnons, par ailleurs, une exception dans l'enregistrement commémoratif de 1966, dans lequel il faut reconnaître l'effort mis pour tenter de reproduire le plus possible la représentation originale[103]. Contrairement aux autres enregistrements

102. Dans le livret des *Mariés de la tour Eiffel*, Cocteau fait allusion au Président de la République seulement dans la scène du Gros enfant. Voir Cocteau, *Les Mariés de la tour Eiffel*, dans Décaudin *et alii* (éd.), *Théâtre complet*, p. 48.

103. Jean Cocteau, *Les Mariés de la tour Eiffel*, spectacle de Jean Cocteau, musique du Groupe des Six. Selon les notes du livret accompagnant l'enregistrement, il est le « 1er enregistrement intégral conforme à la création scénique du 18 juin 1921 ». Document audio de Jean-Christophe Averty produit par l'ORTF (Orchestre national de l'Office de radiodiffusion-télévision française), Orchestre de l'ORTF, sous la direction de Darius Milhaud avec les voix de Pierre Bertin et Jacques Duby, indications scéniques lues par Caroline Cler, disque 30 cm., Éditions Lucien Adès 15.501, 1966.

disponibles, qui ne font qu'alterner une partie du texte avec un morceau musical, celui-ci combine musique et dialogue des Phonographes, à l'instar de la production originale. Toutefois, seule la question de la ritournelle n'a pu être réglée dans cet enregistrement, comme l'explique Jacques Pradere :

> La deuxième page [de la partition] écrite par Auric était les « Ritournelles », dont il n'a pas été possible de déterminer la place exacte qu'elles tenaient dans le « ballet » de la troupe suédoise. En effet, cette indication n'a pu être retrouvée, malgré les recherches, notamment des protagonistes de la création. D'un commun accord avec eux, nous avons néanmoins essayé de les replacer dans l'action[104].

En fait, la seule *Ritournelle* de cet enregistrement se fait entendre vers les dernières répliques, lorsque le Phono deux se met à compter jusqu'à cinq; il donne ainsi le signal à chaque couple du cortège nuptial et aux invités de disparaître dans l'appareil photographique (tableau 8, scène 21, et dernière page du livret reconstitué en fin de chapitre, p. 196).

Une ritournelle ? Trois ritournelles ? Cinq ritournelles ?

Le nombre et l'emplacement des ritournelles constituent toujours un point non résolu quand il faut rétablir les constituants du spectacle. Certains tapuscrits comptent jusqu'à cinq ritournelles, alors que Cocteau écrit clairement, à la fin de la liste des pièces musicales présentée dans le programme du spectacle, « Pendant l'action trois ritournelles de Georges Auric » (tableau 9).

L'intitulé *Trois Ritournelles*, apposé sur le manuscrit autographe de la partition d'Auric[105], se conforme ainsi à la liste de pièces dressée par Cocteau. Le rôle de ces musiques est clairement affiché dans l'annotation de la première page : « Les trois ritournelles accompagnent le texte récité par les Phonos I et II »[106]. Toutefois, une annotation ajoutée sous le titre de cette même partition autographe signale une modification : « 1 rit[ournelle] seulement ». À la dernière mesure, une note appuie cette modification : « Reprendre la 1re ritournelle et recommencer jusqu'à la première

---

La pièce manquante à cet enregistrement est la *Fugue du massacre* de Milhaud. En effet, cette pièce n'avait pas été trouvée au moment de l'enregistrement. Le manuscrit autographe de la réduction de piano a été retrouvé après l'enregistrement de 1966 (la date précise est inconnue) dans les archives du Dansmuseet (boîte des partitions d'orchestre manuscrites). En 1972, Milhaud décide de composer une nouvelle version, qui est éditée chez Salabert (EAS 17000).

Pour souligner cet enregistrement historique, le numéro spécial « Jean Cocteau, *Les Mariés de la tour Eiffel* » paraît dans *L'Avant-Scène*, nos 365-366, 1er-15 octobre 1966.

104. Jacques Pradere, « Il y a 45 ans… *Les Mariés*… du Groupe des Six », notes accompagnant le disque, Cocteau, *Les Mariés de la tour Eiffel*.

105. Georges Auric, *Les Mariés de la tour Eiffel*, *Trois Ritournelles*, partition d'orchestre, manuscrit autographe, [s.d], Dansmuseet, boîte des partitions d'orchestre manuscrites (chemise du premier violon solo, la première chaise « Violin I, I. pult »).

106. *Ibid.* Les annotations semblent plutôt provenir du chef d'orchestre que du compositeur lui-même. En haut de la première phrase, l'annotation complète est : « Les trois ritournelles accompagnent le texte récité par les Phonos I et II. Le quatuor avec sourdine ainsi que les cors et trompettes. Les nuances toujours un peu en-dessous des nuances indiquées ». Une indication s'ajoute au bas de cette page : « jouer les 3 rit[ournelles] pas trop vite ».

danse. Après celle-ci, reprendre ces ritournelles jusqu'à la seconde danse et ainsi de suite jusqu'à la fin (dernière *Marche nuptiale*) ». Cette dernière note sous-entend la reprise continuelle de la première ritournelle, pour tout le spectacle. De plus, elle est la seule à être retranscrite par une firme professionnelle en trois copies identiques[107].

À l'intérieur des copies de la partition de la *Ritournelle* sont collés des fragments découpés à partir du tapuscrit de la version anglaise[108] : placés à deux points du spectacle, c'est-à-dire aux occurrences (1) et (4)[109] de ce morceau, selon le tableau 8 (col. 6-7). Les occurrences (2), (3) et (5) de la *Ritournelle* sont intégrées au tableau selon les annotations relevées dans les différents tapuscrits.

Une fois cette étude des documents d'archives terminée, il est possible de reconstituer d'une manière assez juste le déroulement du spectacle. Mais avant, voyons comment Cocteau a piloté toutes les étapes de réalisation de son ambitieux projet.

La réalisation du spectacle

Il est presque impossible de relater les circonstances exactes qui ont amené de Maré à solliciter la collaboration de Cocteau. De toute évidence, la première saison des Ballets suédois lancée[110], de Maré recherche des collaborateurs issus du milieu artistique parisien « pour rivaliser avec les ballets de Diaghilev »[111]. Comme les samedistes « all[aient] chaque soir au Théâtre des Champs-Élysées qui avait accueilli la troupe suédoise », aux dires de Hugo[112], Cocteau a plusieurs occasions pour suggérer à de Maré le projet de « La Noce », qu'il concocte depuis un an.

Déjà à l'automne 1920, une correspondance soutenue entre Cocteau et ses amis proches, le couple Jean et Valentine Hugo, révèle la progression de ce projet[113]. Une lettre

---

107. Georges Auric, *Les Mariés de la tour Eiffel*, « Ritournelle (1) », partition d'orchestre, manuscrit, copié en trois copies identiques par R. et J. Jakob (Paris), [s.d], Dansmuseet, boîte des partitions d'orchestre manuscrites.

108. Jean Cocteau, *The Newlyweds on the Eiffel Tower*, traduction de Lewis Galantiere, tapuscrit, 24 pages, annotations au crayon pour les emplacements de la musique, [s.d], Dansmuseet, boîte des tapuscrits, document 10, [sans cote].

109. Sur la page titre de ces trois copies de « Ritournelle (1) » sont retranscrits des repères au texte, suivis d'une numérotation. Dans la première copie, l'annotation se lit ainsi : « *rep : you would never believe that he is 74 years old. III bis* » (« On [ne] dirait jamais qu'il a soixante-quatorze ans. III bis », fin de la scène 6). Dans les deux autres copies, on fait référence à un seul passage : « *you are too kind with pleasure* » (« Vous êtes trop aimable. Je suis confus », scène 17). Étrangement, deux numérotations différentes sont appliquées à cet endroit précis, « V bis » et « VII bis » respectivement.

Selon le plan synoptique (tableau 8, col. 4-7) et les citations utilisées dans les annotations de ces partitions manuscrites, le « III bis » semble correspondre à l'occurrence (1) de la *Ritournelle*; le « V bis » à l'occurrence (3); le « VII bis » à l'occurrence (4). Même si cela semble illogique, la même correspondance est établie par Vergnaud (*La musique et les arts*, p. 597-599).

110. Rappelons que la première saison des Ballets suédois a lieu le 25 octobre 1920. Nancy Van Norman Baer (dir.), *Paris Modern : The Swedish Ballet, 1920-1925*, San Francisco, Fine Arts Museums of San Francisco, 1995, p. 150-152, ici p. 150.

111. Hugo, *Avant d'oublier 1918-1931*, p. 111.

112. *Ibid.*

113. Amis très proches, Jean Hugo et Cocteau se fréquentent assidûment à partir de l'été 1917. Ils vont jusqu'à se voir presque tous les deux jours durant les années 1919 à 1921. Caizergues, « Cahiers inédits de Jean Hugo », dans *Jean Hugo peintre-poète*, éd. Caizergues, p. 77-130.

envoyée le 27 novembre à Valentine confirme que Georges Auric est le compositeur convoité pour le projet : « Nous faisons une pièce de théâtre avec Auric : *La Noce* »[114].

Au début de janvier 1921, le texte de « La Noce massacrée » est presque dans sa forme définitive. Une lettre envoyée le 8 janvier 1921 à Jacques Hébertot, directeur du Théâtre des Champs-Élysées, montre à quel point Cocteau est précis en ce qui a trait aux éléments du décor et, plus particulièrement, à l'appareil photographique. Il formule cette requête, proche de l'ordre : « Arrange-toi [...] pour que la pièce soit jouée comme elle est écrite, c'est-à-dire que les personnages *sortent* de l'appareil et non de derrière un ridicule petit appareil. [...]. Je l'exige »[115].

Voulant absolument être « l'unique maître d'œuvre »[116] du projet, Cocteau décide de « faire lui-même le décor »[117]. Ainsi, en janvier 1921, il se rend plusieurs fois chez son ami Hugo pour lui montrer l'avancement de son travail. Hugo se remémore ces moments :

> Devant [ce] petit théâtre fait de quatre planches, il peinturlurait des bouts de carton destinés à figurer une tour Eiffel multicolore dans le goût de celles que peignait Delaunay. Il me demanda de l'aider : je ne le quittai qu'à quatre heures du matin[118].

D'après les carnets de notes de Hugo, cette séance de travail a lieu le 21 janvier 1921[119]. Quatre jours plus tard, le 25 janvier, une lecture de la pièce se déroule chez les Hugo en présence de Raymond Radiguet et d'Irène Lagut. À sa grande surprise, cette dernière apprend que la conception des costumes est désormais confiée à Hugo. Jusqu'à ce moment, la jeune peintre, qui fait partie des projets poétiques de Cocteau mentionnés plus haut, croit qu'elle est toujours la personne désignée pour s'occuper des costumes de « La Noce ». Dans les faits, Cocteau l'écarte du projet à la suite d'un commentaire que Lagut lui avait lancé lors d'une lecture précédente de sa pièce. Tout emballée, elle s'écrit : « On mettra des lampes électriques pour faire les yeux du lion »[120] ! Sans le laisser paraître, Cocteau est complètement outré par cette remarque anodine. Il décide du coup, sans

---

114. Lettre de Jean Cocteau à Valentine Hugo, 27 novembre 1920, dans *Correspondance Jean Cocteau – Jean Hugo*, éd. Borsaro et Caizergues, p. 61. Selon Milhaud, c'est « de Maré [qui] avait demandé à Auric de lui écrire une partition sur un sujet de Cocteau » (*Ma vie heureuse*, p. 94). D'après les documents discutés antérieurement, nous croyons que c'est plutôt Cocteau qui a incité de Maré à solliciter Auric pour la composition musicale de sa pièce.

115. Lettre de Cocteau à Jacques Héberbert, 8 janvier 1921, dans Josiane Mas, « Lettres inédites de Jean Cocteau et de Rolf de Maré à Jacques Hébertot », dans Josiane Mas (dir.), *Arts en mouvement : les Ballets suédois de Rolf de Maré, Paris 1920-1925*, Montpellier, Presses universitaires de la Méditerranée (Centre d'étude du XXe siècle, Université Paul-Valéry), 2008, p. 291-306, ici p. 292 et 299-301. C'est Cocteau qui souligne.

116. Georges Auric, *Quand j'étais là*, Paris, Grasset, 1979, p. 152. C'est le rôle qu'Auric attribue à Cocteau depuis l'expérience de *Parade*.

117. Hugo, *Avant d'oublier 1918-1931*, p. 107.

118. *Ibid.*

119. Caizergues, « Deux cahiers inédits de Jean Hugo », dans *Jean Hugo, peintre-poète*, éd. Caizergues, p. 92. Ces deux cahiers de Hugo rassemblent les notes puisées dans ses agendas en lien avec Cocteau. Hugo les a recueillies à la demande de Francis Steegmuller en vue d'une publication de sa biographie de Cocteau (1973). Les notes transmises à Steegmuller et celles inscrites à l'agenda de Hugo entre avril 1920 et mars 1924 – correspondant aux années d'élaboration et de représentations des *Mariés de la tour Eiffel* – sont retranscrites côte à côte dans Meunier, « Jean Cocteau – Jean Hugo : *Les Mariés de la tour Eiffel* » (dans Gullentops (dir.), *Cocteau et la musique*, p. 31-37).

120. Hugo, *Avant d'oublier 1918-1931*, p. 107.

même en souffler un mot à Lagut, de s'occuper lui-même des costumes. Mais, très vite, il s'aperçoit que l'ampleur de la tâche dépasse ses capacités. Il se tourne alors vers Hugo afin que celui-ci prenne le relais. D'après le témoignage de ce dernier, la jeune artiste minimise sa réaction face à ce revirement soudain : « Irène Lagut en fut un peu vexée, autant que la douceur de son caractère le lui permettait »[121]. C'est Auric qui réagit le plus fortement aux agissements imprévisibles de Cocteau. Le 28 janvier, le compositeur annonce à Hugo « qu'il ne veut plus faire la musique de la *Noce* »[122]. Affolé, Cocteau tente de raisonner Auric. Pour sauver la situation, Cocteau confie la maquette du décor à Lagut, et Auric finit par se rétracter. Hugo raconte plus en détail l'événement :

> Georges Auric, qui était épris d'elle [Lagut], se fâcha et refusa de collaborer dorénavant à la partition de la *Noce*. Jean Cocteau continuait à travailler à son décor. Quand il venait chez moi, il apportait son petit théâtre et se mettait à découper et à barbouiller[123]. Mais il se perdait un peu parmi tous ces triangles, losanges et trapèzes rouges, verts, jaunes et bleus. Il y renonça et demanda à Irène Lagut de faire la maquette du décor[124]. Elle accepta. Auric promit aussitôt d'écrire l'ouverture et tout le monde fut content[125].

À ce propos, Cocteau envoie une lettre à Lagut :

> À tel point j'ai eu le sentiment de choses confuses que je me suis reproché d'avoir encore une fois cru possible des collaborations simples, douces, faciles et que je me suis mis à faire seul décor et costumes de la tour Eiffel [...]. Mon amitié pour vous est trop solide pour changer de forme chaque semaine. Mon amitié pour Auric aussi est solide. Ni l'une ni l'autre ne sont aveugles, mais je veux rester en dehors d'une pièce dont je ne connais pas l'intrigue. Je vous embrasse et vous demande de venir samedi - 6 h. [...] (avant les autres) à la maison[126].

Quant à la composition musicale commandée à Auric, Milhaud précise que, se trouvant « pris de court, [le compositeur] ne put l'exécuter à temps. Cocteau décida alors de faire un spectacle des "Six" »[127]. Naît ainsi l'idée d'une composition collective où chacun du Groupe des Six prendrait en charge un ou plusieurs numéros rattachés au cérémonial du banquet de la noce[128]. Une fois tous ses collaborateurs choisis, Cocteau fait une lecture officielle de sa pièce le 23 février 1921 chez le couple Hugo, en présence de Rolf de Maré, des collaborateurs du projet et d'amis[129]. Le directeur des Ballets

121. *Ibid.*

122. Caizergues, « Deux cahiers inédits de Jean Hugo », dans *Jean Hugo peintre-poète*, éd. Caizergues, p. 92.

123. Selon le journal de Hugo, cela se passe pour la dernière fois le 1er février 1921. *Ibid.*, p. 93.

124. Hugo note la décision de Cocteau le 15 févier 1921. *Ibid.*

125. Hugo, *Avant d'oublier 1918-1931*, p. 107-108.

126. Lettre de Cocteau à Lagut, [s.d.], Dansmuseet, boîte des correspondances.

127. Milhaud, *Ma vie heureuse*, p. 94.

128. Selon la correspondance entre Cocteau et Hugo, l'idée d'une composition collective avec les Six survient peu de temps après la lettre de Cocteau à Valentine Hugo le 27 novembre 1920, dans laquelle seul Auric est alors assigné au projet. Car, en mars 1921, le processus de composition semble déjà bien enclenché, comme le sous-entend la lettre du 18 mars. *Correspondance Jean Cocteau - Jean Hugo*, éd. Borsaro et Caizergues, p. 61 et 64, respectivement.

129. Les personnes présentes à cette lecture sont Jean et Valentine Hugo, Rolf de Maré, Jean Börlin, Raymond Radiguet, Irène Lagut, Nils Dardel et son épouse Thora de Klinckofström, Pierre Bertin, Marcelle

suédois semble enchanté par le projet, car, peu de temps après cette séance de lecture, « le contrat fut signé » [130].

Au mois de mars 1921, Cocteau s'inquiète fortement non seulement de l'avancement des maquettes des décors et des costumes, mais surtout de la composition musicale. À l'exception de la partition d'un des numéros confiés à Poulenc – *La Baigneuse de Trouville* –, terminée au début mars [131], les compositions tardent. Se trouvant à l'extérieur de Paris [132], le poète envoie une série de lettres au couple Hugo, multipliant les pressions pour que ses amis agissent auprès des musiciens. Ainsi, à l'intérieur d'une courte période de douze jours, Cocteau dicte ses directives à son ami Hugo, d'un ton ferme et sec : « Poussez Auric à faire copier la musique » [133] ; « Durey a-t-il composé les dépêches ? Auric a-t-il les copies de Roys ? » [134] ; « Les costumes ? Les musiques ? Sont-ils partis ? » [135]. Le lendemain de cette dernière lettre, soit le 25 mars, Durey annonce à Cocteau qu'il abandonne le projet. Dans la même journée, il envoie une lettre à Poulenc :

> Je viens d'écrire à Jean pour lui dire qu'il m'était impossible, étant donné mon état de santé actuel, de travailler avec assez d'assiduité pour terminer en temps voulu ma contribution à *La Noce*. Aussi ai-je demandé à Germaine, revenue de St. J[ean] de L[uz], de faire à ma place la *Valse des dépêches*, elle s'y met et l'aura terminée bientôt.
> J'annonce en même temps à Jean, comme à chacun d'entre vous, la décision que j'ai prise de me retirer du « Groupe des Six » pour continuer ma route à l'écart [136].

Recevant mal la nouvelle, Cocteau écrit à sa mère :

> Durey me joue un tour pendable, sous prétexte qu'il manque d'inspiration. Il ne peut me faire sa valse pour *La Noce* et me dit la confier à Germaine. Il veut, ajoute-t-il, se séparer du groupe. Je te supplie de voir Germaine [137], de lui faire la leçon. Il faut qu'elle la compose avec lui et qu'il la signe » [138].

Meyer, Auric, Poulenc, Milhaud, Honegger et Durey. Ramirez et Rolot (« *Les Mariés de la tour Eiffel* : notice », dans Cocteau, *Théâtre Complet*, éd. Décaudin *et alii*, p. 1594). Seule Tailleferre, du Groupe des Six, est absente.

130. Hugo, *Avant d'oublier 1918-1931*, p. 111.

131. Plus précisément, le 7 mars 1921 selon Jean Cocteau, *Le Passé défini*, t. III, Paris, Gallimard, 1983, p. 330.

132. Cocteau et Radiguet se trouvent alors dans la région de Carqueiranne pour une retraite de travail. Hugo, *Avant d'oublier 1918-1931*, p. 112.

133. Lettre de Cocteau à Hugo, 18 mars 1921, dans Borsaro et Caizergues (éd.), *Correspondance Jean Cocteau - Jean Hugo*, p. 64.

134. Lettre de Cocteau à Valentine Hugo, 24 mars 1921, dans *ibid.*, p. 69.

135. Lettre de Cocteau à Valentine Hugo, 29 mars 1921, dans *ibid.*, p. 72.

136. Lettre de Louis Durey à Francis Poulenc, 25 mars 1921, dans Francis Poulenc, *Correspondance 1910-1963*, éd. Myriam Chimènes, Paris, Fayard, 1994, p. 121. Le même jour, Milhaud reçoit une lettre similaire. Après un échange entre Poulenc et Milhaud, ce dernier répond à Durey, en lui exprimant toute sa désolation face à la décision qu'a prise Durey de quitter le groupe. *Ibid.*, p. 122, n. 5.

137. Précisons que Tailleferre entretenait un lien étroit avec la mère de Cocteau.

138. Lettre de Cocteau à sa mère, [s.d.], dans Jean Cocteau, *Lettres à sa mère*, t. II : 1919-1938, éd. Jean Touzot et Pierre Chanel, Paris, Gallimard, 2007. Cocteau est tellement affolé par cette nouvelle qu'il prie Poulenc de « voir Germaine et de lui souffler *note par note* la valse qu'elle exécute en place de Durey ». Lettre de Cocteau à Poulenc, 6 avril 1921, dans Poulenc, *Correspondance 1910-1963*, p. 122. C'est Cocteau qui souligne. À noter que, dans cette lettre, la chanson « Caramel » est toujours présente (*ibid.*).

Nonobstant le désarroi de son ami Cocteau, la compositrice Tailleferre n'ira pas jusqu'au bout de ses demandes, car elle signe elle-même la partition composée au pied levé, que Milhaud orchestre au fur et à mesure[139]. Cette situation est loin de calmer l'angoisse de Cocteau : la composition musicale est en retard et la réalisation des costumes et des décors s'étire un peu trop. Il écrit le 30 mars : « Je n'ai aucune lettre de Auric et ne sais rien des musiques ni des costumes. Maré les a-t-il ? J'attends de le savoir pour écrire à Börlin »[140].

Au 31 mars, Cocteau n'a plus besoin de se préoccuper des costumes puisque les maquettes sont « portées à Hébertot » pour leur fabrication[141]. Toutefois, Auric le contrarie encore et encore en tardant à soumettre sa partition. « Ce ne fut qu'à la dernière minute », précise Hugo, « qu'on put entendre l'exaltante fanfare de son ouverture »[142].

Malgré toute cette saga, la partition des *Mariés de la tour Eiffel* est livrée à temps, de sorte que l'orchestre, dirigé par Désiré-Émile Inghelbrecht, commence à répéter tout de suite après la création de *L'Homme et son désir*, qui a lieu le 6 juin 1921. Le ballet est fièrement annoncé dans le neuvième numéro de la revue *La Danse*. Cocteau y signe son article « À vol d'oiseau sur *Les Mariés de la tour Eiffel* », agrémenté de photos et de dessins des huit collaborateurs.

La scénographie : la représentation surréaliste de Paris

C'est « dans un lieu féérique [où] les fées n'apparaissent pas »[143] que se campe l'action des *Mariés de la tour Eiffel*. Les rideaux de scène s'ouvrent sur une vue de Paris si candide qu'elle transporte le public dans un conte de fées. Et tout le spectacle se construit dans cet esprit de féerie, en prenant comme point de départ les lieux communs de Paris. L'univers du spectateur se transforme ainsi en un monde *irréel*, en un monde *surréel*.

Le décor : une métaphore onirique de Paris

La dimension onirique de Paris est révélée par un décor de style naïf, composé de repères identitaires du Paris moderne. Une grande toile tapisse l'arrière-scène ; la première plate-forme de la tour Eiffel s'y dresse, à l'avant-plan (ill. 16). Elle se présente comme un fin morceau de dentelle, brodée d'un fils blanc immaculé. Cette élégante tour Eiffel, qui s'élève sur un ciel bleu, est flanquée d'une montgolfière (à gauche) et d'une colombe (à droite). Symbole de l'amour et de la paix, cet oiseau est paradoxalement

139. La lettre du 25 mars de Durey à Poulenc jette le doute sur le court délai accordé à Tailleferre, qu'elle rapporte dans ses mémoires : « Quatre jours avant la générale, Durey avait fait savoir qu'il renonçait à écrire la *Valse des Dépêches*. Je dus la composer en trois jours. Bien entendu, mon ami Darius Milhaud me l'orchestrait à mesure que je l'écrivais. Nous avions si peu de temps devant nous ! ». Tailleferre, *Mémoires à l'emporte-pièce*, p. 29.

140. Lettre de Cocteau à Hugo, 30 mars 1921, dans *Correspondance Jean Cocteau – Jean Hugo*, éd. Borsaro et Caizergues, p. 72.

141. Selon le carnet de notes de Cocteau (*Le Passé défini*, t. III, p. 330).

142. Hugo, *Avant d'oublier 1918-1931*, p. 118.

143. Cocteau, « *Les Mariés de la tour Eiffel* : préface », dans Gullentops et Haine (éd.), *Écrits sur la musique*, p. 251.

orné de la cocarde de l'Armée de l'air française[144] aux trois extrémités de son corps. Illustré verticalement, l'oiseau militaire simule une descente rapide vers le sol. Il rappelle ainsi les images d'avions de guerre vues dans les films d'actualité. Deux drapeaux français, apparaissant à la base centrale de la tour, indiquent une volonté d'afficher son appartenance à la France, d'autant plus présente après la période sanglante de la Grande Guerre.

Illustration 16. Irène Lagut, *Les Mariés de la tour Eiffel*, 1921, maquette de décor, aquarelle, Musée Carnavalet, Paris.

À l'intérieur de la charpente dentelée de la tour se déploie une vue « à vol d'oiseau » de Paris, surplombant la « Seine en jade »[145]. Derrière ce fleuve, trois boulevards s'allongent : ils mènent à des quartiers gorgés d'édifices à étages. Dans cette représentation naïve et onirique de Paris, la *symétrie* se manifeste comme dans un origami déplié. Le centre de ce « Paris reconstruit en miroirs »[146] est occupé par le plus grand des trois boulevards. Celui-ci est borné de chaque côté par les mêmes éléments d'aménagement paysager et urbain : la partie de droite est le miroir de la partie de gauche. La perspective donnée à cet assemblage accentue les lignes qui convergent vers des points de fuite. Elle crée ainsi le sommet de trois triangles. Le triangle central, aux côtés ciselés de mini-triangles roses, domine les deux autres.

144. Il s'agit de l'ancien logo de l'Armée de l'air française, qui est resté en vigueur jusqu'en 2010.

145. Hugo, *Avant d'oublier 1918-1931*, p. 118.

146. « *Paris recontructed with mirrors* ». Daniel Albright, *Untwisting the Serpent : Modernism in Music, Literature, and Other Arts*, Chicago / London, The University of Chicago Press, 2000, p. 285. Notre traduction.

Devant la toile de fond s'érige un cadre décoratif semblable à un manteau d'Arlequin. Il reproduit, en plus gros, les montants métalliques de la tour Eiffel. Tout en procurant un autre effet de miroir, l'ensemble donne l'illusion d'un grand chapiteau, où sont attablés les invités de la noce (ill. 15).

Les accessoires technologiques : des objets du décor parlant

Au sein de cette représentation irréelle de Paris, des accessoires évoquent le monde technologique de la réalité moderne : deux phonographes sont posés aux extrémités du premier plan de la scène. Habités par des acteurs, ils deviennent des personnages, tout autant qu'ils sont des éléments de décors. Dans le spectacle, Cocteau leur attribue un rôle central : « [Les Phonographes] commentent la pièce et récitent les rôles des personnages. Ils parlent très fort, très vite et prononcent distinctement chaque syllabe » (livret reconstitué en fin de chapitre, p. 187). Appliquant « la formule moderne du masque antique »[147], « les Phonographes humains, [...] comme le chœur antique, comme le compère et la commère, parlent, sans la moindre littérature, [de] l'action ridicule qui se déroule, se danse, se mime au milieu »[148].

En référence aux revues de cabaret, les échanges des Phonographes forment, selon Borsaro, « une part d'improvisation dans un discours très bien réglé, un discours fait de clichés[149]. Par exemple, les répliques suivantes font partie de ces clichés : « Ne bougeons plus. Un petit oiseau va sortir » et « À la guerre comme à la guerre » (livret reconstitué en fin de chapitre). D'après Ramirez et Rolot, le rôle de ces deux Phonographes s'associe à celui du « bonimenteur qui commentait les images dans les baraques foraines où étaient projetés les films »[150]. Pour eux, l'allusion au cinéma est omniprésente dans le spectacle, sujet qui est discuté plus loin.

Comme autre accessoire représentatif de l'essor technologique, Cocteau recourt à l'appareil de photographie[151], placé à droite, au second plan de la scène (livret reconstitué, p. 187). Sa taille est suffisante pour que les personnages entrent sur la scène et en sortent par l'orifice de la lentille. Comme l'a exigé Cocteau, le soufflet de la caméra sert de corridor entre les coulisses et la scène. L'appareil photo remplit donc sensiblement le même rôle que la baraque foraine de *Parade*, à l'intérieur de laquelle existe un monde imaginaire et réel à la fois. La troisième catégorie des personnages des *Mariés*, les visiteurs intrus (tableau 6), sortent à tour de rôle de l'orifice de l'appareil photo. Malgré sa facture technologique dernier cri, ce drôle d'engin ne cesse de se détraquer et de provoquer des situations saugrenues. Ainsi, chaque fois qu'est lancée l'expression *toute faite* « un oiseau va sortir », un personnage loufoque surgit de l'appareil. Nous l'avons vu, des

147. Ramirez et Rolot, « *Les Mariés de la tour Eiffel* : notice », dans Cocteau, *Théâtre complet*, éd. Décaudin *et alii*, p. 1601, n. 1.

148. Cocteau, « *Les Mariés de la tour Eiffel* : préface », Gullentops et Haine (éd.), *Écrits sur la musique*, p. 252.

149. Borsaro, *Cocteau : le cirque et le music-hall*, p. 64.

150. Ramirez et Rolot, « *Les Mariés de la tour Eiffel* : notice », dans Cocteau, *Théâtre Complet*, éd. Décaudin *et alii*, p. 1597.

151. Malheureusement, l'appareil photographique n'apparaît pas sur l'illustration 15.

scènes farfelues, accompagnées d'une musique des plus caricaturales, se succèdent alors comme les images d'une projection cinématographique déjantée [152].

La teneur surréaliste du spectacle

Le spectacle n'a ni histoire ni intrigue : sa trame est une multitude d'images, qui se déversent, se précipitent sur les spectateurs. Avec cette approche, Cocteau poursuit un but précis :

> Dans *Les Mariés*, je montre et j'émets des lieux communs, mais je les accouple et je les présente de telle sorte qu'ils surprennent, qu'ils nous frappent avec leur jeunesse, comme s'ils n'étaient jamais devenus des vieillards officiels [153].

Ramirez et Rolot comparent cette démarche aux premières tentatives cinématographiques :

> On y voit non des acteurs parler comme au théâtre, mais des figures, aussi peu réalistes que possible, s'agiter sur ce qu'on est tenté d'appeler l'écran de la scène et recevoir leur sens du boniment servi par les deux Phonographes [154].

En somme, ces auteurs y perçoivent « une certaine esthétique cinématographique, faite de montages incongrus et de successions rapides d'images réagissant entre elles » [155]. En effet, tel un montage filmique ou un *collage surréaliste*, les différentes scènes absurdes se juxtaposent sans nécessairement avoir de liens. Pour Cocteau, « les scènes s'emboîtent comme les mots d'un poème » dans un « esprit de bouffonnerie ». Cette expérimentation de la « poésie de théâtre », qui sous-tend le ballet, s'inscrit dans l'esthétique surréaliste [156].

Les personnages surréels : des pantins animés

L'incongruité propre au surréalisme se transpose également dans les personnages, qui, tout comme l'appareil photographique, ont une allure démesurée. L'auteur des *Mariés de la tour Eiffel* insiste sur la taille surhumaine de ses personnages pour mieux souligner le grotesque de leur jeu. Pour Cocteau, « masques et porte-voix passent mieux la rampe que visages et voix réels » [157]. Aussi reprend-il de *Parade* et du *Bœuf sur le toit* l'idée des superstructures et des masques. Partageant son intérêt pour les masques avec

152. La portée cinématographique que Cocteau semble donner aux *Mariés de la tour Eiffel* est également développée par Albright, *Untwisting the Serpent* (p. 283-285).

153. Cocteau, « À vol d'oiseau sur *Les Mariés de la tour Eiffel* », dans Gullentops et Haine (éd.), *Écrits sur la musique*, p. 203.

154. Ramirez et Rolot, « *Les Mariés de la tour Eiffel* : notice », dans Cocteau, *Théâtre Complet*, éd. Décaudin *et alii*, p. 1597.

155. *Ibid.*

156. Ces citations sont puisées dans Cocteau, « *Les Mariés de la tour Eiffel* : préface » (dans Gullentops et Haine (éd.), *Écrits sur la musique*, p. 254 et 257, variantes *y*).

157. *Ibid.*, p. 254.

de Maré[158], le poète trouve en ceux-ci le pouvoir de pousser plus loin la parodie, ce qui répond à son désir de poétiser le quotidien et de « peindre plus vrai que le vrai »[159] à la fois.

Hugo, qui a désormais la tâche de concevoir les costumes, saisit entièrement la pensée de Cocteau :

> Le poète a voulu réhabiliter les lieux communs. J'ouvris donc le dictionnaire *Larousse*[160] aux mots baigneuse, bottine, cycliste, lion, mariée, etc. J'y trouvai des baigneuses en jupons, des mariées à taille de guêpe, un lion semblable à celui des magasins du Louvre, une cycliste en culotte, des bottines à boutons, tout un style ! La plupart des maquettes furent dessinées du premier coup[161].

Dans cette « réhabilitation des lieux communs », les personnages adoptent des stéréotypes issus de la Belle époque, représentatifs d'une certaine couche sociale privilégiée. Les robes longues au col officier, la guêpière affinant la taille et les chapeaux garnis de plumes et de rubans sont communs à plusieurs costumes de dames et de demoiselles de la noce[162]. L'apparence donnée à la Baigneuse de Trouville suggère celle de personnages sur maintes cartes postales distribuées dans les stations balnéaires. Mais le Directeur de la tour Eiffel pose plus de problèmes à Hugo, qui ne trouve pas de visuel pour ce mot dans le *Larousse*. Hugo compose, avec l'aide de Cocteau, un hybride mi-amiral, mi-fonctionnaire, « au ventre gonflé d'orgueil et d'autorité »[163], portant moustaches et petit canotier.

Pour pousser encore plus loin la caricature et la démesure surréaliste, Hugo fabrique les costumes à partir de structures rembourrées, montées sur un treillis de fil de fer. Les contours du corps dessinés au crayon par Cocteau sur les esquisses de Hugo illustrent la taille de chaque costume, qui est beaucoup plus grande que le corps du danseur qui l'occupe (ill. 17). Cette démarche accentue ainsi certaines parties du corps, auxquelles Hugo applique des formes disproportionnées. Par exemple, la tête de tous les personnages est emboîtée dans un immense masque, qui recouvre une bonne partie de leur corps. À l'instar de ceux du théâtre Nô, les masques peints avec le plus grand soin[164] dénotent un trompe-l'œil qui souligne « l'aspect figé des personnages »[165]. Exempts

---

158. De Maré avait une collection de masques Nô, dont les caractéristiques se comparent à celles de certains masques de femmes dans *Les Mariés de la tour Eiffel* (Häger, *Ballets suédois*, p. 30). La collection de masques accumulée par de Maré au cours de ses nombreux voyages est exposée au Dansmuseet. À ce sujet, consulter Näslund, *Rolf de Maré : fondateur des Ballets suédois, collectionneur d'art, créateur de musée*, traduit du suédois par Étienne Clotuche, Arles, Actes Sud / Stockholm, Bokförlaget Langenskiöld, 2008, p. 326.

159. Cocteau, « *Les Mariés de la tour Eiffel* : préface », Gullentops et Haine (éd.), *Écrits sur la musique*, p. 252.

160. Hugo parle ici du *Grand Dictionnaire Larousse illustré*.

161. Hugo, *Avant d'oublier 1918-1931*, p. 108.

162. Cette description associée à la classe sociale des costumes est attribuée à Vergnaud (*La musique et les arts*, p. 467).

163. Haine, « Jean Cocteau, impresario musical à la croisée des arts », p. 109.

164. Ces masques ont exigé un travail de plusieurs semaines, comme le précise Hugo. Ils ont été fabriqués à l'atelier Berthelin à Paris et peints à la détrempe par Jean et Valentine Hugo. Voir Hugo, *Avant d'oublier 1918*-1931 (p. 118-119) et Ramirez et Rolot, « *Les Mariés de la tour Eiffel* : notice » (dans Cocteau, *Théâtre Complet*, éd. Décaudin *et alii*, p. 1596-1697).

165. Haine, « Jean Cocteau, impresario musical à la croisée des arts », op. 109.

de toute expression spontanée, les personnages se transforment ainsi en une sorte de figurines ou de pantins sortis des livres pour enfants, voire des dessins animés de films américains [166]. Ils sont en quelque sorte un produit du *tout fait* propre au *ready-made* [167].

Illustration 17. Jean Hugo, *Les Mariés de la tour Eiffel*, 1921, croquis du costume de l'Autruche, Dansmusett, Stockholm.

166. L'association aux dessins animés américains provient de Edmund Wilson jr., « *The Ballets of Jean Cocteau : The Theatrical Innovations of the* "Enfant Terrible" *of French Art* » (*Vanity Fair*, mars 1922, p. 48 et 94) ; cité dans Haine, « Jean Cocteau, impresario musical à la croisée des arts », p. 109.

167. Pour une explication détaillée sur l'application du *ready-made* dans *Les Mariés de la tour Eiffel*, voir Jochen Heymann, « Un petit oiseau va sortir : le théâtre de Jean Cocteau et l'esthétique du *Ready-made* » (dans Volker Kapp et Suzanne Winter (dir.), *Jean Cocteau et les arts*, numéro spécial de la revue *Œuvres critiques : revue internationale d'étude de la réception critique des œuvres littéraires de langue française*, vol. XXII, n° 1, 1997, p. 77-89).

La chorégraphie selon les normes coctaliennes

Dans l'ensemble du spectacle, Cocteau souhaite « amener les personnages à une ressemblance et à une échelle épiques »[168]. Toutefois, les immenses masques et les structures cartonnées des costumes limitent considérablement les mouvements et posent certaines difficultés pour la mise en place de la chorégraphie. À force de répétitions, les danseurs réussissent à atteindre un degré de précision très élevé.

Une partie de la chorégraphie se fonde sur des gestuelles de pantomime et, une autre partie, sur des figures de ballet classique. Évidemment, Cocteau s'ingère dans le travail du chorégraphe Jean Börlin, lequel respecte scrupuleusement toutes les indications de l'auteur. Mis à part les quelques numéros qui font référence à la danse classique, c'est pratiquement Cocteau qui conçoit la chorégraphie. Il définit avec minutie chaque attitude et chaque démarche que doivent adopter les personnages. Il va jusqu'à mimer lui-même les poses devant les danseurs[169], selon le témoignage de Jean Hugo.

Quant aux allusions au ballet classique, les numéros de *La Baigneuse de Trouville* et de la *Valse des Dépêches* en sont une sorte de grossière caricature. La Baigneuse danse sur les pointes tout au long de son numéro, alors que les demoiselles des Dépêches revêtent le tutu pastel tant porté par les ballerines classiques. Comme il n'y a que trois numéros dansés[170], le spectacle repose plus sur la pantomime que sur le ballet. Les huit autres pièces musicales et les cinq moments de la *Ritournelle* servent de fond musical pour que les danseurs miment l'action, comme c'est le cas au cirque pendant les numéros d'acrobates.

Le conte musical de la noce

Le spectacle prend la forme d'un conte de fées, qui se déroule selon l'ordre des neuf morceaux et des cinq occurrences de la *Ritournelle* (voir tableau 8, col. 6-7).

L'*Ouverture* composée par Auric (scène 1)[171] traduit à merveille le paradoxe « du faux et du vrai » présent dans la pièce. Le spectacle s'ouvre sur le ton grave bien cuivré d'une marche militaire, rythmée de coups de tambours et de timbales. À notre grande surprise, Auric donne ici plutôt l'impression d'un rassemblement militaire que d'une invitation à la noce ! Le compositeur voulait-il véhiculer la vision enrégimentée qu'ont les organisateurs du mariage, en l'associant ainsi à un appel militaire ? Cette atmosphère sérieuse s'atténue dès l'entrée du basson (mes. 7, p. 2)[172]. La musique devient toute joyeuse avec l'arrivée des trompettes (ex. 16)[173], qui se lancent dans une mélodie gaie et très rythmée, à l'allure de celle des parades défilant autour de la tour Eiffel les jours de

168. Hugo, *Avant d'oublier 1918-1931*, p. 119.

169. D'après la lettre de Jean Hugo à Erik Aschengreen, citée dans Erik Aschengreen, *Jean Cocteau and the Dance*, Copenhague, Gyldendal, 1986, p. 106.

170. Les trois numéros dansés sont *La Baigneuse de Trouville*, *Valse des Dépêches* et *Quadrille*.

171. Les numéros de scène sont indiqués pour qu'il soit plus facile de suivre le plan synoptique du ballet réalisé au tableau 8 (col. 4 à 7).

172. Sauf pour les exemples musicaux, les références aux numéros de mesure spécifiques renvoient à chaque partition d'orchestre des *Mariés de la tour Eiffel*, publiée séparément (Paris, Salabert, 1962-1972).

173. Les exemples musicaux mentionnés dans cette section du chapitre sont présentés dans la section « Les formes communes revisitées ».

fête nationale. Même si le cœur est à la fête, il y a quelque chose de faux dans ce thème des trompettes, qui se battent contre deux tonalités[174]. Les distorsions harmoniques qui intègrent de plus en plus la partition annoncent un mauvais présage.

Au son du « *roulement de tambour* »[175] des dernières mesures de l'*Ouverture*, le rideau se lève sur « *un décor vide* », meublé des deux Phonographes et de l'appareil photographique géant. Les deux Phonographes discutent de la situation avec leur « diction noire comme de l'encre, aussi grosse et aussi nette que les majuscules d'une réclame ». Une énorme Autruche s'avance, poursuivie par un Chasseur sot (scène 2). Le Directeur de la tour Eiffel, puis le Photographe bossu (ill. 15, le Directeur manque sur la photo ; le Photographe est le personnage à l'extrême droite) apparaissent à leur tour, le dernier cherchant lui aussi l'Autruche, celle qui est sortie de son appareil photographique détraqué au même moment où il a prononcé l'expression *toute faite* : « un petit oiseau va sortir » (scène 4). Quand le Chasseur tire un coup de fusil, une dépêche surgit du canon : elle annonce l'arrivée immédiate d'une noce au Directeur de la tour Eiffel[176]. Aussitôt, le Directeur cesse les discussions avec le Chasseur, supprime l'amende qu'il voulait lui donner[177] et le nomme « garçon de café ». Sans tarder, « ils mettent la nappe » et annoncent la « *Marche nuptiale* ». Elle est loin de la majestueuse *Marche nuptiale* de Mendelssohn[178]. Celle de Milhaud se rapproche plutôt d'un défilé d'une fête foraine. Au son éclatant des cors (mes. 5, p. 2), « les Phonos annoncent les personnages de la noce qui entrent par couples en marchant comme les chiens dans les pièces de chiens » (scène 5). La musique de Milhaud traduit adéquatement le grotesque de ce cortège nuptial, composé de personnages disgracieux : elle oppose le chant d'un lourd tuba (ex. 19) à celui des agiles premiers violons, qui entament un air « sirupeux » (mes. 26, p. 7). La *Marche* se termine par une coda des plus pompeuses, où tout l'orchestre reprend avec brio les premières mesures de la pièce.

Une fois les membres du cortège attablés, le Général se lève (ill. 15) et « gesticule » un discours avec ses bras et son torse (les traits de son visage étant cachés derrière un masque), tout en suivant le rythme d'une polka composée par Poulenc (scène 6). Dans ce numéro du *Discours du Général*, les quelques ripostes moqueuses échangées entre les cornets et les *glissandi* des trombones de l'orchestre (ex. 20) illustrent le manque de sérieux de ce grand parleur. À la reprise du thème (mes. 16, p. 3), un contrechant, que

174. La caractéristique polytonale de la composition est développée plus loin.

175. À moins d'indication contraire, les citations reproduites dans cette section proviennent du livret reconstitué retranscrit en fin de chapitre (p. 187-197). Les citations sont soit des répliques dites par les Phonographes, soit des didascalies, reproduites en italique. Précisons que le caractère italique parfois utilisé dans les citations est conforme au tapuscrit.

176. Comme c'est ce personnage qui reçoit et distribue la dépêche, Cocteau fait en quelque sorte un jeu de mots avec le rôle du « Chasseur », en sous-entendant un second sens : celui d'un chasseur d'hôtel, qui, entre d'autres tâches, doit récupérer et transmettre les messages aux clients.

177. Une étude de la version longue du tapuscrit facilite la compréhension de ce qu'est cette amende, lancée ici de manière isolée. En fait, il s'agit d'une « amende que payent les gens qui chassent sur la tour Eiffel » et que le Directeur veut donner au Chasseur. Elle fait partie d'un passage supprimé par l'auteur. Cocteau, *Les Mariés de la tour Eiffel*, texte de la pièce 2, BHVP, Fonds Jean Cocteau, dossier *Les Mariés de la tour Eiffel*, MS-FS-05-0361.

178. Nous pensons à celle qui est présentée dans le *Songe d'une nuit d'été*, op. 61 (1842).

jouent les bois et les violons et qui amplifie la futilité de son discours, dégringole « avec charme »[179].

Après son discours, le Général se met à raconter ses aventures de chasse, marquées par les « phénomènes de mirage dont il fut victime en Afrique ». Étonné de son récit, le second Phonographe s'exclame : « On ne dirait pas qu'il a soixante-quatorze ans ! ». Sur ces mots démarre la *Ritournelle*. Une « charmante Cycliste en jupe-culotte » se manifeste alors : elle cherche la route de Chatou (scène 7). Croyant avoir vu un nouveau mirage, le Général intervient sur-le-champ : « Vous n'avez qu'à suivre les rails du tramway ». D'un mouvement vif, elle quitte la scène. Ignorant les derniers événements, le Photographe revient avec son appareil photo. Au moment de l'incontournable expression « un oiseau va sortir » « *sort une Baigneuse de Trouville. [...] La noce lève les bras au ciel.* PHONO UN : Oh ! La jolie carte postale ! ». Sur ces paroles commence la « *Danse de la Baigneuse* » (scène 8).

La Baigneuse de Trouville est en tenue « blanche, rose et bleue », comme sur une « carte postale ». Elle se croit d'une beauté irrésistible. Mais avec ses rondeurs excessives (son costume étant rembourré), la Baigneuse n'est plus cette jeune fille à la silhouette parfaite qui faisait tourner les regards sur les plages de Trouville ! Elle fait rire lorsqu'elle essaie de suivre le rythme rapide de la musique de Poulenc, qui parodie les populaires french cancans. Poussant le burlesque encore plus loin, Poulenc fait suivre cette danse tapageuse d'une valse lente et larmoyante (mes. 41, p. 7), qui permet à la Baigneuse d'étaler sa beauté : « Elle imite avec bonheur des poses démodées, celles qui faisaient l'orgueil des élégantes au temps de Maupassant »[180]. Pour ne pas trop s'attarder sur cette parade désuète et pour terminer sur un ton de gaieté, la musique revient aux rythmes déchaînés du début de la pièce.

Même si la musique s'est arrêtée, la Baigneuse poursuit sa danse pendant que le Photographe, « qui ne partage pas ces plaisirs de la noce », tente avec maints efforts de la faire entrer dans l'appareil photo. En lui faisant « croire que c'est une cabine de bains », « le Phonographe jette un peignoir éponge sur les épaules de la Baigneuse. Elle rentre dans l'appareil en sautillant et en envoyant des baisers ».

S'ensuivent sans accompagnement musical des échanges entre les Phonographes décrivant les efforts déployés par le Photographe pour prendre des clichés de cette noce. Au moment où « la noce forme un autre tableau » (scène 9), la *Ritournelle* musicale reprend pour une deuxième fois[181]. Dès que l'attention est captée par un retentissant « un oiseau va sortir », le Photographe « *presse la poire* ». De l'appareil « *sort un gros enfant. Il porte une couronne de papier vert sur la tête. Sous les bras des livres de prix et une corbeille* ». (ill. 18, deuxième personnage de droite).

179. Annotation inscrite sur le manuscrit original de Poulenc. Avant que Poulenc refasse l'orchestration de ce numéro en 1957, la contre-mélodie était confiée à la clarinette et au violoncelle seulement. Poulenc, *Discours du Général*, partition d'orchestre, manuscrit autographe, Dansmuseet, boîte des partitions d'orchestre manuscrites.

180. Eugène Marsan, « Au Théâtre des Champs-Élysées : *Les Mariés de la tour Eiffel* », *Paris-Journal*, 26 juin 1921, p. 2.

181. Comme nous l'avons mentionné, il est inscrit « Ritournelle 2 » dans l'un des tapuscrits de Cocteau (Dansmuseet, boîte des tapuscrits). Voir également le livret reconstitué reproduit en fin de chapitre et le plan synoptique du tableau 8 (scène 9, col. 6-7).

Illustration 18. *Les Mariés de la tour Eiffel*, 1921, scène finale, photographie Isabey, Dansmuseet, Stockholm.

Physiquement « plus gros que les autres personnages »[182], cet « enfant terrible » se rebelle contre ses « parents terribles »[183] et leur conformisme bourgeois. À la vue de son regard satirique, les convives s'attendent au pire. Ils voient juste, car l'Enfant, en fouillant dans son panier, trouve des balles. L'atmosphère s'assombrit au moment où un des Phonographes demande : « Que fait-il avec ces balles ? » (scène 10). Un sujet de fugue foudroyant que grondent les contrebasses et le tuba (ex. 26) permet de croire « qu'il prépare un mauvais coup ». C'est juste. L'Enfant pourri « massacre les siens pour avoir des macarons » et la noce « s'effondre en criant ». Pendant l'exposition de la fugue, des accords dissonants, plaqués violemment par les cordes et les percussions, simulent les cris de frayeur que poussent les convives à chaque coup de balle[184]. La *Fugue du massacre* de Milhaud poursuit son cours jusqu'au moment où l'Enfant est « maudit » par l'un des parents.

182. Jean Cocteau, « Après *Les Mariés de la tour Eiffel* », *Comœdia*, n° 3110, 22 juin 1921, [n.p.] ; repris dans Gullentops et Haine (éd.), *Écrits sur la musique*, p. 206-208, ici, p. 207.

183. Nous nous référons aux deux écrits dramatiques suivants de Cocteau : *Les Enfants terribles* (Paris, Librairie Arthème Fayard, 1956) et *Les Parents terribles* (Paris, Gallimard, 1938). En lien avec ces deux œuvres, une étude psychanalytique sur les personnages des *Mariés de la tour Eiffel* en rapport avec l'enfance de Cocteau est présentée par Milorad, « De *La Noce massacrée* aux *Mariés de la tour Eiffel* ou Un enfant terrible massacre ses parents terribles » (*Cahiers Jean Cocteau*, n° 5, 1975, p. 13-55, ici, p. 32-38).

184. Avec ce personnage, Cocteau fait allusion au « jeu de massacre » présent dans les fêtes foraines. Ce jeu consiste à faire basculer des silhouettes en lançant des balles. Les convives assis derrière la table deviennent ainsi les figurines cibles pour le jeu de massacre auquel s'adonne le personnage de l'Enfant.

Le silence macabre qui envahit la noce est rapidement rompu par l'arrivée des Dépêches transmises par la station télégraphique de la tour Eiffel (scène 11)[185]. Ces Dépêches sont représentées par de jeunes filles portant un tutu bleu pâle et un corsage très échancré laissant entrevoir leur généreuse poitrine artificielle (ill. 18, au centre). « La plus belle s'avance et fait le salut militaire ». Elle se présente : « Je suis la Dépêche sans fil et, comme ma sœur la cigogne, j'arrive de New York ». Avec une « *voix de commère de revue* », le Phono un lui répond : « New York ! Ville des amoureux et des contrejours. En avant la musique ! ».

La *Danse des Dépêches*[186] s'exécute sur une valse « *alla viennoise* »[187] conçue par Tailleferre (ex. 25). Dans cette parodie de la danse classique, les danseuses s'affolent sur les pointes de leurs chaussons, entraînées par un rythme à trois temps très simple. Malgré leur enthousiasme, les Dépêches ont de la difficulté à garder leur équilibre au fur et à mesure que s'enchaînent sans répit les quatre valses tournoyantes de leur numéro.

À la sortie des Dépêches, l'Enfant refait surface : il veut se faire prendre « en photographie avec le Général ». Ce dernier répond avec un « soit » résigné et se met en position (scène 12). Accompagné de la *Ritournelle* musicale[188], le Photographe attaque sa propre ritournelle verbale : « Ne bougeons plus. C'est parfait. Un oiseau va sortir ». Et de l'appareil « *sort un lion* » (scène 13).

Le Général croit que c'est un autre mirage. Mais non. Le Lion poursuit le Général. Ils disparaissent tous les deux sous la table. Seul l'animal vorace en sort, avec une botte entre les dents. « Après avoir mangé le Général, le Lion rentre dans l'appareil » sur la dernière note de la *Ritournelle* (scène 14). Démarre la « *Plainte funèbre* » qui accompagne le « *cortège funèbre* ».

Tous pleurent le brave Général au son de la *Marche funèbre* composée par Honegger (scène 15). En entendant ce morceau, un critique de la salle s'écrie : « Enfin, voici de la musique »[189]. Mais il n'a sûrement pas reconnu la « Valse » du *Faust* de Gounod, qu'Honegger a parodiée dans sa composition[190]. Le caractère satirique de cette *Marche funèbre* s'amplifie à l'arrivée du second thème (mes. 18, p. 4), qui est une transposition du thème de la section centrale de la *Marche nuptiale* de Milhaud (mes. 20, p. 6). Honegger insiste sur ce thème en l'énonçant à nouveau à la fin de son morceau (ex. 21). La sonorité lointaine du basson chantonnant ce thème, accompagné des contrebasses qui font écho au motif d'ostinato des premières mesures, donne l'effet que le cortège se trouve déjà à cent lieues.

L'atmosphère ténébreuse de la *Marche funèbre* est subitement dissipée par la tenue d'un *Quadrille* de la « Garde républicaine » écrit par Tailleferre (scène 16). Pour ce morceau, la compositrice s'inspire du *Quadrille des lanciers* que sa mère jouait au piano

185. À cette époque, la tour Eiffel remplissait réellement le rôle de central télégraphique.

186. C'est l'intitulé utilisé dans le livret. Voir le livret reconstitué en fin de chapitre.

187. Dans la partition d'orchestre, il est inscrit « *Non troppo alla viennoise* ». Germaine Tailleferre, *Les Mariés de la tour Eiffel, Valse des Dépêches*, partition d'orchestre, Paris, Salabert, EAS 16796, ©1963, p. 8.

188. Il s'agit de la « Ritournelle n° 3 » selon l'un des tapuscrits de Cocteau (Dansmuseet, boîte des tapuscrits). Voir le livret reconstitué en fin de chapitre et le plan synoptique du tableau 8 (scène 13, col. 6-7).

189. C'est ce que rapporte Milhaud dans *Ma vie heureuse* (p. 95).

190. Nous détaillerons cette question plus loin.

pour faire danser ses enfants[191]. Conformément à la tradition de la fin du XIXe siècle, les invités se mettent à danser les cinq figures du quadrille qui sont « Pantalon », « Été », « Poule », « Pastourelle » et « Final ». À la fin du numéro, le tempo devenu « endiablé »[192] transforme ce *Quadrille* en un tourbillon de notes étourdissantes. « Ouf! quelle danse », s'exclament les invités, exténués.

À partir de ce moment se bouscule une série d'événements. Sur l'air de la *Ritournelle*[193], l'appareil photographique « *sursaute* » (scène 17). L'Autruche réapparaît, encore poursuivie par le Chasseur (scène 18). Le Photographe, excité, finit par la faire entrer dans l'appareil et réussit enfin à prendre la noce en photo. La « *Ritournelle* s'arrête net ». Un Marchand de tableaux opportuniste et un Collectionneur d'art moderne entrent en scène; ils profitent de la noce pour faire de bonnes affaires (scène 19). La noce figée sur pellicule argentique, le Marchand la transforme en un tableau d'art et la vend au Collectionneur au prix dérisoire de mille millions, comme il est affiché sur une pancarte (livret reconstitué, p. 195). Quand le Photographe veut immortaliser cette vente, l'appareil se met à parler : « Je voudrais rendre le Général », dit-il d'une « *voix lointaine* » (scène 20). La *Ritournelle* reprend pour une cinquième fois[194], et « le Général reparaît » avec une botte manquante (scène 21). Il joint les rangs des invités pour l'ultime photographie. Pour une dernière fois, le Photographe rappelle à l'ordre les convives : « Allons, mesdames et messieurs, je vais compter jusqu'à cinq. Regardez l'objectif. Un oiseau va sortir ».

À chaque chiffre du décompte annoncé dans un mégaphone, les invités entrent en couple dans l'appareil selon le rang qu'ils occupent dans la noce. Au chiffre « cinq », le Général et l'Enfant sont les derniers à disparaître et la « *ritournelle s'arrête* ». Le Directeur annonce alors la fermeture. Mais il reste le Chasseur, qui court pour « prendre le dernier train ». Au Directeur de répondre : « Tenez, votre train, le voilà qui part » (scène 22). Sur ces dernières paroles, l'appareil photographique se transforme, comme par magie, en wagon de train muni d'un soufflet. À ses fenêtres, « on voit la noce qui agite des mouchoirs, et, par-dessous, les pieds qui marchent ». « Le train défile au baisser de rideau »[195] au même moment où revient la *Marche* de Milhaud, entendue au tout début de la cérémonie. C'est la *Sortie de la noce*, qui s'effectue sur une image des plus surréalistes.

---

191. Tailleferre, *Mémoires à l'emporte-pièce*, p. 13. En ramenant ce souvenir, Tailleferre ajoute : « Qui aurait pu soupçonner que mon quadrille, plein de réminiscences, provoquerait un scandale "hernaniesque" ? » (*ibid.*). En utilisant le terme « hernaniesque », la compositrice fait allusion à la pièce de théâtre Hernani (1830) de Victor Hugo.

192. Germaine Tailleferre, « Final », dans *Les Mariés de la tour Eiffel, Quadrille*, partition d'orchestre, Paris, Salabert, EAS 16797, ©1963.

193. Le chiffre « 4 » est ajouté au crayon rouge dans l'un des tapuscrits de Cocteau (Dansmuseet, boîte des tapuscrits). Voir le livret reconstitué en fin de chapitre et le plan synoptique du tableau 8 (scène 17, col. 6-7).

194. À noter que, sur le tapuscrit de Cocteau identifié « Édition définitive pour Jean Börlin », il est inscrit au crayon rouge « 5X » après la didascalie « *Ritournelle* » (*ibid.*). Voir le livret reconstitué en fin de chapitre et le plan synoptique du tableau 8 (scène 20, col. 6-7).

195. Lettre de Jean Cocteau à Jacques Hébertot, 8 janvier 1921, dans Mas (dir.), *Arts en mouvement*, p. 300.

Le caractère symétrique du spectacle

À la suite de ce récit de la noce, il devient clair que le texte se développe en contrechant avec la musique. Dans cet échange entre texte et musique s'intercale un élément répétitif : la ritournelle, qu'elle soit musicale ou verbale. Cette redite périodique contribue à la structuration des 22 scènes du spectacle et lui permet d'accéder à la *symétrie*. Avant de nous pencher sur l'aspect formel de l'œuvre, regardons le rôle joué par les ritournelles dans le déroulement du spectacle.

La fonction initiale de la ritournelle est de fournir un fond musical à l'action, comme il se produit au cirque. Cocteau précise cette idée : « Ces ritournelles accompagnent bas [*sic*] la pantomime comme l'orchestre du cirque ressasse un motif pendant le numéro d'acrobates »[196]. Dans *Les Mariés*, les cinq interventions du morceau *Ritournelle* d'Auric se placent à des endroits cruciaux, de sorte qu'elle remplit l'une de trois fonctions spécifiques, définies par Sabine Vergnaud : souligner l'arrivée d'un personnage (occurrences 1 et 5, tableau 8, col. 6-7), faire la transition entre deux scènes (occurrences 2, tableau 8, col. 6-7) ou suivre l'action (occurrences 3 et 4, tableau 8, col. 6-7)[197].

Un autre type de ritournelle rythme le texte même. Le cliché « Ne bougeons plus, un petit oiseau va sortir » s'apparente à une ritournelle verbale, qui revient lors de chaque prise de photos. Énoncée une première fois avant la *Marche nuptiale*, elle reparaît après toutes les interventions de la *Ritournelle* musicale[198]. À ce moment précis, l'appareil expulse un personnage incongru, comme s'il s'agissait d'un pantin sortant d'une boîte à surprise. En fait, les multiples enchâssements du morceau *Ritournelle*, au sein de l'action, sont liés au jeu du Photographe et de son appareil. Cette association a pour objet de faire entrer en scène les divers personnages saugrenus[199] qui, à la différence des invités de la noce, sont des visiteurs se transformant en amuseurs publics. En s'introduisant dans la cérémonie nuptiale, ces intrus finissent par distraire les convives du banquet. Sans eux, la noce se déroulerait dans la plus grande monotonie des traditions, exempte de toutes extravagances.

Amenés chaque fois par la *Ritournelle*, ces personnages de passage sont d'une grande importance pour raviver le drame. Ils instaurent cet équilibre ou plutôt cette « sorte de mariage secret entre la tragédie antique et la revue de fin d'année », comme le mentionne Cocteau[200]. En effet, ces visiteurs de la noce brisent les moments de légèreté satirique par deux épisodes tragiques. Les situations tragiques sont introduites par les deuxième et troisième interventions de la *Ritournelle* ; elles se placent au *centre* de l'action. Lors de sa deuxième reprise, l'appareil photo expulse l'Enfant cruel, responsable du massacre

196. Cocteau, *Les Mariés de la tour Eiffel* : préface », dans Gullentops et Haine (éd.), *Écrits sur la musique*, p. 256.

197. Vergnaud, *La musique et les arts*, p. 296.

198. Dans le tableau 8, l'expression « un oiseau va sortir » est surlignée en gris, sauf dans le cas de la « Ritournelle 4 », où seule l'expression « Ne bougeons plus » est utilisée.

199. Pour une interprétation extensive du rôle de la caméra dans *Les Mariés de la tour Eiffel*, voir Albright, *Untwisting the Serpent*, p. 283-284.

200. Cocteau, « À vol d'oiseau sur *Les Mariés de la tour Eiffel* », dans Gullentops et Haine (éd.), *Écrits sur la musique*, p. 202.

de la noce, tandis qu'à sa troisième reprise surgit un Lion attaquant mortellement le Général (tableau 8, scène 11). Ces deux séances tragiques sont entrecoupées d'une scène comique, où les Dépêches frivoles s'élancent dans une valse endiablée. Ces trois parties de la pièce, qui alternent entre le tragique et le comique, constituent le *centre* de l'œuvre entière. De part et d'autre de ce *centre* s'affichent des scènes relevant de la comédie.

La représentation formelle du schéma 5 montre que le drame des *Mariés de la tour Eiffel* est structuré suivant une *forme symétrique* propre au palindrome. La partie supérieure du schéma divise l'action en cinq épisodes alternant entre le comique et le tragique. Les deux épisodes extrêmes de tendance comique comportent des genres musicaux de divertissement, tels que la polka, le cancan et le quadrille. À la suite de la *Baigneuse de Trouville*, le ton s'aggrave. La prochaine reprise de *Ritournelle* provoque alors un épisode tragique, le « massacre de la noce ». Après la *Fugue du massacre* suit la deuxième pièce dansée, la *Valse des Dépêches*, grâce à laquelle un vent de gaieté balaie le drame. À la troisième occurrence de *Ritournelle* succède la *Marche funèbre*, qui marque le second épisode tragique. Quant au troisième morceau dansé, *Quadrille*, il annonce la dernière grande section de nature comique.

Épisodes		COMIQUE				TRAGIQUE		COMIQUE	TRAGIQUE		COMIQUE				
Liens dramatiques															
Titre des morceaux	Ouverture	Marche [nuptiale]	Discours du Général	Ritournelle (1)	Baigneuse de Trouville	Ritournelle (2)	Fugue du massacre	Valse des Dépêches	Ritournelle (3)	Marche funèbre	Quadrille	Ritournelle (4)		Ritournelle (5)	Sortie de la noce
Compositeurs	Auric	Milhaud	Poulenc		Poulenc		Milhaud	Tailleferre		Honegger	Tailleferre				Milhaud
Morceaux dansés					Danse			Danse			Danse				
Nombre de mesures	118	53	39		100		33	148		44	162				9
Genre	mar- fol- che klore	marche	polka		can-lval-lcan-can lse lcan		fugue	valse		marche	quadrille : suite de 5 danses				marche
Forme	binaire	ternaire	binaire		ternaire composite		continue tripartite	ternaire composite		binaire	sectionnelle tripartite et cyclique				mono
Découpage	Aaaa I BBcB	Aba I C I Aa	AbA I C		A IBBCBI A		E D E'	A IBCDI A A D D		A BB b a	A-C-E- G- I- A' I				A
N° de mesure	1 37	1 20 34	1 24		1 41 57 83		1 13 21	1 41 99 108		1 18 44	1-25-58- 82-115-147				
Référence tonale	la sol	DO	LAb		DO-LAb - DO		DO	SOL-MI-SOL-DO		sol SOL sol	RÉ-la-FA-MI-SOL				DO
		I	(bVI)		I (bVI) I—			—V— —I		V—	—V				I

Schéma 5. Représentation formelle des *Mariés de la tour Eiffel.*

Les tracés figurant au schéma 5 relient les scènes de teneur similaire. La plus longue ligne rassemble la marche du début et celle de la fin, en l'occurrence la *Marche nuptiale* et la *Sortie de la noce*, constituées de la même musique. Le tracé suivant réunit le *Discours du Général* avec la cinquième reprise de la *Ritournelle* puisque celle-ci accompagne la dernière intervention du Général. Enfin, les danses *Baigneuse de Trouville* et *Quadrille* s'unissent et encadrent les deux morceaux entièrement tragiques : la *Fugue du massacre* et la *Marche funèbre*[201].

201. Les autres éléments du schéma sont traités plus loin.

La *Valse des Dépêches* se place donc au *centre* de la structure. Cette danse, tout comme les deux autres danses de la pièce, a la fonction de scinder les divers épisodes de cette satire, qui alternent entre le comique et le tragique. Cette « tragi-comédie »[202] de Cocteau découle du traitement surréaliste du lieu commun.

La musique : revisiter les lieux communs dans une perspective surréaliste

Comment reconnaître la connotation surréaliste dans la musique des *Mariés de la tour Eiffel*? Pour répondre à cette question, il convient d'approfondir la notion du « lieu commun » intégrée dans la composition des morceaux de musique. L'étude des genres, des langages et des formes procure des pistes de réponse. À ceci, ajoutons d'autres démarches qui associent plus directement le ballet au surréalisme, comme le « cadavre exquis ».

La part du « cadavre exquis »

Daniel Albright s'appuie sur le fait que la musique des *Mariés de la tour Eiffel* est une œuvre collective pour l'amalgamer au jeu surréaliste du « cadavre exquis »[203]. Le « cadavre exquis » consiste en la création d'un texte ou d'un dessin par plusieurs personnes ayant comme règle d'ignorer le travail de chacun, ce qui assure un abandon du contrôle de la démarche artistique et « renforce l'idéal de l'incongruité sur plusieurs plans »[204], idéal tant recherché par les surréalistes.

L'élément de « contrôle » mentionné ici mérite d'être considéré, car il est difficile de prétendre à une complète absence de contrôle, voire même de concertation, entre les compositeurs au cours de leur processus créatif dans cette œuvre collective.

Comme il a été mentionné, les Six entretenaient des liens amicaux très proches avec Cocteau. Pleins d'enthousiasme, ils ont tous pris part à l'élaboration de ce spectacle multidisciplinaire, d'après le témoignage de Milhaud : « Cela nous intéressa et nous amusa tous de participer à un spectacle où tant d'éléments divers se mêlaient et dont la fantaisie n'aurait pas été répudiée par le mouvement Dada, alors en pleine floraison »[205]. Aussi, les cinq membres des Six (sans Durey), une fois embarqués dans le projet, ont fort probablement discuté de leur démarche lors des rencontres régulières du samedi soir. D'ailleurs, notre analyse de chacun des morceaux des *Mariés de la tour Eiffel*, présentée plus loin, démontre, entre autres, que les compositeurs se sont réellement concertés sur certaines parties de la composition. Par conséquent, la notion du « cadavre exquis » n'est pas, de notre point de vue, un élément déterminant pour qualifier la musique des *Mariés* de surréaliste.

---

202. C'est le sous-titre utilisé dans le tapuscrit offert à Bolette Natanson. Ramirez et Rolot, « *Les Mariés de la tour Eiffel* : notes sur le texte », dans Cocteau, *Théâtre Complet*, éd. Décaudin *et alii*, *Théâtre complet*, p. 1599-1600, ici p. 1599.

203. Albright, *Untwisting the Serpent*, p. 278.

204. « *Enforces the ideal of incongruity on many levels* ». *Ibid.* Notre traduction.

205. Milhaud, *Ma Vie heureuse*, p. 95.

Pour nous, l'aspect surréaliste de cette composition collective découle plutôt de l'appropriation des lieux communs et des effets de contraste entre tradition et modernité, éléments avancés par Cocteau lui-même. Aussi une analyse de chacun des morceaux permet-elle de constater de quelle façon la musique des *Mariés* s'imprègne de ces éléments.

La « musique de tous les jours » [206]

Au départ, chacun des Six s'approprie le numéro qui le représente le mieux [207] dans cette expérimentation musicale du « lieu commun », tant désirée par Cocteau. En effet, chaque numéro des *Mariés* illustre bien une facette du compositeur en question.

L'*Ouverture* témoigne de l'intérêt d'Auric pour la musique de foire. Pour ce qui est de la démarche retenue dans la *Ritournelle*, avec ses courts fragments répétés en boucle, elle préfigure le compositeur de musique de film qu'il deviendra. Dans sa *Marche nuptiale*, Milhaud dévoile ses talents pour la caricature musicale, alors que son engouement pour l'écriture contrapuntique se manifeste dans la *Fugue du massacre*. Dans *Le Discours du Général* et *La Baigneuse de Trouville*, Poulenc exploite à fond l'esprit burlesque que présentent ses premières compositions. Alors que la *Valse des Dépêches* et le *Quadrille* affichent le savoir-faire de Tailleferre en matière de pastiches de musique d'époque [208], la *Marche funèbre* d'Honegger révèle son penchant pour le style germanique, tout en respectant le caractère donné au spectacle.

Or, une certaine forme de cohésion esthétique s'établit à travers les neuf morceaux conçus par les cinq compositeurs. En fait, le thème unificateur de l'œuvre collective repose sur le « lieu commun » puisqu'elle exprime la « musique de tous les jours ». Cet aspect se reflète tout particulièrement dans les fortes références aux rassemblements populaires évoqués dans la composition par des genres musicaux spécifiques : la marche militaire (le premier thème de l'*Ouverture*), le défilé d'une fête populaire (le thème B de l'*Ouverture*, la *Marche nuptiale* et la *Sortie de la Noce*), la procession funéraire (la *Marche funèbre*). En plus, les mouvements de danse s'inspirent d'autres « lieux communs » des salles de bal, très courues à l'époque : la polka (*Discours du Général*), le french cancan, où s'intercale une valse lente (*La Baigneuse de Trouville*), la valse viennoise (*Valse des Dépêches*) et le quadrille français (*Quadrille*) [209].

---

206. L'expression est empruntée à Cocteau, dans *Le Coq et l'Arlequin* (p. 61; repris dans Gullentops et Haine (éd.), *Écrits sur la musique*, p. 110).

207. Aucun document ne donne d'information sur la façon dont ont été répartis les morceaux de la composition entre les Six.

208. Effectivement Tailleferre était reconnue pour ses compositions selon un style d'époque précis. À titre d'exemple, l'ORTF lui commandera en 1955 quatre opéras allant « du style galant au style méchant », pastichant ainsi le style français de Rameau à Offenbach. Il s'agit de *La Fille d'Opéra* (dans le style de l'opéra baroque), *Le Bel Ambitieux* (dans le style de l'opéra romantique), *La Pauvre Eugénie* (dans le style de l'opéra réaliste) et *M. Petitpois achète un château* (dans le style de l'opérette).

209. Le type de quadrille utilisé dans *Les Mariés de la tour Eiffel* est issu de la « contredanse française » popularisée par Brunet dans son ouvrage *Théorie pratique du danseur de société* (Paris, Chaumerot, 1839; repris dans *Gallica numérique*, BnF, http://www.libraryofdance.org/manuals/1839-Brunet-Theorie_(BNF).pdf, consulté le 29 juillet 2017).

Les formes « communes » revisitées

Parallèlement aux « lieux communs », la composition des *Mariés* regorge de formes « communes » (ou traditionnelles). Toutefois, chaque morceau de l'œuvre revisite à sa manière les caractéristiques des prototypes formels. Cette partie du chapitre, consacrée à l'étude formelle de l'œuvre, démontre comment les transformations apportées se rapprochent à un certain degré du concept de la « dislocation »[210] des conventions que sous-tend le surréalisme.

Si *Parade* et *Le Bœuf sur le toit* servent de points de référence, il est clair que, pour Cocteau, l'application de formes musicales selon les normes traditionnelles n'entrave en rien l'évolution dramatique[211]. Aussi, la majorité des morceaux des *Mariés de la tour Eiffel* adoptent des formes simples de coupe binaire ou ternaire, telles celles de la musique familière.

Le schéma 5 correspond à une représentation schématisée de l'analyse effectuée dans la partition musicale. Il y est reporté, sous le titre du numéro musical et le nom du compositeur, les renseignements suivants : le nombre total de mesures incluant les reprises, le genre de musique ou de danse, la forme, le découpage formel de chacune des sections et le numéro de mesure où ces dernières surviennent. Dans le découpage formel, les lettres majuscules renvoient à des thèmes de plus grande importance que ceux marqués de lettres minuscules. Par exemple, la séquence des lettres Aba-C-Aa utilisées pour illustrer la forme de la *Marche nuptiale* indique que le morceau comprend trois thèmes (A, b et C) et que le thème « b », écrit en lettre minuscule, est de moindre importance que les deux autres (A et C). Il en est de même pour les très courtes reprises du thème A : figurant en lettres minuscules, elles ne font appel qu'aux principaux motifs associés au thème A. Dans l'ensemble, les lettres majuscules (accompagnées des numéros de mesure dans la ligne suivante du schéma) définissent la grande forme globale déployée. Ainsi, une grande forme ternaire A-C-A se dégage des multiples sections représentées par les nombreuses lettres Aba-C-Aa de la *Marche nuptiale*[212].

Dans la dernière ligne du schéma se trouvent les références tonales ou modales associées à chacune des sections formelles. Dans cette annotation, les tonalités inscrites en lettres majuscules renvoient au mode majeur; les lettres minuscules, au mode mineur. L'espace restreint exige que l'information soit limitée à des données générales et structurales dans le travail d'identification tonale; celui-ci ne tient donc pas compte des multiples altérations ajoutées, propres aux nombreux passages de polytonalité qui modernisent le langage musical.

Les danses utilisées dans *Les Mariés de la tour Eiffel* reprennent vie dans les années suivant la Première Guerre mondiale, avec le retour du bal musette et l'engouement pour les salles de bal, comme le Bal Tabarin. Vergnaud, *La musique et les arts*, p. 475.

210. Terme employé par Albright (*Untwisting the Serpent*, p. 289). Nous reviendrons plus loin sur cette notion.

211. *Ibid.*, p. 276.

212. Mentionnons que *Ritournelle* n'est pas soumise à cette représentation formelle au sein du schéma 5. Comme ce morceau est de forme répétitive, les informations redondantes auraient alourdi considérablement la lecture schématique de l'œuvre entière.

Le schéma 5, qui offre une vue globale de l'œuvre, permet de dégager un certain nombre de constats. Mis à part l'*Ouverture*, les morceaux les plus longs sont les trois numéros dansés, en l'occurrence la *Baigneuse de Trouville*, la *Valse des Dépêches* et le *Quadrille*. Sur le plan formel, le schéma indique que, dans l'enchaînement des morceaux, les formes binaire et ternaire alternent de manière assez régulière, mais que la *Fugue du massacre* brise ainsi la séquence. Le *Quadrille* est également un cas particulier : de structure sectionnelle, il rassemble cinq figures de danse construites sur le modèle « tripartite », comme nous le verrons précisément plus loin.

Examinons maintenant en détail comment les prototypes formels sont appliqués dans les morceaux des *Mariés de la tour Eiffel*.

Le préambule bipartite : Ouverture

Le morceau *Ouverture* se différencie des autres parce qu'il n'est rattaché à aucun personnage de la pièce. Représenté dans le schéma 5 par les deux lettres majuscules A et B (dans Aaaa-BBcB), il s'articule en deux sections distinctes complètement autonomes. Le thème de la première section, ou thème A, est écrit dans un tempo modéré et se confond avec celui de fanfares entendues lors des fêtes de quartier. Après que le thème A, d'abord confié aux trompettes (ex. 16), a été présenté quatre fois, un passage transitoire (mes. 29, p. 6) nous conduit à une seconde section : écrite dans un tout autre style, la musique adopte un caractère villageois (ex. 17). Joué « assez vite »[213], le thème de la seconde section (le thème B), avec sa légèreté et son accompagnement en quintes harmoniques, résonne comme une danse folklorique très joyeuse[214].

Ces deux thèmes de l'*Ouverture* font valoir la dichotomie entre vie réglementée et esprit festif : alors que la première section, bâtie sur la répétition thématique (Aaaa), insiste sur la carrure et la rigidité des marches militaires, la seconde section, à l'intérieur d'une petite forme ternaire usuelle (illustrée ici par BBcB), propose une mélodie dansante empruntée aux festivités populaires. Ce thème B amenuise considérablement le sérieux de la noce.

Jouant le rôle de préambule, l'*Ouverture*, avec ses deux thèmes de caractère opposé, met en scène, dès le début du spectacle, *le jeu de contraste* tant défendu par Cocteau.

---

213. Sauf indication contraire, les citations de cette section du chapitre sont issues de chacune des partitions d'orchestre des *Mariés de la tour Eiffel*.

214. Cette danse fait penser à la dernière des *Six Danses populaires roumaines* de Bartók, composées en 1915.

Exemple 16. Georges Auric, *Les Mariés de la tour Eiffel, Ouverture*, mes. 11-14, ©1965, Paris, Salabert / EAS 16877.

Exemple 17. Georges Auric, *Les Mariés de la tour Eiffel, Ouverture*, mes. 37-40, ©1965, Paris, Salabert / EAS 16877.

La forme ternaire type : Marche nuptiale

Après l'*Ouverture* d'Auric, la noce commence au son de la *Marche nuptiale* de Milhaud. En établissant un lien avec ce qui précède, Milhaud reprend avec force l'atmosphère militaire : roulements de tambour et coups de cymbales accentuent aux deux mesures un accord de *do* majeur effectué par les cordes. C'est dans une forme ternaire simple (définie par les majuscules A-C-A, à partir de la forme globale Aba-C-Aa comme nous l'avons vu), que se déroule cette marche aux deux thèmes contrastants : l'un est introduit par les cors (ex. 18) et l'autre, par le tuba (ex. 19). Malgré sa nature gaie et sautillante, le premier thème, harmonisé aux cors en secondes et en quintes, sonne faux (ex. 18)[215] – à l'image de cette noce. Après une courte section centrale (section b, mes. 11, p. 3), où les bois et les cordes développent leurs propres lignes à partir de motifs

215. La note *fa* dièse ajoutée dans les accords d'accompagnement des altos contribue à accentuer le caractère dissonant de ce thème.

entendus précédemment, sans se soumettre aux règles de consonance, les trompettes réexposent le thème A enjoué (mes. 16, p. 5). Ce retour au thème initial termine la première grande section de la *Marche nuptiale* dans une texture contrapuntique très compacte et inharmonieuse.

Le tintamarre s'interrompt subitement dès le début du thème central C de la *Marche* (identifiée par la lettre C dans forme globale Aba-C-Aa) pour faire place au solo « très chanté » du tuba qui accompagne l'entrée du cortège de la noce (ex. 19). La voix rauque et lourdaude du tuba tourne aussitôt en raillerie ce cérémonial fallacieux. Une fois les invités présentés par les deux Phonographes, le morceau se termine dans une jovialité débordante avec le retour du thème A aux trompettes (mes. 34, p. 8). Tout l'orchestre se joint au thème A pour entamer les mesures finales de la *Marche nuptiale*, teintées de tensions harmoniques croustillantes mêlant plusieurs tonalités [216].

Exemple 18. Darius Milhaud, *Les Mariés de la tour Eiffel, Marche*, mes. 5-7, ©1965, Paris, Salabert / EAS 16899.

216. La question de la polytonalité est discutée dans la prochaine section du chapitre.

Exemple 19. Darius Milhaud, *Les Mariés de la tour Eiffel*, *Marche*, mes. 21-28, ©1965, Paris, Salabert / EAS 16899.

Les formes binaires composites : Discours du Général *et* Marche funèbre

La confusion tonale laissée par la *Marche nuptiale* (la ligne de basse de la dernière mesure allant de *fa* dièse à *do*) préfigure l'esprit du prochain numéro. Le *Discours du Général* de Poulenc exprime l'exaltation exagérée avec laquelle ce vieux Général raconte les périlleux périples de ses missions. Dans une structure divisée en deux sections distinctes (les lettres majuscules A et C, de la forme entière AbA-C) s'organise ce discours musical, articulé dans un rythme sautillant de polka et écrit dans la tonalité de *la* bémol. La première section (mes. 1-23) affiche une petite forme ternaire AbA très simple; elle encadre ainsi le thème principal A, qui se compose d'un duo de cornets très enjoué. Sur une dominante suspensive commence la petite partie centrale b de la première section (ex. 20, mes. 9), dans laquelle intervient un échange moqueur entre les cornets et les trombones. Sans trop s'attarder à ses railleries anodines, les cornets reprennent de plus belle le thème A (mes. 16, p. 3), accompagné cette fois-ci d'un contrechant preste, construit sur des motifs en doubles croches que se répartissent les bois et les violons. Dans la seconde grande section (le thème C), les cornets changent de discours. Comme nous le verrons plus loin, le thème C présenté s'inspire d'une des mélodies de l'ouverture du *Rigoletto* de Giuseppe Verdi. Flûtes, hautbois et clarinettes se rallient aux cornets pour donner plus de crédibilité aux derniers propos de l'allocution musicale du Général.

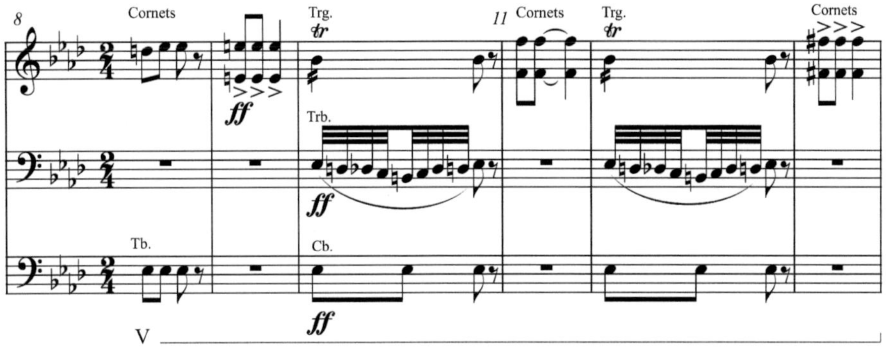

Exemple 20. Francis Poulenc, *Les Mariés de la tour Eiffel, Discours du Général*, mes. 8-13, ©1962, Paris, Salabert / EAS 16794.

La structure de la *Marche funèbre* d'Honegger correspond également à une forme binaire composite. Tout comme le *Discours du Général*, la *Marche funèbre* est consacrée au personnage du Général, mais elle le confronte à des circonstances complètement différentes. Ce morceau est de coupe binaire avec des composantes qui font allusion à la forme ternaire. De caractère macabre, la musique s'amorce avec des traits fusées chromatiques (l'exemple 21 illustre le motif en question), qui se posent sur la note pédale *sol*, que les contrebassons et les contrebasses martèlent irrégulièrement pendant les huit mesures de l'introduction. Aux mesures 5 et 6 (p. 2) retentit le fameux motif funèbre du troisième mouvement de la *Sonate n° 2 pour piano*, op. 35, de Chopin. La grande gravité que dégage ce motif rappelle étrangement les premières mesures de l'*Ouverture* d'Auric, où les percussions rejoignent les instruments mélodiques pour mieux accentuer les notes pédales. Le chromatisme propre au motif de fusée initial se développe en longues descentes chromatiques effectuées en triolets de croches (p. 3-7). Attribuées tout d'abord aux hautbois et aux clarinettes, ces descentes servent de motif d'accompagnement lorsque survient le premier thème de la marche (thème A, mes. 9-17, p. 3-4), joué sévèrement dans les parties de contrebasses et de cors.

Le compositeur ne passe que très sommairement sur la ligne mélodique du thème A (mes. 9-16, p. 3), consacrant le reste du morceau au prochain thème. Étonnamment, le thème B (mes. 18, p. 4) est le même que le thème C de la *Marche nuptiale* de Milhaud (comparer l'exemple 19 avec l'exemple 21, qui en est une transposition). Pour qu'Honegger intègre dans sa composition un passage musical déjà utilisé par Milhaud dans un morceau précédent, il y a sûrement eu concertation entre les deux compositeurs. Ce faisant, est-ce que ces derniers voulaient consciemment établir un lien entre le « nuptial » et le « funèbre » ? Réservant cette question pour plus tard, nous insistons à présent sur les éléments communs aux deux morceaux.

Exemple 21. Arthur Honegger, *Les Mariés de la tour Eiffel, Marche funèbre*, mes. 44-51, ©1965, Paris, Salabert / EAS 16897.

Tout d'abord, il y a l'utilisation des triolets de croches mentionnés plus haut. Alors que Milhaud intègre les triolets de manière plus assidue pour accompagner le premier thème de la *Marche nuptiale* (ex. 18), Honegger les emprunte non seulement pour accompagner le thème A, mais aussi pour une grande partie de sa *Marche funèbre* (mes. 9-27, p. 3-7). Honegger alourdit encore l'atmosphère lorsqu'il assigne des triolets de croches au premier trombone (mes. 17, p. 4), qui introduit le thème B. Pour donner une couleur encore plus sombre et grave, il remplace la tonalité de *do* majeur par celle de *si* mineur et choisit de faire vibrer ce second thème « sirupeux »[217] sur les cordes frémissantes du violon solo, comme le fait Milhaud lors de la reprise de ce même thème dans la *Marche nuptiale* (ex. 19, mes. 26).

Après un passage transitoire de six mesures (mes. 25-30, p. 6-8), enchaînant lignes chromatiques et motifs de notes répétées qui rappellent l'introduction de la *Marche nuptiale* de Mendelssohn[218], le thème B revient en grande pompe (cette fois en *sol* majeur) avec moult doublures aux bois, aux cordes et à la trompette (ex. 22). Dans cette section grandiloquente, les instruments de registre grave (bassons, contrebassons,

217. Expression utilisée par Milhaud lui-même dans sa propre marche. Darius Milhaud, *Les Mariés de la tour Eiffel, Marche*, partition d'orchestre, Paris, Salabert, EAS 16899, ©1965, p. 7.

218. À la différence que, dans le processus de superposition du motif de notes répétées, Honegger procède par demi-tons au lieu d'utiliser les notes d'arpèges comme le réalise Mendelssohn. Le laps de temps entre chaque entrée des voix est beaucoup plus serré dans l'actuelle partition.

trombones, violoncelles et contrebasses) émettent avec conviction un contrechant qui sort du répertoire romantique. Il vient en l'occurrence de la « Valse » du *Faust* (1859) de Charles Gounod. En effet, Honegger reprend dans ce contrechant la ligne mélodique des violons accompagnant l'air « Ainsi que la brise légère », confié au chœur (comparer ex. 22 et ex. 23)[219].

Exemple 22. Arthur Honegger, *Les Mariés de la tour Eiffel*, *Marche funèbre*, mes. 31-34, ©1965, Paris, Salabert / EAS 16897.

Exemple 23. Charles Gounod, « 6. Valse », *Faust*, réduction d'orchestre, mes. 25-32.

219. Nous revenons plus loin sur la façon dont Honegger intègre cet air de Gounod.

À la suite de l'énonciation des deux lignes mélodiques qui se confrontent (soprano et basse, ex. 22) figure un accord construit sur le sixième degré abaissé (*mi* bémol mineur, ex. 31, mes. 39). Cet accord apporte une couleur très romantique à la composition[220] et sert de point de départ pour une nouvelle transition vers une troisième audition du thème emprunté à Milhaud (ex. 21). Même si la reprise ne comprend que les quatre premières mesures du thème B (d'où l'utilisation de la lettre minuscule « b » dans le schéma 5), la texture dépouillée employée dans cette section de coda laisse toute la place au son feutré du basson. Réintégrant dans l'accompagnement le motif en fusées des contrebasses entendu dans l'introduction de la section A, Honegger réussit à donner l'impression d'une grande forme ternaire, même si la pièce comporte véritablement une structure binaire (voir schéma 5).

Les formes ternaires composites :
La Baigneuse de Trouville, Valse des Dépêches *et* Ritournelle

La coupe ternaire est la forme privilégiée dans les morceaux des *Mariés de la tour Eiffel*. Comparativement à la *Marche nuptiale* de forme ternaire simple, *La Baigneuse de Trouville* s'inscrit dans le type de structure ternaire composite qui se rapproche de la forme du scherzo. Cette grande forme ternaire est caractérisée par une section centrale autonome des plus contrastantes par rapport aux sections extrêmes A.

Dès les premières mesures de *La Baigneuse de Trouville*[221], Poulenc nous transporte dans l'univers du music-hall. Roulements de caisse claire et avalanches de doubles croches instrumentales se réunissent en un temps éclair pour introduire le prochain numéro du spectacle de variétés qu'offre la Baigneuse. En trois secondes à peine, une cadence en *do* un peu simpliste s'effectue et le cancan démarre ! Un air inspiré des chansons grivoises sert de premier thème à ce cancan grotesque, lancé par les trompettes (mes. 10, p. 2). Ici, Poulenc s'amuse à insérer aux points de cadence des fausses notes malicieusement jouées par les cors et les trompettes (frottement de la seconde mineure *sol* et *la* bémol ; ex. 30, mes. 23-24). Trois mesures de transition suffisent pour amener la « Valse lente »[222] (mes. 41, p. 7). Cette « Valse » se divise en trois principales parties BB-C-B, en ne tenant pas compte de la répétition de la première partie. L'ensemble de ses composantes tripartites tient lieu de section centrale qui *contraste* avec les sections extrêmes A sur plusieurs paramètres : la mesure passe de quatre à trois temps ; le tempo,

220. Malgré l'emprunt à la musique d'un compositeur français, à savoir Gounod, on ressent fortement dans ce passage l'influence de la musique germanique qu'affectionne Honegger.

221. Francis Poulenc, *La Baigneuse de Trouville*, partition d'orchestre, manuscrit, Dansmuseet, boîte des partitions d'orchestre manuscrites.

222. Poulenc réalise en 1957 une autre orchestration de *La Baigneuse de Trouville*. Dans cette réorchestration, le compositeur coupe plusieurs mesures de sa partition originale, de sorte que la transition entre les deux sections compte six mesures, dans la première version, au lieu des trois mesures de la partition éditée. Les mesures coupées sont reproduites dans Vergnaud, *La musique et les arts* (p. 600). Des modifications substantielles surviennent dans la section de la valse lente : Poulenc y supprime du matériel et ajoute une reprise pour la partie B de la partition et une autre pour C. Comme le précise Vergnaud (*ibid.*, p. 281), Poulenc supprime au total 117 mesures, rendant ainsi plus efficace chacune des sections de cette danse.

de *presto* à *andante*; et le ton, de *do* à *la* bémol (schéma 5)[223]. La sentimentalité qui transparaît dans cette musique est à l'image de ces valses lentes que consomment les danseurs romanesques. Après avoir présenté la partie C (schéma 5, mes. 57), confiée principalement aux flûtes, survient un léger retour au thème B de la valse. Celui-ci se termine par un point d'orgue suspensif avant que reprenne dans toute sa vivacité l'air du cancan propre au thème A (schéma 5, mes. 83).

La *Valse des Dépêches*[224] montre également une grande forme ternaire composite, quoique celle-ci soit très singulière. Dans les faits, Tailleferre présente successivement quatre thèmes de valse (thèmes A, B, C et D) avant d'entreprendre une réexposition fondée sur le thème A. Dans cette réexposition, le thème A se superpose à la reprise immédiate du thème D (représentée par A sur D dans le schéma 5). Les deux sections extrêmes ainsi reliées par le thème A (mes. 1 et 99, respectivement), les thèmes B, C et D occupent la partie centrale de cette coupe ternaire composite.

Le morceau commence par une courte introduction très espiègle, fondée sur un accord instable de quartes superposés (*fa* dièse – *si* – *mi* – *la*), plaçant la note *si* à la basse (ex. 24). En *contraste*, le thème A est composé dans le mode de *sol* mixolydien qu'affirme la ligne de basse des cordes (ex. 25, vlc. et cb.)[225]. La clarinette a l'honneur de lancer une valse typiquement viennoise, dont le thème est repris huit mesures plus loin (mes. 18, p. 3). La trompette l'entonne, puis le violon solo le reprend. Une courte transition amène la *Valse* à sa section centrale (mes. 41, p. 7), marquée par le thème B (schéma 5). Dans celui-ci, le piccolo et la flûte dialoguent dans un langage plus aérien, tout en parcourant la région de *mi* majeur. La légèreté donnée à ce thème B est abruptement interrompue par l'arrivée des trompettes « cuivrées » (mes. 57, p. 10)[226], qui préparent une nouvelle sous-section.

---

223. Le ton de *la* bémol étant le sixième degré abaissé du ton principal de *do*, Poulenc applique aussi ce procédé relevant de la pratique romantique, notamment remarqué dans les scherzos ou les miniatures. À titre d'exemple, nous citons le deuxième mouvement de la *Sonate pour piano*, op. 14, n° 1, de Beethoven, dans lequel la section centrale du thème principal se réalise dans la région de la sus-dominante. Nommons « Walzer », du recueil *Albumblätter*, op. 124, n° 4, de Schumann, où cette pratique est encore plus évidente à la section centrale, qui se déroule dans la région du sixième degré abaissé (*fa* majeur) par rapport à la tonalité principale de *la* majeur.

En utilisant les tons de *do* et de *la* bémol pour *La Baigneuse de Trouville*, Poulenc établit un lien avec les deux premiers morceaux, *Marche nuptiale* et *Discours du Général*, qui font tous partie du même épisode comique (schéma 5). Ce lien montre, encore une fois, un certain degré de concertation entre Milhaud et Poulenc.

224. Germaine Tailleferre, *Les Mariés de la tour Eiffel, Valse des Dépêches*, partition d'orchestre, manuscrit autographe, Paris, [juin] 1921, Dansmuseet, boîte des partitions d'orchestre manuscrites. Tailleferre révise l'orchestration de ce morceau en 1963. Une comparaison avec le manuscrit autographe indique que peu de modifications ont été apportées dans la version éditée chez Salabert en 1963.

225. Par rapport à la version autographe, Tailleferre supprime beaucoup d'altérations dans les parties du basson et du second violon, diminuant ainsi les dissonances polytonales.

226. Tailleferre indique « cuivrez » dans sa partition d'orchestre manuscrite (*Les Mariés de la tour Eiffel, Valse des Dépêches*, Dansmuseet, boîte des partitions d'orchestre manuscrites).

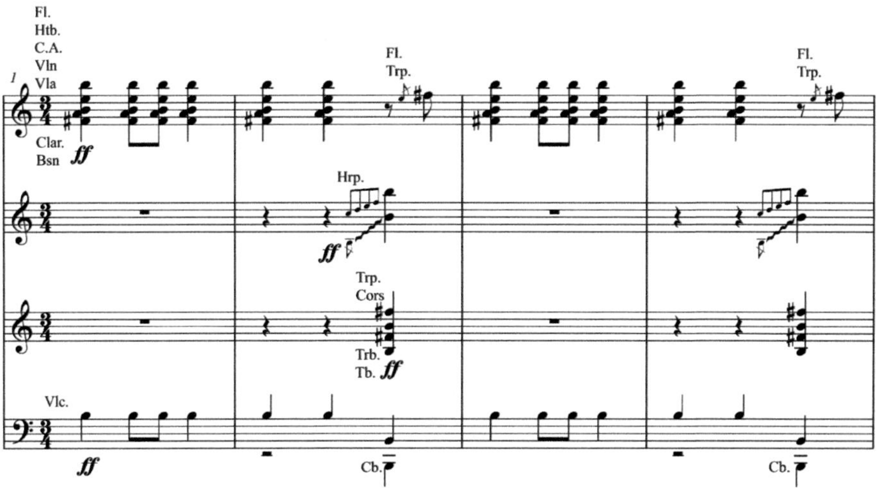

Exemple 24. Germaine Tailleferre, *Les Mariés de la tour Eiffel, Valse des Dépêches*, mes. 1-4, ©1963, Paris, Salabert / EAS 16796.

Exemple 25. Germaine Tailleferre, *Les Mariés de la tour Eiffel, Valse des Dépêches*, mes. 10-18, ©1963, Paris, Salabert / EAS 16796.

Le thème C de la valse, que les cors français énoncent maladroitement (mes. 67, p. 11), *contraste* par son caractère plutôt pataud. Lors de la répétition de ce thème (mes. 75, p. 13), les autres instruments se joignent graduellement aux cors, construisant ainsi une sonorité orchestrale avant de poursuivre avec le thème D (mes. 83, p. 14). La participation de tout l'orchestre et le rythme très allant donnent à ce thème de la valse une atmosphère pompeuse, digne des grandes salles de bal viennoises. Le son orchestral s'amplifie jusqu'au *fortissimo*, qui donne lieu à une fausse réexposition dans le même ton de *mi*. Les deux grands thèmes, A aux trompettes et violons et D aux cors, se juxtaposent alors pour assurer un dénouement éclatant (mes. 99, p. 17). Un point d'orgue inopiné arrête le tout (mes. 107, p. 18), ce qui permet aux danseuses de reprendre leur souffle avant que l'orchestre entame la grande finale de la réexposition dans le ton initial de *sol* (mes. 108, p. 18). Cette réexposition est tout à fait déroutante. D'abord, c'est dans une douceur inattendue que reviennent les deux principaux thèmes A et D, alors confiés aux clarinettes et aux flûtes respectivement (avec doublures aux cordes). Abruptement, le matériel thématique se fragmente au fur et à mesure que s'opère un *crescendo* (mes. 124, p. 21). Une fois le *fortissimo* atteint, l'orchestre s'arrête subitement pour laisser entendre le frêle basson entonner à lui seul les premières mesures du thème A (mes. 138, p. 23). Il chantonne la grande désolation des Dépêches, qui ne tiennent plus en équilibre sur leurs pointes. Devant cette triste réalité, les motifs d'arpège dégringolent pour terminer sans plus tarder sur un sobre accord de *do* majeur.

En dernier exemple, même si sa coupe formelle ne figure pas dans le schéma 5, la *Ritournelle* se soumet à une structure proche de la forme ternaire composite. Dans les faits, Auric retient la formule *da capo* à l'intérieur d'une forme ternaire composite très singulière. La première grande section A est divisée en neuf blocs de quatre mesures chacun, clairement délimités par la présence de barres de répétition. La section B, quant à elle, ne comporte que deux blocs de mesures (p. 8-9) : un premier de quatre mesures et un second de dix mesures. Celui-ci renferme un regroupement différent des autres, soit un groupe de deux unités de quatre mesures, dont la seconde est une variante de la première, et une petite unité de deux mesures de fonction cadentielle. La cadence utilisée pour finir cette section B est particulière parce que l'harmonie de dominante est substituée par un accord de *la* bémol majeur, suivi de l'accord tonique *sol* au deuxième renversement. Cet enchaînement harmonique provoque, comme mouvement de basse, l'intervalle tritonique *la bémol – ré*. Après ce dernier accord suspensif (par son deuxième renversement), le symbole du *da capo* marque un retour complet à la section A.

La suite de danses de forme ternaire : Quadrille

Semblable à la *Valse des Dépêches*, le *Quadrille*, aussi composé par Tailleferre, rassemble une série de danses toutes construites sur le prototype de la forme ternaire. Le schéma 6 en illustre les composantes formelles[227].

Emprunté aux bals musettes, le *Quadrille* des *Mariés de la tour Eiffel* comporte en réalité cinq figures de danse : « Pantalon », « Été », « Poule », « Pastourelle » et « Final »[228]. Leur composition suit une carrure extrêmement régulière de quatre à huit mesures, typique de la musique populaire. Même si ces pièces se veulent très familières, Tailleferre n'hésite pas à y intégrer sa propre signature langagière en usant de la polytonalité et en s'amusant avec les timbres des instruments ; elle mêle flûte et basson (« Été ») ou encore hautbois et cor (« Poule »), pour ne citer que ceuxci.

227. L'analyse suivante se fonde sur les deux versions du *Quadrille* : la version originale (1921, Dansmuseet, boîte des partitions d'orchestre manuscrites) et la version retranscrite et éditée (Paris, Salabert, EAS 16797, ©1963).

228. Dans le schéma 5, chaque danse est représentée par la première lettre de la coupe tripartite utilisée dans le schéma 6 : par exemple, la lettre A renvoie à « Pantalon », la lettre C à « Été », etc.

	Pantalon			Été			Poule			Pastourelle			Final			Pantalon
	2/4 – Allegro – 24 mes			2/4 –[Andante]– 33 mes			6/8 – Andantino – 24 mes			2/4 – Allegro – 33 mes			2/4 – Prestissimo– 48 mes			
	Forme ternaire			Forme ternaire			Forme ternaire			Forme ternaire			Forme ternaire			
section	A	B	A'	C	D	C'	E	F	E'	G	H	G'	I	J^1	J^2	A'/I
mes	1	9	17	25	34	50	58	66	74	82	91	107	115	131	139	147
sub	8	8	8	1+8	16	8	8			1+8	16	8	16	16		
	4+4	2+2+4	4+4	1+4+4	4+4+4+4	4+4	4+4	4+4	4+2 2	1+4+4	8 + 8	4+4	8+8	8	8	8+8
intr	trp orch	bois	cordes	fl+bson	orch Fl+bson		htb +cors	orch (sans cuivre)	orch	trp orch	c.a. trp orch	trp orch	trp	bois aigus	trb	trp fl-ht
coll	*ré*	mod	*ré*	*Sol/do*	*do/la* b	*Sol/do*	*fa*	*fa*	*mi*	*mi*	*do* mixo	*mi*	*do*			
basse	RÉ	DO	RÉ	la	do	FA lydien	FA	DO-DO MI	FA- MI	MI	LA-DO	MI	SOL	fa#-sol RÉ - ré		SOL

Schéma 6. Représentation formelle de *Quadrille* dans *Les Mariés de la tour Eiffel.*

Dès la première figure, nommée « Pantalon », Tailleferre fait appel à tout l'orchestre, qui, sur un air de gaieté, lance une musique sortie du music-hall. Très rythmé, le premier thème (A) est pris en charge par la trompette et la section des bois, des violons et des violoncelles. La partie centrale (B) conserve cet esprit de fête, même si l'effectif instrumental y est réduit. En fait, le thème B est conçu à partir du matériel de A, mais met cette fois en vedette le hautbois, qui dialogue avec les violons et le xylophone. La danse se conclut par un accord de *ré* majeur, permettant un enchaînement de tonique-dominante avec « Été », qui commence en *la* mineur.

Par contraste avec « Pantalon », « Été » ne fait appel qu'à trois instruments. Plus précisément, il consiste en un contrepoint à trois voix, à la lettre C, combinant la flûte et les deux bassons. L'orchestre entre en jeu dans la section contrastante (la lettre D), marquée par une homorythmie polytonale. La dissonance de plus en plus accentuée trouble l'atmosphère détendue que dégage la ligne mélodique. Le trio de bois revient dans la section de réexposition (C'), qui se termine sur une quinte ouverte *fa – do*, correspondant aux notes de basses de la prochaine danse, « Poule ».

Écrit dans une mesure à 6/8 à la sicilienne, le premier thème de « Poule » (E), exécuté par le hautbois et le premier cor, est de nature pastorale. La mélodie est accompagnée par un ostinato harmonique, construit sur un accord de quintes superposées à partir de la note *fa* (*fa – do – sol – ré*). Pensée de manière contrastante, la section centrale de « Poule » (F) met de l'avant une texture homorythmique, préparant ainsi le retour au thème principal E, cette fois joué dans plusieurs parties de l'orchestre [229]. Les deux mesures d'extension ajoutées au thème E' (mes. 80-81, p. 13) servent de passage de liaison avec « Pastourelle », passant d'une harmonie de *fa* majeur à une autre de *mi* majeur.

Tout l'orchestre est rassemblé dans la première section (G) de cet *allegro* vivant, qui rappelle le 2/4 de « Pantalon ». La trompette est mise en valeur tout au long de cette « Pastourelle ». Toutefois, au début de la section H (mes. 91, p. 15), le solo « expressif » [230] est donné au cor anglais avant de passer à la trompette, huit mesures plus loin. Pendant

229. Dans la version originale de 1921, la réexposition de ce mouvement du *Quadrille* est écrite pour un quatuor de bois seulement, comprenant le piccolo, le cor anglais, la clarinette et le basson. Tailleferre, *Quadrille*, partition d'orchestre, manuscrit autographe, Dansmuseet, boîte des partitions d'orchestre manuscrites.

230. Annotation inscrite dans la partition d'orchestre manuscrite autographe. *Ibid.*

ce temps, la flûte entame un contrechant plus rythmé, fondé sur les motifs rythmiques de la section G. Le retour au thème principal G se réalise dans le plus grand entrain avec la trompette qui domine l'orchestre.

C'est dans un « *Allegro prestissimo* endiablé »[231] que se déroule la dernière danse de *Quadrille*. Malgré la densité orchestrale imposée dans ce « Final », les deux trompettes en *divisi* défendent allègrement leur partie mélodique (le thème I), qui est composée presque entièrement en triolets. Ce motif de facture ternaire évolue à l'encontre du rythme binaire de la « croche pointée double » de l'ostinato, qui occupe la plupart des parties de l'orchestration. Des trilles assignés aux flûtes et aux cors amplifient la grandiloquence habituellement attribuée à une section finale. Dans la seconde partie de la section J (mes. 139, p. 22), les *glissandi* des trombones (uniquement présents dans la version originale de 1921) donnent un effet très festif et prépare en grande pompe la section de réexposition. Étonnamment, cette ultime section du *Quadrille* est réservée à la reprise du thème A, joué dans « Pantalon », que lancent avec éclat la trompette, la flûte et le hautbois. Le thème A s'accompagne de l'ostinato entendu dans l'exposition de « Final » (la section I). En reprenant le matériel de » Pantalon », Tailleferre fait allusion à une grande forme ternaire au sein de sa suite de danses.

Cette étude analytique démontre que la compositrice applique la petite forme ternaire traditionnelle à l'intérieur de chacune des danses de *Quadrille*. De plus, en terminant cette suite de danses avec un *prestissimo* frénétique, Tailleferre réussit à rendre vraisemblable l'exclamation qu'échappe le Phonographe – « Ouf! quelle danse! » – à la vue des convives complètement essoufflés.

La forme ternaire continue : Fugue du massacre

Tout comme les suites de danse, la *Fugue du massacre* de Milhaud s'inscrit dans les catégories d'œuvres qui s'appuient sur un procédé d'écriture passéiste. Comparativement aux autres morceaux des *Mariés*, la *Fugue du massacre* est le seul qui soit de forme continue. Mentionnons d'entrée de jeu qu'il existe deux versions de cette pièce : la version longue de 1921 et la version courte de 1972[232].

La version longue de 66 mesures[233] consiste en une fugue à trois voix, dont les entrées successives effectuent, à partir de *do*, un cycle de quintes quasi complet (le ton de *si* est manquant)[234]. Le tableau 11 fait état des tonalités utilisées. Même si le procédé tonal ne se conforme pas à la convention, le compositeur y conserve la coupe tripartite

231. Cette annotation est inscrite au début de la partition d'orchestre *Les Mariés de la tour Eiffel, Quadrille*, p. 10.

232. La fugue que Milhaud a écrite en 1921 est deux fois plus longue que l'édition disponible en location chez Salabert (66 mesures contre 33 mesures). Milhaud a longtemps cru que sa partition « Le massacre de la noce, fugue » (titre original) avait été égarée lors du déménagement des archives de Paris à Stockholm autour de 1956. C'est ainsi qu'il décide, en 1972, de composer une toute nouvelle fugue, en se rappelant du problème de longueur causée par sa fugue originale.

233. Des vérifications ont établi que la partition manuscrite de la *Fugue du massacre* compte 66 mesures, et non 68 mesures comme le mentionne Vergnaud (*La musique et les arts*, p. 286).

234. Ici, Milhaud reprend un procédé expérimenté dans son rondo du *Bœuf sur le toit*, dans lequel chaque retour du thème est réalisé en cycle de quintes.

exposition – développement – réexposition traditionnelle (représentée par E-D-E'[235], schéma 5). Le resserrement des entrées du sujet, à raison d'une mesure de distance, qui se manifeste dans la première strette de cette version de 1921 (tableau 11, à partir de mes. 51), est notable[236].

mes.	**Fugue de 1921**	tons
	Exposition (E)	
1	Sujet	*do*
8	Réponse	*sol*
15	Contre-réponse	*ré*
	Développement (D)	
22	Épisode 1	
31	Entrée du sujet	*la*
38	Entrée du sujet	*mi*
	Épisode 2	
51	Strette Entrée du sujet	*mi*
52	Entrée du sujet	*fa* ♯
53	Entrée du sujet	*do* ♯
54	Entrée du sujet	*La* ♭
55	Entrée du sujet	*mi* ♭
56	Entrée du sujet	*Si* ♭
57	Entrée du sujet	*fa*
58	Réexposition (E')	
	Strette	*do*

mes.	**Fugue de 1972**	tons
	Exposition (E)	
1	Sujet + agrégat	*do*
4		*mi* ♭
7		*fa* ♯
10		*la*
	Développement (D)	
13		
17	Entrée du sujet	*mi*
	Réexposition (E')	
21	Sujet + agrégat	*do*
25	Strette (2 temps) + agrégat	*do*
29	Strette (1 temps) + agrégat	*do*
33	Agrégat	*la*

Tableau 11. Étude comparative des deux versions de la *Fugue du massacre*.

Ayant dû couper une bonne partie du morceau lors de la mise en scène de 1921[237], Milhaud réécrit 51 ans plus tard une nouvelle fugue ne comptant que 33 mesures. Même s'il raccourcit de moitié la longueur de la fugue de 1921, il n'en amoindrit pas pour autant son caractère dramatique. Pour rendre l'atmosphère de sa fugue encore plus grave, il plaque de manière irrégulière et inattendue un agrégat de neuf notes issues du cycle de quintes (*sol* dièse – *do* dièse – *fa* dièse – *si* – *mi* – *la* – *ré* – *sol* – *do*). Cet accord quartal occasionne des tensions de seconde mineure et de septième majeure tout au long des six premières mesures du morceau (ex. 26). Le sujet (mes. 1-3) est également de facture dissonante, reprenant à plusieurs endroits l'intervalle de septième majeure inclus dans l'agrégat.

235. Dans la forme E-D-E', le « E » correspond à la première lettre de l'exposition, le « D » à celle du développement et le « E' » à la réexposition du sujet présenté dans l'exposition.

236. Notre analyse diffère de celle présentée par Vergnaud (*La musique et les arts*, p. 611).

237. À ce sujet, la partition manuscrite pour orchestre (Dansmuseet, boîte des partitions d'orchestre manuscrites) montre qu'une seule section de la fugue a été jouée pendant le ballet. En effet, il est indiqué sur la page couverture, entre le titre et le nom du compositeur, « ne jouer que depuis ici page 19 ». Cette page correspond à la strette commençant à la mesure 51 (chiffre de répétition 7).

Exemple 26. Darius Milhaud, *Les Mariés de la tour Eiffel, Fugue du massacre*, mes. 1-7, ©1972, Paris, Salabert/EAS 17000.

Les entrées succédant au sujet suivent un tracé plus direct que celui de la version originale et effectuent un parcours tonal *symétrique*. C'est par mouvement de tierces mineures que procèdent les quatre énoncés du sujet (*do* – *mi* bémol – *fa* dièse – *la*) [238] de l'exposition de douze mesures (tableau 11). Le développement (mes. 13, p. 4) se fonde sur le matériel du contre-sujet avant que s'accomplisse une entrée du sujet (mes. 17, p. 5) à partir de *mi*, correspondant à la deuxième note du sujet de la fugue suivant le

238. Les tons mentionnés sont de modes majeurs, faisant souvent allusion à la couleur lydienne. Les noms de notes inscrits dans le tableau 11 renvoient le plus souvent à la première note d'une entrée du sujet ou à la note de basse, comme c'est le cas pour la dernière mesure du morceau (mes. 33).

do initial. La réexposition se distingue par ces deux strettes : la première énonce les deux entrées du sujet à une distance de deux temps, alors que la seconde réalise quatre entrées à un temps d'intervalle (tableau 11). L'agrégat, qui est modifié par rapport aux premières mesures, est présent tout au long de la réexposition, ce qui alourdit considérablement l'ambiance. Milhaud, dans cette nouvelle fugue notablement raccourcie, a su ainsi optimiser les ressources compositionnelles pour illustrer le drame en jeu.

La grande forme ternaire dans Les Mariés de la tour Eiffel

Une grande forme ternaire englobe l'ensemble de la composition des *Mariés de la tour Eiffel* : le dernier morceau, *Sortie de la noce*, reprend les neuf mesures finales du premier morceau, *Marche nuptiale*, écrit dans le même mode de *do*. D'ailleurs, le mode de *do* pourrait être considéré comme le centre référentiel qui assure la cohésion dans cette œuvre collective. Ainsi, le schéma 5 montre que les morceaux gravitent autour des tons de *do* et *sol*, simulant ainsi la relation tonique-dominante. Le centre tonal de *la* bémol présent dans le *Discours du Général* et *La Baigneuse de Trouville* est en rapport de susdominante abaissée avec le ton de *do*. Dans la *Valse des Dépêches*, les trois tons *sol* - *mi* - *do* constituent l'accord parfait de *do* majeur. Quant au *Quadrille*, les divers centres tonals parcourus s'acheminent vers le *sol*, reproduisant la fonction de dominante-tonique entre la première danse (en *ré*) et la dernière danse (en *sol*). Cette dernière est en relation de dominante avec le ton de *do* du morceau final, *Sortie de la noce*. Les deux morceaux *Marche nuptiale* et *Sortie de la noce*, en plus de donner le ton, forment le cadre de l'œuvre entière.

La dislocation surréaliste du langage

Les éléments formels et tonals empruntés à la tradition au sein de la composition consolident le caractère familier et populaire de la musique. En effet, malgré le langage moderne déployé, aucun morceau ne sonne réellement étranger ou complètement nouveau. De ce point de vue, l'œuvre adhère au principe surréaliste « du plus vrai que le vrai » de Cocteau. Semblable aux *expressions toutes faites* intégrées dans le livret (par exemple, « un oiseau va sortir »), la musique comporte des formules ou des airs connus que les compositeurs adaptent, transforment ou déforment en usant d'une écriture moderne.

C'est aussi à travers ce processus de transformation qu'Albright reconnaît l'art surréaliste dans la composition. Pour lui, le surréalisme cherche précisément à disloquer les bases sémantiques du langage traditionnel. Ainsi, le matériel préexistant et les techniques relevant de la tradition se transforment en de nouvelles bases langagières. Cette démarche se retrouve chez les peintres surréalistes qui recourent à des techniques académiques pour produire l'effet de perspective, mais cette fois de manière disloquée afin d'en fausser les réels repères spatiaux[239]. Pour identifier un phénomène similaire dans *Les Mariés de la tour Eiffel*, examinons la déformation de la musique préexistante, ce *tout fait* mélodique, et la distorsion harmonique amenée par la polytonalité.

239. Albright, *Untwisting the Serpent*, p. 289-290.

La déformation du « tout fait » mélodique

Dans le cas du *Discours du Général*, Albright démontre comment Poulenc, pour la composition du thème de la section C, a transformé le matériel festif de l'« Introduction » du premier acte du *Rigoletto* de Verdi en une mélodie apte « à montrer le vide frénétique du Général de Cocteau »[240]. Selon Albright, Poulenc disloque la texture chordale des noires du passage du *Rigoletto* (ex. 27) en une série de courts motifs mélodiques de trois doubles croches, joués en staccatos (ex. 28)[241]. (Les hampes ajoutées aux notes supérieures favorisent le rapprochement entre les deux exemples.) En rendant encore plus légère cette musique associée au bouffon Rigoletto, Poulenc discrédite davantage le récit des multiples mirages que rencontre cet ancien commandant.

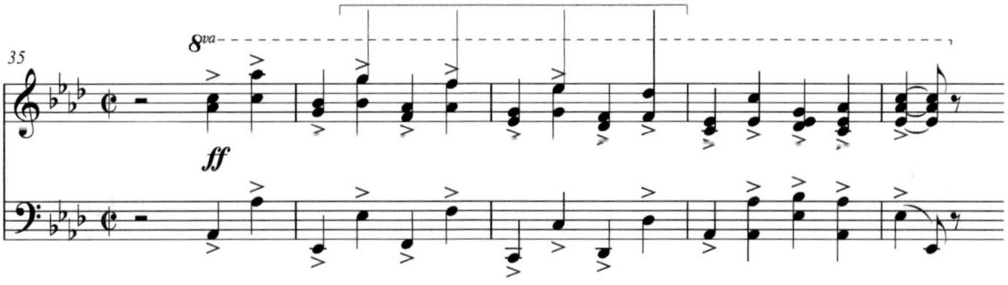

Exemple 27. Giuseppe Verdi, *Rigoletto*, « Ouverture », mes. 35-39.

Exemple 28. Francis Poulenc, *Les Mariés de la tour Eiffel, Discours du Général*, mes. 23-26, ©1962, Paris, Salabert / EAS 16794.

En deuxième exemple, le traitement que Poulenc réserve aux cadences dans *La Baigneuse de Trouville* est digne de mention. Alors que le compositeur effectue la première cadence de l'introduction selon les règles traditionnelles de la conduite des voix (ex. 29), il embrouille la clarté classique dans la deuxième cadence en n'utilisant que des notes étrangères au-dessus des fondamentales *sol* – *do* (ex. 30). En évitant toutes résolutions, Poulenc laisse en suspens les diverses dissonances produites. Dans l'exemple 30, il est intéressant de remarquer comment Poulenc insiste sur la note *la* bémol (mes. 23-24), celle-là même qui devient la référence tonale dans la section centrale du morceau (voir schéma 5).

240. « *To show the frenetic emptiness of Cocteau's general* ». *Ibid.*, p. 287. Notre traduction. D'après un des critiques, Poulenc aurait déclaré que rien ne lui plaisait comme le *Rigoletto* de Verdi. *Ibid.*

241. Les exemples 27 et 28 sont de Albright (*ibid.*).

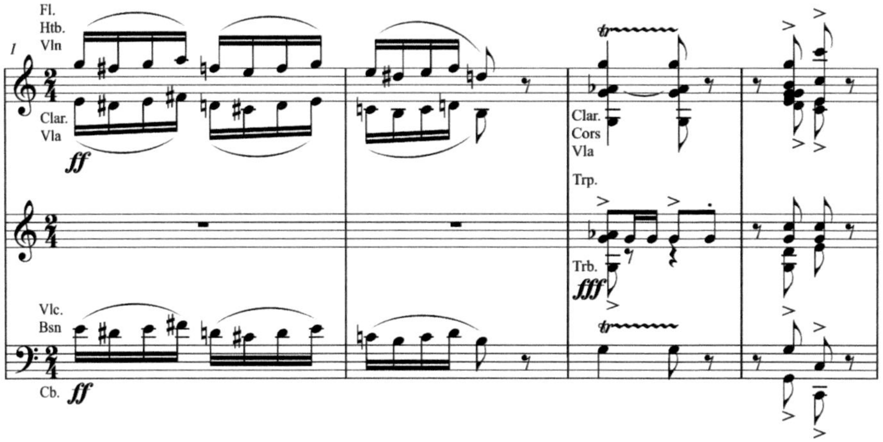

Exemple 29. Francis Poulenc, *Les Mariés de la tour Eiffel*, *La Baigneuse de Trouville*, Carte postale en couleur, mes. 1-4, ©1963, Paris, Salabert / EAS 16795.

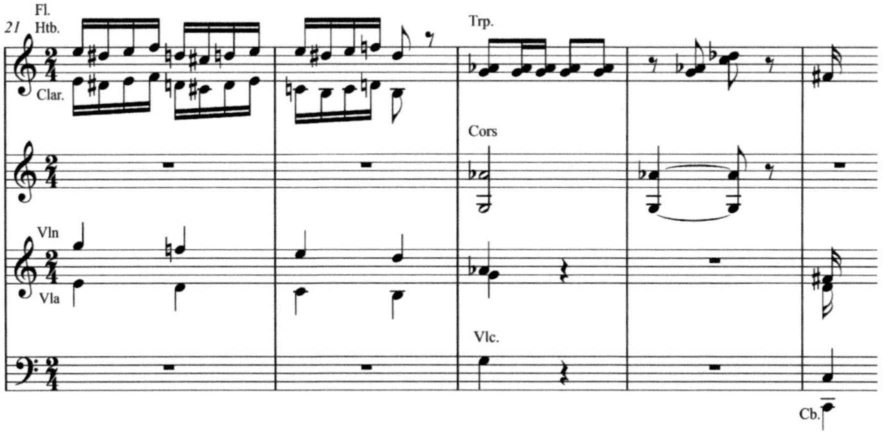

Exemple 30. Francis Poulenc, *Les Mariés de la tour Eiffel*, *La Baigneuse de Trouville*, Carte postale en couleur, mes. 21-24, ©1963, Paris, Salabert / EAS 16795.

Un troisième exemple se trouve dans la *Marche funèbre* d'Honegger. Comme il a été mentionné, lors de la reprise du thème B, Honegger emprunte une mélodie issue de la « Valse » du *Faust* de Gounod. Honegger apporte plusieurs modifications à la mélodie originale. Il transpose d'abord la ligne des violons accompagnant le chœur « Ainsi que la brise légère », écrite initialement en *ré* majeur, dans le ton de *sol* majeur. Puis, il modifie le rythme et la métrique de manière à passer d'une mesure à 3/4 à une mesure à 4/4 (voir ex. 22 et 23). De plus, il assombrit significativement l'atmosphère de « brise légère » en plaçant un accord de *mi* bémol mineur à la suite de l'accord *sol* final du thème (ex. 31).

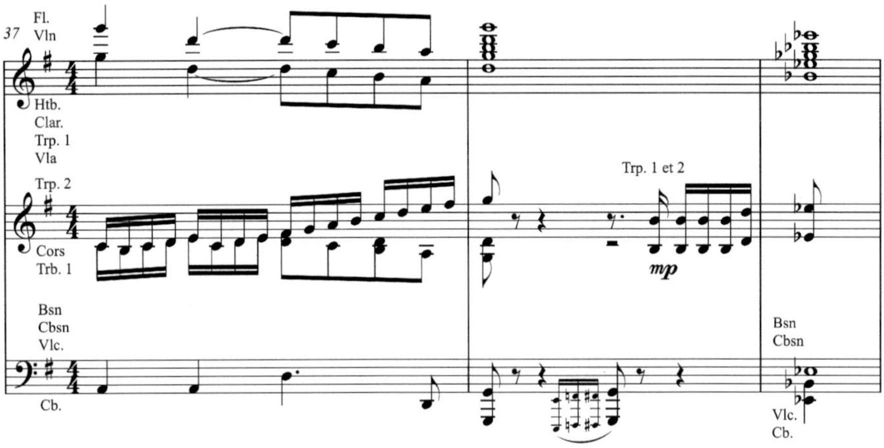

Exemple 31. Arthur Honegger, *Les Mariés de la tour Eiffel*, *Marche funèbre*, mes. 37-39, ©1965, Paris, Salabert / EAS 16897.

En choisissant cet air spécifique au sein de sa *Marche funèbre*, Honegger veut-il justement faire une satire du cérémonial funèbre ? Ce postulat est rendu encore plus plausible par le fait que le thème B de la *Marche funèbre* reproduit le thème C de la *Marche nuptiale* de Milhaud (ex. 19). De plus, ce thème nuptial est réutilisé lorsque survient, en contrechant, l'air de la « Valse » de Gounod (ex. 22). Dans l'opéra, cet air spécifique intervient au moment où Faust offre son bras à sa dulcinée, Marguerite, pour l'inviter à danser ; le lien confrontant le « nuptial » et le « funèbre » est donc bien établi. Honegger appuie en plus la satire de Cocteau, dont le message semble présenter le mariage comme une institution qui brime la liberté individuelle au même titre que le régime militaire.

Honegger emploie de manière presque intacte le matériel élaboré par Milhaud, ce qui prouve une concertation évidente entre les deux compositeurs dans l'élaboration de leur morceau respectif. Cet aspect minimise ainsi l'absence de contrôle propre à la notion du « cadavre exquis », discutée antérieurement.

Par ailleurs, l'usage particulier de la musique préexistante établit le lien avec la pratique surréaliste sous un autre aspect. Les fragments importés dans les compositions de Poulenc et d'Honegger, de même que les allusions à des airs connus (par exemple, la marche militaire dans *Marche nuptiale*, la chanson grivoise dans *La Baigneuse de Trouville* et la valse viennoise dans *Valse des Dépêches*) agissent comme des clichés *tout faits*, à l'instar des images sortant de l'appareil photographique ou des expressions familières truffant le dialogue des deux Phonographes. À cela s'ajoute le langage harmonique, qui subit à son tour une déformation par rapport aux bases établies.

La distorsion harmonique par la polytonalité

De toute évidence, la partition des *Mariés* a pour référence le langage tonal. La déformation de ce système s'obtient par l'usage de la polytonalité, qui provoque une profusion de frictions harmoniques de septième majeure et de neuvième mineure. Ces effets se constatent dès les premières mesures de l'*Ouverture* d'Auric, où le *ré* dièse des violoncelles s'oppose au *ré* bécarre des altos. Le « ton faux » ainsi donné à la noce s'accentue au fur et à mesure qu'avance la musique. Par exemple, le thème de la marche militaire de l'*Ouverture*, attribué aux trois trompettes, est harmonisé dans le ton de *si* bémol majeur, alors que l'accompagnement est formé d'un accord de *la* majeur (ex. 16).

La polytonalité revient en force dans la *Marche nuptiale* de Milhaud. Dans la partie centrale du premier thème (mes. 11, p. 3), le ton de *ré* bémol majeur s'applique pour les deux mélodies en contrepoint (les bois et les cordes supérieures), tandis que le ton de *mi* bémol majeur domine les parties d'accompagnement (bassons, violoncelles et contrebasses). Trois mesures avant la coda (ex. 32), la polytonalité atteint son paroxysme : les modes de *ré* bémol majeur (voir les parties mélodiques, mes. 42-43), de *ré* mineur mélodique (les parties de cors et d'altos) et de *sol* dorien (les parties de de violoncelles et de contrebasses) se confrontent. Dans la coda finale (mes. 45, p. 12), les notes *si* bémol et *sol* bémol des trombones disloquent l'homogénéité tonale du *do* majeur qu'adoptent tous les autres instruments de l'orchestre.

Exemple 32. Darius Milhaud, *Les Mariés de la tour Eiffel*, *Marche*, mes. 42-44, ©1965, Paris, Salabert/.A.S. 16899.

Tailleferre suit également cette tendance d'harmonie polytonale[242]. Dans le *Quadrille*, la polytonalité se trouve à plusieurs moments de la composition. Par exemple, dans la section B du morceau « Été » (ex. 33, mes. 38-40), la compositrice oppose le ton de *do* majeur (voix inférieures) au mode mixte de *mi* bémol[243] (voix supérieures). Dans la section centrale du « Final » (partition, mes. 131-134, p. 21), les trois dièses associés au *la* majeur sont utilisés dans plusieurs lignes instrumentales contre les notes naturelles, majoritairement employées dans les voix supérieures des parties de violons et de trompettes. Lors de la section suivante (mes.139-142, p. 22), Tailleferre s'amuse à alterner la collection de *si* bémol avec celle de *ré* majeur.

Exemple 33. Germaine Tailleferre, *Les Mariés de la tour Eiffel*, *Quadrille*, mes. 38-43, ©1963, Paris, Salabert / EAS 16797.

Nous pourrions ainsi poursuivre l'énumération des passages où se pratique la polytonalité, ou même la dissonance harmonique dont le rôle est de *disloquer* le langage traditionnel. Cette distorsion du langage, tout en rejoignant la portée surréaliste attribuée au ballet en général, contribue à rendre plus grotesque cette cérémonie du mariage tant vénérée par la société.

L'ACCUEIL DES *MARIÉS* : UN AUTRE SCANDALE

Le soir de la première du 18 juin 1921, les Ballets suédois scandalisent le public parisien par ce spectacle délirant. Cette réaction est prévisible s'il faut en croire la

242. L'œuvre *Image* pour huit instruments (1918) de Tailleferre est un exemple où la polytonalité est utilisée de manière optimale. À ce sujet, voir Jacinthe Harbec, « Cohésion compositionnelle dans *Image* de Germaine Tailleferre », *Revue de musique des universités canadiennes*, vol. 18, n° 2, 1998, p. 48-71.

243. Le mode mixte se définit par l'usage intermittent des notes du mode mineur au sein du mode majeur à partir d'une même tonique.

réaction du « public averti, [du] public de répétition générale »[244]. Hugo décrit celle des *Mariés de la tour Eiffel* en ces termes : « La répétition générale fut houleuse et les sifflets se mêlèrent aux applaudissements. Le poète n'eût peut-être pas goûté les bravos sans les huées »[245].

D'après les critiques, il semble que la farce annoncée par Cocteau n'a pas été comprise. Ce « ballet satirique »[246] sur la petite bourgeoisie française est qualifié de « farce d'atelier »[247], voire de « pochade d'atelier »[248].

Selon le critique Auguste Mangeot : « Le public s'ennuyait tellement qu'il a [lui-même] organisé le spectacle dans la salle. Il s'est mis à causer, à applaudir, à siffler, à appeler l'auteur »[249]. Au final, « les mouvements sur la scène [ont paru] moins drôles que l'agitation dans la salle », précise Fernand Nozière[250]. Montboron en déduit alors que cette « comédie ballet » est « manifestement destinée à divertir d'abord ceux qui l'ont écrite »[251]. Les critiques mettent aussi en cause certaines longueurs[252], pour lesquelles Louis Laloy « n'aurai[t] pas manqué aussi de [...] proposer quelques coupures »[253].

Qualifiant le spectacle de « puéril », Pierre Scize salue par ailleurs le décor « franchement amusant » d'Irène Lagut : « La première plate-forme de la tour Eiffel, figurée plaisamment par un coloriage naïf, localise assez ingénieusement cet endroit singulier [...], lieu parfaitement absurde, à tous les points de vue et fort propre à encadrer une bonne folie »[254]. Mais, au goût de Scize, ce vent de folie, bien affiché dans les dispositifs scéniques, ne s'est pas rendu jusque dans le contenu du spectacle. De son côté, Ève Francis souligne l'habile travail de Jean Hugo sur les « costumes démodés avec art » et les masques « de bouffonnerie »[255]. Nozière précise que leur appareillage transforme les personnages en véritables « mannequins pour maisons de confections »[256]. Laloy considère que même si « la voix humaine [des Phonographes] surprend, [elle est] trop

---

244. Cocteau, « *Les Mariés de la tour Eiffel* : préface », dans Gullentops et Haine (éd.), *Écrits sur la musique*, p. 253.

245. Hugo, *Avant d'oublier 1918-1931*, p. 119. La réaction du public était réellement forte, si l'on se fie aux souvenirs de Tailleferre : « Quant à moi, terrifiée par tant de colères, je m'étais cachée par terre, au fond de la loge, derrière ma vieille maman tout éberluée, et mes deux nièces, deux petites filles blanches et roses ». Tailleferre, *Mémoires à l'emporte-pièce*, p. 29.

246. Ramirez et Rolot, « *Les Mariés de la tour Eiffel* : notes sur le texte » dans Cocteau, *Théâtre Complet*, éd. Décaudin *et alii*, p. 1599.

247. Gabriel Boissy, « *Les Mariés de la tour Eiffel* au Théâtre des Champs-Élysées », [extrait de journal non identifié], 20 juin 1921, [n.p.]. BnF, Département des Arts du spectacle, Fonds Rondel, dossier « *Les Mariés de la Tour Eiffel* : recueil factice d'articles de presse », (ci-après, Fonds Rondel), R102195.

248. Pierre Scize, « *Les Mariés de la tour Eiffel* : Sottie ou Sottise ? », *Bonsoir*, 21 juin 1921, [n.p.]. *Ibid.*

249. Auguste Mangeot, « *Les Mariés de la tour Eiffel* », *Le Monde musical*, n° 32, juin 1921, p. 189-190.

250. Fernand Nozière, « Au Théâtre des Champs-Élysées : *Les Mariés de la tour Eiffel* », [extrait de journal non identifié], 20 juin 1921, [n.p.], Fonds Rondel, R102195.

251. Montboron, « *Les Mariés de la tour Eiffel* : soirée », *Comœdia*, 20 juin 1921, [n.p.], p. 1-2. *Ibid.*, R81332.

252. Ève Francis, « *Les Mariés de la tour Eiffel* », [extrait de journal non identifié], [juin 1921], [n.p.]. *Ibid.*, R102195.

253. Louis Laloy, « *Les Mariés de la tour Eiffel* », *Comœdia*, 20 juin 1921, p. 1. *Ibid.*, R81332.

254. Scize, « *Les Mariés de la tour Eiffel* : Sottie ou Sottise ? », [n.p.].

255. Francis, « *Les Mariés de la tour Eiffel* », [n.p.].

256. Nozière, « Au Théâtre des Champs-Élysées : *Les Mariés de la tour Eiffel* », [n.p.].

naturelle parmi ces masques. Il fallait la travestir aussi »[257]. Pour Francis, « il ne suffit pas de crier dans un pavillon de phonographe pour *styliser* la voix des acteurs »[258].

Alors que la danse est, en majeure partie, laissée pour compte, l'aspect musical du spectacle reçoit en général une bonne presse. L'effet réussi du « Quadrille burlesque » de Tailleferre est particulièrement souligné : ce numéro « franchement drôle » correspond à « un des bons moments de la soirée », selon Scize[259]. Dans son ensemble, c'est surtout le défenseur des Six, Henri Collet, qui fait l'éloge du travail des compositeurs pour le spectacle. Déversant particulièrement son admiration sur « la maîtrise » orchestrale de l'*Ouverture* d'Auric, Collet admet que, dans les morceaux des *Mariés*, « il y a *commentaire* à une action poétique, inséparable d'elle »[260]. Ainsi, « la musique a fourni un prétexte parfait à la chorégraphie hardie de Jean Börlin », ajoute Francis[261].

La farce grotesque qu'est ce ballet, à la fois triste et drôle, n'a certes pas eu l'effet escompté sur le public. Cocteau réplique aux critiques : « *Les Mariés de la tour Eiffel*, à cause de leur franchise, déçoivent davantage qu'une pièce ésotérique. Le mystère inspire au public une sorte de crainte. Ici, je renonce au mystère »[262]. Il arrive souvent qu'un succès prometteur couve sous les réactions tumultueuses du public lors des soirs de première. Cocteau le reconnaît le lendemain de la première représentation, soit trois années après la création de *Parade* :

> Sifflets et ovations – Presse terrible. Quelques articles-surprises. Trois ans après, les détracteurs applaudissent et ne se souviennent plus d'avoir sifflé. C'est l'histoire de *Parade* et de toutes les pièces qui, changeant les règles du jeu, dérangent les vieux joueurs du cercle[263].

Telle est la destinée du ballet *Les Mariés de la tour Eiffel*, joué cinquante fois pendant les cinq saisons des Ballets suédois et considéré comme l'une des œuvres les plus importantes de leur répertoire.

En somme, Cocteau souligne dans ce ballet l'acmé de l'absurdité et du loufoque rencontrés dans un événement « commun » comme la noce. Pour pousser le réel à un stade « surréel », il met à contribution tout ce qui est de la dérision, de l'incongruité et du grotesque. Dans sa pratique d'un surréalisme anticipé, il conteste les conventions établies, en employant l'absurde, la satire et la caricature. Ainsi, chaque constituant de ce ballet satirique porte en lui les caractéristiques pour être « plus réel que réel ». C'est pourquoi les personnages, les accessoires, les dialogues et les numéros de danse adoptent des styles démesurés par rapport à la réalité. Tout devient disproportionné dans *Les Mariés* : le lieu de cette noce petite bourgeoise, la taille des personnages, les aventures

257. Laloy, « *Les Mariés de la tour Eiffel* », p. 1.

258. Francis, « *Les Mariés de la tour Eiffel* », [n.p.]. C'est Francis qui souligne.

259. Scize, « *Les Mariés de la tour Eiffel* : Sottie ou Sottise ? », [n.p.].

260. Henri Collet, [extrait de journal non identifié], [juin 1921], [n.p.]. Fonds Rondel, R102195. C'est Collet qui souligne.

261. Francis, « *Les Mariés de la tour Eiffel* », [n.p.].

262. Cocteau, « *Les Mariés de la tour Eiffel* : préface », dans Gullentops et Haine (éd.), *Écrits sur la musique*, p. 252. Nous rappelons que la « Préface » a été écrite après la première représentation.

263. Cocteau, « Après *Les Mariés de la tour Eiffel* », dans *ibid.*, p. 208.

des invités, la quantité d'images suggérées et l'allure de la musique. Il s'agit de faire se côtoyer l'imagerie légendaire et les lieux communs, de brouiller « le faux et le vrai ».

Les gestes routiniers, les expressions familières, les figures de danse traditionnelles et les airs populaires se présentent de manière bien « masquée ». La dislocation du langage et la distorsion des genres et des styles sont des procédés utilisés pour exprimer l'absurdité des règles traditionnelles et illustrer la satire qui s'en dégage. Il en va de même pour la musique, qui se prête au jeu en déformant les airs connus dans un langage qui enfreint les conventions.

Malgré toute la démesure qu'adopte l'œuvre, il s'installe dans *Les Mariés de la tour Eiffel* un équilibre formel : la *symétrie* sous-tend l'œuvre. Que ce soit dans la scénographie, par l'enchaînement des scènes comiques et tragiques, ou dans l'usage formel de la musique, l'équilibre symétrique est un élément de « rappel à l'ordre » [264] dans ce spectacle « surréaliste », fondé sur une appropriation féérique des lieux communs.

264. Cette expression est empruntée au titre d'un ouvrage de Cocteau, *Le Rappel à l'ordre* (Paris, Stock, 1926), qui rassemble une série de textes, dont *Le Coq et l'Arlequin*.

ANNEXE

LIVRET RECONSTITUÉ[265]

LES MARIÉS DE LA TOUR EIFFEL

Première plate-forme de la tour Eiffel.

La toile du fond représente Paris à vol d'oiseau, la scène, et des nuages.

À droite, au second plan, un appareil de photographie, de taille humaine. La chambre noire à soufflet forme un corridor qui rejoint la coulisse. Le devant de l'appareil s'ouvre comme une porte, pour laisser entrer et sortir des personnages.

À droite et à gauche de la scène, au premier plan, à moitié cachés derrière le cadre, se tiennent deux acteurs, vêtus en phonographes, la boîte contenant le corps, le pavillon correspondant à leur bouche. Ce sont ces phonographes qui commentent la pièce et récitent les rôles des personnages. Ils parlent très fort, très vite et prononcent distinctement chaque syllabe.

Les scènes se jouent au fur et à mesure de leur description.

Le rideau se lève sur un roulement de tambour qui termine l'ouverture. Décor vide.

PHONO UN : Vous êtes sur la première plate-forme de la tour Eiffel.

PHONO DEUX : Tiens ! une autruche. Elle traverse la scène. Elle sort. Voici le Chasseur. Il cherche l'Autruche. Il lève la tête. Il voit quelque chose. Il épaule. Il tire.

PHONO UN : Ciel ! Une dépêche.

Une grande dépêche bleue tombe des frises.

PHONO DEUX : La détonation réveille le Directeur de la tour Eiffel. Il apparaît.

PHONO UN : Ah çà, monsieur, vous vous croyez donc à la chasse ?

PHONO DEUX : Je poursuivais une autruche. J'ai cru la voir prise dans les mailles de la tour Eiffel.

PHONO UN : Et vous me tuez une dépêche.

PHONO DEUX : Je ne l'ai pas fait exprès.

PHONO UN : Fin du dialogue.

PHONO DEUX : Voici le Photographe de la tour Eiffel. Il parle. Que dit-il ?

PHONO UN : Figurez-vous que mon appareil de photographie est détraqué. D'habitude quand je dis : « Ne bougeons plus, un oiseau va sortir », c'est un petit oiseau qui sort. Ce matin, je dis à une dame : « Un petit oiseau va sortir » et il sort une autruche. Je cherche l'autruche, pour la faire rentrer dans l'appareil.

265. Le livret reproduit ici est une refonte des textes 1 et 2 conservés à la BHVP (Fonds Jean Cocteau, dossier « *Les Mariés de la tour Eiffel* », MS-FS-05-0360 et MS-FS-05-0361), réalisée pour la première fois sous notre propre initiative. Les indications entre crochets ont été recueillies parmi trois tapuscrits de Cocteau (tapuscrits 1, 5 et 6) du Dansmuseet (dossier « *Les Mariés de la tour Eiffel* », boîte des tapuscrits).

PHONO DEUX : Mesdames, messieurs, la scène se corse, car le Directeur de la tour Eiffel s'aperçoit soudain que la Dépêche portait son adresse.

PHONO UN : Il l'ouvre.

PHONO DEUX : « Directeur tour Eiffel. Viendrons noce déjeuner, prière retenir table. »

PHONO UN : Mais cette Dépêche est morte.

PHONO DEUX : C'est justement parce qu'elle est morte que tout le monde la comprend.

PHONO UN : Vite ! vite ! Nous avons juste le temps de servir la table. Je vous supprime votre amende. Je vous nomme garçon de café de la tour Eiffel. Photographe, à votre poste !

PHONO DEUX : Ils mettent la nappe.

PHONO UN : Marche nuptiale.

PHONO DEUX : Le cortège.

Marche nuptiale.
Les phonos annoncent les personnages de la noce qui entrent par couples en marchant comme les chiens dans les pièces de chiens.

PHONO UN : La Mariée, douce comme un agneau.

PHONO DEUX : Le Beau-Père, riche comme Crésus.

PHONO UN : Le Marié, joli comme un cœur.

PHONO DEUX : La Belle-Mère, fausse comme un jeton.

PHONO UN : Le Général, bête comme une oie.

PHONO DEUX : Regardez-le. Il se croit sur sa jument Mirabelle.

PHONO UN : Les garçons d'honneur, forts comme des Turcs.

PHONO DEUX : les demoiselles d'honneur, fraîches comme des roses.

PHONO UN : Le Directeur de la tour Eiffel leur fait les honneurs de la tour Eiffel. Il leur montre Paris à vol d'oiseau.

PHONO DEUX : J'ai le vertige !

Le Chasseur et le Directeur apportent une table avec les assiettes peintes dessus. La nappe touche par terre.

PHONO UN : Le Général s'écrie : « À table, à table ! » Et la noce se met à table.

PHONO DEUX : D'un seul côté de la table pour être vue du public.

PHONO UN : Le Général se lève.

PHONO DEUX : Discours du Général.

Le discours du Général est à l'orchestre. Il le gesticule seulement.
[(*musique solo*)]

PHONO UN : Tout le monde est ému.

PHONO DEUX : Après son discours, le Général raconte les phénomènes de mirage dont il fut victime en Afrique.

[PHONO UN : Je mangeais une tarte avec le duc d'Aumale. Cette tarte était couverte de guêpes. Nous essayâmes en vain de les chasser. Or, c'étaient des tigres.

PHONO DEUX : Quoi ?

PHONO UN : Des tigres. Ils rôdaient à plusieurs milles. Un phénomène de mirage les projetait en tout petit au-dessus de notre tarte et nous les faisait prendre pour des guêpes.]

PHONO DEUX : On ne dirait jamais qu'il a soixante-quatorze ans.

[*ritournelle*]

PHONO UN : Mais quelle est cette charmante cycliste en jupe-culotte ?

Entre une cycliste. Elle descend de sa machine.

PHONO DEUX, *voix de cycliste* : Pardon, messieurs.

PHONO UN : Madame, qu'y a-t-il pour votre service ?

PHONO DEUX : Suis-je bien ici sur la route de Chatou ?

PHONO UN : Oui, madame. Vous n'avez qu'à suivre les rails du tramway.

PHONO DEUX : C'est le Général qui répond à la Cycliste, car il vient de la reconnaître pour un mirage.

La Cycliste remonte en selle et sort.

PHONO UN : Mesdames, messieurs, nous sommes justement témoins d'un phénomène de mirage. Ils sont fréquents sur la tour Eiffel. Cette cycliste pédale en réalité sur la route de Chatou.

PHONO DEUX : Après cet intermède instructif le Photographe s'avance. Que dit-il ?

PHONO UN : Je suis le Photographe de la tour Eiffel et je vais faire votre photographie.

PHONO UN *et* PHONO DEUX : Oui ! Oui ! Oui ! Oui !

PHONO UN : Formez un groupe.

La noce forme un groupe derrière la table.

PHONO DEUX : Vous vous demandez où sont partis le Chasseur d'autruche et le Directeur de tour Eiffel. Le Chasseur cherche l'Autruche à tous les étages. Le Directeur cherche le Chasseur et dirige la tour Eiffel. Ce n'est pas une sinécure. La tour Eiffel est un monde comme Notre-Dame. C'est Notre-Dame de la rive gauche.

PHONO UN : C'est la reine de Paris.

PHONO DEUX : Elle était reine de Paris. Maintenant elle est demoiselle du télégraphe.

PHONO UN : Il faut bien vivre.

PHONO DEUX : Ne bougeons plus. Souriez. Regardez l'objectif. Un oiseau va sortir.

Sort une baigneuse de Trouville. Elle est en maillot, porte une épuisette contenant un cœur et un panier en bandoulière. Éclairage colorié. La noce lève les bras au ciel.

PHONO UN : Oh ! la jolie carte postale !

Danse de la Baigneuse.

[PHONO DEUX : (fort) (la musique finie)] : Le Photographe ne partage pas les plaisirs de la noce. C'est la seconde fois depuis ce matin que son appareil lui joue des tours. Il essaye de faire rentrer la Baigneuse de Trouville.

Enfin, la Baigneuse rentre dans l'appareil. Le Photographe lui fait croire que c'est une cabine de bains.

Fin de la danse. Le Photographe jette un peignoir éponge sur les épaules de la Baigneuse. Elle rentre dans l'appareil en sautillant et en envoyant des baisers.

PHONO UN *et* PHONO DEUX : Bravo ! Bravo ! Bis ! Bis ! Bis !

PHONO UN : Encore, si je savais d'avance les surprises que me réserve mon appareil détraqué, je pourrais organiser un spectacle. Hélas ! je tremble chaque fois que je prononce les maudites paroles. Sait-on jamais ce qui peut sortir ? Puisque ces mystères me dépassent, feignons d'en être l'organisateur. *(Il salue.)*

PHONO UN *et* PHONO DEUX : Bravo ! Bravo ! Bravo !

PHONO DEUX : Mesdames, messieurs, malgré mon vif désir de vous satisfaire, la limite d'heure m'empêche de vous présenter une seconde fois le numéro : Baigneuse de Trouville.

PHONO UN *et* PHONO DEUX : Si ! Si ! Si !

PHONO UN : Le Photographe ment pour arranger les choses et pour avoir du succès. Il regarde sa montre. Déjà 2 heures ! et cette autruche qui ne rentre pas.

PHONO DEUX : La noce forme un autre tableau.

[(*Ritournelle 2*)]

PHONO DEUX : Madame, votre pied gauche sur un des éperons. Monsieur, accrochez le voile à votre moustache. Parfait. Ne bougeons plus. Une. Deux. Trois. Regardez l'objectif. Un oiseau va sortir.

Il presse la poire. Sort un gros enfant. Il porte une couronne de papier vert sur la tête. Sous les bras des livres de prix et une corbeille.

PHONO UN : Bonjour maman.

PHONO DEUX : Bonjour papa.

PHONO UN : Voilà encore un des dangers de la photographie.

PHONO DEUX : Cet enfant est le portrait de la noce.

PHONO UN : Du reste, écoutez-la.

PHONO DEUX : C'est le portrait de sa mère.
PHONO UN : C'est le portrait de son père.
PHONO DEUX : C'est le portrait de sa grand-mère.
PHONO UN : C'est le portrait de son grand-père.
PHONO DEUX : Il a la bouche de notre côté.
PHONO UN : Il a les yeux du nôtre.
PHONO DEUX : Mes chers parents, en ce beau jour, acceptez tous mes vœux de respect et d'amour.
PHONO UN : Le même compliment vu sous un autre aspect :
PHONO DEUX : Acceptez tous mes vœux d'amour et de respect.
PHONO UN : Il aurait pu apprendre un compliment moins court.
PHONO DEUX : Acceptez tous mes vœux de respect et d'amour.
PHONO UN : Il sera capitaine.
PHONO DEUX : Architecte.
PHONO UN : Boxeur.
PHONO DEUX : Poète.
PHONO UN : Président de la République.
PHONO DEUX : C'est un beau petit mort pour la prochaine guerre.
PHONO UN : Que cherche-t-il dans son panier ?
PHONO DEUX : Des balles.

[(*Fugue*)]

PHONO UN : Que fait-il avec ces balles ? On dirait qu'il prépare un mauvais coup.
PHONO DEUX : Il massacre la noce.
PHONO UN : Il massacre les siens pour avoir des macarons.

L'Enfant bombarde la noce qui s'effondre en criant.

PHONO DEUX : Grâce !
PHONO UN : Quand je pense au mal que nous avons eu à l'élever.
PHONO DEUX : À tous nos sacrifices.
PHONO UN : Misérable ! Je suis ton père.
PHONO DEUX : Arrête ! Il en est temps encore.
PHONO UN : N'auras-tu pas pitié de tes grands-parents ?
PHONO DEUX : N'auras-tu pas le respect du galon ?
PHONO UN : Pan ! Pan ! Pan !
PHONO DEUX : Je te pardonne.
PHONO UN : Sois maudit.

[(*Musique finie*)]

PHONO DEUX : Il ne reste plus de balles.
PHONO UN : La noce est massacrée.
PHONO DEUX : Le Photographe court après l'Enfant. Il le menace du fouet. Il lui ordonne de rentrer dans la boîte.

PHONO UN : L'Enfant se sauve. Il hurle. Il trépigne. Il veut « vivre sa vie ».
PHONO DEUX : Je veux vivre ma vie ! Je veux vivre ma vie !
PHONO UN : Mais quel est cet autre tapage ?
PHONO DEUX : Le Directeur de la tour Eiffel. Que dit-il ?
PHONO UN : Un peu de silence, s'il vous plaît. Ne faites pas peur aux dépêches.
PHONO DEUX : Papa ! Papa ! des dépêches.
PHONO UN : Il y en a de grosses.
PHONO DEUX : La noce se relève.
PHONO UN : On
PHONO DEUX : entendrait
PHONO UN : voler
PHONO DEUX : une
PHONO UN : mouche.
PHONO DEUX : Les dépêches prises tombent en scène et se débattent. Toute la noce court après et leur saute dessus.
PHONO UN : Là, là, j'en tiens une. Moi aussi. Au secours ! À moi ! Elle me mord ! Tenez bon ! Tenez bon !
PHONO DEUX : Les dépêches se calment. Elles se rangent sur une ligne. La plus belle s'avance et fait le salut militaire.
PHONO UN, *voix de compère de revue* : Mais qui donc êtes-vous ?
PHONO DEUX : Je suis la Dépêche sans fil et, comme ma sœur la cigogne, j'arrive de New York.
PHONO UN, *voix de commère de revue* : New York ! ville des amoureux et des contre-jours.
PHONO DEUX : En avant la musique !

Danse des dépêches.
Sortie des dépêches.

PHONO UN : Mon gendre, remerciez-moi. Qui a eu l'idée de venir sur la tour Eiffel ? Qui a eu l'idée de mettre la noce un 14 Juillet ?
PHONO DEUX : L'Enfant trépigne.
PHONO UN : Papa ! Papa !
PHONO DEUX : Que dit-il ?
PHONO UN : Je veux qu'on me tire en photographie avec le Général.
PHONO DEUX : Mon Général, vous ne refuserez pas ce plaisir à notre petit Justin ?
PHONO UN : Soit.

[(*Ritournelle n*° *3*)]

PHONO DEUX : Pauvre Photographe. La mort dans l'âme, il charge son appareil.
PHONO UN : L'Enfant, à cheval sur le sabre, fait semblant d'écouter le Général qui fait semblant de lui lire un livre de Jules Verne.
PHONO DEUX : Ne bougeons plus. C'est parfait. Un oiseau va sortir.

Sort un lion.

PHONO UN : Grand dieu ! Un lion. Le Photographe se cache derrière son appareil. Toute la noce monte dans les guipures de la tour Eiffel. Le Lion regarde le Général car, seul, le Général ne bouge pas. Il parle. Que dit-il ?

PHONO DEUX : N'ayez pas peur. Il ne peut y avoir de lion sur la tour Eiffel. Donc, c'est un mirage, un simple mirage. Les mirages sont en quelque sorte le mensonge du désert. Ce lion est en Afrique comme la Cycliste était sur la route de Chatou. Ce lion me voit, je le vois, et nous ne sommes l'un pour l'autre que des reflets.

PHONO UN : Pour confondre les incrédules, le Général s'approche du Lion. Le Lion pousse un rugissement. Le Général se sauve, suivi par le Lion.

PHONO DEUX : Le Général disparaît sous la table. Le Lion disparaît derrière lui.

PHONO UN : Après une minute, qui semble un siècle, le Lion sort de sous la nappe.

PHONO DEUX : Horreur ! Horreur ! Ahhhhhh !

PHONO UN : Que tient-il dans sa gueule ?

PHONO DEUX : Une botte, avec un éperon.

PHONO UN : Après avoir mangé le Général, le Lion rentre dans l'appareil.

[(*fin de la ritournelle*)]
Plainte funèbre.

PHONO UN *et* PHONO DEUX : Ahhhh ! Ahhhh…

PHONO UN : Pauvre Général.

PHONO DEUX : Il était si gai, si jeune de caractère. Rien ne l'aurait plus amusé que cette mort. Il aurait été le premier à en rire.

PHONO UN : Funérailles du Général.

Cortège funèbre.

PHONO DEUX : Le Beau-Père parle sur la tombe. Que dit-il ?

PHONO UN : Adieu, adieu, vieil ami.

Dès vos premières armes, vous avez fait preuve d'une intelligence très au-dessus de votre grade. Vous ne vous êtes jamais rendu, même à l'évidence.

Votre fin est digne de votre carrière. Nous vous avons vu, bravant le fauve, insoucieux du danger, ne le comprenant pas et ne prenant la fuite qu'une fois que vous l'aviez compris.

Encore une fois, adieu, ou plutôt au revoir, car votre type se perpétuera aussi longtemps qu'il y aura des hommes sur la terre.

[(bien attendre la fin de la marche funèbre, fin termine pianissimo.)]

PHONO DEUX : Trois heures ! Et cette Autruche qui ne rentre pas.

PHONO UN : Elle aura voulu rentrer à pied.

PHONO DEUX : C'est stupide. Rien n'est plus fragile que les plumes d'autruche.

PHONO UN : Attention !

PHONO DEUX : « Les Mariés de la tour Eiffel », *quadrille*, par la musique de la Garde républicaine, direction Parès.

PHONO UN *et* PHONO DEUX : Bravo ! Bravo ! Vive la Garde républicaine.

Quadrille.
Fin du quadrille.

PHONO DEUX : Ouf! quelle danse.
PHONO UN : Votre bras.
PHONO DEUX : Monsieur le Photographe, vous ne refuserez pas une coupe de champagne ?
PHONO UN : Vous êtes trop aimable. Je suis confus.
PHONO DEUX : À la guerre comme à la guerre. [Mais que veut mon petit-fils ?]

[(*ritournelle* 4)] [266]
(*l'appareil sursaute*)]

PHONO UN : Je veux qu'on m'achète du pain pour donner à manger à la tour Eiffel.
PHONO DEUX : On le vend en bas. Je ne vais pas descendre.
PHONO UN : J'veux donner à manger à la tour Eiffel.
PHONO DEUX : On ne lui donne qu'à certaines heures. C'est pour cela qu'elle est entourée de grillages.
PHONO UN : J'veux donner à manger à la tour Eiffel.
[PHONO DEUX : Non, non et non.]
PHONO UN : La noce pousse des cris, car voici l'Autruche. Elle s'était cachée dans l'ascenseur. Elle cherche une autre cachette. Le Chasseur approche. Le Photographe voudrait bien qu'elle profite de l'appareil.
PHONO DEUX : Il se souvient qu'il suffit de cacher la tête d'une autruche pour la rendre invisible.
PHONO UN : Il lui cache la tête sous son chapeau. Il était temps.

L'Autruche se promène, invisible, un chapeau sur la tête. Entre le Chasseur.

PHONO DEUX : Avez-vous vu l'Autruche ?
PHONO UN *et* Phono deux : Non. Nous n'avons rien vu.
PHONO DEUX : C'est étrange. Il m'avait bien semblé qu'elle sautait sur la plate-forme.
PHONO UN : C'est peut-être une vague que vous avez prise pour une autruche.
PHONO DEUX : Non. La mer est calme. Du reste, je vais la guetter derrière la boîte de ce phonographe.
PHONO UN : Aussitôt dit, aussitôt fait.
PHONO DEUX : Le Photographe s'approche de l'Autruche sur la pointe des pieds. Que lui dit-il ?
PHONO UN : Madame, vous n'avez pas une minute à perdre. Il ne vous a pas reconnue sous votre voilette. Dépêchez-vous, j'ai un fiacre.
PHONO DEUX : Il ouvre la portière de l'appareil. L'Autruche disparaît.

---

266. Le chiffre 4 est ajouté au crayon rouge.

PHONO UN : Sauvée, mon Dieu !

PHONO DEUX : Vous imaginez le bonheur du Photographe. Il pousse des cris de joie.

PHONO UN : La noce l'interroge.

PHONO DEUX : Messieurs et dames, je vais enfin pouvoir vous photographier tranquillement. Mon appareil était détraqué ; il fonctionne. Ne bougeons plus.

[(*Ritournelle s'arrête net*)]

PHONO UN : Mais quels sont ces deux personnages qui viennent déranger le Photographe ?

PHONO DEUX : Regardez. La noce et le Photographe se figent. La noce est immobile. Ne la trouvez-vous pas un peu…

PHONO UN : Un peu gâteau.

PHONO DEUX : Un peu bouquet.

PHONO UN : Un peu Joconde.

PHONO DEUX : Un peu chef-d'œuvre.

PHONO UN : Le Marchand de tableaux modernes et le Collectionneur moderne s'arrêtent devant la noce. Que dit le Marchand de tableaux ?

PHONO DEUX : Je vous mène sur la tour Eiffel pour vous faire vomir, avant tout le monde, une chose unique : *La Noce.*

PHONO UN : Et le Collectionneur répond :

PHONO DEUX : Je vous suis, les yeux fermés.

PHONO UN : Hein ? Est-ce beau ? On dirait un primitif.

PHONO DEUX : De qui est-ce ?

PHONO UN : Comment ! de qui est-ce ? C'est une des dernières choses de Dieu.

PHONO DEUX : Elle est signée ?

PHONO UN : Dieu ne signe pas. Est-ce peint ! Quelle pâte ! Et regardez-moi ce style, cette noblesse, cette joie de vivre ! On dirait un enterrement.

PHONO DEUX : Je vois une noce.

PHONO UN : Vous voyez mal. C'est plus qu'une noce. C'est toutes les noces. Plus que toutes les noces : c'est une cathédrale.

PHONO DEUX : Combien la vendez-vous ?

PHONO UN : Elle n'est pas à vendre, sauf pour le Louvre et pour vous. Tenez, au prix d'achat, je vous l'offre.

PHONO DEUX : Le Marchand montre une grande pancarte.

La pancarte porte le chiffre I 000 000 000 000.

PHONO UN : Le Collectionneur va-t-il se laisser convaincre ? Que dit-il ?

Le Marchand retourne la pancarte.
On lit VENDU en grosses lettres.
Il la pose contre la noce.

Le Marchand de tableaux s'adresse au Photographe.

PHONO DEUX : Photographiez-moi cette noce, avec la pancarte. Je voudrais les faire paraître dans les magazines américains.

PHONO UN : Le Collectionneur et le Marchand de tableaux quittent la tour Eiffel.

PHONO DEUX : Le Photographe s'apprête à prendre la photographie, mais, ô prodige ! son appareil lui parle.

PHONO UN : Que lui dit-il ?

L'APPAREIL, *voix lointaine* : Je voudrais… Je voudrais…

PHONO DEUX : Parle, mon beau cygne.

L'APPAREIL : Je voudrais rendre le Général.

PHONO DEUX : Il saura bien se rendre lui-même.

(*fin d'acte*)
[(Ritournelle 5X)] [267]

PHONO UN : Le Général reparaît. Il est pâle. Il lui manque une botte. Somme toute, il arrive de loin. Il racontera qu'il revient d'une mission sur laquelle il doit garder le silence. La noce ne bouge pas. Tête basse, il traverse la plate-forme et prend une pose modeste parmi les autres.

PHONO DEUX : Voilà une bonne surprise pour le Collectionneur de chefs-d'œuvre. Dans un chef-d'œuvre on n'a jamais fini de découvrir des détails inattendus.

PHONO UN : Le Photographe se détourne. Il trouve la noce un peu dure. Si elle reproche au Général d'être vivant, le Général pourrait lui reprocher de s'être laissé vendre.

PHONO DEUX : Le Photographe a du cœur.

PHONO UN : Il parle. Que dit-il ?

PHONO DEUX : Allons, mesdames et messieurs, je vais compter jusqu'à cinq. Regardez l'objectif. Un oiseau va sortir.

PHONO UN : Une colombe !

PHONO DEUX : L'appareil marche.

PHONO UN : La paix est conclue.

PHONO DEUX : Une. *(Le Marié et la Mariée se détachent du groupe, traversent la scène et disparaissent dans l'appareil.)* Deux. *(Même jeu pour le Beau-Père et la Belle-Mère.)* Trois. *(Même jeu pour le premier garçon et demoiselles d'honneur.)* Quatre. *(Même jeu pour les deuxième garçon et demoiselles d'honneur.)* Cinq. *(Même jeu pour le Général, seul, tête basse, et l'Enfant, qui le traîne par la main.)*

[(*Ritournelle s'arrête*)]

PHONO UN : Entre le Directeur de la tour Eiffel. Il agite un porte-voix.

PHONO DEUX : On ferme ! On ferme !

PHONO UN : Il sort.

267. Le « 5 X » est ajouté à la main.

PHONO DEUX : Entre le Chasseur. Il se dépêche. Il court jusqu'à l'appareil. Que dit le Photographe ?

PHONO UN : Où allez-vous ?

PHONO DEUX : Je veux prendre le dernier train.

PHONO UN : On ne passe plus.

PHONO DEUX : C'est honteux. Je me plaindrai au directeur des chemins de fer.

PHONO UN : Ce n'est pas ma faute. Tenez, votre train, le voilà qui part.

L'appareil se met en marche vers la gauche, suivi de son soufflet comme des wagons. Par des ouvertures on voit la noce qui agite des mouchoirs, et, par-dessous, les pieds qui marchent.

RIDEAU

Chapitre IV

L'HOMME ET SON DÉSIR : LE SYMBOLISME ET LE CUBO-FAUVISME DANS UNE PERSPECTIVE SPATIOTEMPORELLE

Le 6 juin 1921, soit douze jours avant la création des *Mariés de la tour Eiffel*, les Ballets suédois donnent la toute première représentation de *L'Homme et son désir*. Fruit d'une étroite collaboration entre Paul Claudel (1868-1955), Darius Milhaud (1892-1974) et Audrey Parr (1892-1940), ce ballet sous-titré « poème plastique » tente de faire renaître les pulsions primitives de l'Homme obnubilé par les songes que suscitent les mystérieux bruits nocturnes de la forêt amazonienne. Claudel lui-même décrit le sujet du drame :

> C'est le thème de l'homme enfermé dans une passion, une idée, dans un désir, et qui essaie vainement de s'en échapper comme d'une prison aux barreaux invisibles, jusqu'au moment où une femme qui est à la fois l'image de la Mort et de l'Amour, vient le prendre avec elle et le fait sortir de scène [1].

Dans ce drame, les sentiments passionnels éprouvés par l'Homme s'intensifient à mesure qu'avance la chaude nuit tropicale. Pendant que les heures défilent sous une lune aux reflets brillants, l'Homme est amené par deux formes féminines identiquement voilées : la Femme morte et son Fantôme. Elles font virevolter l'Homme, puis l'abandonnent au milieu de la forêt sauvage. Seul et plongé dans un sommeil profond, il sent surgir en lui les pulsions primitives du désir. Pendant que des animaux étranges viennent le visiter, la peur, la nostalgie et le désespoir, mêlés au désir inassouvi, l'habitent. Ses mouvements oscillatoires se transforment en une frénétique danse de la passion. La Femme et son Fantôme reviennent près de lui et l'enroulent dans leur voile pour l'emmener avec elles au moment où les heures blanches du jour apparaissent.

Dans son ensemble, l'œuvre revêt une forte portée symbolique intégrée à sa composition scénique dans un esprit moderniste marqué par les influences du fauvisme et du cubisme. En effet, dirigée de près par Claudel, l'artiste Audrey Parr traite avec intensité et audace le sujet du primitivisme associé à l'Homme en proposant des couleurs vives et en représentant la forêt amazonienne par des formes géométriques. Le

1. Paul Claudel, dans *Les Ballets suédois 1920-1924*, programme général, Paris, 1924, Bnf, Bibliothèque-musée de l'Opéra, Fonds Dossier d'œuvre, [n.p.].

style ainsi reproduit rappelle à la fois l'art fougueux du fauvisme et le traitement formel du cubisme. Pour illustrer les diverses couches spatiales de la nature, Claudel et Parr conçoivent un décor qui s'élève sur quatre étages dont chacun présente une symbolique, une action et une temporalité spécifiques (ill. 19).

Dans la scénographie, le chorégraphe des Ballets suédois, Jean Börlin, a donc dû travailler dans les espaces restreints d'une scène sectionnée en quatre plateaux étagés, chacun portant sa propre action jouée en simultané. Milhaud contribue à cette expérimentation du temps et de l'espace en élaborant une composition clairement divisée en groupes musicaux distincts qui, à l'origine, devaient être répartis parmi les divers gradins de la scène en parfait arrimage avec Claudel et Parr. Le déroulement simultané de multiples mélodies indépendantes évoque en soi le processus cubiste, qui juxtapose plusieurs points de vue d'un objet dans un unique plan pictural. Cet amalgame de lignes mélodiques indépendantes engendre un effet de couleurs polytonales et timbrales sans pareil, qui s'harmonise au fauvisme du décor. En plus de cet enchevêtrement de mélodies, la composition s'appuie principalement sur une importante section de percussion qui traduit sans équivoque la nature primitive et fauve de cette forêt amazonienne, où l'Homme endormi est en contact direct avec ses pulsions.

Dans ce métissage stylistique, le drame, le décor, la chorégraphique et la musique s'unissent pour faire du ballet *L'Homme et son désir* une manifestation que l'on a qualifiée d'« ultra-moderne »[2], à la limite du cubisme[3]. Prenant comme point de départ la genèse de l'œuvre, l'étude interartistique qui suit a pour but de mieux définir son orientation esthétique, stylistique et formelle.

La genèse de l'œuvre : l'expérience brésilienne de Claudel et Milhaud

Les premières collaborations entre Claudel et Milhaud précèdent de quelques années le projet de *L'Homme et son désir*. Milhaud découvre l'œuvre poétique claudélienne peu avant ses vingt ans grâce à son ami écrivain Francis Jammes[4], qui est également un ami proche de Claudel. Lors d'une rencontre organisée par Jammes dans l'appartement de Milhaud, le 27 octobre 1912[5], ce dernier joue alors les mélodies qu'il a composées sur les poèmes *Connaissances de l'Est* (1900), écrits par Claudel lui-même[6].

---

2. Le qualificatif « ultra-moderne » est utilisé dans le programme des Ballets suédois pour souligner le caractère extrêmement avant-gardiste du spectacle. *Ibid.*

3. Bengt Häger, *Ballets Suédois*, Paris, Jacques Damase, 1989, p. 25.

4. C'est son ami d'enfance Léo Latil qui présente Francis Jammes à Milhaud. Sabine Vergnaud, *La musique et les arts dans la collaboration du Groupe des Six avec les Ballets suédois (1920-1925)*, thèse de doctorat, Saint-Étienne, Université Jean-Monnet de Saint-Étienne, 2010, p. 88.

5. Lettre de Darius Milhaud à Léo Latil, 29 octobre [1912], dans Franck Langlois, « Caractères », lettres inédites de Darius Milhaud, dans Catherine Massip et Myriam Chimènes (dir.), *Portrait(s) de Darius Milhaud*, Paris, Bibliothèque nationale de France, 1998, p. 23. Milhaud se trompe d'une année (1911 au lieu de 1912) lorsqu'il raconte le moment de sa première rencontre avec Claudel dans ses écrits intitulés *Études* (Paris, Claude Aveline, 1927, p. 28).

6. C'est Jammes qui fait connaître à Milhaud l'ouvrage *Connaissances de l'Est* de Claudel. Au cours des années 1912-1913, Milhaud met en musique les sept premiers poèmes de ce recueil.

Impressionné par son style musical[7], le poète propose alors au compositeur de mettre en musique les textes d'*Orestie* d'Eschyle, entre autres, dont il avait commencé la traduction. C'est ainsi que s'amorce « une longue collaboration [et] le début d'une amitié précieuse »[8]. En effet, au cours des années qui suivent cette rencontre, les deux artistes cosignent plusieurs œuvres, dont *Sept Poèmes de la Connaissance de l'Est* (1912-1913), *Protée* (1913-1919) et la trilogie de l'*Orestie* (*Agamemnon*, 1914; *Les Choéphores*, 1915; *Les Euménides*, 1917-1922).

La découverte du Brésil et la naissance d'un ballet amazonien

En janvier 1917, un nouvel épisode commence pour eux. Claudel, récemment nommé ministre plénipotentiaire de France à Rio de Janeiro[9], demande à Milhaud de l'y accompagner à titre de secrétaire d'ambassade. Dès leur arrivée au Brésil, le 1er février 1917[10], les deux hommes s'émerveillent devant la richesse naturelle et culturelle de ce pays qui, d'emblée, deviendra leur principale source d'inspiration créatrice[11]. Sans tarder, ils prendront plaisir à vivre dans ce nouvel environnement qui, à leur étonnement, est un lieu riche en échanges artistiques. D'ailleurs, Milhaud, en plus de ses fonctions de secrétaire d'ambassade, est aussi responsable du secteur culturel à la légation[12]. Vite intégré au milieu musical carioca, il s'associe avec les compositeurs les plus influents[13] pour organiser des concerts de musique moderne française et brésilienne.

7. Après cette séance de lecture musicale, Claudel s'exclame : « Vous êtes un mâle ». Massip et Chimènes (dir.), *Portrait(s) de Darius Milhaud*, p. 23.

8. Voici précisément comment Milhaud perçoit cette rencontre : « Depuis ce jour, ce fut une longue collaboration qui est la meilleure chose de ma vie de musicien et le début d'une amitié précieuse dont je suis fier ». Milhaud, *Études*, p. 28.

9. La mission de Claudel consistait à liquider les actifs de la société Brazil Railway dans laquelle la France et la Belgique avaient investi d'importantes sommes. Vergnaud, *La musique et les arts*, p. 90.

10. Le 9 janvier 1917, Claudel et Milhaud, chacun de leur côté, prennent le train vers l'Espagne où ils s'embarquent sur le transatlantique Amazone. Pascal Lécroart, *Paul Claudel et la rénovation du drame musical*, Sprimont [Belgique], Mardaga, 2004, p. 67.

11. L'influence du Brésil est palpable dans l'œuvre de Milhaud, notamment dans les compositions écrites pendant son séjour ainsi qu'à son retour en France. Nous pensons, entre autres, aux pièces suivantes : *Le Bœuf sur le toit* (1919), *Saudades do Brazil* (1920), *La Création du monde* (1923) et *Salade* (1924). Le ballet *La Création du monde* fera l'objet d'un chapitre ultérieur.

12. À noter que parmi ses multiples fonctions, Milhaud est chargé du service de la propagande culturelle, rattaché à la Maison de la Presse, sous la gouvernance du ministère des Affaires étrangères. Lécroart, *Paul Claudel et la rénovation du drame musical*, p. 67. Pour savoir comment cette mission de propagande confiée à Milhaud a été préparée avant son départ pour le Brésil, consulter l'article de Manoel Corrêa do Lago et Paul Guerra, « Autour d'une correspondance Milhaud-Guerra et le milieu musical brésilien (1917-1921) » (dans Jacinthe Harbec et Marie-Noëlle Lavoie [dir.], *Darius Milhaud, compositeur et expérimentateur*, Paris, Vrin, 2014, p. 101-131, ici p. 102-103, n. 5).

13. Parmi les plus importants compositeurs que Milhaud fréquente régulièrement, nommons Henrique Oswald (1852-1931), Francisco Braga (1868-1945), Alberto Nepomuceno (1864-1920), Luciano Gallet (1893-1931), Heitor Villa-Lobos (1887-1959) et Oswaldo Guerra (1892-1980). *Ibid.*, p. 108-121.

Pendant son séjour au Brésil, Milhaud développe des liens étroits avec Oswaldo Guerra et sa femme Nininha Veloso-Guerra, pianiste de grand talent. Darius Milhaud, *Notes sans musique*, Paris, Julliard, 1949; 2e éd. rév. et aug., Paris, Julliard, 1963; nouvelle éd. sous le titre *Ma Vie heureuse*, Paris, Belfond, 1987; réimpression, Bourg-la-Reine, Zurfluh, 1998, p. 68. Pour en connaître davantage sur leur amitié et leurs échanges, référer à Lago et Guerra, « Autour d'une correspondance Milhaud-Guerra et le milieu musical

Le Brésil étant à cette époque une destination convoitée, les deux attachés diplomatiques rencontrent plusieurs personnalités et artistes étrangers[14], dont les danseurs des Ballets russes de Serge de Diaghilev. La troupe, alors en pleine tournée sur le continent américain, s'arrête au Brésil à l'été 1917[15]. Milhaud, qui a eu écho du scandale qu'a provoqué la création de *Parade* en mai 1917 à Paris, est fort heureux de leur visite, qui lui permet d'entendre raconter les coulisses de ce spectacle épique. Le compositeur reporte les faits saillants de la soirée :

> La troupe vint passer une soirée à la légation. Nous étions très impatients d'avoir des détails sur *Parade*, le ballet de Cocteau dont Satie avait fait la musique et qui venait d'être créé à Paris. Ansermet nous décrivit les décors et les costumes de Picasso ; les accessoires que Satie avait ajoutés à l'orchestre, tels que machine à écrire, roue de loterie, sirène. Les danseurs Chabelska, Idzikowski, Woydzikowski [*sic*] en costume de travail s'amusèrent à retrouver sous les tropiques la chorégraphie de Massine qui, si elle avait scandalisé le public parisien, enchanta le ministre de France et ses amis, juchés sur les piles de lainage dans la grande salle de bal de la légation, transformée en ouvroir depuis la guerre[16].

Parmi les danseurs des Ballets russes se trouvait Vaslav Nijinski (1889-1950). Claudel, qui n'a manifesté jusqu'alors aucun intérêt pour le ballet classique[17], modifie totalement ses impressions en voyant danser Nijinski dans le *Prélude à l'après-midi d'un faune*[18]. Le poète est si ébloui par la virtuosité et la nouvelle approche chorégraphique du danseur polonais qu'il conçoit un sujet de ballet se déroulant dans la forêt amazonienne. Durant les premiers jours de septembre 1917, Claudel convie le couple Nijinski à une promenade dans cette luxuriante végétation sauvage[19]. Le lendemain, il expose les grandes lignes de son projet au chorégraphe. Encouragé par la réaction favorable de Nijinski, Claudel entraîne Milhaud dans cette nouvelle aventure créatrice. Loin de leur vie active parisienne, ils profitent du temps dont ils disposent pour mettre au point tous les aspects du ballet. À ce sujet, Milhaud écrira plus tard : « Peu d'œuvres nous ont tellement amusés à bâtir. Dans cette grande solitude, à un mois de courriers

brésilien (1917-1921) » (dans Harbec et Lavoie (dir.), *Darius Milhaud, compositeur et expérimentateur*, p. 102-108.

14. Pour les témoignages du compositeur à ce sujet, voir Milhaud, *Ma vie heureuse*, p. 70.

15. Même si dans *Ma Vie heureuse* (p. 70), Milhaud situe l'événement à l'hiver 1917, la visite des Ballets russes à Rio a eu lieu entre juillet et septembre 1917. John E. Bowlt, Zelfira Tregulova et Nathalie Rosticher Giordano (dir.), *Étonne-moi ! Serge Diaghilev et les Ballets Russes*, catalogue d'exposition (Nouveau Musée national de Monaco, 9 juillet-27 septembre 2009), Milan, Skira, 2009, p. 315.

16. Milhaud, *Ma vie heureuse*, p. 70.

17. Paul Claudel, « Nijinsky », *Positions et propositions I*, 6e éd., Paris, Librairie Gallimard, 1928, p. 229. Claudel s'avoue en revanche très fasciné par la danse issue du théâtre asiatique à laquelle il a pu maintes fois assister lors de ses longues missions en Chine et au Japon. Il montre également un intérêt pour l'approche originale d'Émile Jaques-Dalcroze fondée sur la rythmique et l'expression corporelle. Le poète a eu l'occasion de travailler avec le rythmicien dans les années 1912-1913 à Hellereau, près de Dresde, lors de la production d'*Orestie*.

18. *Ibid.*, p. 230-232.

19. Cette promenade a lieu entre le 1er et le 3 septembre 1917 selon le carnet de notes de Claudel (*Journal*, t. I : *1904-1932*, éd. François Varillon et Jacques Petit, Paris, Gallimard, 1968, p. 384).

d'Europe, nous avions le temps de laisser mûrir et d'édifier tout doucement une œuvre qui était devenue pour nous comme un jouet »[20].

À l'équipe initiale se joint Audrey Parr (née Pabst), dessinatrice aux talents indéniables et épouse du diplomate anglais Raymond Parr, qui s'est liée d'amitié avec les deux artistes français au cours de multiples soirées diplomatiques[21]. Claudel, qui l'avait déjà rencontrée dans un contexte similaire à Rome, éprouve envers elle des sentiments plus qu'amicaux. En fait, il est complètement épris par la « beauté éblouissante » et la « fantaisie inextinguible » de la jeune Anglaise, pour emprunter les termes de Milhaud[22]. Lui qui « rêva toute sa vie de rencontrer un artiste qui se prêtât à traduire fidèlement, sur le papier, ses imaginations de poète »[23], il se réjouit donc au plus haut point de la voir contribuer à son projet de ballet. Accompagnés du jeune compositeur, ils prendront ainsi plaisir à se retrouver chaque dimanche dans la Sierra[24] à leur « pique-nique d'idées, de musique et de dessins »[25]. Ainsi naît un projet de ballet inspiré de l'environnement brésilien. D'ailleurs, l'idée d'un décor étagé pour représenter la forêt semble venir de la disposition de la terrasse située derrière la résidence de la légation, rue Paysandú, où habitaient Claudel et Milhaud à Rio de Janeiro[26].

À plusieurs moments, les trois compères se réunissent à la résidence des Parr à Petrópolis[27] où, selon Henri Hoppenot, « il [Claudel] maintenait Margotine[28] pendant des heures penchée sur ses feuilles de dessin, appliquée à rendre de son mieux, dans leurs versions successives et précipitées, les scènes et les attitudes qu'il lui décrivait ou

---

20. Milhaud, *Études*, p. 32-33.

21. Audrey et Raymond Parr se trouvent à la légation britannique à Rio de Janeiro à la même période que Claudel et Milhaud. Michel Wasserman, « De la Serra des Orgues au Théâtre des Champs-Élysées », *Bulletin de la Société Paul Claudel*, numéro spécial *Hommage à Audrey Parr*, n° 201, mars 2011, p. 21-29, ici p. 21.

22. Milhaud, *Ma vie heureuse*, p. 66. D'après les témoignages de son entourage, Claudel semble très marqué par la beauté et la personnalité de Parr. Par exemple, Henri Hoppenot (1891-1977), secrétaire et adjoint de Claudel à l'ambassade de France à Rio, révèle le jeu de séduction auquel se prêtait Claudel à l'endroit de Parr : « Claudel tournait comme un gros papillon de nuit autour de cette flamme virevoltante ». Henri Hoppenot, « Préface », dans Jacques Petit (éd.), *Correspondance Paul Claudel - Darius Milhaud 1912-1953*, numéro spécial des *Cahiers Paul Claudel*, n° 3, 1961, p. 19.

Arthur Rubinstein, se trouvant également à Rio, présente une opinion similaire à celle de Hoppenot : « C'était une beauté, avec le profil grec le plus pur qu'on puisse rêver, et je me souviens que Claudel était fort épris d'elle ». Gérald Antoine, *Paul Claudel ou l'Enfer du génie*, Paris, Robert Laffont, 1988, p. 189.

23. Hoppenot, « Préface », dans *Correspondance Paul Claudel - Darius Milhaud 1912-1953*, p. 19.

24. Plus précisément, leur promenade se faisait à l'intérieur des terres de la Serra des Orgues. Wasserman, « De la Serra des Orgues au Théâtre des Champs-Élysées », p. 21.

25. Paul Claudel, « *L'Homme et son Désir* », *La Danse*, numéro spécial *Les Ballets suédois*, n° 9, juin 1921, [n.p] ; repris dans Darius Milhaud, *L'Homme et son désir. Poème plastique de Paul Claudel*, partition d'orchestre, Wien, Universal Edition AG, UE 14284, ©1966.

26. Selon un entretien radiophonique entre Madeleine Milhaud et Oswaldo Guerra, réalisé par Francine Bloch, le 21 juin 1978 (enregistrement sonore, BnF, département de l'Audiovisuel, SDCR001303).

Toutefois, il ne faut pas mettre à l'écart l'hypothèse selon laquelle Claudel reprend à Adolphe Appia le concept de la scène étagée utilisée lors de la présentation au théâtre d'Hellerau, en 1912, de sa pièce *L'Annonce faite à Marie*. Wasserman, « De la Serra des orgues au Théâtre des Champs-Élysées », p. 22-23.

27. Ville de villégiature aux abords de la Serra des Orgues. *Ibid.*, p. 21.

28. C'est le sobriquet affectueux que Claudel attribua à Audrey Parr. Hoppenot, « Préface », dans *Correspondance Paul Claudel - Darius Milhaud 1912-1953*, p. 18 et Milhaud, *Ma vie heureuse*, p. 72.

lui mimait »[29]. Elle décide alors de faire construire un théâtre miniature, ce qui permet à Claudel de régler, dans les moindres détails, les éléments scénographiques à l'aide de figurines de quinze centimètres que la dessinatrice avait confectionnées en suivant minutieusement les indications du maître Cacique[30]. De son côté, Milhaud, tout en étant témoin de la démarche artistique de Claudel et de Parr, poursuit la composition de la partition de *L'Homme et son désir*, qu'il termine en février 1918.

Il est clair que le séjour brésilien des trois artistes fut favorable à un contexte de travail collaboratif idéal, caractérisé par une grande disponibilité.

Le retour en France : à la recherche d'un producteur de ballet

Le périple brésilien de Claudel et Milhaud se termine le 23 novembre 1918, date où ils repartent pour la France[31]. Ils font escale à la Martinique et à Porto-Rico, avant de débarquer à New York en janvier 1919. Après une première étape de traversée mouvementée, ils s'embarquent à nouveau pour arriver finalement au Havre le 14 février 1919[32].

Dès son retour à Paris, Claudel informe Parr des démarches entreprises pour que l'Opéra de Paris présente son nouveau ballet, et pour que celui-ci soit créé par les Ballets russes[33]. Car depuis ses premiers échanges avec Nijinski, en septembre 1917, Claudel envisage exclusivement la troupe russe de Diaghilev, reconnue pour son éclectisme artistique, pour la création de son ballet. Cependant, Claudel ne parvient à joindre le directeur de l'Opéra, Jacques Rouché, qu'au mois de mai suivant. « Rouché a accepté le ballet en principe », écrit-il à Parr[34]. Le principal obstacle au projet est Nijinski lui-même, dont la santé ne cesse de se détériorer depuis sa tournée sud-américaine. Tant que le danseur étoile n'est pas rétabli, aucune nouvelle production n'est inscrite au programme des Ballets russes[35]. Ainsi, pendant toute l'année suivante, Claudel ne reçoit aucune confirmation officielle de Rouché[36]. De son côté, Milhaud réussit à obtenir un

29. Hoppenot, « Préface », dans *Correspondance Paul Claudel – Darius Milhaud 1912-1953*, p. 19.

30. De son Côté, Parr surnomme Claudel « Cacique ». *Ibid.*, p. 18 et Milhaud, *Ma vie heureuse*, p. 72.

31. Le 23 novembre 1918 est la date inscrite sur la carte postale que Milhaud envoie à Henri Hoppenot à partir du bateau Victoria. Madeleine et Darius Milhaud, Hélène et Henri Hoppenot, *Conversation : correspondance 1918-1974*, complétée par des pages du *Journal* d'Hélène Hoppenot, éd. Marie France Mousli, Paris, Gallimard, 2005, p. 9.

32. Milhaud, « Traversée difficile », dans *Ma vie heureuse*, p. 76-80 et Katherine Massip, « Repères chronologiques », dans Chimènes et Massip (dir.), *Portrait(s) de Darius Milhaud*, p. 81. Pour connaître les péripéties de ce voyage, voir Milhaud et Hoppenot, *Conversation : correspondance 1918-1974*, p. 9-25.

33. Lettre de Paul Claudel à Audrey Parr, 16 février 1919, dans Michel Lioure et Michel Malicet (éd.), *Lettres de Paul Claudel à Élisabeth Sainte-Marie Perrin et à Audrey Parr*, introduction et notes de Marlène Sainte-Marie Perrin, dans *Cahiers Paul Claudel*, n° 13, 1990, p. 228.

34. Lettre de Claudel à Parr, 16 février 1919, dans *ibid.*, p. 231.

35. Pendant son séjour à Rio de Janeiro, Nijinski affiche des symptômes de troubles psychiatriques relevant de la paranoïa. Milhaud fait allusion à la maladie du danseur dans *Ma vie heureuse* (p. 71). Dans les faits, Nijinski ne se remettra jamais. La dernière prestation de Nijinski sur scène date du 26 septembre 1917. Oleg Brezgin, « Chronologie », dans Bowlt, Tregulava et Rosticher (dir.), p. 315.

36. En 1929, Milhaud rappellera à Claudel le jour où ils ont vu Rouché pour défendre « *L'Homme et son désir* à grands coups de poing sur le piano ». Lettre de Milhaud à Claudel, 7 octobre 1929, dans Petit (éd.), *Correspondance Paul Claudel – Darius Milhaud 1912-1953*, p. 122.

entretien avec Diaghilev, mais seulement au mois de juin 1920 [37]. Lors de cette rencontre organisée par le couple Sert [38], le musicien donne une lecture de sa partition qui sera mal reçue. Milhaud raconte :

> Cependant, afin de donner satisfaction à José Maria Sert qui admirait beaucoup Claudel, il me demanda de jouer *L'Homme et son désir*. L'audition eut lieu dans le salon de Misia Edwards que Sert devait épouser quelques semaines plus tard. Grande amie de Diaghilev, elle l'aidait avec dévouement à lancer ses spectacles et il avait grande confiance en elle. Son jugement était redoutable; comme Diaghilev, elle était à l'affût de la nouveauté du jour ou plutôt de la « minute » et si une œuvre lui plaisait elle la patronnait, sinon... [...] Je jouai donc ma partition au milieu d'une atmosphère lourde de scepticisme et de réticence. Une conversation en russe entre Diaghilev et Massine rompit le silence glacial qui succéda à l'audition. Je compris vite que mon ballet symbolique et dramatique ne correspondait en rien aux besoins du moment [39].

À la suite de cette expérience négative, Milhaud se tourne vers les Ballets suédois, qui font actuellement la manchette dans la presse parisienne. Il poursuit ainsi son témoignage :

> Une autre troupe de danseurs, celle des Ballets suédois, donna pendant l'hiver des représentations au Théâtre des Champs-Élysées. Un mécène suédois, Rolf de Maré, lui consacrait tous ses loisirs et la soutenait financièrement. Ces danseurs n'avaient pas la virtuosité des Russes, mais leur sincérité et leur amour de l'art les rendaient très sympathiques [40].

Le compositeur est agréablement surpris par la réaction positive de Rolf de Maré, qui apprécie le projet « malgré les chanteurs, l'orchestre de solistes, les nombreux instruments de batterie » [41] lorsqu'il le lui présente lors de leur rencontre du 30 novembre 1920. Milhaud reçoit ainsi une lettre signée par de Maré, le 4 décembre suivant, manifestant son intérêt à produire *L'Homme et son désir*.

> Cher Monsieur,
> Comme suite à l'audition que vous m'avez donnée de votre ballet « L'HOMME ET SON DÉSIR », livret de Paul Claudel, musique de vous, mardi dernier à la salle Gaveau, j'ai le plaisir de vous dire que je retiens votre œuvre pour les Ballets Suédois, et que je compte la créer aussitôt que cela vous sera possible, et sûrement avant le mois de Décembre 1921 [42].

---

37. Erik Näslund, *Rolf de Maré : fondateur des Ballets suédois, collectionneur d'art, créateur de musée*, traduit du suédois par Étienne Clotuche, Arles, Actes Sud / Stockholm, Bokförlaget Langenskiöld, 2008, p. 259.

38. Il s'agit du peintre José Maria Sert et de sa future épouse, Misia Gobeska. Voir le chapitre II « *Parade* : la rencontre du réalisme et du cubisme ».

39. Milhaud, *Ma vie heureuse*, p. 93.

40. *Ibid.*

41. *Ibid.*

42. Lettre de Rolf de Maré à Darius Milhaud, 4 décembre 1920, lettre manuscrite, Rolf de Maré Study Center – Dansmuseet Stockholm (Centre d'étude Rolf de Maré – Musée de la danse de Stockholm, ci-après Dansmuseet), Fonds Ballets suédois, dossier « *L'Homme et son désir* », boîte des correspondances. Sauf exception, nous n'indiquerons dans ce chapitre que « Dansmuseet » et le nom de la boîte comme référence au fonds des Ballets suédois à Stockholm.

L'étape de production : un travail collaboratif avec les Ballets suédois

Cette excellente nouvelle incite Claudel à se replonger dans son projet de ballet. Le délai est très court pour préparer tous les croquis du décor et des costumes. De Copenhague, où il termine une mission diplomatique, il écrit le 23 janvier 1921 à Milhaud : « Nous travaillons avec Margotine et j'espère que vous aurez décor et costumes par la valise [diplomatique] qui sera à Paris vers le 10 février »[43]. Il poursuit sa lettre en mentionnant son intention de modifier le titre du ballet : « Je désire, étant donné l'état d'esprit du public parisien, que le titre *L'Homme et son désir*, qui paraîtrait ridicule, soit changé. On pourrait prendre celui de *L'Homme et la Forêt* qui donnerait bien le caractère brésilien que les costumes vont accentuer »[44]. Les dessins des costumes, réalisés par Parr et Claudel lui-même, sont envoyés à Milhaud la semaine suivante. Claudel joint à l'envoi un document[45] « d'explications aussi dépourvues de *littérature* que possible » pour employer ses propres termes[46]. Les croquis des costumes étant terminés, il faut penser au « tapis de fond » que Claudel s'engage à livrer dans le prochain courrier.

Dans cette même lettre du 31 janvier 1921, le poète insiste sur l'importance du récent intitulé : pour lui, il est indissociable de « l'esprit du ballet qui conformément à son nouveau titre prend une couleur de plus en plus brésilienne »[47]. Par ailleurs, le directeur des Ballets suédois, Rolf de Maré, ne semble pas approuver ce changement. Mais, tout semble croire que Milhaud réussit à convaincre Claudel pour le maintien du *statu quo*. Le compositeur rassure donc de Maré en ajoutant cette note au bas de sa lettre : « Claudel est ici. Il est entendu que nous maintenons le titre de *L'Homme et son désir* (et non *L'Homme et la Forêt* auquel il avait pensé) »[48].

Mis à part ce détail, la préparation des éléments du décor va bon train. Le 25 mars 1921, Claudel manifeste ainsi sa satisfaction à sa Fée Margotine au sujet du travail du décorateur des Ballets suédois :

> Il [Hébertot] avait la maquette du décor qui sera *très bien*. J'ai donné les dernières instructions au décorateur. J'ai été très content de voir que l'ensemble du décor serait visible de *toutes* les parties de la salle, même des places les plus élevées[49].

Au début du mois de mai commencent les répétitions avec les danseurs des Ballets suédois. Pour Claudel, il est indispensable que Parr y assiste avec lui, ce qu'il lui rappelle

---

43. Lettre de Claudel à Milhaud, 23 janvier 1921, dans Petit (éd.), *Correspondance Paul Claudel - Darius Milhaud 1912-1953*, p. 67.

44. *Ibid.*, p. 67-68.

45. Le document porte le titre « *L'Homme et la Forêt*, observations générales ». Le Dansmuseet (boîte des livrets) détient les deux textes originaux : 1) le manuscrit, 14 pages insérées dans un carnet de notes (les pages 3 et 14 sont manquantes). Au verso du carnet de notes se trouve l'inscription « Commission internationale du Slesvig [Allemagne] - Le commissaire français » ; 2) le tapuscrit, 6 feuillets de papier pelure.

46. Lettre de Claudel à Milhaud, 31 janvier 1921, dans Petit (éd.), *Correspondance Paul Claudel - Darius Milhaud 1912-1953*, p. 68. C'est Claudel qui souligne.

47. *Ibid.*, p. 68.

48. Lettre de Milhaud à Rolf de Maré, [s.d.], lettre manuscrite, Dansmuseet, boîte des correspondances.

49. Lettre de Claudel à Parr, [25 mars 1921], dans Lioure et Malicet (éd.), *Lettres de Paul Claudel à Élisabeth Sainte-Marie Perrin et à Audrey Parr*, p. 243. C'est Claudel qui souligne.

sans cesse dans ses trois lettres du mois d'avril[50]. D'ailleurs, il sollicite de nouveau sa présence au moment d'aller voir les costumes, le 31 mai suivant[51].

Du côté de la composition, il semble que Milhaud ait été contraint de réduire considérablement son effectif instrumental, qui comptait initialement près de 75 musiciens. Il demeure toutefois très ferme en ce qui a trait à la section de percussion. Il écrit à de Maré : « Il m'est absolument impossible de modifier mon orchestration dont tout l'intérêt repose sur la percussion[52]. En effet, le compositeur s'appuie sur les instruments de percussion pour évoquer les bruits mystérieux de la forêt amazonienne. Au bout du compte, la composition finale compte une trentaine de musiciens, dont dix-huit dans la section de percussion.

La toute première représentation de *L'Homme et son désir* a lieu le 6 juin 1921 au Théâtre des Champs-Élysées, sous la direction musicale de Désiré-Émile Inghelbrecht. L'œuvre s'inscrit au programme d'une soirée-bénéfice au profit des blessés de guerre sous la présidence d'honneur de la princesse Ingeborg de Suède[53].

La sémantique poétique et symboliste du ballet

Le sous-titre « poème plastique » du ballet *L'Homme et son désir* révèle *a priori* une volonté de rapprochement entre plusieurs formes d'art : le « poème » est littéraire et musical, tandis que le qualificatif « plastique » évoque les arts pictural et chorégraphique. Nous nous intéressons ici à l'aspect littéraire de l'œuvre dans une perspective sémantique et symboliste. Notre étude sur *L'Homme et son désir* s'appuie sur trois textes fondamentaux de Claudel reproduits en fin de chapitre :

- le livret initial ayant servi à une première « édition photographique » de 1918;
- la version finale du livret, aussi appelée « scénario » ou « livret-scénario », qui figure dans la partition d'orchestre éditée en 1966;
- l'argument du ballet rédigé en 1921, et également reproduit dans la partition d'orchestre.

Parmi ces textes, le livret-scénario est une version tronquée du texte rédigé en vue d'une « édition photographique », élément que nous aborderons dès le prochain volet de ce chapitre. L'appellation « scénario » attribuée à cette version (livret final, reproduit en fin de chapitre, p. 251-252) provient du sous-titre que Claudel donne au texte publié chez Galimard (1935). Le terme « scénario » convient à ce texte puisqu'il renferme, en plus de la description narrative, des indications sur le décor, les accessoires, les personnages, les mouvements adoptés et les déplacements à effectuer. Le livret-scénario se divise en huit scènes numérotées par l'auteur, dont chacune est reportée en exergue

50. Les trois lettres en question sont datées du 9, 24 et 25 avril, respectivement. *Ibid.*, p. 246-250, *passim.*

51. Lettre de Claudel à Parr, 31 mai 1921, dans *ibid.*, p. 251.

52. Lettre de Milhaud à de Maré, [s.d.], lettre manuscrite, Dansmuseet, boîte des correspondances.

53. *Les Ballets suédois 1920-1924*, programme, [n.p.], BnF, Bibliothèque-Musée de l'Opéra, Fonds Dossier d'œuvre et Häger, *Ballets Suédois*, p. 25.

de chaque mouvement de la partition d'orchestre de Milhaud, remplissant ainsi le rôle de préambule à la musique.

Pour la représentation du ballet, Claudel semble trouver opportun de rédiger une version concise du livret prenant la forme d'un argument (retranscrit en fin de chapitre, p. 253-254). Ainsi, les huit scènes du livret sont reprises de manière condensée en trois paragraphes formant un texte continu, sans numérotation. Dans cette version, l'auteur met plutôt l'accent sur les sentiments passionnels évoqués dans le drame[54] que sur les didascalies. L'argument, qui paraît dans l'édition de juin de la revue *La Danse*, est repris dans le programme du spectacle de même qu'à la première page de la partition d'orchestre, exerçant ainsi la fonction d'introduction à l'œuvre.

Quant au livret de *L'Homme et son désir*, il ne cesse d'être modifié jusqu'à la présentation du ballet, en juin 1921. Largement raturés par l'auteur, les textes définitifs sont exempts de plusieurs précisions indispensables à une compréhension nuancée de l'œuvre. Aussi nous importe-t-il d'examiner l'évolution du livret, ce texte de base du scénario et de l'argument, avant d'aborder la question sémantique qui émerge de l'œuvre.

L'étude des diverses versions du livret

À partir du moment où il côtoie Nijinski, Claudel élabore le livret du ballet qu'il peaufine de septembre 1917 jusqu'à la fin de 1918. C'est ce que révèlent les manuscrits et l'unique tapuscrit datés de cette période, que nous avons consultés à la Bibliothèque nationale de Paris et au Dansmuseet de Stockholm.

Dès ses premières versions du livret, Claudel choisit l'intitulé *L'Homme et son désir*. Alors que le titre reste inchangé au moment de la création du ballet, l'écrivain attribue différents sous-titres à ses diverses versions du livret. Sous-titré tout simplement « ballet », ce texte, qui semble être une version préliminaire, est le seul qui divise le drame en sept scènes[55]. L'écrivain sectionnera ensuite la scène IV en deux parties, répartissant ainsi son ballet entre huit scènes.

Tôt dans le processus d'élaboration du projet, Claudel travaille son livret à dessein de le transformer en programme de spectacle à la facture très artistique. Puisqu'il vise les Ballets russes de Diaghilev pour la création de son ballet, il accorde un soin jaloux à l'esthétisme même du programme. Aussi entreprend-il la conception d'une maquette sur laquelle chaque mode d'expression artistique occupe une place de choix. Claudel orne notamment le programme d'illustrations créées par Parr, représentant quelques personnages du drame. Hélène Hoppenot, l'épouse d'Henri Hoppenot, se joint à Claudel et à Parr pour effectuer le travail laborieux de découpage, de collage et de montage de la maquette pour en faire une réelle « édition photographique ». Henri Hoppenot décrit bien cette étape du projet :

54. Nous examinerons plus loin cette question de l'argument.

55. Cette version se trouve insérée au verso de la troisième page de l'un des manuscrits autographes : Paul Claudel, Audrey Parr et Darius Milhaud, *L'Homme et son désir, poème plastique*, manuscrit autographe, 5 feuillets numérotés, Bnf, département des Manuscrits, Fonds Paul Claudel, NAF 28255.

> Hélène prêta son concours […] à la réalisation d'une maquette de programme qui renfermait l'argument du ballet, la description de sa chorégraphie, des croquis de danseurs, dans les positions souvent irréalisables imaginées par Claudel. Il en calligraphia lui-même le texte; les dessins étaient de Margotine; Hélène se chargea des découpages, des collages et de la reliure. L'édition en fut limitée à trois exemplaires, justifiés par Claudel lui-même à son nom, au nom de Darius et à celui de ma femme. J'en réalisai ensuite, à très petit format, une « édition photographique » dont Claudel numérota de sa main les dix exemplaires [56].

Les trois exemplaires de la maquette sont conservés dans des fonds d'archives :

- l'exemplaire n° 1, appartenant à Claudel lui-même, se trouve au département des Manuscrits de la Bibliothèque nationale de France [57];
- l'exemplaire n° 2, justifié par Milhaud, est conservé à la Fondation Paul Sacher de Bâle [58];
- l'exemplaire n° 3, destiné à Hélène Hoppenot, peut être consulté sur microfilm à la Bibliothèque-musée de l'Opéra [59].

À la consultation de ces exemplaires, nous sommes éblouis par la beauté de l'objet, véritable livre d'art. Ce livre unique se compose de sept feuillets recto verso reliés en accordéon et enluminés d'une multitude de figurines dessinées par Parr.

Sur la première page de fond blanc apparaît un médaillon bleu nuit sur lequel sont collées quatre figurines formant une ronde. Au verso de cette page, Claudel indique le numéro de l'exemplaire et le nom du destinataire, accompagné de la datation, soit « Petrópolis, 1917, Rio, 1918 ». La marge supérieure est également ornée de figurines collées sur le même fond bleu. Les gracieuses figurines adoptent toutes sortes de poses « plastiques » invraisemblables. La même enluminure se prolonge sur la page de titre qui suit. En lettres blanches collées une à une sur des morceaux de papier bleu de différentes tailles figurent le titre, le sous-titre et les noms d'Audrey Parr et de Paul Claudel [60].

Dès le verso de la page couverture commence le poème en prose de *L'Homme et son désir*. Dans la marge gauche, Claudel dresse la liste des personnages du ballet, reproduite au tableau 12.

---

56. Hoppenot, « Préface », dans *Correspondance Paul Claudel – Darius Milhaud 1912-1953*, p. 19-20.

57. Paul Claudel, Audrey Parr et Darius Milhaud, *L'Homme et son désir, poème plastique*, Petrópolis, 1917, Rio, 1918, Exemplaire n° 1, 7 feuillets recto-verso en accordéon, Bnf, département des Manuscrits, Fonds Paul Claudel, NAF 28255.

58. Une reproduction en fac-similé de quelques pages de l'« exemplaire n° 2 » de la maquette du programme de *L'Homme et son désir*, destiné à Milhaud et daté de « Rio de Janeiro, le 8 août 1918 », se trouve dans Marie-Victoire Nantet, *Paul Claudel et Audrey Parr : le poète et la fée* (Montélimar, Bleulefit, 2015, p. 5-15, *passim*).

59. Paul Claudel, *L'Homme et son désir, poème plastique*, Petrópolis, Brésil, 1918, Exemplaire n° 3, 14 pages recto-verso en accordéon, dédicace sur l'enveloppe à « Rolf de Maré le 8 juin 1921 », Bnf, Bibliothèque-musée de l'Opéra, Fonds Dossier d'œuvre, microfilm RES 2215.

60. À noter que seul le nom de Paul Claudel est inscrit sur l'exemplaire n° 2. Nantet, *Paul Claudel et Audrey Parr*, p. 15.

I.	La Lune
II.	Le Reflet de la lune
III.	La Servante de la Lune
IV.	Le Reflet de la Servante de la Lune
V.	Les Heures
VI.	L'Homme
VII.	La Femme
VIII.	Le Double de la Femme
IX.	La Flûte de Pan
X.	La Corde d'or
XI.	Les Grelots
XII.	La Cymbale

Tableau 12. Liste des personnages dans *L'Homme et son désir.*

Le personnage de la Lune trône au-dessus de cette liste. Toujours décoré des collages de Parr, le texte est présenté avec la calligraphie de Claudel sur des morceaux de papier blanc de différents formats, apposés sur les quatre pages suivantes. Le « poème plastique » est notamment divisé en huit scènes distinctes numérotées en chiffres romains, conformément à la retranscription du texte réalisée en fin de chapitre (livret initial, p. 249-250). Le tableau 13 dresse la liste des huit scènes.

I.	… quelques mesures pour indiquer que le drame ne commence pas, mais qu'il continue quelque chose.
II.	Apparition de la Lune.
III.	L'Homme endormi et le fantôme de la Femme, morte ou perdue.
IV.	L'Homme qui dort debout, oscillant comme dans un courant d'eau, à peine retenu par le poids.
V.	Tous les bruits de la Forêt, toutes les notes élémentaires qui viennent tenter l'HOMME endormi.
VI.	Danse de la passion.
VII.	Réapparition de la Femme, cette fois seule, qui entraîne l'Homme peu à peu en tournant lentement devant lui sur elle-même.
VIII.	La Lune I a disparu la première. La Lune II disparaît à son tour, ainsi que leurs Servantes.

Tableau 13. Liste des scènes de *L'Homme et son désir, poème plastique*, exemplaire n° 1.

À la fin de la huitième scène, Claudel ajoute en note des précisions sur la disposition des musiciens sur la scène, tel qu'on le voit au tableau 14.

Note. Les musiciens de l'orchestre sont répartis de la manière suivante :
ÉTAGE IV – À droite : soprano, contralto, ténor, basse.
À gauche : hautbois, trompette, harpe, contrebasse.
ÉTAGE III – À droite : petite flûte, flûte, clarinette en *si* bémol, clarinette basse.
À gauche : cymbales, castagnettes de fer, grosse caisse.
ÉTAGE II – À droite : tambour de basque, tambourin, tambour, fouet, triangle, caisse roulante.
À gauche : machine à vent, marteau sur une planche, caisse claire, sifflet, sifflet-sirène, tam-tam.
ÉTAGE I – À droite [:] deux violons, alto, violoncelle.
À gauche : cymbales, castagnettes de bois, grosse caisse.

Tableau 14. Disposition des musiciens sur la scène dans *L'Homme et son désir.*

Les quatre dernières pages de ce programme présentent une partition de musique très singulière. En effet, ces pages de seize portées servent de canevas à deux motifs rythmiques[61] aux figures très stylisées : notes dessinées en carré ou en losange, aux hampes placées à l'envers. Des figurines noires jouant des instruments dorés se partagent l'espace des quatre pages, chevauchant parfois les portées. La maquette de cet « objet hybride », tel que le définit Marie-Victoire Nantet, est reliée d'un luxueux tissu imprimé de « perroquets verts et jaunes sur fond blanc »[62], ne provenant de nul autre que du grand couturier Paul Poiret.

Le 4 août 1918, Claudel écrit à Gaston Gallimard : « J'ai fait une édition très amusante (manuscrit et découpages) d'une espèce de ballet que je destinais à Nijinsk[i] »[63]. Il semble que Gallimard n'envisage pas immédiatement de publier le nouveau projet de Claudel[64]. En contrepartie, le poète garde à l'esprit de multiplier le nombre d'exemplaires de son livret-programme.

Cinquante ans plus tard, Hélène Hoppenot découvre que Claudel avait reproduit 50 autres exemplaires des maquettes artisanales de son somptueux programme de *L'Homme et son désir.*

> Jusqu'ici, nous étions sûrs – et pour cause – qu'il n'en existait que trois [exemplaires], faits de nos mains[65], mais il [le libraire Pierre Bérès] juge qu'une édition limitée, luxueuse et fort onéreuse, a été tirée à 53 exemplaires!... Donc, il faut croire que Claudel, à un moment de sa vie, s'est astreint à écrire 53 textes? Quel courage![66].

61. Cette observation est faite initialement par Vergnaud (*La musique et les arts*, p. 228). Des quatre pages consacrées à l'illustration musicale, le premier motif figure aux première et quatrième pages alors que le deuxième motif se déroule sur les deuxième et troisième pages.

62. Nantet, *Paul Claudel et Audrey Parr*, p. 5.

63. Lettre de Claudel à Gaston Gallimard, 4 août 1918; cité dans *ibid.*, p. 14-15.

64. La maison Gallimard ne publiera le texte de Claudel qu'en 1935 avec plusieurs modifications, dont le sous-titre qui devient « scénario de ballet ».

65. Hélène Hoppenot se souvient des destinataires respectifs des trois exemplaires : « Claudel en avait un qui se trouve à la Bibliothèque, Milhaud un autre qu'il a encore et nous le troisième, numéroté ». Hélène Hoppenot, *Journal*, cité dans Milhaud et Hoppenot, *Conversation : correspondance 1918-1974*, p. 502-503.

66. *Ibid.*, p. 503.

Dans les faits, Claudel, en juin 1919, décide de faire fabriquer d'autres exemplaires de sa maquette par une firme spécialisée[67]. Étrangement, plusieurs de ces exemplaires restent uniques, comportant des variantes l'un par rapport à l'autre. Outre les trois premiers décrits préalablement, l'exemplaire n° 38 appartient à la collection de la Réserve des livres rares de la Bibliothèque nationale de France et l'exemplaire n° 52 à celle du département des Manuscrits (tout comme l'exemplaire n° 1). Quant au livret du ballet inclus dans ces exemplaires, il en existe d'autres versions manuscrites et une autre tapuscrite, qui sont conservées aux archives du Dansmuseet (boîte des livrets).

Les variations entre ces diverses versions sont substantielles. Exception faite de deux documents, tous les manuscrits rédigés au Brésil portent le titre final *L'Homme et son désir, poème plastique*[68]. Or, dans la version publiée chez Gallimard (1935)[69], Claudel modifie le sous-titre qui se lit alors « Scénario de ballet ». Ce faisant, il précise ainsi le rôle de scénario donné au texte, comme il a été spécifié antérieurement.

Une analyse des trois types de textes évoqués précédemment – le livret, le scénario et l'argument – révèle que les différences entre eux reposent essentiellement non pas sur leur teneur dramatique, mais sur certaines indications destinées au dispositif scénique et à la description des personnages et de leurs déplacements. D'une manière générale, Claudel, dans ses versions subséquentes, raye certains passages pour les remplacer par d'autres expressions[70]. L'exemple le plus fréquent touche la terminologie employée pour décrire le décor. Par exemple, Claudel remplace à plusieurs reprises le mot « étages », utilisé dans l'édition photographique (livret initial, p. 249-250) par les mots « plans » et « paliers » (livret final, p. 251-252) ou encore par « gradins » (argument, p. 253-254). Même le nombre d'étages du dispositif scénique varie, passant de trois à quatre selon les versions. C'est principalement dans le texte publié chez Gallimard que « la scène est divisée en trois étages »[71]. Les autres versions conservent une structure scénique à quatre étages, comme le suggèrent les croquis du décor (ill. 19).

Quant aux suppressions d'indications scénographiques (surtout celles destinées à la description des personnages et de leurs déplacements), elles touchent principalement les scènes III, V et VII du livret-scénario intégré dans la partition d'orchestre (livret final, p. 251-252), comparativement au livret ayant servi à l'édition photographique (livret initial, p. 249-250). Compte tenu de leurs différences, il est indispensable de consulter ces trois versions de base pour avoir une meilleure compréhension du sens donné au spectacle.

---

67. Voir lettre de Claudel à Parr, 26 juin 1919, dans Lioure et Malicet (éd.), *Lettres de Paul Claudel à Élisabeth Sainte-Marie Perrin et à Audrey Parr*, p. 232.

68. Le titre *L'Homme et la Forêt* a été apposé sur deux documents (Dansmuseet, boîte de livrets) pendant que Claudel se trouvait en mission à Copenhague en 1921.

69. Paul Claudel, *L'Homme et son désir. Scénario de ballet*, Paris, Gallimard, 1935; repris dans *Théâtre*, t. II, éd. Jacques Petit et François Varillon, Paris, Gallimard, 1969; éd. Didier Alexandre et Michel Autrand, Paris, Gallimard, 2011, p. 249-253. Ce texte ressemble de près au livret final, dit « scénario » (retranscrit en fin de chapitre, p. 251-252).

70. Une comparaison exhaustive des diverses versions ayant déjà été présentée par Vergnaud (*La musique et les arts*, p. 224-234), nous ne nous attarderons pas ici à en présenter les variantes.

71. Claudel, *L'Homme et son désir. Scénario de ballet*, p. 251.

La sémantique du ballet : une portée symboliste

Revenons à notre postulat voulant que, dans *L'Homme et son désir*, la notion de « poème plastique » sous-entend la réunion des différentes formes artistiques en un tout cohésif. En effet, suivant les traces de Wagner[72], Claudel appartient à cette génération qui aspire à créer une œuvre d'art « totale ». D'ailleurs, dès sa jeunesse[73], il nourrit sa pensée des textes de Wagner et des propos tenus dans *La Revue wagnérienne* d'Édouard Dujardin et Teodor Wyzewa, et il enrichit sa culture littéraire en assistant aux célèbres mardis de la rue de Rome de Stéphane Mallarmé. Baignant dans cet univers, il s'imprègne du mysticisme propre au mouvement symboliste et à la poésie mallarméenne, dont l'influence est perceptible dans l'argument même de *L'Homme et son désir*, et où l'allusion prime sur la description. La notion d'« évoquer sans nommer », tant prônée par Mallarmé, transparaît d'ailleurs dès la troisième phrase du texte :

> Qu'elle est étrange, la nuit, quand elle commence à s'emplir de mouvements, de cris et de lueurs ! Et c'est précisément une de ces nuits que notre poème a l'intention de figurer. Nous n'avons pas essayé de reproduire avec une exactitude photographique l'inextricable fouillis de la « floresta »[74].

Le drame, dont l'action n'est pas située dans le temps, dépeint une de ces nuits mystérieuses passées dans la forêt amazonienne, ponctuée de bruits étranges. Un homme, exempt de toute identité, s'y retrouve. Il évoque vraisemblablement l'Homme universel, dont l'esprit a été « repris par les puissances primitives et à qui la Nuit et le Sommeil ont enlevé tout nom et toute figure. Il arrive conduit par deux formes exactement pareilles sous leur voile ». Qui sont-elles ? Sans le préciser, ces deux formes humaines correspondent au fantôme de la Femme morte et à son Double, conformément à la scène III du scénario (livret final, p. 251-252). La Femme et son Double égarent l'Homme « en le faisant pivoter comme l'enfant qui est "pris" au jeu du cache-cache. L'une est l'Image et l'autre le Désir, l'une le Souvenir et l'autre l'Illusion. Toutes deux jouent de lui un moment puis disparaissent » (argument, p. 253-254).

Quant à l'Homme, « il reste là debout et les bras étendus, il dort dans l'éclat de la lune tropicale comme un noyé parmi les eaux profondes ». Alors que les animaux « viennent le regarder », l'Homme « commence à s'animer dans son rêve ». Il se met à danser « la danse éternelle de la Nostalgie, du Désir et de l'Exil, celle des captifs et des amants abandonnés ». Le Désir, symbolisant la Femme, se transforme en un sentiment obsessionnel « de plus en plus violent, frénétique ». Puis, « au plus profond de ces ténèbres solennelles qui précèdent le jour, une des femmes revient et tourne comme fascinée autour de l'Homme ». Il se demande : « Est-ce une morte ? Est-ce une vivante ? ». Sans trouver de réponse, « le dormeur la saisit par le coin de son voile pendant qu'elle tourne et se déroule en pivotant autour de lui – jusqu'à ce que lui-même soit enveloppé comme

72. Lécroart, *Paul Claudel et la rénovation du drame musical*, p. 19.

73. Lorsque la famille Claudel déménage à Paris, en 1881, Claudel, alors âgé de 13 ans, s'intéresse au mouvement symboliste.

74. Les citations insérées dans cette partie du texte sans appel de notes renvoient à l'argument du ballet reproduit en fin de chapitre (p. 253-254). Nous avons respecté la typographie utilisée par Claudel.

une chrysalide et qu'elle se trouve presque nue ». L'Homme, désormais enveloppé dans le voile de la Femme, se laisse entraîner par elle vers le côté de la scène. « Les Heures noires ont achevé de défiler, les premières Heures blanches se montrent » (argument, p. 253-254).

À travers ces lignes riches en symboles et en émotions se profile une œuvre qui expose un drame humain, qui pourrait bien être celui que vit le poète lui-même. En effet, n'est-il pas le reflet du désir passionnel et inassouvi qu'éprouve Claudel pour Audrey Parr ? Ne compte-t-il pas, comme cet Homme isolé, parmi ces « amants abandonnés » pour qui le « Désir » est un « thème obsessionnel » qui le plonge dans les « ténèbres » les plus obscures ? La nuit a le pouvoir de provoquer cet état second. En somme, elle revêt un double visage : celui des ténèbres, où mûrit le devenir, et celui de la préparation du jour, d'où jaillira la lumière de la vie. Ainsi, entièrement emporté par un sommeil profond, l'Homme, dans ce « poème plastique », se libérera de ses principes moraux pour s'abandonner à ses désirs charnels refoulés dans son inconscient[75].

La scénographie : la spatiotemporalité sous l'angle cubo-symboliste

Au-delà des portées symbolique et sémantique de l'argument, les dimensions de l'espace et du temps sont au cœur de la trame dramatique. Le décor à quatre étages (ill. 19) témoigne de cette expérimentation du spatiotemporel dans *L'Homme et son désir*. À travers sa conception du décor, Claudel rejoint ainsi les aspirations de Mallarmé sur l'« Œuvre totale », en ce sens qu'il attribue au dispositif scénique une pluralité sémantique qui allie esthétique et fonctionnalité. Il explique : « Cette scène est verticale, perpendiculaire au regard comme l'est un tableau, un livre qu'on lit[76]. Si l'on veut, c'est aussi comme une page de musique où chaque action vient s'inscrire sur une portée différente » (argument, p. 253-254). (Mentionnons que l'édition photographique répond exactement à cette aspiration.)

La notion de pluralité sémantique ou fonctionnelle s'ajoute donc aux concepts de spatialisation et de temporalité appliqués à la scénographie.

---

75. Le désir passionnel et charnel est une thématique très présente dans l'œuvre de Claudel, notamment dans ses écrits exégétiques. Selon Joseph Barbier (*Claudel, poète de la prière*, Tours, Mame, 1962, p. 70-73, *passim*), Claudel voit dans le désir « un élément fondamental de la vie religieuse et de la prière ». Car, pour le poète, la femme remplit un « rôle providentiel voulu par le Créateur d'éveiller au cœur de l'homme l'amour de la beauté ; le désir de l'infini ». À ce sujet, Claudel écrit : « Elle est l'attache de ce lien affectueux qui ne cesse d'unir le Créateur à Son Œuvre ». Claudel, cité dans *ibid.*, p. 73.

76. Le parallèle avec les démarches de Mallarmé est apparent. Ses multiples expérimentations poétiques, incluant *Un coup de dé jamais n'abolira le hasard* (1897), mènent Mallarmé à créer *Le Livre*, cet « Idéal » de l'« Œuvre totale » aux multiples facettes qui relient l'écrit par le texte, la sémantique par la prose, le visuel par la typographie, la musique et le théâtre par la séance de lecture. *Le Livre* est resté à l'état d'ébauche et n'a jamais été publié.

La pluralité sémantique de la scénographie : un jeu de miroirs

Sur une telle scène à niveaux multiples, l'œuvre perd la linéarité classique du théâtre et superpose, plutôt qu'elle ne juxtapose, un assemblage de scènes distinctes jouées en simultané. Depuis l'expérience de *L'Annonce faite à Marie* (1912)[77], Claudel entrevoit de vastes possibilités spatiotemporelles dans un tel aménagement scénique : « Cette disposition à étages [...] permet d'enchaîner les actions diverses dans l'espace sans aucune solution de continuité et parfois même de les présenter simultanément à l'œil du spectateur »[78]. L'auteur transpose ainsi dans *L'Homme et son désir* cette notion des « actions diverses dans l'espace », qu'il décrit dans son argument (p. 253-254). Reportons-nous à des extraits pour mieux comprendre l'effet recherché. « Sur l'arête extrême défilent, toutes noires et coiffées d'or, les Heures de la nuit »[79]. Au-dessous, la Lune, tout de blanc vêtue, et sa Servante, figurant comme un nuage noir, se déplacent en sens contraire des Heures noires alors que « tout en bas, dans les eaux du vaste marais primitif, le Reflet de la Lune et de sa Servante » marchent à leur tour en contresens de la Lune[80]. « Le drame proprement dit se passe sur la plate-forme médiane entre le ciel et l'eau ». L'Homme s'y trouve tourmenté par la présence de la Femme et de son Fantôme dont, rappelons-le, « l'une est le Souvenir, et l'autre le Désir »[81].

La scénographie est ainsi conçue pour que chaque personnage devienne *le miroir d'un autre*, à l'exception de l'Homme, qui, comme nous l'avons évoqué, deviendra l'ombre de l'auteur lui-même. Claudel émule ainsi le théâtre d'ombres oriental, forme artistique qu'il admire et que les symbolistes empruntent pour évoquer l'âme de certains personnages[82]. Placé entre la Lune et son Reflet, l'Homme génère une grande symbolique, selon André Vachon.

> Ce que la lune recherche, c'est l'exact contraire de sa face illuminée : mais cette moitié invisible est aussi la moitié d'*elle-même*. De même, la femme, face à son ombre, et l'homme,

---

77. Rappelons que lors de la présentation au Théâtre d'Hellerau, en 1912, de la pièce *L'Annonce faite à Marie* de Claudel, Adolphe Appia a utilisé une scène étagée. Wasserman, « De la Serra des orgues au Théâtre des Champs-Élysées », p. 22-23.

78. Paul Claudel, *Mes idées sur le théâtre*, éd. Jacques Petit et Jean-Pierre Kempf, Paris, Gallimard, 1966, p. 45.

79. Les citations sans appel de notes insérées dans cette partie du texte renvoient à l'argument du ballet reproduit en fin de chapitre (p. 253-254).

80. Il semble que le peintre et graveur Carlos Oswald (1889-1971), fils du compositeur Henrique Oswald, soit à l'origine du rendu visuel de la Lune et de sa Servante. Selon ses propres notes, Claudel et Milhaud ont fait appel à ses services : « Pendant ces années-là, je m'essayais à de "nouvelles voies" [...] et Claudel et son secrétaire se sont beaucoup intéressés à mes expériences. Les deux m'avaient demandé de faire quelques croquis pour le scénario d'un ballet imaginé par Claudel et que Milhaud mettrait en musique. Je ne me souviens plus du sujet, mais je garde nettement dans ma mémoire l'une de mes aquarelles, qui représentait symboliquement la lune et sa servante. Une figure de femme passe lentement au bord d'un lac aux eaux immobiles et, la tête en bas, marche une servante, c'est-à-dire le reflet de sa maîtresse, la Lune. Le tout très "moderne" et stylisé ». Carlos Oswald, cité dans Manoel Corrêa do Lago et Bernard Guerra, « Autour d'une correspondance Milhaud-Guerra et le milieu musical brésilien (1917-1921) », dans Harbec et Lavoie (dir.), *Darius Milhaud, compositeur et expérimentateur*, p. 125, n. 12.

81. *Les Ballets suédois 1920-1924*, programme général, [n.p.].

82. Henri Rivière est l'un des artistes qui ont exploité le genre du théâtre d'ombres, qui connaît un franc succès à la fin du XIXe et au début du XXe siècles au cabaret Le Chat noir.

face à l'objet de son désir, recherchent-ils une réalité infiniment distante d'eux-mêmes, et qui pourtant, de droit, fait partie intégrante d'eux-mêmes. On retrouve donc, traités [*sic*] dans le style schématique du ballet [...], un thème fondamental de l'œuvre de Claudel, et qui se trouve lié aux premières spéculations du poète sur la structure profonde de la personne : le *moi* à la recherche de l'*autre*[83].

Le décor : un fauvisme géométrisé dans une structure symétrique

Ce jeu de miroirs entraînera une schématisation scénique dont la structure est extrêmement symétrique. Or, l'idée de transformer un espace scénique en schéma décoratif est un concept directement inspiré du fauvisme[84].

Effectivement, la représentation stylisée de la *floresta*[85] fait ici appel à une simplification des formes et des lignes et à un nuancier de couleurs très vives[86], à l'instar de l'art fauviste. Plus spécifiquement, la scène (ill. 19) est tapissée d'aplats de vert, de rouge, de bleu et de jaune qui contrastent avec le noir du losange central et de la toile de fond[87]. Le losange noir occupe le *centre* du grand tapis vert qui tient lieu de forêt vierge. Claudel représente ainsi la forêt brésilienne comme « une paroi verticale de verdures superposées »[88]. Employées dans cette schématisation de la forêt vierge, les formes géométriques telles que le losange, le cercle et le rectangle suggèrent un rapprochement avec le cubisme, que les critiques n'ont pas manqué de soulever pour dénigrer l'œuvre. « Comment ce fouillis tropical pourrait-il être géométrique ? », demande Louis-Charles Watelin[89].

En fait, le géométrisme affiché dans le décor concrétise l'orientation moderniste de la production et favorise l'organisation symétrique propre au cubisme[90].

83. André Vachon, *Le Temps et l'espace dans l'œuvre de Paul Claudel : expérience chrétienne et imagination poétique*, Paris, Éditions du Seuil, 1965, p. 384. C'est Vachon qui souligne.

84. Ernst Hans Gombrich, *Histoire de l'art*, traduit de l'anglais par J. Combe, C. Laurio et D. Collins, Paris, René Juillard, 1963; Paris, Phaidon, 2011, p. 573.

85. Henry Bidou décrit le décor en « une forme stylisée » de la forêt brésilienne. Henry Bidou, « La Semaine dramatique. Théâtre des Champs-Élysées : « *L'Homme et son désir*, poème plastique de M. P. Claudel », *Feuilleton du Journal des Débats*, 13 juin 1921; cité dans Delphine Vernozy, « Décors et costumes d'Audrey Parr pour *L'Homme et son désir* : réception critique d'un "poème plastique" », dans *Bulletin de la Société Paul Claudel*, numéro spécial *Hommage à Audrey Parr*, n° 201, mars 2011, p. 38-48, ici p. 40.

86. Raoul Brunel qualifie de « violentes » les couleurs utilisées dans le décor. Raoul Brunel, « Nouvelle saison des Ballets suédois », [*L'Œuvre*], 11 janvier 1922; cité dans *Ibid.*

87. Dans l'utilisation de ses couleurs, il y a un rapprochement à faire avec les décors de Léon Bakst, tout particulièrement avec ceux de *Schéhérazade* (1910) et de *L'Après-midi d'un faune* (1912). On se souvient que Claudel avait été impressionné par la représentation de *L'Après-midi d'un faune* à Rio en 1917.

88. Claudel, *Journal*, p. 384.

89. Louis-Charles Watelin, « L'art décoratif, *L'Homme et son désir* », *Revue hebdomadaire*, 13 août 1921, p. 237-239, ici p. 238.

90. À ce propos, voir le chapitre I du présent ouvrage.

Illustration 19. Audrey Parr, *L'Homme et son désir*, 1921, maquette du décor, Dansmuseet, Stockholm.

La scène centrale : l'Homme et les spectres nocturnes

L'espace scénique est ainsi organisé pour que l'Homme occupe le *centre* de la structure. « Entre le ciel et l'eau » (argument, p. 253-254), il est debout, les bras en croix (ill. 20), oscillant au gré du vent chaud et tropical qui caresse son corps dénudé. Pour Claudel, le corps de l'Homme doit être exempt de tout vêtement pour se mettre réellement au service de la poésie[91].

En fait, cette nudité est illusoire, puisque l'Homme, incarné par Börlin, porte un short moulant (semblable à un maillot de bain). Le corps de Börlin étant enduit d'un maquillage jaunâtre et huileux, le vêtement se confond avec sa peau et devient ainsi presque invisible, surtout sous l'effet de l'éclairage scénique. Abel Hermant, présent au spectacle, décrit ainsi le résultat obtenu : « De la salle, avec le luminaire de la scène, la couleur prend un aspect de carnation naturelle, et rien ne permet à l'assistance de supposer que M. Jean Börlin ne soit pas exactement nu »[92]. Ainsi conçu, l'Homme

91. Nous développerons l'importance que Claudel accorde au corps dénudé dans la section « La poésie en mouvement ».

92. Abel Hermant, cité dans Wasserman, « De la Serra des orgues au Théâtre des Champs-Élysées », p. 29.

dégage une apparence dont les traits rappellent les temps anciens, surtout avec sa tête aux cheveux remontés à « l'occiput à la manière des Arabes » (ill. 20)[93].

Illustration 20. Jean Börlin, le personnage de l'Homme dans *L'Homme et son désir*, 1921, Dansmuseet, Stockholm.

De chaque côté de lui se tiennent le Fantôme de la Femme et son Double. Claudel les conçoit « complètement pareilles et de même taille et enveloppées dans un voile rose bien long qui en laisse voir ni la figure ni les mains, mais seulement les pieds ». Elles portent de longs « cheveux noirs et raides ressemblant à des filaments ou des racines. Une mêche [*sic*] par devant passe sur la poitrine, traverse le peigne et revient se terminer sur la cuisse ». Les deux Femmes tournent et vrillent autour de l'Homme, le saisissent et le font tournoyer. Une fois l'Homme complètement étourdi, les Femmes s'effacent vers l'arrière de la scène.

93. Sauf indications contraires, les citations suivantes insérées dans cette section du chapitre sont puisées dans Paul Claudel, *L'Homme et la Forêt*, observations générales, 6 feuillets tapuscrits de papier pelure, Dansmuseet, boîte des livrets.

À présent seul, l'Homme « dort debout, oscillant comme dans un courant d'eau » (livret final, p. 251-252). Autour de lui errent des personnages étranges dépourvus d'identité, leur visage étant camouflé par un masque et leur corps par un costume remonté jusqu'à la tête. On dirait des spectres issus du théâtre d'ombres. En fait, Claudel crée ces personnages « dans l'esprit de donner à la fois l'impression d'un instrument de musique ou plûtôt [*sic*] d'une source sonore et d'un animal de la forêt brésilienne (*Floresta*). La forme humaine mariée à une forme végétale ou animale est l'instrument d'un son ». Ces personnages hybrides incarnant « les bruits de la forêt éternelle [qui] se détachent de l'orchestre, viennent le regarder [en se référant à l'Homme] et faire sonner leur note à ses oreilles : les Grelots et la Flûte de Pan, les Cordes et les Cymbales » (argument, p. 253-254).

Au nombre de deux, les Danseuses à Grelots se caractérisent par leur costume idoine : « La tête est formée par un gros grelot avec des yeux représentés par de larges triangles, une arête indiquant le milieu de la figure » (ill. 21). Le tout, décoré d'une crinière rigide qui descend jusqu'au bas du cou. Des grappes de grelots sont aussi attachées à la poitrine, à la ceinture et aux chevilles[94].

Illustration 21. Audrey Parr, *Danseuses à Grelots et Danseur à la Flûte de Pan*, 1921, croquis, Dansmuseet, Stockholm.

94. Dans son tapuscrit « *L'Homme et la Forêt*, observations générales », Claudel mentionne deux types de Danseuses à Grelots portant des costumes légèrement différents : le costume du Grelot I est rose alors que celui du Grelot II est vert.

Aux Danseuses à Grelots se joignent les Cordes, aussi appelées les Danseuses à la Corde d'or ou à la Harpe éolienne. Leur corps et leur visage sont entièrement recouverts d'un même maillot : l'un vert foncé avec un losange jaune sur le ventre; l'autre bleu avec une étoile rose au même endroit (ill. 22). Un casque muni d'une crête et d'un bec, à l'image d'un perroquet, tient lieu de tête. La crête de la Danseuse à la Corde d'or I est écarlate, alors que celle de la Corde d'or II est jaune vif.

Illustration 22. Audrey Parr, *Danseuses à la Harpe*, 1921, croquis, Dansmuseet, Stockholm.

La Cymbale est le personnage qui ressemble le plus à un animal, avec ses antennes sur la tête (ill. 23, de chaque côté de l'Homme). Un menton pointu, de gros yeux triangulaires et de « larges oreilles en forme de coquillages oranges [*sic*] » la caractérisent. Des bandes obliques jaunes et brunes rayent son corps. Ses mains en forme de cymbales émettent un son éclatant. Quant au personnage de la Flûte de pan, tout de noir vêtu, il se balade avec l'instrument associé à son nom (ill. 21). Les branches d'épines rigides fixées à sa tête et à son corps indiquent que cet être provient d'une autre civilisation.

En somme, les habits très caractérisés que revêtent ces personnages insolites permettent de constater que ces derniers représentent divers groupes ethniques « primitifs » venus de l'Afrique (la Flûte de Pan, ill. 21), du Moyen-Orient (les Grelots, ill. 21) et de l'Amérique du Sud (La Harpe, ill. 22). Les dorures et les yeux bridés d'autres personnages, comme la Cymbale, témoignent de l'attachement de Claudel pour l'art asiatique. L'identité multiethnique qu'affichent les personnages souligne la valeur d'universalité que sous-entend la thématique du ballet.

Sur le plan stylistique, plusieurs atouts ou accessoires des costumes rappellent la spécificité géométrique du décor. Pensons, entre autres, au masque circulaire des Danseuses à Grelots (ill. 21), au triple disque que transportent la Lune et son Reflet, à la figure triangulaire de la Cymbale et aux bandes rectangulaires apposées sur son costume (ill. 23). Et comme le mentionne Näslund, « ces formes géométriques en mouvement se mêlaient aux autres éléments géométriques immobiles en carton peint qui ponctuaient les plates-formes. »[95].

Illustration 23. *L'Homme et son désir*, 1921, photographie Isabey. Dansmuseet, Stockholm.

Outre ces personnages, il y a les Musiciens regroupés selon leur appartenance instrumentale et disposés sur les trois premiers étages de chaque côté de la scène (ill. 19 et 23). Au départ, les musiciens devaient s'exécuter sur scène au même titre que les danseurs, dans le but de lier la danse et la musique. Probablement pour des raisons logistiques, cette idée fut abandonnée. À défaut de les avoir en personne, Claudel prévoit, tôt dans la production, de « les remplacer par des silhouettes noires découpées dans de l'étoffe ». Leurs « ceintures dorées » s'agencent ainsi à la couleur de leur « instrument doré ».

95. Näslund, *Rolf de Maré*, p. 266.

La spatialisation visuelle et sonore étant à l'origine de cette disposition scénographique, nous verrons plus loin comment Milhaud, de son côté, a su appliquer cette notion à sa composition musicale.

La poésie en mouvement

L'essence de ce « poème plastique » de Claudel ne s'exprime pas uniquement dans le livret et dans la composition scénographique du ballet, mais aussi dans la plastique du corps humain, un aspect que Börlin intègre entièrement. Conformément à la valeur symbolique rattachée au corps de l'Homme, Börlin, en dansant presque nu, révèle la pureté qui émane du geste corporel; la danse se transforme ainsi en une forme d'expression qui tend vers l'essentialité du poème de Claudel. Le critique Fernand Nozière perçoit à juste titre cette dimension de l'œuvre :

> Le poème n'est pas un prétexte à des arrangements décoratifs, destinés à amuser un moment le regard, il est la traduction par un être en mouvement, par un corps nu qui est la forme de l'âme, et dans un milieu approprié, d'un sentiment, d'une pensée, d'un état passionnel [96].

Claudel soulève en effet que le poème « répond à cette idée que la danse, comme les autres arts, a essentiellement pour but l'expression, et que ce merveilleux corps humain est fait tout entier, et non pas le visage seulement, pour rendre l'âme visible en son état de danse, de décision, d'essor » [97]. Car, pour l'écrivain, « le corps est un merveilleux instrument propre à traduire les plus subtils sentiments » [98]. C'est exactement cet effet qu'il tente de traduire dans *L'Homme et son désir*.

Aussi Claudel va-t-il jusqu'à s'immiscer dans la mise en place chorégraphique pour que cette notion du corps en tant qu'instrument expressif de son « poème plastique » soit appliquée comme il l'entend [99]. Afin de rechercher l'état profond de l'être par le corps, la chorégraphie se réduit à des gestes minimalistes tels que des « poses et attitudes romaines antiques inspirées de sculptures anciennes », comme l'explique Börlin lui-même [100]. En référence à ces mouvements chorégraphiques, la critique Jane Catulle-Mendes parle de « poses picturales où revivent les Primitifs » [101], alors que Florence Gilliam qualifie la danse de l'Homme de « statique et posturale » [102]. À ce sujet, Näslund fait le rapprochement entre les mouvements posturaux de l'Homme et la danse orientale

96. Fernand Nozière, « Théâtre des Champs-Élysées », 9 juin 1921; cité dans Vernozy, « Décors et costumes d'Audrey Parr pour *L'Homme et son désir* », p. 45.

97. Paul Claudel, *Théâtre et Comœdia illustré*, 6 juin 1921; cité dans Näslund, *Rolf de Maré*, p. 263.

98. *Ibid.*

99. Voici comment Milhaud décrit les interventions de Claudel : « Celui-ci venait d'être nommé ambassadeur au Japon et comme le prince héritier Hiro-Hito était de passage à Paris, il dut maintes fois l'escorter. Claudel surgissait inopinément en chapeau haut de forme et en redingote sur le plateau du Théâtre des Champs-Élysées et interrompait la répétition au moment le plus inattendu pour indiquer à Börlin quelques mouvements chorégraphiques ». Milhaud, *Ma vie heureuse*, p. 93-94.

100. Jean Börlin, *Dagens Nyheter*, 15 juillet 1921; cité dans Näslund, *Rolf de Maré*, p. 265. La discussion qui suit est inspirée des propos de Näslund (*ibid.*, p. 262-266).

101. Jane Catulle-Mendes, *La Presse*, 11 juin 1921; cité dans *ibid.*, p. 265.

102. Florence Gilliam, *The Freeman*, 22 août 1923; cité dans *ibid.*

qui, pour emprunter les termes de Claudel, est « liée à la terre » [103]. Il est vrai que, compte tenu de l'espace restreint, la danse de l'Homme se doit d'être très ancrée au sol. Les gestes et mouvements qui émergent de cette contrainte sont d'une lenteur qui rappelle le théâtre asiatique.

Sur les paliers supérieur et inférieur à l'étage central évoluent les autres personnages, dans des mouvements plus simples. La marche et le glissé étant les pas pratiqués, le spectateur peut être porté à minimiser, erronément, l'importance de leurs mouvements. Car au contraire, chacun de ces déplacements est minutieusement calculé pour que la traverse scénique s'étende sur les vingt minutes du drame. Leurs déplacements sont d'une telle lenteur que le temps semble arrêté. À travers une gestualité simple se construit une rythmique complexe découlant de la variété de pulsations des différents défilés exécutés simultanément, chacun sur sa plate-forme. Une polyphonie spatiotemporelle émerge alors entre les différents paliers du dispositif scénique [104].

La polytemporalité gestuelle

Sur le plan temporel, les Heures noires disposées à l'étage supérieur évoluent dans un espace-temps douze fois plus rapide que celui de la Lune et de son Reflet. À la moitié du drame, la Lune, son Reflet et leurs Servantes, arrivées à mi-chemin du parcours, se rencontrent au *point central* de la scène et forment avec l'Homme une perpendiculaire qui traverse les quatre plateaux de l'architecture scénique. De part et d'autre de cette ligne de rencontre, les personnages représentant « toutes les choses de la forêt » (livret final, p. 251-252), progressent à un rythme rapide, complètement à l'opposé de ceux qui sont en permanence sur scène. Ils se déplacent en « mouvements sauvages et furtifs et tout à coup extrêmement rapides et précipités », selon les indications de Claudel (livret final, p. 251-252). Animés par la musique ambiante [105], ces êtres de la forêt entrent et sortent de scène dans une vivacité gestuelle étroitement associée à la nature fauve de la floresta et, de ce fait même, à l'esprit fauviste attribué au décor.

Quant à lui, l'Homme adopte son propre rythme oscillatoire. Claudel applique ici une de ses règles universelles : « L'Homme seul ne marque d'autre heure que la sienne. Il sent en lui, il possède en lui le mouvement même dont les horizons successifs qui s'élargissent autour de lui sont les reporteurs circonférents » [106]. La polytemporalité ainsi obtenue par l'interaction des différents rythmes attribués aux divers types de personnages est un processus qui rappelle les caractéristiques de l'art cubiste : plus précisément, il se rapproche du processus de représentation des divers angles de points de vue d'un objet en un seul plan. Cette notion de polytemporalité est l'assise même des recherches stylistiques de Milhaud dans la composition musicale de *L'Homme et son désir*.

103. Claudel, cité dans *ibid.*, p. 264.

104. Näslund associe « les différentes actions simultanées, réparties sur les quatre niveaux de la scène » aux pratiques rythmiques d'Émile Jaques-Dalcroze. *Ibid.*

105. Nous verrons dans la section consacrée à l'étude de la musique comment ces personnages participent à la structure de la composition.

106. Paul Claudel, *Art poétique : connaissance du temps* [1913], Paris, Mercure de France, 1951 ; 2015, p. 40.

La musique : l'aspect de spatialisation, polymétrie et polytonalité [107]

En lien avec les spécificités spatiotemporelles cubistes et les couleurs fauvistes liées à la scénographie de *L'Homme et son désir*, Milhaud développe de nouvelles avenues compositionnelles telles que la spatialisation instrumentale, la polytonalité et la polymétrie, ainsi que des combinaisons timbrales originales et une instrumentation singulière. À ce propos, la veille de la première, Marcel Rieu reporte les propos de Milhaud sur les caractéristiques de sa composition :

> La partition écrite sur ce nocturne à la fois symphonique et dramatique se recommande par trois caractères particuliers : 1 ° Douze « instruments solistes » seulement y figureront. On entend, en effet, aussi bien un violon que dix-huit. Un seul violon suffit à remplir la vaste salle de l'Opéra [...]. De même, au lieu d'un quatuor d'orchestre on n'entendra qu'un quatuor à cordes. Pas de gros instruments (cors, bassons, trombones). Partition très simple pour petit orchestre. 2 ° Des chanteurs seront mêlés à l'orchestre, formant ainsi un quatuor vocal qui répondra au quatuor à cordes. 3 ° Importance toute particulière donnée à la « percussion » avec laquelle M. Milhaud pense qu'on peut exprimer autant de sentiments divers qu'avec un orchestre complet. Donc, très peu d'instruments d'orchestre et dix-huit instruments de percussion, une « batterie » composée de grosses caisses, tambours, triangles, fouets, castagnettes, etc. [108].

La spatialisation instrumentale

Milhaud privilégie ainsi un « petit orchestre » en fonction du rôle donné aux musiciens dans la scénographie. Rappelons ici qu'à l'origine du projet, les musiciens devaient prendre place aux extrémités des trois plates-formes inférieures, ce qui en limitait le nombre. Comme Milhaud doit, à la demande du directeur de Maré, réduire considérablement son effectif instrumental, il accueille cette idée avec enthousiasme. Il repense ainsi l'instrumentation en fonction d'une répartition dans l'espace des musiciens. Le compositeur se remémore :

> Cette dernière idée m'enchantait; j'imaginais déjà plusieurs groupes indépendants : au troisième étage, d'un côté : un quatuor vocal, de l'autre : le hautbois, la trompette, la harpe, la contrebasse. Au deuxième étage de chaque côté : des instruments de percussion. Sur un côté du premier étage : la petite flûte, la flûte, la clarinette, la clarinette basse et de l'autre côté : un quatuor à cordes [109].

---

107. Cette étude analytique de *L'Homme et son désir* est une version enrichie et élargie de deux de nos articles : Jacinthe Harbec, « Temporalité, spatialité et modernité dans le ballet *L'Homme et son désir* de Claudel et Milhaud », dans Sylvain Caron, François de Médicis et Michel Duchesneau (dir.), *Musique et modernité en France (1900-1945)*, Montréal, Presses de l'Université de Montréal, 2006, p. 193-219 et « Le code Milhaud : primitivisme et symétrie », dans Harbec et Lavoie (dir.), *Darius Milhaud, compositeur et expérimentateur*, p. 41-63.

108. Marcel Rieu, « *L'Homme et son désir* au Théâtre des Champs-Élysées », *Comœdia*, 6 juin 1921, p. 1-2, ici p. 1.

109. Milhaud, *Ma vie heureuse*, p. 72. Dans un entretien que Milhaud accorde à Claude Rostand plusieurs années plus tard, il aborde dans les mêmes termes la question de la disposition de l'orchestre de solistes dans *L'Homme et son désir*. Darius Milhaud, *Entretiens avec Claude Rostand* (Paris, Belfond, 1992, p. 79).

Pour appliquer la spatialisation instrumentale à sa composition, Milhaud choisit alors l'orchestre de solistes en regroupant les instrumentistes de façon à former quatre quatuors et deux ensembles de percussions[110]. La figure 2 illustre cette répartition des groupes d'instruments sur les plateaux étagés du décor que décrit Milhaud plus haut.

Dans ce schéma, chaque ligne représente une plate-forme du décor. Sur le côté gauche de la troisième plate-forme se trouve un quatuor d'instruments multiples formé du hautbois, de la trompette, de la harpe et de la contrebasse. À l'autre extrémité est placé le quatuor vocal, dont la sonorité se fond à l'univers céleste de l'étage. Au bas du décor, au niveau figurant l'eau, un quatuor de bois est disposé au coin droit de la scène. Au même titre que du jeu de miroir provoqué par le reflet de la Lune et de sa Suivante qui se situe au premier étage, ce quatuor de bois, composé du piccolo, de la flûte, de la clarinette et de la clarinette basse, se place à l'extrême diagonale du quatuor d'instruments multiples qui inclut aussi des instruments à vent (le hautbois et la clarinette). Le quatuor à cordes, pour sa part, est fixé sur le côté gauche de la plate-forme inférieure. À l'étage du centre, deux ensembles de percussion, chargés d'évoquer « les bruits nocturnes de la forêt », sont répartis de part et d'autre de l'Homme. Cette représentation schématique de la figure 2[111] montre que les instruments occupent l'espace de façon à entourer les sujets du drame. Au final, à l'instar de l'argument du ballet, la spatialisation instrumentale ainsi obtenue contribue à la mise en majesté de l'élément central du drame qu'est l'Homme.

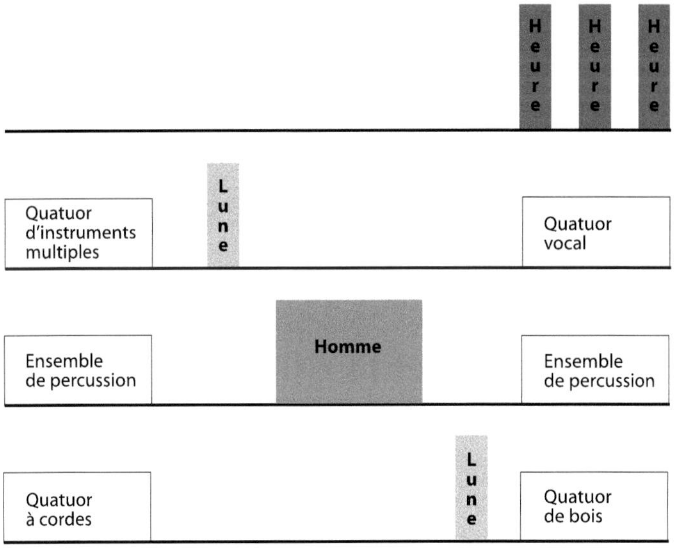

Figure 2. Représentation schématique des groupes d'instruments dans *L'Homme et son désir.*

110. Selon la partition, l'orchestration comprend environ 35 musiciens dont 4 chanteurs et 18 percussionnistes.

111. Voir également le tableau dressé par Barbara L. Kelly dans son ouvrage *Tradition and Style in the Works of Darius Milhaud (1912-1939)*, Aldershot [Hants] / Burlington [Vermont], Ashgate, 2003, p. 62.

S'il est vrai que la version finale de la scénographie n'a pas conservé cette disposition des instruments, reste que Milhaud fixe tout de même son instrumentation conformément à son idée de départ. Comme le démontre la première page de la partition (ex. 34), le compositeur conserve une certaine cohérence avec l'aménagement original en reproduisant les mêmes formations de quatuors. Dans la partie supérieure de la partition prennent place le quatuor d'instruments multiples et le quatuor de bois (disposés à l'extrême diagonale sur la figure 2). La partie inférieure de la partition est occupée par le quatuor à cordes et le quatuor vocal qui chante sans paroles. (Ces deux quatuors sont aussi positionnés en diagonale selon la figure 2.) Les instruments de percussion, quant à eux, se partagent le palier du milieu de manière à converger vers le centre. Ceux-ci sont tous regroupés par trois, à part des grelots et des cymbales qui se trouvent exactement au point de convergence de l'ensemble (voir la flèche au centre de l'instrumentation de l'exemple 34). Une attention particulière leur est ainsi accordée, puisque les grelots et les cymbales participent au jeu dramatique[112], contrairement aux autres membres de la percussion. La Danseuse à Grelots et les Danseurs à Cymbales font partie des personnages hybrides qui viennent visiter l'Homme endormi. Certains instruments de la section de percussion sont moins conventionnels. Les instruments comme le sifflet, la sirène, la machine à vent et le marteau sur une planche donnent à la composition une sonorité moderniste, se rapprochant de l'esprit futuriste[113].

Afin de conserver cette notion de spatialisation sonore de départ, devenue inapplicable pour les instrumentistes, Milhaud s'est aussi tourné vers les chanteurs, qui jouissent d'une mobilité inaccessible aux autres musiciens. Näslund décrit ces effets « spatiaux vocaux » dans *L'Homme et son désir* : « Avant même que le rideau se lève et que l'orchestre joue son premier accord, le spectacle commençait par un chœur de voix provenant de tous les coins de la salle »[114]. Selon un critique présent au spectacle, les chanteurs assignés aux divers étages des balcons se sont mis à émettre « des cris d'animaux très variés, cependant que d'autres personnages, installés à l'orchestre, se livrent à diverses imitations vocales »[115].

Il va sans dire que cet usage très particulier de la voix accentue le caractère avant-gardiste de la composition. *L'Homme et son désir* compte parmi les œuvres pionnières dans le domaine de l'expérimentation de la voix en tant qu'effet sonore.

112. La note citée en bas de la première page 1 de la partition précise leur rôle : « Ces parties de grelots et cymbales peuvent être faits [*sic*] par des danseurs et, au concert, par un des nombreux percussionnistes ». Milhaud, *L'Homme et son désir*, partition d'orchestre, p. 1.

113. Ici, on peut se demander si l'idée d'inclure des effets de bruit dans la partition de *L'Homme et son désir* a pu être puisée dans *Parade* d'Erik Satie. Rappelons que c'est à l'été 1917 que Milhaud entend parler des bruits intégrés dans sa partition.

114. Näslund, *Rolf de Maré*, p. 262.

115. Georges Delamare, dans *La Vistoir*, 19 juin 1921 ; cité dans *ibid.*

Exemple 34. L'instrumentation dans Darius Milhaud, *L'Homme et son désir*, mes. 1-3,

La polymétrie et la polytonalité

Dans sa propre recherche de spatialisation, Milhaud a pour objectif de « conserver une entière indépendance, aussi bien mélodique, tonale, que rythmique à ces divers groupes [instrumentaux] » [116] de la partition musicale.

Comme nous l'avons vu, la représentation simultanée de plusieurs actions provoque une pluralité temporelle. Le passage de la Lune et de son reflet se réalise dans une autre dimension temporelle que la traversée des Heures noires, à l'étage supérieur (fig. 2). Même l'Homme vit, selon Claudel, à l'intérieur de multiples indicateurs d'un seul et unique temps universel, qui nous apparaît comme une pluralité temporelle synchrone. Dans le même esprit, Milhaud élabore un système de pluralité métrique synchronisée qu'il explique de cette façon :

> Je mis à exécution mes aspirations et sur ma partition écrite pour certains instruments à quatre temps, pour d'autres à trois, pour d'autres à six-huit, etc., afin d'en faciliter l'exécution, je marquai une barre de mesure arbitraire tous les quatre temps, en ajoutant des accents afin de conserver le rythme authentique [117].

Plus précisément, à partir d'un indicateur de mesure référentiel, le compositeur attribue à certains instruments d'autres divisions métriques. Par exemple, le groupe des bois et des cordes dans le premier mouvement (ex. 34) est noté en 3/4 alors que l'indicateur de mesure placé au début de la partition indique un 4/4 [118]. À l'intérieur même de cette pluralité métrique, Milhaud appose des repères en traçant des barres de mesure uniformes à tous les quatre temps. La pluralité temporelle synchronisée, mentionnée précédemment, est ainsi obtenue.

De manière similaire, Milhaud réussit à créer dans sa composition des parties mélodiques et tonales indépendantes, déjà perceptibles dès le début de l'œuvre. En effet, le groupe des cordes dans l'exemple 35 présente un ostinato fondé sur une mélodie de trois mesures, composée à partir de traits de gammes et d'arpèges écrits dans la collection de *do* majeur. Les deux parties de violon qui progressent en quartes justes parallèles s'opposent à celle de l'alto, qui dessine un contour mélodique principalement contraire aux deux autres.

Au troisième énoncé, survenant à la dixième mesure, de courtes cellules mélodiques éparses sont projetées, à l'instar des étoiles sur un fond de ciel ténébreux.

L'ostinato servant de fond à la partition est repris dix fois au cours du mouvement. À la lettre A (mes. 10, p. 3) [119], ce même ostinato transposé dans la collection de *mi* majeur réapparaît avec échange de parties. Il forme avec le premier ostinato un canon à deux voix à une mesure de distance. La mélodie en mouvement contraire se trouve maintenant dans la voix supérieure. Débutant à la mesure 15 (ex. 36) dans les parties

---

116. Milhaud, *Ma vie heureuse*, p. 72.

117. *Ibid.*

118. Plusieurs autres exemples pourraient être évoqués, dont celui de la page 13 de la partition d'orchestre, où les percussions se manifestent dans une mesure à 4/4 alors que les cordes sont en 6/8 et que la harpe se déroule en 3/4.

119. Lorsqu'il n'y pas référence aux exemples, nous renvoyons le lecteur à la partition d'orchestre de Milhaud.

de hautbois et trompette, le même ostinato, transposé dans la collection de *la* bémol majeur, se superpose aux deux autres, cette fois en ne conservant que les deux voix en mouvement contraire. Puisque cette dernière entrée de l'ostinato coïncide avec le début de la troisième mesure de l'ostinato initial, le tout forme un canon de trois groupes d'instruments dans des tonalités différentes [120].

Exemple 35. Ostinatos et motifs de « l'appel » dans Darius Milhaud, *L'Homme et son désir*, mes. 2-6, © 1966, Wien, Universal Edition A.G. / UE 14284.

Cette superposition de trois tons différents, *do* – *mi* – *la* bémol de structure symétrique propre à l'accord augmenté, illustre l'une des techniques de polytonalité employées par Milhaud dans *L'Homme et son désir*. Il est à noter que ces mêmes collections de notes *do* – *mi* – *la* bémol sont reprises lors de l'entrée du quatuor vocal qui chante alors une gamme majeure ascendante harmonisée en une série d'accords augmentés (mes. 19-21, p. 6). Le premier et le dernier accords augmentés reproduisent la sonorité des trois tons utilisés dans le canon du premier mouvement, soit *do* – *mi* – *la* bémol.

Bien affichée dès le premier mouvement, la polytonalité imprègne entièrement le langage musical de *L'Homme et son désir*. Elle s'y fixe dès les premières mesures, comme décrit plus haut (ex. 36). L'analyse qui suit témoigne de l'usage constant de la polytonalité dans la partition, ce qui constitue le cœur des recherches compositionnelles de Milhaud [121]. Les tensions générées par la polytonalité apportent à l'œuvre une gamme de possibilités sensorielles.

120. Nous précisons que, dans ce contexte de musique post-tonale, nous accordons aux termes « tonalité » et « ton » une signification similaire à celle que donne Milhaud, soit une collection de notes qui emprunte les altérations propres à un mode majeur du système tonal. Voir Darius Milhaud, « Polytonalité et Atonalité (1923) », dans *Notes sur la musique, essais et chroniques*, éd. Jeremy Drake, Paris, Flammarion, 1982, p. 173-174.

121. Rappelons que le texte « Polytonalité et Atonalité (1923) » date de la même année que *La Création du monde*.

Exemple 36. Échange de parties dans Darius Milhaud, *L'Homme et son désir*, mouv. I, mes. 12-15, © 1966, Wien, Universal Edition A.G. / UE 14284.

Le mouvement perpétuel

Ces multiples lignes mélodiques génèrent un mouvement de régularité, tel le sang qui circule dans les veines[122], et déambulent dans une unique figure rythmique fondée sur la croche dans une mesure à 3/4. Une pulsation régulière, quasi d'horlogerie, se retrouve simultanément dans les sections de percussion, mais cette fois dans une mesure à quatre temps (ex. 34). L'ostinato fixé dès la première mesure dans les deux groupes extrêmes de la percussion se répète tout au long du premier mouvement. Le battement régulier du motif rythmique a pour rôle de représenter l'entrée des Heures. En exergue au premier mouvement de la partition, Claudel écrit : « Quelques mesures pour indiquer que le drame continue quelque chose » (livret final, p. 251-252). Ce peu de mots suffit à

122. Paul Collaer évoque cette image du « battement du sang dans les artères » en faisant référence aux bruits réguliers de la grosse caisse qui résonnent sourdement tout au long des premier et dernier mouvements de *L'Homme et son désir*. Paul Collaer, *Darius Milhaud*, nouv. éd. rev. et aug., Paris, Slatkine, 1982, p. 108.

nous signaler que le drame s'insère dans une action déjà amorcée. Exempt de référence temporelle spécifique, le drame se déroule ainsi dans une temporalité continue où tout concourt à un éternel recommencement : au défilé des Heures noires succèdent les Heures blanches qui, après leur passage, marquent le retour des Heures noires, telle une roue qui tourne sans fin. Les multiples lignes obstinées qui parcourent la partition entière suggèrent cette notion du temps qui ne s'arrête jamais, tel le « recommencement perpétuel » que souligne Claudel[123].

Pour mieux saisir cet effet de continuité relié au mouvement perpétuel, Milhaud enchaîne, sans marquer aucune pause, les huit mouvements correspondant respectivement aux scènes du ballet. La forme en arche qui se profile derrière la composition contribue également à reproduire cette notion de mouvement perpétuel.

La symétrie compositionnelle : spécificités thématiques et schéma formel

La représentation formelle de *L'Homme et son désir*, présentée au schéma 7, est élaborée à partir des indications scéniques que Claudel fournit au début de chacun des huit mouvements de la partition. Rappelons que ces indications sont les mêmes que celles données aux huit scènes du scénario (livret final, p. 251-252). Intégrées à la partition, elles permettent de suivre les étapes de l'action. Comme le montre le schéma 7, le ballet se divise en huit scènes ou mouvements représentés par des rectangles. À l'intérieur de chaque rectangle sont précisés, outre les numéros de mesure, les personnages, le genre de musique, le nom des thèmes que nous avons nous-mêmes défini et le type de déplacement. Dans l'analyse qui suit, nous verrons comment Milhaud a utilisé la composition comme véhicule pour soutenir le déroulement des événements propres à chacune des scènes.

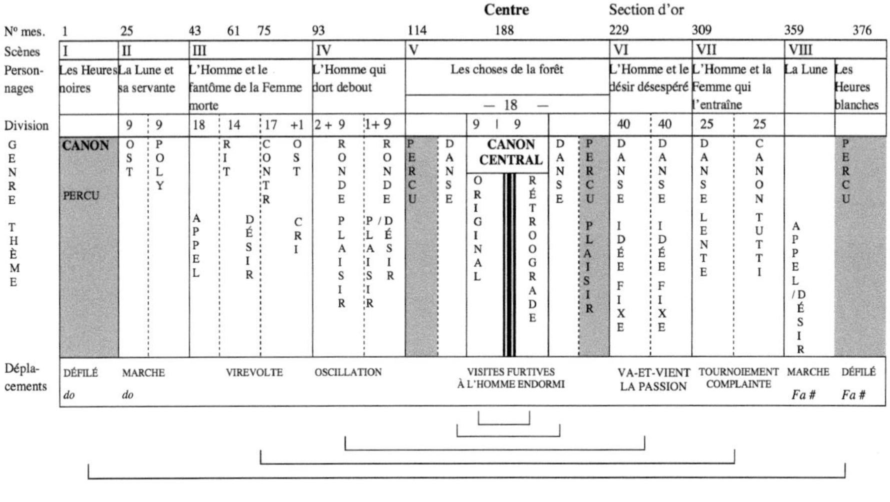

Schéma 7. Représentation formelle de *L'Homme et son désir*.

123. Claudel, *Art poétique : connaissance du temps*, p. 37.

Le déroulement du spectacle en lien avec les énoncés thématiques

Comme nous l'avons décrit, l'action prend forme alors que la nuit est déjà engagée. Quelques notes de percussion évoquant « les bruits nocturnes de la forêt » [124] retentissent avant que s'amorcent les mélodies émises par les différents groupes d'instruments qui accompagnent l'entrée des Heures noires de la scène I.

Une mélodie aux bois attire particulièrement l'attention qui se déploie au-dessus des lignes obstinées des cordes. Un sentiment de mystère se dégage de cette mélodie haut perchée et de ses harmonies de quarte et de quinte. Son premier segment renferme un motif de trois notes répétées (motif « R ») pour se terminer avec des sauts de quarte descendant et ascendant (appelés motifs » Q », ex. 35, mes. 3), comme s'il s'agissait d'un « appel » à quelque chose. Est-ce un chant d'oiseau qui appelle l'Homme ?

Le motif de notes répétées (dorénavant, motif « R ») prend de l'ampleur et de la vivacité au début de la scène II en adoptant un tempo « plus vif » (partition, p. 8). Il forme l'ostinato joué par les cordes et la première partie de la mélodie présentée aux flûtes. Se confondant aux sons répétés des percussions, le motif « R » évoque les bruits et les êtres de la forêt.

Lors de cette scène II apparaissent, sur le troisième plateau, la Lune I et sa Servante et, sur le premier plateau le reflet de la Lune II et sa Servante. Pour illustrer le jeu en miroir de leur marche, Milhaud amorce le deuxième mouvement en procédant par échange de parties entre le quatuor à cordes et le quatuor de bois. Plus précisément, la ligne thématique des flûtes passe aux cordes au moment où les notes d'accompagnement des cordes sont reprises par les instruments de bois (voir les lignes de liaison tracées à droite l'exemple 37). Milhaud se conforme ainsi à son schéma initial quant à la disposition des instruments, en utilisant dans cette scène les groupes de cordes et de bois de l'étage inférieur, où se trouve le reflet de la Lune (fig. 2).

Au centre du mouvement II (lettre C, p. 10), ce sont les deux autres quatuors qui occupent l'espace sonore. Ces deux quatuors – le quatuor d'instruments multiples et le quatuor vocal – correspondent aux instruments qui devaient être disposés sur l'étage de la Lune. À ce point précis de la partition, qui divise le mouvement II en deux parties égales de neuf mesures chacune (schéma 7), le tissu musical se compose de huit lignes mélodiques indépendantes aux sonorités modales [125] – caractérisées par les intervalles de quarte et de quinte, entre autres – qui s'harmonisent parfaitement avec la volupté céleste engendrée par cette nuit de pleine lune. Un lien entre la scénographie et la musique est d'ores et déjà établi.

---

124. Milhaud, *Ma vie heureuse*, p. 72.

125. Les huit mesures du quatuor vocal se divisent à leur tour en deux parties égales : le deuxième groupe de quatre mesures procède à un échange de mélodies entre les voix, conforme à l'écriture de style imitatif.

Exemple 37. Échange de parties dans Darius Milhaud, *L'Homme et son désir*, mouv. II, mes. 25-27 et 30, © 1966, Wien, Universal Edition A.G. / UE 14284.

Le personnage de l'Homme arrive à la scène III, amené par le fantôme de la Femme morte. Comme l'indique Claudel : « Ce fantôme est double, l'un qui marche devant lui comme pour le conduire, l'autre par derrière qui le pousse alternativement » [126]. À deux, ils le font « virevolter de tous côtés ». Pour mettre en valeur ce mouvement virevoltant, Milhaud écrit une ritournelle [127] basée sur un motif obstiné assigné à la harpe. Un arpège brisé en doubles croches tracé en arabesque à l'intérieur d'une mesure à 3/4 le distingue. Ce même motif, cette fois articulé en 6/8, survient au deuxième violon, une mesure plus loin. Il se produit ainsi un écho musical à l'instar du jeu double de la Femme et de son Fantôme.

Une fois terminée l'énonciation de la ritournelle, un duo de hautbois et de flûte s'annonce (ex. 38). Le hautbois reprend les motifs de « l'appel » (« R – Q ») de la scène I (ex. 35). Ces mêmes motifs résonnent de nouveau deux mesures plus loin, après le retour

126. À moins d'indication contraire, les citations intégrées dans cette section du chapitre proviennent du livret final du ballet, dit « scénario » reproduit en fin de chapitre (p. 251-252) ainsi que dans la partition d'orchestre.

127. Bien entendu, le terme « ritournelle » prend ici un tout autre sens que celui convenu durant la période baroque. Dans *L'Homme et son désir*, la ritournelle est composée d'un ostinato se trouvant à la harpe qui, de manière récurrente, s'interrompt et revient en alternant son jeu avec d'autres types de mélodies.

de la ritournelle (ex. 38, mes. 49-52). La courbe inversée qu'adopte ici la succession des motifs « R – Q » (ex. 38, mes. 51) suggère plutôt une « réponse à l'appel » des mesures précédentes.

Exemple 38. Thème de « l'appel » dans Darius Milhaud, *L'Homme et son désir*, mouv. III, mes. 47-52, © 1966, Wien, Universal Edition A.G. / UE 14284.

Quant à la ritournelle, elle revient en intermittence jusqu'à la fin de la deuxième des trois sections que rassemble le mouvement III (mes. 75, p. 22). Notons que l'ensemble des trois sections, qui sont délimitées par des lignes pointillées dans le schéma 7, affiche une coupe symétrique : les sections extrêmes comportent un nombre de mesures similaires – dix-huit et dix-sept, respectivement – par rapport à la section 2 qui compte quatorze mesures. Pour sa part, la troisième section présente des lignes mélodiques et des ostinatos polytonaux qui contrastent avec les deux autres. La dernière mesure de cette section et, de ce fait même, du mouvement se détache des autres, étant constituée d'un nouvel ostinato répété *ad libitum*.

La section centrale du troisième mouvement se démarque par la présence d'un trio vocal (ex. 39). La première mesure consiste en un duo de voix de femmes dans lequel la soprano lance à deux reprises un intervalle de tierce mineure descendant *ré* – *si* (désigné par « T »). À la suite de sa réclame, le ténor répond par un « appel plaintif » [128] provoqué par le « désir » qui commence à habiter l'Homme. Cette complainte du « désir », ainsi définie, dérive du thème de « l'appel » énoncé plus tôt (ex. 38). À l'inverse de ce dernier, la complainte du « désir » s'amorce par un saut de quinte, le motif « Q », avant d'articuler les notes répétées du motif « R » (ex. 39). Une ligne conjointe finalise le tracé mélodique. Ce changement motivique, qui rend la ligne plus voluptueuse, l'associe au « désir de l'Homme ». Dès la deuxième manifestation de cette complainte du « désir » (mes. 67, p. 20), les instruments d'orchestre entament une série de mélodies polytonales dont la superposition souligne l'esprit agité de l'Homme. Accompagnée des deux voix de femmes, celle de l'Homme (le ténor) clôt la scène III en reprenant le motif « T » de tierce mineure émis par la voix de soprano entendu juste avant sa complainte du « désir » (ex. 39). En fait, ce motif « T » se transforme en un « cri d'angoisse » fortement exprimé par l'Homme à la toute fin de la scène III (mes. 92, p. 27).

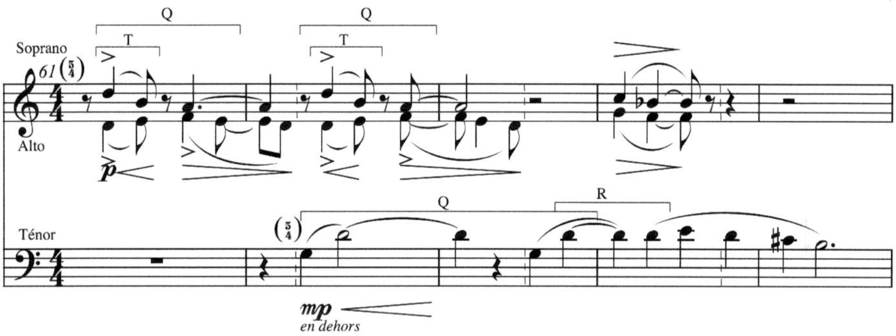

Exemple 39. Motif « T » et complainte du « désir » de l'Homme dans Darius Milhaud, *L'Homme et son désir*, mouv. III, mes. 61-65, © 1966, Wien, Universal Edition A.G. / UE 14284.

La complainte du « désir » est reprise par le hautbois au début de la scène IV, comme un écho produit par les voix célestes. Ce chant du « désir » revient incessamment aux quatre mesures pendant la première section du mouvement. Le « désir » est désormais profondément ancré dans le subconscient de « l'Homme qui dort debout, oscillant comme dans un courant d'eau et comme sans aucun poids ». Pendant son

128. Expression empruntée à Paul Collaer dans *Darius Milhaud* (p. 111). La mélodie correspondant à cet « appel plaintif » est énoncée à la page 19, lettre E, de la partition de *L'Homme et son désir*. La section de 14 mesures indiquée dans le schéma 7 englobe un groupe de dix mesures exécutées par le trio vocal, suivi d'un groupe de quatre mesures remplissant la fonction de transition instrumentale.

jeu d'oscillation, l'Homme entonne une ronde enfantine brésilienne[129]. Une sensation de « plaisir » émane de la nouvelle organisation rythmique appliquée aux motifs « T » et « R » de ce nouveau thème (ex. 40). Engendrant une autre division symétrique (schéma 7), ce thème du « plaisir » de neuf mesures ressurgit à nouveau au hautbois et à la clarinette au *centre* du mouvement IV (lettre H, p. 32). À la fin du mouvement, les voix de l'Homme et de la Femme s'unissent (le ténor et la soprano, respectivement) pour chanter gaiement la mélodie du « désir » (mes. 108, p. 34).

Exemple 40. Thème du « plaisir » dans Darius Milhaud, *L'Homme et son désir*, mouv. IV, mes. 95-98, © 1966, Wien, Universal Edition A.G. / UE 14284.

À la scène V, consacrée à la forêt, l'espace sonore, comme au début de l'œuvre, est meublé par l'orchestre de percussion (zones ombragées du schéma 8). Milhaud utilise les percussions de manière dosée, « discrètement [et] jamais pendant plus de trente mesures »[130]. Ce cinquième mouvement, le plus long de tous, se situe *au cœur même de l'action et de l'œuvre*. Une grande forme en arche l'organise afin de mettre en évidence le canon en palindrome de dix-huit mesures qui en occupe le *centre* (lettre M, p. 51).

Le schéma 8 illustre la forme du mouvement V qui se divise en six grandes sections. La première grande section, représentée par un rectangle ombragé, est exclusivement réservée à l'orchestre de percussion. À partir de la deuxième section entreront à tour de rôle les différents danseurs personnifiant « les choses de la forêt qui viennent voir

129. Il s'agit en fait de la citation d'un thème brésilien, *O Meu Boi Morreu*, chanson populaire du nord-est du Brésil. Voir Manoel A. Corréa Lago, « Brazilian Sources in Milhaud's *Le Bœuf sur le toit* : A Discussion and a Musical Analysis », *Latin American Music Review*, vol. 23, n° 1, 2002, p. 45, n. 74 et *O Circulo Veloso-Guerra E Darius Milhaud no Brasil : modernismo musical no Rio de Janeiro antes da Semana*, thèse de doctorat, Rio de Janeiro, Université de Rio de Janeiro, 2005, p. 139 ; Marie-Noëlle Lavoie, *Darius Milhaud et l'emprunt musical : Procédés, répertoires et construction identitaire*, thèse de doctorat, Montréal, Université de Montréal, 2010, p. 44-46.

130. Milhaud, *Ma vie heureuse*, p. 72-73.

l'Homme endormi ». Leur entrée est marquée par un motif rythmique de deux mesures formé par l'ensemble de percussion répété *ad libitum* (mes. 147-148, p. 43) jusqu'à ce que les personnages apparaissent sur la scène. Une fonction de ritournelle est alors attribuée à ces parties rythmiques qui sont traduites dans le schéma par de minces zones ombragées (schéma 8).

Mes.	114	149	169	179	197	219
Sections	1 Introduction Motifs rythmiques	2 Danseur à la Flûte de Pan Ronde brésilienne	3 Danseuse à la Corde d'or Marche descendante	4 Danseuse avec les Grelots Canon 9 mes. original / 9 mes. régrog.	5 Danseurs à la Cymbale Ronde brésilienne (fragments)	6 Finale Motifs rythmiques Th. Plaisir

Schéma 8. Représentation formelle du mouvement V dans *L'Homme et son désir.*

Un nouveau thème survient à la mesure 149, construit à partir des motifs « Q » et « R » (ex. 41). Ce thème, d'après les motifs employés, est en quelque sorte la fusion entre le thème de « l'appel » (ex. 38) et la complainte du « désir » (ex. 39) : la ligne commence par un intervalle de quinte ascendante *sol – ré* (motif « Q ») suivi de notes répétées (motif « R ») pour se terminer par une ligne conjointe descendante. Avec son rythme syncopé, ce thème reprend le style d'une « ronde brésilienne » pour accompagner les « danseurs munis d'instruments » (partition, p. 43). Cette mélodie jouée à la grande flûte évoque-t-elle le Danseur à la Flûte de Pan ? Elle appelle ainsi l'Homme endormi en empruntant les motifs mélodiques qui lui sont attribués.

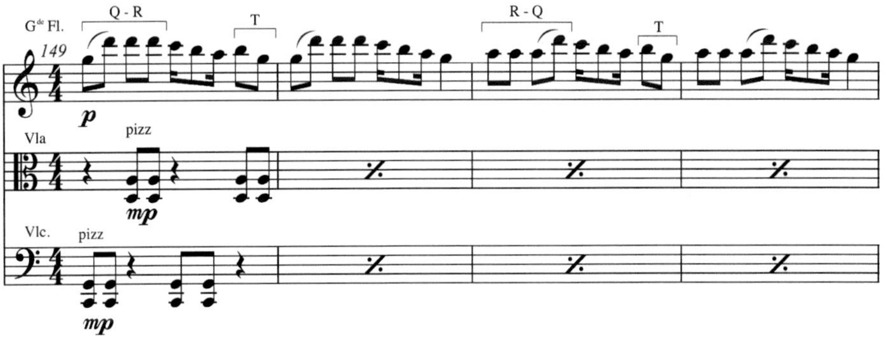

Exemple 41. « Ronde brésilienne », dans Darius Milhaud, *L'Homme et son désir*, mouv. V, mes. 149-154, © 1966, Wien, Universal Edition A.G. / UE 14284.

À la mesure 169 (partition, p. 49), correspondant à la section 3 du schéma 8, la « Danseuse à la Corde d'or »[131] évolue sur une mélodie qui progresse en marche descendante à partir d'un motif de cinq croches. Au centre du mouvement V (section 4), la « Danseuse avec les Grelots »[132] s'exécute sur un premier canon à deux voix effectué par les parties de violon sur une durée de six mesures (ex. 42-A). Après une courte interruption de trois mesures (mes. 185-187, p. 53), où seules les parties de percussion résonnent, le canon reprend, mais en sens inverse (ex. 42-B). Le canon divise ainsi le centre de la structure en arche de ce mouvement en deux parties de neuf mesures chacune (schéma 8). Cette stratégie adoptée par le compositeur a toute son importance, puisque la forme rétrograde du canon du mouvement V débute précisément au *point central* (mes. 188) de l'œuvre entière. Comme le montre le schéma formel de l'œuvre (schéma 7), la mesure 188 correspond exactement à la moitié des 376 mesures écrites de la partition.

Au cours des sections 5 et 6 du mouvement V (schéma 8), Milhaud réutilise le matériel mélodique et rythmique entendu dans les sections précédant le canon. Plus particulièrement, les motifs rythmiques issus de la « ronde brésilienne » reviennent pour ponctuer la « danse ivre de la Cymbale » (livret intial, p. 249-250), même si leurs contours s'en trouvent inversés (trompette, mes. 197, p. 56). Pour terminer la scène V, Milhaud reprend le matériel rythmique de la première section (mes. 219, p. 62). Sur ce matériel percussif, le hautbois entonne le premier motif du thème du « plaisir » chanté alors par l'Homme à la scène IV (ex. 40). Le lien entre les « choses de la forêt » et l'Homme est donc toujours présent.

L'ensemble composé par les sections du mouvement V se rapproche d'un palindrome. Cette construction symétrique, utilisée dans ce mouvement central, est de nature fractale en regard de la structure de l'œuvre entière. En effet, à la suite de l'axe central du cinquième mouvement, le compte à rebours est enclenché et les genres de danse ou de déplacement associés aux mouvements VI à VIII sont le miroir des mouvements I à IV (schéma 7, partie inférieure). Ainsi, le jeu de va-et-vient de la « danse de la passion » du mouvement VI rappelle la « danse oscillatoire » du mouvement IV, de la même façon que le « tournoiement » de la femme qui réapparaît au mouvement VII se rattache aux « virevoltes » entraînées par le double fantôme de la femme morte du mouvement III. D'ailleurs, dans les deux cas, les parties vocales interviennent pour insuffler la complainte du « désir »[133].

131. Milhaud, *L'Homme et son désir*, partition d'orchestre, p. 48, note de bas de page.

132. *Ibid.*, p. 51.

133. Notons que ces quatre mouvements, III, IV, VI et VII sont en plus divisés en deux parties égales.

A - Forme originale

B - Forme rétrograde

Exemple 42. Le canon central dans Darius Milhaud, *L'Homme et son désir*, mouv. V, mes.179-184 et mes. 188-193, © 1966, Wien, Universal Edition A.G. / UE 14284.

Un élément supplémentaire s'ajoute à cette organisation formelle. À la suite du mouvement central V, la « Danse de la passion » du mouvement VI correspond à un moment crucial du ballet. À ce point de la mesure 229 (partition, p. 65) qui, étonnamment, coïncide avec le nombre d'or de la composition entière [134], l'Homme jusqu'alors endormi, s'agite par le désir que provoque le tourbillon de la « danse de la passion ». Le « mouvement de va-et-vient » précisé par Claudel se traduit par un ostinato de deux mesures joué à la flûte et à la clarinette basse, conçu de manière à *tourner autour* d'une seule note, en l'occurrence *do* dièse (voir l'exemple 43). Comme une « idée fixe » [135], l'ostinato revient sans cesse en présence de plusieurs autres motifs obstinés jusqu'à couvrir graduellement l'instrumentation. L'intensité ainsi obtenue contribue au « mouvement de va-et-vient de plus en plus ardent et désespéré » de l'Homme.

La « Danse de la passion » de la scène VI se divise aussi en deux parties égales de 40 mesures chacune (schéma 7). Au *point central* du mouvement intervient le quatuor vocal. Le ténor et la soprano reprennent ensemble la complainte du « désir », tel un chant désespéré de l'Homme et de la Femme obnubilés par cette « idée fixe » du « désir » obsédant. Le désespoir est tangible dans cette nouvelle variante de la complainte du « désir » par le fait que sa construction mélodique est dissonante : l'intervalle de quinte juste est maintenant remplacé par celui de la quarte augmentée (ex. 43).

Le quatuor vocal s'ajoute aux autres parties instrumentales formées essentiellement de motifs obstinés de « va-et-vient ». Une forte tension musicale se crée par la superposition de ces multiples lignes d'ostinatos qui ne se tairont que pendant 8 des 80 mesures que rassemble le mouvement. Leur silence permet de laisser pleinement vibrer un solo de contrebasse (mes. 281-288, p. 78-79) qui évoque les tourments les plus profonds de l'Homme pris avec un « inassouvissable désir » [136]. Le « désir désespéré recommence » au retour de la complainte chantée par le quatuor vocal et des motifs obstinés de « l'idée fixe », joués par les instruments à vent. Tout l'orchestre exprime avec force ce moment de désarroi insupportable pour l'Homme.

---

134. Le nombre d'or, ou la section d'or, survient lorsqu'une division se manifeste dans un ratio de 0,618034 issu de la formule a : b = a : a + b. La question à savoir si Milhaud était conscient du concept mathématique du nombre ou de la section d'or demeure sans réponse. Cependant, ce concept de la section d'or était sûrement connu par certains groupes d'artistes parisiens de l'époque, notamment par les peintres cubistes. Ceux-ci se sont même regroupés en 1912 sous le nom de « La Section d'Or », qui présenta des expositions et fonda une revue éponyme. Des poètes tels que Guillaume Apollinaire, Pierre Reverdy et Max Jacob comptaient parmi les collaborateurs de la revue (voir John Golding, *Le cubisme*, traduit de l'anglais par Françoise Cachin, Paris, René Julliard, 1965, p. 33-35; Pierre Cabanne, *Le cubisme*, Paris, Terrail, 2001, p. 84-88). Étant donné que Milhaud fréquentait ce milieu artistique, tout porte à croire qu'il connaissait le mouvement de La Section d'Or.

Mentionnons que parmi les compositeurs modernes autres que Béla Bartók, la proportion propre au nombre d'or se retrouve dans la musique du compositeur français Claude Debussy. À ce propos, voir Roy Howat, *Debussy in Proportion : A Musical Analysis*, Cambridge, Cambridge University Press, 1983 et Richard S. Parks, *The Music of Claude Debussy*, New Haven, Yale University Press, 1989.

135. L'appellation « idée fixe », provenant du scénario (livret final, p. 251-252), est assignée à cet ostinato spécifique par Vergnaud (*La musique et les arts*, p. 244-249).

136. Jean Bernier, « *L'Homme et son désir* : Poème plastique de M. Paul Claudel, musique de M. Darius Milhaud, joué pour la première fois le 8 juin 1921 », *Comœdia illustré*, n° 9, 20 juin 1921, p. 462-463, ici p. 463.

Exemple 43. « Idée fixe » et complainte du « désir » variée, dans Darius Milhaud, *L'Homme et son désir*, mouv. VI, mes. 269-273, © 1966, Wien, Universal Edition A.G. / UE 14284.

À partir du mouvement VII, les heures de la nuit sont presque écoulées. C'est alors que la Femme « entraîne l'Homme peu à peu en tournant lentement devant lui sur elle-même ». Afin d'illustrer cette danse lente et tourbillonnante de l'Homme et de la Femme, Milhaud écrit *au milieu* des 50 mesures du mouvement VII (schéma 7), un canon de 25 mesures exécuté par le quatuor de bois à partir d'un sujet de quatre mesures. L'exemple 44 montre qu'une nouvelle entrée du sujet survient toutes les deux mesures. Les entrées se réalisent à la septième majeure ascendante ou à la neuvième mineure descendante à compter de la première note de l'entrée précédente. Ainsi, à partir du sujet initial, qui commence sur la note *do* dièse (mes. 334), suivent les onze autres énoncés du sujet dont les premières notes effectuent le cycle complet des douze sons de l'échelle chromatique descendante. Trois voix du quatuor vocal accompagnent le canon en accomplissant le cycle des douze sons par une série d'accords parfaits majeurs dont la fondamentale se situe à une quinte inférieure (ou une quarte supérieure) de la première note du sujet. Par exemple, la première note du sujet étant *do* dièse la fondamentale de l'accord chanté par le quatuor vocal devient *fa* dièse. En contraste, les deux autres quatuors (les cordes et les instruments multiples) exécutent leur propre ligne d'ostinatos sur des hauteurs fixes. Un accord parfait de *fa* dièse majeur (quatuor de cordes et harpe) ponctue aux six temps l'enchevêtrement de ces multiples lignes indépendantes. Une sonorité polytonale discordante est ainsi projetée pour souligner la profondeur du « désir désespéré » de l'Homme.

Les douze Heures noires étant écoulées, les Heures blanches ressurgissent. À l'opposé de la scène II, alors que la Lune et son reflet apparaissent, celles-ci disparaissent durant la première partie de la scène VIII. Pour indiquer le début de la deuxième moitié d'une journée complète marquée par l'entrée des Heures blanches, Milhaud fonde la composition de la dernière scène sur la note pédale *fa* dièse. Or, cette note *fa* dièse correspond au milieu du cycle des douze sons chromatiques, si on relie la première note de la basse *do* du mouvement I à la note pédale *fa* dièse du mouvement VIII[137] (schéma 7). En procédant ainsi, Milhaud établit un lien sous-jacent entre le déploiement de l'espace sonore et celui de l'espace temporel conformément au drame conçu par Claudel.

La complainte du « désir » entendue lors de la première partie de l'œuvre (scène III) se propage une dernière fois dans la scène VIII comme un adieu résigné aux ardeurs de l'Homme. Le retour au silence (mes. 370, p. 102) laisse vibrer les bruits ambiants de la forêt, produits par les instruments de percussion. Le ballet *L'Homme et son désir* se termine comme il avait commencé.

137. À noter qu'un premier rapport entre les notes *do* et *fa* dièse figure déjà dans le deuxième mouvement. En effet, Milhaud y oppose la note de basse *do* du violoncelle à celle de *fa* dièse aux parties de flûte (ex. 37).

Exemple 44. Quatre premières entrées du sujet du canon final dans Darius Milhaud, *L'Homme et son désir*, mouv. VI, mes. 334-341, © 1966, Wien, Universal Edition A.G. / UE 14284.

L'unicité de la composition musicale

Milhaud, dans son travail de compositeur, accorde une attention particulière à l'unicité motivique de l'œuvre en lien avec le personnage de *L'Homme et de son désir*. Plus précisément, le désir de l'Homme est évoqué par une mélodie principale, que l'on nomme complainte du « désir ». Deux principaux motifs, les motifs « R » et « Q », sont à la base de la construction de ce thème. Ils figurent d'abord dans une première mélodie à la scène I (ex. 35), pour ensuite former le thème de « l'appel » de la scène III (ex. 38). Reprenant les mêmes motifs sur les mêmes notes *sol* et *ré*, la complainte du « désir » le suit de près, chantée par le ténor (ex. 39). Tout dans la composition indique que la voix du ténor est associée au personnage de l'Homme, le ténor étant la seule voix du quatuor vocal détenant de véritables solos dans l'œuvre.

Ainsi, après son premier énoncé à la scène III, la complainte du « désir » résonne à nouveau aux scènes IV, VI et VIII (schéma 7), adoptant différents caractères selon les émotions véhiculées dans le drame. En plus, Milhaud récupère les bases motiviques de la mélodie du « désir » pour former d'autres formulations thématiques. C'est le cas du thème du « plaisir » (ex. 40) qui se mêle à celui du « désir » au mouvement IV pour réapparaître à la fin du mouvement V.

De toute évidence, une grande unicité motivique sous-tend la composition[138] dont l'élément central est misé sur l'Homme épris par un désir passionnel.

L'interrelation entre la musique et la scénographie

En plus de cette unicité motivique, la partition de *L'Homme et son désir* affiche une structure formelle très organisée aux proportions symétriques, à l'instar de la disposition scénique. Plus précisément, en phase avec la scénographie dont tous les éléments gravitent autour de l'Homme, l'œuvre musicale occupe l'espace temporel de manière à dessiner une forme en arche dont l'axe giratoire se situe au *centre* de la composition (schéma 7).

Outre la structure formelle, la spatialisation des instruments et la pluralité temporelle, qui sont des caractéristiques étroitement liées aux intentions du « poème plastique » de Claudel, Milhaud pratique la polytonalité au sein d'une écriture contrapuntique. La rencontre polytonale des multiples lignes mélodiques et obstinées, qui s'entrecroisent de la première à la dernière scène, provoque des sonorités extrêmement stridentes qui s'agencent complètement aux couleurs fauvistes du décor. La netteté de la ligne mélodique et la primauté accordée à la forme franchement découpée placent la composition de Milhaud dans une esthétique proche du cubisme. D'ailleurs, Milhaud évoque explicitement le style cubiste dans sa description de la partition de *Protée*, à laquelle il travaille dès son retour du Brésil. Ce sont dans les termes de « musique assez raide, brusque, cubiste de forme » qu'il définit alors sa démarche dans *Protée* (1919)[139].

138. Bien entendu, cette analyse motivique n'est pas exhaustive, puisque la composition regorge de motifs rythmiques récurrents. À ce sujet, voir Vergnaud, *La musique et les arts*, p. 240-244.

139. Lettre de Milhaud au couple Oswaldo Guerra et Nininha Leão Veloso, 20 septembre, 1919. Archives Paul Guerra ; cité dans Manoel A. C. Lago et Bernard Guerra, « Autour d'une correspondance Milhaud-Guerra et le milieu musical brésilien » (1917-1921), dans Harbec et Lavoie (dir.), *Darius Milhaud, Compositeur*

L'ACCUEIL MITIGÉ DU BALLET

L'influence du cubisme et du fauvisme dans *L'Homme et son désir* est surtout perceptible dans cette pluralité spatiotemporelle, appliquée à son paroxysme dans l'œuvre. Cette préoccupation du spatial dans l'art rejoint celle exprimée par les cubistes, qui juxtaposent une pluralité de points de vue sur une même surface (ill. 1).

Lors de la toute première représentation, donnée au profit d'œuvres de bienfaisance le 6 juin 1921 [140], le ballet *L'Homme et son désir* reçoit un accueil plutôt favorable de la part du public. Claudel en exprime ainsi sa satisfaction : « Salle comble. Vrai triomphe. Je suis très content. L'orchestre a joué merveilleusement. Les 3 ou 4 personnes qui ont essayé de manifester contre en ont été [quitte] pour leur petit effort auquel elles ont vite renoncé » [141].

Toutefois, la presse au lendemain de cette représentation change quelque peu le ton, comme en témoigne Gaston de Pawlowski : « Ce *poème plastique* de Paul Claudel [...] a provoqué quelques tempêtes » [142]. Il est vrai que le premier ballet de Claudel ne laisse pas les critiques indifférents. Si certains apprécient plusieurs éléments de l'œuvre, d'autres émettent sans retenue leurs jugements les plus tranchants [143].

De son côté, Pawlowski saisit entièrement l'intention de l'auteur du ballet :

> « L'idée de M. Paul Claudel ne manque point de profondeur. [...] Ce poème semble exprimer toute la nostalgie de son auteur au temps où dans la sierra qui domine Rio de Janeiro, la fièvre de l'exil et des chaudes forêts exotiques se mêlait pour lui aux souvenirs et à l'angoisse du monde en 1917 [144].

Jean Bernier, pour sa part, considère que l'œuvre se trouve « très loin [...] d'un « poème tropical » [145], mais plutôt d'un sujet métaphysique et symboliste. Il s'explique :

> Si l'Homme, protagoniste du drame, se débat dans la forêt luxuriante, c'est en quelque sorte parce que celle-ci est le cœur de la Terre, le lieu où le sang est le plus chaud, où les principes vitaux sont les plus virulents et où, par conséquent, il lui est donné d'être homme le plus intensément, le plus absolument qu'il se peut.
> Le propre du drame n'est-il pas, en effet, de tendre à l'absolu, de traiter la situation la plus extrême à l'aide de personnages les plus représentatifs ? Métaphysique dans sa conception, symboliste dans sa réalisation, *L'Homme et son désir* porte bien la marque de Claudel [146].

---

et expérimentateur, p. 119. Charles Koechlin a également relevé ce trait spécifique dans l'écriture de Milhaud. Malgré toute l'admiration qu'il éprouve pour le jeune compositeur, Koechlin dénigre particulièrement cet aspect du cubisme musical appliqué dans la musique de Milhaud. Voir Liouba Bouscant, « Milhaud et Koechlin : une somme de convergences esthétiques », dans *ibid.*, p. 159-161.

140. Cette représentation correspond dans les faits à l'avant-répétition générale. La programmation débuta officiellement le 8 juin 1921.

141. Claudel, cité dans Wasserman, « De la Serra des Orgues au Théâtre des Champs-Élysées », p. 28.

142. Gaston de Pawlowski, « *L'Homme et son désir* aux Champs-Élysées », *Le Journal*, 9 juin 1921, [n.p.].

143. Pour des commentaires supplémentaires sur la réception du ballet, voir Vernozy, « Décors et costumes d'Audrey Parr pour *L'Homme et son désir* », p. 38-48.

144. De Pawlowski, « *L'Homme et son désir* aux Champs-Élysées », [n.p.].

145. Jean Bernier, « *L'Homme et son désir* », p. 462-463.

146. *Ibid.*

Outre le sujet du drame, le décor reçoit surtout des commentaires élogieux. Sans conteste, la scène étagée est l'élément du spectacle qui remporte le plus de succès. Même si l'idée est empruntée aux « vieux théâtres d'autrefois, [...] cette disposition d'*échafauds* superposés »[147] plaît à plusieurs critiques. Charles Tenroc, par exemple, souligne le lien entre « les quatre plans superposés » et « les quatre simultanéismes » avec le « système Gémier »[148]. Même si la structure en gradins est généralement saluée, le décor suscite tout de même quelques commentaires négatifs. Par exemple, Louis-Charles Watelin s'en prend au traitement cubo-fauviste du décor élaboré par Parr.

> Comment le fouillis tropical pourrait-il être géométrique ? Tous les tons y naissent, éclatent et meurent et dans la dominante choisie il y a autre chose que de la couleur répandue en taches lamentablement ridicules. C'est dommage, car l'idée de concevoir l'action sur quatre étages superposés est intéressante[149].

Pour Alexis Roland-Manuel, le « décor est curieux, [mais] les costumes tout à fait ravissants »[150]. Pourtant, peu de critiques partagent cet avis sur les personnages et les costumes. André Cœuroy ne fait pas partie du lot :

> Ce nouveau ballet que danse M. Jean Börlin sera moqué. [...] La disposition du décor, la silhouette ripolinée d'un lutteur en caleçon aux prises avec un Désir mâchuré, les formes féminines à tête de grelot, les larves vertes, bleues et rouges issues d'une imprécise forêt détourneront du vrai drame[151].

À vrai dire, c'est surtout l'apparence de l'Homme qui suscite les plus fortes réactions. Plusieurs sont indignés devant l'« homme-nu au caleçon de bain »[152] et à la peau « habillée d'un enduit jaune clair »[153]. Louis Laloy parle de Börlin dans des termes de « nudité glabre et vernissée », vêtu d'un « caleçon alourdi » faisant foi de la « seule concession à la pudeur scénique »[154]. Un autre élément choquant pour Laloy est que Börlin « ne danse pas »[155]. En fait, il « mime plutôt qu'il ne danse »[156], renchérit Jean de Létraz, et il « est un mime de grand talent », ajoute Paul Souday[157]. Tout au contraire, pour de Lapommeraye, le travail du danseur suédois se situe bien au-delà de la danse mimique :

---

147. Rieu, « *L'Homme et son désir* au Théâtre des Champs-Élysées », p. 1. C'est Rieu qui souligne.

148. Charles Tenroc, « Théâtre des Champs-Élysées : *L'Homme et son désir* », *Le Courrier musical*, [1921], p. 194. Tenrec fait allusion au comédien et metteur en scène Firmin Gémier (1869-1933) qui travaille, tout comme Appia, à renouveler la représentation scénique en des actions simultanées avec la collaboration de Jaques-Dalcroze.

149. Watelin, « *L'Homme et son désir* », p. 238.

150. Alexis Roland-Manuel, « *L'Homme et son désir*, ballet de MM. Paul Claudel et Darius Milhaud, *L'Éclair*, 9 [juillet] 1921, [n.p.].

151. André Cœuroy, « *L'Homme et son désir*, scénario de Paul Claudel, musique de Darius Milhaud », *L'Ère nouvelle*, 8 juin 1921, [n.p.].

152. Tenroc, « Théâtre des Champs-Élysées : *L'Homme et son désir* », p. 194.

153. Pierre de Lapommeraye, « *L'Homme et son désir* aux Champs-Élysées », *Ménestrel*, vol. 83, n° 24, 17 juin 1921, p. 252.

154. Louis Laloy, « Au Théâtre des Champs-Élysées : *L'Homme et son désir* », *Comœdia*, 10 juin 1921, p. 1.

155. *Ibid.*

156. Jean de Létraz, cité dans Wasserman, « De la Serra des Orgues au Théâtre des Champs-Élysées », p. 29.

157. Paul Souday, « Champs-Élysées : *L'Homme et son désir* », *Paris-Midi*, 14 juin 1921, p. 3.

« Les gestes de M. Jean Börlin sont très soigneusement réglés, avec un sens parfait de la mesure et de l'esthétique » [158].

De toutes les composantes du ballet, la composition de Milhaud est celle qui a reçu le pire de l'opprobre. Plusieurs critiques dénigrent les dissonances omniprésentes dans la partition. À force d'user de la « polytonie », Milhaud « tombe dans la cacophonie » [159], selon de Lapommeraye. Pour Souday, la musique « n'existe pas. Ce n'est qu'un charivari, dépourvu de sens, de saveur et d'intérêt... [160]. De son côté, de Pawlowski remet en question toute l'instrumentation de l'œuvre :

> Mais que peuvent les sifflets ou les acclamations de la salle contre l'orchestre d'un compositeur dont l'instrumentation comprend à vrai dire tout ce qui n'est pas instrument de musique connu : sifflets à roulettes, claquements de pièces de bois, effondrements de plaques de cuivre, avec toutefois, par moments, une voix nostalgique qui s'élève accompagnée d'un violoncelle.
> Ce fut un déconcertant vacarme qui prouve que toutes les oreilles ne sont point faites encore à la musique de demain et que celle-ci n'a point trouvé sa forme définitive [161].

L'instrumentation a certes capté l'attention de la presse, qui la perçoit comme un « abus d'instruments à percussion, qui partent en tous sens » [162].

Complètement à l'opposé, certains critiques ont reconnu le savoir-faire du jeune Milhaud dans la traduction des lignes symbolistes du livret de Claudel. C'est le cas de Roland-Manuel, ce défenseur de la musique moderne et du Groupe des Six, qui apporte un point de vue différent.

> La part du musicien n'était pas la plus aisée. Mais les qualités de M. Milhaud, qui a le sens du mystère et le goût d'une franchise un peu crue, pouvaient être mises à profit dans *L'Homme et son désir*.
> Les chuchotements de la nuit tropicale, ces mille bruits qui composent le silence, ont trouvé en M. Milhaud leur chantre attentif. Chantre des bruits et qui utilise fréquemment les sons complexes que lui fournissent à l'envi les instruments de la batterie, servis par dix-huit exécutants cependant que douze musiciens seulement assument la charge de la partie symphonique et vocale de l'ouvrage. Il se dégage de cette musique mystérieuse et nette tout ensemble, une atmosphère de rauque volupté très prenante, encore que difficilement définissable [163].

Exception faite des sarcasmes de certains journalistes, le ballet reçoit dans son ensemble un accueil plutôt positif. Dans un article, Laloy résume judicieusement l'opinion générale de la presse :

> *L'Homme et son désir* est une œuvre remarquable par sa conception intéressante bien que nécessairement imparfaite par l'exécution; mais la hauteur de la conception l'emporte, de telle sorte que malgré le jour cru de la rampe ce spectacle déroulé en quatre plans

158. De Lapommeraye, « *L'Homme et son désir* aux Champs-Élysées », [n.p.].

159. *Ibid.*

160. Souday, « Champs-Élysées : *L'Homme et son désir* », p. 3.

161. De Pawlowski, « *L'Homme et son désir* aux Champs-Élysées », [n.p.].

162. Maurice Boucher, « Théâtre des Champs-Élysées : *L'Homme et son désir* », *Le Monde musical*, vol. 32, n°s 11-12, juin 1921, p. 189.

163. Roland-Manuel, « *L'Homme et son désir* », [n.p.].

> simultanés est l'un des plus fantastiques, donc des plus vrais, qu'on ait [*sic*] jamais vus au théâtre ! [164].

En somme, les collaborateurs de *L'Homme et son désir* ont tout mis en place pour faire de ce ballet une œuvre très moderne fondée sur un thème des plus anciens, celui « de l'Homme enfermé dans une passion, une idée, un désir » [165]. Dans ce « poème plastique », Claudel exploite un sujet universel que lui a inspiré un environnement sauvage ; Parr traite les éléments décoratifs du ballet avec un fauvisme qui nous plonge dans un état de pulsions primitives ; Milhaud présente une partition singulière aux timbres inusités et accorde aux instruments de percussion une place jamais vue ; et Börlin conçoit une chorégraphie hors du commun basée sur des mouvements fondamentaux qu'il règle « avec une précision remarquable » [166].

Satisfait de sa production, Claudel écrira à sa collaboratrice Parr :

> La presse nous a bien éreintés, mais l'impression sur le public a été grande et neuve, et les échos continuent à m'en revenir. Nous avons fait vraiment quelque chose de *neuf* et qui marque une date. Quelque chose de complètement *neuf*, on ne voit pas ça souvent ! [167].

En effet, l'histoire de la danse donne à voir peu d'exemples où l'action se déroule simultanément sur différents plateaux scéniques. Au-delà de l'aspect scénographique, *L'Homme et son désir* se démarque par la profondeur dramatique qu'il déploie et par une cohésion interartistique où la poésie s'exprime par le décor, la musique et la danse. Comme le souligne Erik Näslund : « Aucun de ces éléments ne peut être isolé des autres, car ils appartiennent tous à la vision initiale, dont la concrétisation n'était possible que par leur combinaison même et leur enchevêtrement » [168].

---

164. Laloy, « Au Théâtre des Champs-Élysées : *L'Homme et son désir* », p. 1.
165. Claudel, cité dans Rieu, « *L'Homme et son désir* au Théâtre des Champs-Élysées », p. 1.
166. Laloy, « Au Théâtre des Champs-Élysées : *L'Homme et son désir* », p. 1.
167. Lettre de Claudel à Parr, 4 août 1921, dans Lioure et Malicet (éd.), *Lettres de Paul Claudel à Élisabeth Sainte-Marie Perrin et à Audrey Parr*, p. 253. C'est Claudel qui souligne.
168. Näslund, *Rolf de Maré*, p. 266.

ANNEXE 1

LIVRET INITIAL
EN ÉDITION PHOTOGRAPHIQUE DE *L'HOMME ET SON DÉSIR*

La scène est divisée en IV étages, celui du milieu étant le plus large. Sur l'arête extrême de l'étage IV défilent les HEURES, représentées par une ligne de femmes en marche.

I. … quelques mesures pour indiquer que le drame ne commence pas, mais qu'il continue quelque chose.

II. Apparition de la Lune.

Il y en aura II, l'une à l'étage III, l'autre à l'étage I, de plein pied avec le public. Chacune porte dans son bras replié un large tambourin sur lequel la main vient s'inscrire. Elles marchent en sens inverse l'une de l'autre. Elles prennent tout le temps du drame pour traverser la scène en un mouvement très lent et quasi insensible. Chacune d'elles est précédée par une servante qui la conduit. On peut se représenter cette servante comme un nuage ; on peut l'imaginer entièrement enveloppée d'un voile noir qui ne laisse rien voir de la tête, du corps et des membres. On pourrait peut aussi en imaginer plusieurs. Chacun des mouvements de la Lune supérieure I et de sa servante (par exemple si elle est cachée un instant par le nuage) est exactement et en même temps reproduit par la Lune II et son groupe.

C'est la Lune I, qui paraît la première, précédée par sa servante, puis par sa lueur.

Avec les HEURES et la LUNE, dont la marche et le défilé sur des paliers différents et des mouvements divers ne cessent pas pendant toute la durée de l'action, on obtient l'équivalent plastique de ce qu'est la basse pour la musique.

III. L'HOMME endormi et le fantôme de la FEMME, morte ou perdue.

Ce fantôme est double, l'un qui est devant lui comme pour le conduire, l'autre derrière comme pour le pousser : alternativement, – toutes 2 voilées. C'est le souvenir et le rêve, le désir et l'image défunte. Elles tournent et pivotent autour de lui. Elles l'égarent ainsi peu à peu. Elles disparaissent par le fond de la scène.

IV. L'HOMME qui dort debout, oscillant comme dans un courant d'eau, à peine retenu par le poids.

V. Tous les bruits de la Forêt, toutes les notes élémentaires qui viennent tenter l'HOMME endormi. Les instruments qui se détachent : la flûte-de-pan, la corde d'or tendue de toute la longueur des bras que l'on fait vibrer avec les dents, la danseuse avec un bracelet de grelots à la cheville et un autre au poignet qui tout près de lui vient lui faire goûter l'accord des douze sons, la biche, le serpent qui rampe, la feuille (un baiser sur la joue), l'essaim des choses ailées qui se précipite puis se disperse de tous côtés. Danse ivre de la cymbale. – Choisir. – Pas de costumes pittoresques, les danseurs et danseuses en costumes de travail. Tout cela ne doit pas durer trop longtemps.

VI. Danse de la passion. Un mouvement de va-et-vient de plus en plus ardent et désespéré, comme l'animal qui rencontre la paroi et revient sans cesse à la même place.

Peut-être sans que les deux pieds changent de place ou en tout cas quittent la terre. Toutes espèces de modalités possibles. Par exemple au lieu d'un obstacle qui s'interpose, on peut imaginer une odeur si délicieuse qu'elle fasse défaillir la force. Ou une main qui vient chercher cet HOMME et le ramène en arrière. Puis l'idée fixe reprend et le mouvement du désir désespéré recommence de plus en plus violent et frénétique.

VII. Réapparition de la FEMME, cette fois seule, qui entraîne l'HOMME, peu à peu en tournant lentement devant lui sur elle-même. Il saisit un coin du voile qui la couvre tout entière, et, en tournant de près autour de lui, elle l'enroule complètement dans ce sombre tissu, de telle sorte qu'elle se dévoile peu à peu, et que lui au contraire se trouve tout enveloppé comme une chrysalide, tant que sa main seule et le bras nu apparaissent. Ils vont ainsi, réunis par le voile, vers le côté de la scène, et séparés de la distance du bras rigide de la FEMME qui le maintient écarté d'elle, la main appuyée sur le milieu de sa figure.

VIII. La Lune I a disparu la première. La Lune II disparaît à son tour, ainsi que leurs servantes. Les Heures noires se sont écoulées. On voit apparaître les premières Heures blanches.

NOTE [169]. Les musiciens de l'orchestre sont répartis de la manière suivante :

ÉTAGE IV – À droite : Soprano, contralto, ténor, basse.

À gauche : hautbois, trompette, harpe, contrebasse.

ÉTAGE III – À droite : petite flûte, flûte, clarinette en *si* bémol, clarinette basse.

À gauche : cymbales, castagnettes de fer, grosse caisse.

ÉTAGE II – À droite : tambour de basque, tambourin, tambour, fouet, triangle, caisse roulante.

À gauche : machine à vent, marteau sur une planche, caisse claire, sifflet, sifflet-sirène, tam-tam.

ÉTAGE I – À droite [:] deux violons, alto, violoncelle.

À gauche : cymbales, castagnettes de bois, grosse caisse.

La musique de ce POÈME PLASTIQUE a
été composée par M. DARIUS MILHAUD.
Les dessins et découpages ont été
exécutés sur les indications de
M. PAUL CLAUDEL par MADAME
AUDREY PARR

PETROPOLIS, 1917

169. Cette note figure uniquement dans l'exemplaire I de l'édition photographique. Sabine Vergnaud, *La musique et les arts dans la collaboration du Groupe des Six avec les Ballets suédois (1920-1925)*, thèse de doctorat, Saint-Étienne, Université Jean-Monnet de Saint-Étienne, 2010, p. 524.

ANNEXE 2

LIVRET FINAL
DIT « SCÉNARIO » DE *L'HOMME ET SON DÉSIR*

La scène est divisée en quatre plans, le premier au-dessus de la scène même étant le plus large. Sur l'arête extrême se tiennent les Heures, exprimées par une ligne de femmes en marche.

I. Quelques mesures pour indiquer que le drame continue quelque chose.

II. Apparition de la Lune. – Il y en aura deux, l'une sur le deuxième palier d'en haut, l'autre sur le plan de la scène même. Chacune porte un long tambourin sur lequel la main vient s'inscrire. Elles marchent en sens inverse l'une de l'autre. Elles prennent tout le temps du drame pour traverser la scène en un mouvement très lent et quasi insensible. Chacune d'elles est précédée par une servante qui la conduit. On peut se représenter cette servante comme un nuage, on peut l'imaginer entièrement recouverte d'un voile noir qui l'enveloppe complètement et ne laisse rien voir de la tête, du corps et des membres. On peut aussi en imaginer plusieurs. Chacun des mouvements de la Lune I et de sa servante (par exemple si elle est cachée un instant), est exactement et en même temps reproduit par la Lune II et par son groupe. – Avec les Heures et la Lune dont la marche et le défilé sur des mouvements différents et à des paliers différents ne cesse pas pendant toute la durée de l'action, on obtient l'équivalent plastique de ce qu'est la basse pour la musique.

III. L'Homme endormi et le fantôme de la Femme morte. – Ce fantôme est double, l'un qui marche devant lui comme pour le conduire, l'autre par derrière qui le pousse alternativement. Elles l'égarent peu à peu comme on fait pour les enfants à qui on bande les yeux et qu'on fait virevolter de tous les côtés pour qu'ils ne sachent plus où ils sont. Elles disparaissent par le fond de la scène.

IV. L'Homme qui dort debout, oscillant comme dans un courant d'eau et comme sans aucun poids.

V. Toutes les choses de la forêt qui viennent voir l'Homme endormi. Représentés uniquement par des rythmes et des mouvements. Pas de costumes. Danseurs et danseuses en costumes de travail. Mouvements sauvages et furtifs et tout à coup extrêmement rapides et précipités. Le papillon nocturne, l'oiseau, la biche, l'essaim des choses ennemies qu'on écarte, la feuille (un baiser sur la joue) etc. Tout cela ne doit pas durer trop longtemps.

VI. Danse de la passion. Un mouvement de va-et-vient de plus en plus ardent et désespéré, comme l'animal qui rencontre la paroi et revient sans cesse à la même place. Peut être sans que les pieds changent de place. Toute espèce de modalités possibles. Par exemple au lieu d'un obstacle on peut imaginer parfois une odeur si délicieuse qu'elle lui ôte tout sentiment. Ou une main qui vient le chercher et qui le ramène en arrière. Puis l'idée fixe et le mouvement de désir désespéré recommence.

VII. Réapparition de la Femme qui entraîne l'Homme peu à peu en tournant lentement devant lui sur elle-même. Il saisit un coin de son voile, de sorte qu'on ne voie plus que sa main. Ils marchent ainsi vers le côté de la scène à la distance marquée par le bras rigide de la Femme qui le tient écarté d'elle la main appuyée sur le milieu de la figure.

VIII. La Lune I a disparu la première, la Lune II disparaît à son tour. Les Heures noires se sont écoulées. On voit apparaître les premières Heures blanches.

ANNEXE 3

ARGUMENT DE *L'HOMME ET SON DÉSIR*, POÈME PLASTIQUE

L'Homme et son désir est le fruit de la collaboration de trois amis qui pendant l'année 1917 tenaient chaque dimanche dans la Sierra qui domine Rio de Janeiro un pique-nique d'idées, de musique et de dessins. Ce petit drame plastique est issu de l'ambiance de la forêt brésilienne où nous étions en quelque sorte submergés et qui a presque la consistance uniforme d'un élément. Qu'elle est étrange, la nuit, quand elle commence à s'emplir de mouvements, de cris et de lueurs ! Et c'est précisément une de ces nuits que notre poème a l'intention de figurer. Nous n'avons pas essayé de reproduire avec une exactitude photographique l'inextricable fouillis de la *floresta*. Nous l'avons simplement jetée comme un tapis, du violet, du vert, du bleu, autour du noir central, sur les quatre gradins de notre scène. Cette scène est verticale, perpendiculaire au regard comme l'est un tableau, un livre qu'on lit. Si l'on veut, c'est aussi comme une page de musique où chaque action vient s'inscrire sur une portée différente. Sur l'arête extrême défilent, toutes noires et coiffées d'or, les Heures de la nuit. Au-dessous, la Lune, conduite à travers le ciel par un nuage, comme une servante qui précède une grande dame. Tout en bas, dans les eaux du vaste marais primitif, le Reflet de la Lune et de sa Servante suivent la marche régulière du couple céleste. Le drame proprement dit se passe sur la plate-forme médiane entre le ciel et l'eau. Et le personnage principal, c'est l'Homme repris par les puissances primitives et à qui la Nuit et le Sommeil ont enlevé tout nom et toute figure. Il arrive conduit par deux formes exactement pareilles sous leur voile qui l'égarent en le faisant pivoter comme l'enfant qui est « pris » au jeu du cache-cache. L'un est l'Image et l'autre le Désir, l'une le Souvenir et l'autre l'Illusion. Toutes deux jouent de lui un moment puis disparaissent.

Il reste là debout et les bras étendus, il dort dans l'éclat de la lune tropicale comme un noyé parmi les eaux profondes. Et tous les animaux, tous les bruits de la forêt éternelle se détachent de l'orchestre, viennent le regarder et faire sonner leur note à ses oreilles : les Grelots et la Flûte de Pan, les Cordes et les Cymbales.

L'Homme commence à s'animer dans son rêve. Le voici qui se meut et qui danse. Et ce qu'il danse, c'est la danse éternelle de la Nostalgie, du Désir et de l'Exil, celle des captifs et des amants abandonnés, celle qui pendant des nuits entières fait piétiner d'un bout à l'autre de leur véranda les fiévreux que tourmente l'insomnie, celle des animaux dans les ménageries qui se jettent et qui se jettent encore, et encore une fois de plus sur une grille infranchissable. Tantôt c'est une main en arrière qui le ramène et tantôt c'est un parfum où toute énergie se défait. Le thème de l'obsession devient de plus en plus violent, frénétique, et alors au plus profond de ces ténèbres solennelles qui précèdent le jour, une des femmes revient et tourne comme fascinée autour de l'Homme. Est-ce une morte ? Est-ce une vivante ? Le dormeur la saisit par le coin de son voile pendant qu'elle tourne et se déroule en pivotant autour de lui, — jusqu'à ce que lui-même soit enveloppé comme une chrysalide et qu'elle se trouve presque nue, — et, alors réunis par un dernier lambeau d'une étoffe analogue à celle de nos rêves, la femme lui met la main sur la face et tous deux s'éloignent vers le côté de la scène. La Lune et sa Suivante, on ne voit plus que, tout en bas, leur reflet.

Les Heures noires ont achevé de défiler, les premières Heures blanches se montrent.

(Paul Claudel, « *L'Homme et son désir* », notes de programme dans *La Danse*, juin 1921.)

CHAPITRE V

SKATING RINK : LE BALLET-AUX-PATINS OU LE DÉRAPAGE DU CUBISME

Après *L'Homme et son désir*, la troupe des Ballets suédois crée le 20 janvier 1922 une œuvre tout aussi passionnelle, mais cette fois sur un thème inusité : *Skating Rink*, un « ballet-aux-patins » [1] du poète italien Ricciotto Canudo [2], du peintre Fernand Léger et du compositeur Arthur Honegger [3].

Avec l'arrivée de la modernité, le sport occupe une place de plus en plus importante dans le quotidien des sociétés occidentales. En plus de ses vertus pour la santé, le sport devient alors un moyen de sociabilité, un lieu de rencontre, et se transforme progressivement en véritable entreprise. Le patinage (ou le *skating*, ainsi appelé par les Français de l'époque) compte parmi les activités sportives très en vogue dans les grandes villes européennes à partir de la seconde moitié du XIXe siècle. La bourgeoisie parisienne l'adopte tout particulièrement en tant que divertissement, de sorte que la Ville lumière construit de nouveaux édifices pour abriter des patinoires conçues comme des pistes de danse. C'est notamment le cas du Palais des Glaces (1894), érigé dans le riche quartier des Champs-Élysées, qui reproduit l'atmosphère d'une salle de bal à deux étages dont le premier comprend un immense anneau de glace entouré de tables de cabaret, et le second loge un orchestre d'une vingtaine de musiciens. Le lieu est fréquenté, selon un horaire très précis, par des gens de groupes d'âge variés issus de familles bien nanties

1. Le titre complet du poème livret de Ricciotto Canudo est *Skating-Ring à Tabarin, Ballet-aux-patins pour la musique*… (*Mercure de France*, n° 140, 15 mai 1920, p. 74-81 ; retranscrit en fin de chapitre (p. 290-296). Nous verrons que l'orthographe de l'intitulé se modifie continuellement. Nous adoptons chaque fois la graphie utilisée dans la source consultée.

2. De naissance italienne, Ricciotto Canudo (1879-1923) s'installe à Paris en 1902 où il s'intègre rapidement dans le milieu intellectuel et artistique. Poète, romancier et essayiste, il fonde en 1913 la célèbre revue *Montjoie !* regroupant l'intelligentsia nationaliste parisienne. Canudo est considéré comme le premier critique et théoricien du cinéma qui propose dès 1912 l'expression « le septième art » pour désigner l'art cinématographique. En 1922 et 1923, il publie des articles sur le cinéma dans une autre revue qu'il fonde, *La Gazette des sept arts*. Parmi ses articles, il expose les fondements théoriques de son *Manifeste des Sept Arts* (*La Gazette des sept arts*, 1923 ; Paris, Séguier, 1995).

3. L'orchestre des Ballets suédois est dirigé par Désiré-Émile Inghelbrecht.

et aux mœurs légères[4]. Ces bourgeois s'y retrouvent davantage pour se pavaner et afficher leur garde-robe dernier cri que pour faire du sport. De plus en plus, le *skating* se transforme en une danse mondaine qui s'implante dans les salles de bal et les cafés-concerts de Paris[5].

Canudo utilise donc ce cadre des patinoires mondaines pour brosser un portrait des comportements humains de la nouvelle société des Années folles, confrontée à l'accroissement de la densité urbaine. Campé sur un anneau de glace, le ballet *Skating Rink* repose sur un drame passionnel se jouant entre trois individus – le Fou, la Femme et l'Homme[6] – dont les souffrances sont ignorées par la foule étourdie des patineurs. Aussi Canudo tente-t-il de jeter un regard unanimiste sur la société moderne dans laquelle le boulevard urbain est remplacé par une piste de patins à roulettes où hommes et femmes « tournent le sens éperdu de toute la vie »[7], comme l'écrit le poète.

Pour sa part, Léger conçoit les décors et les costumes du ballet en se penchant essentiellement sur l'esthétique du contraste plastique[8] et de la cinétique. Dans un style « apacho-cubiste »[9], le peintre cherche à accentuer au plus haut degré les formes angulaires des corps des patineurs-danseurs, de sorte que les personnages se présentent comme un assemblage asymétrique de motifs géométriques déposés comme des objets mobiles à l'intérieur d'un immense tableau cubiste.

Honegger, de son côté, livre une œuvre symphonique mettant en valeur la dramatique du livret. Même si le lyrisme semble dominer, la composition traduit toute la vitalité motrice qui émane des multiples tours de pistes effectués par les patineurs. Étroitement liée aux étapes de l'action du ballet, la composition fait entendre un foisonnement de matériaux thématiques, ce qui confère à l'œuvre une grande complexité formelle. Or, malgré la dimension descriptive qui émerge du discours compositionnel, il est étonnant de constater à quel point la structure formelle occupe une place primordiale au sein du processus créatif d'Honegger. En effet, tout en étant indissociable du canevas formel et

---

4. Pour plus de détails sur les patinoires intérieures, voir Sabine Vergnault, *La musique et les arts dans la collaboration du Groupe des Six avec les Ballets suédois (1920-1925)*, thèse de doctorat, Saint-Étienne, Université Jean-Monnet de Saint-Étienne, 2010, p. 134-135.

5. La danse mondaine propre au *skating* est développée par Willomot et se pratique, entre autres, au Bal Bullier, au Bal du vert galant et au Bal Mabille. Josiane Mas, « *Skating Rink*, une musique cinétique fidèle à l'intention unanimiste et symbolique du poème de Ricciotto Canudo », dans Peter Jost (dir.), *Arthur Honegger : Werk und Rezeption / L'œuvre et sa réception*, Bern, Peter Lang, 2009, p. 275-290, ici p. 276.

Dans ses recherches, Josiane Mas (*ibid.*) découvre que Édouard Jouve compose une musique destinée à accompagner ce type de danse portant le titre *Pas des Patineurs (Skating)*. De plus, elle précise que la partition pour piano, éditée à Paris en 1894, est accompagnée de l'indication : « nouvelle danse de salon, théorie réglée par M. Willemot professeur ». Cette pièce sera orchestrée par Jouve lui-même en 1908 et transcrite pour piano à quatre mains en 1912.

6. Le Fou est dansé par Jean Börlin, la Femme par Jolanda Figoni et l'Homme par Kaj Smith.

7. Canudo, *Skating-Ring à Tabarin*, (voir en fin de chapitre, (p. 290-296)). Cette citation revient tout au long du poème.

8. Giovanni Lista, « Léger scénographe et cinéaste », dans *Fernand Léger et le spectacle*, catalogue d'exposition (Biot, 30 juin-2 octobre), Brigitte Hédel-Samson (dir.), Paris, Éditions de la Réunion des musées nationaux, 1995, p. 31-86, ici p. 41.

9. José Bruyr, *Honegger et son œuvre*, Paris, Éditions Corrêa, 1947, p. 72; cité dans Harry Halbreich, *L'Œuvre d'Arthur Honegger : chronologie, catalogue raisonné, analyses, discographies*, Paris, Honoré Champion, 1994, p. 647.

narratif de l'argument, la composition entremêle plusieurs types de formes musicales rattachées soit à l'académisme musical, soit à l'expression symboliste de la thématique du ballet.

En dehors de cette particularité de la mixité formelle, l'esthétisme de la composition musicale de *Skating Rink* s'inspire davantage du livret de Canudo, à certains égards, que des composantes scénographiques créées par Léger. Malgré une certaine dissonance esthétique, *Skating Rink* fait franchir une autre étape à la danse moderne par l'apport cubo-futuriste de Léger. Dans la démonstration qui suit, nous verrons comment convergent et divergent les différentes formes d'expression artistiques intégrées à ce spectacle de danse.

La genèse du ballet : une production bousculée par le temps

C'est en 1918 que Canudo rédige un poème prenant la forme d'un livret de ballet qu'il publie dans le *Mercure de France*, le 15 mai 1920, intitulé *Skating-Ring à Tabarin, Ballet-aux-patins pour la musique...* Selon son titre, Canudo transforme la salle de danse du Bal Tabarin [10], si courue en ce début du XXe siècle, en une piste de patin comme lieu de drame poétique.

Le thème du patinage n'est pas entièrement nouveau, puisqu'il fait l'objet du film *The Rink*, de Charlie Chaplin, qui prend l'affiche en France en 1917 [11]. En tant que critique de cinéma, Canudo connaît assurément le film du populaire cinéaste américain. Aussi l'écrivain s'en inspire-t-il puisque, tout comme dans le film, la trame dramatique de son poème évolue à travers des rondes et des poursuites de patineurs [12].

Au printemps 1921, soit un an après la publication de son « poème dansé » [13], Canudo rencontre Rolf de Maré, probablement par l'entremise de Jacques Hébertot, le directeur du Théâtre des Champs-Élysées [14]. De Maré se remémore des propos de Canudo :

10. Le Bal Tabarin est une salle très populaire établie en plein cœur de Montmartre. L'endroit est représenté dans la toile *Hiéroglyphe du Bal Tabarin* du peintre futuriste Gino Severini (1883-1966). Lista, « Léger scénographe et cinéaste », p. 39.

11. En France, *The Rink* paraît sous le titre *Charlot patine* ou *Charlot patinage*. Judi Freeman, « Fernand Léger and the Ballets Suédois : The Convergence of Avant-garde Ambitions and Collaborations Ideals », dans Nancy Van Norman Baer (dir.), *Paris Modern : The Swedish Ballet, 1920-1925*, San Francisco, Fine Arts Museums of San Francisco, 1995, p. 86-107, ici p. 92.

12. Giovanni Lista, « De "l'objet-spectacle" au "théâtre du peuple" », dans Hélène Lassalle (dir.), *Fernand Léger*, catalogue d'exposition (Villeneuve d'Ascq, Musée d'art moderne, 3 mars-17 juin 1990), Villeneuve-d'Ascq, Éditions Mazzotta, 1990, 1990, p. 59-86, ici p. 63.

13. Expression employée par Georges Auric, dans sa préface du programme des Ballets suédois conservé au Dansmuseet; texte reproduit dans Bengt Häger, *Ballets Suédois*, Paris, Jacques Damase, 1989, p. 162.

14. La première rencontre entre Canudo et de Maré a lieu entre mai et juillet 1921, selon Freeman (« Fernand Léger and the Ballets Suédois », dans Baer [dir.], *Paris Modern*, p. 91). Il semble que cette rencontre ait eu lieu en compagnie de plusieurs autres artistes issus de l'entourage de Canudo, tels que Léger, Blaise Cendrars et Germaine Tailleferre. Giovanni Dotoli, « Ricciotto Canudo et les Ballets Suédois : *Skating Rink* », dans Josiane Mas (dir.), *Arts en mouvement : les Ballets Suédois de Rolf de Maré, Paris 1920-1925*, Montpellier, Presses universitaires de la Méditerranée (Centre d'étude du XXe siècle, Université Paul-Valéry), 2008, p. 117-136, ici p. 117.

> Voilà, de Maré, j'ai un ballet, qu'on pourrait appeler *Skating Dance.* C'est la lourde mélancolie des plaisirs du skating, cette sorte d'animalité intime que l'on ressent parmi le balancement ralenti des couples populaires, de tous les types qui évoluent dans ce milieu : en somme, une synthèse de tous les instincts [15].

Le 4 septembre 1921, de Maré envoie à Canudo une lettre lui confirmant l'acceptation du projet : « [Il] est entendu que je reçois votre ballet SKATING-RING, pour [le] monter dans la prochaine saison des Ballets Suédois » [16]. Si le nom de Fernand Léger arrive en tête de liste pour la réalisation des décors et costumes du ballet [17], le choix du musicien ne fait pas l'unanimité parmi les personnes concernées. Même si, dès les mois suivant la publication de son poème, Canudo associe son projet au compositeur Gian Francesco Malipiero (1882-1973), il proposera un an plus tard à de Maré de solliciter le compositeur italien Vincenzo Davico (1889-1969) [18]. De son côté, de Maré pense plutôt à Arthur Honegger, avec qui il a collaboré l'année précédente dans la production du ballet *Les Mariés de la tour Eiffel.* Aussitôt sollicité par de Maré, Honegger écrit à ses parents le 4 octobre 1921 :

> Canudo m'a montré les lettres échangées entre le théâtre et lui. On lui offre de monter son ballet si la musique est de moi. Le malheur était qu'il en avait déjà parlé à un compositeur italien Davico, mais il a pu s'arranger et c'est moi qui fais la musique. J'ai vu de Maré le directeur des Suédois et Börlin le principal danseur et c'est maintenant une affaire décidée [19].

---

15. Rolf de Maré ; cité dans Lista, « Léger scénographe et cinéaste », p. 41.

16. Lettre de Rolf de Maré à Ricciotto Canudo, 4 septembre 1921, lettre manuscrite, Rolf de Maré Study Center - Dansmuseet, Stockholm (Centre d'étude Rolf de Maré – Musée de la danse de Stockholm, ci-après Dansmuseet), Fonds Ballets suédois, dossier « *Skating-Ring/Skating-Rink/Skating Rink* » (dorénavant « *Skating Rink* »), boîte des correspondances et du livret. Sauf indication contraire, nous ne mentionnerons dans ce chapitre que Dansmuseet et le nom de la boîte comme référence au fonds des Ballets suédois à Stockholm.

Selon cette lettre et d'autres écrits, il est évident que le titre du ballet adopte différentes orthographes : *Skating Rink* et *Skating Ring.* Giovanni Lista (« Léger scénographe et cinéaste », p. 41, note 29) attribue à de Maré la modification de l'orthographe du mot anglais « Ring » en son équivalent suédois « Rink ». D'après Josiane Mas (« *Skating Rink* », p. 275), Rink est un mot écossais importé en Europe par les Américains. On peut alors supposer que ce changement orthographique est emprunté au titre *The Rink* du film de Chaplin, comme le mentionne Dotoli (« Ricciotto Canudo et les Ballets Suédois », dans Mas (dir.), *Arts en mouvement,* p. 119). Ce passage de « Ring » à « Rink », n'étant pas observé par les critiques de l'époque, nous retrouvons sans discernement les deux graphies dans la presse écrite.

17. De Maré avait déjà rencontré Léger par l'intermédiaire d'un ami commun, le peintre Nils Dardel. Grand collectionneur, de Maré manifeste un intérêt pour l'art de Léger, d'où l'acquisition de plusieurs de ses toiles.

18. Le nom de Gian Francesco Malipiero apparaît dans *L'Intransigeant* du 2 juillet 1920 où nous pouvons lire : « Le compositeur italien Malipiero travaille à un ballet que lui a inspiré le poème de Canudo *Skating Rink* » (Dotoli, « Ricciotto Canudo et les Ballets Suédois », dans Mas (dir.), *Arts en mouvement,* p. 118). Par ailleurs, l'exemplaire du poème conservé au Dansmuseet (boîte des correspondances et du livret) contient l'annotation manuscrite « pour la musique de [Vincenzo] Davico ».

19. Lettre d'Arthur Honegger à sa mère, 4 octobre [1921], dans Arthur Honegger, *Lettres à ses parents (1912-1922),* éd. Harry Halbreich, Genève, Éditions Papillon, 2005, p. 302. Dans cette même lettre, il est étonnant de lire que Raoul Dufy est l'artiste pressenti pour la scénographie du ballet alors que les sources n'indiquent nul autre nom que Léger pour accomplir ce travail.

Le 17 novembre suivant, de Maré envoie le contrat à Canudo et à Honegger pour la réalisation de ce ballet, qui adopte désormais le titre abrégé de *Skating Rink*. À cette date, la conception plastique du ballet se trouve déjà à une étape avancée, comme l'atteste la lettre de Léger envoyée à de Maré le 21 novembre : « Je vous fais parvenir les aquarelles des costumes. J'en suis satisfait et je pense que nous tenons l'état définitif. Conçus comme ils sont, ils permettent à Börlin d'effectuer des groupements de types hommes et de types femmes *en contraste* » [20].

Dans cette même lettre, Léger précise : « J'ai vu Honneger [*sic*] à qui mes projets plaisent beaucoup. Il va se mettre au travail – dans un esprit assez ferme et net » [21]. Le compositeur ne tarde pas à travailler sa partition, qui « l'absorbe » au plus haut point [22]. Le 1er décembre suivant, il confirme à de Maré les termes du contrat en s'engageant à livrer une partition de travail pour le début du mois de janvier. Afin de disposer d'un délai réaliste pour finaliser la partition d'orchestre, il souhaite que la création du ballet ait lieu à la fin de février, comme l'indiquent ses propos :

> J'espère que vos représentations seront plutôt vers la fin que vers le début de février à cause du temps nécessaire à l'orchestration et à la copie. La partition d'orchestre aura environ 150 pages. Pour faciliter le travail de Börlin et gagner du temps je pourrai peut-être envoyer au fur et à mesure chaque fragment du ballet de façon à ce qu'il puisse se familiariser avec la musique et commencer la chorégraphie. Je pars en Suisse le 5 décembre et serai de retour vers le 3 ou 4 janvier. Je pense pouvoir donner alors la musique complète mais je ne puis naturellement vous le garantir absolument. Je m'engage formellement à faire tout ce qui sera possible pour que la musique soit faite et je crois, sauf accident imprévu ou maladie, que cela sera possible [23].

D'après cette lettre, les dates des représentations ne sont pas encore fixées. Au départ, la troupe des Ballets suédois visait le printemps 1922 pour la création de *Skating Rink*. Pour des raisons inconnues, cette date est avancée au mois de février, puis à celui de janvier, ce qui réduit considérablement le temps de composition. Le 28 décembre 1921, voyant la date approcher, Honegger tente de rassurer de Maré, qui essaie en vain de le rejoindre :

> Je m'excuse de ne pas être venu au rendez-vous que vous m'avez fixé et la lettre ne m'est parvenue que trop tard pour que je puisse vous avertir à temps. Je vous ai envoyé ce matin une réponse à votre dépêche. Je vous enverrai la partition *piano simplifiée* dans trois à quatre jours. Vers le 15 décembre j'ai envoyé aux bons soins du théâtre le commencement de cette partition. J'espère que vous l'avez reçue. La durée de la partition est de 19 à 20 minutes, donc à peu de chose près, la durée que vous m'avez demandée.
> Je vous serais très reconnaissant de bien vouloir retenir le copiste (Roy, 20 rue Cambon) afin qu'à partir des premiers jours de janvier (je pense rentrer le 5 [janvier]), il puisse travailler pour moi. Comme le temps est très court je voudrais pouvoir lui apporter la

20. Lettre de Fernand Léger à Rolf de Maré, 21 novembre 1921, lettre manuscrite inédite, Dansmuseet, dossier « Lettres de Fernand Léger » ; cité dans Lista, « Léger scénographe et cinéaste », p. 41. Nous soulignons.

21. *Ibid.*

22. Le compositeur écrit à sa mère : « Je voulais t'écrire depuis plusieurs jours et je regrette de ne pas y arriver plus souvent. Je me suis embarqué dans ce ballet et cela m'absorbe beaucoup ». Lettre de Honegger à sa mère, [19 novembre 1921], dans Halbreich (éd.), *Lettres à ses parents (1912-1922)*, p. 313.

23. Lettre de Honegger à de Maré, 1er décembre 1921, Dansmuseet, boîte des correspondances et du livret.

> partition d'orchestre par fragments, au fur et à mesure de l'orchestration afin qu'il puisse travailler en même temps que moi. De cette façon la partition d'orchestre comptant environ 160 pages cela me fait une moyenne de 10 pages d'orchestre par jour. Je ne crois pas pouvoir faire plus, mais je crois que cela laissera suffisamment de temps pour les répétitions [24].

Visiblement inquiet de la tournure des événements, qui risque de compromettre le spectacle, de Maré essaie de convaincre Hébertot de reporter le ballet au mois d'avril. De toute évidence, cette requête n'est pas retenue par le directeur du Théâtre des Champs-Élysées [25]. Finalement, Honegger termine le travail d'orchestration le 14 janvier 1922. Il semble que les copistes aient pu livrer les partitions aux musiciens le 18 janvier, soit seulement deux jours avant la première représentation [26].

Malgré le délai très serré imposé à Honegger, sa composition rend entièrement justice à l'essence dramatique du poème de Canudo.

Le poème livret de Canudo : une métaphore de la vie moderne

Skating Rink est, en quelque sorte, une métaphore de la vie moderne où les sentiments humains échappent aux tourbillons occasionnés par la routine quotidienne. L'attirance charnelle étant au centre du drame, le poème expose les vives impulsions que provoque la présence d'une triade amoureuse, en opposition avec l'insouciance des patineurs qui ne cessent de tourner autour de la piste.

Pour définir l'œuvre, empruntons les mots du poète : « *Skating Rink* est avant tout une œuvre collective. [...] Il y a bien un drame d'individus, mais noyé dans le drame collectif » [27]. Les patineurs représentent en fait cette collectivité impliquée dans le drame, soit « une masse d'hommes et une masse de femmes évoquant les deux grands ondoiements de la vie » [28].

Racontant une histoire, le poème, avec ses 21 strophes inégales, tient lieu de livret du ballet [29]. Pour faciliter la compréhension des thématiques développées dans ses vers, Canudo inscrit certains mots en lettres majuscules. Les extraits suivants retracent les grandes lignes de l'évolution dramatique du poème.

> Ils tournent. Ils tournent. ILS TOURNENT. Dans de vagues senteurs de folie, ils tournent le sens éperdu de toute la vie. Skating-Ring. Un petit TOURBILLON DE CHAIR, quelque part dans la métropole. [...] L'ample et rond grincement des patins sous la voûte sans air. Étouffement d'odeurs charnelles dans la grinçante clameur de l'acier. [...] LES PATINEURS tournent et tournent et tournent [...]. Et ils remplissent l'espace du vent de leur chair en mouvement.

---

24. Lettre de Honegger à de Maré, 28 décembre 1921, *ibid.* C'est Honegger qui souligne.

25. Lista, « Léger scénographe et cinéaste », p. 45.

26. Lettre de Honegger à sa mère, 15 janvier 1921, dans Halbreich (éd.), *Lettres à ses parents (1912-1922)*, p. 321.

27. Ricciotto Canudo dans une entrevue donnée à Marcel Rieu, « Les avant-premières : *Skating-Ring* au Théâtre des Champs-Élysées », *Comœdia*, 21 janvier 1922, p. 3.

28. *Ibid.*

29. Le livret de Canudo, « *Skating Ring* à Tabarin » (p. 74-81) est retranscrit en fin de chapitre (p. 290-296).

> Au milieu d'eux, tout à coup, [...] un homme seul, sur ses PATINS. Le bout du foulard rouge à son coup bouge pareil à la flamme d'un cierge qu'on secoue. [...] Il est le maître de la DANSE-DES-PATINS. Sur ses deux bras ouverts, il a le rythme de ces couples qui tournent et tournent le sens éperdu de toute la vie. Corybante de cette frénésie. Poète. Fou.
> Vingt couples, puis cinquante, puis cent. Ils tournent. Autour du FOU.
> Une femme ivre de son tournoiement, sort de la danse en rond. Le Fou la rattrape d'un bond. Son foulard rouge l'a fascinée. [...] Il s'élance avec elle dans une plus flexueuse fureur au centre des patineurs.
> Un homme enflammé d'une colère de jalousie mâle s'élance sur le couple de la Femme et du Fou. [...] Il tourne, il tourne, dans les cercles toujours plus étroits, vers le couple de la Femme et du Fou. Rien. Il ne saisit pas l'insaisissable. L'HOMME poursuit sa FEMME, éperdue au bras du FOU. [...] Et dans l'interminable tournoiement [...] LE DESTIN FRAPPE. LE DESTIN A FRAPPÉ. [...] Et toutes les femmes [...] s'en viennent au centre du monde où apparaissent LA FEMME ET LE FOU. [...] L'homme a disparu au milieu des autres hommes. Ceux-ci l'ont entouré, l'ont repris dans leur giron de MASCULINITÉ. [...] Ils tournent effroyablement leur fureur autour d'un roc de chair amoureuse. L'éternel destin.
> Les deux masses humaines vont et viennent, [...] s'étreignent dans la DANSE DE LA HAINE. [...] Les hommes ont gagné. Les femmes sont à eux. [...] Et seul réapparaît, encore au centre, le COUPLE de L'Amoureuse et du Fou. [...] ILS TOURNENT LE SENS-FOU-DE-LA-VIE. Lorsque, avec un grand cri précis, la Femme tombe évanouie aux pieds du Fou. [...] Le Fou s'agenouille et se redresse. Puis, d'un seul geste d'offrande, il soulève la belle chair aplatie. [...] Et il disparaît hors [de] la piste avec sa pâle proie. [...] Et tous les couples, muets, recommencent à tourner comme par le signe éternel des recommencements, dans une douce folie LE SENS ÉPERDU DE TOUTE LA VIE [30].

La symbolique du drame : un cercle en continu

Ces extraits du poème permettent de constater que *Skating Rink*, à travers une intrigue fondée sur un triangle amoureux, est une étude de mœurs sur ce nouveau phénomène des « masses humaines » urbaines et, tout particulièrement, sur les relations homme-femme. D'après Giovanni Lista, Canudo est « attiré par cette alchimie du magnétisme animal des couples qui se produisait lors de ces brassages de foule, selon une idée qui avait déjà été formulée par Marinetti dans sa glorification futuriste du music-hall » [31]. Canudo transforme ici le music-hall en une piste de patinage où « les couples et les groupes se nouent et se dénouent » [32].

Skating Rink est, en fait, une réflexion unanimiste de la société moderne. Plus spécifiquement, au sein d'un magma humain composé de paysans, de bourgeois, de marins, d'ouvriers hommes et de femmes ressortent trois personnages typés. Il y a tout d'abord le Fou, ce Poète individualiste, symbole de liberté qui enfreint les règles en place. Puis apparaît le personnage de la Femme qui, rêvant d'un amour impossible, est complètement séduite par l'élégance déconcertante et la frivolité du Poète. Ensemble, ils forment « un couple merveilleux » [33]. En opposition au Fou se trouve l'Homme, un des

30. *Ibid.*
31. Lista, « Léger scénographe et cinéaste », p. 41.
32. Dotoli, « Ricciotto Canudo et les Ballets Suédois », dans Mas (dir.), *Arts en mouvement*, p. 121.
33. Canudo, dans une entrevue avec Rieu, « *Skating-Ring* au Théâtre des Champs-Élysées », *Comœdia*, 20 janvier 1922, p. 3. Les citations de ce paragraphe et du suivant sont de la même source.

« apaches »[34] les plus violents : ce voyou, follement épris de la Femme, est son amant. L'Homme « tente de rejoindre sa maîtresse. Mais le couple merveilleux est insaisissable. Peu à peu, malgré lui, l'Homme est repris par le tournoiement général, cependant que le Fou, triomphant, emmène la Femme ».

En somme, *Skating Rink* est « un drame simple, collectif, sexuel, d'amour et de haine », comme le décrit lui-même l'auteur. Autour de ce drame du triangle amoureux stéréotypé, tous les hommes et toutes les femmes poursuivent étourdiment la voie de leurs gestes coutumiers de la vie quotidienne. Le drame vise ainsi à exprimer les comportements collectifs et les émotions unanimes de cette nouvelle société moderne, où la ville se densifie de plus en plus. Submergé par la masse urbaine, chaque individu lutte pour son bonheur bousculé dans le rythme effréné de la vie moderne. Le tourbillon incessant que provoque cette récente réalité du vivre urbain est omniprésent dans le poème de Canudo.

Parmi les nombreux symboles insérés dans le texte, le cercle et les gestes répétitifs sont ceux qui prédominent. En effet, plusieurs mots-clés, tels que « tournent », « tournoient », « tournoiement », « tourbillon », « milieu », « autour », « rond » et « centre », pour ne nommer que ceux-ci, sont continuellement repris de manière à illustrer les mouvements circulaires et répétitifs des patineurs tournant perpétuellement autour de la piste. Emportés dans une gestuelle mécanique, « ils tournent le sens éperdu de toute la vie »[35]. Du début jusqu'à la fin du poème, Canudo répète sans cesse cette phrase troublante, synonyme de la vie moderne.

La structure palindrome du poème

Quant à la structure même du poème, on peut découper celui-ci en dix scènes distinctes réparties en trois phases. Comme le montre la colonne de gauche du tableau 15, il y a avant, pendant et après l'intrigue.

Les phases extrêmes du drame, se présentant avant et après l'intrigue (scène 1 et 10), affichent une même scène, celle de la « masse des Hommes et des Femmes » : cette masse incarne les couples anonymes qui patinent machinalement autour de la piste. L'arrivée du Fou au sein de cette masse humaine entraîne le début de l'action dramatique, qui s'articule en huit scènes spécifiques (scènes 2 à 9) rassemblées en quatre groupes indiqués en chiffres romains. À la fin de la cinquième scène, soit en *plein centre* de l'évolution dramatique, une force surnaturelle vient soudainement suspendre l'intrigue : c'est le destin. Une fois que « le destin a frappé » en faveur du Fou, le jeu des personnages reprend de manière à reproduire en sens inverse l'ordre d'entrées des personnages. Les lignes de liaison tracées à gauche du tableau 15 relient les groupes de personnes similaires : le groupe III s'associe au groupe II et le groupe IV au groupe I. La forme en arche, ou palindrome, qui en résulte tient ainsi lieu de structure du drame, qui a comme *centre* le pouvoir du destin.

---

34. Ce terme souvent rencontré dans les écrits d'époque est utilisé ici dans le sens de « voyou » ou de « malfaiteur ».

35. Les citations insérées dans les pages suivantes de cette section du chapitre sont tirées du poème « *Skating Ring* à Tabarin », de Canudo, retranscrit en fin de chapitre (p. 290-296).

Avant		1. Masse des Hommes et des Femmes (strophes 1-5)
Pendant	I	2. Entrée du Fou (strophes 6-8)
	I	3. Entrée de la Femme (strophes 9-10)
	II	4. Entrée de l'Homme (strophe 11)
	II	5. Affrontement (strophes 12-14)
	→	« Le destin frappe » (strophes 15-16)
	III	6. Sortie de l'Homme (strophes 17)
	III	7. Affrontement (strophes 18-19)
	IV	8. Chute de la Femme (strophe 20)
	IV	9. Sortie du Fou (strophe 21)
Après		10. Masse des Hommes et des Femmes (strophe isolée)

Tableau 15. Structure formelle du poème *Skating Rink* de Canudo.

La scénographie : l'expérimentation du tableau mobile

Le thème de la « masse humaine » propre au phénomène de l'urbanisation s'inscrit entièrement dans les démarches picturales de Léger. Son intérêt marqué pour la relation entre l'homme et la machine se manifeste dans plusieurs de ses tableaux. Le peintre cubo-futuriste recrée des scènes de la vie moderne élaborées à partir d'assemblages dynamiques de formes géométriques aux couleurs vives. Dans cet univers mécanisé, ses personnages se transforment en homme-machine[36].

Léger profite alors de sa première expérience en tant que décorateur de théâtre pour mettre sur scène sa vision du monde urbain. La scène devient un immense tableau et les danseurs des objets picturaux mobiles. La mécanisation des sujets étant la pierre angulaire des recherches picturales de Léger, les personnages traités en hommes-décors se meuvent devant la grande surface immobile du rideau de fond. Dans cette quête de l'immense tableau mobile, le peintre procède à une matérialisation de l'humain-danseur qu'il conceptualise en ces termes :

> Si on accroche solidement le matériel humain au matériel décor mobile, on a un champ d'étonnement considérable. La surface se décuple, le fond de la scène lui *aussi est vivant*. Tout peut bouger, « la mesure humaine » qui, jusqu'ici, était dominante, disparaît. L'homme devient un mécanisme comme le reste, de but qu'il était, il devient un moyen (multiplication des moyens d'effet)[37].

36. Ce sujet a été développé dans le chapitre I « Les arts dans le Paris des années 1900 ».

37. Fernand Léger, *Fonctions de la peinture*, Denoël-Gonthier, 1965; Galimard, 1997; nouv. éd. de Sylvie Forestier, 2004; 2009, p. 70 (Chapitre « Le ballet-spectacle, l'objet-spectacle »). C'est Léger qui souligne.

L'homme mécanisé ou déshumanisé constitue donc l'élément essentiel de la démarche de Léger dans la scénographie de *Skating Rink*.

Le rideau de scène : une représentation mécanisée des sujets du drame

Ce concept de la mécanisation des sujets est particulièrement appliqué au rideau d'avant-scène présenté avant le spectacle (ill. 24). Dans cette toile gigantesque, sur laquelle se crée la dyade entre l'homme et la machine, Léger fait une synthèse de ce qui est mis en scène au lever du rideau. Ayant comme idée de départ la machine humaine, les sujets de ce rideau, évoquant les personnages du ballet, sont pris dans un système d'engrenages actionné par quatre roues. Un mouvement vers la droite se dégage de leur mécanisme rotatif. Représentées par des disques, ces roues symbolisent en même temps des anneaux de patinage pour créer un lien avec le lieu du drame. Cette image du cercle permet également de reprendre les éléments circulaires et répétitifs propres au livret poétique de Canudo.

Illustration 24. Fernand Léger, Rideau d'avant-scène pour *Skating Rink*, 1921, graphite, aquarelle, gouache et encre de Chine, 40,5 x 48 cm., Dansmuseet, Stockholm.

Tout comme la structure du poème est divisée en son point central, celle de la composition picturale du rideau s'organise de manière à donner toute l'importance au *centre* de sa représentation. Ainsi, au centre de cette machine se tient un homme portant un foulard rouge. Il est le Fou, le poète. Sur son manteau figure un rectangle noir évoquant un visage très fonceur et montrant ainsi le côté surhumain du personnage, tel un robot menaçant. Derrière lui, à sa gauche, on reconnaît le personnage de la Femme par son regard inquiet fixant ardemment le Fou qui la tient par la main. Sa robe est représentée par deux cercles rouge orangé, qui servent à la fois de roues à l'automate. À l'extrême droite se retrouve l'Homme, ce voyou de rue coiffé d'un béret rayé noir et blanc, à l'opposé du haut-de-forme que porte l'homme du centre. Son manteau, aussi de forme rectangulaire, est d'un orangé très vif, en rapprochement avec son tempérament violent. De son œil de lynx malveillant, il surveille farouchement le Fou qui semble vouloir tendre la main à la Femme, son amante.

Pour relier les trois protagonistes, Léger applique la palette des rouges à leur tenue vestimentaire comme symbole de l'amour. À la triade amoureuse s'ajoutent deux autres personnages placés derrière le Fou. Il s'agit d'une femme vêtue de cercles bleutés et d'un homme coiffé d'un haut-de-forme, qui évoquent respectivement les groupes de femmes et d'hommes participant au drame.

La toile de fond : un décor traité en tableau mobile

Au lever de ce rideau d'avant-scène se dévoile le décor. Celui-ci se compose en fait d'une toile de fond garnie de formes géométriques vivement colorées (ill. 25). Les aplats rouges, jaunes et orangés font écho aux éléments du rideau d'avant-scène. Il en va de même pour la multitude de *formes circulaires* utilisées qui, tout en établissant un lien avec la fresque précédente, font allusion aux multiples « tours de piste » évoqués dans le livret de Canudo. D'ailleurs, l'arche, résultant d'un assemblage de plans géométriques qui traversent la toile, rappelle la périphérie de l'anneau de la patinoire qui entoure les personnages [38]. Le mot « Ring », reproduit au pochoir, confirme cette intention du peintre [39].

Quant à la partie inférieure de la toile, elle est exempte de toute décoration pour être comblée par les danseurs (ill. 26). Dans le but d'éliminer la séparation qui existe entre le décor et les danseurs, Léger rompt l'aspect statique de la toile en y intégrant une composante dynamique remplie par le corps de ballet. Le tableau mobile tant convoité par le peintre s'obtient par cette réunion des valeurs plastiques et cinétiques. Plus que toute chose, Léger désire « créer une scène d'invention. Le matériel humain apparaît, mais égal comme valeur-spectacle à l'objet et au décor » [40].

38. Nancy Van Baer, « The Ballets Suédois : A Synthesis of Modernist Trends in Art », dans Baer (dir.), *Paris Modern*, p. 24.

39. Lista, « Léger scénographe et cinéaste », p. 45 et Freeman, « Fernand Léger and the Ballets Suédois », dans Baer (dir.), *Paris Modern*, p. 95.

40. Léger, « Le spectacle, lumière, couleur, image mobile, objet-spectacle », dans *Fonctions de la peinture*, p. 117.

Illustration 25. Fernand Léger, Croquis de *Skating Rink*, 1921, graphite, aquarelle, gouache et encre de Chine, 29 x 59 cm., Dansmuseet, Stockholm.

Ainsi naît le concept du « décor mobile »[41]. Pour produire l'effet escompté, Léger supprime une partie de la profondeur du plateau ainsi que toute perspective. Les éléments du décor animés, les danseurs, se collent de près à la toile de fond pour former un tout, un « tableau mobile ».

Les personnages : les objets-décors et la dissonance plastique

Dans cette composition scénique fondée sur l'opposition entre mobilité et immobilité, Léger recherche avant tout « l'esthétique de la dissonance plastique et du contraste »[42]. Appliquant cette notion à l'intention unanimiste du livret, il conçoit une scénographique qui favorise, d'une part, la confrontation entre les groupes sociaux et, d'autre part, la dissonance des couleurs. Avec l'idée d'exploiter des stéréotypes d'hommes et de femmes, il propose quatre groupes de personnages distincts : « 1) "ouvriers" (costumes populaires), 2) "femmes" (costumes populaires), 3) "hommes" (costumes soirée fantaisie), 4) "femmes" (costumes soirée fantaisie) »[43].

Pour établir un véritable contraste entre ces divers groupes, le peintre appose sur les costumes des femmes et des hommes des motifs géométriques et des couleurs vives de manière opposée. Giovanni Dotoli décrit leurs costumes dans ce sens :

> [Les hommes] ont un pantalon uni, clair ou sombre, violet, jaune ou noir. Les plastrons sont décorés de lignes diagonales et de nœuds de papillon. Les vestes sont bariolées, striées de rayures horizontales ou verticales, larges ou fines, ou avec des rectangles ou des

41. Dans le ballet *La Création du monde* (1923), Léger pousse plus avant encore l'expérimentation du décor mobile, un sujet abordé dans le prochain chapitre.

42. Lista, « Léger scénographe et cinéaste », p. 41-42.

43. Lettre de Léger à de Maré, 21 novembre 1921, lettre manuscrite inédite, Dansmuseet, dossier « Lettres de Fernand Léger » ; cité dans *ibid.*, p. 42.

> lignes qui forment des carreaux ou des spirales, en contraste avec le ton uni du pantalon. Quelques-uns d'entre eux portent un pull-over à rayures géométriques. Le marin porte un costume traditionnel stylisé et un béret à pompon.
> Les danseuses portent une robe qui s'arrête au-dessous du genou. À l'inverse des danseurs, c'est le haut de la robe qui est uni. Les jupes ont des pois, des rayures, des carreaux ou des bandes qui donnent des figures diagonales, verticales ou horizontales[44].

Afin de bien montrer le clivage social entre les différents groupes, Léger habille une partie des personnages en tenue de ville et l'autre, en costume de travail. Les complets-vestons se mêlent alors aux habits d'ouvrier et de matelot (ill. 26), les robes de ville aux tenues des ménagères. Un écart ou une « dissonance » naturelle se dessine alors entre vie mondaine et vie populaire.

Illustration 26. Fernand Léger, *Skating Rink*, 1921, photographie Isabey, Dansmuseet, Stockholm.

Le contraste entre le mondain et le populaire se voit également parmi les trois protagonistes placés *au centre* de l'avant-scène. La Femme revêt une tenue soignée qui l'apparente à la classe moyenne, avec sa jupe rouge décorée d'une bande à rayures verticales se terminant par une bordure dentelée qu'elle porte avec un corsage bleu muni d'un plastron blanc orné de perles. L'Homme, avec sa casquette, sa veste à larges bandes verticales et horizontales et son pantalon trop court, représente un voyou sorti des bas-fonds de la ville. Quant au poète Fou, son costume est très marginal :

44. Dotoli, « Ricciotto Canudo et les Ballets Suédois », dans Mas (dir.), *Arts en mouvement*, p. 133.

> [Il] se compose d'un pantalon aux deux jambes différentes, l'une avec des raies, l'autre avec des carrés noirs et blancs. La veste [d'un côté plus long que l'autre] a des manches longues avec un décor géométrique et deux pois blancs sur le côté droit. Le chapeau haut-de-forme a sur la gauche un pois noir sur un carré blanc[45].

Le costume du Fou lui procure en fait une allure proche de Charlot, tant adulé par Léger[46]. L'écharpe rouge vif autour de son cou lui donne un air d'artiste. Lista associe d'ailleurs ce personnage à Aristide Bruant : « Le tonitruant poète du cabaret montmartrois *Le Chat noir*, dont la célèbre écharpe rouge avait été immortalisée, entre autres, par Toulouse-Lautrec »[47].

Habillé d'un veston et d'un haut-de-forme, le Fou semble provenir d'un milieu plus favorisé que les deux autres personnages. Son statut lui confère-t-il un pouvoir supérieur ? Quoi qu'il en soit, Léger crée ce personnage « plus fantasque que les autres, plus souple ([en] opposition avec les autres groupes) »[48]. Pour produire l'effet escompté, Léger prévoit un costume rembourré pour les autres personnages, comme il le précise à de Maré :

> Pensez à donner les mesures *très amples*, surtout *les épaules* anguleuses *très larges* [;] on rembourera [*sic*] le plus possible. En principe, [imaginez] pour les hommes des torses très gros et [des] petites jambes.
> Je pense que tous les pantalons des hommes auront des genouillères pour avoir le reste très rigide (à part peut-être Börlin)[49].

En remplaçant les vêtements ajustés par des costumes cartonnés et rembourrés, le peintre cubiste évite le plus possible une représentation exacte des sujets familiers. Les formes et les expressions humaines sont tellement dissimulées que l'on imagine des marionnettes et des pantins qui se déplacent sur le plateau[50].

Le géométrisme utilisé dans la conception des costumes permet donc à Léger de fusionner danseurs et décor en un tout cohérent, ce qui favorise l'effet de tableau mobile tant recherché.

La chorégraphie : des objets picturaux en mouvement

En fait, Léger traite les danseurs comme un « objet réglé *plastiquement* »[51], ce qui a des conséquences considérables sur la chorégraphie. Selon ce principe, la danse est alors gouvernée par le mouvement des composantes des costumes plutôt que par

---

45. *Ibid.*
46. Léger est réellement fasciné par le personnage de Charlot. En 1924, il réalise une toile du personnage, comme nous l'avons vu dans le premier chapitre (voir illustration 6).
47. Lista, « Léger scénographe et cinéaste », p. 44.
48. Lettre de Léger à de Maré, 21 novembre 1921 ; cité dans *ibid.*, p. 45 et Freeman, « Fernand Léger and the Ballets Suédois », dans Baer (dir.), *Paris Modern*, p. 106, n. 38.
49. Lettre de Léger à de Maré, 21 novembre 1921, lettre manuscrite inédite, Dansmuseet, dossier « Lettres de Fernand Léger ». C'est Léger qui souligne.
50. On trouve un contexte semblable dans le ballet *Les Mariés de la tour Eiffel*, dont nous avons discuté au chapitre III.
51. Léger, « Le spectacle, lumière, couleur, image mobile, objet-spectacle », dans *Fonctions de la peinture*, p. 73. C'est Léger qui souligne.

l'enchaînement des mouvements des corps. Autrement dit, les effets plastiques priment sur les habiletés physiques des danseurs, qui sont alors confinés à des gestes limités en raison des costumes embarrassants qu'ils portent. Dans ces conditions, la conception chorégraphique est définie à partir de la fusion des danseurs, des objets-décors, et du décor. Lista donne une description adéquate de la chorégraphie du ballet :

> Le mouvement était plutôt intégré au costume même des personnages par l'asymétrie des motifs géométriques, l'inclinaison dynamique des rayures, le déséquilibre des grandes taches de couleurs vives, appliquées en aplats. [...] Les personnages du ballet ne devraient être qu'éléments bariolés glissant sur la scène pour se regrouper, telles des valeurs picturales d'un tableau, selon les schémas d'une composition en mouvement continu [52].

Ces propos confirment que les aspirations esthétiques du peintre vont jusqu'à orienter la chorégraphie. Les contrastes que procurent les différents motifs géométriques des costumes et leurs jeux de couleurs l'emportent sur les figures chorégraphiques.

Börlin, qui n'intervient que tardivement dans la conception du spectacle, adhère sans hésitation aux notions de contraste proposées par Léger. Dans cette optique, il amorce une étude systématique du poème de Canudo. À partir d'un exemplaire tiré du *Mercure de France*, il se met à regrouper plusieurs strophes par scène, à l'aide d'accolades, en les associant parfois à un personnage ou à un groupe de personnages. Pour chaque scène, il indique un minutage afin de respecter le cadre de vingt minutes [53].

De plus, il réalise une série de croquis [54] qui illustrent des poses chorégraphiques fondées sur une gestuelle très angulaire, voire mécanisée, en lien avec le style géométrisé du décor et des costumes. Dans son ensemble, ces croquis montrent que Börlin recherche des figures aptes à produire un contraste entre les différents groupes de personnages qui se trouvent en situation de confrontation. Dans son étude des croquis, Sabine Vergnaud souligne notamment comment le contraste s'exprime entre les mouvements allant vers le sol ou vers le haut :

> Le Fou (identifiable grâce à son chapeau haut-de-forme) est toujours représenté debout les bras tendus avec parfois une jambe en flexion, tandis que l'Homme a des postures proches du sol, accroupies, ou jambes fléchies. La Femme est représentée une seule fois debout les bras ouverts et pliés [55].

Pensée ainsi, la chorégraphie de Börlin fait une distinction franche entre les trois protagonistes. D'ailleurs, dans un autre croquis, il les place en position de triangle inversé : la Femme et le Fou, face à face dans la partie supérieure du triangle, tendent les bras l'un vers l'autre, tandis que l'Homme, disposé isolément sur la partie inférieure, est en position de poursuite [56].

---

52. Lista, « Léger scénographe et cinéaste », p. 44.

53. Annotations de Börlin sur le livret de Canudo, « *Skating Ring à Tabarin, Ballet-aux-patins pour la musique...* », Dansmuseet, boîte des correspondances et du livret.

54. Jean Börlin, croquis chorégraphiques, crayon de graphite, Dansmuseet, boîte des notes chorégraphiques; reproduit en fac-similé dans Freeman, « Fernand Léger and the Ballets Suédois », dans Baer (dir.), *Paris Modern*, p. 97 et Vergnaud, *La musique et les arts*, p. 364.

55. Vergnaud, *La musique et les arts*, p. 363.

56. *Ibid.*, p. 364 et 368.

La distinction entre les groupes des Femmes et des Hommes se concrétise également par les mouvements de leurs bras : selon la situation dramatique, soit ils tendent vers l'avant, soit ils vont vers l'arrière[57]. D'après ses croquis, il semble évident que Börlin envisage une chorégraphie par groupe ou classe de personnages en leur attribuant respectivement des gestes précis.

L'organisation symétrique de la chorégraphie

L'idée de confronter des groupes de même taille, mais de natures et d'apparences différentes provient évidemment de Léger. Son intention est avant tout de créer une émotion visuelle d'ordre plastique grâce aux jeux de formes et de couleurs qui bougent selon un code et un tempo spécifiques dans un tout organisé de manière symétrique. Pour atteindre son objectif, Léger procède « par masses parallèles et contrastées »[58]. À ce sujet, il donne l'exemple d'opposer « dix personnages *rouges accélérés* agissant contre dix personnages *jaunes ralentis* »[59]. Outre les effets de dissonance cinétique (créée par les différents tempos attribués à chaque groupe) et de dissonance plastique (générée par l'amalgame de couleurs vives), l'opposition se produit entre des groupes constitués du même nombre de danseurs.

Dans *Skating Rink*, Léger récupère cet élément de symétrie, sauf qu'il oppose deux grands groupes divisés en deux sous-groupes composés de quatre à cinq personnes chacun. L'illustration 26 montre cette disposition symétrique de la scénographie : à chaque extrémité de la scène se trouvent deux groupes de danseurs disposés de manière à encadrer les trois protagonistes qui occupent *le centre* de l'avant-scène. Au sein de cette triade, c'est le Fou, l'idole de tous, qui détient la place centrale. En somme, l'ensemble des éléments scéniques dénote une structure convergeant vers *le centre*.

La notion de symétrie, qui caractérise à la fois le texte littéraire et la scénographie, se reconnaît également dans la composition musicale de Honegger.

La « Symphonie chorégraphique » de Honegger

D'entrée de jeu, rappelons que la participation d'Honegger à la réalisation de *Skating Rink* n'intervient que très tardivement. Pendant que Léger et Börlin mettent au point l'étape finale de la scénographie et de la chorégraphie, Honegger part pour la Suisse, déterminé à compléter la composition à temps pour le début de janvier. Le déroulement précipité des événements amène à croire qu'il n'a pas véritablement eu d'échanges avec ses collaborateurs pendant son processus de création. Du travail déjà effectué sur le ballet, Honegger semble n'avoir vu que les croquis de Léger. En fait, il s'appuie principalement sur l'exemplaire du livret de Canudo annoté par Börlin pour composer la musique de *Skating Rink*.

57. Pour plus de détails, voir *ibid.*, p. 368.
58. Maurice Raynal, *Der Querinschnitt*, 1922; repris dans Häger, *Ballets Suédois*, p. 163 et 166, ici p. 166.
59. Léger; cité dans *ibid.* C'est Raynal qui souligne.

Les partitions manuscrites : une continuité du travail de Börlin

La consultation des trois partitions manuscrites conservées au Dansmuseet révèle que les annotations du chorégraphe servent de canevas à Honegger pour entreprendre son travail de la commande des Ballets suédois. Parmi les manuscrits figurent deux partitions pour piano et une pour orchestre. Qualifiées de « schématiques », les partitions pour piano se distinguent ainsi :

- une première partition de 15 pages, datée de décembre 1921 [60];
- une seconde partition de 37 pages, non datée [61].

La comparaison des deux manuscrits indique que la seconde partition pour piano est une copie révisée de la première. À l'encre rouge, Honegger y inscrit le nom des personnages et la durée des diverses sections de l'œuvre. Or, précisons que le minutage d'Honegger respecte de près celui que Börlin a noté sur le livret [62]. Cette partition comporte également des annotations écrites au crayon bleu, dans une calligraphie différente de celle du compositeur. Il s'agit essentiellement d'indications scénographiques, telles que « Rideau I » (mes. 19 et 513) et « Rideau II » (mes. 29 et 520) [63], ainsi que d'un croquis de ballerine dessiné à la fin de la mesure 35. De fait, il s'agit probablement de l'écriture de Börlin, annotant la partition schématique.

Les mêmes détails reviennent dans le manuscrit de la partition d'orchestre. Ce troisième manuscrit compte 130 pages, avec indications de nuances au crayon bleu et indications de coupures au crayon de plomb [64]. Pensée comme un véritable poème symphonique, la partition d'orchestre [65] rassemble une quarantaine d'instrumentistes. Aux instruments conventionnels attendus dans un orchestre romantique, Honegger ajoute le saxophone alto et la harpe [66]. Dans son ensemble, l'orchestration de *Skating Rink* témoigne d'un fin savoir-faire, indispensable pour souligner adéquatement les caractères spécifiques attribués aux différents thèmes musicaux de l'œuvre. Se trouvant à la base de la structure formelle, les thèmes se juxtaposent l'un à la suite de l'autre tout au long de la composition de manière à traduire adéquatement l'évolution dramatique du poème de Canudo.

---

60. Arthur Honegger, *Skating Rink*, « partition pour piano 2 mains schématique », manuscrit autographe, encre noire avec indication de nuances au crayon bleu et annotation des numéros de répétition au crayon rouge, 15 pages numérotées recto-verso sur papier musique de 24 portées, Zurich, décembre 1921, Dansmuseet, boîte des partitions manuscrites.

61. Arthur Honegger, *Skating Rink*, « réduction schématique pour piano », copie manuscrite, encre noire avec des annotations aux crayons bleu ou rouge et au stylo rouge, 37 pages numérotées sur papier musique de 10 portées, [s. l. n. d.], Dansmuseet, boîte des partitions manuscrites.

62. Un tableau comparatif des minutages de Börlin sur le livret et de ceux d'Honegger est dressé par Vergnaud (*La musique et les arts*, p. 156).

63. Il est à noter que le lever du rideau est indiqué dans le premier manuscrit pour piano à la mesure 37.

64. Plus précisément, ces coupures se rapportent aux chiffres de répétition 11 à 13 et 15 à 23.

65. Arthur Honegger, *Skating Rink*, partition d'orchestre, manuscrit autographe, encre noire et annotations de nuance et de coupures aux crayons rouge ou bleu, 130 pages numérotées sur papier musique 24 portées, Paris, janvier 1922, Dansmuseet, boîte des partitions manuscrites.

66. L'instrumentation comporte : 2 flûtes (1 piccolo), 1 hautbois, 1 cor anglais, 2 clarinettes (1 clarinettes basse), 1 basson, 1 contrebasson, 1 saxophone alto, 2 cors en *fa*, 2 trompettes en *do*, 3 trombones, 3 timbales, 1 cymbale, 1 grosse caisse, 1 harpe et cordes. *Ibid.*

L'œuvre symphonique : l'expression musicale du livret poétique

Sous-titrée « *Symphonie choréographique* »[67], la partition de *Skating Rink* se compose d'un seul mouvement, enchaînant ainsi sans interruption les différentes scènes du ballet. Comme points de repère, les scènes sont désignées dans la partition par des intitulés se rattachant, sauf exception, à l'intervention d'un personnage ou d'un groupe de personnages. Offrant ainsi une première division de l'œuvre, les intitulés sont inclus dans la table des matières de la partition d'orchestre éditée. Après l'indication du tempo « Animé », servant d'introduction de manière à préciser le caractère de la composition, suivent les intitulés personnifiés : Le Fou, La Femme, L'Homme, Les Femmes, Les Hommes, Les Hommes et les Femmes, Danse du Fou. La partition permet donc de suivre le déroulement de l'action dramatique.

En sectionnant ainsi sa symphonie, Honegger affiche l'importance qu'il accorde au contenu narratif du livret dans la composition elle-même. En effet, de son propre aveu, composer à partir d'un programme ou d'un livret représente pour lui la plus grande source de stimulation créatrice : « Quand on me soumet un scénario de ballet ou de film, [...] j'imagine très vite la musique convenant à tel ou tel passage »[68]. Très rapidement, il personnifie le matériau musical qu'il développe, comme le fait l'écrivain pour son roman. D'ailleurs, d'après le compositeur, les genres littéraire et musical sont étroitement reliés :

> Je comparerai volontiers une symphonie ou une sonate à un roman dont les thèmes sont les personnages. Nous les suivons, après avoir fait leur connaissance, dans leurs évolutions, dans la progression de leur psychologie. Les uns suscitent notre sympathie, les autres nous causent de la répulsion. Ils s'opposent ou se conjuguent ; ils s'aiment, s'allient ou se combattent[69].

La personnification thématique

La partition de *Skating Rink* traduit exactement sa vision de la symphonie, car chaque thème est associé à un personnage spécifique à la manière du *leitmotiv* de Richard Wagner. Mais avant de présenter successivement les thèmes personnifiés, Honegger énonce d'abord des motifs musicaux très typés, de façon à camper explicitement l'atmosphère évoquée dans le poème de Canudo. La musique qui découle de ces motifs dépeint judicieusement la scène de l'anneau de glace, où de multiples patineurs font entendre le crissement de leurs lames affilées. De nature dynamique, ces motifs parcourent la composition afin de traduire la frénésie qui entraîne les patineurs, qui ne cessent de tourner en rond. Pour bien faire ressortir la régularité mécanique de ce mouvement de rotation, Honegger règle toutes les sections de la composition à partir d'un seul indicateur de mesure, le 6/4, et d'un unique mouvement métronomique, le 52 à

---

67. Arthur Honegger, *Skating Rink, Symphonie choréographique*, partition d'orchestre (en location), Wien / New York, Universal Edition A.G., © 1977 ; 2002. Le mot « choréographique », n'étant plus utilisé, est remplacé par « chorégraphique » comme dans la majorité des études sur l'œuvre.

68. Arthur Honegger, *Je suis compositeur*, Paris, Éditions du Conquistador, 1951 ; repris dans Huguette Calmel (éd.), *Écrits*, Paris, Honoré Champion, 1992, p. 615-730, ici p. 681.

69. *Ibid.*, p. 674.

la blanche pointée [70]. La répétition obstinée de motifs mélodiques contribue également à accentuer l'effet mécanique du mouvement des patineurs.

Dès les premières mesures de l'œuvre, la section des cordes amorce un ensemble d'ostinatos que nous nommons « motifs aux patins », retranscrits à l'exemple 45. L'un des motifs se déploie en un court trait rythmique rapide, d'une distance d'un triton (Tr), qui exprime l'effet de propulsion alternée du « coup de patin » [71]. Sous ce motif ascendant et descendant (aux altos et aux deuxièmes violons, respectivement), les instruments graves (contrebassons et contrebasses) réalisent à leur tour deux autres motifs construits à partir de figures de broderie, évoquant le mouvement de balancier du patineur. Identifiés par l'expression « motifs circulaires », le premier motif se compose d'une broderie simple (ex. 45, mes. 1), et le second d'une broderie élargie à une quarte de distance (« Q », mes. 3). Ces « motifs circulaires » tournant autour des mêmes notes référentielles, en l'occurrence le *si* et le *ré*, illustrent sans contredit le mouvement circulaire des patineurs. À des moments spécifiques de la composition, l'amplitude de ces « motifs circulaires » s'agrandit. Une fois celle-ci élargie, ils se reproduisent d'un instrument à l'autre de manière à franchir les registres les plus aigus pour redescendre par la suite (mes. 22-28, p. 6-7) [72]. L'ensemble de ces mesures donne l'impression d'une longue ligne en forme d'arche [73] à l'image de l'arc affiché dans le haut de la toile de fond servant de décor.

C'est exactement ce qu'il se produit à la mesure 23 (p. 6) sous l'indication « Rideau I », inscrite dans le manuscrit de la partition pour orchestre [74]. L'ouverture du rideau du théâtre s'étire pendant sept mesures, c'est-à-dire jusqu'à l'indication « Rideau II » (mes. 29, p. 7), faisant ici allusion au rideau d'avant-scène de Léger (ill. 24). Pour accompagner la scène « déshumanisée » de cette immense fresque cubiste, le motif circulaire, revenu dans son plus bas registre, adopte une courbe plus ample que celle du début de l'œuvre. Au moment où la montée par paliers du motif circulaire reprend de nouveau (mes. 37, p. 10), ce rideau se lève pour faire apparaître au fond de la scène un assemblage de formes géométriques dominées par des cercles (ill. 25).

70. Tel que nous l'avons vu, Erik Satie avait également utilisé un indicateur de mesure et un mouvement métronomique uniques pour toute la composition de *Parade*.

71. L'idée d'associer ce motif à un « coup de patin » provient originalement de Mas (« *Skating Rink* », p. 5). L'interprétation formelle de Mas sur *Skating Rink* comporte des éléments similaires exposés dans l'ouvrage d'Halbreich (*L'œuvre d'Arthur Honegger*, p. 646-649). Une analyse encore plus détaillée de la partition de ce ballet et qui rejoint l'interprétation d'Halbreich est réalisée par Vergnaud (*La musique et les arts*, p. 141-161). À cet égard, l'analyse formelle présentée plus loin jette un tout nouveau regard sur cette composition d'Honegger. Il s'agit d'une version augmentée et modifiée de l'analyse présentée dans Jacinthe Harbec, « *Skating Rink*, la mixité formelle dans la symphonie chorégraphique d'Arthur Honegger sur le livret de Ricciotto Canudo », dans Giuseppe Montemagno et Michela Niccolai (dir.), *Beyond the Stage : Musical Theatre and Performing Arts between « fin de siècle » and the « Années folles »*, Bologne, Ut Orpheus Edizioni, 2017, p. 195-211.

72. Lorsqu'il n'y pas référence aux exemples, nous renvoyons le lecteur à la partition d'orchestre d'Honegger.

73. Dans *Je suis compositeur* (dans Huguette Calmel (éd.), *Écrits*, p. 670), Honegger évoque l'importance qu'il accorde à la mélodie tout en précisant le tracé mélodique qu'il préfère : « La plus haute des formes mélodiques, je l'imagine comme un arc-en-ciel, qui remonterait et redescendrait ».

74. Dans la partition pour piano de 37 pages, l'indication « Rideau I » figure à la mesure 19.

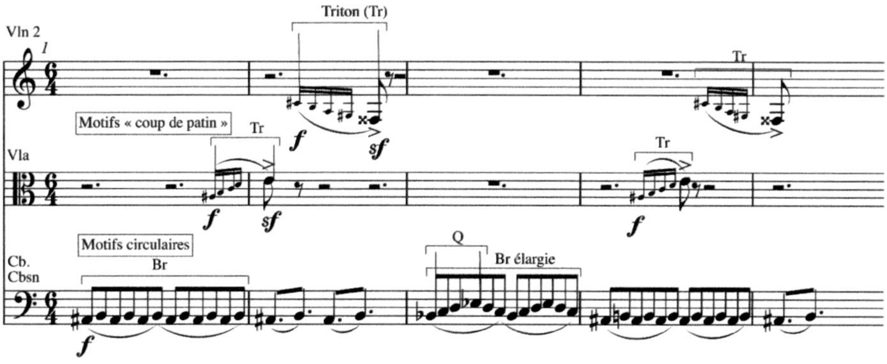

Exemple 45. Motifs aux patins dans Honegger, *Skating Rink*, mes. 1-4, © 1977, Wien / New York, Universal Edition A.G.

À la suite des 41 mesures d'introduction, meublées de « motifs aux patins » créant une ambiance agitée, survient une première mélodie qui fait office de thème d'ouverture (ex. 46). Joué par le contrebasson et le violoncelle, ce thème comporte un lyrisme grave, évocateur d'un mauvais présage. La ligne mélodique, construite à partir des « motifs aux patins », tourne elle aussi autour des mêmes notes *ré* et *si* (comparer le dessin mélodique des exemples 45 et 46).

Exemple 46. Thème d'ouverture dans Honegger, *Skating Rink*, mes. 42-45, © 1977, Wien / New York, Universal Edition A.G.

Une fois le matériel d'ouverture exposé, Honegger procède à l'énonciation des thèmes habituellement associés soit à un personnage, soit à un groupe de personnages. En lien étroit avec le livret, la composition comporte cinq thèmes personnifiés : les Patineurs, le Couple, le Fou, la Femme et l'Homme. Le tableau 16 dresse la liste des thèmes survenant tout au long de la partition de *Skating Rink*. Dans ce tableau, les multiples énoncés thématiques sont inscrits dans la colonne de droite et sont généralement suivis du nom donné aux ostinatos qui les accompagnent. Dans la plupart des cas, ce sont les « motifs aux patins » ou les « motifs circulaires » qui jouent ce rôle. Servant de point de repère pour l'identification thématique dans la partition, la colonne centrale offre deux séries de chiffres : la première série indique le chiffre de répétition (ch.) et la seconde renvoie aux numéros de mesure (mes.) équivalant au matériel musical mentionné. À noter que certains noms de thèmes empruntent l'italique : ils correspondent aux intitulés de sections qu'Honegger a lui-même utilisés dans sa composition. Ces intitulés coïncident en grande partie avec les principales étapes de l'action dramatique indiquées dans la colonne de gauche. La relation entre les divisions scéniques du poème livret de Canudo et les sections de la composition d'Honegger apparaît alors clairement.

Division formelle du texte	**Ch -Mes**	**Division formelle et thématique de la partition**
1. Hommes et Femmes	1 - 1	*Animé* (intro) / Motifs aux patins
	3 - 42	Ouverture / Motifs aux patins
	4 - 49	Les Patineurs / Tremolo
	66	Sauts frénétiques / Circulaires
	6 - 74	Le Couple (Les Hommes et les Femmes) / Circulaires
	92	Les Patineurs / Tremolo
	8 - 100	Introduction / Motifs aux patins
	106	Ouverture / Motifs aux patins Montée vers Cluster
2. Entrée du Fou	9 - 115	*Le Fou* / Motifs aux patins
3. Entrée de la Femme	13 - 173	*La Femme* / Tremolo Montée vers Cluster
	196	Sauts frénétiques / Circulaires
4. Entrée de l'Homme	15 - 203	*L'Homme* / Motifs aux patins Montée vers Cluster
5. Affrontement	16 - 224	Le Fou / Circulaires
	231	L'Homme / Circulaires / Sauts frénétiques
	234	Sauts frénétiques / Circulaires
	17 - 247	La Femme / L'Homme / Tremolo
	261	Le Fou / L'Homme / Motifs aux patins
	265	Développement / Motifs aux patins Grand Cluster
« Le destin frappe »	289	Point d'orgue ←
6. Sortie de l'Homme	290	Le Fou / Circulaires
7. Affrontement	21 - 298	*Les Femmes* / Tremolo
	23 - 327	*Les Hommes*
	337	Le Fou
	342	Les Hommes
	26 - 372	Le Couple (Les Hommes et les Femmes) / Circulaires
	385	Sauts frénétiques / Circulaires
	27 - 391	Les Patineurs / Tremolo
8. Chute de la Femme	28 - 406	La Femme / Dégringolade
9. Sortie du Fou	29 - 415	*Danse du Fou* / Motifs aux patins
	423	Pot-pourri / Motifs aux patins
	32 - 473	Le Fou / Circulaires
10. Hommes et Femmes	33 - 492	Les Patineurs / Circulaires
	507	Fou / Motifs aux patins

Tableau 16. Division formelle du texte et de la composition musicale.

La colonne de droite du tableau 16 révèle en fait que la musique s'appuie essentiellement sur les multiples occurrences des cinq thèmes personnifiés. Retranscrits à l'exemple 47, ces thèmes se présentent successivement au cours des quatre premières sections du livret (tableau 16, col. gauche). Tout au long des sections subséquentes, la composition se construit à partir de la juxtaposition de ces mêmes thèmes, agissant comme des pièces d'une mosaïque accolées l'une à la suite de l'autre. Parmi ces nombreuses occurrences, ce sont les thèmes du Fou, de la Femme et de l'Homme qui reviennent le plus souvent, étant les trois protagonistes du drame. Quant aux thèmes des Patineurs et du Couple, ils encadrent l'intrigue en s'énonçant au début et à la fin de l'œuvre.

Exemple 47. Liste des thèmes personnifiés dans *Skating Rink*.

Le premier thème de l'exemple 47 évoque ces Patineurs dont « tous les corps ne sont plus qu'un mouvement fluide, une élégance de LÉGÈRETÉ » (str. 3)[75]. Représentant les genres féminin et masculin, ce thème se compose d'un contrepoint à deux voix, dans lequel le cor français évoque la « masse des hommes », tandis que les violons s'associent à la « masse des femmes ». Le thème des Patineurs se caractérise par la présence du motif de broderie (« Br ») et du motif de quarte ou de quinte (« Q ») résultant des lignes ascendante et descendante de la mélodie. Le chromatisme est fortement appliqué dans la construction mélodique, tout particulièrement dans les motifs « Br ». Comme accompagnement (ch. 4, p. 13), les trémolos des clarinettes usent également de la broderie, créant ainsi une relation motivique avec le duo thématique.

À force de tourner autour de la piste, les Patineurs ressentent « les vagues senteurs de folie » (str. 4). Surgissent alors des impulsions frénétiques traduites par une ligne mélodique saccadée de sauts dissonants qui entrecoupent les motifs « Br » (ex. 48). Cette mélodie disjointe, perçue comme des « sauts frénétiques », revient à plusieurs reprises dans la composition en adoptant chaque fois une fonction de transition entre les énoncés thématiques[76].

Exemple 48. Mélodie en « sauts frénétiques » dans *Skating Rink*, mes. 65-71.

Au son de cette mélodie frénétique, « quelques couples sont entrés dans la lice. Cinq, dix, très peu. ». Ils ne deviennent qu'« une forme double de chair qui glisse. Deux corps ne font qu'un » (str. 5). Au fil des multiples tours de piste, la formation des couples s'exprime sous un autre duo d'instruments que nous nommons « thème du Couple » (ex. 47). Dans ce thème, la partie supérieure jouée par les premiers violons trace des lignes en arche inversée dans une étendue de la quinte faisant un rappel au motif « Q ». De son côté, la partie inférieure attribuée au hautbois et aux altos se compose essentiellement du motif « Br ». Le thème du Couple, nom générique représentant à la fois le couple vedette et tous les couples, est accompagné des « motifs circulaires » (ch. 6, p. 19) évoquant ainsi les autres personnes qui patinent autour d'un couple central. D'ailleurs, à cet instant précis, la reconstitution du ballet montre un couple dansant au centre des

75. Canudo, « *Skating Ring* à Tabarin », livret reproduit en fin de chapitre (p. 290-296). Sauf indication contraire, les citations utilisées dans cette section du chapitre sont issues de ce livret. Pour un meilleur repérage dans le texte, nous plaçons entre parenthèses le numéro de la strophe (str.) où figure la citation en question.

76. La mélodie en « sauts frénétiques » réapparaît, entre autres, à la mesure 196 (partition, p. 49) soit à un moment de grande tension passionnelle lors de l'entrée de la Femme (tableau 16) comme le souligne Vergnaud (*La musique et les arts*, p. 143). Nous remarquons qu'elle survient également aux mesures 234 (p. 59), 385 (p. 96) et 571 (p. 127).

autres patineurs[77]. D'importance secondaire, le thème du Couple n'apparaît qu'à deux moments dans l'œuvre, soit au début et vers la fin (mes. 74 et mes. 372, respectivement). À la fin de l'énoncé du thème du Couple, la mélodie en « sauts frénétiques » réapparaît pour nous ramener au thème des Patineurs (mes. 92, p. 23). Un retour au thème d'ouverture (mes. 106, p. 27) clôt la première scène du ballet (tableau 16).

Introduit par un glissando à la harpe, le thème du Fou (ex. 47) s'élance à la deuxième scène. Un effet syncopé, créé par l'application de duolets à l'intérieur d'une mesure à 6/4, soutient l'aspect libertin « de l'homme libre dans le monde moderne »[78] que représente ce Fou poète. Le son du saxophone utilisé à la reprise du thème s'associe admirablement au côté enjôleur du personnage. Avec ses grands talents de patineur, le Fou se lance avec arrogance dans la masse des patineurs. Pour illustrer cette image, le compositeur intègre des fragments du thème des Patineurs et du Couple dans l'environnement musical accompagnant le Fou (par ex. : partition, mes. 139-144, p. 35-36 et mes. 445-453, p. 111-113).

Succédant au thème du Fou, le thème de la Femme est construit à partir de deux courtes cellules chromatiques (« Chr ») séparées l'une de l'autre par un registre de distance (ex. 47, mes. 173-174). Une sensation de langueur enchanteresse ressort de ces élans mélodiques qui personnifient cette femme fascinée par l'agilité féline du Fou. Dans un contrepoint contrôlé, la mélodie amorcée par l'alto solo est reprise aux violons deux mesures plus loin, alors que les violoncelles entament un contrechant (mes. 173-176, p. 44). Un trémolo sur deux notes chromatiques accompagne ce thème teinté d'un lyrisme romantique.

Sous l'indication de « L'Homme » (ch. 15, p. 51), on trouve de nouveau le matériel d'introduction constitué des « motifs aux patins », à partir duquel s'ajoutent de brèves interjections d'accords dissonants joués à contretemps (ex. 47, thème de l'Homme). Affichant son côté « voyou », l'Homme s'associe à un matériau musical de facture essentiellement rythmique, dépourvu de tout sens mélodique.

« Enflammé d'une colère de jalousie mâle » (str. 11), l'Homme engage ainsi une poursuite auprès du Fou. Le thème du Fou surgit alors en force (ch. 16, p. 56), mettant à contribution trois instruments : le saxophone, le basson et le cor anglais. L'Homme attaque (mes. 231, p. 58), s'abandonnant à une folle agitation évoquée par un passage de « sauts frénétiques » (mes. 234, p. 59). C'est alors que les thèmes des trois protagonistes – la Femme, le Fou, et l'Homme – interviennent de manière complètement désordonnée, à l'image de cette scène d'affrontement. Une grande intensification musicale émerge de ces pages de confrontations thématiques entremêlées des « motifs aux patins » qui circulent dans tous les registres, du plus grave au plus aigu. Puisque « l'Homme ne saisit pas l'insaisissable » (str. 11), « LE DESTIN FRAPPE » (str. 14). Un point d'orgue inscrit à la croisée de la mesure 290 (p. 73) marque ce moment fatidique. Ce point d'orgue est l'axe

---

77. La reconstitution du ballet *Skating Rink* est réalisée par Millicent Hodson et Kenneth Archer, pour le Ballet de Zurich (1996) et le Ballet Royal de Suède (Stockholm, 1998). Le Dansmuseet possède un enregistrement vidéo de ces représentations que nous avons pu consulter.

78. Lista, « Léger scénographe et cinéaste », p. 39.

qui fait renverser le parcours thématique établi dans la première moitié de l'œuvre (voir les lignes verticales de liaison à droite du schéma du tableau 16).

En effet, après que le destin ait joué en sa faveur, le Fou, victorieux, reprend ses habiles prouesses sur la glace (mes. 290, p. 73) tandis que l'Homme se retire pour aller rejoindre les patineurs à l'arrière de la scène. À la sortie de l'Homme (tableau 16, scène 6), le languissant chromatisme du thème de la Femme refait surface (ch. 21, p. 75). Le Fou danse avec la Femme et, dans une joie communicative, le « chœur des Femmes » (str. 16) danse devant le nouveau couple enlacé.

Pendant que « le Couple danse son incroyable DANSE-DES-PATINS » (str. 17), un autre affrontement s'engage, cette fois entre la « masse des Femmes » et la « masse des Hommes » (str. 18). Les lignes mélodieuses des Femmes sont à ce moment interrompues par une première éjection d'accords discordants de la part du groupe des Hommes (mes. 320, p. 80). Alors que la mélodie des Femmes tente de reprendre forme, les brusques accords des Hommes heurtent à nouveau. Ce thème des Hommes (ex. 49), bien qu'« un peu plus lourd » (ch. 23, p. 82), dérive directement du thème de l'Homme (ex. 47) en ce sens qu'il conserve le rythme syncopé (plus marqué aux mesures 331-332) et le son percutant des accords dissonants. Évoquant la solidarité de la « masse des HOMMES », Honegger écrit un choral de cors et de trombones extrêmement dissonant, fondé sur un mouvement de broderie chromatique (ex. 49).

Exemple 49. Thème des Hommes dans *Skating Rink*, mes. 327-332.

La riposte des Hommes est à son tour entrecoupée par de courtes réparties du Fou, matérialisées par un motif de double broderie incomplète répété à trois reprises (mes. 337, p. 84). Même si le Fou s'immisce dans la mêlée, le thème des Hommes, tenace, revient en force (mes. 342, p. 85). Les lignes chromatiques des trompettes qui s'ajoutent aux clusters des cuivres encore plus percutants nourrissent davantage la tension générée par ce moment d'affrontement (mes. 351, p. 87). Au final, « Les Hommes ont gagné. Les Femmes sont à eux » (str. 18). Dans un élan tumultueux, la masse des Hommes se déclare triomphante : le thème des Hommes s'intensifie une fois de plus en sollicitant plusieurs instruments d'orchestre et en élargissant l'amplitude sonore jusqu'à l'arrivée d'un accord éclatant (ch. 26, p. 92). Cet instant précis d'impétuosité passionnelle marque le retour du thème du Couple. Ce thème représentant « Les Hommes et les Femmes » (partition, p. 92) est immédiatement suivi de la mélodie en « sauts frénétiques » (mes. 385, p. 96). Présageant ainsi un retour au point de départ, le thème des Patineurs (mes. 391, p. 97) surgit de nouveau : « Ils tournent, tous, ainsi, dans une danse infinie, ILS TOURNENT LE SENS-FOU-DE-LA-VIE » (str. 19).

Brusquement, un incident déjoue le prévisible : étourdie par ces tournoiements frénétiques, « la Femme tombe évanouie aux pieds du Fou » (str. 20). À ce moment, la musique amorce, à la suite de deux courts appels motiviques du thème de la Femme (ch. 28, p. 102-103), une dégringolade de traits chromatiques en triolets de croches allant de l'extrême aigu au registre grave des instruments à vent (mes 411-414, p. 102-103). Tout en poursuivant sa « folle DANSE-DES-PATINS » (str. 21 et partition, ch. 29, p. 103), le Fou soulève la Femme dans ses bras. Un pot-pourri résume l'essentiel du drame (mes. 423, p. 105) se terminant avec le thème du Fou (ch. 32, p. 118) : « Il danse éperduement [*sic*] avec le poids de la belle chair haut sur sa tête » (str. 21).

Le thème des patineurs reprend (ch. 33, p. 122) et « tous les couples, muets, recommencent à tourner ». Le Fou « disparaît hors la piste, hors toute chose, hors toutes choses, avec sa pâle proie » (str. 21). Le rideau d'avant-scène de Léger se prépare à tomber (mes. 507, p. 126) alors que le trombone sonne pour la dernière fois l'air sensuel du Fou accompagné de « motifs circulaires » et de « sauts frénétiques » des patineurs (ex. 50, mes. 511). Le rideau du théâtre se ferme à son tour sur un accord joyeux de *ré* majeur tenu pendant les quatre mesures d'un trille amusant exécuté par tout l'orchestre.

Exemple 50. La coda, thème du Fou et « sauts frénétiques » dans *Skating Rink*, mes. 507-512.

La forme en arche comme architecture de la composition

La description de la musique de *Skating Rink* révèle combien Honegger a suivi de près le récit poétique de Canudo. Tout en traduisant adéquatement le caractère des personnages et leurs fortes émotions, il a, de plus, organisé le matériel thématique de manière à revisiter la forme en arche que sous-tend le poème.

Pour le compositeur, « un ouvrage symphonique doit être construit logiquement [...]. Il faut donner l'impression d'un récit où tout s'enchaîne, l'image d'une construction déterminée »[79]. À cet égard, l'agencement des thèmes dans *Skating Rink* engendre une architecture formelle extrêmement ingénieuse. L'œuvre, qui se rapproche du poème symphonique, adopte une forme cyclique engendrée par ses multiples répétitions thématiques. Par ailleurs, la structure précise de la composition, qui émerge de ces retours continuels aux mêmes thèmes, demeure une question épineuse puisque l'œuvre renferme des composantes qui proposent différentes avenues formelles.

Plusieurs auteurs associent la composition de *Skating Rink* à la forme sonate traditionnelle[80]. De notre point de vue, ce mouvement symphonique génère une « forme sonate complexe » enchâssée dans une forme en arche. Le schéma 9, qui résume les principales interventions thématiques, démontre que l'œuvre présente sans équivoque une grande forme ternaire qui a une certaine parenté avec la forme sonate[81]. Manifestement, la partie supérieure du schéma indique précisément où intervient chacune des grandes sections de cette forme tripartite : exposition, développement et réexposition. Sous cette division formelle, les multiples lignes de liaison reproduisent le palindrome de la forme en arche, qui s'intègre à l'intérieur même de la forme sonate.

Comme dans la forme sonate, la section d'exposition englobe une succession d'énonciations thématiques. Selon l'aire centrale du schéma consacrée à la description des principaux thèmes et motifs d'accompagnement (surtout des ostinatos), la section d'exposition énonce tous les thèmes de l'œuvre, sauf celui de l'Homme qui est le moins mélodique de tous. La section du développement (mes. 203) est marquée par le retour des « motifs aux patins », délaissés pendant la présentation du thème lyrique de la Femme. Comme la reprise de ce matériel d'introduction s'effectue à des hauteurs de sons différentes des originales (à un ton plus haut plus exactement), le terme de développement peut alors s'appliquer même si la partie des cors entame un tout nouveau thème, en l'occurrence celui de l'Homme.

79. Honegger, *Je suis compositeur*, dans Calmel (éd.), *Écrits*, p. 678-679.

80. À ce sujet, nommons tout particulièrement Halbreich, *L'œuvre d'Arthur Honegger*, p. 646-649; Mas, « *Skating Rink* », p. 278-288; Vergnaud, *La musique et les arts*, p. 157-161.

81. Dans ce cas-ci, nous ne pouvons pas parler d'une véritable forme sonate puisque le plan tonal sous-jacent à la composition ne respecte pas les normes de cette structure formelle classique.

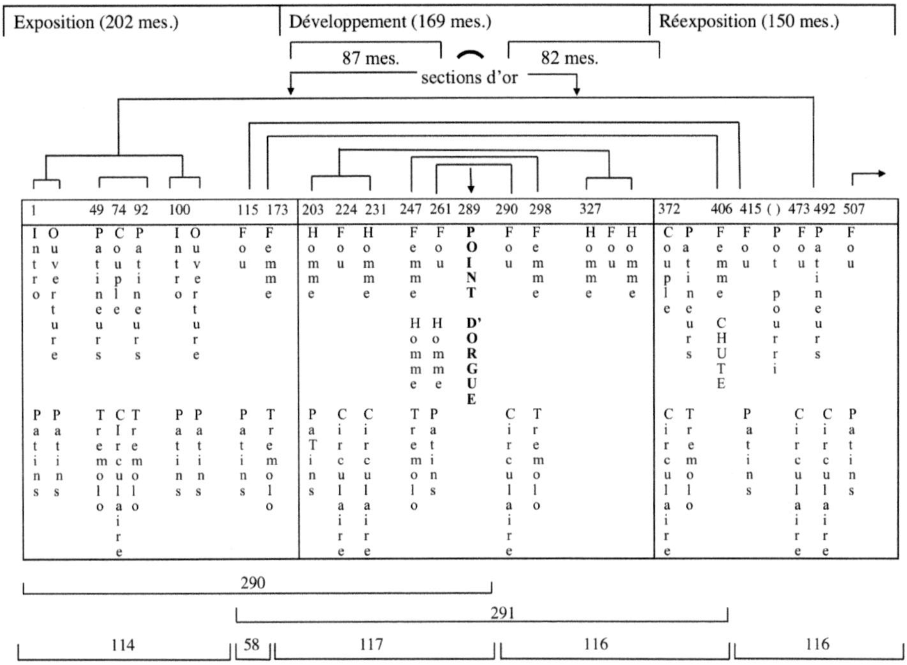

Schéma 9. Représentation formelle de *Skating Rink*.

Pour sa part, la réexposition (schéma 9, mes. 372) se manifeste d'une façon subtile en reprenant tout d'abord un thème plus secondaire de l'exposition, celui du Couple, avant de réintroduire le thème des Patineurs comme tel. Cette première portion de la réexposition (mes. 372-405), ne coïncidant pas avec les lignes de liaison rattachées à la forme en arche, s'intercale ainsi dans le reste de la composition afin de faire valoir la présence d'une forme sonate. Il s'ensuit une reprise du thème de la Femme (mes. 406), qui n'est que fragmentaire, illustrant ainsi le triste destin qui lui est réservé. Après la chute de la Femme, intervient la réexposition du thème du Fou (mes. 415), suivie d'un pot-pourri et de la reprise du thème des Patineurs (mes. 492). Mis à part l'insertion du pot-pourri, ces trois énoncés thématiques de la réexposition se réalisent en sens inverse par rapport à l'exposition (voir les lignes de liaison au schéma 9). L'œuvre se termine par une coda qui fait réentendre le thème du Fou (mes. 507-521, p. 126-129).

De toute évidence, Honegger complexifie chacune des trois sections de la forme sonate de manière à créer une grande forme en arche, beaucoup plus élaborée que celle de l'argument (comparer avec le tableau 15). L'organisation thématique déployée dans la section du développement appuie cette interprétation formelle. Comme le montre le schéma 9, les parties extrêmes du développement (mes. 203 et 327) renferment la même séquence d'énoncés thématiques, soit ceux de l'Homme, du Fou et de l'Homme. L'ensemble crée une petite forme en arche, illustrée par des lignes de liaison. Pour sa part, le centre du développement est construit à partir des thèmes de la Femme (mes. 247) et du Fou (mes. 261). La forme étant pour lui un élément prioritaire, Honegger opte pour cette séquence thématique spécifique – qui diffère du contenu narratif de l'argument – afin qu'elle soit l'inverse de la séquence thématique placée juste après le point d'orgue, constituée également des thèmes du Fou (mes. 290) et de la Femme (mes. 298). En somme, l'enchaînement des énoncés thématiques dans la section du développement, se trouvant de part et d'autre du point d'orgue, provoque encore une fois une forme en arche.

L'insistance que manifeste Honegger quant à l'usage de la forme en arche, ce symbole de l'éternel recommencement, apparaît significative dès la première section de l'exposition. Effectivement, le matériel des 114 premières mesures de l'œuvre présente une structure tripartite. Les parties extrêmes de cette première forme ternaire se composent de deux constituants thématiques : l'introduction et l'ouverture (mes. 1-48 et 100-114, respectivement). À l'intérieur de ce cadre, il se déploie une autre structure tripartite constituée de l'enchaînement des thèmes suivants : Patineurs – Couple – Patineurs. Les lignes qui les relient dans le schéma 9 permettent de considérer que l'organisation thématique de cette première section d'exposition est une version microscopique de la grande forme en arche de l'œuvre entière.

En fait, la forme en arche est la structure qui illustre le mieux l'image du retour perpétuel au point de départ, si souvent évoquée dans le livret de Canudo. Pour rendre cette image encore plus convaincante, Honegger réexpose, en guise de coda final, non seulement le thème des Patineurs (mes. 492), mais également le thème du Fou (mes. 507) comme si « par le signe éternel des recommencements », tout le drame allait recommencer. La flèche à angle droit située au-dessus de la mesure 507 indique ce retour au début.

La notion de proportion dans l'œuvre

> Soucions-nous davantage des proportions architecturales ou, pour emprunter une comparaison littéraire, des degrés d'importance à donner à tel personnage vis-à-vis de tel autre. Transposons cela dans le langage musical : ici, un thème A, de tel ou tel caractère, suivi d'un thème B, qui le complète ou s'oppose à lui. Le développement du premier thème doit occuper soixante mesures, celui du second thème quatre-vingts... [82].

Cette citation du compositeur prend tout son sens dans la musique de *Skating Rink*, où le souci des proportions occupe une place incontestable. Le schéma 9 fait état de cette importance accordée aux nombres de mesures qui dissimulent efficacement une grande préoccupation des proportions. Les regroupements de mesures réalisés à partir des diverses interprétations formelles figurent dans les parties supérieure et inférieure du schéma.

Dans la partie supérieure, les chiffres associés au nombre de mesures de chacune des trois sections de cette forme sonate complexe indiquent que l'exposition compte à elle seule plus du tiers des mesures de la composition complète [83]. Plus précisément, la

82. Honegger, *Je suis compositeur*, dans Calmel (éd.), *Écrits*, p. 683.

83. Compte tenu de l'espace limité, le schéma 9 n'a pu être reproduit à l'échelle. Aussi, l'étendue de l'exposition illustrée ne correspond pas au tiers du schéma.

mesure 202 (correspondant à la fin de l'exposition) équivaut, à deux mesures près, à la section d'or inversée de l'ensemble des 521 mesures de l'œuvre. À noter que cette section d'or, qui se produit à l'emplacement inverse du calcul habituel, intervient en synchronie avec le thème de l'Homme. Or, le retour du thème de l'Homme à la mesure 327 (schéma 9) coïncide avec le point attendu de la section d'or, à quelques mesures près [84]. Autrement dit, ces deux types de calcul du nombre d'or sont pensés pour souligner les moments forts de l'Homme, personnage qui provoque les affrontements.

Même si ce constat est révélateur sur le plan de l'équilibre déployé entre les trois sections de la forme sonate complexe, il n'en demeure pas moins qu'il est essentiel d'aborder la question des proportions à partir des faits saillants du drame. Cinq points incontournables sont ainsi retenus : chaque entrée des trois protagonistes (le Fou, la Femme et l'Homme) et les deux phrases décisives du livret, soit « le destin frappe » et « la Femme tombe » [85]. À propos de la première, « le destin frappe », rappelons qu'Honegger a placé un point d'orgue à la croisée des mesures 289 et 290. Or, ce point d'orgue, qui survient à 55 % de la composition, représente l'axe central de l'œuvre. Du même coup, l'arrivée de ce point d'orgue divise la section du développement en deux parties quasi égales, plus précisément en 87 et 82 mesures (schéma 9, partie supérieure).

Cet instant fatidique n'aurait pu survenir sans le jeu de séduction auquel se livrent le Fou et la Femme au milieu des patineurs. Aussi, alors que « le destin frappe » à la 290e mesure du tout premier coup de patins (ou de la première mesure), « la Femme tombe » 291 mesures après l'entrée du Fou (voir les lignes tracées au bas du schéma 9). À partir de la mesure 406 où se trouve l'indication « la Femme tombe », l'œuvre entame sa dernière portion en 116 mesures, soit dans un nombre de mesures équivalant à la première partie de l'exposition (mesures 1-114) [86].

Ces observations nous amènent ainsi à envisager d'autres regroupements aux nombres de mesures avoisinant le nombre 116. Mis à part la première énonciation du thème du Fou qui se déroule sur 58 mesures (mes. 115-172), nombre égal à la moitié de 116 [87], nous obtenons les regroupements indiqués dans la partie inférieure du schéma 9 :

- 114 mesures du début jusqu'au thème du Fou ;
- 117 mesures du thème de la Femme (mes. 173) au point d'orgue (mes. 290) ;
- 116 mesures du point d'orgue à la chute de la Femme (mes. 406) ;
- 116 mesures rassemblant la dernière portion de l'œuvre, soit de la chute de la Femme (mes. 406) jusqu'à la fin (mes. 521).

84. Sur les 521 mesures de la composition, le nombre d'or exact survient à la mesure 323.

85. Dans la partition schématique pour piano et le conducteur d'orchestre, Honegger inscrit à ces deux moments précis » Destin frappe » et « Femme tombe ». Honegger, *Skating Rink*, réduction schématique pour piano et *Skating Rink*, partition d'orchestre, Dansmuseet, boîte des partitions manuscrites.

86. Nous devons les observations faites dans ce paragraphe à Mas (« *Skating Rink* », p. 283-284).

87. Cette première énonciation du thème du Fou est très longue considérant qu'elle occupe plus que le quart de l'exposition. Toutefois, dans le manuscrit de la partition d'orchestre, il est annoté « Coupure du n° 11 à 13 ». En fait, cette coupure de 27 mesures correspond à la reprise du thème du Fou. Avec cette coupure, on obtient un meilleur équilibre entre les trois sections de la forme sonate, puisque que l'exposition serait d'un nombre plus proche des 169 mesures du développement et des 150 mesures de la réexposition.

Du fait de cette série de regroupements, le thème du Fou confère un déséquilibre formel à l'œuvre. Or, c'est précisément ce personnage du poète Fou qui dérègle la destinée normale du couple établi représenté par la Femme et l'Homme. Aussi Honegger accorde-t-il une plus grande importance au thème du Fou, non seulement par sa facture mélodico-rythmique avec le son éclatant du saxophone, mais aussi par ses multiples occurrences dans l'œuvre. Avec ses sept reprises très clairement identifiables, il est celui qui revient le plus souvent dans la partition, suivi du thème de l'Homme, son rival, qui survient six fois. À l'opposé du thème du Fou, le thème de l'Homme adopte des variantes à chacune de ses interventions, le rendant ainsi moins perceptible. Pour sa part, le thème de la Femme n'apparaît que quatre fois. Malgré ses occurrences moins nombreuses, le thème de la Femme occupe la deuxième place en importance. Se trouvant en dyade avec le thème du Fou, celui de la Femme intervient dans les trois sections de la composition, ce qui n'est pas le cas pour celui de l'Homme. Mis à l'écart, le thème de l'Homme ne se manifeste que dans la section centrale. Rappelons que cette dernière représente la section la plus agitée de l'œuvre renfermant les divers épisodes d'affrontement entre les personnages.

Dans cette hiérarchie thématique, Honegger est en concordance avec les autres composantes du ballet. Comme Canudo et Léger, il place au centre de sa composition le personnage du Fou, et ce, tant par sa sonorité brillante et ses multiples occurrences que par la place qu'il occupe dans l'architecture globale de l'œuvre. En effet, le schéma 9 montre que le Fou se place de part et d'autre du *point central* de l'organisation en arche assujettie à la composition.

Dans son travail de compositeur, Honegger fait en sorte de traduire avec justesse le récit lyrique du poème de Canudo sans compromettre son architecture compositionnelle, une qualité fondamentale pour lui[88]. En fait, Honegger a accordé une telle importance à l'aspect narratif et formel de sa composition qu'on peut se demander dans quelle mesure il a aussi répondu à l'orientation stylistique donnée aux composantes plastiques du ballet.

La relation interartistique dans *Skating Rink* : un terrain glissant

Au moment de sa livraison, la partition d'Honegger ne fait pas l'unanimité parmi les collaborateurs de *Skating Rink*. Puisque la musique illustre principalement la dimension lyrique et symboliste de l'argument de Canudo, Léger et Börlin sont déconcertés par son style compositionnel qui, à leur avis, ne s'accorde pas avec le langage cubiste des éléments décoratifs, ni avec les gestes mécaniques et angulaires de la chorégraphie. D'ailleurs, « il faudra toute la profonde connaissance musicale de Börlin pour établir un pont entre Léger et Canudo, et adapter la chorégraphie à la partition sans rien perdre de la vision coloriste », mentionne Bengt Häger[89]. De toute évidence, le chorégraphe a dû, lors des toutes dernières répétitions, remplacer les mouvements rapides, saccadés

88. Honegger, *Je suis compositeur*, dans Calmel (éd.), *Écrits*, p. 674-679 et 693.
89. Häger, *Ballets Suédois*, p. 36.

et angulaires de sa chorégraphie par une gestuelle plus lente et fluide afin de mieux l'harmoniser à la musique quasi romantique. Devant ce virage stylistique allant à l'encontre de la scénographie, Léger réagit si fortement qu'il s'abstient d'assister à la création de l'œuvre [90].

Qu'en est-il de la réception de l'œuvre ? Comme toutes les créations des Ballets suédois, *Skating Rink* reçoit un accueil très partagé. *Comœdia* rapporte toutefois que la première représentation, réservée à la critique, remporte « un succès triomphal » [91]. Le quotidien poursuit ainsi :

> Le public a été conquis par l'originalité du poème de Canudo, par la partition si curieuse et si personnelle de Honegger et par le pittoresque expressif des costumes et du décor. Il a acclamé avec les auteurs, M. Jean Börlin, l'incomparable artiste, dont *Skating-Rink* restera l'une des plus belles créations [92].

Ravi, Honegger s'empresse d'écrire à sa mère : « La première de *Skating* a bien marché malgré quelques sifflements adressés surtout au décor » [93]. Toutefois, les dissidents se font plus nombreux à partir du deuxième soir du spectacle, alors ouvert au grand public. À vrai dire, le ballet a droit à un accueil « moins éclatant que la veille », souligne un collaborateur de *Comœdia* [94].

Dans l'ensemble, les critiques accueillent assez positivement le ballet [95]. Les propos les plus élogieux s'adressent au livret de Canudo et à la chorégraphie de Börlin. Émile Vuillermoz, par exemple, considère que « le thème poétique de Canudo est riche et vivant. La "leçon plastique du patinage" est assurément un magnifique sujet pour un chorégraphe » [96]. Sans aucun doute, Börlin s'est investi avec passion pour rendre justice à la thématique unanimiste du poème. De fait, son travail est particulièrement salué par Gabriel Boissy, qui admire son « intelligente et sereine chorégraphie » et sa « recherche d'ondulation par masses si expressive » [97].

À l'opposé, les éléments décoratifs de Léger font l'objet, dans la plupart des cas, de remarques particulièrement acerbes. Tandis que Pierre de Lapommeraye parle de « cubisme vieillot » [98], Paul Souday qualifie le décor de « vagues figures géométriques » [99]. Les commentaires du critique Antoine Banès sur la contribution du peintre sont plus nuancés : « Le rideau d'avant-scène et le décor, traités selon les rites cubistes [...], rivalisent de folle démence. En revanche, les costumes [...] sont d'un esprit délicat et

90. Lista, « Léger scénographe et cinéaste », p. 45-46.

91. [Anonyme], « Théâtre des Champs-Élysées : [*Skating Rink*] », *Comœdia*, 21 janvier 1922, p. 2.

92. *Ibid.*

93. Honegger, lettre de Honegger à sa mère, dans Halbreich (éd.), *Lettres à ses parents (1912-1922)*, p. 322.

94. [Anonyme], « Théâtre des Champs-Élysées : [*Skating Rink*] », *Comœdia*, 22 janvier 1922, p. 3.

95. Pour une étude exhaustive de la critique de *Skating Rink*, nous renvoyons le lecteur à l'article de Dotoli, « Ricciotto Canudo et les Ballets Suédois » (dans Mas [dir.], *Arts en mouvement*, p. 122-132).

96. Émile Vuillermoz, « Les premières. Théâtre des Champs-Élysées : *Skating-Ring* », *Excelsior*, 22 janvier 1922, p. 4.

97. Gabriel Boissy, « Les Ballets : *Skating-Rink* au Théâtre des Champs-Élysées », *L'Intransigeant*, 22 janvier 1922, p. 2.

98. Pierre de Lapommeraye, « *Skating-Ring* », *Le Ménestrel*, vol. 84, n° 4, 27 janvier 1922, p. 35.

99. Paul Souday, « Hier aux Champs-Élysées : *Skating-Rink* », *Paris-Midi*, 21 janvier 1922, p. 1.

d'une capricieuse fantaisie »[100]. Quant à Émile Vuillermoz, son avis sur les costumes va dans une direction complètement inverse :

> Les costumes, dont le caractère demeure injustifié, [...] parodient parfois Rops ou Lautrec, et [...] imposent la tristesse d'une matière ingrate et laide, une sorte de toile d'emballage grossièrement empesée, qui cartonne les danseurs, les ballonne, les déforme et en fait de pesants fantoches de jeu de massacre[101].

Pour la presse en général, la plus grande faiblesse de la production réside inévitablement dans la disparité entre les différentes composantes artistiques, que nous pouvons attribuer au manque de temps dont les collaborateurs ont disposé. L'aspect le plus souvent relevé est celui de l'écart stylistique considérable perçu entre le travail de Léger et celui d'Honegger, comme le souligne Vuillermoz.

> Il y a un quart de siècle de distance entre cette musique et cette peinture. Entre le cubisme non évolué d'un Léger et l'humanisme juvénile d'un Honegger. Il faut choisir. On ne peut applaudir l'un sans condamner l'autre[102].

Or, ce même critique a choisi d'applaudir Honegger dont, selon lui, « la musique joue généreusement la partie. Tout, en elle, est animé d'une fièvre de mouvement et d'une ivresse de glissade »[103]. Un collaborateur de l'*Excelsior* considère qu'Honegger a réussi, avec son savoir-faire orchestral, « à faire ressortir la sensualité vulgaire d'un milieu populaire »[104]. Nous avons déjà évoqué le fait qu'Honegger recourt à une écriture très lyrique, teintée de romantisme, pour traduire la sensualité troublante qui émane des patineurs. Pour certains, cette caractéristique a donné à la partition « quelque lourdeur d'orchestre », comme le remarque Louis Laloy[105], la rendant même « monotone », renchérit Souday[106].

La musique d'Honegger a sans contredit déçu plusieurs critiques et artistes, à commencer par Léger et Börlin eux-mêmes qui, rappelons-le, ne reconnaissaient pas dans ces pages musicales le langage moderne utilisé dans les éléments scénographiques et chorégraphiques. Constatant lui-même le problème, Honegger écrit une lettre ouverte à de Maré, qui paraît dans deux journaux très consultés par les adeptes de culture.

> Je tiens à vous adresser tous mes remerciements pour le soin et l'art que vous avez mis en œuvre pour monter mon ballet *Skating Rink*. Je vous en suis reconnaissant ainsi qu'à Jean Börlin dont la chorégraphie si neuve et le talent si marquant ont donné à cet ouvrage un relief tout particulier. Tous mes remerciements aussi au corps de ballet qui est digne de l'artiste qui les [*sic*] dirige. Je vous serai reconnaissant de bien vouloir transmettre à l'orchestre qui, sous la magistrale direction de D[ésiré]-É[mile] Inghelbrecht, a donné

100. Antoine Banès, « Les Premières. Théâtre des Champs-Élysées : *Skating-Rink* », [coupure de presse sans titre identifié], 22 janvier 1922, p. 4.
101. Émile Vuillermoz, « Les premières. Théâtre des Champs-Élysées : *Skating-Ring* », p. 4.
102. *Ibid.*
103. *Ibid.*
104. [Anonyme], « Ce soir au Théâtre des Champs-Élysées : [*Skating Rink*] », *Excelsior*, 20 janvier 1922, p. 5.
105. Louis Laloy, « Au Théâtre des Champs-Élysées : *Skating Ring* », *Comœdia*, 22 janvier 1922, p. 1.
106. Souday, « Hier aux Champs-Élysées : *Skating-Rink* », p. 1.

de ma musique la meilleure exécution qu'il lui était possible. Cet admirable ensemble d'artistes éprouvés font honneur au Théâtre des Champs-Élysées [107].

Même si *Skating Rink* n'atteint pas une parfaite synthèse interartistique, il reste que, mis à part le trait commun visible dans l'aspect symétrique de la structure formelle, les thèmes fondamentaux du poème de Canudo sont traités par les collaborateurs de manière à créer une unité synergique. Effectivement, l'anneau de glace et la pratique du patin, utilisés pour illustrer l'éternel recommencement, représentent les sujets clairement évoqués dans le ballet. Outre les danseurs qui simulent les glissements du patinage, la toile de fond se tapisse de formes circulaires et arquées pour créer cette association avec la thématique du livret. De la même façon, les pages de la partition se couvrent de motifs circulaires très dynamiques afin de traduire les inlassables tours de piste effectués par les patineurs. Le mouvement de va-et-vient incessant des coups de patin appliqué aux multiples ostinatos procure cette sensation de régularité mécanique, comme une machine au mouvement perpétuel. L'unique unité métronomique attribuée à l'œuvre symphonique accentue davantage ce thème de la mécanisation, évoqué avec force par le rideau et la chorégraphie. Pour sa part, Canudo sut reconnaître la qualité compositionnelle d'Honegger de sorte qu'au lendemain de la première représentation, l'écrivain avouera que « sa musique en épouse tous les détails » [108], en faisant allusion à son poème.

Malgré cette incohérence stylistique tant soulignée par la presse, il demeure que, selon Canudo lui-même, les auteurs de *Skating Rink* ont pris tous les moyens, en dépit de délais très courts, pour livrer une œuvre apte à exprimer, à travers la plastique, la musique et la danse, l'essence fondamentale du poème :

> Voici, enfin, un ballet où les plus avertis ont reconnu une formule nouvelle, celle du *feuillage qui aspire à la fleur*, des masses humaines qui aspirent à la perfection du couple ; où d'autres ont cherché un visage connu de l'art, et ne l'y ont point trouvé, n'ayant aucune qualité pour être sensibles à la beauté richissime de la musique d'Honegger, ni à la leçon plastique nouvelle que *Skating Rink* avait inspirée à Jean Börlin, et que l'éblouissant Fernand Léger a enveloppée de « cubistes » lumières [109].

En somme, tous les arts engagés dans le ballet se sont ainsi réunis pour faire vivre « l'interminable tournoiement » du « sens éperdu de toute la vie » [110]. Apprécié du public, *Skating Rink* sera présenté 50 fois par les Ballets suédois au cours des trois années suivantes.

---

107. Arthur Honegger, « À propos de *Skating Ring* », *Excelsior*, 27 janvier 1922, p. 4 et « Théâtre des Champs-Élysées », *Comœdia*, 27 janvier 1922, p. 2.

108. Ricciotto Canudo, *Bonsoir Figaro*, 21 janvier 1922, [n.p.] ; cité dans Mas, « *Skating Rink* », p. 283.

109. Canudo, cité dans Hâger, *Ballets Suédois*, p. 166. C'est Canudo qui souligne.

110. Canudo, « *Skating Ring à Tabarin* » p. 78 et 81 ; voir en fin de chapitre (p. 290 et 296).

ANNEXE

Poème livret de *Skating-Rink* de Riciotto Canudo

SKATING-RING A TABARIN
BALLET-AUX-PATINS
pour la musique de...

1. – Ils tournent. Ils tournent. ILS TOURNENT.
Dans de vagues senteurs de folie,
ils tournent le sens éperdu de toute la vie.

2. – Skating-Ring. Un petit TOURBILLON DE CHAIR,
quelque part dans la métropole.
Point de gestes. Surtout point de paroles.
L'ample et rond grincement des patins sous la voûte sans air.
Étouffement d'odeurs charnelles,
dans la grinçante clameur de l'acier.

3. – Skating-Ring. Élégance des masses corporelles
ondoyant sur le ciment sans rides.
Tous les corps ne sont plus qu'un mouvement fluide.
Une élégance de LÉGÈRETÉ.
On perd le sens du poids,
comme devant les volutes de la mer.
Paris tord là
un minuscule tourbillon de son immense chair.

4. – Les PATINEURS
tournent et tournent et tournent
dans de vagues senteurs de folie,
l'élégance de leur danse glissante,
et des odeurs mêlées de plâtre et de peau,
et le sens éperdu de toute la vie.

5. – Quelques couples sont entrés dans la lice.
Cinq, dix, très peu. Et ils remplissent l'espace du vent
de leur chair en mouvement.
Ils n'ont pas de visage.
Une forme double de chair qui glisse.
Une image.
ÉLÉGANCE DE LÉGÈRETÉ.
Exaspérante image de SEXUALITÉ.

Deux corps ne font qu'un. L'ondoiement
commun des hanches et des reins
est celui de l'étreinte.

6. – Au milieu d'eux, tout à coup, un homme.
Haut, droit, sec. Inéluctable comme la volonté du rythme
dans les mains du chef d'orchestre,
Un homme seul, sur ses PATINS
Ainsi que sur leurs cothurnes les antiques comédiens.
Le bout du foulard rouge à son cou
bouge, pareil à la flamme d'un cierge qu'on secoue.
On le devine pâle, émacié, comme un anachorète.
Il est le maître de la DANSE-DES-PATINS.
Il résume dans un tourment
l'éclat métallique de l'orgue de foire, et tout le mouvement.
Ses os vibrent comme un instrument.
Visibles, sensibles, cordes tendues sous les muscles souples.
Sur ses deux bras ouverts, il a le rythme de ces couples
qui tournent et tournent le sens éperdu de toute la vie.
Corybante de cette frénésie.
Poète.
Fou.

7. – Vingt couples, puis cinquante, puis cent.
Toute une masse fluide d'ondoiement.
La clameur des aciers roulants frottant contre le ciment
se mêle aux stridences hautes de l'orgue mécanique.
Des âmes, ivres de mouvement,
exhalant une VAPEUR MÉTALLLIQUE.
Et les lumières pâlissent
devant les yeux des assistants.
Le chœur des couples brayants autour de la lice
regarde le charnel tourbillon,
en sirotant des baisers et des boissons.

8. – Vingt couples, puis cinquante, puis cent.
Ils tournent. Ils tournent sous le commandement
de l'orgue, dans l'ivresse de leur souplesse.
Autour du FOU.

9. – Une femme, ivre de son tournoiement,
sort de la danse en rond.
Le Fou la rattrape d'un bond.
Son foulard rouge l'a fascinée.
Il l'enlève dans une apothéose de bande et de voiles.

Il s'élance avec elle dans une plus fiévreuse fureur
au centre des patineurs.
ARAIGNÉE au centre de sa toile.

10. – Il la balance sur les courbes de la piste.
Leurs têtes penchées dans un seul sens ondoient
sur la vague circulaire des têtes des autres.
Ils tournoient tous, ILS TOURNENT
leur signification frénétique de la vie.
Visages courroucés. Grimaçants. Extatiques.
Comme dans un spasme.
Membres fondus dans une trainée de chair rythmique.
Mollement, comme dans un spasme lent.
Dans la clameur de l'orgue métallique.

11. – Un homme enflammé d'une colère
de jalousie mâle
s'élance vers le couple de la Femme et du Fou.
Il tend tout son corps fin vers une CHIMÈRE.
Il tend ses mains contre l'insaisissable
couple de la Femme et du Fou.
Il tourne, il tourne, dans des cercles toujours plus étroits,
vers le couple de la Femme et du Fou.
Rien. Il ne saisit pas l'insaisissable.
Le couple s'échappe, et joue,
et se rapproche et s'éloigne.
Et l'Homme le poursuit tremblant d'ardeur angoissée.

12. – Alors, tous les autres s'arrêtent,
autour de la lutte des trois,
de cette suprême élégante lutte de souplesse
dans le cercle toujours plus étroit.
Tous les autres s'arrêtent après avoir traîné leurs PATINS
comme dans un cri métallique étrange et prolongé.
L'HOMME poursuit sa FEMME,
éperdue au bras du FOU.
Le foulard rouge bouge
comme une toujours plus vibrante flamme.
L'Homme veut rattraper la sexuelle chimère qui s'échappe
et se rapproche, et s'échappe
dans la plus exaspérante élégance de la souplesse.
Le foulard rouge marque en tournoyant
un petit sillon sanglant, aérien, devant les yeux.
Les assistants voient un signe de feu PROMESSE DE SANG.

13. – Nulle voix. Nul geste qui précise la volonté.
L'ondoiement de trois corps,
d'un corps et d'un autre double,
dans le même cercle de LÉGÈRETÉ
bondissant, s'effaçant tour à tour.
L'un, avec sa volonté
de MORT.
L'autre, avec sa volonté
d'AMOUR.

14. – Nulle voix humaine. L'essentiel de la chair qui vent.
Le grincement long et rond des PATINS,
dans le brouillard sonore de l'orgue,
dans la fixité froide des lampes électriques,
dans le frémissant félin
des assistants.
Et dans l'interminable tournoiement
déjà plus saccadé, plus proche, plus aigu,
des trois corps qui se cherchent et se dérobent dans la danse.
La DANSE glissante se referme sur elle-même
comme les cinq doigts de la main dans le poing.
Les trois se cherchent, se rapprochent, s'échappent.
L'énorme bruit métallique est déjà comme un silence.
LE DESTIN FRAPPE.

15. – LE DESTIN A FRAPPÉ.
L'Homme avait son couteau à la main,
farouche comme dans un drame de cinéma.
Mais son geste était vain.
Aussi vain que son droit
sur cette belle chair de femmes qui n'en voulait pas.
Le destin s'est prononcé.
Le Fou est trop beau d'insouciante LÉGÈRETÉ.
Et toutes les femmes d'alentour, une à une,
ont leurs visages allumés sur les corsages
comme les flammes de cierges
que des mains invisibles tournoient.
Fantomales
Toutes, toutes, toutes,
s'en viennent au centre du monde où apparaissent LA FEMME ET LE FOU.
Une à une, sillonnant l'air dans leurs larges lignes rondes
où les corps n'ont plus de gestes, mais des envolées d'ondes.

Toutes, toutes, toutes,
autour de la femme et du Fou !
Humble charnelle estrade.

16. – Puis, le Couple et le chœur des Femmes
tournent, tournent et tournent
dans une nouvelle, étroite, grinçante frénésie,
le sens éperdu de l'Amour,
LE SENS ÉPERDU DE LA VIE.

17. – L'homme a disparu au milieu des autres hommes.
Ceux-ci l'ont entouré,
l'ont repris dans leur giron de MASCULINITÉ.
Tous s'élancent contre le couple et le chœur,
brouillant leurs reflets dans la moire grise du parquet,
lumineux sous sa poussière de craie
comme une eau morte d'étang.
En vain. En vain.
Ils tournent effroyablement leur fureur
autour d'un roc de chair amoureuse.
L'éternel destin.
Soudain, des voix humaines, une clameur comme de sang,
Charnelle comme le sang,
les bruits s'arrachent de la poitrine des hommes,
qui se jettent dans un nouvel assaut.
Ils blessent et déchirent longuement le brouillard
sonore de l'orgue.
Les femmes répondent.
La voix des AMANTES
passe comme un frisson sonore d'épouvante.
Seul, muet et magnifique,
auréolé de son foulard rouge qui se dénoue
et s'allonge en flamme souple et dansante autour du couple,
le Couple danse son incroyable DANSE-DES-PATINS
dans le silence de son DESTIN.

18. – Les deux masses humaines vont et viennent,
se rapprochent et s'éloignent,
s'étreignent dans la DANSE DE LA HAINE,
s'échappant aussitôt.
La masse des HOMMES. La masse des FEMMES.
Les hommes ont gagné. Les femmes sont à eux.
Folles de leur dépit, elles renouvellent leur jeu.

Et seul réapparaît, encore au centre, le COUPLE
de l'Amoureuse et du Fou.
Seul, au centre de toute la haine qui les encercle.

19. – Ils tournent, tous, ainsi,
dans une danse infinie,
ILS TOURNENT LE SENS-FOU-DE-LA-VIE.

20. – Lorsque, avec un grand cri précis, et lumineux
comme une fusée,
la Femme tombe évanouie aux pieds du Fou.
Évanouie de la langueur de trop avoir étreint
dans la plus mortelle volupté
le sublime oubli de son être
par la suprême LÉGÈRETÉ,
par la suprême DANSE
DE L'ÉLÉGANCE.
Le cercle des couples assaillants s'ouvre
dans une terreur pleine de pitié et d'attente.

21. – Le Fou s'agenouille et se redresse.
Il ne touche la terre que dans un élan.
Sans la toucher que comme dans une caresse.
Il danse la folle DANSE-DES-PATINS
autour de la Femme évanouie,
au centre du cercle humain qui s'élargit.
Puis, d'un seul geste d'offrande
il soulève la belle chair aplatie.
Sur ses deux bras ouverts dans la CROIX-D'AMOUR.
Et l'orgue paraît muet, car le Fou ricane.
Le grincement de son rire s'égrène en face de la vie.
Tandis qu'il danse éperduement
avec le poids de la belle chair haut sur sa tête.
C'est comme un jeu d'éclairs dans une tempête.
Les cheveux blonds de la Femme
se mêlent au foulard rouge
qui se dénoue, se dénoue, se dénoue interminablement.
FLAMME.
Une ardeur de vie au-delà-de-la-vie
semble ainsi s'allonger de son cou.
Seule brillent aux lumières métalliques d'un métal sale,
la bouche écumante de rouge de la femme évanouie,
et les éclats de sa robe de soie.

Et il disparaît hors la piste
hors toute chose, hors toutes choses,
avec sa pâle proie.
Superbe comme la vérité d'un ordre donné par le clairon
dans une mêlée,
dans cette mêlée frémissante des SENS.
Il disparaît.

Et tous les couples, muets, recommencent à tourner
comme par le signe éternel des recommencements,
dans une douce folie.

LE SENS ÉPERDU DE TOUTE LA VIE.

Canudo À Paris dit-Panam [*sic*], 1918.

Chapitre VI

La Création du monde : le primitivisme à l'ère cubiste

Le 25 octobre 1923, la compagnie de danse des Ballets suédois de Rolf de Maré lance sa quatrième saison en renversant de nouveau les codes de la danse, cette fois par la présentation d'un « ballet nègre » intitulé *La Création du monde*. Trois artistes issus de l'avant-garde parisienne – l'écrivain Blaise Cendrars [1], le peintre Fernand Léger et le compositeur Darius Milhaud – se mobilisent pour faire de ce ballet une expérimentation cubo-primitiviste ayant comme toile de fond la cosmogonie africaine.

Rappelons qu'au tournant du XXe siècle, l'intelligentsia artistique manifeste un engouement pour l'art primitif. Artistes et marchands entreprennent de collectionner des objets, des masques et des statues de tribus indigènes. Au lendemain de la Première Guerre mondiale, des événements et des expositions sur « l'art nègre » (expression utilisée à l'époque) se multiplient dans les lieux courus de Paris [2].

Cendrars fait partie de ceux qui portent un intérêt marqué aux civilisations primitives de l'Afrique noire. Influencé par des légendes et contes africains, il conçoit en 1921 un argument de ballet sur le thème de la création du monde. Une interprétation païenne est ainsi donnée à ce nouveau récit de la genèse. Le récit commence alors que la terre se trouve dans un état chaotique. Trois Déités gigantesques se consultent pour intervenir. Peu à peu émergent une vie végétale et une vie animale, avant qu'apparaissent l'Homme, puis la Femme. Attirés l'un vers l'autre, ils se livrent à la danse du désir menant à la naissance du monde.

Pour faire clairement ressortir le caractère primitif du ballet, Léger en conçoit la plastique en empruntant le style des costumes et masques d'animaux utilisés dans les rituels africains. Dans un style qui marie à la fois l'art primitif et le cubisme, il transforme les différents animaux en d'énormes structures géométriques disposées sur la scène comme des objets mobiles à l'intérieur d'un immense tableau (ill. 27).

---

1. Poète né en Suisse, Blaise Cendrars (1887-1961) est le pseudonyme de Frédéric Sauser.

2. Pour plus de détails sur ce sujet, consulter, entre autres, Christine Le Quellec Cottier, « Préface », dans Blaise Cendrars, *Anthologie Nègre : Petits Contes nègres pour les enfants des Blancs. Comment les Blancs sont d'anciens Noirs. La Création du monde*, éd. Christiane Le Quellec Cottier, Paris, Denoël, 2005, p. ix-xxi, ici p. x-xv; Francine N'Diaye, « *La Création du monde* et la rencontre de Léger avec l'art africain », dans *Fernand Léger et le spectacle*, catalogue d'exposition (Biot, 30 juin-2 octobre 1995), Brigitte Hédel-Samson (dir.), Paris, Éditions de la Réunion des musées nationaux, 1995, p. 21-29, ici p. 21-23.

Pour accompagner cet « art nègre », qui est la principale source de primitivisme de l'œuvre, Milhaud compose une musique inspirée de la tradition afro-américaine qui, dans les faits, se situe à mi-chemin entre le jazz et le classique. Aussi retrouvons-nous dans la composition des mélodies empruntées à la musique des noirs qui, comme un collage, se juxtaposent à des lignes purement classiques.

Cette étude de *La Création du monde* s'intéresse essentiellement à la question de l'appropriation du primitivisme dans la démarche artistique des collaborateurs de ce ballet. Outre la genèse du projet et la mise en œuvre du spectacle, nous nous pencherons sur les spécificités thématiques et structurelles qui régissent l'argument de Cendrars et les éléments scénographiques de Léger et de Börlin, afin de comprendre comment la musique de Milhaud interagit dans ce spectacle afro-cubiste.

La genèse : la naissance d'un « ballet nègre »

C'est Cendrars qui émet l'idée de créer un ballet sur la genèse du monde selon les légendes et les mythes africains, qu'il documente depuis son retour de la guerre [3]. En 1921, Cendrars publie aux Éditions de la Sirène, qu'il dirige, une série de légendes et de contes africains réunis sous le titre *Anthologie nègre*. Ce recueil l'amènera à concevoir un projet de « ballet nègre » à partir du récit de « La Légende des origines », tiré de son anthologie.

Pour en assurer la décoration scénographique, il pense à son ami Léger, rencontré dès l'automne 1912 lors du Salon de la Section d'or, à la galerie de la Boétie, avec qui il partage beaucoup d'affinités. Cendrars, qui est alors captivé par l'art pictural de Léger, provoque des rencontres avec le peintre. Leur amour commun de l'art moderne les réunit inévitablement. Une complicité et une admiration réciproques se développent entre eux. Au début des hostilités de la guerre, en 1914, les deux artistes sont mobilisés et envoyés au front. Marqués par des séquelles importantes [4], Cendrars et Léger se rapprochent davantage, ce qui les mène à l'élaboration de projets communs. Les premières collaborations entre les deux artistes se concrétisent lors de la publication des ouvrages *J'ai tué* (1918) et *La Fin du monde filmée par l'Ange N.-D.* (1919), dans lesquels Léger illustre les textes de Cendrars [5].

Au moment même où Cendrars ébauche son « ballet nègre », Léger travaille à la production de *Skating Rink* pour les Ballets suédois. La situation lui étant favorable, Cendrars écrit le 29 octobre 1921 au peintre : « Dis à de Maré [...] que j'ai tout prêt [*sic*] deux sujets de "ballets nègres" ; qu'avec toi je suis prêt à faire une œuvre de plus longue haleine, très sérieuse, très dure, très moderne, qui fasse date » [6].

---

3. L'intérêt de Cendrars pour l'art africain a précédé ce travail de recension des légendes africaines, puisque c'est en 1916 qu'il écrit ses *Poèmes nègres*.

4. Cendrars est particulièrement affecté par cette guerre, où il perd un bras.

5. À ces collaborations, ajoutons la réalisation en 1923 du film *La Roue* d'Abel Glance.

6. Lettre de Blaise Cendrars à Fernand Léger, 29 octobre 1921 ; citée dans Judi Freeman, « Fernand Léger and the Ballets suédois : The Convergence of Avant-garde Ambitions and Collaborative Ideals », dans Nancy Van Norman Baer (dir.), *Paris Modern : The Swedish Ballet 1920-1925*, San Francisco, Fine Arts Museums of San Francisco, 1995, p. 86-107, ici p. 106, n. 44.

Contrairement à Picasso et à Braque, Léger s'est jusqu'alors assez peu penché sur l'art africain dans son travail d'artiste. Il profite donc de la proposition de Cendrars pour plonger dans une nouvelle démarche picturale, à laquelle il tente non seulement d'intégrer le primitivisme au style moderne, mais aussi de sortir l'art afro-cubiste de son cadre habituel en le transposant dans l'univers scénographique. S'engageant dans cette voie, le peintre cubo-futuriste s'inspire des sculptures et masques africains illustrés dans les ouvrages de Carl Einstein (*Negerplastik*, 1915) et de Marius de Zayas (*African Negro Art : Its Influence on Modern Art*, 1916) pour concevoir les décors et costumes du « ballet nègre » de Cendrars.

Alors que le projet mûrit, l'équipe Cendrars-Léger ne reçoit aucune nouvelle de la direction des Ballets suédois. Le 12 septembre 1922, Léger décide donc d'écrire à de Maré :

> J'aimerais savoir où en est [le chorégraphe] Börlin à propos du *ballet nègre*. Vous savez que nous pensons en faire une œuvre importante extrêmement *étudiée*. Il devra être le seul ballet nègre possible dans le monde entier et être celui qui restera comme type du genre. Cela nécessite de nombreuses entrevues très minutieuses entre Cendrars, Börlin et moi. Pour le musicien (choix très important), il est difficile de s'adresser à un trop jeune artiste inexpérimenté. Finalement nous pensons que Milo [*sic*, pour Milhaud] est le seul des Français actuels à pouvoir réaliser cela. Nous avons pensé à Satie, mais il travaille pour Hébertot et je ne pense pas que cela puisse se faire. En tout cas probablement avant d'en parler à n'importe lequel nous en toucherons un mot à Satie, ne seresse-ce [*sic*] que par amitié pour lui et convenance envers son grand talent.
>
> Nous n'entamerons de pourparler avec les musiciens Français ci-dessus *qu'après* votre réponse.
>
> Pour quand pensez-vous réaliser ce ballet ? Pensez qu'il faut du temps (nécessité probable d'un voyage à Londres, British Museum, pour documentation des masques). C'est une œuvre importante et à laquelle Cendrars et moi devons donner tous nos soins[7].

Cette lettre montre l'importance que Léger et Cendrars accordent à leur ballet. En spécifiant qu'« il est difficile de s'adresser à un trop jeune artiste inexpérimenté », le peintre fait ici allusion à Honegger, dont il n'a pas apprécié le travail dans *Skating Rink*. En fait, ce n'est pas tant l'âge que le style compositionnel du musicien qui préoccupe l'artiste, puisqu'il propose le nom de Milhaud, alors âgé de 30 ans, tout comme Honegger. Assurément, Milhaud, par le langage dissonant utilisé dans *L'Homme et son désir*, partage davantage d'affinités stylistiques avec le cubisme de Léger que ne peut le faire Honegger, avec son langage d'inspiration germanique.

Deux semaines après l'envoi de sa lettre, Léger est toujours sans réponse du directeur de la compagnie de ballet. Afin d'éviter une situation semblable à celle survenue lors de la conception de *Skating Rink*, dont le compositeur n'a été embauché que très tardivement, il ressent l'urgence de lui écrire de nouveau :

---

7. Lettre de Fernand Léger à Rolf de Maré, 12 septembre 1922, lettre manuscrite, Rolf de Maré Study Center – Dansmuseet Stockholm (Centre d'étude Rolf de Maré – Musée de la danse de Stockholm, ci-après Dansmuseet), Fonds Ballets suédois, dossier « *La Création du monde* », boîte des correspondances. Sauf indication contraire, nous n'indiquerons dans ce chapitre que Dansmuseet et le nom de la boîte comme référence au fonds des Ballets suédois à Stockholm. C'est Léger qui souligne.

« Avez-vous reçu ma lettre que je vous ai écrite il y a q.q. [quelque] temps ? [...] Je vous demandais des nouvelles du « Ballet nègre ». Je vous disais que nous ne voyons que Darius Milho [*sic*] comme musicien et que ce ballet demande *beaucoup de soins*, il faudrait s'en occuper le plus tôt possible. Pour quand serait-ce ? Que pense Börlin du scénario de Cendrars ? Répondez donc à tout cela que nous sachions à quoi nous en tenir » [8].

Ce n'est que quelques mois plus tard (entre décembre 1922 et janvier 1923) que Milhaud reçoit finalement la commande des Ballets suédois [9]. Il ne commence à travailler sa partition qu'à partir du mois d'avril, une fois que Cendrars lui fait parvenir une copie du tapuscrit, auquel il ajoute des annotations spécialement destinées au compositeur [10]. Dans une lettre adressée à Hélène et Henri Hoppenot, le 26 avril 1923, Milhaud parle de son nouveau projet en ces termes : « C'est une chose nègre, ma partition sera écrite pour jazz-band » [11].

L'idée d'utiliser le jazz pour évoquer le primitivisme africain enchante particulièrement le compositeur aixois. C'est effectivement pour lui une occasion fortuite d'expérimenter le langage jazz noir américain qui le fascine depuis quelques années. Déjà, en 1918, Milhaud entend de la musique de jazz-band de New York au Casino de Paris en compagnie du couple Gaby Deslys et Harry Pilcer. À cette époque, le jazz se propage rapidement dans plusieurs salles de danse et dans les cafés-concerts parisiens, comme le Bar Gaya où se retrouve le pianiste Jean Wiener jouant de la musique des noirs américains [12]. Pour Milhaud, ce n'est qu'en 1920, lors de la représentation à Londres du *Bœuf sur le toit* que se manifeste un réel intérêt pour le jazz en écoutant l'orchestre new-yorkais de Billy Arnold en visite à Hammersmith, en banlieue londonienne [13]. Toutefois, il n'entre véritablement en contact avec le jazz noir américain que lors de son séjour à New York, qui se déroule de décembre 1922 à février 1923 [14]. D'ailleurs, il reçoit la commande du « ballet nègre » alors qu'il se trouve aux États-Unis pour une tournée de concerts et de conférences. Ce séjour se termine à New York, où il baigne entièrement dans l'univers de la musique noire en fréquentant les clubs et les théâtres de Harlem.

8. Lettre de Léger à de Maré, 1er octobre 1922, lettre manuscrite, dans *ibid.* C'est Léger qui souligne.

9. La date exacte de la signature du contrat entre de Maré et Milhaud est inconnue. Dans ses écrits, le compositeur est toujours resté vague quant à la date précise. En guise d'exemple, voir Darius Milhaud, « Témoignage », dans Blaise Cendrars, *Œuvres complètes*, t. 3, introduction de Raymond Dumay, éd. Nino Frank, Paris, Éditions Corréa, 1947 ; 1969, p. x.

10. Nous reviendrons plus loin sur ce tapuscrit spécifique.

11. Lettre de Darius Milhaud à Hélène et Henri Hoppenot, 26 avril 1923, dans Madeleine et Darius Milhaud, Hélène et Henri Hoppenot, *Conversation : correspondance 1918-1974*, complétée par des pages du *Journal* d'Hélène Hoppenot, éd. Marie France Mousli, Gallimard, 2005, p. 71. Il est surprenant de lire le titre définitif dans la lettre alors que celui-ci n'apparaît pas sur le tapuscrit original.

12. Darius Milhaud, « Évolution du jazz-band et la musique des nègres d'Amérique du Nord » dans *Le Courrier musical*, 1er mai 1923, p. 163-164 ; repris dans *Notes sur la musique : essais et chroniques*, éd. Jeremy Drake, Paris, Flammarion, 1982, p. 99-101.

13. Darius Milhaud, « Rencontre avec le jazz », dans *Notes sans musique*, Paris, Julliard, 1949 ; 2e éd. rev. et aug., Paris, Julliard, 1963 ; nouvelle éd. sous le titre *Ma Vie heureuse*, Paris, Belfond, 1987 ; réimpression, Bourg-la-Reine, Zurfluh, 1998, p. 98-102, ici p. 99.

14. Pour en savoir davantage, voir Marie-Noëlle Lavoie, *Darius Milhaud et l'emprunt musical : procédés, répertoires et construction identitaire*, thèse de doctorat, Montréal, Université de Montréal, 2010, p. 90-95.

Comme il le précise : « Je voulais profiter de mon séjour pour bien me documenter sur la musique nègre »[15].

En février 1923, lors de son voyage de retour à bord du Rochambeau, il raconte à ses amis Hoppenot : « J'ai beaucoup rôdé des nuits entières chez les nègres, c'est ce qu'il y a de mieux à New York. J'ai découvert des bistrots noirs up town avec des jazz populaires magnifiques où des négresses aux voix cuivrées chantaient et dansaient »[16]. Stimulé par ses découvertes, il ramène des recueils de chants louisianais[17] et des disques de la marque *Black Swan*, exclusivement consacrés à l'enregistrement de la musique des Noirs qu'il fait « jou[er] inlassablement sur un petit phonographe qui avait la forme d'un kodak »[18]. Pour lui, les mélodies de la musique afro-américaine ont cet immense pouvoir d'exprimer tout le « lyrisme que seules les races opprimées peuvent produire »[19].

De retour à Paris, il s'empresse de rencontrer Cendrars et Léger. C'est dans un esprit de grande collaboration que le ballet *La Création du monde* s'est réalisé, comme l'atteste Milhaud :

> Plus que tout [*sic*] autre de mes œuvres, je restai en contact avec mes collaborateurs. Ils fréquentaient beaucoup les bals musette, et ils m'emmenaient souvent avec eux me faisant ainsi découvrir un aspect de Paris que j'ignorais. [...]. Tout en déambulant ainsi dans Paris, Léger, Cendrars et moi élaborions notre ballet[20].

Ce témoignage décrit bien le genre de relation qui s'établit entre les auteurs. Pendant les mois qui suivent, le ballet pensé par Cendrars subit de profondes transformations. De son côté, Léger essaie autant que possible de concrétiser son concept d'« objet-spectacle[21] » en transformant la scène en un immense tableau mobile composé de gigantesques structures géométriques qui se meuvent lourdement, à un rythme complètement asynchrone avec la musique vive et jazzée nouvellement conçue par Milhaud. Au-delà de cette *distorsion spatiotemporelle*, le ballet, pris dans son ensemble, revêt une grande cohésion esthétique que nous tenterons de faire ressortir.

---

15. Milhaud, *Ma Vie heureuse*, p. 114-115.

16. Lettre de Milhaud à Hélène et Henri Hoppenot, 20 février 1923, dans Milhaud et Hoppenot, *Conversation. Correspondance 1918-1974*, p. 68.

17. *Bayou Ballads : Twelve flok-songs from Louisiana*, réunis par Mina Monroe, éd. avec la collaboration de Kurt Schindler, New York, G. Schirmer, 1921 ; cité dans Lavoie, *Darius Milhaud et l'emprunt musical*, p. 93. Plus loin, Lavoie (*ibid.*, p. 108) ajoute que Milhaud avait également rencontré le compositeur et chanteur afro-américain Harry T. Burleigh (1866-1949) qui publia un recueil de *negro spirituals*. Dans son article « L'Évolution du jazz-band et la musique des nègres d'Amérique du Nord » (*Notes sur la musique*, p. 103).

18. Milhaud, *Ma Vie heureuse*, p. 116.

19. Milhaud, *Notes sur la musique*, p. 103. Le compositeur donne comme exemple la chanson *Go down, Moses !*.

20. Darius Milhaud, *Ma vie heureuse*, p. 124-125.

21. Pour mieux connaître ce concept développé par le peintre, consulter Fernand Léger, *Fonctions de la peinture*, éd. Sylvie Forestier, Paris, Gallimard, 2009 (plus particulièrement, « Le ballet-spectacle, l'objet-spectacle », p. 69-73 et « Le spectacle : lumière, couleur, image mobile, objet-spectacle », p. 111-131).

L'ARGUMENT DE CENDRARS : UN TEXTE EN CONSTANTE ÉVOLUTION

Pour traiter le sujet particulier de la mythologie africaine, Cendrars doit entreprendre une profonde recherche documentaire. Selon Ornella Volta, le poète se met à « fouiller de fond en comble » les témoignages ethnographiques de la Bibliothèque nationale, à la recherche de "contes nègres" »[22]. De là naît l'argument du ballet *La Création du monde*, qui est l'aboutissement de plusieurs recherches et d'ébauches littéraires gravitant autour de la cosmogonie africaine.

Fasciné par des récits issus de la tradition orale Fân[23], le poète rédige en 1919 une première version de « La Légende des origines »[24]. Il remanie le texte pour en faire un récit qu'il intitule « La Légende de la création », qui est lu et mis en scène dans le cadre d'une *Fête nègre*. Présentée le 10 juin 1919 à la Comédie des Champs-Élysées, cette soirée toute singulière, organisée par le célèbre marchand d'art africain Paul Guillaume[25], comporte à la fois des conférences, des lectures de contes, des œuvres musicales et des danses rituelles. La partie du programme consacrée à « La Légende de la création » de Cendrars comprend une série de numéros de danse conçue de façon à créer une trame narrative.

Certaines annotations manuscrites laissées par Cendrars sur un exemplaire du programme[26] indiquent clairement que ces numéros de danse constituent le point de départ du ballet de Cendrars. En effet, plusieurs titres attribués à ces danses dans « La Légende de la création » se transforment en tableaux dans l'argument final de *La Création du monde*, dont « Danse de la Reconnaissance des Créatures », « Danse de l'Accouplement » et « "Vertige" final ».

Dans ses travaux menés sur la genèse de ce ballet, Sabine Vergnaud montre en détail toutes les modifications apportées au récit de Cendrars depuis la séance de la *Fête nègre*, en 1919, jusqu'à l'argument définitif du spectacle monté par les Ballets suédois

22. Ornella Volta, « Les "Fêtes nègres" de Blaise Cendrars », *Centre d'études Blaise Cendrars*, n° 6-7, 1991-1992, p. 35-45, ici p. 37. Précisons que les ouvrages de Henri Trilles (1866-1949) occupent une première place dans les lectures de Cendrars selon Christine Le Quellec Cottier (« Préface » dans Cendrars, *Anthologie nègre*, éd. Le Quellec Cottier, p. x).

23. Sauf dans les citations, nous retenons l'orthographe « Fân » parmi plusieurs autres (par exemple, Fân, Fan, Fam ou Fang) rencontrées dans les textes de Cendrars et les divers ouvrages. Fân ou Fang est le nom d'un vaste groupe ethnique originaire de l'Afrique centrale. Ce terme est également utilisé pour nommer, d'une part, l'ethnie représentée à la tête de la structure du groupe, qui se décline en plusieurs sous-groupes tribaux et, d'autre part, les légendes issues de la cosmogonie africaine. Pour plus de détails, voir Xavier Cadet, *Histoire des Fang Peuple gabonais*, Paris, L'Harmattan, 2009.

24. Comme nous l'avons mentionné, ce texte, dans sa version définitive, est publié dans l'*Anthologie nègre* de Cendrars. Il constitue la deuxième légende après celle de « La légende de la Création » au sein du chapitre intitulé « Légendes cosmogoniques ». Cendrars, *Anthologie Nègre*, éd. Le Quellec Cottier, p. 7-13.

25. Le critique, collectionneur et marchand d'art moderne Paul Guillaume (1891-1934) compte parmi les premières personnes à organiser des expositions sur l'art africain en 1919.

26. Le programme de la *Fête nègre*, accompagné d'annotations manuscrites, est conservé aux Archives littéraires suisses de Berne, Fonds Blaise Cendrars, dossier O 27 9.a. Le document est reproduit, entre autres, dans Volta, « Les "Fêtes nègres" de Blaise Cendrars », (p. 35) et dans Sabine Vergnaud, *La musique et les arts dans la collaboration du Groupe des Six avec les Ballets suédois (1920-1925)* (thèse de doctorat, Saint-Étienne, Université Jean-Monnet de Saint-Étienne, 2010, p. 194). Honegger figure parmi les compositeurs qui ont réalisé les adaptations musicales des numéros dansés.

en 1923[27]. Son étude indique que c'est à partir de 1922, au moment où Léger s'engage plus activement dans le projet, que l'écrivain transforme substantiellement son texte original. Tout au long du processus d'élaboration du ballet, on constate que l'aspect plastique y occupe une place de plus en plus dominante.

Aussi, dès janvier 1922, Cendrars reprend-il le récit dansé de « La Légende de la création » présenté à la *Fête nègre* à titre de canevas de base des nombreuses versions qui suivront. Le tableau 17 énumère quelques versions de l'argument produites au cours des années 1922 et 1923 et permet de constater l'évolution des intitulés et des contenus du texte[28].

Titre	Date	Type de document	Commentaires
Séance nègre	non daté	Manuscrit autographe	Présenté comme un synopsis en dix tableaux
Séance nègre	Janvier 1922	Tapuscrit du texte « Légende des origines »	Biffures de Cendrars dans plusieurs passages
Synopsis d'un Ballet Nègre	[1922]	Manuscrit divisé en cinq tableaux	Divisé en cinq tableaux comportant des notes sur les décors, l'éclairage et le déroulement du spectacle
Synopsis d'un Ballet Nègre	Janvier 1922	Tapuscrit	Adaptation de la « Légende des origines »
Ballet-Nègre	Janvier 1923	Tapuscrit	Transcription de la « Légende Fân »
Ballet-Nègre	11 avril 1923	Tapuscrit	Même texte que le précédent avec l'annotation : « Pr Milhaud » et ajout de chiffres manuscrits
La Création du monde, ballet nègre	Octobre 1923	Tapuscrit	Nouveau texte destiné à la revue *La Danse*, n° 37, enluminé des maquettes de Léger
La Création du monde, ballet nègre	25 octobre 1923	Programme des Ballets suédois	Argument
La Création du monde	Novembre 1923	Publication de l'argument	Même texte que le précédent intitulé « Le scénario » dans la revue *L'Esprit nouveau*, n° 18, enluminé des maquettes de Léger

Tableau 17. Liste des différentes versions de l'argument.

27. Dans sa thèse de doctorat, Vergnaud a étudié et reclassé chronologiquement les six tapuscrits et les neuf manuscrits rattachés à ce spectacle de Cendrars qui sont conservés aux Archives littéraires suisses de Berne (Fonds Blaise Cendrars). Ces documents étant reproduits en annexe de la thèse (p. 537-561), ils fournissent un apport précieux au lecteur sur la genèse de l'argument du ballet *La Création du monde*. L'étude de Vergnaud contribue, plus que tout autre ouvrage antérieur, à une meilleure compréhension de l'évolution du récit de Cendrars au cours du processus d'élaboration du spectacle. Pour les études antérieures à cet ouvrage, voir Volta, « Les "Fêtes nègres" de Blaise Cendrars », et Michèle Touret, « Un texte à voir, autour de *La Création du monde* » (dans Maria Teresa de Freitas, Claude Leroy et Edmond Nogacki (dir.), *Blaise Cendrars et les arts*, numéro spécial de *Recherches valenciennoises*, n° 9, 2002, p. 233-245).

28. Cette liste se limite aux versions complètes recueillies par Vergnaud (*La musique et les arts*, p. 537-539).

Un regard sur les différentes versions de l'argument

L'examen de ces versions révèle que le spectacle de ballet se précise davantage à partir du tapuscrit *Synopsis d'un Ballet Nègre* daté de janvier 1922. Un générique y précède le texte comme tel, présentant les collaborateurs au ballet :

> Chorégraphie de Jean Börlin. – Décors de Fernand Léger.
> – Transcription de la Légende Fân par Blaise Cendrars. – Musique de X.
> Masques, cérémonial, tatouages, costumes exécutés sur les indications de Blaise Cendrars »[29].

Dans ce générique, on remarque que le compositeur n'est toujours pas déterminé et que l'auteur compte au départ prendre la responsabilité des costumes et des accessoires du spectacle. Le texte informe de la présence d'un conteur qui se tient debout au centre pour réciter *La Légende des Origines*. À mesure que le conteur livre son récit interviennent les trois principaux personnages incarnant les Déités Mzamé, Mébère et N'Kwa. Le texte prend ainsi la forme d'une pièce théâtrale qui comprend de nombreux dialogues entre les Déités, qui interfèrent avec la narration. La danse, pour sa part, illustre et ponctue les différentes étapes de la légende.

Identifié comme une « transcription de la Légende Fân », le tapuscrit *Ballet-Nègre*, rédigé en janvier 1923, est l'un des documents qui se rapprochent le plus de l'argument final. Dans ce texte, Cendrars supprime définitivement les dialogues et le rôle central du conteur entre les numéros, qui surchargent inutilement ce genre de spectacle. Le nom de Darius Milhaud apparaît désormais dans le générique, ce qui confirme sa collaboration au projet. Quatre mois plus tard, Cendrars reprend le même tapuscrit et y ajoute à l'encre verte quelques notes destinées au compositeur. Effectivement, dans l'espace gauche situé sous le titre, se trouve l'annotation manuscrite « Pr Milhaud ». Pour mieux guider le compositeur, Cendrars divise le texte en seize scènes qu'il numérotera manuellement, en chiffres arabes, à même le tapuscrit. Près de sa signature, il ajoute deux annotations :

- la première porte sur le caractère de la seizième scène : « 16) Calme – Appaisement [*sic*] » ;
- la seconde correspond à la datation : « 11/IV/23 »[30].

Cette version de l'argument découpée en seize scènes est sûrement parvenue à Milhaud, puisque quinze jours après la seconde date apposée sur le tapuscrit, il annonce la nouvelle à ses amis Hoppenot : « J'en fais un nouveau [ballet] avec Cendrars et Léger – le peintre (!) – qui s'appellera *La création du Monde* »[31]. D'après cette phrase, Milhaud semble déjà connaître le titre du ballet, alors que celui-ci ne paraît que dans les deux derniers tapuscrits publiés durant le mois de la création du ballet (voir tableau 17).

Étrangement, Cendrars élabore deux versions de l'argument du ballet *La Création du monde*. La première, rédigée pour la revue *La Danse* et publiée avant la première

29. Blaise Cendrars, *Synopsis d'un Ballet Nègre* (1922); repris dans Vergnaud, *La musique et les arts*, p. 548-549.

30. Une copie de ce tapuscrit annoté est reproduite en fac-similé dans *ibid.*, p. 555-556.

31. Lettre de Milhaud aux Hoppenot, 26 avril 1923, dans Milhaud et Hoppenot, *Conversation. Correspondance 1918-1974*, p. 71. L'emploi des majuscules dans le titre de l'œuvre est conforme à la graphie de la citation originale.

représentation, est conçue comme un récit visant à faire connaître le spectacle. Dans cette optique, l'écrivain dépasse le cadre habituel de l'argument en présentant un contenu plus descriptif. Il y fournit des précisions sur le décor, les personnages et l'atmosphère du spectacle [32]. La seconde version, utilisée dans les notes de programme, suit davantage la forme traditionnelle d'un argument. En fait, elle ressemble de près au texte soumis à Milhaud le 11 avril 1923. Cendrars ajoute à cette version, qui paraîtra dans la revue *L'Esprit nouveau* en novembre 1923 [33], le sous-titre de « scénario ». Dans les deux périodiques, les maquettes du rideau, du décor et des costumes de Léger accompagnent le texte.

L'étude comparative de trois versions de l'argument

À la suite de l'étude de la genèse de l'argument, trois textes retiennent particulièrement notre attention pour mieux saisir l'importance de l'interaction artistique entre les différentes composantes du spectacle.

Le tableau 18 reproduit côte à côte les deux versions similaires :

- À gauche du tableau apparaît le Ballet-Nègre, la version annotée « Pr Milhaud » datée du 11 avril 1923 et divisée en seize scènes;

- À droite du tableau est retranscrit le texte de *La Création du monde*, qui paraît dans les notes de programme et est intitulé « le scénario » dans la publication de *L'Esprit nouveau* (novembre 1923). Une nouvelle division en cinq tableaux est appliquée à cette version.

Un troisième texte de *La Création du monde* paraît dans la revue *La Danse* au mois d'octobre 1923. Ce dernier, que nous nommons « livret », est reproduit en fin de chapitre (p. 336).

32. Blaise Cendrars, *La Création du monde, La Danse*, numéro spécial *Les Ballets suédois*, n° 37, octobre 1923, [n.p.] ; repris dans Le Quellec Cottier (éd.), *Anthologie Nègre*, p. 465-466.

33. Blaise Cendrars, *La Création du monde*, dans *L'Esprit Nouveau*, n° 18, novembre 1923, [n.p.] ; repris dans Le Quellec Cottier (éd.), *Anthologie Nègre*, p. 461-462 et dans Darius Milhaud, *La Création du monde*, partition pour deux pianos, Paris, Max Eshig, M. E. 1153, © 1923. Le texte publié dans *L'Esprit Nouveau* est accompagné des « Notes sur la réglementation de la mise en scène », des croquis de Léger et d'une page manuscrite de la partition de Milhaud.

	Version initiale annotée *Ballet-Nègre*, janvier 1923 « Pr Milhaud » Découpage en seize scènes		Version finale officielle *La Création du monde*, octobre 1923 « Le scénario » Division en cinq tableaux
1.	Durant l'ouverture musicale la salle est noire.		
2.	Lever du rideau très lent sur la scène noire. On aperçoit au milieu de la scène un tas confus de corps entremêlés; tohu-bohu avant la création.	I.	Lever du rideau très lent sur la scène noire. On aperçoit au milieu de la scène un tas confus de corps entremêlés; tohu-bohu avant la création.
3.	Trois déités nègres gigantesques évoluent lentement autour. Ce sont Nzome, Bibere et N'kva, les maîtres de la création. Ils tiennent conseil, tournent autour de la masse informe, font des incantations magiques		Trois déités géantes évoluent lentement autour. Ce sont Nzamé, Medere et N'kva, les maîtres de la création. Ils tiennent conseil, tournent autour de la masse informe, font des incantations magiques.
4.	tout à coup, quelque chose remue, un arbre pousse petit à petit, grandit encore, se dresse,	II.	La masse centrale s'agite, a des soubresauts. Un arbre pousse petit à petit, grandit encore, se dresse,
[5.]	et, quand une de ses graines tombe à terre, un nouvel arbre naît (danse de l'arbre des tribus forestières pygmées).		et, quand une de ses graines tombe à terre, un nouvel arbre surgit.
6.	Quand une des feuilles de l'arbre touche le sol, elle grandit, se gonfle, commence à marcher, c'est un animal		Quand une des feuilles de l'arbre touche le sol, elle grandit, se gonfle, oscille, se met à marcher et c'est un animal.
7.	– un éléphant, une tortue, un crabe, un singe, (danse totémiste des Mpongwés. – La scène est éclairée petit à petit pendant la création.		Un éléphant qui reste suspendu en l'air, une tortue lente, un crabe, des singes qui glissent du plafond. La scène s'est éclairée petit à petit pendant la création et à chaque animal nouveau elle s'illumine violemment.
[8.]	Chaque arbre ou animal est un danseur ou une danseuse jaillissant du centre, qui évolue individuellement,	III.	Chaque créature, un danseur ou une danseuse jaillit du centre, évolue individuellement, fait quelques pas,
9.	puis entre doucement dans une ronde qui peu à peu se met en branle autour des trois déités du début.		puis entre doucement dans une ronde qui peu à peu se met en branle autour des trois déités du début.
10.	La ronde s'ouvre, les trois déités font de nouvelles incantations, un sifflet retentit. Les projecteurs jaillissent et on voit la masse informe s'agiter.		La ronde s'ouvre, les trois déités font de nouvelles incantations et l'on voit la masse informe bouillonner.
11.	Une jambe monstrueuse apparaît, des dos tressaillent, une tête hirsute apparaît, des bras se tendent,		Tout s'agite, une jambe monstrueuse apparaît, des dos tressaillent, une tête hirsute se montre, des bras se tendent.

12.	deux bustes se dressent tout à coup, se collent, se gonflent : c'est l'homme, c'est la femme soudainement debout : Ils se reconnaissent ; ils se dressent l'un en face de l'autre.		Deux bustes se dressent tout à coup, se collent : c'est l'homme, c'est la femme soudainement debout. Ils se reconnaissent ; ils se dressent l'un en face de l'autre.
13.	Et pendant qu'ils exécutent la danse du désir et de l'accouplement selon la coutume Komo ; ce qui restait par terre d'êtres informes apparaît sournoisement à son tour : Ce sont les N'guils, les Imprêcateurs [*sic*] mâles et femelles.	IV.	Et pendant que le couple exécute la danse du désir, puis de l'accouplement, ce qui restait par terre d'êtres informes apparaît sournoisement et se mêle à la ronde et l'entraîne frénétiquement, jusqu'au vertige. Ce sont les N'guils, les imprécateurs mâles et femelles, les sorciers, les féticheurs
14.	Le couple s'est étreint, les cris d'animaux retentissent dans la salle,		
15.	*Calme* le couple est pris d'un vertige frénétique, s'abat grand tam-tam vertige final. Tout tourne autour du couple. Sorciers ; Féticheurs, imprêcateurs [*sic*] abattent les trois dieux créateurs. Des flammes jaillissent. Et le ballet s'achève sur une ronde échevelée autour d'un feu gigantesque avec les danseurs qui se projettent en sihouette (*sic*) par devant et de grandes ombres portées.		
16.	Calme. Appaisement (*sic*). Rideau	V.	La ronde se calme, freine et ralentit et vient mourir très calme alentour. La ronde se disperse par petits groupes. Le couple s'isole dans un baiser qui le porte comme une onde. C'est le printemps.

Tableau 18. Comparaison entre les versions initiale et finale de l'argument *La Création du monde* de Cendrars.

La version du livret

La version appelée « livret » se distingue des deux autres par son contenu descriptif. Ainsi, dès les premières lignes du texte, l'auteur décrit l'action dans des termes qui définissent l'atmosphère du drame : « Le ciel et la terre viennent de se départager. Les Grands Maîtres de la Création [...] se dressent dans un décor tragique de hautes montagnes. Les derniers éclairs sillonnent le ciel lourd » (livret, p. 336).

Une fois cette ambiance mystérieuse établie, la deuxième partie du livret se consacre à l'énumération des différentes familles de créatures qui apparaissent à tour de rôle sur scène. Vient d'abord la tribu des Grands Fétiches, puis celles des Géants, des Guinnés et des N'Guils, avant que ne naissent l'Homme et la Femme. Dans ses précisions, l'auteur va jusqu'à attribuer un nom à chacun des personnages, et même au couple originel : la Femme se nomme Sékoumé et l'Homme, Mbongwé.

Pendant cet heureux événement de la naissance du couple originel, une lumière jaillit du ciel. Ici, le jeu de la lumière est l'indicateur clé de l'évolution du drame. En effet, à partir du « ciel lourd » de la première partie, « la lumière se durcit » davantage pendant l'acte de la création de la deuxième partie, et ce, jusqu'à la naissance de l'Homme et de la Femme, se réalisant dans la troisième partie. À ce moment précis, « les nuages disparaissent » pour faire place à un « ciel pur » où « la lune et les étoiles s'allument. C'est le printemps de la vie humaine » [34].

Le terme « ciel », qui revient dans cette dernière partie, établit ainsi un lien entre les sections extrêmes de la structure tripartite du texte et ponctue le phénomène implicite du mouvement cyclique de la vie.

L'argument : la version initiale et la version finale

Les détails scénographiques décrits plus haut sont retranchés des versions initiale et finale de l'argument (voir tableau 18). Dans ces dernières, le cadre du drame n'est plus tributaire de l'évolution de la lumière émanant du ciel. D'ailleurs, les mots « ciel » et « lumière » sont complètement absents de ces deux versions. Un constat similaire se dégage par rapport aux personnages : mis à part les Déités, l'Homme, la Femme et les N'Guils, tous les autres personnages en sont retirés, même si, dans les faits, ils font tous partie du spectacle (voir ill. 27). Dépourvus d'identité, les deux membres du couple originel deviennent alors des êtres universels. Laissant les arts scénographique et chorégraphique s'exprimer par eux-mêmes, l'argument se limite donc aux étapes essentielles de l'action qui s'enchaînent également au sein d'une structure cyclique en trois parties.

Sur le plan narratif, la version finale se rapproche de la version initiale, comme le démontre le tableau 18. Dans ces versions, dont la source provient de « La Légende des origines » puisée dans l'*Anthologie nègre*, Cendrars ne conserve que les principaux thèmes, à savoir le chaos, les incantations des divinités, la création des règnes végétal et animal, la création du couple originel et, finalement, la « re-création » ou la reproduction de l'espèce humaine. Ces thèmes, qui représentent les principales étapes de la création, se déroulent tout au long des seize scènes de l'argument initial annoté, que l'auteur a, dans l'argument final, regroupées en cinq tableaux. D'un tableau à l'autre, l'action se construit autour de la notion de mouvement circulaire, comme en fait foi le résumé qui suit.

Le déroulement de la création

Le spectacle commence par un « lever du rideau très *lent* » sur « un tas confus de corps entremêlés : tohu-bohu avant la création. Trois Déités géantes évoluent *lentement autour*. Ce sont Nzamé, Mébère et Nkwa, les maîtres de la création. Ils tiennent conseil, tournent *autour* de la masse informe, font des incantations magiques » [35]. L'acte de la

34. Le jeu de la lumière est un élément très important de la scénographie pendant ces grandes phases de l'évolution, comme l'indique une note de Cendrars et Léger : « La lumière scénique toujours mobile sera intermittente (jeux de clair-obscur), éclairage partiel (éviter l'éclairage total) ». Blaise Cendrars et Fernand Léger, « Notes sur la réglementation de la mise en scène », dans *La Création du monde : notes de programme* ; repris dans *L'Esprit Nouveau*, n° 18, novembre 1923, [n.p.] ; Le Quellec Cottier (éd.), *La Création de monde*, p. 465.

35. Les citations utilisées sont extraites de l'argument final retranscrit dans la partie de droite du tableau 18. C'est nous qui soulignons afin de faire ressortir les éléments-clés du texte.

création se réalise au tableau II lorsque « la masse *centrale s'agite* ». Petit à petit naissent le règne végétal, puis le règne animal. Au tableau III, chaque créature, « jaillissant du *centre*, [...] entre doucement dans une *ronde* qui peu à peu se met en branle *autour* des trois Déités du début. La *ronde* s'ouvre, les trois Déités font de nouvelles incantations [...]. Deux bustes se dressent tout à coup [...] : c'est l'homme, c'est la femme ». Habité par un désir irraisonné, le couple originel se laisse emporter, au tableau IV, dans une *ronde frénétique* qui les mène à l'accouplement. « Le couple s'est étreint ». C'est le début du tableau V. « La *ronde* [...] *freine* et *ralentit* et vient mourir très *calme autour*. [...] Le couple s'isole dans un baiser qui le porte comme une *onde*. C'est le printemps ».

La sémantique de l'argument

Deux éléments caractéristiques de l'action ressortent de ces citations : son mouvement circulaire et son rythme. Parmi les termes associés au mouvement circulaire, les mots « autour », « centre » et « ronde » reviennent le plus souvent (voir les mots en italique ci haut). Ils évoquent l'image du cercle qui symbolise le retour perpétuel au point de départ, comme le suggère l'arrivée du printemps à la fin de l'argument. En terminant ainsi, l'auteur fait valoir l'aspect cyclique de l'éternel recommencement inhérent au processus de création. Ce processus régi par les trois Déités, qui se trouvent au centre de l'action, se déploie en trois phases distinctes : avant, pendant et après la création [36].

Quant à l'évolution rythmique de l'action, une impression de grande lenteur s'installe dès les premières lignes de l'argument. Mais à partir du deuxième tableau s'enclenche une accélération graduelle, suscitée par l'agitation créatrice qui ne cesse de croître jusqu'à la fin du tableau IV, au moment où les êtres sont entraînés dans une ronde frénétique de plus en plus vertigineuse. Le retour au calme au tableau V crée un lien avec le tableau I du scénario, comme l'illustre le tableau 19. Les premier et dernier tableaux du drame ainsi reliés, l'argument présente une structure en trois parties correspondant respectivement aux trois phases de la création évoquées plus haut. L'accélération du rythme dramatique se trouvant au centre du schéma produit un contraste avec les gestes lents rencontrés durant les phases extrêmes de la création.

Phases	**Rythme de l'action**	**Tableaux avec citations représentatives**
Avant	Lent	I. « Trois Déités géantes évoluent lentement autour »
Pendant	Agitation graduelle	II. « La masse centrale s'agite » III. « entre doucement dans une ronde » IV. « l'entraîne frénétiquement jusqu'au vertige »
Après	Lent	V. « La ronde se calme »

Tableau 19. Étude du rythme dramatique dans l'argument.

36. Comme nous l'avons vu, cette même division en trois phases de l'argument a aussi été utilisée dans *Skating Rink*.

La scénographie : le cubo-primitivisme mis en scène

Le mystère qui émerge de la création du monde transparaît dans les éléments scénographiques de Léger, comme le démontre l'illustration 27. Sur un fond de ciel ténébreux, quelques nuages sombres « au cerne noir » [37] flottent au-dessus des faîtes saillants des montagnes. Les formes montagneuses nettement dessinées en triangle tranchent avec les lignes arrondies des nuages. Devant ce paysage géométrisé, un amas de personnages disparates occupe la scène. Issus de l'imagerie de la cosmogonie africaine, ces êtres totémisés incarnent les demi-dieux et les espèces animales et humaines qui, tôt ou tard, participeront à la création du monde.

Illustration 27. Fernand Léger, Maquette de scène de *La Création du monde*, 1923, aquarelle, 39,5 x 61 cm, Dansmuseet, Stockholm.

L'espace scénique : le tableau mobile

L'illustration 27 montre comment, dans ce ballet, Léger traite l'espace scénique de manière complètement différente de ce qu'il a réalisé dans *Skating Rink*, quelques mois auparavant. Fort de l'expérience tout juste acquise, il compte cette fois considérer la scène comme une véritable peinture mobile. Contrairement au projet précédent, dans lequel le plateau scénique est complètement dégagé, il restreint davantage la profondeur

37. Expression utilisée par Giovanni Lista dans « Léger scénographe et cinéaste » (*Fernand Léger et le spectacle*, p. 51). Dans ce volet de la discussion, l'étude de Lista est une source importante.

de la scène et meuble l'espace restant avec de longs panneaux latéraux mobiles [38], peints de façon à reprendre les couleurs et les formes cubistes déjà mises à profit. Ainsi, le dessin couvrant chacun des deux panneaux placés devant l'arrière-scène devient le prolongement du paysage peint sur la toile du fond. En revanche, les panneaux du devant sont parsemés de formes géométriques aux couleurs vives empruntées aux costumes. Ils permettent ainsi une liaison étroite entre le décor du fond et les personnages et entre le plateau et les trois côtés de la scène, à la manière d'un tableau bidimensionnel.

À ce tableau, Léger applique un jeu d'éclairage ingénieux qui transforme la scène en « théâtre-peinture », pour emprunter les termes de Lista [39]. Les projecteurs dirigés vers les bordures et les angles des panneaux, qui s'allument par intermittence, font directement référence aux jeux de lumière de théâtre.

Revisiter l'art primitif : la géométrisation et la « dissonance plastique » [40]

Outre l'espace scénique, Léger se préoccupe aussi de s'approprier l'art primitif qui, jusqu'à présent, est étranger à son vocabulaire pictural. Comme nous l'avons dit, les ouvrages de Einstein et de Zayas sont ses principales sources documentaires [41]. À partir des illustrations présentées par de Zayas, Léger réalise une série d'études et de dessins s'inspirant des masques et des statuettes de plusieurs régions d'Afrique, dont la Côte d'Ivoire, la Guinée, le Gabon et le Congo [42]. Les croquis élaborés pour *La Création du monde* témoignent de la démarche de l'artiste, qui vise un style mariant primitivisme et modernisme. Pour ce faire, Léger redéfinit le géométrisme propre à l'art africain : il accentue les angles, simplifie les formes et amplifie certains volumes, et ce, tout en y intégrant des effets de mouvement et de contraste.

L'illustration 27 donne un exemple de l'application de sa démarche. Plus précisément, les dispositifs cartonnés des sujets de *La Création du monde* sont recouverts d'une juxtaposition de formes géométriques à la manière d'une construction cubiste. Aux formes géométriques se superposent des rayures inclinées ou des formes ondulées, ce qui induit l'effet de mouvement dans la composition. Dans le modelage formel de ses costumes, on constate comment Léger côtoie simultanément deux époques éloignées : les motifs retenus rappellent ceux de la statuaire primitive, mais refaçonnés dans un style complètement moderne.

Cette même stratégie est visible dans le choix des couleurs utilisées : le blanc, le noir et l'ocre rouge évoquent les rituels africains, alors que le vert, le jaune et le bleu

38. Lors d'un entretien (en avril 2014), Erik Näslund nous a précisé que les limites techniques de l'époque rendaient le déplacement de ces panneaux impossible durant la représentation.

39. Lista, « Léger scénographe et cinéaste », dans *Fernand Léger et le spectacle*, p. 52.

40. Expression utilisée par Lista, *ibid.*, p. 41-42.

41. Pour mieux se documenter, Léger songe à consulter les collections d'art primitif du British Museum de Londres. Pour des raisons inconnues, ce voyage n'a pas eu lieu.

42. Les recherches que Léger mène sur l'art africain pour le travail décoratif de *La Création du monde* sont clairement exposées dans Francine N'Diaye, « *La Création du monde* et la rencontre de Léger avec l'art africain » (dans *Fernand Léger et le spectacle*, p. 21-29) et Lista, « Léger scénographe et cinéaste » (dans *ibid.*, p. 50-51).

provinnent directement de la palette de Léger[43]. À l'origine du projet, et conformément à la volonté de Cendrars, le peintre devait se limiter aux trois couleurs symboliques des rites des peuples noirs. Pour créer un effet de contraste, Léger recourt aux couleurs vives des tissus africains, de sorte que les surfaces de teintes rouge, orange, jaune, blanche et verte appliquées au matériau cartonné des costumes tranchent avec les couleurs plus sombres (le noir, le bleu et l'ocre rouge) qui composent le paysage.

La composition scénographique : des personnages traités en décors mobiles

Au-delà de la « dissonance plastique » que crée ce jeu de couleurs, la composition scénographique s'organise autour des imposantes structures des trois Déités, hautes de cinq à six mètres. Pour ajouter l'élément cinétique et mécanique qui lui est si cher, Léger pense que l'une des Déités devrait avoir « une figure à quatre faces qui tournent [sur elles-mêmes] »[44]. Tout en faisant écho à la *caractéristique circulaire* de l'argument, ce dispositif rotatif avait l'avantage de provoquer un contraste entre l'immobilité de la facture cartonnée du corps et la mobilité de la tête. Pour des raisons inconnues, cette idée ne s'est pas concrétisée.

Du point de vue de Lista, « Léger s'appliqua surtout à donner une version monumentale et hiératique de ces statues [ces Déités] qui incarnaient [...] la solennité et la grandeur de l'Afrique primitive »[45]. De taille gigantesque par rapport aux autres sujets, les Déités, qui occupent le *centre* de la scène, font ainsi figure d'autorité tout au long du processus de la création.

Dans ce rôle de toute-puissance créatrice, les Déités contribuent en même temps à la structuration formelle de la composition scénique. Plus spécifiquement, elles sont disposées de façon à donner à l'ensemble une structure triangulaire. En effet, les éléments scénographiques sont organisés de manière à obtenir une construction convergente vers la plus grande d'entre elles, c'est-à-dire vers l'angle supérieur de la forme géométrique (ill. 27).

Les personnages figurant devant les divinités complètent la structure triangulaire apposée à la composition scénographique. Le rôle de chacun est spécifié dans le livret (p. 336). Ainsi, interviennent de chaque côté des trois Déités les « Malakas » et les « Messagers des dieux », montés sur des échasses (ill. 27). D'un rang inférieur, les deux « singes-guiné » et les deux « oiseaux de la pluie » se placent respectivement de chaque côté du triangle. Les deux « Murkwé-Léza » forment la base inférieure du triangle. L'utilisation des différentes hauteurs pour représenter chaque type de personnage renforce l'ordre hiérarchique que désirent établir les dieux.

Dans l'aire centrale de cette grande structure triangulaire se retrouvent « les N'Guils, les imprécateurs [...] mâles et femelles » (livret, p. 336). Devant eux se dresse un couple qui se distingue par ses habits noirs et blancs, qu'il porte en contraste avec les costumes colorés des autres personnages. Se tenant au *centre* de la scène, il est le couple originel de l'humanité.

43. N'Diaye, « *La Création du monde* et la rencontre de Léger avec l'art africain », dans *ibid.*, p. 24.
44. Fernand Léger, cité dans Bengt Häger, *Ballets suédois*, Paris, Jacques Damase, 1989, p. 191.
45. Lista, « Léger scénographe et cinéaste », dans *Fernand Léger et le spectacle*, p. 51.

Tout au long du spectacle, les déplacements auxquels sont soumis les personnages entraînent un constant changement de l'organisation scénique, qui passe de la symétrie à l'asymétrie[46]. Au sein de ce mouvement continu, ces éléments scéniques évoluent de manière à se retrouver dans des positions symétriques par rapport à l'ensemble de la composition[47]. Mis à part le jeu de symétrie-asymétrie ainsi que l'effet de dissonance plastique et de contraste, Léger cherche avant tout à transformer la scène en un réel tableau mobile où règne l'unité compositionnelle.

La chorégraphie : les « objets » en mouvement

La cohésion plastique visible dans le dispositif scénique de Léger est conçue au détriment de la danse, comme le souligne le critique André Levinson :

> Quant à *La Création du monde*, ballet cosmogonique nègre, le peintre Fernand Léger en tira le spectacle le plus homogène et le mieux construit de l'année. Ainsi les masses du décor et les formes des costumes rigides évincèrent-elles complètement le présumé maître des lieux : le danseur[48].

Dans ses commentaires sur *La Création du monde*, Levinson soulève effectivement une question fondamentale quant au rôle attribué à la danse dans cette production. Ce rôle, habituellement défini par le chorégraphe, est en grande partie repris par le plasticien. Il faut préciser que Léger souhaitait fortement que Börlin s'engage dès le début dans le processus d'élaboration du projet. Mais comme ce dernier est en tournée du mois d'août 1922 à fin d'avril 1923[49], le concept du spectacle est quasi finalisé lorsque le chorégraphe se joint à l'équipe. Ne disposant que de six mois avant la création, il doit accepter tout l'attirail sculptural des costumes pour régler la chorégraphie.

Déjà, en 1917, *Parade* présentait ce concept d'hommes-décors dans un spectacle de danse. Sauf que dans cet exemple, la composition du costume conservait une référence à l'humain, les jambes des danseurs dépassant les structures cubistes des Managers pour mieux se mouvoir (voir ill. 9 et 10). Dans le cas des *Mariés de la tour Eiffel*, même si le corps des danseurs était entièrement enfermé dans un costume rembourré, leurs mouvements conservaient encore quelque chose d'humain. Plus que dans *Skating Rink*, Léger tient à ce que, dans ce nouveau ballet, les danseurs soient le plus déshumanisés possible, si on en croit sa propre description : « Les personnages (danseurs) [sont] très

46. À l'opposé de Lista (« Léger scénographe et cinéaste », dans *Fernand Léger et le spectacle*, p. 53), nous appliquons cette notion du passage de la symétrie à l'asymétrie à l'ensemble des éléments scénographiques, et non uniquement à la disposition des Déités.

47. Ce constat est fait grâce à la reconstitution de Millicent Hodson et de Kenneth Archer de la production de 1923 de *La Création du monde*. Nous remercions Madame Cynthia Odier, conseillère artistique pour Flux Laboratory, de nous avoir transmis le document vidéo de *Fax culture* sur la représentation reconstituée à laquelle nous avons assistée. *Fax Culture*, émission spéciale sur *La Création du monde*, extraits, reportages et discussions, réalisation Frédérique Chabloz; animation Florence Heiniger, Genève, Télévision Suisse Romande, 18 décembre 2000.

48. André Levinson, « L'Année chorégraphique », *Le Temps*, 29 septembre 1924, p. 4.

49. Vergnaud, « La musique et les arts », p. 381.

transformés et habillés dans des carapaces qui font qu'il n'y aura pas de danseurs ayant la proportion humaine. Par ce fait on obtiendra un ballet *grandiose, dramatique* »[50].

Le peintre cherche ainsi à générer un effet monumental, à la hauteur du phénomène de la création. Misant sur la plasticité intégrale de la scène, il se distancie de l'univers humain en éliminant toute référence aux lieux communs. Il explique : « Si je détruis la proportion humaine, si mon décor bouge, j'obtiens le maximum d'effet, j'obtiens un tout sur scène totalement différent de la salle »[51].

Cette quête de la « picturalisation de la scène théâtrale »[52], qui l'obsède depuis *Skating Rink*, amène Léger à transformer les danseurs en de purs morceaux de décor sur lesquels figurent des insectes, des oiseaux, des dieux et des statues africaines. Comme les danseurs sont « en permanence encapsulés dans cette écorce statuaire », comme le décrit si bien Erik Näslund[53], leur déplacement nécessite alors un tout nouveau langage qui est plus de l'ordre de la plasticité mécanisée que de la gestuelle chorégraphique. Cloîtrés dans des armatures cartonnées telles des marionnettes géantes, les danseurs se confinent au « rôle de décor-mobile »[54], c'est-à-dire à des gestes très limités, exempts de toutes prouesses techniques. Se déplaçant en bloc de manière angulaire, ils deviennent, ni plus ni moins, des sujets dynamiques qui se fondent dans le décor géométrisé, à l'instar d'un tableau en perpétuel mouvement[55].

Le rythme qu'exigent leurs déplacements est en majeure partie asynchrone à la musique qui les accompagne, ce qui provoque cette fois une dissonance cinétique au sein du spectacle. Musique et danse agissent alors comme des entités indépendantes et autonomes dans le tableau mobile qu'est devenue la scène.

Dans cette production, les Ballets suédois poussent donc encore plus loin les limites conceptuelles de la danse. En attribuant un rôle plastique au danseur, Léger s'assure que le spectacle de ballet ne repose plus essentiellement sur la danse, mais bien sur l'ensemble des éléments artistiques. Ce désir est clairement formulé par le peintre lui-même : « La vedette rentre dans le rang plastique, où une chorégraphie mécanique étroitement liée à son décor et à sa musique arrive à un tout d'unité voulue ; où le décor jusque-là immobile devient mobile, où l'intérêt du spectacle se reporte sur toute la scène »[56].

---

50. Léger, cité dans Häger, *Ballets suédois*, p. 191. C'est Léger qui souligne.

51. Léger, « Le Ballet-spectacle, l'objet-spectacle », dans *Fonction de la peinture*, p. 69-70.

52. Lista, « Léger scénographe et cinéaste », dans *Fernand Léger et le spectacle*, p. 55.

53. Erik Näslund, *Rolf de Maré : fondateur des Ballets suédois, collectionneur d'art, créateur de musée*, traduit du suédois par Étienne Clotuche, Arles, Actes Sud / Stockholm, Bokförlaget Langenskiöld, 2008, p. 333.

54. Léger, « Le Spectacle : lumière, couleur, image mobile, objet-spectacle », dans *Fonction de la peinture*, p. 135.

55. Dans le reportage de *Fax Culture* sur la reconstitution de *La Création du monde*, la chorégraphe Hodson mentionne qu'elle a fait non pas une reproduction exacte des costumes, mais une *interprétation* de ceux-ci à partir des croquis de Léger de manière à ce que les pieds et les mains jouent un rôle plus présent dans le ballet. D'ailleurs, elle a remplacé les matériaux de bois et de carton par de la mousse pour donner de la souplesse aux mouvements tout en respectant l'apparence générale des costumes. Selon Hodson et Archer, si Léger avait eu accès aux matériaux d'aujourd'hui, il n'aurait pas choisi le carton et le bois pour fabriquer les costumes.

56. Léger, « Le Ballet-spectacle, l'objet-spectacle », dans *Fonctions de la peinture*, p. 69-70.

Dans les termes de Näslund, « la scène servait de totalité plastique »[57]. À juste titre, Léger fait de cette scène un immense tableau animé où un contraste s'établit entre l'immuabilité des matériaux décoratifs et la mobilité des danseurs « statufiés », entre la lenteur des mouvements chorégraphiques et la fluidité de la musique.

La musique : du primitif au jazz, du solennel au classique

Cette aspiration à l'art total résulte du grand esprit collaboratif qui règne entre les artistes[58]. Dès le mois d'avril, Milhaud intègre l'équipe Cendrars-Léger et reçoit des indications aussi bien de l'écrivain que du peintre. Milhaud raconte :

> Tout en déambulant ainsi dans Paris, Léger, Cendrars et moi élaborions notre ballet. Léger voulait interpréter l'art primitif nègre et peindre sur le rideau et sur les décors des divinités africaines qui exprimeraient la puissance et les ténèbres. [...] Il me donna une esquisse du rideau, noire sur brun foncé[59].

Dans l'esquisse de Léger envoyée à Milhaud, le sujet du primitivisme africain est manifestement traité sous un angle cubiste. Cette interprétation moderniste de l'art africain incite Milhaud à se tourner vers la musique jazz américaine. Selon lui, le jazz a le pouvoir d'exprimer adéquatement les thématiques développées dans le ballet :

> Le côté primitif africain est resté profondément ancré chez les Noirs des États-Unis, et c'est là qu'il faut voir la source de cette puissance rythmique formidable, ainsi que celle de ces mélodies si expressives, qui sont douées du lyrisme que seules les races opprimées peuvent produire[60].

Hormis l'expressivité notable des lignes mélodiques et de la vivacité rythmique, Milhaud retient du jazz l'orchestre à solistes pour la composition de *La Création du monde*[61]. En réalité, il s'inspire de la formation instrumentale de l'opérette de jazz *Liza*, entendue aux États-Unis, à laquelle il ajoute cinq instrumentistes[62]. Cette instrumentation de dix-sept musiciens, aux timbres à mi-chemin entre le jazz et le classique[63], incite

57. Näslund, *Rolf de Maré*, p. 336.

58. Ce volet du chapitre est une version augmentée et modifiée de celle présentée dans Jacinthe Harbec, « Géométrisme et mouvement dans *La Création du monde* : une étude interdisciplinaire », dans Josiane Mas (dir.), *Arts en mouvement : les Ballets Suédois de Rolf de Maré, Paris 1920-1925*, Montpellier, Presses universitaires de la Méditerranée (Centre d'étude du XXe siècle, Université Paul-Valéry), 2008, p. 153-173.

59. Milhaud, *Ma vie heureuse*, p. 125.

60. Milhaud, « L'Évolution du jazz-band et la musique des nègres d'Amérique du Nord », dans *Notes sur la musique*, p. 103. Sur les influences du jazz sur la musique de Milhaud, voir Deborah Mawer, *Darius Milhaud : Modality & Structure in Music of the 1920s* (Brookfield [Vermont], Scholar Press, 1997, p. 114-176) et Lavoie, *Darius Milhaud et l'emprunt musical* (p. 87-114).

61. Rappelons que Milhaud a également utilisé l'orchestre à solistes dans *L'Homme et son désir*, partition aussi teintée de sonorité jazz. Voir le chapitre IV du présent ouvrage.

62. La partition rassemble deux flûtes, un hautbois, deux clarinettes, un basson, un cor, deux trompettes, un trombone, un piano, deux violons, un saxophone alto, un violoncelle, une contrebasse et une large section de percussion. Pour comparer les deux formations instrumentales, se référer à Milhaud, *Notes sur la musique*, p. 104.

63. Milhaud, *Ma vie heureuse*, p. 125.

Milhaud à composer une musique qui, selon Bengt Häger, apporte « une dimension supplémentaire à l'action visuelle »[64].

En lien avec la scénographie, Milhaud, qui n'en est pas à ses premières armes en matière de cubisme musical[65], conçoit une partition dont la démarche s'apparente au style légerien. En effet, la composition est organisée en blocs sonores clairement délimités. Pouvant tantôt présenter un thème, tantôt se restreindre à la répétition continue d'un ostinato, chaque bloc s'enchaîne au suivant de façon brusque, sans transition.

À l'image du traitement fragmentaire imposé aux sujets de la peinture cubiste, Milhaud morcelle le flux sonore, donnant l'effet d'une géométrisation du tissu musical. Ce géométrisme ainsi appliqué au sein de l'écriture musicale se retrouve également dans le façonnement formel de la composition entière ; un sujet dont nous traiterons plus loin. Afin de mieux aborder la question de la structure formelle qui régit la composition de *La Création du monde*, il importe avant tout d'examiner minutieusement comment Milhaud traduit musicalement les éléments présentés dans l'argument que Cendrars lui adresse au mois d'avril 1923.

L'organisation de la partition en lien avec l'argument

À partir d'un argument découpé en seize scènes (*Ballet-Nègre*, tableau 18, col. gauche), Milhaud construit une partition répartie en six mouvements, dans laquelle une « Ouverture » précède les cinq autres mouvements numérotés en chiffres romains. La composition étant ainsi divisée, on se demande dans quelle mesure Milhaud a pu influencer Cendrars, qui restructure plus tard l'argument en cinq tableaux (tableau 18, col. droite). Toutefois, un regard plus attentif sur le texte littéraire et la partition musicale de *La Création du monde* permet de constater que les cinq tableaux de l'argument ne concordent pas entièrement avec les cinq mouvements de la composition. En réalité, seuls les deux derniers tableaux et mouvements (les numéros IV et V) coïncident réellement.

Malgré ce constat, la référence à l'argument annoté du *Ballet-Nègre* est primordiale pour comprendre jusqu'à quel point Milhaud est fidèle au récit dans son processus de composition. Quant à l'orientation stylistique donnée, il adopte un langage qui relie à la fois tradition et modernité[66]. Lui-même reconnaît qu'il utilise « le style jazz sans réserve, le mêlant à un sentiment classique »[67]. Pour emprunter les termes du compositeur, la musique de *La Création du monde* se situe « entre les phonographes de Broadway et la Passion selon Saint Mathieu [*sic*] »[68].

64. Häger, *Ballets Suédois*, p. 42.

65. Ce sujet est traité dans le chapitre IV du présent ouvrage.

66. Cet aspect est abordé dans Barbara L. Kelly, *The Tradition and Style in the Works of Darius Milhaud (1912-1939)*, Aldershot [Hants] / Burlington [Vermont], Ashgate, 2003, p. 171-174.

67. Milhaud, *Ma vie heureuse*, p. 125.

68. Lettre de Darius Milhaud à Henri Hoppenot, 4 août [1923], dans Milhaud et Hoppenot, *Conversation. Correspondance 1918-1974*, p. 73.

Le processus compositionnel : une approche organique

Pour rendre possible ce métissage stylistique, le compositeur écrit toute une section en langage jazz qu'il soumet à des formes et genres issus de la tradition musicale. La fugue du mouvement I, qui est discutée dans la prochaine section, en est un exemple. Dans d'autres cas, le compositeur s'en remet plutôt à la facture mélodique pour faciliter l'intégration de la dyade classique-jazz[69] dans la partition. C'est le cas de l'ouverture[70], où il juxtapose, dans une même section, des mélodies d'un grand classicisme à des courtes lignes jazz très rythmées.

Compte tenu de la thématique du ballet, on peut se demander si Milhaud emploie ce double langage classique-jazz dans le but de souligner la démarcation entre l'univers des divinités et le monde terrestre. Quoi qu'il en soi, à l'aide de motifs et de thèmes spécifiques, il conçoit une imagerie musicale foisonnante qui permet de suivre systématiquement chacune des étapes du récit, telles que la tenue du conseil des Déités, les séances d'incantations, l'éclosion de chaque être vivant ainsi que la naissance et la reproduction de l'espèce humaine. Chaque étape correspond à du matériel thématique spécifique, de sorte qu'au fur et à mesure que progresse la création du monde, les nouveaux thèmes s'ajoutent aux anciens.

L'étude thématique de la partition révèle une grande cohésion organique au sein de la composition, à partir d'une démarche qui s'appuie sur le développement motivique. Dans une perspective organique, à l'image de la naissance de la vie terrestre, les motifs musicaux de départ se modifient pour en créer d'autres, donnant ainsi naissance à toute une série de mélodies thématiques étroitement rattachées les unes aux autres.

Le tableau 20 illustre ce travail d'association entre l'argument annoté de Cendrars et la composition de Milhaud[71]. À la suite de la colonne de gauche, qui reprend les trois phases de la création, s'insère une série de citations tirées de l'argument annoté du *Ballet-Nègre* ayant une référence directe à la thématique que représente chacun des mouvements de la partition. Pour faciliter l'étude, nous avons attribué à ces mouvements un titre évocateur correspondant respectivement à chaque étape de la création spécifiée dans l'argument. Ces titres sont inscrits dans la colonne du centre. De chaque étape ou mouvement découlent plusieurs thèmes musicaux dont la liste se trouve dans les colonnes de droite. Dans cette énumération, chacun des thèmes musicaux porte un nom significatif et une lettre majuscule allant de A à F[72].

---

69. Bien entendu, le terme « classique » est pris dans un sens large ; il ne correspond pas ici à une période spécifique, mais à une tradition.

70. Milhaud ne donne pas de titre au mouvement d'ouverture de sa composition *La Création du monde*.

71. Pour une lecture différente de la nôtre, voir Sabine Vergnaud, « De *La Fête nègre* à *La Création du monde*, de la musique de scène au ballet », dans Frédérique Toudoire-Surlapierre et Pascal Lécroart (dir.), *Marges de l'opéra : musique de scène, musique de film, musique radiophonique (1920-1950)*, Paris, Vrin, 2015, p. 43-52, ici p. 49.

72. D'autres interprétations formelles, différentes de celle-ci, méritent d'être examinées. Nous pensons à Vergnaud, *La musique et les arts* (p. 575-580) et à Sandra Sendman Yang, *The Composer and Dance Collaboration in the Twentieth Century : Darius Milhaud's Ballets, 1918-1958* (thèse de doctorat, Los Angeles, University of California, 1997, p. 155).

Phases	Références aux seize scènes de l'argument annoté du *Ballet-Nègre**	Titre évocateur attribué au mouvement	Nom des thèmes et des motifs	
Avant	1. Durant l'ouverture musicale la salle est noire. 2. Lever du rideau très lent […]; tohu-bohu avant la création. 3. Trois [D]éités nègres gigantesques évoluent lentement autour. […] [Elles] font des incantations magiques.	Ouverture	Déités (a, q, g, br) Incantations (i-a)	A
Pendant	4. [T]out à coup, quelque chose remue, un arbre pousse petit à petit, grandit encore […]	I. Création	Création *Fugue bluesé* (b, br, t) (s et c-s) Incantations (i-b)	B
	8. Chaque arbre ou animal […] jaillissant du centre 9. […] entre doucement dans une ronde qui peu à peu se met en branle autour des trois déités.	II. Procréation	Déités (a) Création (s) Procréation (b) (i-b)	A B C
	10. La ronde s'ouvre, les trois déités font de nouvelles incantations […], et on voit la masse informe s'agiter. 12. C'est l'homme, c'est la femme soudainement debout […]. Ils se reconnaissent ; ils se dressent l'un en face de l'autre.	III. Évolution Union	Ronde (a) Incantations (i-b) Naissance de l'Homme (b) Procréation (b) Évolution	D B C D
	13. Et pendant qu'ils exécutent la danse du désir et de l'accouplement [….] ce qui restait par terre d'êtres informes apparaît soumoisement à son tour. 14. Le couple s'est étreint […]. 15. *Calme*. [L]e couple est pris d'un vertige frénétique, s'abat grand tam-tam vertige final. Tout tourne autour du couple. Sorciers; Féticheurs, imprêcateurs [*sic*] abattent les trois dieux créateurs.	IV. Reproduction	Désir Incantations (i-b) Frénésie (a) Déités (a) Frénésie Déités Désir Création (c-s) (i-b)	E F A F A E B
Après	16. *Calme. Appaisement* [*sic*]. La ronde se calme, freine […]. Le couple s'isole dans un baiser qui le porte comme une onde. C'est le printemps.	V. Printemps	Procréation (b) (c-s) Déités (a) Création du monde (b)	C A B

***À l'exception des citations suivant la première ligne de la scène 16 qui sont issues du scénario de *La Création du monde*.**

Tableau 20. Lien thématique entre les scènes dramatiques et musicales de *La Création du monde*.

Le conte musical de La Création du monde

Le fait de relier les thèmes musicaux aux différentes étapes du drame contribue non seulement à une meilleure compréhension structurelle de l'œuvre, mais permet aussi de suivre de plus près l'évolution de l'acte de la création. À cet égard, la partition se lit comme un conte musical.

Ouverture (scènes 1 à 3)

Le drame commence avant le lever du rideau. Dans le noir complet de la salle résonne le son d'un saxophone qui déploie une mélodie majestueuse d'une profondeur divine. À mesure qu'est repris ce thème d'une grande solennité jaillit des cintres une lumière qui, très graduellement, illumine l'imposant rideau de scène de Léger destiné à exprimer « la puissance » [73] des trois divinités africaines qui y figurent [74]. Énoncé à quatre reprises, ce thème, que nous appelons le « thème des Déités », se compose d'une mélodie d'une lenteur mystique qui se déroule au-dessous des notes pédales et des motifs d'ostinatos qui l'accompagnent (ex. 51-A).

Le caractère répétitif de ces parties d'accompagnement engendre, dès le début de la composition, des traits que nous avons relevés précédemment : premièrement, le mouvement circulaire du retour perpétuel, si présent dans l'argument de Cendrars, et, deuxièmement, la notion d'immobilité ou de statisme [75] propre à l'art africain appliquée aux masques et aux structures cartonnées des costumes de Léger.

L'ensemble des 30 premières mesures qui le forment, le thème des Déités possède des composantes mélodique, statique et rythmique, comme le démontre l'exemple 51-A. Les trois composantes de ce thème sont d'une importance primordiale, puisqu'elles constituent les motifs fondamentaux à partir desquels la composition va prendre forme. Comme une cellule vivante et organique, les motifs caractéristiques identifiés dans « Ouverture » évoluent tout au long de l'œuvre pour former un tout unificateur.

La composante mélodique du thème des Déités est construite sur des valeurs longues, des blanches, tel un cantus firmus bien campé servant de support à la composition. Trois gestes motiviques ressortent de cette mélodie : l'intervalle de quarte (motif « Q »), le trait de gamme descendant (motif « G ») et le geste cadentiel de broderie (motif « br ») qui tourne autour de la note *la* [76]. Le *si* bémol précédant le *la* se joint au motif « br » pour créer le motif « a » (ex. 51-A, mes. 8-10), qui représente le motif fondamental à partir duquel naîtront les motifs et les mélodies subséquentes. Quant aux deux premiers motifs « Q » et « G », ils sont particulièrement utilisés dans les passages de transition entre les sections ou les mouvements.

---

73. Milhaud, *Ma Vie heureuse*, p. 125.

74. Le reportage de *Fax Culture* montre cet imposant rideau d'avant-scène, fait d'un tissu en soie transparent, affiché au public pendant l'ouverture musicale, soit avant que le spectacle commence. Les trois premiers danseurs incarnant les Dieux créateurs, montés sur des échasses, s'exécutent derrière le rideau à la manière d'un théâtre d'ombre. Le croquis original du rideau est reproduit dans Näslund, *Rolf de Maré*, p. 332.

75. Les répétitions continuelles propres à l'ostinato et aux notes pédales entraînent la dissolution de toute syntaxe harmonique, ce qui contribue à donner un effet d'immobilité et de statisme à la musique.

76. L'analyse motivique, utilisée pour démontrer les liens qui existent entre les différents thèmes, est également mise à profit dans l'étude de la version pour quatuor à cordes et piano de *La Création du monde* (op. 81b, Paris, Max Eshig / M.E. 1739 © 1926) réalisée par Mawer (*Darius Milhaud*, p. 145-176 et 329-348). Par ailleurs, nous proposons une nomenclature différente des thèmes et des motifs dans la présente analyse de la toute première version de l'opus 81 écrite pour le ballet.

Exemple 51. Liste des thèmes présentés dans *La Création du monde*.

La composante statique du thème, attribuée aux cordes et au piano, consiste en un ostinato formé de quatre notes conjointes au contour mélodique reproduisant justement le motif fondamental « a », qui, dans ce cas-ci, tourne continuellement autour des doubles-tierces *ré* – *fa* et *la* – *fa* (ex. 51-A)[77]. Sous les composantes mélodique et statique, les parties graves scandent, dans un mode rythmique trochaïque (longue-courte), les deux notes de la tierce majeure *ré* – *fa* dièse (partition, mes. 1-30)[78]. Un effet de distorsion se produit en confrontant la tierce mineure *ré* – *fa* de l'ostinato supérieur avec la tierce majeure *ré* – *fa* dièse du mouvement de balancier des basses[79]. Cet effet s'harmonise notamment avec celui de la « dissonance plastique » que provoquent les couleurs rencontrées dans les décors et les costumes. Léger en établit lui-même le lien : « Ces grandes surfaces ocres, noires, blanches rompent durement l'équilibre par ailleurs si remarquable dans la partition de Milhaud [...] avec ses calmes périodes où pousse, sur l'ondulation d'un quatuor à cordes et la palpitation des trompettes, le chant régulier du saxophone »[80].

Au moment où la mélodie se pose à la fin du geste cadentiel[81] de la ligne modale, survient la composante rythmique. Sur ce premier point d'appui (ex. 51-A, mes. 10-11), les deux trompettes amorcent un commentaire qui contraste avec le chant classique du saxophone par le caractère syncopé de sa ligne qui se rapproche du jazz. C'est ainsi que dans une même section thématique, le compositeur fait côtoyer le style classique (la ligne mélodique du thème des Déités) et le style moderne emprunté au jazz américain. Comme nous l'avons vu, ce côtoiement du classique et du moderne rejoint également le langage pictural de Léger employé dans la scénographie du ballet.

Le motif « a » de la mélodie et de l'ostinato du thème des Déités sert de fondement mélodique à ce commentaire « jazzé » très rythmé. La nature accrocheuse et répétitive de la ligne lui donne l'apparence d'une formule d'incantation empruntée aux cérémonies tribales. Composé dans cet esprit évocateur du *negro spiritual*, le motif joue donc le rôle de formule d'incantation fondamental (« i-a ») accompagnant les actes de création provoqués par les Déités. Ce motif d'incantation « i-a » s'associe de plus au processus de la multiplication cellulaire évoqué plus haut. L'exemple 52 montre notamment que ce segment de deux mesures initialement énoncé à la mesure 10 est multiplié par deux au deuxième énoncé (mes. 19-21) et par trois au troisième énoncé (mes. 25-31). À la mesure 56, ce même segment, se mêlant au motif d'ostinato « a », forme une phrase

77. L'ostinato d'accompagnement est grandement inspiré de *Go Down Moses* de Harry T. Burleigh que Milhaud rencontra à New York. Lavoie, *Darius Milhaud et l'emprunt musical*, p. 108-109.

78. Darius Milhaud, *La Création du monde*, partition pour orchestre, Paris, Max Eshig, M. E. 2402 © 1929. Nous nous référons à la partition lorsque le passage n'est pas illustré au moyen d'un exemple musical. À noter que, dans la partition pour orchestre, il y a un chiffre de répétition à chaque dizaine de mesures, facilitant leur repérage. Ainsi, le chiffre 1 se situe à la mesure 10, le chiffre 2 à la mesure 20, et ainsi de suite.

79. Cette friction harmonique, provoquant une septième majeure ou une neuvième mineure, est propre au langage de Milhaud et revient tout au long de la partition.

80. Fernand Léger, cité dans Georges Auric, « Au Théâtre des Champs-Élysées : Ballets suédois », *Les Nouvelles littéraires*, 10 novembre 1923, [n.p.].

81. Bien entendu, le terme « cadence » n'est pas utilisé ici dans le sens traditionnel du terme. Exempt du mouvement harmonique dominante-tonique, le terme est employé dans ce contexte pour indiquer une fin de phrase.

de dix mesures de longueur (partition, mes. 56-65). Et ainsi, tout au long de l'œuvre, la formule d'incantation « i-a » veille à donner naissance à plusieurs éléments mélodiques et rythmiques. Même si sa démarche est essentiellement motivique, Milhaud insiste pour apposer à sa composition des structures formelles hautement organisées tout en suivant les seize scènes proposées dans l'argument du *Ballet-Nègre*.

Exemple 52. Développement du motif d'incantation dans *La Création du monde*.

Les trois premières scènes de l'argument s'inscrivent dans l'esprit d'une ouverture de spectacle, qui se déroule avant la création (tableau 20). Pendant que les « trois [D]éités nègres gigantesques […] tiennent conseil, tournent autour de la masse informe, font des incantations magiques »[82], Milhaud procède à quatre énoncés complets du thème des Déités, en modifiant chaque fois la note de départ (énoncés A^1 à A^4, schéma 10)[83]. Au deuxième énoncé (A^2, mes. 31), le caractère s'aggrave graduellement et la masse sonore, tel le « tohu-bohu » d'avant la création, se comprime jusqu'à l'obtention d'une forte densité musicale (mes. 47-50). Animés par les figures rythmiques de la formule incantatoire « i-a », exécutées par les timbales, les registres gravissent des hauteurs jusqu'alors non franchies. Un moment de forte tension cosmique se crée, enclenchant le phénomène de la création.

La tension redescend aussitôt (mes. 50) pour revenir au calme (indication « cédez », mes. 53). Ce moment précis de l'œuvre survient exactement au centre des 106 mesures de l'ouverture, la divisant en deux parties égales (schéma 10). S'ensuit une transition de trois mesures (mes. 53-55) construites sur les motifs « Q » et « G » qui anticipent le retour du thème des Déités, qui, comme dans la première partie, se fait entendre à deux reprises.

82. À moins de mention contraire, les citations insérées dans le texte sont puisées dans l'argument annoté du *Ballet-Nègre* (tableau 18).

83. Étant donné que la composition est polytonale, le mode utilisé dans la mélodie du thème n'est pas forcément le même que celui qui est présenté dans les autres parties instrumentales de l'œuvre.

	Section 1 53 mes.			(pont) 3 mes.	Section 2 51 mes		
			sommet	centre		triomphe	
mesures	1	31	47	53	56	68	83
énoncé des thèmes des Déités	A^1	A^2			A^3		A^4
motifs	(a) (i-a)	(a)	(g) (i-a)	(q) (g)	(a) (i-a)	(a) (q)	(a) (i-a)
notes de départ	*la*	*mi*			*do*		*si b*
centre référentiel	*ré*	*do #-fa #*	*ré- si b*		fa		ré

Schéma 10. Représentation formelle de l'ouverture de *La Création du monde*.

La troisième énonciation du thème des Déités (A^3, schéma 10) commence sur un accord de *fa* mineur (mes. 56), situé à la tierce mineure supérieure de la note fondamentale *ré* du début de l'œuvre. La mélodie est accompagnée des motifs incantatoires « i-a » qui se superposent à l'ostinato « a ». Au centre de cet énoncé thématique (mes. 68), le saxophone s'interrompt pour laisser les cuivres entonner un air triomphal[84], prenant l'allure d'une marche militaire. Tout indique que les incantations des Déités ont réussi à engager le processus de création. D'ailleurs, comme le démontre l'exemple 53, cet air triomphal emprunte au départ la forme arquée des motifs « a » et « i-a », pour ensuite graviter autour du motif de quarte ou de quinte (« Q », mes. 70-72) propre au début du thème des Déités. Pour finaliser ce passage glorieux, la même phrase est reprise, mais dans des valeurs de notes quatre fois plus courtes (ex. mes. 73-75). C'est alors que les flûtes, le piano et le violoncelle reprennent en chœur les formules d'incantations « i-a » pour accompagner la phrase cadentielle de la troisième section de l'ouverture (partition, mes. 77-82).

Incomplète, la quatrième énonciation thématique (mes. 83) se transforme, au moment du « *Rallentando* » (mes. 98), en une sorte de codetta où une série de traits en gamme en mouvement contraire[85] déambulent pendant que la partie de basse soutient la note fondamentale *ré*. C'est donc par un retour au centre tonal de la première section que se termine l'ouverture, qui est de structure symétrique[86]. Ce centre tonal *ré*, qui relie le début et la fin de l'ouverture, forme avec la note de basse *fa*, du début de sa seconde section (schéma 10, mes. 56), une tierce mineure structurale. Or, cette tierce mineure

84. Le qualificatif « triomphal » attribué à ce passage musical a été suggéré par Vergnaud (« La musique et les arts », p. 200).

85. Le genre de contrepoint appliqué dans ce passage rappelle le 1er mouvement de *L'Homme et son désir*, à l'exception des noires qui sont utilisées à la place des croches dans cet exemple-ci. Voir le chapitre IV du présent ouvrage.

86. Mawer (*Darius Milhaud*, p. 150-151) perçoit ce mouvement comme un genre de forme sonate monothématique. La reproduction quasi similaire du thème aux mesures 31 et 68 nous permet de croire que la démarche relève plutôt de la variation d'un thème que d'une section de développement d'une forme sonate. De même, la dernière section débutant à la mesure 83 ne peut être considérée comme une réexposition, la note de départ de la mélodie et le centre tonal étant différents de ceux de l'exposition.

ré – *fa* est la même que celle qui se trouve dans le motif d'ostinato « a » de la toute première mesure de la composition (voir ex. 51-A, clé de *sol* du piano).

Exemple 53. Thème triomphal dans *La Création du monde*, mes. 68-75.

Le « Très *rallentando* », indiqué quatre mesures avant la fin du mouvement (mes. 103), permet que l'ouverture se termine calmement, par une cadence parfaite typique de la tradition [87]. Suivant le point d'orgue, la partition indique le mot « Rideau » [88].

Mouvement I : la création (scènes 4 à 7)

Dès que le rideau des trois Déités se lève, le piano attaque un *arpeggietto* « très sec » et « nerveux » (mes. 107) constituant le nouvel ostinato [89] sur lequel s'amorce, deux mesures plus loin, une exposition de fugue à quatre voix [90]. Il n'est pas étonnant que Milhaud choisisse ici la fugue comme genre d'écriture, ce qui lui permet de rendre encore plus évidente l'application simultanée du passé et du présent. En effet, le compositeur reproduit rigoureusement les trois sections traditionnelles de la fugue [91], mais tout en employant un langage d'écriture des plus actuels de l'époque : le jazz. Plus précisément, le sujet et le contre-sujet de cette fugue à quatre voix sont écrits dans un mode de *blues* qui oscille entre le *ré* majeur et le *ré* mineur (voir l'ex. 51-B), soit

87. Mawer (*ibid.*, p. 154) décrit en détail la spécificité baroque de cette cadence où le septième degré est haussé dans l'ultime geste harmonique de la dominante.

88. On imagine qu'il s'agit du rideau dessiné par Léger et sur lequel figurent les trois Déités. C'est d'ailleurs l'interprétation qu'en ont fait Hodson et Archer dans la reconstitution du ballet en 2000.

89. Ayant pour unité de temps la noire, l'*arpeggietto* intervient à une périodicité suivant le schéma 3-3-3-4 temps : autrement dit, ce motif revient à tous les trois temps à l'exception de la quatrième occurrence dans laquelle Milhaud ajoute un temps de silence supplémentaire.

90. Le sujet de la fugue est énoncé successivement à la contrebasse (levée de la mes. 110), au trombone (mes. 115), au saxophone (mes. 120) et à la trompette (mes. 125).

91. En référence aux sections de la fugue, l'exposition correspond aux mesures 107-129 ; la section du développement (divertissements et entrées médianes) aux mesures 130-154 ; la réexposition composée d'une strette aux mesures 155-165.

dans des tons déjà présentés dans l'ouverture. Les motifs *bluesés* qui en émergent sont joués dans des rythmes très saccadés (propres au sujet « s ») et syncopés (spécifiques au contre-sujet « c-s », mes. 128). Ce sont notamment ces spécificités mélodiques et rythmiques, que l'on entend chez les orchestres de jazz, que Milhaud désire faire valoir dans sa composition de *La Création du monde* :

> Nous sommes constamment en présence d'un jeu de lignes souvent d'une complexité déconcertante, de l'emploi d'accords parfaits majeurs et mineurs simultanés et de quarts de tons obtenus par un mélange de la technique du glissando et du vibrato[92].

Ces motifs *bluesés* jouent, tout comme les incantations, un rôle crucial dans le processus de création. Comme le mentionne Paul Collaer, les voix mélodiques de cette fugue, « très accentuées, très martelées, [sont] chargées de nous chanter la poussée du monde, son éclosion par chocs et morceaux, son organisation »[93]. Se trouvant à la source de la naissance des règnes végétal et animal, les différentes cellules motiviques constituant le sujet (« s ») et le contresujet (« c-s ») s'unissent pour former le « thème de la création » (ex. 51-B), dans lequel le chromatisme occupe une place primordiale. La tête du sujet correspond au motif *bluesé* « b » qui rassemble deux gestes mélodiques : la broderie (« br ») et l'intervalle de tierce (« T »). À noter que le motif « br » fait déjà partie de la finale du thème A des Déités, du motif d'ostinato « a » et du motif incantatoire « i-a » (ex. 51-A).

À chaque glissando, « la masse centrale a des soubresauts » (scénario, n° II, tableau 18), et ce, tout au long des quatre énoncés du thème de la création de l'exposition de fugue[94]. À la section du divertissement (partition, mes. 130), le saxophone, doublé au cor et au piano, entreprend une variante de la formule incantatoire « i-a », (ex. 54). Pendant que cette formule est répétée trois fois, le hautbois et le violoncelle rappellent les lignes chromatiques du contre-sujet alors que la contrebasse et le trombone établissent un nouvel ostinato. Faisant office de ligne de basse, cet ostinato est composé d'un saut de quinte suivi d'un mouvement conjoint descendant, suscitant ainsi un écho aux motifs « Q » et « G » du début du thème des Déités[95]. Le tout est scandé par un accord exécuté aux violons et aux timbales qui réunit à la fois la tierce mineure et majeure de *ré*. Précédant l'entrée médiane du sujet (partition, mes. 136), le hautbois et le violoncelle introduisent à la mesure 134 une nouvelle formule incantatoire combinant les motifs « br » et « T » du sujet (ex. 55). Comme cette courte mélodie est construite dans l'esprit du motif « i-a » (ex. 54), nous nommons « i-b » cette nouvelle version de la formule incantatoire transcrite à l'exemple 55. Reproduisant les clichés mélodiques jazz[96], cette formule incantatoire « i-b » intervient épisodiquement tout au long de la composition.

---

92. Milhaud, « L'Évolution du jazz-band et la musique des nègres d'Amérique du Nord », dans *Notes sur la musique*, p. 104-105.

93. Paul Collaer, *Darius Milhaud*, Anvers, Nederlandsche Boekhandel, 1947 ; nouv. éd. rev. et aug., Paris, Éditions Slatkine, 1982, p. 79.

94. Comme dans l'ouverture, il y a quatre énoncés du thème.

95. La ligne utilisée à la basse rappelle celle des basses obstinées (appelées *ground bass*) du répertoire baroque.

96. Mawer (*Darius Milhaud*, p. 163) suggère que cette courte mélodie se retrouve dès 1921 dans le vocabulaire musical de Gershwin. Le compositeur américain intégrera d'ailleurs ce cliché mélodique dans sa partition *Rhapsody in Blue*, composée en 1924.

Exemple 54. Formule d'incantation « i-a » dans *La Création du monde*, mouv. I, mes. 130-133.

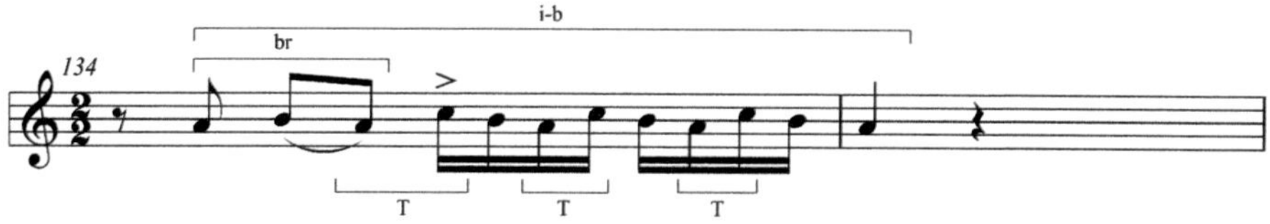

Exemple 55. Formule d'incantation « i-b » dans *La Création du monde*, mouv. I, mes. 134-135.

La présence de la formule « i-b » est plus significative dans la section de la réexposition (partition, mes. 155) de manière à remplir la fonction d'un *riff*, sorte d'ostinato très rythmé, communément utilisé dans les *big bands* américains[97]. Ce *riff*, qui accompagne l'énonciation finale du sujet (mes. 156-163), se compose de la superposition des deux formules incantatoires « i-a » et « i-b » et de la ligne de basse issue du premier divertissement (ex. 54, mes. 130-135)[98].

Ce qui précède nous permet de comprendre la démarche compositionnelle de Milhaud, qui est très étroitement liée à la thématique de l'argument : à l'image du processus de la création, chaque élément musical est issu d'un autre. Tout au long de ce mouvement I, les divers motifs parcourent vivement les différentes parties de l'orchestre, illustrant adéquatement toute l'agitation suscitée par la naissance des êtres vivants suggérée aux scènes 4 à 7 de l'argument du *Ballet-Nègre* (tableau 18).

97. Plus précisément, le *riff* est une courte phrase mélodique, rythmique ou harmonique soumise à plusieurs répétitions. Il est en fait un ostinato très rythmé habituellement utilisé pour accompagner les sections d'improvisation dans les ensembles jazz.

98. D'ailleurs, cette ligne de basse utilisée en ostinato se retrouve également dans le deuxième divertissement de la fugue (partition, mes. 152-154).

Mouvement II : la procréation (scènes 8 à 9)

Le mouvement II illustre le thème de la procréation évoqué dans les scènes 8 et 9 de l'argument du *Ballet-Nègre* (tableau 20). Ce mouvement se divise en deux sections dans une proportion d'un tiers à deux tiers : la première reprend des thèmes entendus, alors que la seconde donne naissance à du nouveau matériel thématique.

Préparant le retour des Déités, qui vont s'engager dans de nouvelles créations, le mouvement II commence avec le motif « a », modifié en un chant serein de berceuse[99]. Après treize mesures d'introduction, le thème des Déités (thème A) réapparait aux flûtes (mes. 179) et se pose calmement au-dessus du motif d'ostinato « a ». En contrechant, le violoncelle, à partir de la mesure 182, paraphrase le sujet de fugue en valeurs augmentées; celui-ci se termine par une longue montée de gamme de deux octaves (mes. 182-199). Suit une seconde section (mes. 200) caractérisée par l'arrivée d'un nouveau thème, que nous nommons « thème de la procréation » (ex. 51-C). Ce thème, qui tourne continuellement autour d'une note centrale – ici, le *do* –, est en fait un dérivé du sujet de la fugue. Plus précisément, les quatre premières notes du thème de la procréation sont la reproduction en valeurs augmentées de celles du thème de la création (ex. 51-B). Il est à remarquer que la première phrase de ce thème se termine en insérant le même geste motivique « a » qui finalise le thème des Déités (comparer les mesures 8-10 de l'exemple 51-A aux mesures 205-206 de l'exemple 51-C). Ce thème « très tendre » (partition, mes. 203) invite « chaque arbre ou animal [...] jaillissant du centre [à] entre[r] doucement dans une ronde » à mesure que le saxophone évoque les formules d'incantations « i-b » (mes. 241-249).

Mouvement III : l'évolution et l'union (scènes 10-12)

Tous les êtres se rassemblent autour des trois Déités pour former une ronde. « La ronde s'ouvre » (tableau 20) sur un rythme très syncopé sur lequel s'énonce une nouvelle ligne thématique, le thème D de l'évolution, construite essentiellement à partir du motif fondamental « a » du thème A des Déités (ex. 51-D). Entraînées par le thème de l'évolution, « les trois Déités font de nouvelles incantations » (scène 10, tableau 20) qui se manifestent à la suite de la reprise de la mélodie thématique[100]. Autrement dit, le compositeur intercale de courtes répliques du motif « i-b » (ex. 54 et 55) entre les énonciations du thème de l'évolution.

En effet, le thème de l'évolution est suivi d'un passage transitoire permettant au basson, puis au saxophone (mes. 273-278), de reprendre le motif d'incantation « i-b », entendu dans le mouvement précédent (mes. 241-245). Introduites par quelques traits

99. Dans la version de *La Création du monde*, suite de concert (en *ré*), op. 81b, pour piano et quatuor à cordes, Milhaud supprime la première partie de ce mouvement II de la partition de ballet, l'aspect narratif étant absent. Le caractère découlant du nouveau thème, qui débute alors le troisième mouvement de la suite, lui inspire le titre « Romance ».

100. En réalité, le compositeur structure les reprises d'une même phrase thématique selon le schéma formel de la période : la première phrase, correspondant à l'antécédent (mes. 258-265), se termine par une cadence moins conclusive que celle de la seconde phrase qui a la fonction de conséquent (mes. 266-273). Bien entendu, il ne s'agit pas d'une structure stricte de la période classique comme l'entend William E. Caplin (*Classical Form : A Theory of Formal Function for the Instrumental Music of Haydn, Mozart and Beethoven*, New York, Oxford University Press, 1998, p. 49-50).

de gamme (mes. 279-282), les deux phrases de l'évolution ressurgissent à nouveau dans un tutti éclatant (mes. 282-297). « On voit la masse informe s'agiter. Une jambe monstrueuse apparaît, des dos tressaillent, une tête hirsute apparaît, des bras se tendent » (scène 10-11, tableau 18). Face à cette agitation créatrice, le motif *bluesé* « i-b » déferle sur plusieurs parties de l'orchestre à la manière d'un *fugato stretto* (mes. 297-308) avant que le thème D de l'évolution revienne, mais cette fois, dans une intensité encore plus forte (mes. 312).

Brusquement, à la mesure 320, les vents se taisent, à l'exception du hautbois qui, de toutes ses forces, déclame dans une lenteur intrigante une nouvelle formulation du thème *bluesé* de la création, construite à partir du motif « b » (ex. 51-B). Ce thème B', axé sur le motif « b », est écrit dans des valeurs de notes deux fois plus longues que l'original, de manière à évoquer du même coup le thème C de la procréation (ex. 51-C). Puis, « deux bustes se dressent tout à coup, se collent, se gonflent : c'est l'[H]omme, c'est la [F]emme soudainement debout » (scène 12, tableaux 18 et 20). Le point d'orgue placé à la fin de l'énoncé du thème B' (mes. 328) interrompt momentanément l'action, le temps de prendre conscience de ce moment unique que représente la naissance de l'Homme.

Après ce moment de silence, la musique se réanime (mes. 329). L'Homme et la Femme « se reconnaissent; ils se dressent l'un en face de l'autre » (scène 12, tableau 20). Se mêlent alors les thèmes C et D pour accompagner cette ronde de l'union de l'Homme et de la Femme.

Mouvement IV : La reproduction (scènes 13-15)

« Et pendant qu'ils [l'Homme et la Femme] exécutent la danse du désir et de l'accouplement [...] ce qui restait par terre d'êtres informes apparaît sournoisement à son tour » (tableau 20). Tous les êtres forment une ronde et le couple « se mêle à la ronde et l'entraîne frénétiquement jusqu'au vertige » (scénario, tableau 18). Cette étape associée à la reproduction est articulée, au sein de la composition, en trois parties à l'intérieur d'une forme ternaire cyclique.

Pour accompagner cette scène, le mouvement IV débute avec le thème E du désir, lancé par un solo de clarinette des plus enivrant (ex. 51-E). Tout comme le reste de la composition, le thème E du désir prend sa source dans ce qui précède. Les gestes de broderie « br », de sauts de tierce « T » et de quarte « Q » ainsi que les traits de gamme « G » qui le composent proviennent des composantes des thèmes A, B et C.

Caractérisé par de grandes envolées mélodiques, le thème du désir est construit de façon à mettre en vedette les jeux de virtuosité de la clarinette, faisant sûrement allusion aux sections d'improvisation rencontrées dans la musique des *jazz bands*. Tout comme en jazz, le jeu mélodique évolue à partir d'un schéma harmonique et rythmique très spécifique. Dans ce cas-ci, le schéma est très court (étant de quatre mesures) et se soumet à une multitude de répétitions; il prend ainsi l'allure d'un *riff* hautement rythmé exécuté par la quasi-totalité de l'orchestre [101]. L'enchaînement de la progression I-II^{7}-V^{7}-I^{7} en *fa* dièse en constitue le cadre harmonique pour les 42 mesures suivantes. Lorsque s'arrête le *riff* du thème du désir (mes. 393), l'orchestre se réduit à ponctuer un accord toutes les

101. Seules les parties de flûtes sont en *tacet* dans cette section.

deux mesures pendant que le basson, le cor et, finalement, le saxophone énoncent à tour de rôle la formule d'incantation « i-b ».

Pendant ce temps, « le couple s'est étreint » (scène 14, tableau 20). Un chant d'une tendresse délectable joué au hautbois exprime leur frénésie intérieure. À ce thème F de la frénésie (ex. 51-F), qui marque le début de la deuxième section du mouvement IV (partition, mes. 399), se joint le motif d'ostinato « a » (mes. 404), puis le thème A des Déités (mes. 410). Pendant leur dialogue, le piano et les cordes introduisent un nouveau *riff* très percutant procurant à la partition cet effet de « grand tam-tam » mentionné dans l'argument du *Ballet-Nègre* (scène 15, tableau 20). Les deux accords de *fa* dièse majeur et de *do* dièse septième de dominante, entendus précédemment, sont réutilisés pour encadrer le court patron rythmique syncopé. Repris toutes les trois mesures, il contribue vivement à entraîner les êtres entourant le couple originel dans leur ronde frénétique jusqu'au « vertige final » (scène 15, tableau 20).

La section centrale du mouvement IV est manifestement consacrée à ces thèmes F et A en perpétuel dialogue (colonne de droite au tableau 20). Un passage en traits de gamme (mes. 450-458) met fin à cet échange musical pour permettre le retour du thème E du désir (mes. 459). Dans cette troisième section du mouvement, le thème E se mêle à d'autres thèmes pour atteindre l'apogée compositionnel de l'œuvre entière. Dans un tintamarre étourdissant, une nouvelle ligne, constituée des motifs chromatiques du contre-sujet de la fugue (thème B de la création) et de la formule d'incantations « i-b », ressort de la trompette pour se joindre au matériel du *riff* entendu dans la première section du mouvement. Pendant que tout l'orchestre s'enivre à répéter ce *riff* grisant, le saxophone rappelle le thème E du désir dans une euphorie viscérale. La tension ne cesse d'augmenter jusqu'au paroxysme de l'extase.

Mouvement V : Le printemps (scène 16)

Après cette danse frénétique, c'est le retour au calme. L'œuvre se termine en reprenant, dans un contrepoint contrôlé, les trois thèmes entendus dans les mouvements I et II, mais dans un autre ordonnancement, qui permet de mettre en valeur la spécificité cyclique de l'œuvre.

La première section du mouvement V est réservée au thème C (tableau 20), évoquant la procréation avec l'accouplement. Le thème C commence par une introduction présentant un contrepoint à deux voix : alors que le hautbois construit une ligne mélodique à partir des motifs du thème C de la procréation, la ligne du cor, qui commence deux mesures plus loin (mes. 512), emprunte les motifs chromatiques du contre-sujet de la fugue. Les dernières mesures de la section se transforment en un *riff* sur lequel vient se poser un fragment du thème C, joué cette fois dans le mode majeur (mes. 519-523).

S'ensuit la seconde section du mouvement, qui représente le dernier moment de l'œuvre. Comme un salut au monde, le saxophone émet tendrement deux courts fragments du thème A des Déités (mes. 525), accompagné de l'ostinato « a » (tableau 20). Pendant ce temps, la trompette projette sourdement les premières notes du thème C de la procréation (mes. 528-532). Dans un jeu enjoué de *trémolo*, les flûtes s'amusent à rejouer le sujet *bluesé* de la fugue du thème B de la création. « La lune et les étoiles s'allument. C'est le printemps de la vie humaine » (livret, p. 336). Et un nouveau cycle de vie commence.

La structure formelle de la composition et le cercle de la vie

L'étude analytique fait ressortir l'ingénieux travail thématique que recèle la partition de *La Création du monde*, qui rend même difficile le décodage formel. Le schéma 11, élaboré à partir des données fournies au tableau 20, offre une lecture claire et globale de l'œuvre, favorisant ainsi l'identification de la structure formelle de la composition. Dans la partie qui suit, nous démontrons comment les thèmes les plus fondamentaux, soit ceux qui se présentent au début de la composition, concourent à la structuration même de l'œuvre.

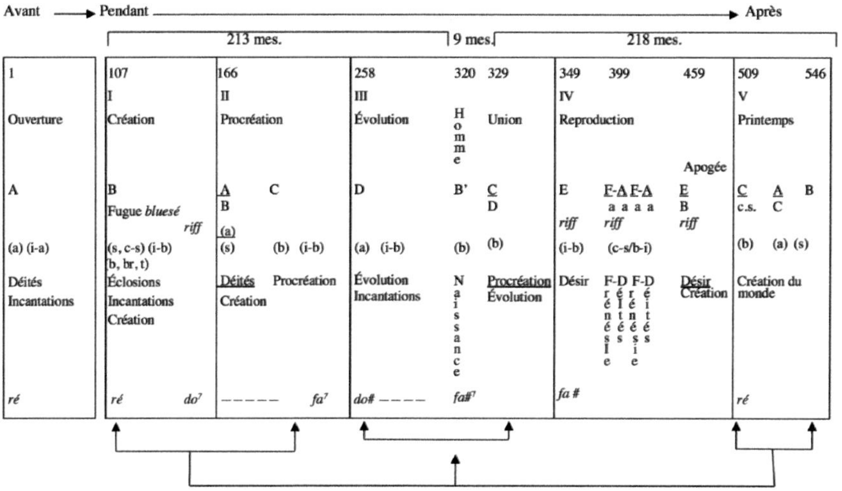

Schéma 11. Représentation formelle du mouvement V de *La Création du monde*.

Dans le schéma 11, les six mouvements de la partition sont représentés par des rectangles. Seul le mouvement « Ouverture » se détache des autres par son statut particulier de préambule à l'action. La cadence affirmée à la fin de l'ouverture marque la séparation avec les autres mouvements, lesquels s'enchaînent les uns aux autres sans interruption. Entendue avant le spectacle, l'« Ouverture » accompagne le rideau de scène peint par Léger afin de mettre l'auditeur dans l'ambiance du drame à venir[102]. Au niveau de la composition, elle a la fonction de présenter les matériaux motiviques fondamentaux à partir desquels l'œuvre prendra forme.

À l'intérieur de chaque rectangle sont indiqués, outre le numéro des mesures, les éléments relevés dans le tableau 20 : le numéro du mouvement, la thématique proposée dans les deux versions de l'argument (tableau 18) et les lettres majuscules servant à identifier les thèmes dont le nom est inscrit respectivement dans la partie inférieure du

102. Nous avons vu que « Choral » dans *Parade* de Satie remplissait un rôle semblable. Voir le chapitre II du présent ouvrage.

schéma. Dans la toute dernière ligne se succèdent les centres tonals les plus significatifs et clairement définis dans la partition. Leur enchaînement reproduit à grande échelle l'intervalle de la tierce mineure *ré* – *fa* (de l'« Ouverture » à la fin du mouvement II) et de la tierce majeure *fa* dièse – *ré* (du point central à la fin du mouvement V), très présente dans les premières mesures de l'œuvre.

Au centre du schéma, en dessous des lettres majuscules, figurent des lettres minuscules qui correspondent aux motifs caractéristiques[103] puisés dans le contenu thématique participant à la composition du mouvement en question. Parmi les thèmes portant les lettres A, B et C (et les motifs sous-jacents) se trouvent ceux qui reviennent le plus souvent, étant associés aux gestes des maîtres créateurs du monde. De leur côté, les thèmes D, E et F sont de l'ordre des phénomènes liés à l'acte de reproduction des êtres vivants : le désir, l'accouplement et la gestation. Les thèmes D, E et F, se manifestant aux mouvements III et IV de l'œuvre, se joignent aux autres pour réaliser une autre grande montée menant cette fois à une cacophonie totale des timbres et des sonorités (à la mesure 459 du schéma). Dans ce « tohu-bohu » de plusieurs thèmes entendus simultanément, l'œuvre atteint son apogée au moment où le couple originel s'étreint.

Le retour au calme après l'étreinte frénétique marque le début de la troisième phase de l'œuvre, « l'après-création ». À cet instant, le compositeur réexpose les trois thèmes des premiers mouvements, mais, comme nous l'avons mentionné, en en modifiant l'ordonnancement. Plus précisément, les thèmes B, A et C entendus successivement au cours des mouvements I et II sont résumés dans le mouvement V dans un ordre inversé, ce qui reproduit la séquence C, A et B. Comme le thème B ramène à A[104], c'est un nouveau départ. La septième majeure ajoutée à l'accord tonique final de la composition illustre bien cet état des choses non résolu, voué à l'éternel recommencement.

En considérant que les mouvements I à V de la partition forment un ensemble, on constate que la composition est structurée de façon à déployer une grande forme en arche qui a comme centre la création de l'Homme. Effectivement, les nombres qui s'échelonnent au-dessus du schéma formel démontrent que, de part et d'autre des neuf mesures constituant le thème B', situé au cœur même de la scène III, se trouve un nombre quasi égal de mesures (213 et 218 mesures, respectivement). Relié aux autres énoncés du thème B entendus dans les mouvements extrêmes I et V, cet énoncé central du thème B, qui évoque la naissance du couple originel, se place au sommet de la structure triangulaire illustrée à la figure 3 à l'intérieur d'un cercle.

Cette interprétation formelle en structure triangulaire est manifestement soutenue par les régions tonales déployées. La base du triangle relie la tonalité de *ré*, commune aux deux parties extrêmes (voir également la partie inférieure du schéma 11). Or, dans le mouvement III, le thème B est énoncé dans le mode de *fa* dièse. En passant du mode de *ré* au mode de *fa* dièse, soit à une tierce supérieure de l'énoncé original du thème B, Milhaud élève ainsi à un rang supérieur l'acte de la création de l'Homme. L'œuvre étant ainsi représentée, les angles du triangle retracent les trois étapes de la genèse : de la création des végétaux et des animaux provient la création de l'Homme, qui engendrera la création du monde.

---

103. Bien entendu, cette liste n'est pas exhaustive.

104. Nous nous référons ici à l'enchaînement thématique des mouvement I à II.

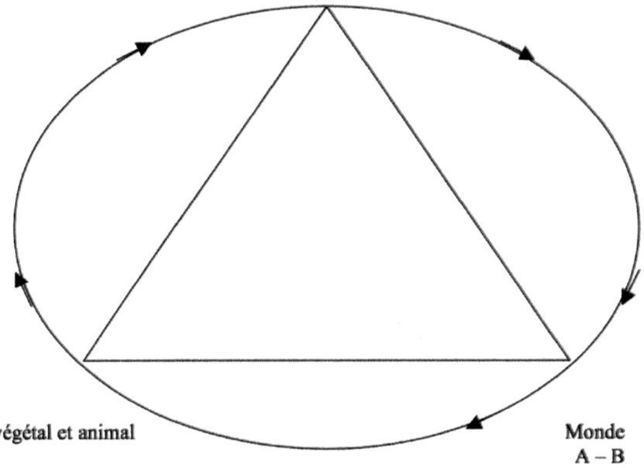

Figure 3. Structure triangulaire de *La Création du monde*.

En somme, tout ce processus de création entraînant le mouvement *circulaire* de l'éternel recommencement (fig. 3) constitue, comme nous l'avons vu, la quintessence de l'argument de Cendrars. Cette notion du mouvement circulaire se manifeste non seulement sur le plan formel de l'œuvre, mais aussi par les multiples répétitions thématiques et par la présence constante de l'ostinato, qui exécute un retour continuel au point de départ. L'ostinato procure également un effet d'immuabilité qui contraste avec l'agitation que suscitent les motifs chromatiques empruntés au *blues*. À l'instar de la fragmentation de l'objet pictural en formes géométriques, le flux musical de la composition est constamment sectionné par un changement brusque du matériau musical. Et finalement, les divers énoncés thématiques se réalisent de manière à construire une forme triangulaire en conformité avec la structure de l'argument et la disposition des éléments de scène du ballet.

Sans contredit, la partition *La Création du monde* témoigne d'une grande ingéniosité compositionnelle et structurelle, que Collaer louange à juste titre :

> La partition est assurément une des œuvres les plus puissantes de Milhaud. L'émotion y circule, intense, de la première note à la dernière. La vie y palpite à chaque page, *la forme est parfaite*. L'impression d'une paix un peu inquiète, du calme printanier, a servi de fil conducteur à l'inspiration. La musique, de style syncopé, provient directement de celle que Milhaud regardait vivre chez les Nègres. Le jazz est généralement transposé, élevé à un plan supérieur. Les thèmes des blues et des rags prennent un caractère de gravité, de grandeur. Ainsi Bach transfigurait les menuets. Toute une gamme de sentiments, allant de la paix pastorale à la passion haletante, se trouve exprimée[105].

105. Collaer, *Darius Milhaud*, p. 118. Nous soulignons.

LA CRÉATION DU MONDE AU SERVICE DU CUBISME ET DU JAZZ

La Création du monde repose sur cette quête d'un renouveau stylistique et formel, tant sur le plan de la scénographie et de la chorégraphie que sur celui de la musique. Ayant comme thème de départ la cosmogonie africaine, les auteurs se sont finalement aventurés dans un mélange des genres [106] alliant l'art archaïque africain au style cubiste, les conventions musicales au langage jazz américain. Dans cette mixité stylistique, l'œuvre réussit à réunir les éléments de contraste en un tout cohésif.

Lors de ses représentations parisiennes, à l'automne 1923, *La Création du monde* reçoit un accueil très mitigé, si on se fie aux dossiers de presse de l'époque [107]. Déjà, nous avons relaté la réaction de Levinson face à l'abstraction quasi totale de la chorégraphie. Pour le critique, l'ensemble de l'œuvre repose essentiellement sur les principes du langage formel de l'art plastique, délaissant les grandes possibilités de la gestualité et de l'expression subtile du corps qu'offre la danse, dans le sens traditionnel du terme.

> Or, cette sculpture admirable incarne la notion de la plasticité à l'état pur. Elle est prodigieuse dans le libre et logique agencement des volumes, dans son dédain des réalités immédiates, dans sa volonté d'abstraction. La statuaire « barbare » des nègres n'est donc pas un art imitatif; elle procède par symboles et s'énonce dans un langage de formes spécifique. Aussi, quelle aberration que d'engager des danseurs vivants à imiter par des contorsions les formules des sculpteurs exotiques ! Jamais on ne fera œuvre de danseur en traduisant par des mouvements saltatoires les conventions propres aux arts plastiques [108].

Ainsi, la force de l'œuvre se trouve dans le façonnement plastique, et non dans la plasticité des corps. Car dans ce « ballet-cubiste » [109], le jeu des danseurs se réduit au rôle d'« objet-spectacle » à l'intérieur d'un *tableau mobile.*

Chez d'autres critiques, le ballet est reçu comme une ridicule « fantaisie négro-cubiste » qui entrouvre une porte au « jazz le plus dissonant, le plus sauvage » [110]. Plusieurs, qui perçoivent le jazz comme une musique strictement de divertissement, s'étonnent de voir Milhaud s'adonner à ce style. La partie de percussion, qui occupe une large place dans l'instrumentation, dérange encore une fois, comme ce fut le cas dans *L'Homme et son désir.* « Revenir au tam-tam, au xylophone, aux hurlements des cuivres, au bruit, ce n'est pas progresser », proclame Pierre de Lapommeraye, qui poursuit sur le même ton : « Et l'on est surpris de voir qualifier cela de musique d'avant-garde, alors que c'est musique d'arrière-garde qu'on devrait dire » [111]. Quant à Raoul Brunel, il résume la partition de Milhaud par ces propos malveillants :

---

106. C'est la conclusion à laquelle parvient Marie-Noëlle Lavoie, « La réception de *La Création du monde* : un mélange des genres », dans Sylvain Caron, François de Médicis et Michel Duchesneau, *Musique et modernité en France (1900 et 1945)*, Montréal, Presses de l'Université de Montréal, 2006, p. 171-192.

107. À ce propos, nous renvoyons le lecteur à l'article de Lavoie (*ibid.*) qui rapporte de manière exhaustive les commentaires pertinents de la critique du spectacle.

108. André Levinson, « Les Ballets suédois : *La Création du monde*, *Comœdia*, 29 octobre 1923, p. 1.

109. André Levinson, « Ballet cubiste », *L'Œuvre*, 27 octobre 1923, [n.p.]

110. Pierre de Lapommeraye, « Théâtre des Champs-Élysées – Ballets suédois », *Le Ménestrel*, vol. 85, n° 44, 2 novembre 1923, p. 453-454, ici p. 454.

111. *Ibid.* Il est étonnant que de Lapommeraye évoque l'usage du tam-tam et du xylophone, alors que ces instruments sont absents de la partition, à moins qu'ils aient été utilisés au dernier moment.

> M. Darius Milhaud [...] a écrit une partition où l'on devine à la fois l'improvisation hâtive et le goût de la mystification. Quelques mesures, au début et à la fin, sont là pour nous prouver que l'auteur sait écrire de la saine musique quand il lui plaît de vivre sous les disciplines normales et que, pour le reste, il a tenu surtout à épater les bourgeois [112].

L'aspect de « l'improvisation » n'est pas en soi un élément négatif pour Charles Tenroc :

> La partition est pourtant bien établie, logique : elle dénote une patte puissamment originale, passe de la souplesse à l'éréthisme avec une facilité d'improvisation ingénieusement remarquable, atteste sa verve et le souffle capables d'exprimer le pittoresque, certaine profondeur de sentiment [113].

Ce ton approbateur est partagé par Roland-Manuel, qui félicite Milhaud d'avoir su « greffer les rythmes de jazz sur le grave contrepoint des *Passions* de Bach » [114], prouvant ainsi que le jazz peut enrichir le vocabulaire de la musique française. Roland-Manuel a vu juste, puisque la partition de *La Création du monde* est l'une des plus jouées du répertoire de Milhaud.

En ce qui a trait au ballet même, il n'a été présenté que douze fois entre 1923 et 1924, compte tenu de la dissolution annoncée de la compagnie des Ballets suédois (en janvier 1925). Malgré cette faible visibilité, *La Création du monde* a laissé une trace mémorable dans le milieu de la danse en ce qui a trait à l'avènement de la picturalisation scénique : les recherches de plasticité scénographique de Léger sont en continuité directe de celles de Picasso pour *Parade*. À cet égard, Léger est très reconnaissant à de Maré de lui avoir permis cette expérimentation du tableau mobile au sein du spectacle de danse :

> Je veux rendre ici hommage à Rolf de Maré, directeur des Ballets suédois, qui, le premier en France, a eu le courage d'accepter un spectacle où tout est machination, et jeux de lumière, où aucune silhouette humaine n'est en scène, à Jean Börlin et à sa troupe condamnée au rôle de décor mobile.
> C'est en acceptant le ballet de la *Création du monde* (ballet nègre) qu'il a osé imposer au public pour la première fois une scène vraiment moderne, comme moyens techniques tout au moins. Le succès a récompensé son effort, le public l'a suivi franchement, directement, pendant que des critiques officiels s'égaraient la plupart dans des considérations inutiles [115].

Dans cet immense tableau mobile, Léger met en scène les personnages de « La Légende de la création » que suggère l'argument du « ballet nègre » de Cendrars. Comme on l'a vu, le peintre réinterprète le primitivisme africain dans un langage moderne cubiste, alors que Milhaud puise dans le vocabulaire de la musique jazz afro-américaine

---

112. Raoul Brunet, « Répétition générale. Théâtre des Champs-Élysées : les Ballets suédois », *L'Œuvre*, 28 octobre 1923, [n.p.].

113. Charles Tenroc, « Théâtre des Champs-Élysées : les Ballets suédois », *Le Courrier musical*, 15 novembre 1923, p. 356.

114. Roland-Manuel, « La quinzaine musicale : [*La Création du monde*] », *L'Éclair*, 26 novembre 1923, [n.p.].

115. Fernand Léger, « Le spectacle : lumière, couleur, image mobile, objet-spectacle », *Bulletin de l'effort moderne*, n° 8, 1924, p. 5-9; repris dans *Fonctions de la peinture*, p. 122.

pour s'harmoniser à la thématique du ballet. La composition, conçue en blocs sonores pour se rapprocher du style cubiste de la scénographie, intègre des sonorités *jazz* au sein d'une écriture toutefois influencée par la tradition contrapuntique baroque.

Le *jazz* constitue en fait le point de mire de la quatrième saison des Ballets suédois. En effet, de Maré dans sa programmation de l'automne 1923, inscrit deux nouveaux ballets sous la marque du *jazz* : outre *La Création du monde*, il commande au *jazzman* Cole Porter un ballet intitulé *Within the Quota* (*L'Immigrant*). Cette étude de *La Création du monde* nous prépare donc adéquatement à la discussion sur *Within the Quota* du chapitre suivant.

ANNEXE

LIVRET DE *LA CRÉATION DU MONDE*, *LA DANSE*, N° 37, OCTOBRE 1923

Le ciel et la terre viennent de se départager. Les Grands Maîtres de la Création : NZAMÉ, MÉBÈRE et N'KWÂ se dressent dans un décor tragique de hautes montagnes.

Les derniers éclairs sillonnent le ciel lourd.

On aperçoit au milieu de la scène un tas confus de corps entremêlés, une masse compacte encore en gestation.

Nzamé, Mébère et N'Kwâ, les trois Déités de la Création, font les incantations magiques autour de cette masse informe.

Puis ils s'écartent.

Apparaissent alors les Grands Fétiches. D'abord les Nains, Onokolo et Nyama, les Maîtres de la Brousse Inférieure ; puis les Géants, Guinnârou et Yébem, les Maîtres de la Brousse Supérieure. Ils créent Ntuentué, les Insectes-guinné, et Bvoû, les Singes-guinné.

La lumière se durcit dans le ciel, tandis que les singes et les insectes se poursuivent sur terre et que Murkwé-Léza, les oiseaux de la pluie, passent et repassent. La masse centrale a des soubresauts, elle tressaille, s'agite, est prise de tremblements.

Nzamé, Mébère et N'Kwâ envoient leurs Messagers, les Malakas montés sur des échasses. Les animaux commencent alors à décrire une ronde qui se met lentement en branle autour de la masse centrale. À chaque tour, un nouvel être jaillit du centre, fait quelques pas, évolue individuellement, puis se mêle également à la ronde qu'il entraîne à nouveau. Tout ce qui restait à terre d'êtres informes apparaissent sournoisement, entrent dans la ronde et l'entraînent frénétiquement jusqu'au vertige. Ce sont les N'Guils, les imprécateurs, les griots, les sorciers, les magnétiseurs, les vampires, les féticheurs, mâles et femelles.

Nzamé, Mébère et N'Kwâ disparaissent durant le Grand-Tamtam.

La ronde s'immobilise, s'ouvre. Une jambe monstrueuse apparaît, des dos tressaillent, une tête hirsute se montre. L'œil est-il à gauche ou à droite de la main ? Deux bras se tendent. Deux bustes se dressent tout-à-coup, se collent. C'est l'Homme, c'est la Femme, Sékoumé et Mbongwé, soudainement debout. Ils s'écartent, ils se reconnaissent. Ils se dressent l'un en face de l'autre.

Les nuages disparaissent. Le ciel est pur. La ronde a repris doucement, très calme. Le couple s'isole dans un baiser qui le porte comme une onde. La lune et les étoiles s'allument. C'est le printemps de la vie humaine.

CHAPITRE VII

WITHIN THE QUOTA : « BALLET-SKETCH » JAZZÉ OU COLLAGE AMÉRICAIN

Le jazz étant la vedette de la soirée des Ballets suédois du 25 octobre 1923, le directeur Rolf de Maré inscrit au programme une œuvre entièrement américaine se déroulant sur un fond de musique jazz. Considéré comme le premier ballet américain [1], *Within the Quota* est conçu par deux Américains de souche alors installés à Paris : le peintre Gerald Murphy (1888-1964), qui élabore l'argument et les décors de ce « ballet-sketch » [2], et le chanteur-compositeur Cole Porter (1891-1964), qui en conçoit la musique. Les notes du programme introduisent les auteurs en ces termes :

> Jean Borlin [*sic*] dansera également une composition humoristique intitulée *Within the Quota* qui a pour auteurs deux jeunes Américains à la tête du mouvement intellectuel des États-Unis, M. Gerald Murphy et M. Cole Porter. Le premier eut l'idée de ce ballet-sketch, l'écrivit et en composa tous les décors, et le second en imagina la musique [3].

À la source, de Maré pense à un ballet tout spécial pour la tournée américaine qu'il prévoit d'effectuer en novembre 1923. Convaincu que c'est la voie à suivre pour séduire le public du « Nouveau Monde », il est à la recherche de collaborateurs de culture typiquement américaine. À la recommandation de Fernand Léger et de Darius Milhaud, qui œuvrent sur le projet *La Création du monde*, il fait appel à Murphy et à Porter.

Amis depuis leurs études universitaires à Yale, puis à Harvard, Murphy et Porter collaborent étroitement sur une œuvre des plus actuelles, où cubisme et jazz se réunissent. Le collage cubiste se trouve à la base de ce spectacle, qui se veut une satire de la société américaine préoccupée par l'application plus stricte de la loi sur le quota d'immigration adoptée en 1911. Intitulé en français *L'Immigrant*, *Within the Quota* présente les premières expériences d'un Suédois à l'allure provinciale, qui débarque

1. Alexandre Tansman, « Les Ballets suédois et la musique », dans Pierre Tugal (dir.), *Les Ballets suédois dans l'art contemporain*, Paris, Éditions du Trianon, 1931, p. 120-126, ici p. 126.

2. Tel est le sous-titre donné à *Within the Quota* dans le programme du spectacle. Bengt Häger, *Ballets Suédois*, Paris, Jacques Damase, 1989, p. 44.

3. *Les Ballets suédois 1920-1924*, programme général, BnF, Bibliothèque-musée de l'Opéra, Fonds Dossier d'œuvre, [n.p.].

à New York à la poursuite du rêve américain. Les personnes que l'Immigrant croise sont, comme nous le verrons, un produit des figures les plus en vogue du cinéma hollywoodien. Ces caricatures des vedettes de l'écran défilent sur les airs de ragtime, de *blues*, de valses et de shimmy qui composent en grande partie la partition de Porter, orchestrée par Charles Koechlin (1867-1950).

Le ballet *Within the Quota* est formé d'une série de numéros consacrés chacun à une rencontre incongrue; les personnages démesurément typés défilent sur scène comme s'il s'agissait d'un écran de cinéma. À l'instar d'un montage filmique, le spectacle se définit comme un *collage* d'événements inattendus qui se juxtaposent. L'action se déroule devant une énorme page de journal tabloïd, une toile de fond conçue à partir d'un *collage* de grands titres et d'images parus dans les quotidiens américains en 1923. La référence cubiste se reconnaît tout particulièrement au sein de l'illustration du programme, où la ville de New York est représentée par un système complexe de diagonales, de verticales et d'horizontales. Un amas d'éléments – gratte-ciel, machines et armatures métalliques – s'enchevêtrent ainsi derrière le personnage de l'Immigrant, qui figure au centre de la composition.

L'étude de ce ballet singulier en son genre permet de constater comment des caractéristiques de la culture américaine – le sujet, les personnages, la scénographie et la musique – s'amalgament à d'autres, empruntées à l'environnement artistique français, dans lequel sont immergés Murphy et Porter depuis leur arrivée à Paris. Une genèse des événements ayant conduit au ballet-sketch *Within the Quota* s'impose d'abord. Elle est suivie d'un regard sur l'expérimentation scénographique que Murphy fait du collage cubiste. L'analyse de la composition de Porter soulève l'influence qu'a sur elle la musique française. L'accueil reçu par *Within the Quota*, tant à Paris qu'en Amérique, clôt ce chapitre.

La genèse : la collaboration de deux Américains avec les Ballets Suédois

Dans *Ma vie heureuse*, Milhaud rappelle les circonstances qui ont incité de Maré à créer un ballet américain avec Porter comme collaborateur musical :

> De Maré devait entreprendre une tournée aux États-Unis et il désirait monter une œuvre américaine authentique, mais il ne savait pas à qui s'adresser, il craignait de tomber sur un compositeur encore dans le sillage de Debussy ou de Ravel ou sur un musicien qui composerait « à la Brahms » ou « à la Reyer ». J'avais rencontré plusieurs fois Cole Porter chez la princesse de Polignac; cet élégant jeune homme américain, qui portait toujours un œillet blanc à la boutonnière de son impeccable smoking, chantait de sa voix grave et voilée des chansons de lui qui possédaient exactement les qualités que recherchait de Maré; je le lui présentai. [De Maré] lui proposa aussitôt de traiter un sujet qui convenait à merveille à sa musique : l'arrivée d'un jeune Suédois à New York[4].

4. Darius Milhaud, *Études*, Paris, Claude Aveline, 1927; nouvelle édition sous le titre *Notes sans musique*, Paris, Julliard, 1949; 2ᵉ édition revue et augmentée, Paris, Julliard, 1963; nouvelle édition sous le titre *Ma Vie heureuse*, Paris, Belfond, 1987; réimpression, Bourg-la-Reine, Zurfluh, 1998, p. 128.

Dans son témoignage, Milhaud confirme que la tournée américaine prévue à la fin de l'automne 1923 constitue le principal motif du directeur des Ballets suédois quand il envisage de se lancer dans un tel projet. De Maré mûrit l'idée de produire ses œuvres de l'autre côté de l'Atlantique depuis quelque temps. D'ailleurs, une tournée avait été envisagée au Mexique, à Cuba et en Amérique du Nord pour l'automne 1921. Mais le style trop « futuriste » des Ballets suédois a fini par faire avorter le projet[5]. Malgré tout, le désir de se produire aux États-Unis ne quitte pas de Maré pour autant. Une autre occasion surgit au moment où deux agents, convaincus de la valeur artistique de cette compagnie de danse, prennent en charge le projet de tournée. Il s'agit de Richard Herndon, ancien agent des Ballets russes pour les spectacles donnés en Amérique, et de Florence Ziegfeld[6]. Cette tournée est finalement fixée pour le mois de novembre 1923, soit juste après le lancement de la nouvelle saison parisienne des Ballets suédois. Nous reviendrons sur ce sujet plus avant.

Pour charmer le spectateur américain, de Maré s'engage donc dans une toute nouvelle création à la teneur purement américaine. Côtoyant régulièrement Léger et Milhaud, qui s'affairent à ce moment sur *La Création du monde*, il s'enquiert de leurs suggestions sur les artistes américains faisant bonne figure à Paris. Milhaud propose l'auteur-interprète noir Cole Porter[7], alors que Léger voit Gerald Murphy comme personne tout indiquée pour réaliser ce projet.

Cole Porter : de Broadway à Paris

La haute classe parisienne et le milieu musical voient Porter comme une figure charismatique sachant enflammer les soirées privées avec ses talents de pianiste et de chanteur. Il est d'ailleurs considéré comme un fin improvisateur de ragtimes, qu'il lance à partir de paroles réellement fantaisistes[8].

Même si la pression familiale le prédestine à une fière carrière d'avocat, le jeune Cole, tout au long de ses études universitaires à Yale et à Havard[9], n'a jamais délaissé la

5. À ce sujet, voir Erik Näslund, *Rolf de Maré : fondateur des Ballets suédois, collectionneur d'art, créateur de musée*, traduit du suédois par Étienne Clotuche, Arles, Actes Sud / Stockholm, Bokförlaget Langenskiöld, 2008, p. 345.

6. Apparemment, Florence Ziegfeld démissionne du projet assez rapidement. *Ibid.*, p. 345-346.

7. Les écrits divergent sur la question de savoir qui, précisément, a proposé le nom de Porter à de Maré. Certains sont d'accord avec le témoignage de Milhaud : *ibid.*, p. 340 ; Robert Orledge, « Cole Porter's Ballet *Within the Quota* », *The Yale University Library Gazette*, vol. 50, n° 1, juillet 1975, p. 19-29, ici p. 20 ; Robert Kimball (dir.), *Cole*, accompagné d'un essai biographique de Brendan Gill, New York, Holt, Rinehart and Winston, 1971, p. 65. D'autres affirment que la recommandation provient plutôt de Murphy : William McBrien, *Cole Porter : A Biography*, New York, Vintage Books, 1998, p. 89 ; Gail Levin, « The Ballets Suédois and American Culture », dans Nancy Van Norman Baer (dir.), *Paris Modern : The Swedish Ballet, 1920-1925*, San Francisco, Fine Arts Museum of San Francisco, 1995, p. 118 ; George Fell, *The Life That Late He Led*, London, W. H. Allen, 1967, p. 8586. Comme les faits sont imprécis, il se peut fort bien que les deux artistes, fréquentant le même milieu, se soient prononcés presque simultanément.

8. McBrien, *Cole Porter*, p. 67.

9. Le baccalauréat que Porter obtient de l'Université Yale en 1913 consiste en une majeure en études anglaises et une mineure en musique. À l'Université Havard, n'ayant pas la motivation pour poursuivre ses études en droit, il s'inscrit à la Faculté de musique. Pendant son séjour à l'Université Yale, il écrit avec la collaboration de Thomas Lawrason Riggs des revues musicales, dont *Paranoia, or Chester of YDA* (1914). Voir Fell, *The Life That Late He Led*, p. 48.

musique, qu'il pratique depuis l'âge de six ans. Sans contredit, la musique possède, pour lui, un pouvoir de ralliement social. À partir de l'automne 1913, Porter devient musicien pour les festivités de plusieurs regroupements étudiants [10], et ses chansons de revue, qui constituent autant de réussites, le poussent à tenter sa chance à Broadway [11]. Mais, à l'opposé du succès qu'il remporte sur la scène newyorkaise avec sa chanson « The Waltz King », utilisée dans les revues *Esmeralda* et *Hands-Up*, son premier opéra-comique *See America First* [12] s'avère un piteux échec.

À l'automne 1917, il embarque sur l'*Espana* en direction de la France avec l'idée de joindre les troupes de la Légion étrangère [13]. Sans occuper de fonction précise au sein de cette unité militaire, Cole s'introduit rapidement dans les soirées des hauts fonctionnaires de l'armée française. Prenant goût au style de vie de cette grande bourgeoisie, il s'installe à Paris peu de temps après l'armistice.

En janvier 1918, il rencontre la riche héritière américaine Linda Lee Thomas. Il l'épouse le 18 décembre 1919 [14], au retour d'un séjour aux États-Unis où il connaît enfin le succès avec la revue *Hitchy-Koo*, que lui a commandée le comédien et producteur théâtral Raymond Hitchcock [15]. Une fois bien accepté dans la noblesse parisienne, Porter s'inscrit à des cours d'écriture et d'orchestration à la Schola Cantorum. Au cours de ces deux années d'études, il s'intègre facilement dans le milieu musical, notamment grâce au salon artistique de la princesse Edmond de Polignac, où se réunissent les compositeurs de l'avant-garde parisienne – dont Milhaud. C'est d'ailleurs Milhaud qui, au printemps 1923, présente Porter à Koechlin, qui réalisera l'orchestration de la partition de *Within the Quota* à la demande du compositeur. Nous en reparlerons plus avant.

Gerald Murphy à la découverte de l'art parisien

Gerald Murphy est issu d'une famille d'industriels, spécialisée dans les produits de cuir et établie aux États-Unis depuis trois générations [16]. Diplômé de l'Université Yale en 1912, Murphy travaille pendant cinq ans à New York pour la célèbre entreprise paternelle, Mark Cross. Pendant cette période, il se marie avec Sara Wiborg [17].

---

10. Parmi ceux-ci, nommons la *Dramatic Association* et le *Federation of Yale Club*. *Ibid.*, p. 48-49.

11. Plus précisément, il compose la musique de la chanson « Two big Eyes » pour la revue *Miss Information*, « The Waltz King » pour *Esmeralda* et *Hands-Up*. *Ibid.*, p. 49.

12. Le livret de cet opéra est de Thomas Lawrason Riggs. *Ibid.*

13. Avant de s'embarquer pour la France, mais après l'échec de *See America First*, Porter prend des cours d'harmonie et de contrepoint à New York avec Pietro A. Yon (1866-1943). Les informations fournies dans ce paragraphe proviennent de la même source. *Ibid.*, p. 52-54.

14. Connue dans la mondanité parisienne pour sa grande beauté, Linda Lee Thomas (1883-1954) est issue d'une famille de banquiers de Louiseville. Divorcée d'Edward Russell Thomas, propriétaire du *New York Morning Telegraph*, elle a toujours mené une vie de grand luxe. Elle divorce en 1908 et s'installe à Paris en 1912. Linda Lee rencontre Porter lors du mariage de Henry Russell et Ethel Harriman au Ritz de Paris le 30 janvier 1918. Charles Schwartz, *Cole Porter : A Biography*, New York, The Dial Press, 1977, p. 50-55.

15. Après la première représentation du 6 octobre 1919, *Hitchy-Koo* est repris 56 fois. C'est surtout la chanson « Old-Fashioned Garden », issue de la revue, qui rend Porter célèbre. McBrien, *Cole Porter*, p. 70-71.

16. Häger, *Ballets suédois*, p. 44.

17. Sara Wiborg (1883-1975) est la fille aînée de l'entrepreneur Frank Wiborg. Ce dernier a fait fortune dans la fabrication d'encre d'imprimerie à Cincinnati. Quant à Sara, qui a passé une bonne partie de son

Insatisfait du travail de commerce, Murphy entreprend, à l'Université Havard, des études en architecture paysagiste, qu'il suit de 1919 à 1921. Conscient de la montée du conservatisme américain, qui lui répugne, le couple Murphy décide, comme bon nombre d'Américains, d'aller vivre en Europe avec ses trois jeunes enfants. Après avoir passé l'été 1921 dans la campagne anglaise, la famille traverse la Manche pour aller s'installer à Paris, lieu d'échanges intellectuels et culturels par excellence [18].

Adepte des arts modernes, il est très vite séduit par la peinture de Picasso, de Matisse, de Braque et de Gris, qu'il découvre à la Galerie de Paul Rosenberg en septembre 1921 [19]. Cette visite déclenche chez lui un désir pressant de pratiquer la peinture, comme il l'avouera plus tard : « Ma réaction à la couleur et au dessin fut immédiate. Il y avait pour moi quelque chose dans ces toiles qui provoquait instantanément sympathie et compréhension. Je me souviens d'avoir dit à Sara : "Si c'est ça la peinture, c'est ça que je veux faire" » [20].

Sans tarder, il prend des cours de peinture avec l'artiste futuro-cubiste Natalia Gontcharova [21], qui travaille à ce moment pour Diaghilev. D'ailleurs, le couple Murphy aurait offert son aide pour restaurer les décors des Ballets russes endommagés par un incendie [22]. Au cours des six mois de travail à l'atelier de Gontcharova, les Murphy rencontrent tout un éventail d'artistes qui feront partie de leur entourage proche. Grâce à ses rencontres, Gerald Murphy développe d'étroits liens d'amitié avec les peintres Picasso [23] et Léger [24].

Ces nouvelles relations influencent le style pictural de Murphy, dont la technique suit les traces du collage cubiste, du futurisme et du purisme de l'art français de l'entre-deux-guerres, qu'il applique à des sujets purement américains [25]. Parce qu'il est doté d'un

enfance en Europe, elle parle couramment le français, l'allemand et l'italien. Murphy la rencontre en 1904, et c'est en 1914 qu'il se rapproche d'elle. Calvin Tomkins, *Tendre était la vie*, traduit de l'anglais par Laure Vernière, Paris, La Table Ronde, 2001, p. 19-30, *passim*.

18. *Ibid.*, p. 33-36, *passim*.

19. William Rubin, *The Painting of Gerald Murphy*, avec la collaboration de Carolyn Lanchner, préface de Archibald MacLeish, New York, The Museum of Modern Art, 1974, p. 9.

20. Tomkins, *Tendre était la vie*, p. 73.

21. La peintre et décoratrice russe Natalia Gontcharova (1881-1962) s'installe à Paris en 1918 avec son mari, Michel Larionov (1881-1964). Ses peintures allant de l'impressionnisme au cubo-futurisme affichent principalement des thèmes religieux ou paysans issus de son pays natal. Dès 1906, son œuvre est exposée au Salon d'automne à Paris lors d'une exposition russe organisée par Serge de Diaghilev. Pour les Ballets russes, elle réalise les décors du *Coq d'or* de Rimsky-Korsakov en 1914 et des *Noces* de Stravinski en 1922-1923. À partir de cette date, elle compte parmi les principaux peintres associés à la troupe de danse de Diaghilev.

22. Tomkins, *Tendre était la vie*, p. 16-17 et McBrien, Cole Porter, p. 82. Le couple Murphy aurait, de plus, travaillé avec Gontcharova sur les décors des *Noces* de Stravinski, ballet qui a été créé ultérieurement, soit le 13 juin 1923. Näslund, *Rolf de Maré*, p. 340.

23. Tomkins, *Tendre était la vie*, p. 87-88.

24. Jocelyne Rotily, « A Picture of America by Gerald Murphy », dans Sophie Lévy (dir.), *A Transatlantic Avant-Garde : American Artists in Paris, 1918-1939*, Los Angeles, University of California Press / Giverny, Musée d'art américain, 2003, p. 55-63, ici p. 55. Selon Rotily (*ibid.*), « les deux hommes aimaient arpenter les quais de la Seine et traquer dans les spectacles de la vie urbaine de nouveaux motifs d'inspirations. [...] Ensemble, ils élaborent le projet d'une beauté moderne qui ne serait non plus centrée sur le sujet, mais sur l'objet manufacturé et fonctionnel débarrassé des valeurs sentimentales et imitatives ».

25. *Ibid.*, p. 56. Pour Tomkins (*Tendre était la vie*, p. 74), le style de Murphy se rapproche « du rééalisme ironique du pop'art américain ».

talent artistique indéniable, ses toiles sont exposées chaque année entre 1923 et 1926 au Salon des Indépendants[26] aux côtés des œuvres de Delaunay, de Léger et du Corbusier, pour ne nommer que ceux-ci. Les peintres parisiens apprécient notamment en lui sa manière « américaine » de traiter le cubisme. Léger, pour sa part, décèle dans ce style « très américain » un traitement de l'objet dans l'espace qui se rapproche de sa propre théorie. Comme Léger, « [Murphy] est fasciné par la machine, l'objet manufacturé, le monde moderne. Il privilégie la forme simplifiée et épurée, recherche l'harmonie et l'ordre »[27].

À l'été 1922, la famille Murphy acquiert une luxueuse propriété à Antibes, qu'elle nomme « Villa America ». Ce magnifique lieu de villégiature devient vite un point de ralliement de l'intelligentzia artistique, dont les plus habitués sont Zelda et F. Scott Fitzgerald, Ernest Hemingway, John Dos Passos, Jean Cocteau, Picasso et, bien entendu, le couple Porter.

Se mêlant au milieu artistique parisien, les noms de Porter et Murphy ressurgissent sans surprise au moment où de Maré a l'intention de créer un ballet typiquement américain. Murphy, ayant accepté de se charger de l'argument, des décors et des costumes de ce ballet américain, se porte volontaire pour persuader son ami Porter de collaborer avec lui comme compositeur[28]. Pendant trois semaines de juillet 1923, les deux compères s'installent au Palazzo Barbaro à Venise, une des résidences des Porter, pour travailler intensivement sur leur projet[29].

Charles Koechlin attitré à l'orchestration

Avant cette période de travail, Porter suit des leçons privées de composition et d'orchestration avec Charles Koechlin, que Milhaud[30] lui a présenté. En effet, depuis 1914, Milhaud et Koechlin entretiennent des liens professionnels très serrés[31]. Comme ce dernier a déjà donné des cours d'orchestration, notamment à Germaine Tailleferre et à Francis Poulenc, il paraît tout naturel à Milhaud de le recommander à son ami américain. Selon Robert Orledge, Milhaud concocte, le 5 juin 1923, un dîner de rencontre entre Koechlin et Porter dans le but de conclure une entente entre eux. La rencontre est un succès : le jeune compositeur américain, qui s'installe à l'Hôtel Ritz de Paris, reçoit

26. Rubin, *The Painting of Gerald Murphy*, p. 11.

27. Rotily, « A Picture of America by Gerald Murphy », dans Lévy (dir.), *A Transatlantic Avant-Garde*, p. 56.

Murphy ne peint que jusqu'en 1929, année correspondant au diagnostic de tuberculose de son fils Patrick, qui le perturbe profondément. Entre 1922 et 1929, il produit une collection de quatorze œuvres. William C. Agee, « Gerald Murphy, Painter : Recent Discoveries, New Observations », *Arts*, n° 59, mai 1985, p. 81-89, ici p. 81-82.

28. Fell, *The Life That Late He Led*, p. 86.

29. Tomkins, *Tendre était la vie*, p. 94.

30. L'idée de prendre des cours de composition remonte à l'année précédente. Murphy confie que, à l'été 1922, Linda Lee, qui aspire à ce que son mari développe son talent de musicien du côté de la « musique savante », invite Igor Stravinski à les visiter à Antibes pour donner à Porter des cours de composition. Tout porte à croire que le compositeur russe a décliné l'invitation. McBrien, *Cole Porter*, p. 89.

31. Sur les liens entretenus entre Milhaud et Koechlin, consulter Liouba Bouscant, « Milhaud et Koechlin : une somme de convergences esthétiques », dans Jacinthe Harbec et Marie-Noëlle Lavoie (dir.), *Darius Milhaud, compositeur et expérimentateur*, Paris, Vrin, 2014, p. 153-163.

ainsi du maître français un enseignement intensif de huit leçons réparties sur onze jours. Le 6 juillet suivant, Porter retourne au Palazzo Barbaro, où il se concentre tout l'été sur le projet *Within the Quota* [32].

Pour des raisons connues de lui seul, Porter sollicite Koechlin pour orchestrer la partition [33]. Dès la réception du télégramme, le 14 septembre 1923, Koechlin accepte la demande de Porter et se met à travailler à partir d'un manuscrit de 64 pages, soigneusement transcrit pour trois pianos [34]. Au départ, l'orchestrateur expérimenté annote, avec force détails, le manuscrit entier : son travail préliminaire consiste à attribuer un instrument spécifique à chacune des voix de la partition [35]. En raison du court délai dont il dispose avant la première représentation, il termine la retranscription orchestrale le 27 septembre 1923 [36]. Porter étant entièrement satisfait du travail accompli [37], Koechlin livre sa partition le 13 octobre [38], et une première lecture s'effectue à Paris le 17 octobre. Les répétitions d'orchestre, dirigées par Vladimir Golschmann (1893-1972), débutent le 19 octobre, soit une semaine avant la grande soirée de la répétition générale.

La soirée de la représentation parisienne

Pour son programme d'automne 1923, de Maré adopte une formule mixte de spectacle-concert. En plus de la création de deux ballets, *La Création du monde* et *Within the Quota*, il prévoit l'exécution de nouvelles œuvres instrumentales de compositeurs français. Au départ, le ballet *La Création du monde* devait ouvrir le programme; au dernier moment, Léger demande d'intervertir l'ordre de manière à ce que son ballet, au ton plus sérieux que *Within the Quota*, termine la soirée. Cette modification acceptée,

---

32. Orledge, « Cole Porter's *Ballet Within the Quota* », p. 21.

33. Les informations données dans ce paragraphe proviennent de l'article de Orledge (*ibid.*, p. 21-22).

34. Exceptionnellement, le mouvement VII, intitulé « Jazz Baby Reformer », est écrit pour quatre pianos. Cole Porter, *Within the Quota*, partition pour trois pianos, manuscrit autographe, 1923, Rolf de Maré Study Center - Dansmuseet Stockholm (Centre d'étude Rolf de Maré - Musée de la danse de Stockholm, ci-après Dansmuseet), Fonds Ballets suédois, dossier « *Within the Quota* », boîte des partitions manuscrites. Sauf exception, nous n'indiquerons dans ce chapitre que « Dansmuseet » et le nom de la boîte comme référence au fonds des Ballets suédois à Stockholm.

35. Le manuscrit réalisé avec une écriture très méticuleuse à l'encre noire, et annoté au crayon de plomb par Koechlin, est conservé à la Bibliothèque nationale de Paris, Département de la musique sous la cote Cons. Ms. 15472. Une comparaison avec le manuscrit de la partition d'orchestre, qui nous a été aimablement fournie par Marc Lerique-Koechlin, révèle que l'orchestration est fidèle aux annotations apposées sur le manuscrit de Porter. Cole Porter, *Within the Quota*, partition d'orchestre, orchestration de Charles Koechlin, manuscrit autographe, septembre 1923, Dansmuseet, boîte des partitions manuscrites.

En accord avec Orledge (« Cole Porter's *Ballet Within the Quota* », p. 27), nous pourrions facilement reconstituer plusieurs passages à partir de cette partition « pré-orchestrale ».

36. Dans l'après-midi du 26 septembre 1923, Porter aurait rendu visite à Koechlin pour vérifier son travail. Seules les pages 16 à 20 sont alors réorchestrées. *Ibid.*, p. 22. En consultant le manuscrit annoté, nous avons constaté que la mention « correct » est apposée à chacun des mouvements. Nous supposons que cette mention est de la main de Porter et qu'elle atteste son accord avec les choix d'orchestration de Koechlin.

37. Sa satisfaction est démontrée par le fait que Porter suit cinq autres leçons d'orchestration avec Koechlin entre le 23 janvier et le 5 février 1924, soit après la représentation du ballet *Within the Quota*. *Ibid.*, p. 21, n. 7.

38. Apparemment, Koechlin aurait demandé à Porter de venir récupérer la partition à Villers-sur-Mer le 5 octobre 1923. Comme Porter ne pouvait s'y rendre, c'est la fille de Koechlin, Hélène, qui aurait apporté la partition au secrétaire du compositeur américain. *Ibid.*, p. 22.

les différentes œuvres sont réparties de manière équilibrée entre les deux parties du programme : une série d'œuvres de concert, dirigées par Roger Désormière, précède chacun des ballets, présentés respectivement à la fin des parties, sous la direction de Golschmann.

Ainsi, la soirée commence par un concert d'œuvres de Satie – deux *Gymnopédies*, *Rêverie de Pantagruel*, *Marche de cocagne*, *Jeux de Gargantua* et *Danses du piège de Méduse*[39] – lesquelles sont suivies de deux chorales de Koechlin. Les pièces cocasses de Satie préparent ainsi l'auditoire à l'humour de *Within the Quota* qui termine la première partie du programme. La seconde partie s'ouvre au son de la musique de jeunes compositeurs associés à l'école d'Arcueil – Henri Sauguet, Roger Désormière, Maxime Jacob et Henri Cliquet-Pleyel[40] – et se termine par le ballet *La Création du monde*. L'ensemble du spectacle n'est donné que trois fois avant le départ pour la tournée américaine, soit les 25, 29 et 31 octobre 1923. Ce faisant, de Maré « a tenu à ce que son cher Paris ait, comme toujours, la primeur »[41].

La tournée américaine et l'énigme autour de la partition d'orchestre

La tournée américaine comporte un grand défi pour de Maré. Il envoie par paquebot le matériel de plusieurs ballets de la troupe dont *Les Vierges folles*[42], *L'Homme et son Désir*, *Les Mariés de la tour Eiffel*, *Skating Rink*, *La Création du monde* et, bien entendu, *Within the Quota*.

Lors de cette tournée américaine, qui se déroule de novembre 1923 à mars 1924, de Maré affronte de nombreuses difficultés de réservation de salle. De plus, l'agent Herndon, se retrouvant seul à organiser la tournée, ne réussit pas à mener une campagne publicitaire assez énergique auprès des théâtres américains. Par ailleurs, le caractère extrêmement moderne des productions des Ballets suédois s'ajoute aux autres embûches : il est difficile d'y attirer le public américain, connu pour son conservatisme[43]. En dépit des obstacles rencontrés, le ballet *Within the Quota* est celui qui remporte le plus de succès, comme nous l'aborderons plus loin.

À la suite de la tournée américaine, *Within the Quota* ne reprend pas l'affiche avant les années 1980. Une des explications de cet oubli est que l'on a longtemps cru la partition d'orchestre perdue. L'énigme autour de la partition commence en 1954 ; Richard Hubler rédige alors une biographie sur Porter. Pour l'occasion, le compositeur recherche en vain la partition de *Within the Quota*. Malgré de multiples tentatives auprès du Dansmuseet à Stockholm, Porter confie à regret à son biographe que la partition originale est perdue et qu'il n'en possède aucune copie[44].

---

39. Häger, *Ballets suédois*, p. 45.

40. Parmi ces jeunes compositeurs, Henri Sauguet, Roger Désormière et Maxime Jacob sont des élèves de Koechlin. Orledge, « Cole Porter's *Ballet Within the Quota* », p. 23.

41. Häger, *Ballets suédois*, p. 45.

42. Ce ballet a été créé le 18 novembre 1920. Les autres ballets énumérés font l'objet de chapitres précédents dans le présent ouvrage.

43. Pour en savoir davantage sur le déroulement de la tournée, voir Näslund, *Rolf de Maré*, p. 345-350.

44. McBrien, *Cole Porter*, p. 91.

À la mort de Porter, en 1964, plusieurs recherches sont effectuées pour retracer les deux manuscrits de *Within the Quota* (l'un pour trois pianos, l'autre pour orchestre) afin de présenter l'œuvre lors d'un concert hommage au compositeur. Deux ans plus tard, Robert Kimball retrouve le manuscrit à trois pianos parmi les documents que Porter lègue à l'Université Yale. Après maintes démarches non concluantes auprès du Dansmuseet, le compositeur William Bolcom réalise une nouvelle orchestration à partir du manuscrit pour trois pianos en vue d'une représentation à New York en 1970. La British Broadcasting Corporation (BBC) a notamment utilisé cette orchestration pour la création anglaise réalisée par le Concert Orchestra, dirigé par Ashley Lawrence le 5 novembre 1974[45].

Étrangement, l'arrivée en 1989 du directeur Erik Näslund au Dansmuseet rectifie la nature de l'information : le Fonds d'archives des Ballets suédois détient en sa possession la partition autographe d'orchestre de *Within the Quota*[46]. Cette nouvelle donnée a permis au chef John McGlinn d'effectuer un enregistrement de l'œuvre[47].

En 1998, le public suédois contemple le ballet *Within the Quota* dans sa version originale grâce au travail de reconstitution de la chorégraphe Millicent Hodson et de l'historien d'art Kenneth Archer pour le Ballet royal de Suède[48]. À défaut d'assister à une représentation, jetons un regard sur chacune des composantes artistiques de ce ballet.

La scénographie : le portrait d'une Amérique vue de loin

Au départ, ce ballet-sketch devait être intitulé *Landed* (*Le Débarqué*). Afin de mieux correspondre à la thématique, le titre change pour *Within the Quota*, qui devient *L'Immigré* pour les représentations parisiennes. Quel que soit le titre attribué, le ballet traite de la question des perceptions d'un étranger face à la découverte d'un pays et d'une culture inconnus. Ce sujet se rapporte directement à Murphy, qui profite de sa propre situation pour construire la thématique du ballet. Dans une entrevue, l'artiste bostonnais explique que « vivre à Paris lui donnait du recul [...] et [qu']il voulait utiliser cette perspective différente pour décrire l'Amérique vue de loin »[49].

L'illustration du programme : l'arrivée de l'Immigrant à New York

L'illustration de Murphy accompagnant le programme du spectacle (ill. 28) présente un premier point de vue de cette « Amérique ». Elle dresse, en fait, le portrait du Nouveau Monde à travers la ville de New York, où débarque l'Immigrant.

45. Orledge, « Cole Porter's *Ballet Within the Quota* », p. 26-27.

46. Selon un échange avec Otfried Nies, directeur des Archives Charles Koechlin, que nous remercions de nous avoir communiqué cette information si éclairante.

47. Cole Porter, *Within the Quota*, enregistré en 1990, John McGlinn, chef d'orchestre, 1 disque compact, EMI Classics D105624, 1991.

48. Charles R. Batson, *Dance, Desire, and Anxiety in Early Twentieth-Century French Theater : Playing Identities*, Aldershot (Hants) / Burlington (Vermont), Ashgate, 2005, p. 171, n. 97.

49. Murphy, entrevue donnée pour l'article « American Ballet in Paris To-night », *New York Herald*, 25 octobre 1923, p. 1 et 6, ici p. 6 ; cité et traduit dans Näslund, *Rolf de Maré*, p. 341.

Illustration 28. Gerald Murphy, *Within the Quota*, 1923, photographie de l'aquarelle, gouache et collage sur papier, couverture du programme souvenir des Ballets suédois 1923-1924, 27,5 cm x 21 cm., Dansmuseet, Stockholm.

L'Immigrant en question est ce pauvre paysan suédois « à la tignasse blonde et à l'air niais, vêtu d'un complet bleu clair nettement trop petit pour lui et [de] son chapeau vert »[50]. Il immigre en Amérique pour faire fortune. Comme un objet importé, l'Immigrant arbore le numéro » 17 » sur une étiquette apposée au collet de son veston. Il débarque à New York avec « une valise dans une main, un baluchon dans l'autre », caricaturant ainsi le personnage du célèbre film *The Immigrant* de Chaplin (1917). D'ailleurs, l'intitulé de ce film à succès est souvent emprunté par la direction des Ballets suédois, qui souhaite ainsi attirer le public.

50. Les citations et les informations reportées dans ce paragraphe sont puisées dans *ibid.*, p. 341-342.

Tel qu'il est représenté dans l'illustration, le nouvel arrivant semble frappé de stupeur par l'environnement urbain. Murphy amplifie la sensation de vertige en utilisant un premier *collage* pour montrer les divers points de vue de ce paysage démesuré. En fait, le gigantisme architectural de New York est reproduit par un enchevêtrement complexe de diagonales, de verticales et d'horizontales. S'y mêlent les plus hauts gratte-ciel de la métropole[51], à l'intérieur desquels se faufilent machines et structures métalliques. Parmi les fragments d'images, nous reconnaissons, entre autres, l'armature métallique du pont de Brooklyn, qui longe le cadre droit de l'illustration ; les deux cheminées d'un transatlantique ; un tramway numéroté 2425, qui coupe un train traversant en sens inverse. Leur rencontre s'effectue au *centre* de la composition, juste derrière la tête du personnage.

À l'arrière-plan en haut de l'illustration, s'étend un autre point de vue de la métropole américaine. Sur un fond sombre et troublant, le paysage, dessiné à l'envers, évoque le port de New York vu du large. Derrière les navires s'échelonnent des quais et entrepôts ; deux portent un écriteau, « Pennsylvania Railroad » et « Pier 3 ». Une autre représentation du port figure au bas de l'illustration, où amerrit un hydravion, symbole de la technologie. Ce bord de l'eau s'ouvre sur un quartier plus commercial, où l'artiste applique, sur l'un des édifices, l'enseigne de la compagnie familiale, Mark Cross. L'édifice en question se trouve entre les jambes de l'Immigrant[52]. Muni de sa petite valise ornée des fioritures fleuries propres à son pays d'origine, ce Suédois, occupant une grande partie de la composition, se place au *centre* du chaos urbain de cette ville « qui ne dort jamais ».

La toile de fond : une Amérique animée par les nouvelles à sensation

Le dispositif scénique du ballet *Within the Quota* se limite à une toile de fond. Elle prend l'apparence d'une page de journal aux dimensions démesurées (ill. 29), portant le titre de « *New York Chicagoa Daily, Final Edition* » ; Murphy parodie ainsi les tabloïds américains remplis de nouvelles à sensation.

Cette gigantesque page de journal est le produit d'un deuxième collage. Pour le réaliser, Murphy examine, au cours de l'été 1923, quelque 250 journaux américains avec une idée de départ très précise : « L'objet est d'extraire la quintessence de l'américanisme à partir de ses journaux »[53]. Avec son regard d'expatrié, Murphy construit une première page de journal qui ironise sur la réalité américaine et montre la démesure employée dans le traitement de l'actualité du nouveau continent.

---

51. À gauche, on reconnaît le Flatiron Building (1902), anciennement Fuller Building, considéré au début du XXe siècle comme l'un des plus hauts gratte-ciel de Manhattan.

52. Il est intéressant de constater le lien entre l'Immigrant et la compagnie Mark Cross. De 1912 à 1918, Murphy travaille lui-même à la compagnie de cuir paternelle, qui a pignon sur la 5e Avenue à New York. En 1934, il en devient le président et en dirige les activités. Ainsi, en une seule image, Murphy appose les multiples référents de son identité.

53. « *The object is to get the quintessence of Americanism out of its newspapers* ». Levin, « The Ballets Suédois and American Culture », dans Baer (dir.), *Paris Modern*, p. 120 et Rubin, *The Painting of Gerald Murphy*, p. 29. Notre traduction.

Illustration 29. Gerald Murphy, *Within the Quota*, 1923, photographie de la maquette du décor collage de la toile de fond, coll. Honoria M. Donnelly, New York.

Les grands titres utilisés, qui font d'ailleurs allusion aux sujets traités dans l'argument, sont un reflet de cette Amérique. En voici quelques-uns : « *Gem Robbers Foil $210,000 Swindle* » (Des voleurs de pierres précieuses déjouent une escroquerie de 210 000 $) [54]; « *Ex-Wife's Heart-Balm Love-Tangle* » (Une ex-femme reçoit une compensation pour une affaire de chassé-croisé amoureux) ; « *Rum Raid Liquor Ban* » (Saisie de rhum lors d'une rafle policière) ; « *Romance ends in Court* » (Une idylle amoureuse se termine devant les tribunaux). Comme le démontre Robert M. Murdock, il y a effectivement un rapprochement à faire entre les titres présentés par Murphy et ceux qui sont parus dans le *New York Herald* en 1923 : « *Farrar Divorce in New Tangle* » (Nouvelle complication dans le divorce des Farrar), « *Rum Pirates Come Close to Making Neat Haul* » (Des contrebandiers de rhum passent à deux doigts d'un vol parfait), « *Will of Steel Magnate Reveals Paris Romance* » (Le testament d'un magnat de l'acier révèle une romance parisienne) et « *American Loses $200,000 Gems* » (Un Américain perd 200 000 $ de pierres précieuses) [55].

54. Nous traduisons tous les titres figurant dans ce paragraphe.

55. Robert M. Murdock, « Gerald Murphy, Cole Porter, and the Ballets Suédois of *Within the Quota* », dans Baer (dir.), *Paris Modern*, p. 112. Notre traduction. Mentionnons que Murdock a réalisé une excellente analyse de la toile de fond de Murphy, dont nous avons repris plusieurs éléments dans ce paragraphe.

Sur la toile de fond, le grand titre du quotidien, « *Unknown Banker Buys Atlantic* » (Un banquier inconnu achète l'Atlantique)[56], attire particulièrement l'attention : il se rapporte à l'un des premiers transatlantiques américains. Comme les voyages outremer occupent de plus en plus l'imaginaire populaire, les publicités se disputent la mention du « plus grand paquebot du monde ». Voit alors le jour une profusion d'images et de cartes postales comparant la longueur des paquebots à la hauteur d'imposants monuments historiques (les pyramides ou le Washington Monument) ou de gratte-ciel[57]. Murphy récupère donc cette astuce publicitaire pour en faire le sujet principal de sa page-titre. Il place à gauche de la manchette du jour, une illustration qui juxtapose un paquebot au Woolworth Building de New York (ill. 29). Contrairement aux images en circulation, le paquebot est ironiquement illustré en position verticale, la proue pointant vers le bas, une position qui, selon Murdock, évoque le naufrage du *Titanic*, comme s'il constitue toujours une menace, même onze ans après cette tragédie[58].

Le libellé de l'image, « *The Queen of the Seas versus The Cathedral of Commerce* » (ill. 30), souligne la taille du paquebot : ce dernier dépasse le sommet du Woolworth Building. Par conséquent, il reçoit le titre de « *Largest Liner In* » (le plus grand paquebot), qui couronne l'illustration. En fait, ce paquebot ressemble de près au bateau *Leviathan*, considéré comme le plus grand paquebot à vapeur de son temps[59]. Cet immense navire, ayant servi durant la Première Guerre mondiale, fait la manchette des quotidiens *The Daily Star* (19 juin 1923) et *The New York Times* ([4] juillet 1923) : « escorté par plusieurs avions », ce « *Mammoth Liner* »[60], alors entièrement reconverti en luxueux navire de croisière, entreprend, le 4 juillet 1923, sa traversée inaugurale de New York à Southampton (Royaume-Uni)[61]. Le lien entre le *Leviathan* et *Within the Quota* devient encore plus probant du fait que la prohibition d'alcool – thème repris dans le ballet – est appliquée à bord de ce paquebot américain et qu'une bonne partie de la clientèle, surtout celle de la troisième classe, vise l'immigration. Outre ces sujets fort exploités dans le ballet, il faut ajouter que l'orchestre américain du *Leviathan* connaît

56. Traduction de Tomkins (*Tendre était la vie*, p. 95).

57. Murdock, « Gerald Murphy, Cole Porter, and the Ballets Suédois of *Within the Quota* », dans Baer (dir.), *Paris Modern*, p. 113.

58. *Ibid.*

59. *Ibid.* Ce paquepot est aussi connu sous le nom de SS *Leviathan* (United States Steamship *Leviathan*). Une reproduction de la photo de ce navire figure dans l'article de Murdock (*ibid.*, p. 112). Pour sa part, Rubin (*The Painting of Gerald Murphy*, p. 28) associe ce paquebot au *Paris*, considéré comme le plus grand transatlantique européen. Il est intéressant de constater que, même si Rubin et Murdock renvoient à un paquebot différent, tous les deux font un lien entre l'image du paquebot reproduite dans la toile de fond et le tableau *Boatdeck* que Murphy peint dans la même période et qui sera exposé au Salon des Indépendants en 1924.

60. Le titre est puisé dans le journal *The New York Times* paru en juillet 1923. Le titre complet est « Leviathan Sails With 1,700 Aboard As 10,000 Cheer; Mammoth Liner Is Led by First of All Steamboats and Escorted by Planes », ce qui se traduit par « Le Leviathan prend la mer avec 1700 [passagers] à bord alors que 10,000 [personnes] l'applaudissent; le paquebot est guidé par le premier de tous les bateaux à vapeur et escorté par des avions ». Notre traduction.

61. Murdock, « Gerald Murphy, Cole Porter, and the Ballets Suédois of *Within the Quota* », dans Baer (dir.), *Paris Modern*, p. 113.

une certaine notoriété, puisqu'il a enregistré plusieurs disques dans les années 1920[62]. Cette atmosphère des *dancings* de croisière est recréée dans *Within the Quota*.

Murphy construit sa toile de fond du ballet telle une peinture cubiste : il emploie la technique du *collage*, où se juxtaposent des titres et des articles de journaux inspirés de véritables nouvelles parues à l'été 1923. Mais Murphy se distancie du style cubiste et nuance son intention à propos de ce décor : « Ce n'est pas du cubisme, mais sa composition est inspirée du cubisme »[63].

En lien avec les récentes théories de son ami Léger, l'artiste bostonnais conçoit ainsi une scénographie qui se veut un « décor mobile ». Il dispose la toile de fond de manière à réduire au maximum la profondeur scénique; il crée ainsi un effet de surface plane bidimensionnelle entre la scène et le décor[64]. Devant cet immense tableau évoluent des personnages – des faits – qui rendent réelles les manchettes du jour. Le fantastique que sous-entendent les grands titres prend alors vie. Comme dans un conte de fées, les vedettes faisant l'objet de potins dans les journaux sortent du tabloïd pour se montrer au grand jour. Ayant la même fonction que les sujets d'un tableau, ces personnages très typés représentent la société américaine, confrontée au paradoxe de l'hédonisme et du puritanisme.

L'argument : le rêve américain sous forme de ballet-collage

Adoptant la formule des mini-sketchs, le ballet relate les multiples rencontres impromptues que fait l'Immigrant lorsqu'il arrive à New York. Ce ballet-sketch se divise concrètement en dix courts numéros, où défilent à tour de rôle des personnages fantaisistes issus du cinéma hollywoodien. Dans *Paris-Journal*, Gilbert Seldes dresse leur portrait :

> Les figures qui passent devant les yeux de l'Immigrant sont les héros mythiques de la vie américaine moderne, en partie comme se les représentent la moyenne des Européens d'après le cinéma, en partie tels qu'ils sont dans la réalité. L'intention est la satire, la méthode, l'exagération[65].

En fait, Murphy construit son argument de manière à ce que chacune de ces rencontres, fondamentalement malsaines, soit interceptée par un réformateur ou par un puritain, tout aussi corrompu. La séquence des scènes est reproduite au tableau 21 à partir des titres donnés dans le manuscrit de la partition pour trois pianos de Porter. La colonne de gauche dresse la liste des titres originaux, écrits dans la langue maternelle de Porter, alors que la colonne de droite en fournit la traduction française[66].

---

62. « SS *Leviathan* », *Wikipedia*, http://fr.wikipedia.org/wiki/SS_Leviathan, consulté le 13 mai 2017.

63. « *It is not Cubism, but its composition was inspired by Cubism* », cité dans Rubin, *The Painting of Gerald Murphy*, p. 40 et Levin, « The Ballets Suédois and American Culture », p. 120. Notre traduction.

64. Häger, *Ballets suédois*, p. 45.

65. Gilbert Seldes, *Paris-Journal*, 27 octobre 1923, repris dans Häger, *Ballets suédois*, p. 212.

66. Les traductions françaises proviennent des articles de presse de l'époque ou de l'ouvrage de Näslund (*Rolf de Maré*, p. 337-347).

N°	Titre original en anglais	N°	Titre traduit en français
I -	Opening	I -	L'Ouverture — L'Immigrant
II -	Heiress	II -	L'Héritière millionnaire
III -	Heiress – Reformer	III -	Le Réformateur de la corruption – Agent du fisc
IV -	Colored Gentleman	IV -	Le Gentilhomme de couleur
V -	Colored Gentleman Reformer	V -	Le Réformateur de la prohibition
VI -	Jazz Baby	VI -	La Jazz Baby
VII -	Jazz Baby Reformer	VII -	Le Réformateur de la Jazz Baby — sombre Quacker
VIII -	Cowboy	VIII -	Le Cowboy [et le Shérif]
IX -	Sweet Heart of the World	IX -	La Reine de tous les cœurs [La Petite Fiancée du monde entier]
X -	Finale	X -	Le Finale

Tableau 21. Titres des numéros de *Within the Quota*[67].

Sauf « L'Ouverture » et « Le Finale », chaque numéro renvoie à une des figures « les plus caractéristiques de l'écran américain »[68]. Le ballet se déroule comme suit[69].

Une fois débarqué du navire (n° I), l'Immigrant rencontre la riche Héritière (n° II), parée d'un immense collier de perles (ill. 30), personnage de droite). L'Héritière use de sa fortune pour séduire le nouvel arrivant. Sans tarder, un Agent du fisc[70] intervient et met fin à ce jeu immoral (n° III). Sorti directement d'un numéro de vaudeville, le Gentilhomme de couleur (deuxième personnage de droite)[71], avec ses guêtres, son canotier, sa canne dans une main et un flacon de whisky dans l'autre, s'apprête à danser les claquettes devant l'étranger scandinave (n° IV). Sa danse est brusquement interrompue par l'arrivée d'un Réformateur, qui confisque l'alcool et force le Gentilhomme à fuir la place publique (n° V). Mais, une fois seul, le Réformateur s'empresse de boire la liqueur prohibée. L'immoralité se poursuit avec l'arrivée de la sexy Jazz Baby (troisième personnage de gauche) au corsage ajusté (n° VI). Sa jupe faite de fils suspendus laisse voir ses jambes élancées, qu'elle met en valeur en dansant un *shimmy*. La surprenant dans ses déhanchements, un sombre Quaker vient lui faire la morale (n° VII).

67. La distribution de la représentation du 25 octobre 1923 est la suivante : Jean Börlin pour l'Immigrant; Klara Kjellblad pour l'Héritière millionnaire; Toïvo Niskanen pour les Puritains Réformateurs et le Shérif; Kaj Smith pour le Gentilhomme de couleur; Ebon Strandin pour la Jazz Baby; Paul Eltorp pour le Cowboy; Edith Bonsdorff pour la Reine de tous les cœurs, aussi appelée la Petite Fiancée du monde entier.

68. Auguste Mangeot, « Les Ballets suédois. L'École d'Arcueil. *La Création du monde. L'Immigrant* », *Le Monde musical*, n° 34, novembre 1923, p. 358-359 ici, p. 359.

69. Puisque nous n'avions pas accès à l'argument de Murphy, le récit a été reconstitué d'après les descriptions faites par Fernand Divoire, « La Danse » (*La Revue de France*, novembre-décembre 1923, p. 654) et Levin, « The Ballets Suédois and American Culture » (dans Baer [dir.], *Paris Modern*, p. 120-121).

70. Les personnages de l'Agent, du Réformateur et du Puritain étaient dansés par une seule personne et ne figurent pas sur cette photo.

71. Ce danseur à claquettes fait référence au célèbre Ulysses « Slow Kid » Thompson. Näslund, *Rolf de Maré*, p. 342.

Subitement, un Cowboy (deuxième personnage de gauche)[72] brandit aveuglément ses deux révolvers pendant qu'un Shérif (premier personnage de gauche) tente en vain de le contrôler (n° VIII). Avant que toute illusion ne s'estompe devant tant d'incongruités, la Petite Fiancée du monde entier (troisième personnage de droite), rappelant l'actrice Mary Pickford avec ses boucles d'or, apparaît devant le Suédois (n° IX). Comme dans un rêve, cette icône du grand écran emmène l'Immigrant avec elle à Hollywood, où il mènera la vie inespérée et fastueuse d'un acteur. Dans un « Finale » brillant (n° X), un caméraman filme cette scène typiquement hollywoodienne, digne d'un *happy end*. Puis, lorsqu'il s'aperçoit que « les spectateurs, charmés par cet agréable sketch, applaudissent, l'homme à la manivelle braque son appareil vers la salle » et « continue à tourner »[73].

Illustration 30. Gerald Murphy, *Within the Quota*, 1923, photographie de la maquette du décor et des personnages, coll. Honoria M. Donnelly, New York.

En terminant le spectacle de la sorte, Murphy établissait ainsi un lien direct avec l'art filmique en transformant le spectacle de danse en une manifestation cinématographique. Comme l'ajoute Näslund, « la référence au cinéma était encore accentuée par le fait que les personnages semblaient jouer face à la caméra en prenant la pose comme dans les films »[74].

---

72. Ce Cowboy est typique des personnages figurant dans les westerns muets du genre Fred Thompson ou Tom Mix. Levin, « The Ballets Suédois and American Culture », dans Baer (dir.), *Paris Modern*, p. 121.

73. Divoire, « La Danse », p. 654.

74. Näslund, *Rolf de Maré*, p. 343.

Ayant d'abord songé à qualifier son ballet de « ballet-ciné-sketch », d'après Bengt Häger, Murphy traite les scènes de *Within the Quota* en séquences très brèves qui « se succèdent rapidement avec des *cuts* ou des fondus enchaînés qui rappellent un montage de film »[75]. Pour Näslund, cet assemblage spécifique de divers clichés cinématographiques est une transposition scénique du *collage* cubiste, la troisième que réalise Murphy dans cette production :

> Les différents clichés que Murphy montrait sur scène avaient la même fonction que les objets qu'il peignait dans ses tableaux : ils représentaient quelque chose. Dans un pur esprit cubiste, il avait découpé des « objets » – dans les magazines de cinéma, en l'occurrence – et les avait « collés » dans un ballet-collage[76].

Pour rendre plus évident ce rapprochement avec le cinéma, Murphy intègre, dans son ballet, des personnages réellement vus à l'écran, qu'il décrit en ces termes :

> Les personnages sont tous issus de la vraie vie. Il y a la Jazz Baby, qui est une combinaison de Goldie (c'est-à-dire Gilda Gray) et d'Ann Pennington ; la Millionnaire, qui est une étude d'une femme américaine entrant au Ritz ; la Petite Fiancée du monde entier, qui est – bien entendu – Mary Pickford. Ils [les personnages] sont tous habillés comme dans la vraie vie. Ce n'est rien d'autre qu'une transposition sur scène de la manière dont je vois l'Amérique à partir d'ici. [...] Paris rendra nécessairement un homme expatrié plus ou moins américain[77].

Un regard plus attentif sur ces personnages nous porte à les associer à certaines figures de l'entourage de Murphy. L'auteur tente-t-il de mettre en scène une facette de sa propre vie ? Plusieurs éléments nous amènent à considérer cette possibilité. D'abord, le protagoniste suédois, tout en représentant la troupe suédoise, rappelle l'histoire du grand-père paternel de Sara Wiborg, la femme de Murphy : ce Scandinave a immigré aux États-Unis pour y faire fortune[78]. De même, la « beauté fraîche et délicate » de Sara, avec « ses cheveux d'or »[79], la rapproche indéniablement de la Petite Fiancée du monde entier, cette « Reine de tous les cœurs ». Un peu de Porter teinte le personnage du Gentilhomme de couleur, qui sait attirer l'attention avec ses numéros de music-hall. Et puis, cette « Millionnaire américaine entrant au Ritz » fait référence à la riche héritière Linda Lee Thomas, la femme de Porter, que Murphy a rencontrée au célèbre hôtel à Paris. Finalement, Näslund associe le rôle du Puritain Réformateur à « une sorte de figure tutélaire ou paternelle, ce père sévère contre lequel Murphy s'était pour ainsi dire rebellé en quittant les États-Unis »[80]. Comme Näslund l'explique, ce Puritain, qui se

---

75. Häger, *Ballets suédois*, p. 45.

76. Näslund, *Rolf de Maré*, p. 343. La démarche employée par Murphy est très semblable à celle utilisée par Cocteau dans *Parade* et *Les Mariés de la tour Eiffel*.

77. « *The characters are all out of real life. There is a Jazz Baby who is a composite of Goldi* [*i.e.*, Gilda] *Gray and Ann Pennington, a millionairess who is a style of an American woman entering the Ritz, a Sweet-heart of the World who is of course Mary Pickford. They are all dressed as in real life. [...] It is nothing but a translation on to the stage of the way America looks to me from over here. [...] Paris is bound to make a man either more or less American* ». Murphy, entrevue donnée pour l'article « American Ballet in Paris To-night », p. 6 ; repris dans Orledge, « Cole Porter's Ballet Within the Quota », p. 24. Notre traduction.

78. Tomkins, *Tendre était la vie*, p. 19.

79. Ces qualificatifs et attributs sont de Tomkins (*ibid.*).

80. Näslund, *Rolf de Maré*, p. 343.

montre sous divers déguisements – tantôt en Fonctionnaire du fisc, tantôt en Agent luttant contre la prohibition, tantôt en Shérif – est une incarnation du père mettant « le jeune garçon en garde contre la vanité des richesses, les méfaits de l'alcool, etc. »[81]. Mais ici, le Puritain, « qui interdit de briller, de boire, d'aimer, [...] s'accorde à lui-même les plaisirs qu'il proscrit. C'est une farce d'une facile gaieté »[82].

Quand il prévoit l'organisation formelle des personnages épicuriens, ceux à la conduite immorale, Murphy alterne entre le masculin et le féminin : l'Héritière millionnaire, le Gentilhomme de couleur, la Jazz Baby, le Cowboy et la Reine de tous les cœurs. L'escouade de la moralité, quant à elle, est représentée par un seul personnage noir, qui, comme nous l'avons mentionné, adopte plusieurs rôles selon la situation présentée. Son essence consiste à effaroucher toute personne à la conduite immorale, « qui s'enfuit, laissant le jeune immigrant seul aux prises avec ses rêves fous »[83].

Un contraste s'établit ainsi entre chacune des scènes qui montrent, d'une part, la vie libertine d'une série d'hommes et de femmes et, d'autre part, les différents gardiens de l'ordre joués par le même individu noir. Il y a donc jumelage entre l'ordre immoral et moral des n°s II – III, IV – V et VI – VII. Le n° VIII, de son côté, rassemble à lui seul les deux types de personnages : le Cowboy et le Shérif. En ce qui a trait aux deux derniers numéros, IX – X, ils s'allient pour former le dénouement : la rencontre entre l'Immigrant et la Petite Fiancée. Vu sous cet angle, le spectacle traite en réalité six thématiques, six sujets tabous, qui sont transcrits dans la partie supérieure du schéma 12 : l'immigration (n^o^ I), la richesse (n°s II et III), la prohibition de l'alcool (n°s IV et V), la liberté sexuelle (n°s VI et VII), le port d'armes (n° VIII) et la célébrité (n°s IX et X).

Lors des deux dernières scènes, les tabous s'estompent pour glorifier l'heureux dénouement des péripéties de l'Immigrant suédois.

La musique : le music-hall en collage

Comme l'action se déroule à New York, Porter compose une musique apte à traduire la vie bouillonnante de cette ville. Pour lui, le jazz est de toute évidence le genre qui représente le mieux l'esprit animé et agité de la métropole américaine. Dans une position semblable à celle de Murphy, Porter se sent plus à l'aise de composer de la musique de style américain en étant en pays étranger. Il précise : « Il est plus facile d'écrire de la musique de jazz ici qu'à New York, notamment parce qu'aux États-Unis, on est exposé à l'influence de la chanson populaire. Et le jazz vaut mieux que cela. Il représente un énorme potentiel pour l'avenir de la musique »[84].

---

81. *Ibid.*, p. 342-343.

82. Fernand Nozière, [« *Within the Quota* »], *L'Avenir*, 27 octobre 1923, [n.p.], coupure de presse, Dansmuseet, classeur 6, CD III, p. 108.

83. Näslund, *Rolf de Maré*, p. 343.

84. « *It's easier to write jazz over here than in New York. One reason is because you are too much under the influence of the popular song in America, and jazz is better than that. It has a very large value for the future of music* ». Cole Porter, entrevue donnée pour l'article « American Ballet in Paris To-night », p. 6 ; cité dans Näslund, Rolf de Maré, p. 341-342. Traduction de Näslund.

Centre

	I	II	III	IV	V	VI	VII	VIII	IX	X
	Immigration	Richesse		Prohibition		Sexualité		Port d'armes	Célébrité	
Nombre de mes.	114	101		104		110		125	97	
Mes.	1	115	166	216	296	320	406	430	555	601
Mouv	I	II	III	IV	V	VI	VII	VIII	IX ——	X
Titres	Ouverture Rêve-Immigrant	Héritière	Puritain 1	Gentil-homme	Puritain 2	Jazz Baby	Puritain 3	Cowboy Shérif Im	Rêve Fiancée	Finale
Thèmes	R Im*	H Im*	P^1 Im	G Im*	P^2 Im	I | JB Im*	P^3 Im	I | Cb Sh/Cb Im/Cb	R	Im*
	Intro-valse	fox-trot		ragtime		shimmy		blues	valse tango	

Légende :

* : point central
Cb : thème du Cowboy
G : thème du Gentilhomme
H : thème de l'Héritière
I : introduction
Im : thème de l'Immigrant
JB : thème de la Jazz Baby
P : thème d'un des Puritains
R : thème du rêve américain
S : thème du Shérif

Schéma 12. Représentation formelle de *Within the Quota*.

Inspirée du music-hall de Broadway, la composition de *Within the Quota* explore un riche kaléidoscope de musiques à la mode entendues dans les cafés-concerts, les salles de danse et les théâtres de films muets. Tel un *collage*, des morceaux de ragtime, de *blues*, de fox-trot, de valse tango et de marche se juxtaposent (voir la partie inférieure du schéma 12) ; ils se mêlent aux bruits stridents de la vie moderne urbaine pour former un tout compositionnel.

Élaborés à partir d'éléments jazzistiques, les thèmes personnifiés de *Within the Quota* exhibent, de manière très typée, des rythmes syncopés et des sonorités *bluesées* particulièrement perceptibles par la récurrence incessante de l'intervalle-clé de la tierce mineure. Cette caractéristique de la tierce mineure, qui parsème la partition, se trouve notamment à la base de la mélodie centrale de la composition, que nous nommons le » thème de l'Immigrant ». En miroir à l'action, construite autour de l'Immigrant, la composition de Porter gravite également autour du thème de l'Immigrant. Comme nous le verrons plus loin, ce thème, qui se résume à une courte ligne mélodique de quatre mesures, revient à chaque numéro, sauf pour un seul, le numéro « IX – La Reine de tous les cœurs ». Ce numéro précède directement, dans une atmosphère de joie et de fête, le numéro final, où les sonorités *jazzées* du thème de l'Immigrant se déploient côte à côte avec la mélodie hollywoodienne du rêve américain associée à la Reine de tous les cœurs. La composition se termine en faisant vibrer la « note bleue » de la tierce mineure à l'image d'un *blues* américain.

L'orchestration : le jazz confronté à la tradition de la musique savante[85]

Outre les caractéristiques mélodico-rythmiques mettant en valeur l'intervalle-clé de la sonorité *blues*, l'orchestration joue également un rôle significatif dans la personnification musicale. Au sein de son orchestration, Koechlin fait valoir son savoir-faire dans l'usage des ressources instrumentales pour souligner les spécificités de la composition en lien avec le drame. Toutefois, le style orchestral utilisé n'est pas le plus *jazzé* qui soit.

Tout porte à croire que Porter confie le travail d'orchestration à Koechlin sans lui donner de directives précises[86]. Or, rien n'indique que le maître orchestrateur apprécie le jazz à cette époque[87]. Aussi se tourne-t-il vers un effectif instrumental traditionnel dans sa réalisation plutôt que vers une instrumentation propre à un grand ensemble jazz,

85. L'étude analytique de la composition est une version révisée et élargie de notre article : Jacinthe Harbec, « *Within the Quota* de Cole Porter et Charles Koechlin : la francisation du jazz américain », *Cahiers de la Société québécoise de recherche en musique*, numéro spécial *Transferts culturels et autres enjeux stylistiques*, vol. 16, n°s 1-2, 2015 (paru en 2017), p. 39-50.

86. Koechlin orchestre la partition de Porter du 18 au 27 septembre 1923 (Robert Orledge, *Charles Koechlin (1867-1950) : His Life and Works*, Chur (Suisse), Harwood Academic Publishers, 1989, p. 406). Après quelques retouches apportées au début d'octobre, la partition d'orchestre est livrée à Porter le 17 octobre 1923 (Orledge, « Cole Porter's Ballet *Within the Quota* », p. 22).

87. À la question « Le jazz-band est[-il] pour vous "de la musique" ? », posée dans un sondage effectué par André Schaeffer et André Cœuroy en 1925, Koechlin répond ceci : « Je n'ai rien d'intéressant à vous dire, *je suis trop ignorant en cette matière* pour vous donner un avis motivé ». Le résultat de ce sondage paraît sous le titre « Enquête sur le jazz-band », (*Paris-Midi* (8 mai-1er juillet, 1925) et est reproduit dans Martin Denis-Constant et Olivier Roueff, *La France du jazz : musique, modernité et identité dans la première moitié du vingtième siècle*, Marseille, Éditions Parenthèses, 2002, p. 182-204. Nous soulignons.

ou même à un petit ensemble de jazz – comme c'est le cas pour *La Création du monde* de Milhaud[88]. Afin d'évoquer minimalement ce style musical américain, Koechlin intègre malgré tout un saxophone alto à son instrumentation.

Ainsi, l'œuvre est écrite pour un orchestre conventionnel, incluant les sections de bois, de cuivres, de percussions et de cordes, auquel Koechlin ajoute, en plus du saxophone alto, un piano, un célesta, une harpe et un xylophone[89]. Si l'on compare cette instrumentation avec celles des orchestres jazz s'étant déjà produits en France à la fin de la Première Guerre mondiale ou même avec celles d'autres formations similaires qui les ont suivis[90], l'orchestration de *Within the Quota* est exempte des instruments typiques tels que le banjo, la batterie ou la section complète des saxophones[91].

De plus en plus, le saxophone joue un rôle de soliste capital dans la musique jazz, comme c'est le cas dans *La Création du monde* de Milhaud. À l'opposé, Koechlin accorde très peu d'importance à ce nouvel instrument vedette, même s'il pressent que certaines mélodies se mouleraient bien à son timbre. Par exemple, sur le manuscrit « pré orchestral » figure l'annotation « clarinette ou saxo » au-dessus de la ligne thématique de « L'Ouverture »[92]. Or, la partition finale montre que le choix de l'orchestrateur s'arrêtera sur la clarinette. Et, tout au long de l'œuvre, sa préférence pour un autre instrument que le saxophone est évidente. Dans les faits, celui-ci ne se manifeste que dans trois passages succincts de la partition, aux n°s VI, VIII et IX. Au n° VI, le saxophone intervient seulement le temps d'une mesure (mes. 395) et, comble de la retenue, son timbre est dissimulé parmi les cors, les trompettes et le trombone qui le doublent. Dans le cas du n° VIII, le saxophone joue la même ligne que les premiers violons, qui énoncent deux fois le thème de l'Immigrant (mes. 527-554). Finalement, dans le n° IX, son intervention consiste, tout d'abord, en un contrechant qu'il partage avec la deuxième clarinette (mes. 573-594), pour ensuite se réduire à un motif d'ostinato harmonisé par les cors et une partie des cordes (mes. 595-600). À vrai dire, l'instrument jazz de prédilection n'apparaît jamais dans la partition comme pur soliste[93] ! Il ne fait

88. À ce sujet, voir le chapitre précédent sur *La Création du monde*.

89. Plus précisément, la partition manuscrite d'orchestre comprend les instruments suivants : deux flûtes (dont un piccolo), deux hautbois (dont un cor anglais), deux clarinettes en *la*, deux bassons, un contrebasson (facultatif), trois cors français, deux trompettes en *do*, deux trombones, un saxophone alto, des percussions (quatre timbales, une grosse caisse, des cymbales, des crotales et un triangle), un ou deux pianos, un célesta, une harpe, un xylophone à clavier et une section complète de cordes.

90. L'orchestre des Harlem Hellfighters du 369e Régiment des États-Unis, dirigé par James Reese Europe, forme l'ensemble à vent le plus connu à avoir parcouru les villes françaises à cette époque. Pour avoir un aperçu des autres orchestres noirs américains présents à Paris de 1917 à 1923, voir Laurent Cugny, *Une histoire du jazz en France*, t. 1 : « Du milieu du XIXe siècle à 1929 », Paris, Édition Outre Mesure, 2014, p. 125-126 et Denis-Constant et Roueff, *La France du jazz*, p. 145-146.

91. Les clairons, l'euphonium et l'accordéon sont également souvent inclus dans l'instrumentation de ce genre d'ensemble. Aux instruments à vent s'ajoute une large section de cordes si les orchestres jouent dans les grandes salles de danse (par exemple, le Café de Paris et le Nouveau Cirque). C'est ce qu'on trouve dans le « jazz symphonique » de Paul Whiteman, grand orchestre de danse populaire aux États-Unis dans les années 1920. Son orchestre se fait rapidement connaître grâce aux enregistrements qu'il effectue dès 1921 dans la catégorie « disque de danse ». Cugny, *Une histoire du jazz en France*, p. 369.

92. Porter, *Within the Quota*, partition pour trois pianos, manuscrit autographe, mes. 25.

93. Cette observation est aussi faite par Orledge (« Cole Porter's *Ballet Within the Quota* », p. 27). Le musicologue ira jusqu'à émettre l'hypothèse que Koechlin aurait *a posteriori* ajouté le saxophone sur

que de rares et courtes interventions (moins que 60 mesures sur 651), et toujours de manière à ce que son timbre s'amalgame à celui des autres instruments.

Hormis cet élément isolé, Koechlin applique à la partition ses propres convictions en matière de timbres orchestraux[94]. En effet, il traite les instruments d'orchestre comme des solistes et les combine de manière particulière afin de conserver les attributs de « densité » ou de « transparence » qui leur sont propres[95]. À titre d'exemple, dans le numéro « II – L'Héritière millionnaire », le *riff*[96] est étonnamment attribué à la harpe, au célesta et au piano, tandis que la première énonciation du thème est confiée au cor anglais et aux violoncelles. Les énonciations thématiques subséquentes dans ce mouvement se font par les autres instruments de bois, doublés par l'alto solo ou les violoncelles, ou les deux ensemble. De son côté, le *riff* survenant dans la deuxième section du numéro « III – Le Réformateur puritain » est joué par les clarinettes : celles-ci accompagnent le duo qu'entreprennent les bassons et l'alto.

Pour amplifier l'intensité de son orchestration, Koechlin recourt le plus souvent au registre aigu des instruments de bois[97]. D'ailleurs, Orledge remarque sa tendance « spécifiquement française » à exploiter les effets aigus des instruments de bois dans son usage thématique[98]. Ajoutons que, dans ce groupe d'instruments, il accorde une nette priorité à la clarinette.

Même si la clarinette joue un rôle important dans les *jazz-band* des années 1920, il demeure que, au lieu de s'approprier des cuivres pour colorer la partition d'une sonorité plus américaine, l'orchestrateur français privilégie la famille des bois et des cordes. Ce constat est manifeste lorsque l'on compare son instrumentation avec celle de Bolcom[99], laquelle compte une imposante section de cuivres et de percussions. Contrairement à Koechlin, l'orchestrateur américain emploie les jeux de sourdines et de notes glissées aux trompettes et aux trombones à plusieurs moments de la composition[100].

Toutefois, on ne peut ignorer certains passages qui se rapprochent de plus près du son jazz. Le numéro « VIII – Le Cowboy [et le Shérif] » constitue un bon exemple. En effet, la mélodie *blues* dans le thème du Cowboy est jouée aux trompettes, qui dialoguent

---

le manuscrit annoté de Porter. Son hypothèse est fondée sur l'usage d'un crayon d'une autre couleur – le rouge – chaque fois que Koechlin annote le saxophone (Porter, *Within the Quota*, partition pour trois pianos, manuscrit autographe).

94. Koechlin parle de « timbres nets » dans son *Traité de l'orchestration*, vol. 3 (Paris, Max Eschig, 1956, p. 8).

95. Frédéric Chiasson « L'Universalité de la méthode de Koechlin », dans Philippe Cathé, Sylvie Douche et Michel Duchesneau (dir.), *Charles Koechlin, compositeur et humaniste*, Paris, Vrin, 2010, p. 397-413, ici p. 404.

96. Très semblable à l'ostinato, le *riff* est un court motif répétitif comportant un patron rythmique distinctif (habituellement syncopé dans la musique jazz) et un contour mélodique mémorable. Il peut être employé dans les diverses familles d'instruments propres au *jazz-band* et se retrouver dans différents moments de la pièce : dès le début comme soutien harmonique ; dans les sections médianes servant de transition vers une nouvelle section ; dans les parties d'improvisations remplissant la fonction de fond sonore.

97. Koechlin, *Traité de l'orchestration*, vol. 1, 1954, p. 220.

98. Orledge, « Cole Porter's *Ballet Within the Quota* », p. 28.

99. Cole Porter, *Within the Quota*, partition d'orchestre, orchestration de William Bolcom, 1970, New Haven [Connecticut], Yale University Music Library, The Cole Porter Collection.

100. Orledge, « Cole Porter's *Ballet Within the Quota* », p. 27-28.

tantôt avec les trombones, tantôt avec les cors. D'ailleurs, à la fin de ce mouvement, le saxophone alto intervient, même s'il est doublé par les premiers violons.

Malgré un traitement instrumental issu de la tradition symphonique, l'orchestration de Koechlin joue un rôle déterminant dans la personnification thématique de la partition. Comme nous le constaterons lors de la présentation des mouvements musicaux, son savoir-faire se remarque notamment dans les jeux de contraste établis entre les différents numéros, plus précisément entre les figures superficielles que rencontre l'Immigrant (n°s II, IV, VI et VIII) et celles des Réformateurs austères (n°s III, V, et VII). Alors que Koechlin applique au premier type de personnages une orchestration plus mélodieuse et légère, il assigne au deuxième type des instruments sombres et lourds, tels que les cors pour le Réformateur de la corruption (n° III) et un violent tintamarre de timbales, de tam-tam et de grosse caisse pour le Réformateur de la prohibition (n^o^ V). Enfin, Koechlin choisit les sons les plus aigus et stridents de la flûte et du violon pour caractériser le côté intolérant et prude du Réformateur de la Jazz Baby (n° VII) face aux mœurs légères de ce personnage féminin (n° VI), exprimées de façon amusante par les bois.

Mis à part son usage plutôt traditionnel de l'orchestration, Koechlin a su mettre en valeur l'essence de la composition de Porter, qui est conçue de manière à traduire chaque étape du récit tout en parodiant ce New York des années 1920, où semblent régner prospérité et liberté individuelle.

Le récit musical de Porter

La partition de Porter compte 651 mesures réparties en 10 mouvements, ou numéros, correspondant à chacune des scènes du ballet (voir schéma 12). Les numéros musicaux, qui s'enchaînent, caricaturent à bon escient les stéréotypes véhiculés par les figures vedettes mises en scène par Murphy.

« I – L'Ouverture »

Avant de plonger directement dans l'univers euphorique du rêve américain, Porter commence son récit musical à une étape antérieure au début réel de l'action. Aussi la musique s'amorce-t-elle très doucement pour s'amplifier graduellement, comme si un transatlantique, se trouvant encore au large, s'approchait peu à peu de la côte américaine. Plus précisément, les deuxièmes violons et les altos entament dans un triple *piano* un ostinato constitué de notes de broderie doublées à la quinte juste et à la septième mineure (le même ostinato qu'à l'exemple 56) [101]. Rythmé dans un mode trochaïque de longue-courte, le mouvement de va-et-vient propre à ce motif évoque adéquatement les ondulations des vagues qui entourent le paquebot pointant à l'horizon. Quatre mesures plus tard (partition, mes. 5), les violoncelles et les contrebasses interviennent

101. Ici, on reconnaît dans ce motif d'ostinato une similarité avec l'« Ouverture » de *La Création du monde* (voir chap. 6, ex. 51-A). Dans le répertoire de musique de scène créée à Paris au début du XXe siècle, on pourrait également faire un rapprochement avec le « Premier tableau » de *Petrouchka* (1911) de Stravinski, dans laquelle les cors oscillent entre deux notes. *Parade* (1917) de Satie est aussi un exemple, parmi tant d'autres, dans lequel la musique s'appuie sur de longs passages en ostinatos.

pour établir les notes pédales construites sur la neuvième majeure *fa – sol*. Se joignent à eux les premiers violons (ex. 56, mes. 9), accompagnés du célesta et du piano, qui plaquent discrètement un accord par étagements de quartes. Avec les cordes, la structure harmonique se compose alors de six notes en relation de quintes ascendantes : *fa – do – sol – ré – la – mi*.

Exemple 56. Cole Porter, *Within the Quota*, « I – L'Ouverture », mes. 9-14.

Au moment où l'ostinato adopte un rythme syncopé plus animé (ex. 56, mes. 13-14), les différents instruments entrent graduellement en jeu pour former un son orchestral plus audible, qui se rapproche de plus en plus de l'auditoire. Progressivement, la musique se transforme en un mince roulis orchestral transpercé par quelques sons stridents, évoquant le bruit tonitruant qui émane du port new-yorkais. Voici comment un critique de l'époque perçoit cette musique :

> Avant le lever du rideau [...], [la musique] suggère l'entrée d'un navire dans le port. On entend les sirènes mugir au loin et se rapprocher progressivement. Puis on entend le brouhaha du trafic et quelques mesures d'orgue de Barbarie. En fait, la musique, c'est New York. Ce n'est pas de la belle harmonie lisse, mais une description musicale vivante [102].

Les sirènes mentionnées dans ce propos correspondent à l'entrée des flûtes à la mesure 34 de la partition (p. 7) [103]. Mais, avant que ressurgissent ces cris de sirène, la clarinette solo [104] émet au « lointain » (p. 5) une courte mélodie mettant en valeur la tierce mineure descendante *si* bémol – *sol* issue de la gamme de *blues* (ex. 57a). Ce geste mélodique, qui constitue le motif fondamental générateur de la composition, ne cessera de se manifester au cours du mouvement, telle une « idée fixe » garante de l'avenir.

---

102. Brown (prénom inconnu), « Now They're Saying it in Swedish », *Dance Lovers Magazine*, 1923 ; cité et traduit en français dans Näslund, *Rolf de Maré*, p. 345.

103. Sauf indication contraire, toutes les références aux pages de la partition d'orchestre sont issues de Cole Porter, *Within the Quota*, partition pour orchestre, orchestration de Koechlin.

104. C'est précisément au-dessus de cette ligne mélodique que se trouve, dans le manuscrit pour trois pianos, l'annotation de Koechlin : « clarinette ou saxo ».

Après un deuxième énoncé de l'idée fixe interviennent les sirènes lancées par les flûtes, qui crient par le biais d'un motif sec et court de deux notes conjointes ascendantes. Ce motif du cri de sirènes résonne trois fois de suite avant de prendre une forme plus étendue, présentée à la mesure 45 (ex. 57b). À ce moment, les hautbois ripostent aux cris des flûtes par un motif rapide, qui tourne autour du *si* bémol en passant par le *sol* : ces deux notes faisant partie de l'idée fixe, qui revient pour compléter ce passage, procurent davantage une sonorité *bluesée*.

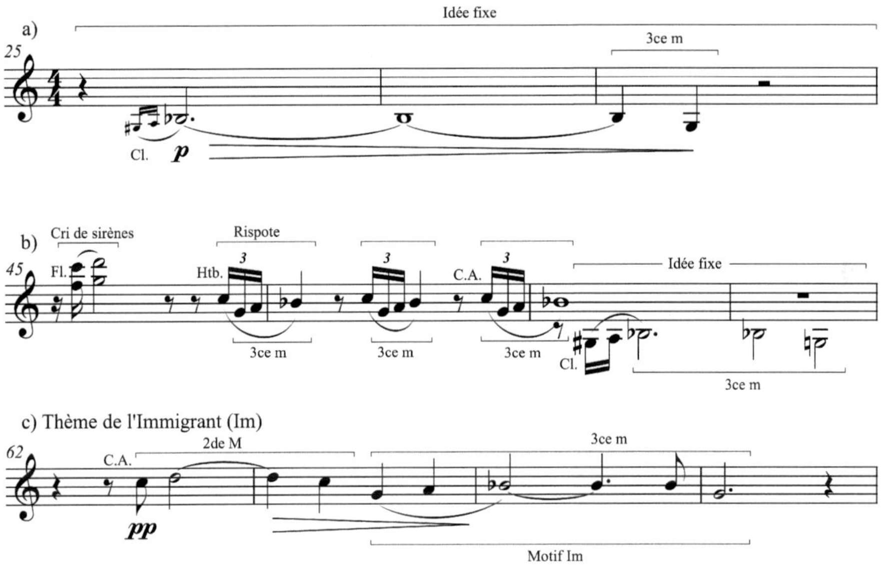

Exemple 57. Motifs générateurs et thème de l'Immigrant dans Cole Porter, *Within the Quota*, « I – L'Ouverture ».

Entretemps, dans un effet idyllique « d'orgue de Barbarie » (comme le décrit Brown plus haut), le piano et le célesta entonnent en trémolo une mélodie que l'on croirait sortir directement du cinéma. Il est le thème du Rêve américain (ex. 58, célesta et piano). À noter que les deux premières notes *ré* – *do* de la ligne supérieure de ce thème enchanteur reproduisent à l'inverse le motif de sirènes des flûtes (ex. 57b).

Au cours des seize mesures de l'énoncé thématique du Rêve américain, la partition s'emplit d'une cacophonie de plusieurs lignes superposées : les notes pédales des contrebasses et des violoncelles ; l'ostinato en trémolo des violons et des altos ; le motif d'accompagnement à la harpe et au piano (main gauche) ; le motif d'ostinato syncopé aux vents ; le cri de sirènes des flûtes, suivi de la riposte immédiate du hautbois, puis du cor anglais ; le tout précédé et suivi de l'idée fixe de la clarinette (mes. 43-44 et 47-48, p. 10-11). Cette confusion sonore rend cet instant inquiétant. Au lever du rideau (mes. 47, p. 11), ce « brouhaha » instrumental disparaît graduellement, sous-entendant que le navire accoste au port. Et voilà que survient une courte mélodie à la fois suave et intrigante qu'entament l'alto solo et le cor anglais (mes. 59, p. 14). Quatre mesures plus loin, au-dessus de l'accord quartal de six sons établi au début du mouvement (repris à la mes. 37, ex. 58), le cor anglais énonce dans sa forme complète la ligne mélodique, qui personnifie l'Immigrant (ex. 57c). Après un court silence, l'alto entonne, *a cappella*, le thème de l'Immigrant. Ce passage mystérieux marque la fin de la première partie de l'« Ouverture ».

Exemple 58. Thème du Rêve américain, dans Cole Porter, *Within the Quota*, « I – L'Ouverture », mes. 37-40.

À ce point de la composition, on est en mesure de constater que Porter élabore son matériau thématique à partir d'éléments préétablis. Par exemple, le thème de l'Immigrant regroupe plusieurs motifs déjà entendus, comme si la composition prenait forme au fur et à mesure que se construit le drame. Il est, en fait, un *collage* de motifs spécifiques présentés au début du mouvement, comme le montre l'exemple 57 : le geste conjoint ascendant emprunté aux cris des flûtes (ex. 57b), qui provient du motif de broderie syncopé de l'ostinato (ex. 56) ; le motif de la riposte (ex. 57b), réutilisé dans le thème de l'Immigrant en valeurs longues, que nous renommons « motif Im » (ex. 57c)[105]; finalement, la terminaison du motif de l'idée fixe, qui s'appuie longuement sur la tierce mineure *bluesée*.

Les composantes expressives du thème de l'Immigrant véhiculent l'incertitude de ce nouvel arrivant, seul devant un monde inconnu. Le sentiment de solitude qui s'en dégage est d'autant plus présent que la mélodie est jouée par un seul instrument, l'alto.

La seconde section de « L'Ouverture » est pensée dans une tout autre atmosphère. Dans une mesure à 3/4 très nostalgique, le cor anglais reprend l'énoncé lyrique du thème de l'Immigrant, qui se transforme sans tarder en une mélodie beaucoup plus enjouée, caractérisée par des motifs rythmiques plus courts (mes. 70, p. 16). Dans cette atmosphère de gaieté, l'arrivant sort de son état léthargique à la vue de cette métropole si animée.

L'aventure de l'homme venu du nord commence alors sur un air de valse « gros et vulgaire », joué au premier cor « avec une embouchure de chasse »[106], illustrant ainsi l'allure provinciale de l'arrivant suédois. Ce nouveau thème, qui se compose essentiellement d'arpèges et de notes répétées (ex. 59, cor 1), évoque les pas gaillards du Suédois qui descend du paquebot. Sur ce thème se superpose un autre air de valse, plus léger, entendu d'abord aux clarinettes (ex. 59), puis, huit mesures plus loin, aux trompettes (mes. 97, p. 20). Le thème de l'Immigrant se joint à ce tourbillon à trois temps (mes. 100, p. 21). Et c'est le grand départ; c'est la valse de l'aventure américaine! Les trois lignes mélodiques évoluant simultanément se mêlent aux notes pédales et aux ostinatos d'accompagnement dans un tutti orchestral, qui souligne cet événement marquant. Aux dernières mesures du mouvement, l'orchestre se tait pour faire entendre à elle seule une tierce mineure lancinante (cette fois, sur les notes *sol* bémol – *mi* bémol) et pour pousser qui l'entend à imaginer les situations les plus improbables.

Exemple 59. Thème de la Valse, dans Cole Porter, *Within the Quota*, « I – L'Ouverture », mes. 89-92.

105. À noter que ce « motif Im » se montre le plus souvent sous un rythme formé de triolets.

106. Annotations de Koechlin dans Porter, *Within the Quota*, partition pour orchestre, chiffre 8, p. 17. L'annotation complète est » Gros et vulgaire avec une embouchure de cor de chasse mais sans cuivrer ».

« II – L'Héritière millionnaire »

Illustrant adéquatement la nature superficielle de l'Héritière, le n° II de la composition s'amorce avec des fusées d'arpèges descendants, qui précèdent chacun des deux accords animés de la première mesure[107]. Celle-ci forme l'ostinato entendu tout le long du numéro, qui scande chaque temps fort de la mesure à quatre temps.

Quatre mesures plus tard arrive le thème syncopé de « L'Héritière millionnaire », que jouent allègrement le violoncelle solo et le cor anglais (ex. 60). L'appogiature brève (« a. b. »), l'arpège descendant de *mi* bémol (« Arp. ») et les éléments de notes répétées (« R ») rappellent notamment l'air agile de valse entendu à la fin du précédent numéro (ex. 59).

Exemple 60. Thème de l'Héritière dans Cole Porter, *Within the Quota*, « II – L'Héritière millionnaire », mes. 118-124.

Quelque chose d'insistant se camoufle derrière la riche Héritière, car ce thème d'allure légère revient sans cesse, mais chaque fois sur des notes toujours plus hautes et avec une texture musicale plus opaque. Effectivement, plus on avance dans le temps, plus le son s'intensifie, puisque la mélodie thématique est progressivement attribuée à plusieurs instruments d'orchestre.

Comme c'est le cas dans le premier numéro, Porter procède par juxtaposition de matériaux mélodiques jusqu'à atteindre le paroxysme orchestral. Au sein de cette construction par cumul, il intègre, exactement au centre du numéro, des fragments

107. Il s'agit d'accords majeurs avec une quarte ajoutée. Appelée dans le langage jazz « *sus 4th* », pour quarte suspendue, cette structure harmonique est souvent utilisée dans la musique jazz.

du thème de l'Immigrant (mes. 138, clarinettes, p. 32), qui devient le contrechant du thème de l'Héritière (mes. 142-154, cors, p. 33-34)[108]. Tel un boléro[109], le thème de l'Immigrant est joué huit fois de suite soit par les cors, soit par les trombones (ou les deux simultanément), tandis que les valeurs de notes varient : le thème survient parfois en valeurs longues (p. 35, 39 et 40), parfois en valeurs courtes (p. 37 et 38). Le motif « Im » en triolets et la terminaison en tierce mineure demeurent les caractéristiques de ce thème. Le thème de l'Immigrant, le thème de l'Héritière et l'ostinato en fusées sont doublés dans plusieurs instruments de manière à ce que l'ensemble atteigne un apex orchestral enivrant. L'orchestre se tait brusquement par l'arrivée inattendue du Réformateur puritain.

« III - Le Réformateur puritain »

Dans un double *forte*, les cors et les bassons émettent dans des rythmes plus secs et agressifs un motif emprunté judicieusement au fameux motif d'ouverture de l'« *Hallelujah* » du *Messiah* de Friedrich Handel[110]. En citant ce motif, le Réformateur ne veut-il pas ici rappeler à l'Héritière millionnaire les valeurs morales inculquées par son Église ? En somme, Porter met ici tout en place musicalement pour parodier cette situation, immorale aux yeux du Puritain : l'usage des nuances les plus fortes ; l'attaque en fusée de l'accord initial, qui se prolonge jusqu'à ce que survienne un bref motif de broderie sèchement rythmé ; le jeu des instruments graves accompagnés des sourds bruits des timbales ; le silence intenable, qui dure presque trois mesures avant de reprendre le motif du Réformateur. Au troisième énoncé motivique (mes. 174, p. 42), la musique déboule rapidement dans un court laps de temps. Dans un style de *perpetuum mobile* très preste, le motif de départ, réunissant saut et broderie, est sans cesse répété, cette fois, en valeurs égales de quatre croches (mes.178-181, p. 43-44). L'imitation motivique s'effectuant alors à un triton de distance, la dissonance qui en résulte amplifie l'intervention impétueuse du Réformateur.

« IV - Le Gentilhomme de couleur »

L'arrivée enjouée du Gentilhomme de couleur brise complètement l'atmosphère austère imposée par le Réformateur puritain. Sur un rythme syncopé de ragtime des plus gais (ex. 61), le thème apparaît à la suite des seize mesures d'introduction (mes. 216-231, p. 53-56). C'est sur ce thème, construit sur la gamme de *blues* que l'homme noir « tiré à quatre épingles »[111] se met à danser la claquette, tout en sirotant sa flasque de rhum.

108. Les motifs du thème de l'Immigrant surviennent à la 24e mesure des 51 mesures du n° II.

109. Le boléro cubain a été adopté dans la musique de danse américaine pour former d'autres types de danse, comme ici le fox-trot.

110. Orledge, « Cole Porter's *Ballet Within the Quota* », p. 28.

111. Näslund, *Rolf de Maré*, p. 342.

Exemple 61. Thème du Gentilhomme de couleur dans Cole Porter, *Within the Quota*, « IV – Le Gentilhomme de couleur », mes. 232-238.

À la moitié du n° IV intervient le thème de l'Immigrant[112], accompagné par les lignes très *bluesées* des cuivres (mes. 256-272, p. 63-66). Le premier motif du thème de l'Immigrant, habituellement joué en triolets, adopte le rythme sautillant de la croche pointée suivie de la double croche pour mieux s'accorder aux pas du danseur. En troisième section du numéro (mes. 288-295, p. 72-74), les deux thèmes se réunissent, ceux du Gentilhomme et de l'Immigrant, pour terminer gaiement ce ragtime. Encore une fois, le numéro s'achève en faisant résonner la tierce mineure *bluesée* (*mi* bémol – *do*) propre au thème de l'Immigrant.

« *V – Le Réformateur de la prohibition* »

Subitement, la timbale, le tam-tam et la grosse caisse se déchaînent. Un Réformateur hors de lui vient de surprendre le Gentilhomme enfreindre la loi sur la prohibition de l'alcool. Pendant ce court numéro de 24 mesures, Porter réutilise plusieurs matériaux

112. Le thème de l'Immigrant apparaît à la 40e mesure des 86 mesures du n° IV.

présentés dans le précédent numéro du Réformateur (n° III). On entend de nouveau le son percussif, le rythme sec et court, les nuances extrêmes, l'attaque de notes en fusées d'arpège (ici au piano) et le triton *si* – *fa*, qui sert de notes pédales. Quant au motif d'ostinato (mes. 304-305, p. 76), le trémolo appliqué au geste de broderie dans les cordes alourdit encore davantage l'ambiance de l'action.

Ce tapage persiste jusqu'au moment où les clarinettes se lancent dans une rapide montée chromatique et que les cordes, à la suite d'un *glissando*, effectuent un dernier trémolo inquiétant. Éclate alors un accord sombre de *si* diminué (mes. 312, p. 78, au point d'orgue). À partir du triton *si* – *fa*, un trombone entame, dans un grand *decrescendo*, une ligne chromatique descendante alors que, tout à l'opposé, la clarinette énonce le thème de l'Immigrant, en passant du double *piano* au double *forte*. Ce jeu de nuances inversées décrit la scène : le Réformateur et le Gentilhomme ont quitté les lieux. Leur départ permet à l'Immigrant de reprendre doucement sa route, au rythme de la noire ponctuant les notes de la descente chromatique des bassons (mes. 316-319, p. 79-80). En fait, cette descente chromatique, qui s'arrête sur un accord de septième de dominante sur *si* bémol, prépare le prochain numéro, le n° VI, écrit en *mi* bémol.

« *VI – La Jazz Baby* »

Sur un rythme de *shimmy*[113], une ligne des plus chromatiques et syncopées, assignée aux flûtes et aux cors anglais, s'interpose : elle s'associe à l'allure aguichante de la Jazz Baby. Le n° VI est sûrement celui qui rappelle le plus la musique afro-américaine, même si plusieurs éléments propres à ce style musical ont été appliqués dans les numéros antérieurs. Le rythme syncopé employé aux lignes mélodiques et au motif d'accompagnement ; le triolet de croches et, surtout, le triolet de noires, qui créent une distorsion rythmique à l'intérieur de la mesure à quatre temps ; les appogiatures chromatiques et la gamme de *blues* avec une insistance particulière sur l'intervalle de la tierce mineure : ces éléments réunis établissent un lien direct avec ce nouveau genre musical qu'est le jazz.

Après une introduction de douze mesures se déroulant sur la note pédale de *mi* bémol (mes. 320-331, p. 81-83), Porter élabore un thème de douze mesures à partir de la première phrase mélodique de quatre mesures (ex. 62). Ce thème comporte plusieurs caractéristiques mentionnées plus haut et suit un plan harmonique propre au *blues*. Se succèdent deux autres versions de ce thème de *blues*, dans lesquelles les triolets de croches et de noires prennent de plus en plus de place (particulièrement à partir de la mesure 356, p. 89).

À la seconde section du n° VI (mes. 368, p. 92, qui correspond à la moitié du numéro en excluant l'introduction), l'ensemble des trois versions thématiques est repris, mais la composition intègre, au sein même de la structure de *blues*, le thème de l'Immigrant. Dans les faits, ce thème, entamé par le trio de cordes, devient alors la mélodie principale, tandis que le thème de la Jazz Baby prend le rôle de contrechant. De manière imagée,

113. Gilbert Seldes, « Première le 25 octobre 1923 », *Paris-Journal*, 25 octobre 1923 ; repris dans Häger, *Ballets suédois*, p. 212. Le *shimmy* peut être défini comme un ragtime dansé, selon Sabine Vergnaud (*La musique et les arts dans la collaboration du Groupe des Six avec les Ballets suédois (1920-1925)*, thèse de doctorat, Saint-Étienne, Université Jean-Monnet de Saint-Étienne, 2010, p. 452).

l'Immigrant entre dans la danse de l'aguichante demoiselle dont il vient de faire la connaissance. Ensemble, ils dansent un *shimmy* jusqu'à ce que l'orchestre atteigne son sommet en intensité et que les cordes grimpent au plus haut registre (mes. 392-397, p. 100-102). Exténués, les danseurs adoptent des mouvements de plus en plus larges et les ultimes mesures de ce *shimmy bluesé* insistent une dernière fois sur la tierce mineure caractéristique avec les notes *sol* bémol – *mi* bémol (mes. 401-405, p. 104-105).

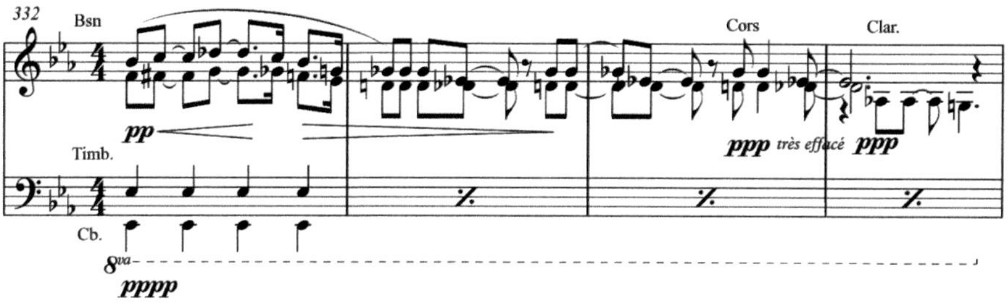

Exemple 62. Thème de la Jazz Baby dans Cole Porter, *Within the Quota*, « VI – La Jazz Baby », mes. 332-335.

« *VII – Le Réformateur de la Jazz Baby* »

Le prochain numéro contraste avec les autres par un style étranger à toute référence, que ce soit à la musique populaire ou au jazz. Posée sur une harmonie dissonante de *mi* neuvième majeure et de quinte diminuée (ex. 63), la ligne mélodique de la partie des flûtes et des deuxièmes violons évolue lentement au rythme de la blanche en enchaînant des notes issues de la gamme par tons de *si* bémol, au sein de laquelle s'intercalent des traits chromatiques de passage : le *do* dièse remplit le rôle de note d'appogiature, qui se résout au *do* naturel, et le *si* bémol agit comme note de passage. Pendant les seize mesures du déroulement de cette mélodie grimpant sournoisement dans les registres aigus, la clarinette entame un contrechant bâti sur la même gamme par tons (mes. 414-423, p. 108-110).

C'est dans cette ambiance complètement mystérieuse qu'arrive subtilement le Réformateur. Un court silence de moins d'une mesure (mes. 423, p. 111) suffit pour qu'il attaque, avec un double *forte* menaçant, un choral discordant, constitué d'accords de sixte et de septième mineure. Ce choral a pour chant le thème de l'Immigrant. Le son martelé des figures de note pointée procure au thème de l'Immigrant un caractère sévère et agressif faisant fuir la Jazz Baby.

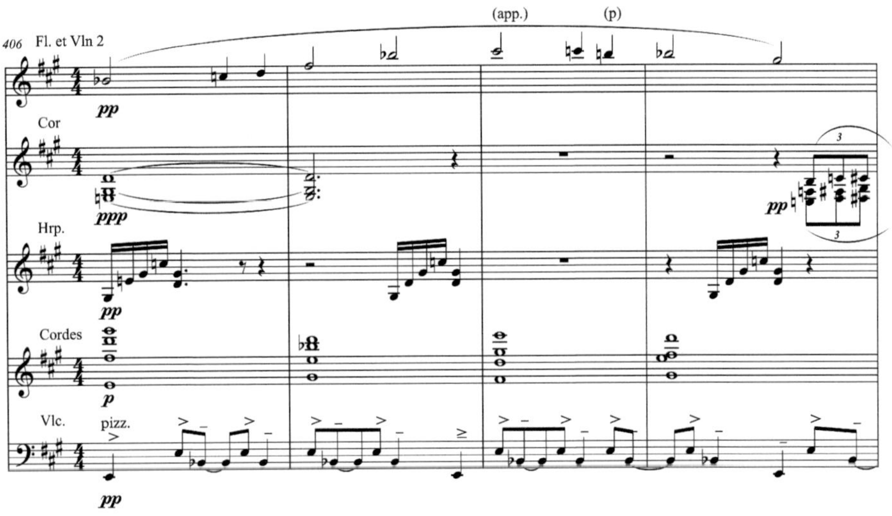

Exemple 63. Thème du Réformateur de la Jazz Baby dans Cole Porter, *Within the Quota*, « VII – Le Réformateur de la Jazz Baby », mes. 406-409.

« VIII – Le Cowboy et le Shérif »

Et l'Immigrant reprend sa route, mais cette fois sur le pas de marche galopante qui caractérise le n° VIII. Après seize mesures de ce pas régulier, faisant office d'ostinato et d'introduction (I), intervient la trompette. Elle reprend en syncopes descendantes les quatre notes de la gamme par tons de *mi* utilisées dans le numéro précédent (mes. 446-449, p. 114-115). Accompagnée d'une ligne de basse qui alterne entre la tonique et la dominante de *do* majeur, la courte ligne espiègle, qui ne revient que huit mesures plus tard (mes. 454, p. 116), présage l'arrivée d'un autre personnage insolite. En effet, après un passage transitoire, le Cowboy rebondit sur un thème qui reprend avec force la ligne énoncée aux trompettes et qui met, cette fois, en évidence la tierce mineure *mi – sol* (ex. 64, mes. 472-473). Le thème du Cowboy ponctué en 2/4 se fraie brillamment un chemin à travers la discorde rythmique causée par plusieurs parties de l'orchestre, qui s'acharnent sur un ostinato persistant écrit en 6/8.

Exemple 64. Thème A du Cowboy, dans Cole Porter, *Within the Quota*, « VIII – Le Cowboy », mes. 470-473.

Le numéro « VIII – Le Cowboy » se divise en trois sections, selon la structure d'une forme ternaire traditionnelle. Au sein de la section B (mes. 486, p. 122), développée dans le ton de la sus-dominante abaissée de *la* bémol [114], le trombone emprunte la gamme de *blues* ascendante de *do* (ex. 65) [115]. Au retour de la section A (mes. 502, p. 125), pendant que la deuxième trompette et le premier trombone reprennent le thème du Cowboy, la première trompette répète obstinément le premier segment de quatre notes de ce même thème, alors que les cors dessinent une nouvelle ligne, aussi construite sur des syncopes. Ces deux lignes s'entrelacent dans un contrepoint où se répondent les mêmes motifs syncopés. Le tout se développe en un tutti orchestral provoquant un énorme chahut sonore. Ce n'est qu'au point paroxysmal de la dernière mesure de cette troisième section thématique (mes. 517, p. 128) que les cuivres se retirent graduellement et qu'intervient avec force et grandiloquence le thème de l'Immigrant, joué par les cordes dans une tonalité étrangère de *fa* dièse myxolydien.

---

114. Comme il a été mentionné dans les chapitres précédents, cette région de modulation est souvent utilisée à l'époque romantique.

115. Le prototype de la gamme de *blues* se compose des notes *do* – *mi* bémol – *fa* – *fa* dièse – *sol* – *si* bémol.

Exemple 65. Thème B du Shérif, dans Cole Porter, *Within the Quota*, « VIII – Le Cowboy », mes. 486-493.

À l'intérieur de ce dialogue entre la mélodie du Cowboy et le thème de l'Immigrant, le saxophone se joint aux cordes (mes. 527, p. 130). À la section finale du n° VIII (mes. 534, p. 131), les autres instruments de l'orchestre se greffent à la masse sonore et les lignes thématiques se transforment promptement en de courts fragments écrits dans des rythmes de plus en plus rapides. Est-ce la réapparition soudaine du Shérif qui précipite le cours des événements ? Les coups agressifs des timbales, accentués par une masse chordale de *fa* dièse septième (en relation d'un triton par rapport au ton de *do* du numéro), soulignent le climat déclenché par le Shérif. Au son des frappes simulant les coups de fusil sourds tirés par le Shérif, de courtes cellules thématiques se bousculent de plus en plus jusqu'à l'éclatement d'un *sol* dièse [116] dans les registres aigus.

116. Cette note correspond dans le ton de *do* à la sus-dominante abaissée, celle qui a été utilisée comme région tonale dans la section B du thème du Cowboy.

« IX – La Reine de tous les cœurs »

Du western américain, on passe directement à la féérie hollywoodienne dans le numéro « IX – La Reine de tous les cœurs » : une mélodie des plus sirupeuses surgit des premiers violons et du célesta. Cette mélodie est celle qui a été entendue dans le numéro « I – L'Ouverture ». Elle représente le rêve américain, qui, tout timidement, semble se rapprocher de l'Immigrant. En effet, quelque chose d'instable se manifeste au début du n° IX puisqu'un changement d'armature se produit toutes les quatre mesures, reprenant chaque fois les quatre premières mesures du thème du Rêve américain. Après seize mesures de ce passage modulatoire (mes. 555-570, p. 136), la musique se fixe finalement dans le ton de *sol* majeur et énonce, dans sa forme complète, ce thème rempli d'espoir.

Le numéro « IX – La Reine de tous les cœurs » est construit entièrement sur le thème du Rêve américain ; ce sont huit mesures qui prennent l'allure d'une langoureuse valse tango à quatre temps (mesurée en 12/8). Au cours de ses trois répétitions, l'accompagnement orchestral s'étoffe considérablement. Au travers de la masse sonore, les trompettes et les flûtes se lancent dans de grandes envolées chromatiques, qui enivrent l'esprit des cœurs heureux.

« X – Le Finale »

Nourri d'un grand bonheur, l'Immigrant se joint à la Reine de tous les cœurs au n° X, qui marque la fin de ses aventures malencontreuses. Dans une marche animée en 2/4, le thème de l'Immigrant éclate fièrement dans les trompettes et trombones (ex. 66). Il se manifeste en contrechant au-dessus des quatre premières notes du thème du Rêve américain associé à la Reine de tous les cœurs (ex. 66, hautbois, cor anglais, cors français et violoncelles). Leur jeu simultané, sans cesse répété, symbolise leur union. Pour ajouter de la grandiloquence à ce moment glorieux, des fusées et des appogiatures brèves ornent chacune des notes de ce fragment thématique du Rêve américain pendant que le thème de l'Immigrant s'étale sur huit mesures. Les trois dernières mesures ne font qu'étendre le motif *bluesé* de la tierce mineure entendue à la mesure 605 (ex. 66, trompettes et trombones).

Dans ce « Finale » pompeux, les deux thèmes, désormais réunis, se déroulent en présence de plusieurs motifs issus des numéros précédents : le motif de broderie, qui oscille entre les deux notes conjointes (ex. 66, les deux portées supérieures), renvoie au numéro « I – L'Ouverture » ; la fusée et l'appogiature brève présentes dans chaque numéro (les violoncelles et les vents) ; le rythme syncopé emprunté au ragtime (le piano et les timbales) ; enfin, et non le moindre, le motif de la *blue* note de tierce mineure dans les multiples énoncés du thème de l'Immigrant.

Après avoir repris ce duo thématique une seconde fois (mes. 609-616, p. 153-152), les lignes mélodiques se fragmentent sans relâche, avec des rythmes de plus en plus courts. Ce processus de fragmentation et de dissolution s'effectue jusqu'à ce que le matériel thématique se réduise à un seul accord (un accord par quartes, qui résonne pendant les quinze dernières mesures de la composition (mes. 637-651, p. 160-162). À la onzième mesure avant l'ultime finale (ex. 67), les clarinettes, approchées par une fusée de notes chromatiques, rappellent pour la dernière fois la tierce fatidique accompagnée, dans une douce quiétude, par l'harmonie quartale entendue dans les premières mesures. Comme s'il annonçait un heureux dénouement, cet accord par quartes est également soutenu par une double note de basse (ex. 67, *sol – la*), cette fois-ci élevée à un ton supérieur de sa première formulation *fa – sol*, au début du récit (ex. 56).

Exemple 66. Cole Porter, *Within the Quota*, « X – Le Finale », mes. 601-605.

Les dernières mesures se rapportant à celles du début, c'est un nouveau départ pour une autre aventure…

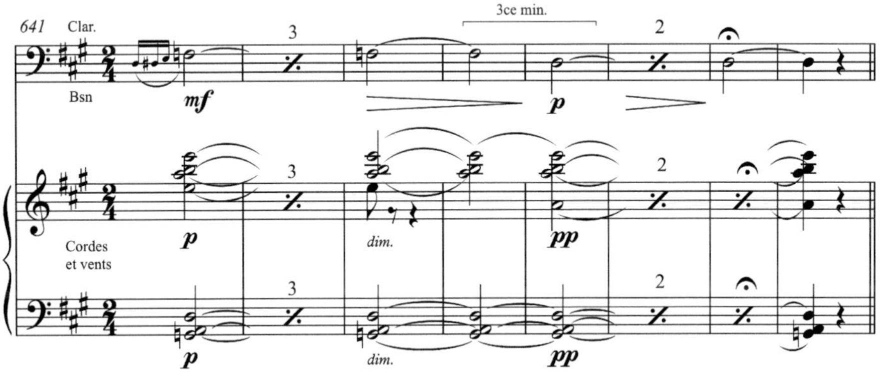

Exemple 67. Cole Porter, *Within the Quota*, « X – Le Finale », mes. 641-651.

La démarche compositionnelle

À la suite de ce récit musical, on constate que la musique de *Within the Quota* se construit à partir de motifs mélodiques et rythmiques. Une fois énoncés, ils se juxtaposent pour former les thèmes caractéristiques d'un numéro distinct. C'est exactement ce qui se produit au numéro « I – L'Ouverture », où le thème de l'Immigrant est le résultat d'une accumulation de matériaux motiviques énoncés les uns après les autres, comme l'illustre l'exemple 57. C'est à partir de ce procédé de *collage motivique*, fondé pour la majeure partie des cas sur ces trois motifs générateurs, que naissent les divers thèmes représentant les personnages types rencontrés dans les numéros subséquents.

Au cours de cette construction par cumul motivique, la composition se distingue par sa carrure extrêmement régulière de quatre mesures, une caractéristique typique de la musique populaire. Ainsi, à partir d'une idée mélodique de quatre mesures, Porter élabore un thème de longueur variant de huit à douze ou à seize mesures. Comme matériau unificateur à cette partition sectionnée en dix numéros, Porter utilise le court thème de l'Immigrant (quatre mesures), qu'il intègre dans les différents numéros de l'œuvre sous diverses apparences rythmiques et tonales, le modelant ainsi à l'image véhiculée par le personnage que le protagoniste rencontre. La représentation formelle du schéma 12 illustre bien le retour systématique du thème de l'Immigrant (identifié par « Im ») dans la dernière section de chaque numéro, sauf au numéro « IX – La Reine de tous les cœurs ». Ce faisant, Porter crée un dialogue entre le thème de l'Immigrant et chaque nouveau thème personnifié. Il s'accorde ainsi avec le synopsis du ballet, où l'Immigrant agit comme fil conducteur entre les personnages, tout en concourant à l'unification musicale de l'œuvre.

En somme, le processus compositionnel suivi est assez similaire d'un numéro à l'autre. Après une section d'introduction, qui s'appuie habituellement sur des motifs d'ostinato et des notes pédales, survient le thème caractéristique du numéro en question. À la deuxième ou troisième section, selon les numéros, une version variée du thème de l'Immigrant apparaît pour se superposer au thème personnifié. Cette démarche s'accompagne habituellement d'un accroissement des strates mélodiques, issues de matériaux motiviques déjà bien définis, qui rendent le tissu musical opaque et dense. À l'instar d'un peintre, le compositeur façonne ainsi le tissu musical en intégrant au canevas des segments mélodiques préétablis et en les imbriquant. Cette construction graduelle de la texture orchestrale se poursuit jusqu'à atteindre le summum sonore qui tantôt clôt le numéro (par exemple, les n^{os} I, II, VIII, IX et X), tantôt se soumet à une diminution en intensité, accompagnée d'une dissolution du matériel motivique (par exemple, les n°s IV et VI).

À noter que les n°s III, V et VII, mettant en scène les Réformateurs, ou les Puritains, ne se plient pas à ce procédé de construction graduelle. En fait, ces trois numéros spécifiques reposent sur la notion de l'unité motivique, qui les relie. Plus précisément, les numéros des Puritains sont caractérisés par l'usage d'un groupe de notes brèves ponctuées par un ou plusieurs accords dissonants. Un lien s'établit alors avec la scénographie : en réutilisant les mêmes motifs, la musique lui est semblable parce que les divers rôles de Puritain sont remplis d'une fois à l'autre par la même personne, seul le costume change.

Quant aux deux types de numéros, Porter accentue la différenciation entre eux : les numéros des épicuriens (n os II, IV, VI, VIII et IX) contiennent plus de matériel thématique que les numéros des Réformateurs ou Puritains (n os III, V et VII), au contenu moins développé. L'équilibre au sein de l'œuvre s'établit lorsque les numéros sont reliés. En effet, le chiffre inscrit au-dessus des lignes de liaison dans la partie supérieure du schéma 12 indique que le nombre de mesures associées à chacune des thématiques développées est assez semblable.

Dans la composition entière (schéma 12), le thème de l'Immigrant (« Im ») est omniprésent et se manifeste souvent aux mêmes points du numéro, c'est-à-dire à la toute dernière portion des numéros dans le cas des Puritains (n os III, V et VII) et à la dernière des deux ou trois sections distinctes que renferment les autres numéros, plus substantiels (n os II, IV, VI et VIII). Puisque les deux derniers numéros reposent sur la même idée mélodique, équivalant aux quatre premières mesures du thème du Rêve américain, le dixième numéro est en réalité la suite du précédent. Dans l'optique où les n os IX et X forment un tout homogène, le thème de l'Immigrant se montre encore une fois en dernier lieu, ici le n o X.

L'aspect symétrique dans la structure formelle

Porter parvient à intégrer des propriétés non seulement d'équilibre, mais aussi de symétrie à l'intérieur de cette suite pour orchestre qu'est *Within the Quota*. Similairement à Murphy, dans l'illustration réalisée pour le programme du spectacle, Porter accorde une place importante au point central de sa composition, qui arrive au numéro « VI – La Jazz Baby ». De manière plus précise, ce numéro, débutant à la mesure 320, présente son matériel motivique à partir de la mesure 324, ce qui correspond, à une mesure près, à la moitié des 651 mesures de la partition. Les huit prochaines mesures (mes. 324-331, p. 82-83) introduisent les motifs caractéristiques du *blues* utilisé dans les mesures suivantes. Pour le centre de sa composition, Porter choisit donc un style de musique, le *blues*, qui symbolise le mieux l'Amérique. En mettant ce style afro-américain au cœur même de la composition, Porter crée ainsi un lien avec l'argument et les éléments scénographiques.

La notion symétrique se révèle aussi à plusieurs endroits de la partition, et ce, par les occurrences du thème de l'Immigrant. Les divers astérisques employés dans le schéma 12 marquent le point central où se manifeste le thème de l'Immigrant dans les n os I, II, IV et VI. Dans le cas du numéro « VI – La Jazz Baby », si les douze mesures de l'introduction sont exclues, le thème de l'Immigrant se superpose au thème de la Jazz Baby au centre du *blues* de 72 mesures. Quant à la fin de l'œuvre, le thème de l'Immigrant survient au n o X, soit au centre des n os IX et X réunis.

En ce qui a trait au plus long numéro du ballet, « VIII – Le Cowboy », le thème de l'Immigrant intervient également à un point stratégique. À la suite d'une introduction de seize mesures, le mouvement se divise en trois sections de longueur similaire : la première section (40 mesures) énonce le thème du Cowboy (« Cb ») ; la deuxième section (32 mesures) présente le thème du Shérif (« Sh »), qui, à la moitié de son déroulement, se superpose au thème du Cowboy (« Cb »); la troisième section de (37 mesures) se consacre au thème de l'Immigrant (« Im »), qui est accompagné de celui du Cowboy (« Cb »).

Cette démonstration prouve sans conteste que l'omniprésence du thème de l'Immigrant concourt à la structuration et à l'unification de l'œuvre.

Les spécificités compositionnelles : un métissage franco-américain

Un regard sur l'écriture musicale de Porter indique une certaine assimilation du style français dans son propre langage pop américain [117]. L'influence des compositeurs français se reconnaît autant dans l'usage de l'ostinato que dans la construction des structures harmoniques et mélodiques.

À ce sujet, la composition de *Within the Quota* est fondée sur des motifs d'ostinato et de notes pédales qui, pour leur part, sont plus ou moins rythmés et syncopés selon le numéro et le caractère du personnage présenté. Dès les premières mesures de l'œuvre, Porter établit un motif d'ostinato qui, comme il a été souligné, ressemble au premier motif de *La Création du monde*. Alors que Milhaud construit son ostinato sur un rythme régulier de noires (ex. 51-A), Porter prête au sien un motif rythmique plus dansant, celui de la noire pointée suivie d'une croche (ex. 56). À noter que les notes *sol – fa* qui forment la ligne supérieure de l'ostinato servent également de notes pédales, lesquelles résonnent pendant les 64 premières mesures du numéro « I – L'Ouverture ».

Toutefois, le traitement des notes pédales et du motif d'ostinato dans ce premier mouvement de l'œuvre ne correspond pas au procédé du *riff* en jazz. Cette remarque n'exclut pas les caractéristiques mélodico-rythmiques très distinctives du *riff*, qui s'inscrivent, par ailleurs, dans plusieurs mouvements du ballet. Elles apparaissent, par exemple, dès le début des n°s II, IV, VI et VII comme support harmonique et arrière-plan rythmique pour accompagner les solos qui interviendront à tour de rôle. En contrepartie, Porter fait un usage très différent de l'ostinato dans d'autres passages de l'œuvre. Tout comme dans le numéro « I – L'Ouverture », il intègre dans les n°s IX et X des pédales en valeurs longues et soutenues et, dans les n°s III et V, des motifs figés qui, exempts de direction harmonique et mélodique, agissent comme un bloc sonore continuellement répété. Ces deux composantes s'associent moins au langage jazz qu'à une écriture de musique « savante » que Porter a sûrement retenue de ses leçons avec Koechlin. En somme, les motifs d'ostinato et de notes pédales dans *Within the Quota* représentent des exemples de métissage des musiques jazz et française.

À propos de la pratique harmonique, le compositeur de Broadway, déjà habitué aux accords de septième et de neuvième, enrichit son vocabulaire de base au moyen de

117. Si la musique française devient l'unique cadre de référence de l'étude présentée, c'est qu'elle correspond à l'environnement musical et artistique dans lequel se trouve Porter. Il n'est pas exclu que certains éléments compositionnels mentionnés ici se retrouvent dans des compositions conçues dans d'autres pays à la même époque.

structures construites par quartes superposées[118], comme c'est le cas dès la neuvième mesure de « L'Ouverture » du ballet (ex. 56). Notons que les harmonies quartales, déjà très présentes dans la musique française du début du XXe siècle[119], sont encore peu communes dans le milieu jazz de l'époque. Il faudra attendre au moins les années 1950 pour que les musiciens de jazz introduisent réellement ces accords de quartes dans leur vocabulaire musical.

Il en va de même pour d'autres sonorités, comme la gamme par tons. Cette échelle de notes, si chère à Debussy et à Koechlin, est utilisée dans les n°s VII et VIII de la composition de Porter. Dans le premier cas, il a été indiqué que la ligne mélodique du numéro « VII – Le Réformateur de la Jazz Baby » (ex. 63) est bâtie sur la gamme par tons à partir de *si* bémol, avec deux insertions de notes étrangères. Cette mélodie se déploie au-dessus d'une harmonie dissonante de *mi* neuvième majeure et de quinte diminuée (accord par tons entiers) et d'un ostinato qui, lui, emprunte la quinte diminuée *mi* – *si* bémol.

Dans le deuxième cas, soit le numéro « VIII – Le Cowboy [et le Shérif] », la trompette exécute quatre notes descendantes de cette gamme par tons, déployant la quinte diminuée *mi* – *si* bémol tout juste entendue (comparer les ex. 63 et 64). Cette descente par tons se mêle à des traits chromatiques issus de la gamme de *blues* (partie du violoncelle et, à certains égards, celle de la flûte) pour former le thème du Cowboy. La sonorité de cette gamme emblématique de la musique afro-américaine, si familière à Porter, réapparaît au début de la section B de ce même numéro, marquée par le solo du trombone qui incarne le Shérif (ex. 65).

Les deux exemples précédents montrent une autre caractéristique compositionnelle de Porter, qui est d'organiser le matériau par strates sonores de manière à générer une écriture polytonale. Autrement dit, la musique dans les exemples 64 et 65 se compose d'une superposition de lignes (mélodiques ou constituées d'un ostinato) indépendantes. Ces différentes strates suggèrent des échelles modales différentes[120], même si la plupart

118. À noter que les accords par quartes ou quintes superposées, adoptés de plus en plus par les compositeurs modernes (Ravel, Debussy, Milhaud et Koechlin lui-même, pour ne nommer que ceux-là), font l'objet de rubriques dans les textes théoriques que Koechlin a rédigés à partir de l'année où il côtoie Porter. On pense par exemple au chapitre « Nouvelles formations d'accords », dans *Traité de l'harmonie* (vol. 2, Paris, Max Eschig, 1930, p. 94). Précisons que son *Traité* a été écrit entre 1923 et 1926 (Orledge, *Charles Koechlin*, p. 418). François de Médicis (« Koechlin quartomancien ou l'art de lire l'avenir de la musique dans les quartes », dans Cathé, Douche et Duchesneau (dir.), *Charles Koechlin*, p. 213-226, ici p. 221) mentionne deux autres articles sur le sujet, écrits en 1925 : ils ont été publiés dans Albert Lavignac et Lionel de La Laurencie (dir.), *Encyclopédie de la musique française contemporaine*, sous le titre « Les tendances de la musique française contemporaine » (vol. 2, p. 56-145) et « Évolution de l'harmonie : période contemporaine depuis Bizet et César Franck jusqu'à nos jours » (vol. 2, p. 591-760).

119. Cette affirmation n'exclut pas que ce type d'harmonie est aussi en usage chez des compositeurs d'autres nationalités. D'ailleurs, Arnold Schoenberg présente une section intitulée « Accords de quarte » dans son *Traité d'harmonie*, publié en 1922.

120. Pour une explication plus détaillée du concept de la polytonalité, voir, entre autres, Philippe Malhaire, *Polytonalité : étude historique, théorique et analytique*, (revue *Tempus Perfectum*, n° 6, Lyon, Symétrie Lyon, Symétrie, 2009, p. 11) et de François de Médicis, « La polytonalité selon Darius Milhaud : "Plus subtile dans la douceur, plus violente dans la force..." » (dans Michel Fischer et Danièle Pistone (dir.), *Polytonalité – Polymodalité : histoire et actualité*, Paris, Observatoire musical français, 2005, p. 91-115, ici p. 92).

des notes utilisées sont issues de la gamme de *blues*. Dans le cas de l'exemple 65, chacune des quatre strates illustre une composante distincte. À partir de la portée inférieure, on identifie :

- un motif de notes pédales alternant entre la tonique et la dominante de *la* bémol majeur ;
- un ostinato formé de trois notes (*sol* – *la* – *do*), exécuté par les violons et les altos, suggérant le *do* pentatonique ;
- une ligne mélodique, placée au trombone, écrite dans la gamme de *blues* de *do* ;
- un autre ostinato, entendu à la flûte et à la clarinette, dont l'arrangement des trois notes *mi* – *fa* dièse – *la* dièse propose plutôt la gamme par tons de *mi* ou le ton de *si* majeur que la gamme de *blues* de *do*.

La simultanéité de ces quatre strates mélodiques provoque de ce fait même des dissonances : elles sont causées, d'une part, par la rencontre des notes *la* bémol – *sol* – *mi*, occasionnée sur les premières croches du temps et, d'autre part, par celle des notes *la* – *la* dièse, sur les deuxièmes croches du temps [121]. À chaque deuxième temps, le *mi* bémol de la basse se heurte au *mi* bécarre des parties de la clarinette et de la flûte.

Cet exemple souligne que Porter tente d'intégrer la « polytonalité contrapuntique », procédé qui foisonne dans la musique française et que défendent Koechlin et Milhaud dans leurs écrits théoriques respectifs [122]. Quoiqu'il fasse un usage moins complexe de la polytonalité développée par ces compositeurs français, Porter a recours à ce procédé dans chaque section finale des numéros du ballet, tout particulièrement au moment où le thème de l'Immigrant se joint au thème principal du numéro en question.

L'ACCUEIL DES DEUX CÔTÉS DE L'ATLANTIQUE

Malgré son étiquette de « ballet américain », *Within the Quota* témoigne de l'influence qu'exerce l'environnement culturel français sur les deux auteurs américains, Murphy et Porter. Le *collage* cubiste et certains éléments du langage musical français sont les deux principales caractéristiques qui imprègnent *Within the Quota*.

Présenté tout d'abord à Paris, ce spectacle des Ballets suédois, et surtout son côté musical, reçoit un accueil très mitigé. En fait, les éloges de la presse française envers la composition de *Within the Quota* portent davantage sur la qualité « à la fois savante et habile » [123] de l'orchestration de Koechlin que sur la musique de Porter, « qui semble rallier

---

121. Le même type de friction se produit à chaque deuxième temps entre les flûtes et les violons dans l'exemple 64.

122. Koechlin donne des exemples de la « polytonalité contrapuntique » dans son *Traité de l'harmonie*, écrit en 1922 (vol. 2, p. 258-260) ; quant à Milhaud, sa définition de la « polytonalité contrapuntique » est formulée dans l'article « Polytonalité et atonalité », paru dans *La Revue musicale* en février 1923. L'article de Milhaud est repris dans *Notes sur la musique : essais et chroniques* (éd. Jeremy Drake, Paris, Flammarion, 1982, p. 173-188).

123. Pierre de Lapommeraye, « Théâtre des Champs-Élysées – Ballets suédois », *Le Ménestrel*, vol. 85, n° 44, 2 novembre 1923, p. 453-454, ici, p. 454.

les excès du jazz », selon les affirmations de Fernand Nozière [124]. « Nous rétrogradons de plusieurs années, dans les années du music-hall », déclare André Messager [125].

Cette réaction au travail de Porter est totalement inversée lorsque l'œuvre est présentée de l'autre côté de l'Atlantique. En effet, lors de la tournée américaine des Ballets suédois, c'est *Within the Quota* qui fait le plus sensation ; on le considère même comme « le plus riche et le plus divertissant des ballets suédois » [126]. C'est un spectacle « brillant, plein d'esprit, admirablement mimé et dansé », lit-on dans le *Musical Courier* [127]. D'après l'ensemble des commentaires recueillis, les auteurs américains ont su charmer leurs compatriotes avec ce ballet mettant à l'honneur des icônes fantasmagoriques du cinéma hollywoodien et de la musique jazz [128]. En dépit du ton très américain, certains critiques soulignent la touche française apportée à la production. Lors de la représentation à Washington, le *Star* précise que le style est « de l'école des modernistes français et américains de Paris » [129]. Pour sa part, le critique du *News* mentionne qu'« ils sont, en fait, aussi Français que les Francs (Gaulois) dans la conception, le traitement et la présentation [du ballet] » [130].

De son côté, l'*Inquirer* applaudit Porter du fait que cette œuvre est « la première tentative de la part d'un compositeur américain d'utiliser à grande échelle le matériel typiquement américain que s'étaient appropriés jusqu'alors les compositeurs européens » [131]. Il est vrai que, dans le milieu de la création musicale française, plusieurs compositeurs ont déjà expérimenté le style jazz dans leurs œuvres. On pense, parmi tant d'autres, à Satie, à Debussy, à Stravinski, à Milhaud, à Ravel et à Auric. À propos du langage musical utilisé, le *New York Tribune* apporte, pour sa part, une nuance en affirmant que le jazz de Porter est plus empreint de l'influence de Milhaud que de celle de George Gershwin, qui a créé sa *Rhapsody in Blue* trois mois après la création américaine de *Within the Quota* [132].

Même si Porter met l'accent sur des sonorités jazzistiques qui résultent de l'utilisation de notes *bluesées* et de rythmes fortement syncopés, la partition de *Within the Quota*

---

124. Nozière, *L'Avenir*, [n.p.].

125. André Message, « Théâtre des Champs-Élysées : représentation des Ballets suédois », *Le Figaro*, 27 octobre 1923, p. 3.

126. « Within the Quota *is easily the richest and most entertaining of the Ballets suédois* ». [Anonyme], « The Capitol : Swedish Ballet », *Albany Journal*, 31 janvier 1924, [n.p.], Dansmuseet, coupure de presse, classeur 11, CD II, p. 69. Notre traduction.

127. *Musical Courier* du 13 décembre 1923 ; cité et traduit dans Häger, *Ballets suédois*, p. 47.

128. C'est ce que prétend Häger (*ibid.*) d'après le *Musical Courier* du 13 décembre 1923. Voir aussi [Anonyme], « "Les Ballets Suédois" at Garrick », *Star*, 11 décembre 1923, [n. p.], Dansmuseet, coupure de presse, classeur 11, CD II, p. 60.

129. « *From the school of French and American modernists in Paris* ». *Ibid.*

130. « *They are, in fact, as French as Francs in conception, treatment and exposition* ». [Anonyme], « The Swedish Ballets », *The News* (New York), 11 décembre 1923. [n.p.], Dansmuseet, coupure de presse, classeur 11, CD II, p. 59. Notre traduction.

131. « *The first attempt on the part of an American composer to turn to account on a large scale, the characteristically American material which has so long been laid under contributions by European composers* ». [Anonyme], « Schubert : le Ballets suédois », *Inquirer*, 2 décembre 1923, [n.p.], Dansmuseet, coupure de presse, classeur 11, CD II, p. 53. Notre traduction.

132. La *Rhapsody in Blue* a été créée le 12 février 1924 à New York avec Gershwin au piano.

témoigne d'éléments étrangers par rapport à la musique américaine des années 1920. La présence accrue de notes pédales soutenues, les passages en polytonalité, l'intégration de la gamme par tons et des harmonies quartales sont des éléments développés par les compositeurs français avec lesquels Porter tisse des liens dès son arrivée à Paris. Du côté de la scénographie, la technique du *collage* emprunté aux peintres parisiens se reconnaît dans la composition de la toile de fond et, ainsi, dans la façon dont est conçu le spectacle dans son ensemble.

En somme, *Within the Quota* est l'exemple d'une œuvre où l'influence de la musique française a joué un rôle déterminant dans la démarche créatrice d'un musicien américain. D'abord compositeur de music-hall de Broadway, Porter a su peaufiner son écriture pour en faire une œuvre qui fait bonne figure lorsqu'elle est présentée au côté de *La Création du monde* de Milhaud.

Chapitre VIII

RELÂCHE : DU DADAÏSME DANS L'INSTANTANÉISME

Relâche, rose de feuille - feuille de rose ; guêpe de taille - taille de guêpe, cul de lampe, etc.

Relâche est un passage à niveau, un passage à nivache ; Relâche est lamentable - ou l'amant-chaise. Et puis Relâche est la vie, la vie comme je l'aime ; la vie sans lendemain, la vie d'aujourd'hui, tout pour aujourd'hui, rien pour hier, rien· pour demain.

Les phares d'automobiles, les colliers de perles, les formes rondes et fines des femmes, la publicité, la musique, l'automobile, quelques hommes en habit noir, le mouvement, le bruit, le jeu, l'eau transparente et claire, le plaisir de rire, voilà Relâche.

Relâche a été fait comme l'on abat neuf dix-sept fois de suite sans avoir maquillé les cartes.

Relâche a les plus belles jambes du monde, ses bas sont champagne, ses jarretières noires et blanches. Relâche, c'est le mouvement sans but, ni en avant ni en arrière, ni à gauche ni à droite. Relâche ne tourne pas et pourtant ne va pas tout droit ; Relâche se promène dans la vie avec un grand éclat de rire ; Erik Satie, Börlin, Rolf de Maré, René Clair, prieur et moi avons créé Relâche un peu comme Dieu créa la vie. Il n'y a pas de décors, il n'y a pas de costumes, il n'y a pas de nu, il n'y a qu'espace, l'espace que notre imagination aime à parcourir ; Relâche est le bonheur des instants sans réflexions ; pourquoi réfléchir, pourquoi avoir une convention de beauté ou de joie ?

Il faut risquer les indigestions si l'on a envie de manger ! Pourquoi ne pas se ruiner ? Pourquoi ne pas travailler quarante-huit heures de suite si c'est notre plaisir ? Pourquoi ne pas avoir quinze femmes et pourquoi une femme n'aurai-t-elle pas cinquante-deux hommes si cela peut lui plaire ? Relâche vous conseille d'être des viveurs, car la vie sera toujours plus longue à l'école du plaisir qu'à l'école de la morale, à l'école de l'art, à l'école religieuse, à l'école des conventions mondaines [1].

1. Francis Picabia, « Page *Relâche* », *La Danse*, numéro spécial *Les Ballets suédois*, n°s 50-51, novembre-décembre 1924, Bnf, Bibliothèque-musée de l'Opéra, Fonds Dossier d'œuvre, [n.p.] ; repris dans Francis Picabia, *Écrits critiques*, éd. Carole Boulbès, préf. Bernard Noël, Montréal, Mémoires du livre, 2005, p. 541-542 ; Francis Picabia, *Écrits : 1921-1953 et posthumes*, éd. Olivier Revault D'Allonnes et Dominique Bouissou, Paris, Pierre Belfond, 1978, p. 166. Cette page de la revue *La Danse* est reproduite à l'illustration 31.

Fuyons les codes établis pour vivre chaque instant de la vie : voilà le message qui est livré dans ce texte de présentation de *Relâche, Ballet instantanéiste en deux actes,* un *entr'acte cinématographique, et « la queue du chien »* de Francis Picabia, Erik Satie et René Clair. Créé le 4 décembre 1924 au Théâtre des Champs-Élysées par les Ballets suédois, ce spectacle inédit, qui s'inscrit dans le prolongement du mouvement dadaïste, se permet toute démesure. Calembour, hédonisme, érotisme et dérision représentent les univers juxtaposés dans cette manifestation instantanéiste axée sur le moment présent.

Au fait, que Picabia entend-il par « instantanéisme » ? L'ex-dadaïste utilise des slogans idéologiques pour définir ce nouveau mouvement en page-titre du « Journal de l'instantanéisme », publié dans la revue *391* d'octobre 1924 :

> L'instantanéisme : ne veut pas d'hier.
> L'instantanéisme : ne veut pas de demain.
> L'instantanéisme : fait des entrechats.
> L'instantanéisme : fait des ailes de pigeons.
> L'instantanéisme : ne veut pas de grands hommes.
> L'instantanéisme : ne croit qu'à aujourd'hui.
> L'instantanéisme : veut la liberté pour tous.
> L'instantanéisme : ne croit qu'à la vie.
> L'instantanéisme : ne croit qu'au mouvement perpétuel [2].

L'« aujourd'hui » se plaçant au cœur de cette définition, le « mouvement perpétuel » ne peut exister sans faire référence à « hier » et à « demain ». Pour Picabia, « l'instantanéiste ne cherche pas ses racines dans le passé ou dans l'inconscient » [3] : il ne croit qu'à l'instant présent, qui se compose d'une série d'images inattendues présentées dans un tout simultané. Autrement dit, l'instantanéisme correspond à une « valorisation de l'instant » par la présentation d'images simultanées que Carole Boulbès compare aux « surimpressions du cinématographe » [4]. Parmi ces principes, la recherche du plaisir de l'instant et de la provocation se révèle comme principale ligne directrice de l'instantanéisme, mouvement éphémère qui se rapproche de près du dadaïsme.

À partir de ce dualisme temporel « hier – demain » se crée une série d'oppositions thématiques se trouvant à la base de l'argument instantanéiste conçu par Picabia : vie et mort, réel et irréel, jour et nuit, blanc et noir ; autant de thématiques binaires qui ne cessent de s'affronter tout au long du spectacle. Mais, surtout et avant tout, *Relâche* est « la vie d'aujourd'hui » où abondent « les phares d'automobile, les colliers de perles, [...] la publicité, [...] la musique, le bruit, le jeu » (voir texte plus haut).

En fait, Picabia vise à représenter la vie instantanée et hédoniste de cette nouvelle société moderne. C'est ce tourbillon qui entraîne le mouvement perpétuel dont il parle. Pour symboliser cette notion de mouvement perpétuel, Picabia utilise le cercle, forme

2. Francis Picabia, « Journal de l'instantanéisme » dans *391*, n° 19, octobre 1924. La page-titre de ce numéro est reproduite, entre autres, dans Carole Boulbès, *Picabia, le saint masqué*, Paris, Jean-Michel Place, 1998, p. 81 et *Relâche : dernier coup d'éclat des Ballets suédois*, Dijon, Les Presses du réel, 2017, p. 445.

3. Boulbès, *Picabia, le saint masqué*, p. 82.

4. *Ibid.*

qui l'obsède depuis les cinq années précédentes[5]. Comme l'affirme Boulbès : « Le cercle à la fois cible, rond coloré, bulle de savon et projecteur en est le véritable centre »[6]. Les pages du programme sont truffées de figures circulaires, tant dans les illustrations et les costumes du personnage que dans la mise en forme des textes (voir ill. 31, pour avoir un aperçu). Le cercle, symbole auquel recourent les futuristes pour évoquer le monde moderne de l'industrialisation, joue chez Picabia le rôle d'agent structurant dans ce tout nouveau genre de spectacle qui relie musique, danse et cinéma. Comme l'écrit Erik Näslund, « c'est probablement avec cette création que les Ballets suédois se sont approchés au plus près du but, le "*Gesamtkunstwerk*", synthèse de tous les arts »[7]. Ici, les constituants artistiques, qui sont habituellement considérés comme des éléments autonomes, détachés de l'ensemble du spectacle, se réunissent pour former une œuvre multidisciplinaire où le ballet et le film se rencontrent en un tout événementiel, à la manière d'un *collage d'objets hétéroclites.*

Ainsi, l'étude qui suit vise à démontrer de quelle façon le mouvement perpétuel agit comme élément unificateur des diverses caractéristiques scénaristiques, plastiques, filmiques et musicales de *Relâche*; une démonstration qui ne peut se faire sans d'abord décrire les coulisses de la naissance de ce manifeste instantanéiste.

Si étrange que cela puisse paraître, Picabia n'est pas à l'origine de ce spectacle commandé par Rolf de Maré. Comme nous le verrons dans les prochaines lignes, avant que *Relâche* prenne forme, c'est à Blaise Cendrars que revient l'idée originale d'un ballet complètement loufoque et sans queue ni tête. Aussi, avant de nous pencher sur l'étape finale de la production, nous aborderons la genèse de *Relâche*, une véritable saga qui remet en question l'identité de l'auteur du ballet.

5. Voir Boulbès, *Picabia, le saint masqué*, p. 80. Nous avons vu que le cercle est la forme que privilégie également Léger pour illustrer le mouvement perpétuel dans les ballets *Skating Rink* et *La Création du monde* (chapitres V et VI de l'actuel ouvrage).

6. *Ibid.*

7. Erik Näslund, *Rolf de Maré : fondateur des Ballets suédois, collectionneur d'art, créateur de musée*, traduit du suédois par Étienne Clotuche, Arles, Actes Sud / Stockholm, Bokförlaget Langenskiöld, 2008, p. 366.

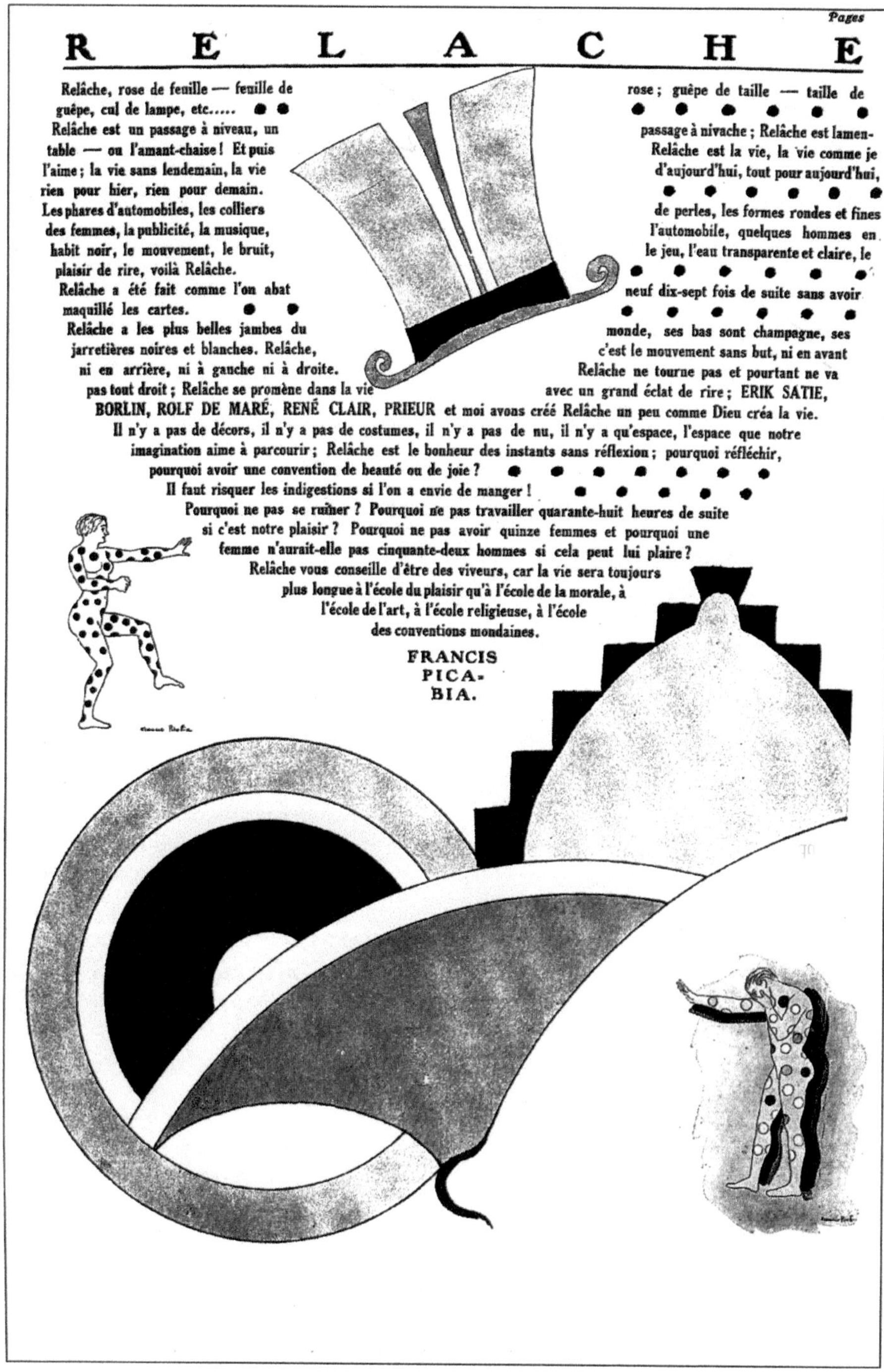

Pages

R E L A C H E

Relâche, rose de feuille — feuille de rose ; guêpe de taille — taille de guêpe, cul de lampe, etc.....

Relâche est un passage à niveau, un passage à nivache ; Relâche est lamentable — ou l'amant-chaise ! Et puis Relâche est la vie, la vie comme je l'aime ; la vie sans lendemain, la vie d'aujourd'hui, tout pour aujourd'hui, rien pour hier, rien pour demain.

Les phares d'automobiles, les colliers de perles, les formes rondes et fines des femmes, la publicité, la musique, l'automobile, quelques hommes en habit noir, le mouvement, le bruit, le jeu, l'eau transparente et claire, le plaisir de rire, voilà Relâche.

Relâche a été fait comme l'on abat neuf dix-sept fois de suite sans avoir maquillé les cartes.

Relâche a les plus belles jambes du monde, ses bas sont champagne, ses jarretières noires et blanches. Relâche, c'est le mouvement sans but, ni en avant ni en arrière, ni à gauche ni à droite. Relâche ne tourne pas et pourtant ne va pas tout droit ; Relâche se promène dans la vie avec un grand éclat de rire ; ERIK SATIE, BORLIN, ROLF DE MARÉ, RENÉ CLAIR, PRIEUR et moi avons créé Relâche un peu comme Dieu créa la vie.

Il n'y a pas de décors, il n'y a pas de costumes, il n'y a pas de nu, il n'y a qu'espace, l'espace que notre imagination aime à parcourir ; Relâche est le bonheur des instants sans réflexion ; pourquoi réfléchir, pourquoi avoir une convention de beauté ou de joie ?

Il faut risquer les indigestions si l'on a envie de manger !

Pourquoi ne pas se ruiner ? Pourquoi ne pas travailler quarante-huit heures de suite si c'est notre plaisir ? Pourquoi ne pas avoir quinze femmes et pourquoi une femme n'aurait-elle pas cinquante-deux hommes si cela peut lui plaire ?

Relâche vous conseille d'être des viveurs, car la vie sera toujours plus longue à l'école du plaisir qu'à l'école de la morale, à l'école de l'art, à l'école religieuse, à l'école des conventions mondaines.

FRANCIS PICABIA.

Illustration 31. Francis Picabia, « Page *Relâche* », *La Danse*, novembre-décembre 1924.

L'AVANT *RELÂCHE*

Le succès remporté par *La Création du monde* incite Rolf de Maré à commander à Blaise Cendrars un autre ballet encore plus audacieux et marquant, afin de rivaliser avec la saison de mai-juin 1924 des Ballets russes [8]. À l'automne 1923, Cendrars travaille sur un argument de ballet et songe à solliciter comme collaborateur Satie, avec qui il aurait souhaité travailler dans son précédent ballet *La Création du monde.* Ravi par l'orientation résolument « parisienne » donnée au projet, Satie accepte de s'associer au poète. Le compositeur écrit alors à de Maré : « Nous travaillons, Cendrars & moi, au ballet. Ce sera une œuvre parisienne – de Paris » [9]. Leur collaboration ne dure que quelques mois, puisque le poète suisse accepte ensuite une mission au Brésil.

À bord du Formose, avant la traversée de l'Atlantique, Cendrars rédige un scénario de ballet portant le « titre provisoire » *Après-dîner*, qu'il termine « fin janvier 1924 » [10]. Quelques jours plus tard, il réalise un abrégé du scénario qui prend la forme d'un synopsis divisé en neuf scènes minutées. Signé « Au bord du Formose, Le Hâvre [*sic*] – La Pallice, début février 1924 », ce tapuscrit porte en surtitre « Notes pour le musicien » [11]. Dans ce synopsis (retranscrit en fin de chapitre, p. 436-438), Cendrars reprend les mêmes intitulés utilisés dans le scénario, avec quelques variantes quant aux scènes 6 et 7 [12]. Les titres des scènes du synopsis sont reportés dans la colonne de gauche du tableau 22.

8. Au printemps 1924, la troupe des Ballets russes présente une toute nouvelle saison dans le cadre des Jeux olympiques qui se déroulent à Paris. Plusieurs créations y sont inscrites dont *Le Train bleu,* ballet de Jean Cocteau, du compositeur Darius Milhaud, du sculpteur Henri Laurens (1885-1954) et de la modiste Coco Chanel (pseudonyme pour Gabrielle Chasnel, 1883-1971). En lien avec les jeux olympiques, l'histoire du *Train bleu* se développe autour du thème des pratiques de sport (natation, acrobaties de plage, tennis et golf) exercées par les vacanciers. Pour plus de détails, voir Jacinthe Harbec, « *Le Train bleu* : déraillement stylistique entre la danse et la musique ? », *Les Cahiers de la Société québécoise de recherche en musique*, numéro spécial *Danse et musique : dialogues en mouvement*, Steven Huebner et Claudine Caron (dir.), vol. 13, n°s 1-2, 2012, p. 51-60.

9. Lettre d'Erik Satie à Rolf de Maré, 23 novembre 1923, dans Erik Satie, *Correspondance presque complète*, éd. Ornella Volta, Paris, Fayard / IMEC, 2000 ; 2e éd. rév., 2003, p. 573.

10. Blaise Cendrars, *Après-dîner*, scénario, tapuscrit autographe biffé et annoté, 3 feuillets, reproduit en fac-similé dans Miriam Cendrars, « Les métamorphoses parisiennes d'un ballet suédois », *Continent Cendrars*, vol. 1, 1986, p. 12-23, ici, p. 17-19.

11. Blaise Cendrars, *Après-dîner*, synopsis, tapuscrit autographe biffé et annoté, 2 feuillets, reproduit en fac-similé dans *ibid.*, p. 20-21 ; repris dans Michel Sanouillet, *Francis Picabia et « 391 » revue publiée de 1917 à 1924*, t. II, réimpression intégrale, Paris, Belfond, 1966, p. 255-256 et Boulbès, *Relâche*, p. 88-89. Ce document est retranscrit en fin de chapitre.

12. À noter que, sur les tapuscrits du scénario et du synopsis, une nouvelle numérotation apparaît au crayon. En effet, après avoir scindé la septième scène en deux parties, Cendrars ajoute une nouvelle scène portant le libellé « 8. L'Apothéose ». Cette dernière s'insère avant les deux dernières scènes que l'auteur renumérote 9 et 10, respectivement. Miriam Cendrars, « Les métamorphoses parisiennes d'un ballet suédois », p. 19 et 21.

Synopsis « Notes pour le musicien »	Tableau synoptique « Pour le musicien »		
1. Ouverture musicale…	i	1'	Ouverture
2. On veut s'amuser.	ii	2'	entrée des personnages [13]
3. On s'ennuie.	iii	1½	Transformation
		1½	description des personnages de 2nd plan
4. C'est ici que l'on s'amuse.	iv	1½	Installation
5. L'invitation à la valse.	v	3'	valse
		1'	Gros homme
6. On s'amuse à la française [14].	vi	2'	espagnol
7. On ne s'amuse plus, c'est sérieux [15].	vii	1'	pavane
		1'	préparation de l'apologie
		4'	apothéose
8. Le rire.	viii	1'	chute
		1'	sortie
9. Bonsoir.	ix	1'	sortie
		1'	fin balayeurs

Tableau 22. Comparaison entre le scénario et le tableau synoptique *Après-dîner* de Blaise Cendrars

Un autre document, cette fois écrit à la main et accompagné du surtitre « Pour le musicien », comporte exclusivement le minutage et un descriptif très succinct de chacune des neuf scènes du ballet. La fille du poète, Miriam Cendrars, présente le manuscrit en ces termes :

> Sur un feuillet quadrillé de carnet, Blaise a jeté hâtivement à la main la succession des tableaux [*sic* pour scènes], avec les temps qui sont destinés à la musique. […] On peut supposer que Cendrars a pris ces indications très rapidement, au cours d'une rencontre avec Erik Satie ou avec Rolf de Maré et Jean Börlin [16].

Le contenu du document « Pour le musicien » figure dans la partie de droite du tableau 22. D'après le minutage qui apparaît à la suite de la numérotation en chiffres romains, la durée du ballet est évaluée à environ 22 minutes, alors que l'annotation inscrite à la fin du synopsis suggère plutôt 25 minutes (voir fin de chapitre, p. 438).

Les surtitres donnés à ces deux documents indiquent que Cendrars, avant d'arriver en Amérique du Sud, tient à soumettre ses notes à Satie, son seul collaborateur officiel à cette date. Ce faisant, il s'assure de donner vie à son nouveau projet.

---

13. Dans ses notes, Cendrars n'utilise pas de façon systématique la majuscule au début de chaque ligne du tableau. Nous respectons donc sa graphie.

14. Dans le scénario, le titre du numéro 6 est « On s'amuse pour de bon ». Blaise Cendrars, *Après-dîner*, dans Miriam Cendrars, « Les métamorphoses parisiennes d'un ballet suédois », p. 18.

15. Dans le scénario, le titre du tableau 7 se résume à « Ça devient sérieux ! ». *Ibid.*

16. *Ibid.*, p. 13-14.

Le récit surréaliste du ballet Après-dîner *de Cendrars*

Le scénario *Après-dîner* décrit assez spécifiquement le lieu et le déroulement de l'action. Il se lit comme un récit abracadabrant qui voisine l'absurde et le surréalisme. En voici quelques extraits.

Sous le thème d'« une nuit à Montmartre » [17], *Après-dîner* met en scène une bande de « gens du monde » des plus hétéroclites : on y retrouve, par exemple, un jeune sucrier, un couple de jeunes mariés, une vieille marquise, un très jeune homme, un homme du monde, un tout petit chasseur, des garçons et des *ladies* et un gros homme excentrique [18]. La nuit tombée, ils se retrouvent ensemble cherchant à s'amuser après un dîner bien arrosé. Sous les enseignes lumineuses, ces « gens du monde [...] très chics » déambulent alors « la rue Pigalle » afin de trouver une boîte de nuit électrisante.

Une « lumière crue » les arrête et la bande s'engage dans une « porte-tournante [*sic*] [qui] valse, valse, valse dans les bras d'un tout petit CHASSEUR vêtu de rouge ». Cette valse de la porte tournante devient le thème récurrent de la soirée où s'entremêlent « danse à la turcque [*sic*] lamentable », « danse genre espagnol » et « pavane ». Un très « jeune homme » et la « vieille marquise » préfèrent des danses « plus modernes [...] à l'américaine ». Alors que « deux danseurs et deux danseuses costumés » s'élancent dans des pas plus classiques, « les gens du monde » s'étourdissent avec les « danses à la mode ».

Survient alors tout un « corps de ballet qui exécute une espèce d'apothéose de la Danse [...] comme un hommage savant rendu par l'Académie de la Danse ». À ce moment, le gros homme excentrique, qui [...] singeait, en se balançant sur sa chaise, toutes les évolutions des danseurs », perd l'équilibre et tombe. « Désordre général, les gens du monde se précipitent en riant vers la sortie. Derrière eux, la porte tournante se remet à valser dans les bras du petit chasseur vêtu de rouge. [...] C'est le petit jour violet. Les gens du monde [...] remontent précipitamment la rue. [...] TROIS BALAYEURS armés de balais géants descendent lentement la rue » sur le même thème musical qu'à l'ouverture. Le jour venu annonce un nouveau recommencement.

La fatale destinée du scénario Après-dîner *de Cendrars*

À la fin de janvier 1924, Satie connaît déjà les grandes lignes du projet de ballet de Cendrars. En l'absence de l'écrivain jurassien, Satie a ainsi le mandat de trouver un peintre pour la conception des décors et des costumes. Des deux noms inscrits sur le tapuscrit, « Gus Boffa » [*sic*] [19] et « Francis Picabia », Satie choisit le second. Pour le

17. Les citations transcrites dans le paragraphe suivant proviennent du scénario reproduit en fac-similé dans l'article de Miriam Cendrars (*ibid.*, p. 17-19).

18. La distribution complète figure dans le synopsis d'*Après-dîner* (fin de chapitre, p. 436-438). Voir aussi *ibid.*, p. 20 et Sanouillet, *Francis Picabia et « 391 »*, p. 255. Étonnamment, les personnages de ce ballet se rapprochent de ceux des *Mariés de la tour Eiffel*. Cendrars aurait-il cherché à surenchérir sur *Les Mariés* en créant un spectacle encore plus surréaliste ?

19. Gus Bofa (pseudonyme de Gustave Blanchot, 1883-1968) est illustrateur et auteur de la revue satirique *Synthèse littéraire*. Judi Freeman (« *Relâche* and *Entr'acte* », dans Gerd Fleischmann (dir.), *Picabia 1879-1953*, catalogue d'exposition, Edinburgh, Scottish National Gallery of Modern Art/Frankfurt, Main Galerie Neuendorf, 1988, p. 15-26, ici p. 18-19) cite une autre version du scénario appartenant à la collection privée

solliciter, il s'adresse à Pierre de Massot, ami de Picabia et gérant de la revue *391*, à laquelle l'artiste cubain collabore régulièrement. Satie remet alors le texte de Cendrars à de Massot, qui le retranscrit. À la demande du compositeur, de Massot envoie une lettre à Picabia le 22 janvier 1924. Au milieu de sa lettre, il écrit :

> Je suis chargé par ERIK SATIE de demander votre collaboration à un ballet pour les Suédois : *votre entière liberté* vous est laissée. *On attend tout de vous.* Hébertot et de Maré serait [*sic*] ravis. Pour la 1re fois, le Théâtre des Champs-Élysées verra peut-être une révolution qui n'aura rien de commun avec les manifestations des *Mariés*. Peut-être un nouveau DADA. Réfléchissez et dites-moi oui. Surtout ne croyez pas que j'y ai des intérêts. Je fais cela *par affection et par admiration pour vous*. Le scénario n'est pas de moi, il est de Cendrars [20].

Le 26 janvier, de Massot écrit de nouveau à Picabia, cette fois en donnant plus de détail sur le scénario :

> Pour le ballet, vous pouvez y aller : on vous donne *liberté absolue*. Il faut que la salle (d'où les amis seront exclus) crie : ce sera le grand événement.
> Le scénario est élastique. Le titre « Après-dîner » ! Un monsieur saoul sort d'un restaurant et se demande ce qu'il va faire : à vous d'imager les féeries de sa nuit « parisienne ». Vous voilà à l'époque que vous-même annonciez : l'époque bas de soie [21].

Le 3 février, de Massot répond à Picabia, qui, entre-temps, a accepté la proposition :

> Mon cher Picabia,
> J'ai revu Satie que votre oui enchante ; vous bénéficiez d'une collaboration merveilleuse et d'une liberté inouïe. Voici le scénario de Cendrars qui n'a rien de *définitif* et sur lequel vous pouvez broder à votre aise, à condition toutefois de laisser le même temps, la même durée (chose indispensable pour la musique) et le travail du compositeur [22]. Déjà le milieu Cocteau flaire la chose [23]. Ne refusez pas de dynamiser Paris (Occasion unique) [24].

Puis, le 8 février, Satie écrit à Picabia, qui se trouve alors sur la Côte d'Azur :

> Cher ami,
> Mille fois merci – je crois que notre « truc » ne sera pas mal. Oui.
> Je veux, moi, être très « parisien » – Ça fait « chic » – très « chic » [25]...
> Revenez vite, n'est-ce pas ? Je ne pourrai réellement travailler qu'à votre rentrée dans nos murs [26].

---

de Raymone Cendrars (née Duchâteau, épouse de Blaise Cendrars) dans laquelle le nom de Gus Bofa est remplacé par celui de Tarsila, en faisant allusion à l'artiste brésilienne Tarsila do Amaral.

20. Lettre de Pierre de Massot à Francis Picabia, 22 janvier 1924, dans Miriam Cendrars, « Les métamorphoses parisiennes d'un ballet suédois », p. 14. C'est de Massot qui souligne.

21. Lettre de de Massot à Picabia, 26 janvier 1924, dans Sanouillet, *Francis Picabia et « 391 »*, p. 252. C'est de Massot qui souligne.

22. Cette remarque sous-entend que la composition de Satie est déjà amorcée.

23. Comme Satie est en brouille avec Cocteau et les membres du Groupe des Six, il espère, avec ce spectacle insolite, irriter davantage le poète frivole.

24. Lettre de de Massot à Picabia, 3 février 1924, dans Miriam Cendrars, « Les métamorphoses parisiennes d'un ballet suédois », p. 15. C'est de Massot qui souligne.

25. Ici, Satie cite des mots puisés dans le scénario de Cendrars. Satie étant alors de connivence avec Picabia, Miriam Cendrars se demande si le compositeur se moque de l'accent jurassien de l'écrivain Cendrars. *Ibid.*

26. Lettre de Satie à Picabia, 8 février 1924, dans Volta (éd.), *Correspondance presque complète*, p. 587.

De retour de la tournée nord-américaine des Ballets suédois, de Maré reçoit une missive de Satie datée du 2 avril lui annonçant « du nouveau »[27]. Le Bon Maître d'Arcueil ne pouvait mieux dire, puisque de Maré et Börlin se retrouvent alors avec un tout nouveau sujet de ballet avec lequel ils doivent composer en très peu de temps. Ils se rendent à l'évidence que Picabia, en plus de sa fonction de décorateur, s'est donné le rôle d'auteur en s'appropriant le scénario et le synopsis d'*Après-dîner* de Cendrars, qu'il a modifiés à sa guise.

Après une correspondance entre Satie, de Maré et Picabia, au mois d'avril, les trois hommes se rencontrent le 2 mai 1924 afin de s'entendre sur les bases du ballet[28]. Picabia propose alors un argument de ballet en deux actes portant le titre *Relâche* (reproduit en fin de chapitre, p. 439-440). Une projection cinématographique est aussi envisagée au début et à l'entracte du spectacle. Du projet *Après-dîner*, il ne conserve que peu d'éléments; à peine quelques idées issues des commentaires manuscrits ajoutés par Cendrars, au crayon, sur son synopsis. En effet, Cendrars avait inscrit sur ce tapuscrit des suggestions d'intitulés telles que « Relâche », « Surprise-Party » et « Cocktail-Party ». Sous les noms des collaborateurs, il ajoute, toujours à la main, le commentaire suivant : « Pourquoi pas à l'entre-acte [*sic*] une projection cinématographique comme je l'ai déjà suggéré à Rolf de Maré. *Perpetuum mobile*, car c'est idiot qu'un ballet s'arrête, cesse... quand le rideau tombe alors que la tête des spectateurs a encore le vertige et tout tourne... »[29]. D'ailleurs, l'écrivain suisse inscrit au crayon sur le tapuscrit du scénario « Entracte - cinema » [*sic*][30]. On peut donc se demander si l'idée originale d'un « Entr'acte cinématographique », titre adopté dans le spectacle final, n'est pas de Cendrars lui-même. N'ayant pu trouver réponse à cette question[31], nous constatons, tout de même, qu'il y a davantage de correspondance directe entre les annotations de Cendrars et le projet de Picabia qu'avec le récit comme tel d'*Après-dîner* qui, lui, est tombé dans l'oubli[32].

27. Lettre de Satie à Rolf de Maré, 2 avril 1924, dans *ibid.*, p. 604.

28. Sanouillet, *Francis Picabia et « 391 »*, p. 169.

29. Cendrars, *Après-dîner*, « Notes pour le musicien », dans Miriam Cendrars, « Les métamorphoses parisiennes d'un ballet suédois », p. 20.

30. Cendrars, *Après-dîner*, [scénario], dans *ibid.*, p. 17.

31. Cette question posée par Miriam Cendrars elle-même demeure sans réponse puisque nul ne peut confirmer si ces annotations ont été ajoutées à une date antérieure ou ultérieure à *Relâche*. L'incertitude est d'autant plus fondée puisqu'en 1930, Cendrars retouche le manuscrit d'*Après-dîner* dans l'optique de le faire monter. *Ibid.*, p. 13, 16 et 20.

32. Cendrars en voulut longuement à Picabia et à Satie de l'avoir écarté du projet à son retour du Brésil en septembre 1924. Cette situation est d'autant plus délicate sachant que Cendrars était voisin de Picabia à Tremblay-sur-Mauldre (Carole Boulbès (éd.), dans Picabia, *Écrits critiques*, p. 511). À ce sujet, Cendrars écrivit en 1952 un « Post-scriptum » rappelant aux auteurs qu'il est bel et bien l'initiateur de ce spectacle. Ce texte inédit est reproduit en fac-similé dans Miriam Cendrars, « Les métamorphoses parisiennes d'un ballet suédois », p. 22-23.

Relâche *et l'orientation « concupiscente » donnée par Picabia et Satie*

Une fois les contrats signés, de Maré rencontre régulièrement les deux artistes, avec ou sans son chorégraphe Börlin, pour se tenir au courant de l'évolution du projet[33]. De leur côté, Picabia et Satie travaillent dans un esprit des plus collaboratifs et enthousiastes. Chaque dimanche, le compositeur prend plaisir à se rendre chez le peintre-poète à Tremblay-sur-Mauldre[34] pour discuter, dans le moindre détail, des éléments du ballet et des thèmes musicaux qui les accompagnent.

En dehors de sa sortie dominicale, Satie s'affaire à composer la partition de *Relâche*, qu'il qualifie de « ballet obscène »[35] en raison des emprunts aux chansons paillardes qu'il renferme. Dans une entrevue, il énumère les titres de chants vulgaires retenus dans sa composition :

- *Le Marchand de navets*;
- *L'Père Dupanloup*;
- *As-tu vu la cantinière?*;
- *R'tire tes pieds, r'tire tes pieds, tu n'vois pas que tu m'ennuies*[36].

Suivant Picabia, qui proclamait que *Relâche*, c'est « l'amour loin des conventions de la pudeur »[37], Satie disait avoir composé « une musique [...] pornographique [...] qui ne ferait pas rougir un homard ni un œuf »[38]. Pour Picabia, « Erik Satie est [...] l'inventeur de la *musique pornographique !* »[39].

Ces courtes réflexions reflètent bien la connivence qui se développe entre les deux artistes excentriques tout au long de l'élaboration de *Relâche*, dans lequel « il se prépare du "*neuf*" », écrit Satie à son ami Darius Milhaud[40].

L'intégration du septième art dans le ballet Relâche

Satie dit juste en mentionnant qu'« il se prépare du "*neuf*" », car Picabia refuse de se restreindre à la forme conventionnelle du ballet. En s'associant aux Ballets suédois qui,

33. Judi Freeman (« *Relâche* and *Entr'acte* », p. 21, n. 30) mentionne les dates des rencontres de Rolf de Maré avec les auteurs : 24 juin et 17 juillet 1924 avec Satie; 16 et 23 septembre, 26 octobre, 3 et 10 novembre 1924 avec Picabia.

34. Germaine Everling, *L'Anneau de Saturne*, Paris, Fayard, 1970, p. 154.

35. Annotation ajoutée sur un extrait de la partition que Satie insère dans une lettre envoyée à Darius Milhaud le 1er septembre 1924. Satie, dans Volta (éd.), *Correspondance presque complète*, p. 627-628.

36. W. Mayr, « Entretien avec Erik Satie », *Le Journal littéraire*, n° 24, 4 octobre 1924; cité dans Alan M. Gillmor, *Erik Satie*, New York / London, Norton, 1988, p. 251 ; Steven Moore Whiting, *Satie The Bohemian : From Cabaret to Concert Hall*, Oxford, Oxford University Press. 1999, p. 538.

37. Francis Picabia, « Pourquoi j'ai écrit "*Relâche*" », *Paris-Midi*, 26 novembre 1924, p. 4; repris dans *Le Siècle*, 27 novembre 1924, p. 4; *Écrits critiques*, éd. Boulbès, p. 534; *Écrits*, éd. d'Allonnes et Bouissou, p. 162.

38. Cette citation de Satie est rapportée par René Clair (*Cinéma d'hier, cinéma d'aujourd'hui*, Paris, Gallimard, 1970, p. 26). À noter que le verbe « rougir » utilisé par Satie sera intentionnellement repris par la critique ultérieurement.

39. Francis Picabia, « Erik Satie », *Paris-Journal*, 27 juin 1924, p. 1 ; repris dans *Écrits*, éd. d'Allonnes et Bouissou, p. 145. C'est Picabia qui souligne.

40. Lettre de Satie à Darius Milhaud, 18 octobre 1924, dans Volta (éd.), *Correspondance presque complète*, p. 636. C'est Satie qui souligne.

selon lui, « méprisent tous les préjugés »[41], l'artiste de *L'Œil cacodylate* sait qu'il peut exploiter des avenues esthétiques et formelles jusqu'alors inédites sur la scène parisienne. Picabia fait donc fi des frontières traditionnelles du ballet en visant un tout nouveau genre de spectacle multidisciplinaire. Son esprit étant occupé par des projets de film depuis l'été 1923[42], l'idée de meubler l'entracte du ballet d'une projection cinématographique est ferme pour lui. Cette composante filmique doit ainsi faire partie intégrante du spectacle[43]. Jacques Hébertot, directeur du Théâtre des Champs-Élysées, approuve l'idée en pensant à Marcel L'Herbier (1888-1979)[44]. De son côté, Picabia suggère le nom d'un cinéaste à la réputation montante, en l'occurrence René Clair[45].

Journaliste depuis 1921 au supplément cinématographique de la revue *Théâtre et Comœdia illustrée*, dirigée par Hébertot[46], le jeune Clair accepte sans hésiter à se joindre à l'équipe Picabia-Satie dans cette expérimentation de l'instantanéisme. Le cinéaste étant déjà en lien avec le directeur du théâtre (Hébertot), son entrée aux Ballets suédois est quasi inévitable. Sa participation à *Relâche* marquera l'histoire de la danse :

> Pour la première fois le cinéma s'unissait à un spectacle chorégraphique ou plutôt le complétait, car il devait, dans la pensée des auteurs, exprimer ce qu'aucun autre art ne saurait traduire et réaliser, le but que voulait atteindre ce ballet : rendre *la réalité fantastique et le fantastique réel*[47].

Picabia envoie alors à Clair, sur du papier à en-tête du « chic » restaurant Maxim's, un découpage synoptique de la partie cinématographique du ballet[48]. Dans ce document, l'auteur propose un premier court métrage d'une minute au lever du rideau et un second d'une douzaine de minutes à projeter pendant l'entracte (voir *Entr'acte cinématographique*, découpage synoptique retranscrit en fin de chapitre, p. 441). Pour ce dernier, Picabia imagine une série de huit scènes entièrement loufoques d'une durée n'excédant pas une minute, à l'exception de la dernière scène qui dure sept minutes. Contrairement

41. Picabia, « Page sans image », *La Danse*, novembre 1924, [n.p.].

42. En août 1923, Picabia avait été approché par Jacques Hébertot pour écrire un scénario de film pour Marcel L'Herbier. Or, lors du tournage du film *L'Inhumaine* réalisé en 1924, Picabia fut écarté du projet. Boulbès (éd.), dans Picabia, *Écrits critiques*, p. 507.

43. Avant la Première Guerre mondiale, la projection d'un film entre les actes d'un spectacle se faisait alors dans certains music-halls et cafés-concerts (René Clair, *Cinéma d'hier, cinéma d'aujourd'hui*, p. 24). Le cinéma devenant de plus en plus populaire dans les années 1920, le théâtre récupère l'idée, comme c'est le cas dans le premier film de Sergueï Eisenstein, *Le Journal de Glounov*, projeté lors de la représentation de la pièce *Un homme sage* de Sergueï Ostrovski en 1923. Patrick de Haas, *Cinéma intégral : de la peinture au cinéma dans les années vingt*, Paris, Transéditions, 1985, p. 225.

44. Sanouillet, *Francis Picabia et « 391 »*, p. 169.

45. À ce moment, René Clair (1898-1981) vient de terminer son premier film *Paris qui dort* (1923).

46. René Clair, « *Entr'acte*/*À nous la liberté* », dans *Avant-Scène Cinéma*, numéro spécial, n° 86, novembre 1968, p. 21.

47. Pierre Tugal (dir.), *Les Ballets suédois dans l'art contemporain*, Paris, Éditions du Trianon, 1931, p. 76. Nous soulignons.

48. Francis Picabia, *Entr'acte cinématographique*, découpage synoptique, manuscrit autographe, 2 feuillets de papier à en-tête de chez Maxim's, Archives de la Fondation Erik Satie ; repris dans Ornella Volta, « La dernière séance des Ballets suédois », dans Josiane Mas (dir.), *Arts en mouvement : les Ballets suédois de Rolf de Maré, Paris 1920-1925*, Montpellier, Presses universitaires de la Méditerranée (Centre d'étude du XXe siècle, Université Paul-Valéry), 2008, p. 185-205, ici p. 195 ; la première page du manuscrit autographe est reproduite en fac-similé dans *ibid.*, p. 194.

aux images présentées en flash dans les sept premières scènes, cette huitième scène est plus substantielle, puisqu'elle sous-entend un développement narratif sur un sujet saugrenu : « un enterrement » au « corbillard traîné par un chameau ».

Ayant reçu ces notes, Clair élabore un court scénario en texte continu (et non divisé en scènes) qu'il jette sur du papier à en-tête de la Société Jacques Hébertot[49]. Dans ce scénario (retranscrit en fin de chapitre, p. 442), Clair reprend la plupart des idées de Picabia en les développant davantage. C'est particulièrement le cas de la dernière scène, dite du cortège funéraire, qui occupe près de la moitié du film et prend des allures de « poursuite insensée ». Comme nous l'examinerons plus loin, l'ensemble du scénario repose sur le côtoiement constant du réel et de l'irréel, transformant des scènes de la vie courante en situation des plus absurdes.

Du 28 mai au 18 juin, Clair procède au tournage de son film[50]. À l'instar de Satie, qui emprunte à des airs grivois et populaires symbolisant la joie de vivre, le cinéaste choisit des lieux de divertissement fréquentés par les Parisiens, tels que le Théâtre des Champs-Élysées et Luna Park. De manière générale, la plupart des scènes sont tournées au centre de Paris, alors que d'autres le seront en banlieue (Neuilly et Suresnes) et en Picardie[51]. Pendant ce mois de juin qu'il consacre entièrement à son film, Clair ne donne aucune nouvelle à Picabia. Sans préavis, ce dernier reçoit un jour une lettre d'invitation du producteur (de Maré) lui annonçant que « le film est prêt » et que la date d'un premier visionnement est fixée au « vendredi 4 juillet »[52]. Constatant sa maladresse, le cinéaste adresse une lettre d'excuses à l'auteur de *Relâche* :

> Excusez-moi, je vous prie, de ne pas vous avoir donné de nouvelles de notre film. Nous avons travaillé sans arrêt depuis un mois. C'est fini. J'espère que vous ne serez pas trop mécontent de la réalisation.
> Rolf de Maré vous a sans doute donné rendez-vous pour vendredi 3 heures. Nous vous montrerons la première copie d'*Entr'acte*[53].

Picabia, extrêmement enchanté par le travail du cinéaste, déclarera : « J'ai donné à René Clair un tout petit scénario et il en fait un chef-d'œuvre »[54].

---

49. René Clair, *Entr'acte cinématographique*, scénario, manuscrit autographe, 3 feuillets de papier à en-tête de la Société Jacques Hébertot, Archives de la Fondation Erik Satie; texte repris avec la reproduction en fac-similé de la première page du manuscrit autographe dans *ibid.*, p. 196-197.

50. Le montage du film est terminé en novembre 1924 selon Karine Bouchard (*Les Relations entre la scène et le cinéma dans le spectacle d'avant-garde : une étude intermédiale et in situ de* Relâche *de Picabia, Satie et Clair*, mémoire de maîtrise, Montréal, Université de Montréal, 2009, p. 45).

51. Boulbès, *Relâche*, p. 390. Voir aussi, René Clair, *Entr'acte*, découpage scénaristique, tapuscrit de 14 feuillets, 1924, Cinémathèque française; repris dans *ibid.*, p. 629-639.

52. Lettre de Rolf de Maré à Francis Picabia, 30 juin 1924, Bibliothèque littéraire Jacques Doucet, Fonds Picabia, AI 1 (10) 425; repris dans *ibid.*, p. 408.

53. Lettre de René Clair à Francis Picabia, 1er juillet 1924, Bibliothèque littéraire Jacques Doucet, Fonds Picabia, AI 1 (10) 468; repris dans *ibid.*, p. 409.

54. Picabia, « Page René Clair », dans *La Danse*, novembre-décembre 1924, [n.p.].

Le travail acharné de Satie

Du mois de mai jusqu'à la fin d'août[55], Satie travaille assidûment à la partition de *Relâche*, à en « sue[r] à tour de bras » ! affirme-t-il ironiquement à de Massot[56]. Il semble composer sa partition avec enthousiasme, avouant à maintes reprises, dans sa correspondance, être « très content » du résultat. Aussi annonce-t-il le 27 août à Germaine Everling, compagne de Picabia :

> « *Relâche* (la fin) est à la copie. Le ballet est donc entièrement composé. Je travaille à l'orchestration… oui… De Maré rentre dans les premiers jours de septembre. Börlin a dû terminer l'étude chorégraphique de la première partie, partie que je lui ai adressée à Nice »[57].

Le 19 octobre, la partition du ballet, « dans sa forme quasi définitive, fut présentée à Picabia »[58]. Quant à l'orchestration, le Bon Maître d'Arcueil s'y adonne jusqu'au début de novembre, comme l'atteste la lettre envoyée au chef d'orchestre Roger Désormière[59]. Entre-temps, il entame la composition du film *Entr'acte*. N'ayant pas eu de nouvelles de Clair (et n'ayant vraisemblablement pas assisté au visionnement du 3 juillet), il lui écrit le 23 octobre :

> Et le film ?… Quand ?…
> Le temps passe (*et ne repasse pas*). Ai la « frousse » d'être oublié par vous. Oui…
> Envoyez-moi rapidement le détail de votre si merveilleux travail. Merci fort[60].

Satie a raison d'avoir la frousse, puisque la première générale de *Relâche* est annoncée pour le 27 novembre. Sans tarder, Clair soumet au compositeur un tableau synoptique du film accompagné du minutage de chacune des neuf scènes (tableau 23).

En plus de ces notes, tout indique que Satie a visionné le film attentivement, puisque les croquis de sa composition montrent une série de subdivisions et de calculs de mesures minutieux, effectués pour chaque scène[61]. À temps pour le 10 novembre 1924, Satie réussit à terminer sa partition, qu'il intitule *Cinéma, Entr'acte symphonique de « Relâche »*[62].

Une fois le matériel musical prêt pour les dernières mises en place chorégraphiques et les répétitions d'orchestre, Picabia entreprend un énorme battage publicitaire autour du spectacle.

---

55. Plus précisément, il termine l'acte I du ballet le 27 juillet 1924 et l'acte II, le 27 août 1924. Robert Orledge, *Satie the Composer*, Cambridge, Cambridge University Press, 1990, p. 330.

56. Lettre de Satie à de Massot, 11 juillet 1924, dans Volta (éd.), *Correspondance presque complète*, p. 625.

57. Lettre de Satie à Germaine Everling, 27 août 1924, dans *ibid.*, p. 628.

58. Sanouillet, *Francis Picabia et « 391 »*, p. 169.

59. Lettre de Satie à Roger Desormière, 23 octobre 1924, dans Volta (éd.), *Correspondance presque complète*, p. 639.

60. Lettre de Satie à René Clair, 23 octobre 1924, dans *ibid.* C'est Satie qui souligne.

61. Éric Satie, *Cinéma « Relâche »*, croquis de plan de composition, manuscrit autographe, 5 pages, [s.d.], Bnf, Département de la musique, Fonds Montpensier, Ms. 9678.

62. Erik Satie, *Cinéma, Entr'acte symphonique de « Relâche »*, partition d'orchestre (location), Paris, Éditions Rouart-Lerolle / Salabert, © 1926 ; réduction pour piano, Paris, Salabert, 1972.

	Ouverture =	1 minute 10 sec.
	Entr'acte	
1	Cheminées, ballons qui explosent	40 sec.
2	Gants de boxe – allumettes	50 sec.
3	Prises d'air, jeux d'échec [*sic*] et bateau sur les toits	1 m 15
4	La danseuse et figures dans l'eau	1 m 15
5	Chasseur et début enterrement (formation du cortège)	1 m 15
6	Cortège au ralenti	3 m 30
7	Poursuite	2 m 30
8	Chute du cercueil et sortie de Borlin [*sic*]	3 m 30
9	Fin (écran crevé et fin)	35"
		13 m 45
		15 minutes

Tableau 23. Plan synoptique d'*Entr'acte cinématographique*, avec minutage, de René Clair[63].

La cabale médiatique de Relâche

En vue de mobiliser le plus de « gens du monde »[64] possible, Picabia prête sa plume au numéro spécial de la revue *La Danse*, consacré au spectacle *Relâche*. Chaque page de l'édition de novembre-décembre 1924 (n°s 50-51) se penche sur un aspect distinct du ballet : outre les « Pages *Relâche* »[65], on y lit des articles sur les personnes associées au spectacle, comme les deux « Pages Rolf de Maré », la « Page Borlin [*sic*] »[66], la « Page René Clair », la « Page Erik Satie » dans laquelle on reproduit, entre autres, un extrait de sa partition. Des portraits des collaborateurs dessinés par Picabia accompagnent les textes, qu'il signe pour la plupart, présentés dans une typographie spécifique rappelant la forme des sujets ou des objets illustrés. À ces portraits, l'artiste ajoute plusieurs autres dessins partant tous de la forme circulaire : ils représentent des disques, des cercles, un système de roulette[67], voire le contour d'un sein (comme exemple, voir ill. 31)[68].

Ce numéro de *La Danse* est le point de départ d'une grande cabale médiatique dans laquelle Picabia s'attaque aux conventions : « CONTRE TOUS LES ACADÉMISMES », tel est le titre donné à la « Première page » de la revue, qui rend un hommage à la révolution

63. Ce tableau synoptique est issu du manuscrit de papier à en-tête des Ballets suédois sur lequel Clair a dressé une liste de scènes minutées. René Clair, *Entr'acte cinématographique*, tableau synoptique, manuscrit autographe, 1 page de papier à en-tête « Les Ballets Suédois », [s.d.], BnF, Département de la musique, Fonds Montpensier, MS 9677 (9); Archives de la Fondation Erik Satie; reproduit en fac-similé dans Ornella Volta, « La dernière séance des Ballets suédois », dans Mas (dir.), *Arts en mouvement*, p. 198-199.

64. Cette expression, maintes fois employée par Picabia, est empruntée au scénario d'*Après-diner* de Cendrars.

65. À noter que la numérotation des pages est remplacée par un sujet.

66. Étrangement, cette page est signée par Blaise Cendrars. Même écarté du projet, Cendrars a accepté de contribuer à ce numéro de *La Danse*.

67. Dans la « Première page », Picabia réutilise son dessin *Roulette*, qui a servi de page couverture à la revue *391* (n° 4, mars 1917) et représente un système de roulette mécanisé. Boulbès, *Relâche*, p. 169-170.

68. Pour une description détaillée de ce numéro de *La Danse*, voir *ibid.*, p. 160-181.

de la danse initiée par les Ballets suédois de Rolf de Maré. Bien connu dans le milieu de la presse par ses articles anticonformistes, l'ancien tenant dadaïste utilise ainsi les journaux[69] comme support publicitaire cultivant la provocation. « Vous dites qu'on sifflera ? Tant mieux ! J'aime mieux les entendre crier qu'applaudir », reporte-t-il dans *Comœdia* le 31 octobre[70]. « Apportez des lunettes noires et de quoi vous boucher les oreilles », lit-on au bas de la publicité parue deux semaines plus tôt dans la revue *391*[71].

Poursuivant ses propos provocateurs, Picabia proclame que *Relâche* est « une trêve à toutes les absurdités prétentieuses du théâtre actuel »[72] et que « *Relâche* n'est pas relâche mais "Relâche" »[73]. Sans qu'il le sache, ce calembour, qu'il se permet pour conclure son article du 26 novembre, était prémonitoire. En effet, Picabia lui-même n'aurait pu réussir meilleur coup de théâtre que celui du destin, le soir du 27 novembre, quand le Tout-Paris s'est déplacé pour assister à la création de *Relâche*.

Aussi, quel fut l'étonnement du public de se retrouver devant les portes closes du Théâtre des Champs-Élysées, constatant que le spectacle « *Relâche* a fait relâche »[74] ! « Picabia, "célèbre instantanéiste" pouvait-il espérer coïncidence aussi troublante ? »[75], lit-on dans l'*Éclair* le surlendemain. Germaine Everling, la compagne de Picabia, se remémore l'événement :

> Lorsque j'arrivai avenue Montaigne, les abords du théâtre étaient embouteillés d'automobiles de luxe. La foule des grands soirs se pressait devant les portes closes, tandis qu'un régisseur en habit répétait inlassablement que Borlin [*sic*] était malade et la « générale » renvoyée.
> Mais le titre de la pièce et le caractère même de Picabia collaboraient à créer une équivoque chez le public qui crut à une mystification. « C'est une plaisanterie de Picabia… et ce n'est pas mauvais, comme publicité ! » disaient les gens, ne songeant pas à s'en aller et attendant l'ouverture des portes. Jusqu'à onze heure, le va-et-vient se poursuivit devant le théâtre, où un service d'ordre fonctionnait à grand-peine. Enfin, les « belles dames » remontèrent en voiture et, ce soir-là, le *Bœuf sur le toit* reçut un surcroît de clientèle, venue là pour compenser sa déception[76].

Même si plusieurs croyaient à un canular dadaïste orchestré par Picabia et Satie, la réalité était tout autre. Trois autres articles, dont l'un signé par Picabia lui-même[77],

69. Picabia s'exprime surtout dans *Paris-Journal* dont l'accès lui est facilité par le fondateur du quotidien Jacques Hébertot et son propriétaire de Maré. Erik Näslund, *Rolf de Maré*, p. 358.

70. Picabia, « Entracte », interview de André-L Daven publié dans *Comœdia*, 31 octobre 1924, p. 4 ; repris dans *Écrits*, éd. d'Allonnes et Bouissou, p. 156-159, ici p. 156.

71. Picabia, *Revue 391*, n° 19, octobre 1924 ; reproduit dans Boulbès, *Relâche*, p. 154.

72. Picabia dans « À propos de *Relâche*, ballet instantanéiste. Interview de M. Francis Picabia par M. Rolf de Maré », *Comœdia*, 27 novembre 1924, p. 2 ; repris dans *Écrits*, éd. d'Allonnes et Bouissou, p. 163-164, ici p. 164.

73. Picabia, « Pourquoi j'ai écrit "*Relâche*" », p. 4.

74. Francis Picabia, « Pourquoi "*Relâche*" a fait relâche », *Comœdia*, 2 décembre 1924, p. 1 ; repris dans *Écrits*, éd. d'Allonnes et Bouissou, p. 169-170, ici p. 169.

75. [Intérim], « Relâche » ou la malechance [*sic*] de Picabia », *L'Éclair*, 29 novembre 1924, [n.p.].

76. Everling, *L'Anneau de Saturne*, p. 156.

77. Par ordre chronologique, les trois articles sont : Paul Achard, « "*Relâche*" et relâche », *Paris-midi*, 28 novembre 1924, p. 4 ; [Anonyme], « M. Jean Borlin [*sic*] gravement malade », *Comœdia*, 28 novembre 1924, p. 2 ; Picabia, « Pourquoi "Relâche" a fait relâche », p. 1.

parurent au cours de la semaine expliquant les circonstances du report du spectacle : Jean Börlin, chorégraphe et principal danseur des Ballets suédois, brûlant de fièvre, avait poussé son directeur Rolf de Maré à remettre le spectacle au 4 décembre suivant. L'incident n'empêcha pas les quelque deux mille personnes de se présenter une seconde fois au Théâtre des Champs-Élysées [78] pour assister à ce spectacle tant attendu. Dans la *Revue de Paris*, Albert Flament décrit la soirée :

> Et la salle est bondée, bondée comme elle ne le serait certainement pas pour un spectacle moins d'avant-garde, moins mêlé de cinématographe et de danse. Le côté tellement sensationnel de l'aventure saute aux yeux, dès que l'on sait que le livret est de M. Picabia et la musique de M. Erik Satie, et qu'une troupe de danseurs suédois en assure la représentation. Ces noms, ou, tout au moins, leurs origines étrangères ne peuvent que susciter un événement éminemment parisien [79].

« Enfin, on a joué *Relâche* », écrit-on dans l'*Événement* [80] le lendemain de la générale. Le public a finalement pu assouvir sa curiosité, que la presse n'avait cessé de nourrir durant les mois de préparation du spectacle. Mais l'enthousiasme s'est vite transformé en stupéfaction et en protestation devant cet « anti-ballet » dans lequel la danse est presque inexistante. Nul n'imaginait que les Ballets suédois pouvaient s'aventurer aussi loin dans cette voie, même si de Maré avait annoncé ses couleurs un mois auparavant : « Les décors ne sont peut-être pas des décors comme la musique ne sera pas une musique tout en étant une musique, comme ce sera un ballet tout en n'étant pas un ballet... C'est la vie telle que la conçoit Picabia » [81].

Regard sur les composantes dansées et filmiques de *Relâche*

Force est de constater que le spectacle mis en scène par Picabia est difficilement définissable pour l'époque, ce que confirme Erik Näslund : « *Relâche* n'était pas un ballet, n'était pas une pièce de théâtre, n'avait pas de fil conducteur : il se contentait d'"exister" » [82]. Étant à la fois tout et rien, *Relâche* « existe » toutefois derrière une structure organisée, si on se réfère à l'argument préliminaire de Picabia (reproduit en fin de chapitre, p. 439-440). En effet, ce texte maintenant baptisé *Relâche* [83] se divise en trois parties distinctes :

78. À cette époque, la principale salle du Théâtre des Champs-Élysées contenait deux mille places. Elie Konigson, « Au théâtre du cinématographe. Remarques sur le développement et l'implantation des lieux du spectacle à Paris vers 1914 », dans Claudine Amiard-Chevrel, (dir.), *Théâtre et cinéma des années vingt : une quête de la modernité*, t. 1, Lausanne, L'Âge d'homme, 1990, p. 35-55, ici p. 41.

79. Albert Flament, « Tableaux de Paris : *Relâche* », *La Revue de Paris*, 1er janvier 1925, p. 196-200, ici p. 196.

80. Maurice Bouisson, « *Relâche – Entr'acte* de Picabia et Erik Satie », *L'Événement*, 5 décembre 1924, p. 3.

81. Rolf de Maré, *L'Ère nouvelle*, 26 octobre, 1924 ; cité dans Näslund, *Rolf de Maré*, p. 366.

82. *Ibid.*

83. D'après le tapuscrit original conservé à la Bibliothèque littéraire Jacques Doucet (cote AI 1(10) 453), Picabia a raturé au crayon le titre *Après-dîner* pour le remplacer par *Relâche* (D'Allonnes et Bouissou (éd.), dans Picabia, *Écrits*, p. 371, n. 137 et Boulbès, *Relâche*, p. 112, n. 3). Il existe une autre version de ce tapuscrit

- la première partie commence par une « Projection cinématographique » qui enchaîne directement à l'acte I du ballet;
- la deuxième commence à « RIDEAU », où on lit : « PAS D'ENTR'ACTE, à proprement parler », car le spectacle se poursuit avec des « projections cinématographiques des auteurs assis face à face »;
- la troisième correspond à l'indication « DEUXIÈME ACTE » du ballet.

Ce synopsis de travail, où l'essentiel est mentionné quant aux indications scéniques et aux précisions sur la durée de l'accompagnement musical, illustre que les trois volets de *Relâche* – l'acte I, le cinéma et l'acte II – ont été pensés en un seul et même spectacle multidisciplinaire. Du texte *Après-dîner* de Cendrars (fin de chapitre, p. 436-438), Picabia recycle les éléments suivants : l'allure « chic » des personnages, la série de danses, la porte tournante, la projection d'un film et le panneau d'enseignes lumineuses.

L'étude de la structure spécifique des deux composantes du spectacle – le ballet et le film – se clarifie en tenant compte des partitions musicales de Satie.

L'articulation du synopsis du ballet Relâche

Au cours de son élaboration, le texte préliminaire subit d'autres modifications sans que Picabia n'en soumette, à notre connaissance, de version finale. Par ailleurs, l'auteur rédige un synopsis du ballet publié à même la partition pour piano de *Relâche*[84]. À première vue, ce synopsis (retranscrit en fin de chapitre, p. 443), laisse entrevoir que l'auteur conçoit le ballet selon une structure symétrique, chacun des deux actes comportant un même nombre d'énoncés. De plus, un jeu en miroir entre la séquence de scènes des deux actes s'ajoute au découpage symétrique du synopsis, une caractéristique que Satie a également su exploiter dans sa composition.

Satie écrit un morceau distinct à partir de chacun des énoncés du synopsis (p. 443), ce qui porte à 22 le nombre de morceaux de la partition dont les titres figurent au tableau 24[85]. La numérotation, ajoutée par nous[86], permet d'illustrer clairement la division symétrique de la partition, considérant que chaque acte contient respectivement onze morceaux ou scènes.

---

conservé au Dansmuseet de Stockholm : Francis Picabia, *Relâche*, tapuscrit, 3 feuillets numérotés, biffures au crayon bleu, Dansmuseet, Fonds Ballets suédois, dossier « *Relâche* », boîte des librettos et des descriptions. Sauf mention contraire, nous n'indiquerons que « Dansmuseet » et le nom de la boîte comme référence au fonds des Ballets suédois à Stockholm.

84. Erik Satie, *Relâche, Ballet instantanéiste en deux actes, un Entr'acte cinématographique, et « La queue du chien »*, partition « Le ballet seul pour piano avec un frontispice de Francis Picabia, Paris, Éditions Rouart-Lerolle / Salabert, R.L. 11577, © 1926. Dorénavant, nous n'utiliserons que la mention « partition pour piano ».

85. Les titres de certains morceaux dans la partition d'orchestre varient quelque peu. Les deux premiers numéros sont intitulés « Ouverturette » et « Projectionnette ». De plus, le nom de Börlin apparaît dans le titre à la place de l'Homme. Aussi lit-on « Entrée de Börlin » au numéro 6 et « Danse de Börlin et de la Femme » au numéro 16. Erik Satie, *Relâche, Ballet instantaéniste en deux actes, un Entr'acte cinématographique, et « La queue du chien »*, partition d'orchestre (location), Paris, Éditions Salabert / Rouart-Lerolle, © 1926.

86. Les morceaux de la partition pour piano ne comportent aucune numérotation, ce qui n'est pas le cas de la partition pour orchestre. Toutefois, notre numérotation diffère d'un chiffre de celle de la partition d'orchestre, car le troisième morceau « Rideau » n'est pas numéroté.

Acte I

1. Ouverture
2. Projection
3. Rideau
4. Entrée de la Femme
5. « Musique » entre l'entrée de la Femme et sa « DANSE SANS MUSIQUE »
6. Entrée de l'Homme
7. Danse de la Porte tournante (Homme et la Femme)
8. Entrée des Hommes
9. Danse des Hommes
10. Danse de la Femme
11. Final

Acte II

12. Musique de la Rentrée
13. Rentrée des Hommes
14. Rentrée de la Femme
15. Les Hommes se dévêtissent (La Femme se rhabille)
16. Danse de l'Homme et de la Femme
17. Les Hommes regagnent leur place et retrouvent leurs pardessus
18. Danse de la Brouette (La Femme et le Danseur)
19. Danse de la Couronne (La Femme seule)
20. Le Danseur dépose la Couronne sur la tête d'une spectatrice
21. La Femme rejoint son fauteuil
22. Petite Danse Finale : La Queue du chien (Chanson rimée)

Tableau 24. Liste des numéros de ballets.

Le synopsis (p. 443) et la partition agissent, en fait, comme argument du ballet, qui subit de nouveaux changements par rapport au texte préliminaire de Picabia, à commencer par le nombre de danseurs. Les douze catégories de danseurs inscrites dans la version de Cendrars (voir *Après-Dîner* en fin de chapitre, p. 436-438) seront réparties en seulement quatre types de personnages par l'auteur de *Relâche*, comme le montre le synopsis de *Relâche* (p. 443) : la Femme (Edith de Bonsdorff), l'Homme (Börlin), le Danseur (Kaj Smith) et les Hommes (huit danseurs). Dans cette distribution, le « couple de jeunes mariés », présent dans le texte de Cendrars, disparaît. Ici, la notion de la mariée est symbolisée par la « couronne de fleurs d'oranger » (voir l'argument préliminaire de Francis Picabia en fin de chapitre, p. 439-440) que porte cette Femme qui, selon les mœurs modernes, vit en union libre. De fait, « pourquoi une femme n'aurait-elle pas cinquante-deux hommes si cela peut lui plaire », mentionne Picabia dans le programme du spectacle[87]. Aussi, la Femme d'une élégance sans pareille devient le centre d'attraction de tous les Hommes qui évoluent autour d'elle et, plus particulièrement, de l'Homme et du Danseur. Entre ces deux *gentlemen* se crée une certaine rivalité, mais sans dénouement conclusif.

87. Picabia, « *Relâche* », *La Danse*, [n.p.] ; repris en citation au début du présent chapitre.

Pour rendre la séduction encore plus crue, l'écrivain inscrit deux numéros de *strip-tease*, et le compositeur intègre des chansons paillardes fort populaires, entendues lors de soirées bien arrosées au café-concert. Étonnamment, des airs de chansons enfantines servent de mélodies aux paroles obscènes de ce répertoire, comme si l'innocence se confondait au plaisir épicurien. Que de sourires sur les lèvres des spectateurs lorsque l'orchestre entame la comptine *Y'a une pie dans l'poirier*[88], utilisée pour la chanson vulgaire *R'tire tes pieds, r'tire tes pieds, tu n'vois pas que tu m'ennuies ?*[89], et la chansonnette *Cadet Rousselle*, devenue pour le corps d'armée la référence grivoise *L'Père Dupanloup*. À ces chants de mœurs légères s'ajoute *Le Marchand de navets*, dont la mélodie est empruntée à *Flagrant délit*, une chanson burlesque de Léon Xanrof bien connue au Chat noir, qui raconte le procès d'une femme infidèle[90].

Cette atmosphère gaillarde est tout indiquée pour présenter les numéros de *strip-tease* de *Relâche*. Tel un jeu de miroirs, la Femme se déshabille au premier acte alors que « les Hommes se dévêtissent » au deuxième acte pendant que « la Femme se rhabille » (synopsis de *Relâche*, p. 443). Le miroir constitue sans contredit la forme privilégiée non seulement du ballet, mais également du film.

L'évolution du scénario du film Entr'acte cinématographique

Rappelons que les idées initiales du film *Entr'acte* proviennent de Picabia (découpage synoptique, p. 441), à partir desquelles Clair élabore un scénario (p. 442). Par rapport au scénario original, le cinéaste change l'ordre de certaines scènes ; une modification plus facile à repérer si on se reporte aux notes synoptiques envoyées à Satie (tableau 23). Par exemple, la septième scène du « gonflage de ballons » (découpage synoptique) apparaît à la première scène (tableau 23) et la sixième scène de la « Danseuse » figure à la quatrième scène. Dans la nouvelle mouture, Clair abandonne les scènes 3 et 5 du scénario original. Même chose pour les images de « projection écrite pour explication », que Picabia désire insérer à la suite de toutes les scènes, sauf les scènes 2 et 3 (découpage synoptique) que le cinéaste ne retient pas, étant des éléments superflus dans le cas du cinéma[91]. Car Clair insiste sur ce principe : « Ce que le cinéma [...] demande, c'est d'apprendre à voir »[92]. Quant à la toute dernière scène du découpage synoptique de Picabia, celle de l'« enterrement », Clair s'inspire de cette idée pour développer toute une seconde partie du film, aussi longue que la première.

88. La comptine enfantine en question porte plusieurs titres : *Y'a une pie dans l'poirier*, *Y a un rat sous mon toit* et *Y'a un chat sur le toit*. La mélodie de cette comptine a souvent été empruntée pour des textes plus dégradants.

89. Contrairement à ce qui est indiqué dans les écrits sur la partition de *Relâche*, ce n'est pas le refrain de *Savez-vous planter des choux* qui est utilisé aux numéros 1, 6 et 20 de la partition, mais plutôt celui de *Y'a une pie dans le poirier*. Par ailleurs, tout comme dans les études précédentes, nous n'avons pu identifier la chanson *As-tu vu la cantinière ?*.

90. Pour les paroles de *Cadet Rousselle*, *L'Père Dupanloup*, *Le Marchand de Navets* et *Flagrant délit*, voir Boulbès, *Relâche*, p. 222-230.

91. Pour plus de détails sur les modifications apportées au scénario du film, voir Boulbès, *Relâche*, p. 399-407.

92. Clair, *Cinéma d'hier, cinéma d'aujourd'hui*, p. 34.

Le plan synoptique du film de Clair (tableau 23) sert de canevas au travail de Satie. Selon les croquis conservés à la Bibliothèque nationale de France, Satie calcule minutieusement chaque prise de vue[93] pour que sa partition se synchronise parfaitement à l'image. Clair évoque le travail rigoureux du compositeur : « Le vieux maître de la jeune musique [...] minutait chaque séquence avec un soin méticuleux et préparait ainsi la première composition musicale écrite pour le cinéma "image par image" en un temps où le film était encore muet »[94].

Pour sa part, la partition de *Cinéma* de Satie consiste en une succession de 60 plans sonores (Pl. S.) très délimités qui s'insèrent à l'intérieur des dix sections aux intitulés empruntés aux notes synoptiques de Clair. En fait, aux neuf scènes du plan synoptique original soumis par le cinéaste (tableau 23), le compositeur ajoute une « Marche funèbre » juste avant la scène du « Cortège au ralenti ». Le tableau 25 reproduit les intitulés des sections ou scènes inscrits dans la partition, que nous avons nous-mêmes numérotés. L'ajout de la sixième section, « Marche funèbre », est d'une grande importance. En effet, tout en divisant l'œuvre en deux parties égales, cette nouvelle section marque une rupture franche avec les cinq scènes précédentes de contenu décousu par rapport à la trame plus narrative des cinq dernières. Le tableau 25 fait état de la répartition des dix sections au travers des 60 plans sonores qui composent la partition, et ce, dans une division symétrique.

En somme, l'ensemble des textes de *Relâche* (p. 439-442) et des tableaux qui en découlent permettent de reconstituer en grande partie le déroulement de ce spectacle « instantanéiste ».

---

93. À ce sujet, voir Erik Satie, *Cinéma, « Relâche »*, croquis de composition, manuscrit autographe, 5 feuillets (manque la page B), [s.d], BnF, Département de la musique, Fonds Montpensier, MS 9678. À partir d'autres croquis conservés à la bibliothèque de *Havard University*, Robert Orledge (*Satie the Composer*, p. 181-183) réalise une étude convaincante sur les calculs mathématiques de Satie comme ébauche compositionnelle.

94. Clair, *Cinéma d'hier, cinéma d'aujourd'hui*, p. 25.

	Pl. S.	**mes.**	**n^os**	**Titres des scènes**	
Partie I	1	1		1. Cheminées, ballons qui explosent	Thème
	2	9	I		
	3	13			
	4	21	II		
	5	29			
	6	37	III	2. Gants de boxe et allumettes	Thème
	7	45			
	8	49			
	9	53	IV		
	10	61			
	11	69	V		
	12	73			
	13	77			Thème
	14	85		3. Prises d'air, jeux d'échecs et ballons sur les toits	
	15	93			
	16	97	VI		
	17	109	VII		
	18	117			
	19	125		4. La Danseuse; et figures dans l'eau	
	20	129			
	21	133	VIII		
	22	137			
	23	141			
	24	145			
	25	149	IX		
	26	153			
	27	157		5. Chasseur, et début de l'enterrement	Thème
	28	169	X		
	29	173			
	30	181	XI		Thème
Partie II	31	189		6. Marche funèbre	
	32	197	XII		
	33	213	XIII		
	34	221		7. Cortège au ralenti	Thème
	35	229	XIV		
	36	237			
	37	241			
	38	245	XV		
	39	253			
	40	261	XVI		Thème
	41	269			
	42	271			
	43	277	XVII		
	44	285		8. La poursuite	
	45	289			
	46	293	XVIII		
		300	XIX		
	47	314	XX		
	48	322			
	49	330	XXI		
	50	338			
	51	346	XXII		
	52	354			
	53	362	XXIII		
	54	370			
	55	378	XXIV	9. Chute du cercueil	
	56	386			
	57	394	XXV		
	58	402		10. Écran crevé et fin	Thème
		410	XXVI		Thème
	59	418			
	60	426			

Tableau 25. Division en plans sonores dans *Entr'acte cinématographique*.

Le spectacle – soirée instantanéiste étincelante

Mon premier est une jolie femme portant une robe et un manteau de chez Jacques Doucet.
Mon second est un beau garçon brillant comme un diamant.
Mon troisième est un pompier décoré de la Légion d'honneur, il est là en cas d'incendie!
Mon cinquième ce sont des hommes en habit noir.
Mon sixième est la queue du chien.
Mon tout est un succès.
Qu'est-ce que c'est?[95]

Étonnamment, c'est sous forme de charade, construite à partir des personnages de l'argument, que Picabia donne des « Explications » sur son ballet lors des représentations. Que peut-on comprendre de cette charade? Mis à part le pompier et la queue du chien, la beauté et l'élégance sont les caractéristiques qui ressortent de ce texte de présentation des personnages du ballet. Les smokings et créations d'un éminent couturier[96] sont de mise pour cette caricature des « gens du monde » s'adonnant à une soirée se déroulant dans un « chic » cabaret de Paris.

Le « chic » décor

La scène du ballet *Relâche* sera illuminée à l'excès, d'une façon qu'aucun music-hall ne pourrait se permettre. En effet, son décor extravagant rassemble 370 projecteurs répartis sur quatre panneaux latéraux distincts ((ill. 32). Plus spécifiquement, le décor, conçu de manière architecturale, se compose d'un premier panneau servant de fond à partir duquel se superposent trois panneaux en forme d'arche de différentes tailles. L'ensemble donne l'illusion d'une structure en travées voûtées que le peintre modernise en les recouvrant de disques réflecteurs munis d'une lampe[97]. En fait, le décor donne l'effet d'un « chic » portique à triple encadrements, selon les tendances d'arts décoratifs de l'époque[98].

L'usage de disques comme réflecteurs d'ampoules est très cohérent avec la démarche de l'artiste, puisque leurs formes circulaires créent un lien avec toutes les formes rondes qui parsèment le programme de concert. Et c'est sans compter que l'apparence de ces disques rappelle la forme du sein féminin, qui figure également sur les illustrations du programme. Ce rappel n'est pas anodin, considérant que le personnage de la Femme occupe le centre de l'action.

---

95. Francis Picabia, « Explications », programme de salle du Théâtre des Champs-Élysées; repris dans Boulbès (éd.), *Écrits critiques*, p. 181. La page du programme du 11 décembre 1924 est reproduite dans l'ouvrage de Boulbès (*Relâche*, p. 178).

96. Alors que dans le ballet *Le Train bleu*, présenté par les Ballets russes au mois de juin 1924, Jean Cocteau a fait appel aux services de la modiste Coco Chanel, Picabia se tourne vers son concurrent Jacques Doucet pour habiller le personnage de la Femme dans *Relâche*. Pour une description des costumes dans *Le Train bleu*, voir Harbec, « *Le Train bleu* », p. 51-60.

97. Näslund, *Rolf de Maré*, p. 363. Pour Näslund, ces projecteurs « faisaient ressembler à des phares de voiture. Picabia adorait les voitures, qu'il collectionna jusqu'à se ruiner ».

98. À ce sujet, voir Boulbès, *Relâche*, p. 289-290.

En utilisant des projecteurs orientés vers la salle, Picabia tente en fait de briser la cloison qui sépare la scène de cette dernière. Le « quatrième mur » ainsi aboli, l'auteur favorise un contact direct entre le public et l'œuvre [99], en conformité avec ses principes : « Les spectateurs sont les acteurs des acteurs, les danseurs sont les spectateurs des spectateurs » [100].

Illustration 32. Jean Börlin et Edith Bonsdorff, *Relâche*, 1924, photographie Isabey.

Le spectacle Relâche *sous les feux de la rampe*

Une brève « Ouverture » lente (n° 1) [101] de texture harmonique très dissonante donne un avant-goût assez étrange du spectacle. Sans tarder, la ligne chromatique des instruments graves (trombone, violoncelles et contrebasses) se résout sur le premier accord d'une marche rapide. À la surprise générale, un duo de trompettes lance un air de comptine connu [102] nous transportant dans le monde de la petite enfance. Ce monde correspond-il à celui imaginé par Picabia quand il parle d'instantanéisme ? Trois reprises de cette mélodie enfantine suffisent pour nous préparer à la « Projection » du prologue cinématographique (n° 2) où figurent, sur le toit du Théâtre des Champs-Élysées, Satie et Picabia chargeant un canon en direction du public. Un coup de canon et le spectacle commence !

99. Bouchard, *Les Relations entre la scène et le cinéma dans le spectacle d'avant-garde*, p. 84-86.

100. Picabia, cité dans Boulbès, *Picabia, le saint masqué*, p. 76.

101. Les numéros sont ceux que nous avons ajoutés à la liste des titres des morceaux de la partition pour piano de Satie, *Relâche*, partition pour piano. Pour la liste complète des morceaux, voir le tableau 24.

102. La comptine en question est *Y'a une pie dans l'poirier*. Comme le suggère Steven Moore Whiting (*Satie The Bohemian*, p. 539) le rythme de cette mélodie concorde avec les paroles *R'tire tes pieds, r'tire tes pieds, tu n'vois pas que tu m'ennuies ?*.

Le « Rideau » (n° 3) se lève lentement sur un motif oscillant deux notes d'une seconde majeure de distance, motif que Satie emprunte au morceau du « Prestidigitateur chinois » de son premier ballet *Parade*[103]. Ce faisant, le musicien maintient ainsi le public dans un univers magique, qui se poursuit jusqu'au lever du rideau montrant une scène entièrement illuminée de ses 370 phares d'automobiles. Dirigés vers la salle, ces phares éblouissent le spectateur[104] qui, se retrouvant sous les feux de la rampe, devient son propre acteur dans le spectacle auquel il assiste. La frontière qui sépare la scène et la salle s'estompe désormais.

Encore plus étrange que ces projecteurs aveuglants est la présence d'un pompier décoré de la Légion d'honneur, qui arpente la scène en fumant une cigarette. S'agit-il d'un clin d'œil de Satie, dont le grand-père fut un chef de pompiers vétéran aussi décoré de la Légion d'honneur ? Toujours est-il que ce pompier passe toute la soirée sur la scène, transvidant mécaniquement de l'eau d'un seau à un autre[105].

Pendant le premier acte, le public assiste ainsi à toute une série de scènes loufoques tournant autour du personnage de la Femme vêtue d'une cape de velours avec col de fourrure portée sur une robe richement parée de pierres étincelantes, griffée Doucet. Confortablement assise dans l'auditoire, cette vamp mondaine se lève, accompagnée du chant langoureux des cordes (n° 4 « Entrée de la Femme »). Du haut de ses brillants escarpins, elle se dirige d'un pas « très lent » (partition, p. 6)[106] jusqu'au milieu de la

103. Il s'agit du motif « P » présenté à l'exemple 7 (chapitre II) aux trompettes et aux trombones.

104. Cette idée de phares ne fait pas l'unanimité, comme le sous-entend ce commentaire : « Elles ne vous aveugleront pas sur les mérites du ballet, car elles n'éclairent que les allées et venues d'élégants personnages qui n'ont pas l'air de croire beaucoup au "bonheur des instants sans réflexion" » (Roland-Manuel, « Les Ballets suédois au Théâtre des Champs-Élysées : *Relâche*, ballet instantanéiste en deux actes, un entr'acte cinématographique et la "Queue du chien" », *L'Éclair*, 9 décembre 1924, p. 2). Toutefois, plusieurs autres critiques sont ravis par cette idée des phares. Pour plus de détails à ce sujet, voir Boulbès, *Relâche*, p. 299-302.

105. Nombre de comptes rendus sur le spectacle laissent de côté le rôle du pompier. À notre connaissance, le personnage du pompier a été remarqué, entre autres, par les critiques suivants : Paul Bertrand, « Théâtre des Champs-Élysées (Ballets suédois) : *Relâche*, ballet instantanéiste en deux actes, un entr'acte cinématographique et la Queue du chien, de M. F. Picabia, musique d'Erik Satie », *Le Ménestrel*, vol. 4624, n° 50, 12-18 décembre 1924, p. 518-519, ici p. 518 ; Bouisson, « *Relâche – Entr'acte* de Picabia et Erik Satie », p. 3 ; Jean Gandrey-Rety, « "*Relâche*", Ballet instantanéiste en 2 actes et la Queue du chien de Francis Picabia. Musique de M. Erik Satie. Entr'acte cinématographique de M. René Clair. Chorégraphie de M. Jean Börlin », *Comœdia*, 6 décembre 1924, p. 2 ; Roland-Manuel, « Les Ballets suédois au théâtre des Champs-Élysées : *Relâche* », p. 2.

Aucun document photographique ne montre la présence de ce pompier. D'ailleurs, il semble que le spectacle connut quelques variantes au cours de ses douze représentations, de sorte que ce figurant pouvait changer de rôle d'une fois à l'autre. Prenant la place du pompier, Man Ray serait parfois intervenu de manière tout aussi absurde : assis près des coulisses fumant une cigarette, il se levait de temps en temps pour prendre les dimensions de la scène avec un mètre à ruban et une règle. Bouchard, *Les relations entre la scène et le cinéma dans le spectacle d'avant-garde*, p. 49-50 et Sally Jane Norman, « *Relâche* : un spectacle-phare », dans Amiard-Chevrel (dir.), *Théâtre et cinéma des années vingt*, p. 9-24, ici p. 13, n. 8.

Mentionnons toutefois que la reconstitution du spectacle original réalisée en 2014 par Petter Jacobsson et Thomas Caley pour le Centre chorégraphique national-Ballet de Lorraine (CCN-Ballet de Lorraine) inclut le personnage du pompier. Voir Francis Picabia, Erik Satie et Jean Börlin, *Relâche*, réalisation de Petter Jacobsson et Thomas Caley, Arte HD, 12 mai 2020, enregistrement vidéo, https://www.youtube.com/watch?v=q1jigihfIj0, consulté le 3 novembre 2020.

106. À moins d'indication contraire, par « partition », on entend la partition pour piano de *Relâche*.

scène. Elle s'assied, « fume une cigarette, et écoute le morceau » (partition, p. 8). S'ensuit une « Danse sans musique » (n° 5)[107].

Un tricycle manœuvré par l'Homme habillé en tenue de soirée (ill. 32) fait alors son entrée. Bizarrement, le véhicule est peut-être perçu comme un fauteuil roulant. Est-ce un autre vétéran, cette fois handicapé ? Quoi qu'il en soit, sur un « mouvement de marche » (partition, p. 10), l'« Entrée de l'Homme » (n° 6) se réalise en reprenant la mélodie de la comptine *Y'a une pie* (*R'tire tes pieds*), entendue à l'« Ouverture ». Le rythme lent et les fausses notes ajoutées à la mélodie accentuent davantage la dégradation camouflée derrière les habits « chics » de cet homme du monde. Comme tout bon séducteur, il s'approche de la Femme, se lève et l'entraîne dans la valse de la « Danse de la porte tournante » (n° 7)[108].

Surgit alors de la salle un groupe de neuf Hommes en frac qui encerclent la Femme. Pour accompagner l'« Entrée des Hommes » (n° 8), Satie emprunte la mélodie d'une chanson grivoise connue des prolétaires de l'époque, en l'occurrence *Le Marchand de Navets*[109]. Aussi Satie pensait-il tout particulièrement aux personnages masculins du ballet lorsqu'il transcrivit le chant du *Marchand de Navets* en précisant en exergue de la portée : « Mesdames, voilà l'navet »[110] (ill. 33)

Les Hommes entament à leur tour une danse (n° 9) sur la musique jouée lors de la projection du coup de canon, au début du spectacle. En se référant à cette scène du film, on s'attend alors à un autre moment percutant. C'est tout à fait le cas, puisque dans la deuxième « Danse de la Femme » (n° 10), la dame au lamé exécute un numéro de *strip-tease* accompagné d'un thème « caressant » (partition, p. 18). Après avoir retiré son manteau, puis sa robe chasuble, la danseuse dévoile à l'auditoire sa combinaison légère qui laisse transparaître son soutien-gorge brillant[111]. Du groupe d'Hommes se détache le Danseur, le rival de l'Homme. Le premier acte se termine avec un « Final » (n° 11) qui caricature savamment la musique de *Cadet Rousselle* (ou du *Père Dupanloup* pour les habitués des chansons grivoises), pendant lequel la Femme marche sur le dos des Hommes recourbés en forme d'arche alors que l'Homme et le Danseur la tiennent par la main (ill. 34)[112].

---

107. Cette scène fait partie intégrante du titre du cinquième morceau « "Musique" entre l'entrée de la Femme et sa "Danse sans Musique" » de Satie (*Relâche*, partition de piano, p. 8). On se souvient que le Manager américain et le Manager à cheval dans *Parade* dansaient aussi sans musique. Satie serait-il friand de ce concept voulant que la musique se résume aux pas des danseurs ?

108. Aucune photo d'archives n'indique la présence d'une porte tournante. Cet élément du décor, qui faisait partie du projet initial *Après-dîner* de Cendrars, a donc été supprimé par Picabia et ce, même si la « Danse de la porte tournante » est conservée dans la partition musicale de Satie. Il semble évident que ce numéro a déjà été composé au moment où Picabia intervient dans le projet. Jean-Paul Armengaud, *Erik Satie*, Paris, Fayard, 2009, p. 704 et Boulbès, *Relâche*, p. 289.

109. La chanson *Le Marchand de Navets* emprunte également un air connu dans les cabarets de Paris, soit *Flagrant délit* de Léon Xanrof. Gillmor, *Erik Satie*, p. 288, n. 31 et Whiting, *Satie The Bohemian*, p. 543-544.

110. Erik Satie, *Relâche*, esquisse de l'acte I, manuscrit autographe, 12 pages, [1924], Bnf, Département de la musique, Fonds Montpensier, Ms. 9622 (1), p. 1.

111. Boulbès, *Relâche*, p. 118.

112. *Ibid.*

Illustration 33. Erik Satie, *Relâche*, « Mesdames, voilà l'navet », 1924, transcription de l'air *Le Marchand de Navets*, manuscrit autographe, Fonds Montpensier, Ms. 9622 (1), p. 1, Département de la musique, BnF, Paris.

Pour ne pas briser le « mouvement perpétuel », le spectacle ne présente « pas d'entr'acte, à proprement parler » (voir l'argument préliminaire de *Relâche*, p. 439-440). Picabia occupe ainsi l'espace entre les deux actes par une projection cinématographique[113], que nous divisons en deux parties à partir du contraste établi à même le contenu et le style filmique. La première partie montre une succession d'images insolites n'ayant aucun lien entre elles. Voici un aperçu de ces quelques innombrables images qui défilent à vive allure dans cette première partie du film :

Une série de cheminées et des toits de Paris vues de travers.

Trois poupées à la tête de ballons dégonflables.

Un défilement de vues nocturnes des boulevards de Paris (Assemblée nationale, la Concorde, Opéra de Paris, etc.).

L'apparition de gants de boxe juxtaposés aux lampadaires de la ville.

Une pluie d'allumettes.

Une partie d'échecs jouée par deux illustres personnages (Man Ray et Marcel Duchamp).

Un bateau de papier qui flotte au-dessus des toits de Paris.

113. Ce film est disponible sur Internet à http://www.youtube.com/watch?=mpr8mXcS80Q. Dans cette version, le « Prologue cinématographique », qui était jadis projeté avant le spectacle, est maintenant intégré au film.

Les sauts d'une danseuse en tutu (Inger Friis)[114] vue en contre-plongée, sous une glace.
Une série de plans du visage de la danseuse surimprimés sur une étendue d'eau.
Une vue de face de la ballerine portant une barbe d'homme et des lorgnons (incarnée par Michel Simon)[115].
Un œuf soutenu en suspension par un jet d'eau.
Le canon d'une carabine vu de face en gros plan.
Un chasseur (Börlin) portant un chapeau tyrolien essayant de tirer sur l'œuf ; celui-ci se multiplie en dix œufs se tenant toujours au bout d'un jet d'eau.
Une colombe se posant sur le chapeau du chasseur.
Un second chasseur (Picabia) se tenant sur un toit qui vise la colombe ; il tire sur l'oiseau ; l'oiseau s'envole et le chasseur tombe.
L'apparition d'un corbillard.

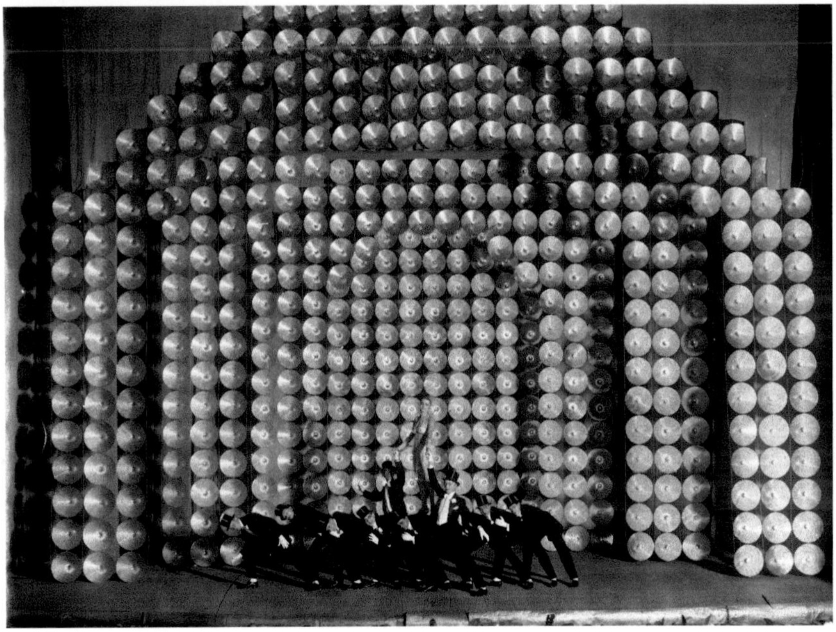

Illustration 34. Scène de *Relâche*, 1924, photographie Isabey.

La seconde partie du film s'amorce sur une adaptation de la « Marche funèbre » de la *Sonate en si bémol mineur* de Chopin, qui coïncide avec les scènes 6 à 9 des notes de Clair (tableau 23), et dont le contenu comporte cette fois une trame narrative.

Ainsi, après la formation du cortège funéraire, qui se déplace au ralenti, s'ensuit une vertigineuse course-poursuite d'un corbillard sur lequel sont estampées, dans un même

114. Näslund, *Rolf de Maré*, p. 364.
115. *Ibid.*, p. 365.

fondu, les initiales de Satie et de Picabia. À notre surprise, le corbillard est orné non pas de couronnes de fleurs, mais bien de couronnes de pain ! Des saucissons et des jambons y sont également accrochés, ce qui offre tout un festin aux gens du cortège ! Tiré par un chameau, le corbillard traverse Paris. Quand le chameau se dételle, le fourgon funéraire part en faisant des saillies dans toutes les directions.

Tout se déroule à une vitesse fulgurante. Les accélérés, les juxtapositions d'images et les gros plans composent la majeure partie des procédés techniques utilisés par Clair pour rendre encore plus « surréaliste » le parcours vertigineux du corbillard, qui capte toute l'attention du spectateur. Avec ou contre son gré, l'image le transporte dans ce manège étourdissant aux virages et descentes hallucinantes telles les montagnes russes de Luna Park. Le circuit est si accidenté que le corbillard perd tout contrôle et capote. Le cadavre, un prestidigitateur (incarné par Börlin), retrouve la vie. Rien d'étonnant pour ce personnage fabriqué par Picabia :

> Le prestidigitateur dans son cercueil reste en contact avec les péripéties de la vie, la mort ne met à l'abri de rien, ni des automobiles, ni des danseuses, ni des bateaux ; pas même de l'accident ! Le chameau se dételle, le corbillard part seul, à l'aventure, et capote !
> La [*sic*] où un vivant trouverait la mort, le cadavre retrouve la vie, mais dégoûté, sans doute, le prestidigitateur, de sa baguette magique, fait disparaître tout le monde et lui-même [116].

Le mot « FIN » apparaît alors à l'écran. Comme le mouvement perpétuel est sans « fin », le film montre un écran qui se déchire, traversé par un des acteurs (en l'occurrence Picabia) qui aboutit par terre. Un coup de pied le renvoie de l'autre côté de l'écran qui se referme sur lui. Ainsi se réalise le passage de l'écran à la scène, du fantastique cinématographique au réalisme scénique.

Sur l'accord final de *Cinéma* descend une nouvelle toile de fond remplie de graffitis clignotants [117] affichant des axiomes provocateurs, comme « Erik Satie est le plus grand musicien du monde » ou « Il y en a qui préfèrent les ballets de l'Opéra, les pauvres imbéciles ! » [118]. Devant ces slogans propagandistes, quelques projecteurs « très puissants » (*Après-dîner*, p. 436-438) éclairent le public. Sur le matériau mélodico-rythmique de la finale de *Cinéma* commence la « Musique de Rentrée » du second acte (n° 12), qui prend une allure très militaire. Suivant le code *circulaire instantanéiste*, ce second acte est la contrepartie du premier, les rôles étant inversés : les Hommes, assis dans la salle, quittent leur siège pour monter sur la scène (n° 13). La mélodie suave

---

116. Picabia, *Écrits*, éd. d'Allonnes et Bouissou, p. 181.

117. Comme nous l'avons vu dans la section consacrée à la genèse du spectacle, le synopsis *Après-dîner* de Cendrars propose déjà cette idée d'enseignes et de réclames lumineuses clignotantes. Miriam Cendrars, « Les métamorphoses parisiennes d'un ballet suédois », p. 17.

118. Näslund, *Rolf de Maré*, p. 365.

On ne peut vraiment confirmer à quel moment précis du spectacle (début du 1er ou du 2e acte) est présenté ce rideau. Selon le dossier de presse, la plupart des chroniqueurs abordent le 2e acte en commençant par une critique de ce rideau singulier, comme c'est le cas pour les articles de presse suivants : « *Relâche* – *Entr'acte* de Picabia et Erik Satie », p. 3 ; Roland-Manuel, « Les Ballets suédois au théâtre des Champs-Élysées : *Relâche* », p. 2 ; Émile Vuillermoz, « Aux Ballets suédois : "*Relâche*" ballet instantanéiste en deux actes, un entr'acte cinématographique et la Queue du chien, de F. Picabia, musique d'Erik Satie », *Excelsior*, 6 décembre 1924, p. 5 ; Tugal (dir.), *Les Ballets suédois dans l'art contemporain*, p. 78. À ce propos, consulter Näslund, *Rolf de Maré*, p. 600, n. 105 et Freeman, « *Relâche* and *Entr'acte* », p. 23, n. 39.

utilisée au quatrième numéro pour la première danse solo de la Femme revient pour marquer sa « Rentrée » (n° 14). De manière complètement inattendue, la Femme arrive « sur une civière portée par deux infirmières »[119]. Voilà un bien joli pied de nez à l'Homme qui était entré au premier acte en fauteuil roulant ! Au tour des Hommes d'exécuter un *strip-tease* sur la mélodie de *Cadet Rousselle* (ou du *Père Dupanloup*, pour les plus grivois) entendue précédemment (au huitième numéro). Sur ce même air, « Les Hommes se dévêtissent » (n° 15) alors que « la Femme se rhabille » (partition, p. 30). Après avoir retiré leur complet noir, les Hommes se retrouvent avec un mince maillot de corps à manches longues. Ce maillot sort de l'ordinaire : il est blanc parsemé de pois noirs et décoré de miroirs circulaires[120]. L'Homme vedette (Börlin) se démarque des autres hommes avec son maillot constellé de paillettes ou de petits miroirs ronds qui, renvoyant mille reflets, éblouissent à leur tour les yeux des spectateurs[121]. L'Homme en « justaucorps brillant »[122] fait danser la Femme vêtue de sa robe brillante et coiffée d'une couronne de fleurs d'oranger. Cette « Danse de l'Homme et de la Femme » (n° 16) est une variante de la « Danse de la Porte tournante ». Un retour au thème du début du second acte donne le signal aux Hommes de regagner leur place (n° 17), laissant leurs vêtements sur la scène. Seuls les vestons se trouvent sur leur siège respectif[123]. Une majestueuse exposition de fugue à quatre voix accompagne ce défilé solennel de beaux corps d'hommes ! La Femme ramasse alors les vêtements des Hommes dans une brouette en bois blanc, puis exécute la « Danse de la brouette » (n° 18) avec le Danseur qui était resté sur la scène.

Après ce pas de deux, la Femme entreprend en solo la « Danse de la Couronne » (n° 19). Dans cette troisième valse rassemblant plusieurs airs entendus au cours du ballet (notamment, la « Danse de la Porte tournante » et la « Danse de la Brouette »), la Femme « enlève sa couronne de mariée et la jette à l'un de ses danseurs » (argument préliminaire de *Relâche*, p. 440). « Le Danseur dépose la Couronne sur la tête d'une spectatrice » (n° 20)[124]. Plusieurs moments musicaux déjà entendus effectuent un retour et se bousculent pendant cette scène : l'introduction lente du deuxième numéro (« Projection ») et les deux premières sections de l'« Ouverture », présentées de manière inversée pour que le numéro se termine avec la comptine *Y'a une pie* (ou *R'tire tes pieds*).

119. Boulbès, *Relâche*, p. 119. Dans l'argument préliminaire, la Femme devait descendre des cintres (p. 440).

120. *Ibid.*

121. Ce détail du costume de l'Homme provient des commentaires formulés par les critiques de l'époque, notamment : Bouisson, « *Relâche – Entr'acte* de Picabia et Erik Satie », p. 3 ; Eugène Marsan, « Au Théâtre des Champs-Élysées : *Relâche*, ballet instantanéiste de Francis Picabia, musique d'Erik Satie, *Entr'acte cinématographique* de René Clair », *Paris-Journal*, 12 décembre 1924, p. 2 ; Bertrand, « Théâtre des Champs-Élysées (Ballets suédois) : *Relâche* », *p.* 519 ; Roland-Manuel, « Les Ballets suédois au théâtre des Champs-Élysées : *Relâche* », p. 2.

122. Boulbès, *Relâche*, p. 119.

123. Whiting, *Satie The Bohemian*, p. 550.

124. À la première représentation, la couronne fut remise à la chanteuse de music-hall et amie de Picabia, Marthe Chenal. *Ibid.*, p. 551, n. 99.

Puis, le thème suave de la Femme revient. Elle « rejoint [alors] le fauteuil » (n° 21) qu'elle occupait au début du spectacle. Au cours de la « Petite danse finale » (n° 22) « Une petite Tanagra en terre cuite prend la place de la danseuse sur scène. Tous s'en détournent avec dédain »[125]. Sa « chanson mimée » (partition, p. 44) n'intéresse personne. « Quant à la Queue du Chien, personne ne l'a vue. Les auteurs l'avaient certainement coupée »[126], souligne un critique en pensant sûrement au mythe du Grec Alcibiade[127].

Au tomber du rideau de la première représentation, Satie et Picabia entrent en scène à bord d'une Citroën 5 CV4 pour saluer le public. La vie continue… C'est le mouvement perpétuel…

La binarité formelle et scénographique

Dans cette notion du mouvement perpétuel de l'éternel recommencement, le spectacle s'articule à l'intérieur d'une forme en arche dont chaque composante est bipartite. En effet, comme il a été mentionné, le ballet et le film comportent chacun deux parties dans un rapport d'opposition. Une fois juxtaposées, les deux composantes du spectacle dressent une structure en forme d'arche sectionnée en quatre sections principales :

Ballet – acte I : Effeuillage de la Femme
Cinéma – partie I : aucune trame narrative – série d'images hétéroclites
Cinéma – partie II : trame narrative – poursuite du corbillard dans Paris
Ballet – acte II : Effeuillage des Hommes

Le principe de binarité imprègne la conception même du spectacle de manière à créer continuellement un système d'opposition entre deux éléments. L'enchaînement du ballet au film, de la scène à l'écran, relève de cette stratégie binaire du passage du réel à l'irréel, du vrai au fictif, du jeu vivant (théâtral) au jeu immortalisé (filmé)[128]. Cet effet d'opposition binaire se transpose à plusieurs niveaux du spectacle.

Dans la scénographie, Picabia joue sur deux plateaux : la scène et la salle. Plus précisément, les danseurs se déplacent de la salle à la scène au début des deux actes, puis, de la scène à la salle à la fin de ceux-ci. En prenant place dans la salle, le danseur adopte alors le double rôle d'acteur et de spectateur. Comme ce dernier fait partie intégrante du spectacle, le quatrième mur théâtral disparaît[129]. Par contre, l'auditoire reste tout de même captif de son siège, ébloui par les centaines de projecteurs rivés sur lui.

---

125. Bouisson, « *Relâche – Entr'acte* de Picabia et Erik Satie », p. 3. Selon Näslund (*Rolf de Maré*, p. 366), les hommes mimèrent les paroles de la chanson « La queue du chien » lors de cette dernière scène.

126. Bertrand, « Théâtre des Champs-Élysées (Ballets suédois) : *Relâche* », p. 519.

127. Personnage insolent et provocateur, le général athénien Alcibiade avait ordonné de couper la queue de son chien pour que les citoyens parlent plus de la queue coupée de son animal de compagnie que de ses nombreuses aventures amoureuses qui font scandale.

128. Sally Jane Norman (« *Relâche* : un spectacle-phare », dans Amiard-Chevrel (dir.), *Théâtre et cinéma des années vingt*, p. 15) utilise ces notions pour discuter de l'espace-temps dans *Relâche*.

129. Boulbès, Relâche, p. 307 et Bouchard, *Les relations entre la scène et le cinéma dans le spectacle d'avant-garde*, p. 84-85.

Tout au long du spectacle, le jeu de la lumière dans la salle participe aussi à l'effet de contraste scénographique. Comme le mentionne Boulbès, « les yeux des spectateurs passaient de la pénombre (lors des projections cinématographiques) aux pleins feux des 300 à 400 réflecteurs lumineux exploités au maximum de leur puissance »[130]. L'opposition binaire entre noirceur et lumière se concrétise en provoquant un aveuglement soudain, sorte de métaphore du passage de la vie à la mort ou de la mort à la vie, comme le propose le film *Entr'acte*.

Une stratégie semblable préside à la création des costumes. La Femme recouverte de paillettes étincelantes marque un contraste évident avec les hommes de noir vêtus. Outre la binarité entre le « brillant » et « la sobriété », l'aspect « glamour » de la Femme tranche avec la tenue « très classique » des Hommes. La binarité de genre se crée ainsi en accentuant le clivage entre le féminin et le masculin. De fait, ce fossé se creuse au sein même de la distribution, puisque la Femme, la seule du genre féminin, se confronte à un groupe d'hommes[131].

Que dire de plus sur l'opposition « vêtu – dévêtu » à la suite du numéro d'effeuillage de la Femme au premier acte et de celui du groupe d'Hommes au second acte, sinon qu'on peut l'associer à cette même démarche de binarité.

Le jeu d'opposition persiste jusqu'à la toute fin du spectacle, et ce, même au moment où une statuette de Tanagra vient prendre la place de la Danseuse. Ce faisant, il s'établit plusieurs niveaux de contraste, d'une part, entre le nouveau et l'ancien monde et, d'autre part, entre l'immobilité de la sculpture en terre cuite et l'agilité de l'être vivant. En poussant ses danseurs à rejeter la relique grecque, l'auteur de *Relâche* exprime clairement son refus de revisiter l'art antique et la tradition dans sa démarche scénique.

Dans *Entr'acte cinématographique*, Clair présente une profusion d'images incongrues qui apparaissent et disparaissent de l'écran à un rythme effréné. « Il s'agit d'un rêve avec toute l'incohérence des rêves véritables », écrit le cinéaste[132]. Outre le rapport entre le rêve fictif et le rêve véritable, le rêve éveillé et le rêve réel, l'aspect binaire de son film repose essentiellement sur l'éternel recommencement de la vie et de la mort. Dans ce collage d'images délirantes, la mort côtoie sans cesse la vie, tout comme la vie entre dans la mort par la voie de l'imaginaire. Tout commence par le film d'« Ouverture », qui met en scène un canon tirant son boulet vers l'écran, et donc, vers toute vie. L'effet se poursuit dans *Entr'acte cinématographique* avec une série d'images évoquant l'opposition entre la vie et la mort : les ballons qui explosent, les gants de boxe qui se frappent, l'œuf qui se divise, le chasseur qui vise la colombe et tue un autre chasseur, le corbillard qui sillonne les lieux les plus vivants de Paris, le cadavre qui sort de son cercueil.

C'est ainsi que Clair transpose en images le mouvement perpétuel de l'éternel recommencement.

---

130. Boulbès, *Relâche*, p. 307.

131. *Ibid.*, p. 279.

132. René Clair, cité dans Sanouillet, *Francis Picabia et « 391 »*, p. 169.

La musique instantanéiste de Satie

Inspiré par l'esprit instantanéiste du mouvement perpétuel, Satie compose une musique fondée sur la répétition continuelle de courts segments et sur des airs connus ponctuant le quotidien du grand public. Comme nous l'avons déjà évoqué, plusieurs de ces airs sont empruntés à des chansons populaires grivoises – ce qui relève de la vie – ou même à des clichés de la musique classique – ce qui relève du passé et de l'immortel – ainsi qu'à sa propre partition du ballet *Parade* – ce qui relève de l'imaginaire par son sujet. Dans cet amalgame musical, la composition est ainsi conçue pour provoquer des instantanés, à l'instar des flashes cinématographiques remplis d'humour.

Dans ce contexte, Satie compose de courts morceaux de musique qui ne durent qu'un instant, de caractère léger et sans prétention. Pour se rapprocher le plus possible du milieu populaire, il privilégie des genres et des formes simples. Ainsi, les valses, les ballades et les marches de fanfare sont les types de danses de prédilection de ses instants musicaux écrits, pour la plupart, dans une mesure à 2/4[133].

Le schéma 13 présente les 22 morceaux de la partition de *Relâche* identifiés par des titres abrégés issus de la liste du tableau 24. Dans les cas spécifiques, ceux-ci sont accompagnés des types de danse les plus évidents ou du procédé d'écriture. Ainsi, la marche à la sonorité militaire figure aux n°s 1, 6, 11, 12 et 17; la valse imprègne les numéros de danse exécutés en solo ou en pas de deux propres aux n°s 7, 10, 16 et 19; et la ballade, définie par une mélodie lente et lyrique, s'associe au personnage de la Femme intervenant aux n°s 4, 14 et 21. De plus, le compositeur s'approprie d'anciens procédés contrapuntiques pour écrire notamment un canon renversable (début du n° 8) et une exposition de fugue (2de section du n° 17).

La ligne du centre du schéma 13 illustre les emprunts aux chansons populaires telles que *R'tire tes pieds* (ou *Y'a une pie dans l'poirier*), *Le Marchand de Navets* et *Cadet Rousselle* (ou *L'Père Dupanloup*) ainsi qu'une allusion au thème du « Prestidigitateur chinois » de *Parade.* La dernière ligne du schéma comporte les numéros de morceau où la récurrence thématique ou motivique se reproduit. Les multiples références aux mêmes numéros procurent à la composition un enchevêtrement thématique extrêmement complexe qui, à première vue, donne l'impression d'un *collage musical* exempt d'une forme spécifique.

La discussion suivante démontre que, malgré ses multiples récurrences thématiques, *Relâche* dissimule une construction formelle des plus ingénieuses.

133. Quinze sur vingt-deux morceaux sont en 2/4.

Acte I **Acte II**

Nos	1	2	3	4	5	6	7	8	9	10	11		12	13	14	15	16	17	18	19	20	21	22
Titre	Ouverture	Projection	Rideau	Entrée Femme	Musique	Entrée Homme	Danse Homme & Femme	Entrée Hommes	Danse Hommes	Danse Femme	Final	CINÉMA	Rentrée	Hommes	Femme	Danse Hommes	Danse H et F	Homme	Femme Bouette	Femme Couronne	Couronne Spectatrice	Femme Sorti	Finale
Genre	MARCHE			BALLADE		MARCHE	VALSE	CANON		VALSE	MARCHE		MARCHE		BALLADE		VALSE	MARCHE FUGUE		VALSE		BALLADE	
Em-prunts	*R'tire tes pieds*	*Chinois*				*R'tire tes pieds*		*Marchand de Navets*	*Chinois*		*Cadet Rousselle*		*Cadet Rousselle*	*Marchand de Navets*		*Cadet Rousselle*					*R'tire tes pieds*		*Chinois*
Réfé-tiel																							
Occu-rences	1-ABACA	2-A B	(2A)	4	1-B	1ABA	1C- 7	8	2	(7)	11		(11)	8	4	11	7	12	7	7	2A 1-BACA	4	2B

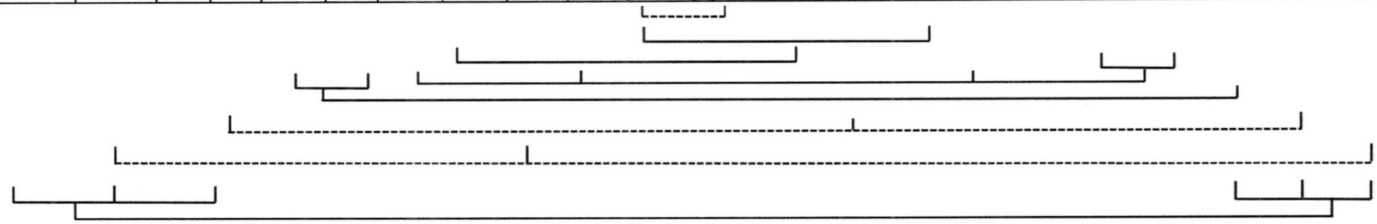

Schéma 13. Représentation formelle du ballet *Relâche*.

La répétition perpétuelle enchâssée dans une structure en miroir

« Le plaisir de rire » [134] caractérise sans contredit les pages musicales de *Relâche.* Dès les premières mesures du ballet, Satie lance une boutade sarcastique aux académistes musicaux en commençant son œuvre symphonique par la comptine *Y'a une pie dans l'poirier* qui, comme il a été dit, est aussi la chanson vulgaire *R'tire tes pieds, r'tire tes pieds, tu n'vois pas que tu m'ennuies?*. Comme Satie insiste sur le premier intervalle de sixte majeure dans son introduction (ex. 68), plusieurs ont cru entendre *Savez-vous planter des choux* [135].

Exemple 68. Erik Satie, *Relâche*, « 1- Ouverture », mes. 5-8,
© 1926, Éditions Rouart-Lerolle / Salabert, Paris, R.L. 11577.

L'exemple 69 met en comparaison la mélodie de *Y'a une pie dans l'poirier* et le thème d'« Ouverture ». La similitude entre les deux mélodies nous convainc de l'emprunt à cette comptine. De plus, la réorganisation rythmique apportée par Satie sied parfaitement aux paroles de *R'tire tes pieds, r'tire tes pieds, tu n'vois pas que tu m'ennuies?*, comme le constate Steven Moore Whiting [136]. En effet, le déplacement de la note noire vers l'accent métrique du premier temps donne un fort appui sur le mot « pieds » du premier vers de *R'tire tes pieds.* De commencer une symphonie ainsi c'est peut-être pour l'humoriste Satie une autre façon de provoquer les compositeurs sérieux : pour lui, de toute évidence, « c'est le pied ! ».

Pour son « Ouverture » (n° 1), Satie opte pour un « mouvement de Marche » (partition, p. 1) de forme rondo ABACA. La mélodie de *R'tire tes pieds* (ou *Y'a une pie*) et les motifs d'accompagnement employés dans la section A servent de matériaux de base pour l'élaboration des sections B et C. En effet, les lignes chromatiques (« chr »), les traits de gamme déployant une quarte ou une quinte (« Q ») et les motifs formés de

134. Picabia, « *Relâche* », *La Danse,* [n.p.]. Cette citation est également extraite du texte reproduit au début du chapitre.

135. C'est le cas, entre autres, de Gillmor, *Erik Satie*, p. 288, n. 31, Whiting, *Satie The Bohemian*, p. 538 et Boulbès, *Relâche*, p. 229-230.

136. Whiting, *Satie The Bohemian*, p. 539.

la broderie élargie (« br. él. ») de la section A (ex. 70) intègrent la section B alors que la section C se concentre sur le motif de broderie élargie (« br. él. »).

Exemple 69. Comparaison entre le thème de l'« Ouverture » et *Y'a une pie dans le Poirier.*

L'« Ouverture » de *Relâche* est d'une grande importance, puisqu'elle présente plusieurs matériaux motiviques et thématiques réutilisés dans plusieurs numéros de la partition. De fait, les deux premières sections de ce premier numéro, le thème *R'tire tes pieds* (section 1A) et la section 1B, reviennent au numéro 6 « Entrée de l'Homme » pour créer une forme ternaire A-B-A (voir le schéma 13) ; les trois sections au numéro 20 « Le Danseur dépose la Couronne » dans un autre ordre (B-A-B-C-A) ; la mélodie de la section 1B au numéro 5 « Musique ». Le motif de « broderie élargie » (« br. él. ») de la section 1C est retenu pour construire le thème du numéro 7 « Danse de la Porte tournante ». La partition du ballet *Relâche* se construit ainsi en un *collage* de matériels motiviques-thématiques déjà entendus.

« Projection » (n° 2) commence avec une introduction en valeurs longues donnant l'emphase sur la quarte juste *do – fa*. Or, cette même introduction, identifiée 2A, réapparaît au numéro 20 « Le Danseur dépose la Couronne ». Après l'introduction suit une courte transition élaborée sur le motif de trois notes chromatiques (ex. 71, mes. 7-8) récupéré ultérieurement dans la ligne d'accompagnement des numéros suivants : « Rideau » (n° 3, en augmentation), « Entrée de la Femme » (n° 4, ex. 72), « Entrée de l'Homme » (n° 6, ex. 73) et « Danse des Hommes » (n° 9). Le thème de « Projection », qui survient dans la section 2B (ex. 71), dessine une ligne mélodique qui intègre, au sein du motif structural de « quinte » (mes. 9-10) et de « quarte » (mes. 9-12), le motif de la « broderie élargie » (mes. 11). Ce thème énoncé à la section 2B est réutilisé au début et à la fin du numéro « Petite Danse Finale » (n° 22).

Exemple 70. Erik Satie, *Relâche*, « Ouverture », thèmes A, B et C, © 1926, Éditions Rouart-Lerolle / Salabert, Paris, R.L. 11577.

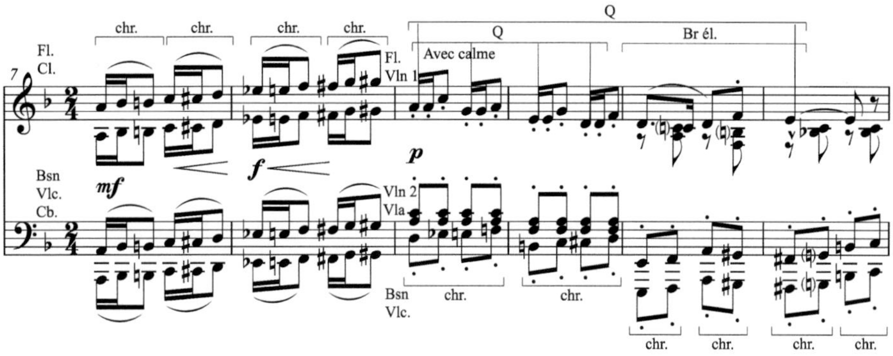

Exemple 71. Erik Satie, *Relâche*, « Projection », mes. 7-12, © 1926, Éditions Rouart-Lerolle / Salabert, Paris, R.L. 11577.

Exemple 72. Erik Satie, *Relâche*, « Entrée de la Femme », mes. 1-4, © 1926, Éditions Rouart-Lerolle / Salabert, Paris, R.L. 11577.

Exemple 73. Erik Satie, *Relâche*, « Entrée de l'Homme », mes. 1-9,
© 1926, Éditions Rouart-Lerolle / Salabert, Paris, R.L. 11577.

Quant au numéro 4 « Entrée de la Femme », son thème caractérisé par un tempo « très lent » et une ligne mélodique lyrique, avec ses broderies incomplètes entrecoupées d'un saut de quarte (ex. 72), se démarque des autres numéros à l'image de son personnage. Ce même thème suave revient à deux reprises lors du second acte : une fois en adoptant des valeurs plus longues à la « Rentrée de la Femme » (n° 14) et une dernière fois en reprenant sa forme originale lors de sa sortie de scène (n° 21 « La Femme rejoint son fauteuil »).

Excluant le numéro 3 « Rideau », dont le rôle est plus fonctionnel que thématique, on constate à ce point de l'étude que les numéros 1, 2 et 4, d'une part, et les numéros 20, 21 et 22, d'autre part, s'unissent pour former un triple cadre à l'ensemble de la composition (voir les numéros de morceaux de référence inscrits dans la dernière ligne du schéma 13). Cette propriété du triple cadre est illustrée par les lignes de liaison tracées sous le schéma 13. La plus longue ligne relie les trois numéros du début aux trois derniers, lesquels interviennent dans un ordre différent. En effet, le numéro 20 commence avec le matériel de l'introduction du numéro 2 (2A) pour enchaîner avec la musique du numéro 1 sous une nouvelle forme (1BACA). Le morceau du numéro 4 est repris au numéro 21 alors que le thème du numéro 2 (2B) est réexposé au numéro 22. Ce genre d'imbrication motivique-thématique se manifeste à plusieurs niveaux de la composition. Par exemple, les deux lignes en pointillé, qui sont subordonnées à la plus longue ligne continue, montrent respectivement la reprise du numéro 2 aux numéros 9 et 22 et celle du numéro 4 aux numéros 14 et 21. Plus avant dans la composition, les numéros 5 et 6 (composés du matériel du n° 1, ex. 73) se rattachent au numéro 20, comme l'indique le tracé en ligne continue.

À la suite de l'« Entrée de l'Homme » (n° 6), étrangement soulignée par un retour du chant vulgaire *R'tire tes pieds*, apparaît un nouveau thème dans la « Danse de la Porte tournante » (n° 7), présentant un pas de deux dans un rythme de valse dansé par l'Homme et la Femme. Le thème de la valse est réutilisé de manière plus ou moins variée dans plusieurs numéros de danse tels que « Danse de la Femme » (n° 10), « Danse de l'Homme et de la Femme » (n° 16), « Danse de la Brouette » (n° 18, ici dans une mesure à 5/4 !) et « Danse de la Couronne » (n° 19). Les quatre numéros en question sont ainsi reliés au bas du schéma 13.

À l'intérieur de ce dernier cadre, au cœur de l'œuvre, se rassemblent les airs des chansons les plus paillardes. Utilisée dans un style canonique lors de l'« Entrée des Hommes » (n° 8, ex. 74), la chanson grivoise *Le Marchand de Navets* est reprise au moment de la « Rentrée des Hommes » (n° 13). L'humour obscène atteint son apogée à la fin du premier acte (n° 11) avec la chanson *L'Père Dupanloup* sur l'air de *Cadet Rousselle*. Des fragments de ce dernier morceau sont repris dans la « Musique de Rentrée » du second acte (n° 12), formant ainsi le centre d'une structure en miroir, comme l'illustre la petite ligne en pointillé sous le schéma formel (schéma 13). Sous ce centre, une ligne continue rattache le « Final » (n° 11) au morceau « Les Hommes se dévêtissent » (n° 15), dont la référence au chant de *Cadet Rousselle – L'Père Dupanloup* est évidente. Même si la symétrie formelle se brise, l'emprunt au *Père Dupanloup* au numéro « Les Hommes se dévêtissent » (n° 15) s'inscrit entièrement dans le ton décadent du ballet en associant la mise à nu des hommes à la démesure du sexe masculin dont il est question dans la chanson[137].

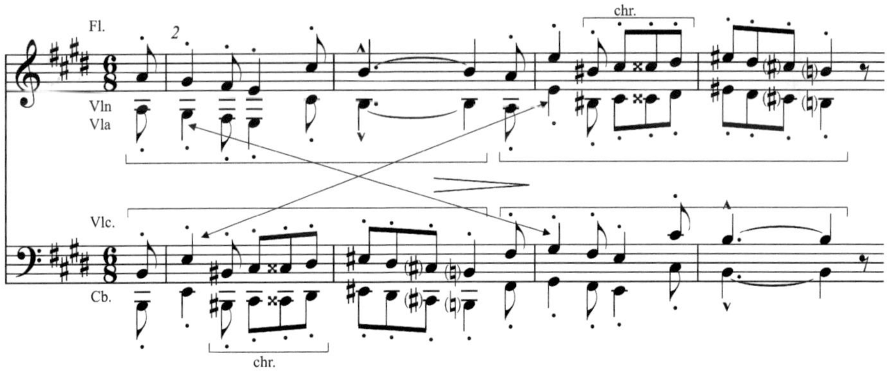

Exemple 74. Erik Satie, *Relâche*, « Entrée des Hommes ("V'là le Navet") », mes. 2-5, © 1926, Éditions Rouart-Lerolle / Salabert, Paris, R.L. 11577.

137. Pour les paroles de la chanson *L'Père Dupanloup*, voir Boulbès, *Relâche*, p. 223.

Comme le démontre le schéma 13, l'ensemble des 22 morceaux du ballet *Relâche* forme une structure en arche savamment élaborée et difficilement repérable en raison des multiples répétitions thématiques-motiviques survenant tout au long de la partition. Sans compter que la musique de *Cinéma*, entendue entre les deux actes contribue à embrouiller l'effet de forme en miroir sous-jacente à celle de la partition du ballet et, du même coup de son scénario.

La partition de Cinéma *: une continuité avec la musique de* Relâche

Entre les deux actes du ballet *Relâche*, Satie compose une seconde partition intitulée *Cinéma, Entr'acte symphonique de « Relâche »* (dorénavant *Cinéma*). Au premier abord, la musique de *Cinéma* semble complètement se détacher de celle de *Relâche*. Même si plusieurs écrits se limitent à les traiter isolément, notre étude démontre qu'il y a, au contraire, plusieurs liens entre ces deux partitions spécifiquement écrites pour faire partie d'un seul et même spectacle.

De son côté, la partition de *Cinéma* souligne davantage la notion de mouvement perpétuel et la propriété fragmentaire de la musique. Cette propriété est définie par l'emploi systématique de courtes unités, que nous nommons « plans sonores » (« Pl. S. »), en référence aux plans filmiques. Comme nous l'avons indiqué, la partition rassemble une série de 60 plans sonores clairement délimités (voir le tableau 25), fondés sur la répétition incessante d'un fragment d'une à deux mesures de longueur, à l'instar des *flash-back* aux images répétées que pratique Clair dans son film. La répétition en boucle, que permet ce genre de composition fragmentaire, a la qualité de se synchroniser aux images filmiques de sorte qu'un même plan sonore peut être répété autant de fois que l'exige la scène filmique, avant de passer à un autre plan sonore.

Bien que la musique de *Cinéma* soit distincte de celle du ballet, les deux partagent toutefois certaines caractéristiques, en l'occurrence le parcours tonal effectué par l'enchaînement des deux partitions. Pour démontrer cet aspect, nous nous reportons aux deux esquisses de Satie (ill. 35 et 36, respectivement)[138] qui illustrent sous forme de tableau un plan de composition pour chacun des deux actes du ballet. Retranscrits en fin de chapitre (p. 444)[139], les deux plans comportent le titre des morceaux ou numéros, la tonalité et le nombre de mesures rattaché à chacun[140].

138. Erik Satie, *Relâche*, esquisse de l'acte I, manuscrit autographe, 12 pages, [1924], BnF, Département de la musique, Fonds Montpensier, Ms. 9622 (1), p. 12 et *Relâche*, esquisse de l'acte II, manuscrit autographe, 6 pages, [1924], *ibid.*, Ms. 9622 (4), p. 1.

139. Sauf pour les éléments ajoutés entre crochets, nous avons respecté, lors de la retranscription, la disposition et la graphie utilisées par Satie.

140. Évidemment, les nombres de mesures ont été modifiés au cours du processus compositionnel. Pour plus de détails à ce sujet, voir Orledge, *Erik Satie*, p. 179-180.

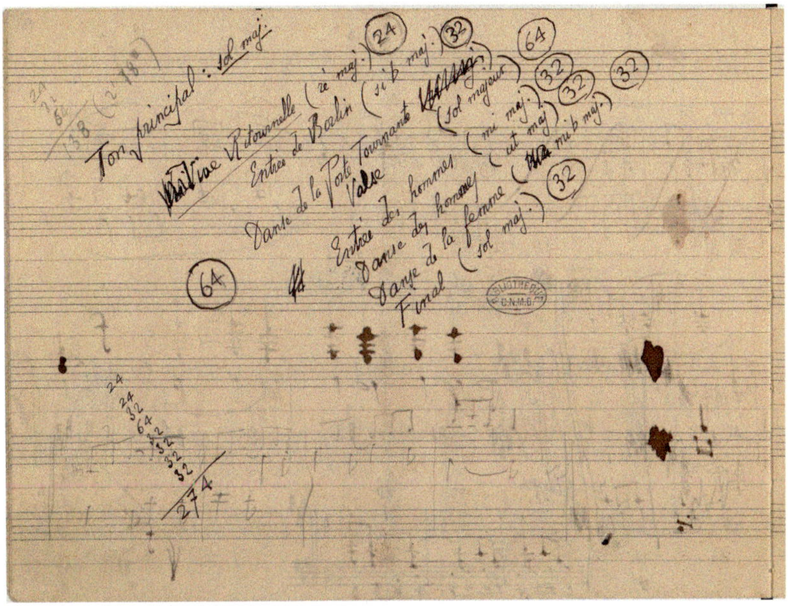

Illustration 35. Erik Satie, esquisse de l'acte I de *Relâche*, 1924, manuscrit autographe, Fonds Montpensier, Ms. 9622 (1), p. 12, Département de la musique, Bnf, Paris.

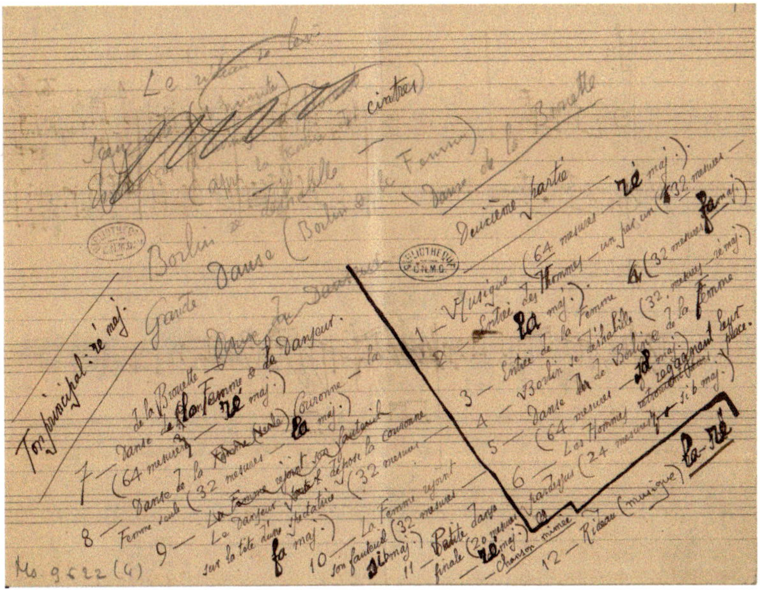

Illustration 36. Erik Satie, esquisse de l'acte II de *Relâche*, 1924, Fonds Montpensier, Ms. 9622 (4), p. 1, Département de la musique, Bnf, Paris.

Dans le plan de la première partie (ou premier acte), sous l'annotation « Ton principal : *sol* maj. », suit une série de mouvements qui correspondent en fait aux sept derniers mouvements du premier acte du ballet (tableau 24, n°s 5-11). Quant au premier morceau de son plan intitulé « Ritournelle », nous l'associons au numéro 5 « "Musique" entre l'entrée de la Femme et sa "Danse sans musique" ». Cette association se défend aisément[141], car le thème de ce numéro est calqué sur la mélodie de la section B du premier morceau (n° 1B), mélodie qui intervient au moins quatre fois au cours du ballet (n°s 1, 5, 6 et 20, voir schéma 13).

Pour bien visualiser le parcours tonal, nous avons transcrit les tonalités des deux plans de Satie sous forme de schéma réductionnel (ex. 75). Entre l'acte I et l'acte II, nous avons intégré les notes de basse représentant les tons de la partition de *Cinéma*. Les chiffres dispersés aux actes I et II renvoient aux numéros des morceaux de *Relâche* alors que ceux se trouvant sous l'intitulé *Cinéma* correspondent aux scènes identifiées au tableau 25. Les différentes figures de notes incluses dans la réduction comportent une hiérarchie d'importance : les blanches ont une fonction plus structurelle que les autres figures de notes; les noires munies d'une hampe se placent au deuxième rang d'importance par rapport à celles qui en sont exemptes. Par exemple, le « ton principal » *sol* et sa dominante *ré* représentent les notes structurelles des actes I et II du ballet.

Ainsi, les tonalités inscrites dans la première partie du plan tonal de Satie (p. 444) se reportent respectivement aux numéros 5 à 11 de l'acte I du schéma réductionnel (ex. 75). Ce dernier démontre clairement que les tonalités sont ainsi planifiées de manière à procéder par tierces descendantes, allant du *ré* au *do*, puis par tierces ascendantes (allusion à un autre effet de miroir) du *do* au *sol*. Se crée ainsi une suite de trois arpèges – *sol* mineur (*ré* – *si* bémol – *sol*), *do* majeur (*sol* – *mi* – *do*) et *do* mineur (*do* – *mi* bémol – *sol*), dont les deux fondamentales, *sol* et *do*, sont en rapport de quinte. À ceux-ci s'ajoutent les quatre premiers mouvements écrits dans trois tonalités différentes : *ré*, *fa* et *la*[142] – formant ainsi un autre arpège (*ré* mineur) en relation de quinte avec la note fondamentale *sol* de l'arpège suivant. Dans son ensemble, les régions tonales *ré* et *sol*, qui séparent la première de la dernière scène (ex. 75, acte I, n°s 1 et 11), établissent entre elles un rapport de dominante-tonique, illustré en figure de note blanche.

Dans son esquisse du second acte (ill. 36), Satie distribue cette fois les différents mouvements en deux colonnes, de manière à placer côte à côte les mouvements déployant les mêmes tonalités. En conséquence, les numéros 1 à 6 du second acte figurent dans la colonne de droite et les numéros 7 à 12 dans celle de gauche. Pour une meilleure compréhension, les colonnes ont été inversées dans la version retranscrite en fin de chapitre (p. 444). Les numéros placés entre crochets correspondent à ceux qui ont été attribués aux morceaux apparaissant au tableau 24. À propos de la « Seconde partie » du plan tonal, les trois premiers numéros de chaque colonne (n°s 1 et 7, 2 et 8, 3 et 9) présentent les mêmes tonalités. Précisons toutefois que les tonalités retenues

141. Orledge (*ibid.*, p. 180) associe également le cinquième numéro à « Ritournelle », d'après la figure 8,11 de son ouvrage.

142. Le ton de *la* est utilisé pour les deux numéros 3 et 4.

ne semblent pas être celles du plan initial. En effet, en examinant de près le manuscrit (ill. 36), nous pouvons distinguer que le mot « *ré* » se trouvant à la fin de la ligne 1 a été écrit par-dessus le « *sol* », et le « *la* » de la ligne suivante par-dessus le « *ré* ». Comme le second acte devait être le miroir du premier, Satie a probablement songé à reprendre à l'inverse le grand mouvement tonal *ré* – *sol* déployé dans le premier acte (ex. 75). L'ajout d'un *Entr'acte cinématographique* a-t-il incité le compositeur à modifier le parcours tonal originalement planifié dans l'acte II ? Quoi qu'il en soit, les régions tonales illustrées dans le schéma réductionnel de l'acte II reproduisent une succession d'arpèges ayant comme fondamentales les mêmes notes structurelles que dans l'acte I, en l'occurrence *ré* et *sol*. Celles-ci exercent donc la fonction harmonique I-IV-I au sein de la partition entière de *Relâche* (ex. 75).

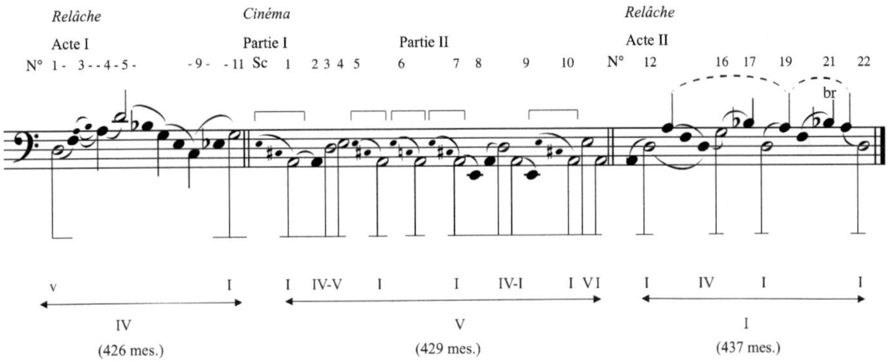

Exemple 75. Schéma réductionnel de *Relâche* et *Cinéma*.

À noter le mouvement de broderie *la* – *si* bémol – *la*, qui plane au-dessus des autres tons de la réduction (ex. 75, n°s 17, 19 et 21). Or, *Cinéma* commence notamment par ce motif de broderie (« br »), sauf que la note *si* est alors naturelle (voir ex. 76, mes. 1). Cette remarque nous amène à examiner plus en détail les liens motiviques qui se tissent entre les deux partitions du spectacle (*Relâche* et *Cinéma*) avant de poursuivre l'étude du plan tonal.

Exemple 76. Erik Satie, *Cinéma*, mes. 1-8.

En référence à ce motif « br », reportons-nous à l'indication « Rideau », située à la fin de l'acte I du ballet (ex. 77), où Satie insère entre les deux voix extrêmes, composées de la note pédale *ré*[143], un premier motif d'ostinato formé d'une broderie *si* – *la* – *si* (« br »). Faisant écho au mouvement descendant que réalise alors le rideau, suit un deuxième motif déployant un trait de gamme descendant désigné par la lettre « G », en référence au mot « gamme ».

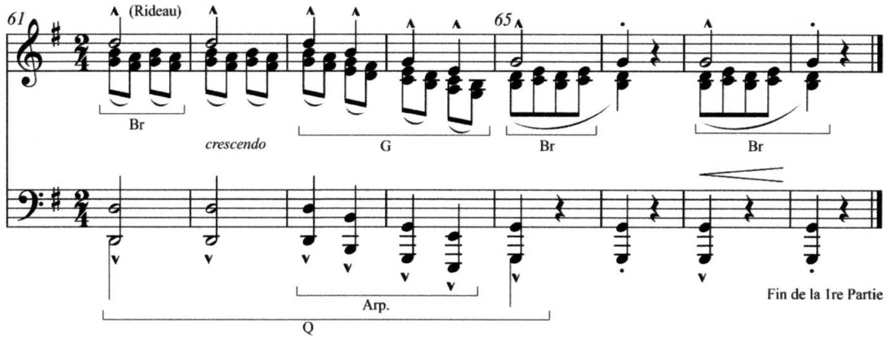

Exemple 77. Erik Satie, *Relâche*, « Final », mes. 61-68,
© 1926, Éditions Rouart-Lerolle / Salabert, Paris, R.L. 11577.

Comme nous l'avons mentionné, *Cinéma* commence précisément avec la broderie *si* – *la* – *si* (ex. 76), justement entendue à la fin de l'acte I du ballet. Sous ce motif « br » des premières mesures de *Cinéma*, la ligne de basse procède par tierces descendantes (« arp. »), à l'image de l'enchaînement des régions tonales de l'acte I (ex. 75). Au deuxième plan sonore (ex. 78, Pl. S. 2), un fragment du motif « G », employé de façon ascendante et descendante (portée supérieure), constitue un autre motif. Une imitation en augmentation de ce motif « G » occupe la partie de basse de ce plan sonore 2. Ces deux premières idées mélodiques (motifs « br » et « G »), tout en créant un lien avec la dernière section de l'acte I du ballet (ex. 77), représentent les motifs fondamentaux de *Cinéma*.

En guise de structure, *Cinéma* adopte la forme rondo, qui est en soi basée sur la reprise intermittente du thème. Le thème même est construit sur le principe de la répétition, dont le contenu se résume à une seule mesure reprise huit fois (ex. 76) – chiffre obsessionnel de Satie[144]. Ce genre de construction en loupe reflète adéquatement la notion de cercle évoquée par la présence des ballons qui occupent l'écran au premier plan de *Cinéma*. Ce thème d'ouverture revient à huit reprises au cours de la projection cinématographique (tableau 25) qui, tout en soulignant l'élément de répétition, permet de ponctuer les moments cruciaux du scénario.

143. À noter que la pédale *ré* de la voix de basse, présente pendant 19 mesures (depuis la lettre E), correspond à l'harmonie de dominante se résolvant sur la tonique *sol* cinq mesures avant la fin de l'acte I. Ce geste cadentiel *ré* – *sol* reproduit, à l'échelle microscopique, le grand mouvement tonal *ré* – *sol* sous-jacent à toute cette première partie du spectacle (ex. 75).

144. La plupart des thèmes de *Relâche* et même de *Cinéma* comportent huit mesures.

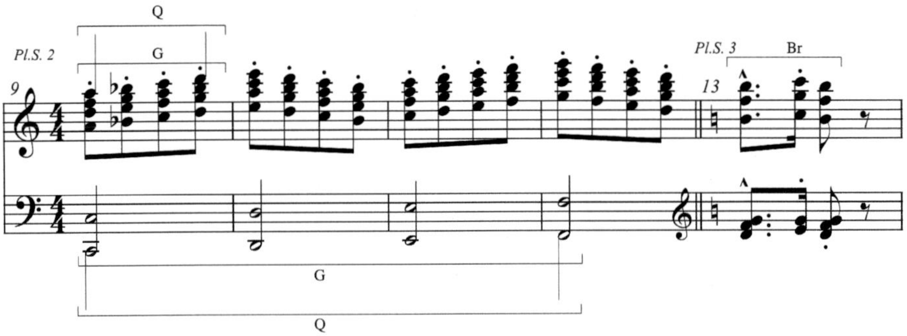

Exemple 78. Liens motiviques dans *Cinéma*, mes. 9-13 et 29-35,
© 1926, Éditions Rouart-Lerolle / Salabert, Paris, E.S.A. 17.207.

Tout comme le film, qui procède par *flash-back* de scènes déjà vues [145], la partition de *Cinéma* évolue à partir des deux motifs « br » et « G » entendus lors des deux premiers plans sonores (ex. 76 et 78) auxquels s'ajoutent parfois des notes pédales. Par exemple, alors que les plans sonores 3 et 4 puisent leur source dans le contenu motivique et rythmique du thème initial (ex. 79), le motif « br » utilisé dans le plan sonore 5 reproduit le motif rythmique employé dans le plan sonore 2 [146] (ex. 78).

Exemple 79. Liens motiviques dans *Cinéma*, mes. 1-8, 13-20, 21-28 et 29-35
© 1926, Éditions Rouart-Lerolle / Salabert, Paris, E.S.A. 17.207.

145. Par exemple, le plan d'ouverture du film montrant les toits de maisons de Paris revient ultérieurement, s'interposant parmi les scènes subséquentes. Il en va de même pour le plan suivant des trois poupées en tête de ballons, qui réapparaîtra pendant la prochaine scène de la ballerine en tutu, et ainsi de suite.

146. Dans le même ordre d'idées, le plan sonore 2 est repris deux fois au plan sonore 9 (la première fois, la reprise s'effectue à une sixte inférieure). Une transposition à une quarte supérieure du plan sonore 5 s'opère au plan sonore 8. Cette répétition motivique se manifeste tout au long de la partition de *Cinéma*.

Au sein de ces multiples répétitions et variantes, fondées sur un nombre très restreint de motifs, s'intercale, quasi au centre de la pièce, une section complètement contrastante par rapport aux autres en regard de son contenu mélodico-motivique. Comme le constate Martin Millers Marks, une première véritable mélodie apparaît à la scène 4[147] consacrée à « La Danseuse » (ex. 80). Pour cette scène de la ballerine à barbe dansée par un travesti, Satie écrit une valse dont la mélodie s'inspire du motif du « Prestidigitateur chinois » de son ballet *Parade* (ex. 81). Dans ce passage de « La Danseuse » de la partition *Cinéma*, le motif figure dans la forme rétrograde-inversée à partir de la même note *si*. En citant spécifiquement ce motif au début et à la fin de cette scène 4, Satie voulait-il faire du travesti un prestidigitateur ? On peut le penser, surtout lorsque l'on s'aperçoit que la tête de la Ballerine passe subitement du grossier barbu à un fin visage féminin !

Exemple 80. Erik Satie, *Cinéma*, mes. 125-128,
© 1926, Éditions Rouart-Lerolle / Salabert, Paris, E.S.A. 17.207.

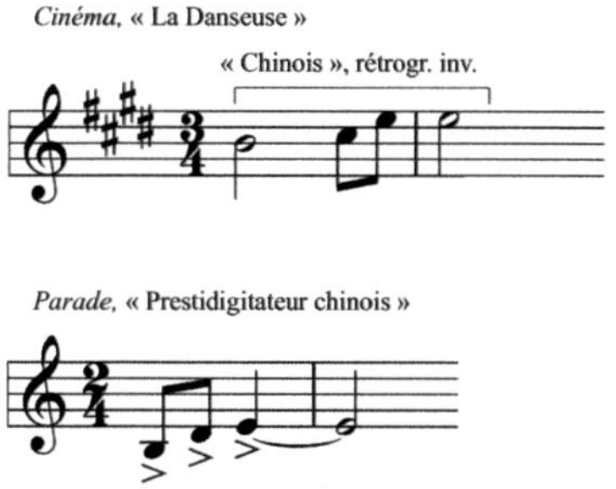

Exemple 81. Liens motiviques entre « La Danseuse » de *Cinéma*, mes. 125-126 et « Prestidigitateur chinois » de *Parade*, chiffre 7.

La version originale du motif du « Prestidigitateur chinois » de *Parade* (motif *si – ré – mi*), que nous appelons dorénavant « chinois », survient à la scène 8 au moment où commence « La poursuite » du cercueil (ex. 82, mes. 285). Comparativement au motif original de *Parade*, la seconde *ré – mi* est ici harmonique. Le contenu intervallique du motif « chinois » est conservé dans le segment *la – fa* dièse – *si* énoncé dans la prochaine mélodie dans les voix extrêmes des numéros XVIII et XIX (ex. 82). En réordonnant les notes *la – fa* dièse – si en *fa* dièse – *la – si*, (ex. 83), on constate que la ligne est le calque

147. Martin Miller Marks, « The Well-Furnished Film : Satie's Score for Entracte », *Canadian University Music Review*, n° 4, 1983, p. 245-275, ici p. 258.

du motif du « chinois » à une quarte inférieure de distance. Phénomène intéressant : cette version *fa* dièse – *la* – si du motif du « chinois » est retenue au moment de la tombée du rideau de l'acte II du ballet (ex. 84). En fait, ce motif spécifique est entendu pour la première fois à la fin du deuxième morceau (« Projection ») de l'acte I, construit alors à partir de la note *la* (ex. 85, mes. 194). Ces citations du motif du « chinois » favorisent donc un rapprochement entre les deux partitions que réunit le spectacle *Relâche*[148].

Exemple 82. Erik Satie, *Cinéma*, mes. 285-293, 294-296, 300-301 et 307-308, © 1926, Éditions Rouart-Lerolle / Salabert, Paris, E.S.A. 17.207.

148. Pour citer un autre exemple, le chromatisme présenté à la lettre B dans « Ouverture » (n° 1), qui revient aux numéros 2, 5, 6, 9, 16 et 22, est repris dans plusieurs motifs de la partition de *Cinéma*, notamment aux pages 6, 10, 11 et 13.

Exemple 83. Liens motiviques entre « Prestidigitateur chinois » de *Parade*, chiffre 7 et « La poursuite » de *Cinéma*, mes. 293-294.

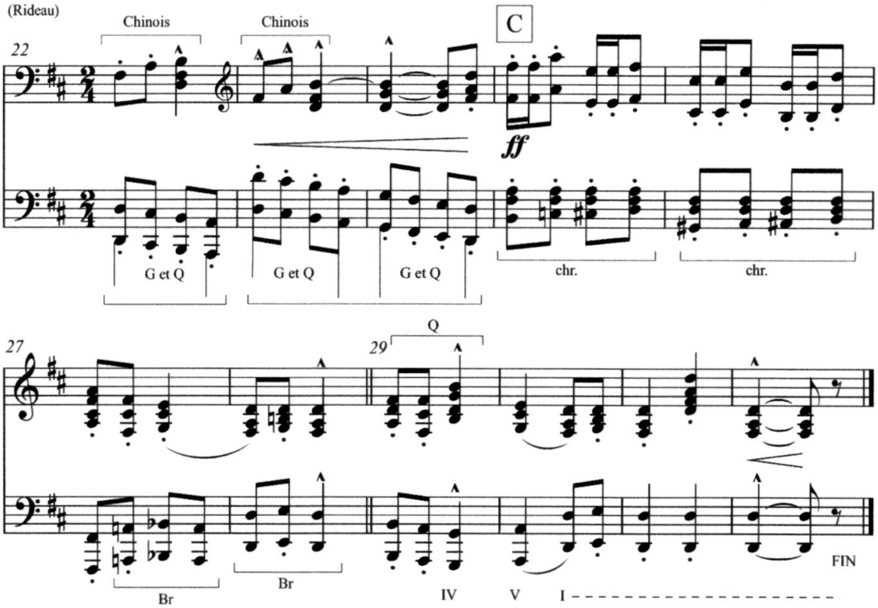

Exemple 84. Erik Satie, *Relâche*, « Petite Danse Finale », mes. 22-32, © 1926, Éditions Rouart-Lerolle / Salabert, Paris, E.S.A. 17.207.

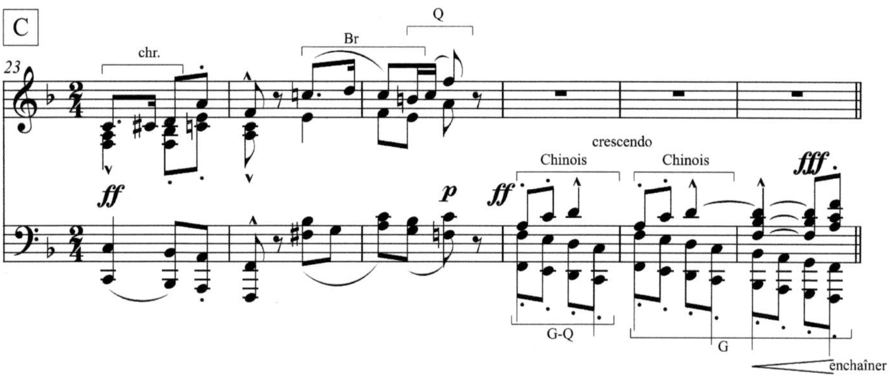

Exemple 85. Erik Satie, *Relâche*, « Projection », mes. 23-28,
© 1926, Éditions Rouart-Lerolle / Salabert, Paris, R.L. 11577.

À l'instar de la partition du ballet, celle de *Cinéma* se divise, comme nous l'avons vu, en deux parties constituées de cinq scènes chacune. De concert avec le film, la seconde partie de la partition *Cinéma* commence avec la « Marche funèbre » (ex. 86), qui parodie le troisième mouvement de la *Sonate en si bémol mineur* de Frédéric Chopin, portant le même titre[149]. Dans cette adaptation de la « Marche funèbre » allant de *la* mineur à *la* majeur, la ligne de basse des premières mesures déploie un arpège de *la* mineur qui contraste avec celui de *la* majeur entendu dans la première mesure du thème principal de *Cinéma* (comparer ex. 86 et 76). Les motifs d'arpège de *la* majeur et mineur retranscrits dans le schéma réductionnel (ex. 75) soulignent ce contraste qui se produit entre les divers énoncés du thème principal et celui de la « Marche funèbre » débutant à la scène 6.

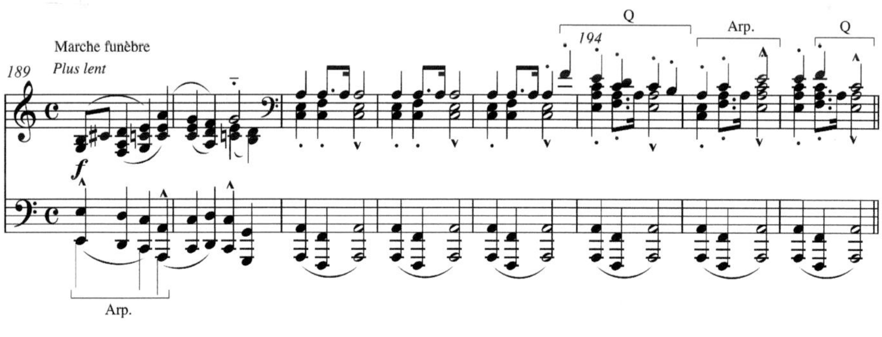

Exemple 86. Erik Satie, *Cinéma*, mes. 189-196,
© 1926, Éditions Rouart-Lerolle / Salabert, Paris, E.S.A. 17.207.

149. Frédéric Chopin, *Sonates pour piano*, vol. X, éd. Jan Ekier, Pologne, National Edition of the Works of Fryderyk Chopin, 2008, p. 30 (*Sonates*, op. 35 et op. 58).

Quant aux notes de basse qui figurent dans la partie centrale de la réduction (ex. 75), elles ont aussi pour fonction d'illustrer la note fondamentale des tonalités [150] propres à chacune des dix scènes de la partition *Cinéma*. Chaque scène commence et se termine avec la même tonalité, à l'exception des scènes 7 et 9 qui progressent de *la* à *mi*, et de la scène 8, qui évolue de *la* à *ré*. Ces mêmes notes, *la* – *ré* – *mi*, qui représentent les régions tonales fondamentales de la partition *Cinéma* (ex. 75, les valeurs en blanches), se retrouvent à plus petite échelle, soit dans la succession des premières scènes 1 à 5 dans un ordre simulant la progression harmonique I-IV-V-I. Semblable à une rengaine populaire, ce cliché harmonique se manifeste à plusieurs endroits de la partition du ballet [151] et, plus spécifiquement, à la toute dernière phrase de *Relâche* (ex. 84, mes. 29-32) où s'enchaînent les accords majeurs de *sol*, *la* et *ré* pour marquer cet instant ultime de la fin du spectacle. Or, cette même progression IV-V-I est à l'image de ce qui se reproduit à l'échelle de l'œuvre entière. En effet, considérant que l'œuvre dans son ensemble est écrite en *ré* – ton des premier et dernier numéros (ex. 75) – les régions IV, V et I représentent respectivement chacune de ses trois parties, par rapport à cette tonalité de référence. Celles-ci se déroulent dans des proportions quasi égales, comme le démontrent les chiffres 426, 429 et 437 inscrits entre parenthèses, correspondant au nombre de mesures que compte chacune des parties. En fait, le caractère circulaire de la progression IV-V-I permet ainsi le retour continuel au même point de départ, suggéré par le mouvement perpétuel.

L'après *Relâche*

À l'audition des deux partitions de Satie, Picabia n'a pas hésité à manifester son entière satisfaction : « Je trouve parfaite la musique de *Relâche*, la partie qui accompagne l'acte cinématographique est un chef-d'œuvre, je ne pouvais rien désirer qui s'adaptât mieux à ma pensée » [152].

Or, l'opinion de la presse fut tout à l'opposé de celle de Picabia [153]. D'ailleurs, le spectacle en général ne souleva pas de consensus parmi les critiques. En effet, on rapporte que la « soirée [fut] bien terne », le « titre constituant à peu près la seule originalité (s'il en est une) de *Relâche* » [154]. De cette « farce d'atelier aussi longue, aussi morne

---

150. Mis à part le thème dont la note de basse est la tonique, les autres plans sonores sont composés à partir de la dominante du ton. Par exemple, le matériel du début de la scène 3 gravite autour de la note *la* alors que l'armature comporte deux dièses représentatifs du ton de *ré*. Cette note *ré* est retranscrite dans la réduction tonale.

151. Se présentant sous des formes variées (II substituant IV), cette progression de cadence intervient, entre autres, aux deux dernières mesures de la page 2 de la version pour piano ; à la lettre B de la page 5 ; aux trois dernières mesures de la page 13.

152. Picabia, dans D'Allonnes et Bouissou (éd.), *Écrits*, p. 162.

153. La réception de ce spectacle a fait l'objet d'un chapitre de livre : Jacinthe Harbec, « Satie, *Relâche* and the Critics : Controversies and Legacy », dans Christopher Moore et Barbara Kelly (dir.), *Music Criticism in France, 1918-1939 : Authority, Advocacy, Legacy*, Woodbrige (Suffolk, UK), Boydell Press, 2018, p. 267-292.

154. André Messager, « Théâtre des Champs-Élysées : *Relâche*, ballet instantanéiste en 2 actes, 1 entr'acte cinématographique et la Queue du chien, de M. Francis Picabia, musique de M. Erik Satie, film réalisé par M. René Clair », *Le Figaro*, 9 décembre 1924, p. 5.

et aussi dépourvue d'invention »[155], il se déverse « l'ennui goutte à goutte comme ce figurant [...] habillé en pompier [...] qui transvase inlassablement l'eau d'un seau dans un autre »[156]. « L'auteur a mis trop de subtilité dans la farce »[157], de sorte que « *Relâche* est en effet d'une bêtise à nulle autre pareille et à côté de laquelle les plus stupides farces d'atelier peuvent passer pour des éclairs de génie »[158]. On alla jusqu'à soupçonner que « les auteurs de cette plaisanterie macabre n'ont eu que le but de se tailler une nouvelle réclame, en se moquant du public »[159].

L'opinion d'André Levinson sur le spectacle, et tout particulièrement sur la chorégraphie et le décor, sera l'une des plus piquantes :

> Tous mes suffrages sont acquis à l'inspiration si heureusement cynique qu'ont eue MM. Picabia et Satie d'exploiter commercialement le dédain justifié qu'ils professent à l'égard de leurs contemporains. [...] Or rien de plus mesquin que les évolutions d'un corps de ballet de gommeux en habit autour de la bonne femme dont la rustique santé faisait craquer les mailles d'un lamé de chez Poiret [*sic*, pour Doucet]. [...] Le décor du premier acte dont les disques rappellent le revers d'un sommier métallique aurait été tout à fait amusant si les chargements d'éclairage tenaient compte des acteurs en scène[160].

En opposition à la réception du spectacle de ballet, la projection cinématographique de Clair reçoit majoritairement un accueil favorable, révélant que » *Relâche* est avant tout le triomphe du cinéma »[161], car « tout ce qui vient de René Clair est parfait »[162]. Animé par une perception similaire, l'article de Paul Bertrand reflète en grande partie les réactions de la presse :

> La partie la plus réussie de *Relâche* est l'entr'acte cinématographique, où M. René Clair a concentré avec beaucoup de bonheur les effets les plus drolatiques que le film est susceptible de réaliser grâce à l'ingéniosité des truquages, notamment l'impression parodique du ralenti auquel succède progressivement l'exagération de la vitesse, motivée par l'escapade d'un corbillard en délire[163].

De son côté, le librettiste de théâtre et de cinéma Jean-Louis Croze, nous convainc que le cinéaste émergent « a réussi dans *Entr'acte* de véritables prodiges. [...] Clair n'est pas seulement un virtuose, c'est aussi un homme d'esprit, satirique et fin tour à tour »[164].

155. *Ibid.*

156. Gandrey-Rety, « "*Relâche*", Ballet instantanéiste », p. 2.

157. Marsan, « Au Théâtre des Champs-Élysées : *Relâche* », p. 2.

158. Fernand Le Borne, « Théâtre des Champs-Élysées : les Ballets suédois, *Relâche*, deux tableaux de MM. Picabia et Erik Satie », *Petit-Parisien*, 10 décembre 1924, p. 10.

159. *Ibid.*

160. André Levinson, « "*Relâche*" Ballet instantanéiste en 2 actes et 1 entr'acte cinématographique et la queue du chien de Francis Picabia. Musique de M. Erik Satie. Entr'acte cinématographique de M. René Clair. Chorégraphie de M. Jean Börlin », *Comœdia*, 6 décembre 1924, p. 2.

161. Paul Dambly, « "Les Ballets suédois", au Théâtre des Champs-Elysées : "RELÂCHE", de MM. Picabia et Erik Satie », *Le Petit Parisien*, 9 décembre 1924, p. 8.

162. Marsan, « Au Théâtre des Champs-Élysées : *Relâche* », p. 2.

163. Bertrand, « Théâtre des Champs-Élysées (Ballets suédois) : *Relâche* », p. 519.

164. Jean-Louis Croze, « "*Entr'acte*" : film de MM. Picabia et René Clair », *Comœdia*, 5 décembre 1924, p. 4.

Quant à la musique, elle n'attire que peu d'éloges à son auteur, tout comme les composantes plastiques et chorégraphiques du spectacle. La presse insiste principalement sur le fait que « la musique [de *Relâche*], volontairement schématique, a égrené des airs populaires »[165], « dont l'aimable pince-sans-rire, M. Erik Satie, n'a rien pu tirer, [et] sortent parfois d'une orchestration sur laquelle il vaut mieux ne pas insister »[166].

Les critiques les plus aigres à l'endroit de Satie proviennent évidemment du milieu musical : Georges Auric, Émile Vuillermoz, Roland-Manuel et André Messager ne mâchent pas leurs mots dans leurs écrits pour déprécier la partition de *Relâche.* De manière générale, et comme on a pu le constater chez les autres critiques, ces musiciens s'attaquent principalement aux diverses citations d'airs populaires intégrées à la partition du Bon maître d'Arcueil. C'est notamment le cas de Messager :

> Je reconnais un certain courage à M. Erik Satie d'avoir écrit sur ce scénario de la musique à laquelle personne ne prête la moindre attention. Il arrive de temps à autre, aux oreilles, quelques bribes de thèmes populaires que M. Satie qualifie d'évocations et qui n'évoquent rien du tout. Ce sont, tout bonnement, des braves motifs de chansons qui ne sont pas spécialement désignés plutôt que d'autres pour accompagner ce qui se passe sur le théâtre, et qui ne m'ont paru frapper personne. Le reste se passe presque exclusivement entre les musiciens de la batterie, grosse caisse et tambour qui font preuve d'une endurance remarquable, mais n'ont pas réussi à exaspérer les auditeurs, comme on l'espérait[167].

S'appropriant le mot « trêve », évoqué par Picabia dans sa présentation sur *Relâche* (voir le texte en début de chapitre), Auric désapprouve également tous ces emprunts aux chansons connues du peuple :

> La musique ici fait trêve. Satie nous l'avait dit : ses thèmes seraient « fortement évocateurs ». Entraînés dans une aventure qui n'est pas drôle, que se devaient-ils d'« évoquer » ? Le néant, un laborieux néant en deux actes. Ah ! l'auteur de cette *Parade*, de ce *Socrate* que nulle palinodie ne nous fera oublier peut se réjouir : il a miraculeusement réussi son entreprise. Suivez jusqu'au bout si vous en avez le courage, le ramassis de bouts de thèmes, d'ébauches de rythmes présentés par les Suédois tout au long de leur dernier spectacle. Rhapsodie nigaude où pas une harmonie, pas un accent ne tombe à sa place[168].

Quant à Roland-Manuel, il signe deux comptes rendus des plus cinglants. Dans le premier, publié le 9 décembre dans *L'Éclair*, il dénigre la construction, l'harmonie et l'instrumentation déployées dans la composition de *Relâche.*

> La musique de M. Erik Satie accompagne sans rigueur les péripéties de *Relâche.* Le prodigieux annonciateur du debussysme, le compositeur des *Sarabandes*, de *Jeux et divertissements* et de *Socrate* n'a pas rougi[169] de produire une imitation des flonflons les plus

165. Bouisson, « *Relâche – Entr'acte* de Picabia et Erik Satie », p. 3.

166. Le Borne, « Théâtre des Champs-Élysées : les Ballets suédois, *Relâche* », p. 10.

167. Messager, « Théâtre des Champs-Élysées : *Relâche* », p. 5.

168. Georges Auric, « *Relâche*, les Ballets suédois », *Les Nouvelles littéraires, artistiques et scientifiques*, 13 décembre 1924, p. 7.

169. Tel qu'il a été mentionné plus haut, Roland-Manuel (« Les Ballets suédois au théâtre des Champs-Élysées : *Relâche* », p. 2) reprend le verbe « rougir » dans son texte, antérieurement utilisé par Satie pour décrire sa « musique pornographique ».

> éhontés qui renchérit sur ses modèles et s'en distingue surtout par une construction plus lâche, une harmonie plus plate, une instrumentation plus opaque[170].

Dans l'édition du 12 décembre du *Paris-Journal*, Roland-Manuel ajoute :

> La première représentation de *Relâche* marque à tout le moins une date importante dans l'histoire de la musique française : le 4 décembre 1924, le prétendu « classicisme » du bon maître d'Arcueil nous a fait toucher le fond de la vulgarité, la prétendue école du plaisir nous a conduits aux extrêmes limites de l'ennui[171].

Trois jours plus tard, Roland-Manuel, en reprenant l'essence de ses propos, ose livrer le fond de sa pensée dans la *Revue Pleyel* en disant « Adieu à Satie », adieu aux « maladresses de la technique de Satie et [à] l'insuffisance de sa technique »[172].

Paradoxalement, comme si le film pouvait exercer un pouvoir magique, les réactions sont beaucoup plus nuancées et généralement plus positives lorsqu'il s'agit de la partition *Cinéma, Entr'acte symphonique de « Relâche »*. Hormis les esprits négateurs, dont font partie Vuillermoz et Maurice Bouisson[173], l'ensemble de la critique se rallie à l'opinion de Jacques Parsons, qui souligne la « fidèle et merveilleuse adaptation musicale d'Erik Satie [qui] traduit le rythme singulièrement varié de la projection »[174]. Et Jean-Louis Croze renchérissant :

> *Entr'acte* a le musicien qu'il fallait et dont le talent si moderne et si hardi soutient et complète l'œuvre filmée : Erik Satie. Il sait se mettre à la page et sa partition suit, précède ou retarde la marche – funèbre ou joyeuse – des cent et quelques actions habillées du double rythme de l'image et de la mélodie. Eh ! oui, il y en a ![175].

On peut se demander si la réception mitigée de *Relâche* provient de cette habitude des critiques de traiter séparément les différentes constituantes d'un spectacle. En dissociant ainsi le ballet du film, on a créé un contexte propice à l'émergence d'une disparité d'opinions sur deux médiums participant d'un même événement artistique. Tandis que les critiques applaudissent l'originalité esthétique et les prouesses techniques du film de Clair, ils attaquent impitoyablement l'orientation artistique du ballet conçu par Picabia. De la même façon, les propos infamants de la presse sur la musique du ballet s'atténuent lorsqu'il s'agit de la partition d'*Entr'acte cinématographique*.

Devant les attaques impitoyables qui circulent dans les journaux, Fernand Léger intervient dans un article dédicacé sarcastiquement à Serge de Diaghilev, qui salue l'originalité du spectacle produit par son rival Rolf de Maré :

---

170. *Ibid.*

171. Roland-Manuel, « La Musique », dans « Au Théâtre des Champs-Élysées : *Relâche*, ballet instantanéiste de Francis Picabia, musique d'Erik Satie, *Entr'acte cinématographique* de René Clair », *Paris-Journal*, 12 décembre 1924, p. 2.

172. Roland-Manuel, « Adieu Satie », *Revue Pleyel*, n° 15, 15 décembre 1924, p. 21-22, ici p. 21.

173. Sur la musique d'*Entr'acte*, Maurice Bouisson (« *Relâche* – *Entr'acte* de Picabia et Erik Satie », p. 3) mentionne : « La musique répète obstinément une mesure unique, avec le zèle d'un candidat au Conservatoire. Et c'est fini ».

174. Jacques Parsons, « Le cinéma aux Ballets suédois : l'*Entr'acte* de René Clair », *Paris-Midi*, 5 décembre 1924, p. 4.

175. Croze, « "*Entr'acte*" : film de MM. Picabia et René Clair », p. 4.

> La rupture, la cassure, avec le ballet traditionnel.
> [...]
> *Relâche*, c'est beaucoup de coups de pied dans beaucoup de derrières consacrés ou non.
> C'est une réalisation homogène et exacte.
> La cloison étanche qui sépare le ballet du music-hall est rompue.
> L'acteur, le danseur, l'acrobate, l'écran, la scène, tous ces moyens pour « faire un spectacle » se groupent et s'organisent.
> Un seul but, faire vivre une scène.
> Tous les préjugés dégringolent[176].

Il poursuit son article en considérant la composante musicale étroitement rattachée aux particularités scéniques (les multiples projecteurs lumineux) et filmiques du spectacle.

> Dans tout cela, à travers tout cela, une musique qui n'est plus de la musique, qui est toute la nouvelle musique ; [...] c'est la musique du plus jeune musicien français.
> C'est une musique lumineuse, électrique, cinématographique. C'est entièrement nouveau, d'une légèreté incroyable et d'un dessin très sûr. C'est parfaitement réglé, sans en avoir l'air.
> [...]
> Croyez-moi, passez chez l'oculiste, faites refaire vos yeux, vos lunettes. Le Cinéma va commencer[177]... il commence... attention, ça y est déjà[178].

Dans le cas de *Relâche*, le cinéma va plus que « commencer », il va perdurer. En contrepartie, après ses douze représentations aux Ballets suédois, le ballet *Relâche* n'a été repris qu'une seule fois, en 1929[179], pour disparaître de la scène jusqu'en 1970[180]. De son côté, *Entr'acte cinématographique* est présenté seul, sans la partie du ballet, dès le 3 mai 1925, soit seulement cinq mois après sa création[181]. Une renommée grandissante se bâtira ensuite autour de ce film, qui a occupé les écrans du monde entier. *Entr'acte cinématographique* est à jamais inscrit dans l'histoire du cinéma dadaïste. Depuis cette

176. Fernand Léger, « Vive "*Relâche*" », *Paris-Midi*, 17 décembre 1924, p. 4. Le même article paraît avec quelques variantes dans *Le Siècle*, 18 décembre 1924, p. 4 ; repris dans Boulbès, *Relâche*, p. 593.

177. Ici, Léger reprend une expression de Picabia utilisée dans son article « Instantanéisme », *Comœdia*, 21 novembre 1924, p. 4.

178. Léger, « Vive "*Relâche*" », p. 4.

179. Présenté le 5 mai 1929 au Stadttheater de Zurich dans une toute nouvelle mise en scène réalisée par Mariette von Meyenburg pour le Tanzstudio Wulff de Bâle. Bouchard, *Les relations entre la scène et le cinéma dans le spectacle d'avant-garde*, p. 56.

180. Il faut mentionner qu'en 1970, *Relâche* a été repris à Florence dans une nouvelle mise en scène. Lors de l'intégrale Erik Satie à l'Opéra-Comique en 1979, Moses Pendleton a reconstitué la version originale de *Relâche* en ajoutant quelques nouveaux gags au texte de Picabia. Dès 1980, cette version a été intégrée au répertoire des Joffrey Ballet de New York. Voir Ornella Volta, *Satie et la danse*, Paris, Éditions Plume, 1992, p. 89 et Bouchard, *Les relations entre la scène et le cinéma dans le spectacle d'avant-garde*, p. 98.

La reconstitution du spectacle original a été réalisée en 2014 par Petter Jacobsson et Thomas Caley pour le Centre chorégraphique national-Ballet de Lorraine (CCN-Ballet de Lorraine). Une rediffusion a été produite par Arte HD le 12 mai 2020 et est disponible sur YouTube (https://www.youtube.com/watch?v=q1jigihfIj0, consulté le 3 novembre 2020).

181. Le Novembergruppe (groupe d'artistes et d'architectes expressionnistes créé en décembre 1918) présenta *Entr'acte* lors d'une soirée de films dadaïstes qui s'est tenue à Zurich le 3 mai 1925. Pour plus de détails, voir Bouchard, *Les relations entre la scène et le cinéma dans le spectacle d'avant-garde*, p. 56-57.

date de 1925, les deux volets du spectacle se sont détachés l'un de l'autre pour devenir des œuvres distinctes, comme en font foi les deux partitions musicales.

L'engouement du public des années 1920 pour le cinéma [182] a sûrement contribué à la réussite du film *Entr'acte*. Mais surtout et avant tout, l'héritage laissé par les critiques élogieuses à l'endroit du cinéaste Clair concourt à la notoriété de son œuvre, de sorte qu'en 1968, le cinéaste décide d'intégrer la bande musicale au film muet [183]. À partir de ce moment, la partition *Cinéma* de Satie est de plus en plus jouée, ne serait-ce que dans les différents festivals ou manifestations de films de répertoire ou de films muets. Il semble évident que le succès du film *Entr'acte* a desservi Picabia et Satie pour ce qui est du ballet *Relâche*.

À notre avis, les volets scéniques et filmiques de *Relâche* doivent être considérées comme faisant partie d'une seule et même entité événementielle. C'est seulement grâce à la perspective d'un regard global que se dégage la valeur interartistique de ce spectacle. En ce sens, notre étude a démontré comment les composantes scénaristes, scénographiques, cinématographiques et musicales concourent à une cohésion esthétique axée sur la notion d'instantanéisme promulguée par Picabia. En effet, le caractère circulaire du mouvement perpétuel tant évoqué par le poète se manifeste dans tous les éléments du spectacle. Que ce soit la binarité thématique ou scénique, la forme en arche ou les répétitions continuelles, ces caractéristiques propres à l'instantanéisme imprègnent le décor, le film et la musique de *Relâche*.

Même si les auteurs de *Relâche* insistent sur « le plaisir de rire » et « le bonheur des instants sans réflexions » [184], il n'en demeure pas moins que tout le spectacle a été minutieusement préparé, car « Picabia et Satie [en] avaient surveillé tous les détails » [185]. C'est dans ce regard global sur le spectacle que se révèlent les vertus interartistiques de *Relâche*, qui se trouve en marge du spectacle d'un ballet traditionnel.

---

182. L'essor fulgurant que connaît le cinéma dans ces années de l'entre-deux-guerres est démontré avec conviction dans les travaux d'Elie Konigson (« Au théâtre du cinématographe. Remarques sur le développement et l'implantation des lieux du spectacle à Paris vers 1914 », dans Amiard-Chevrel, (dir.), *Théâtre et cinéma des années vingt*, p. 43-46).

183. L'enregistrement de la musique symphonique de Satie fut réalisé sous la direction de Henri Sauguet. René Clair, « *Entr'acte / À nous la liberté* », p. 9. Dans cette version, le « Prologue cinématographique », qui était jadis projeté avant le spectacle, est maintenant intégré au film. René Clair, *Entr'acte cinématographique*, http://www.youtube.com/watch?=mpr8mXcS80Q, consulté le 3 septembre 2018.

184. Picabia, « *Relâche* », *La Danse*, [n.p.]. Ces deux citations sont tirées du texte reproduit au début du chapitre.

185. Tugal (dir.), *Les Ballets suédois dans l'art contemporaine*, p. 162.

ANNEXE 1

Après-dîner, synopsis de Blaise Cendrars

Notes pour le musicien

Après-dîner
(*Ballet*)

Distribution :

Musique	d'Erik SATIE
Chorégraphie	de Jean BORLIN
Sujet, Scénario, Mise-en-scène	de Blaise CENDRARS
Décors, Costumes et Rideau	de Boffa [*sic*] ou de Francis PICABIA ou de X.X.X

DISTRIBUTION.

LE JEUNE SUCRIER	Jean Börlin
UN COUPLE DE JEUNES MARIÉS	
LA VIELLE MARQUISE	
UN TRÈS JEUNE HOMME	
UN HOMME DU MONDE	
UN TOUT PETIT CHASSEUR	
GARÇONS ET LADIES	
DANSEURS ET DANSEUSES COSTUMÉS	
UN GROS HOMME EXCENTRIQUE	
UN BARMAN	
LE CORPS DE BALLET	
TROIS BALAYEURS	

1.)

Ouverture musicale très courte et très entraînante.
Durée 1 minute.

2.) On veut s'amuser

a) Lever du rideau sur le rythme des enseignes lumineuses; il y en a qui s'allument et s'éteignent sur un rythme mou, traînant, bicolore, régulier; d'autres s'allument et s'éteignent par saccades brusques binaires ou ternaires et dont le temps d'extinction est un peu plus long que le temps de luminosité.

b) Entrée des personnages. Les Gens du Monde. Démarche « planée ». Ils avancent jusqu'au premier plan après avoir hésité devant 2, 3 boites de nuit.

Durée total 2 minutes.

c) Début de la valse de la porte tournante.

3.) ON S'ENNUIE

a) Transformation du décor. Thème de la porte tournante.

Durée 1 ½ minute.

b) Description des personnages de deuxième plan; dont le gros homme excentrique.

Durée 1 minute.

4.) C'EST ICI QUE L'ON S'AMUSE

a) Installation nonchalante des gens du monde. Thème de la porte tournante.

b) Reprise du gros homme excentrique.

Durée totale 1 ½ minute.

5.) L'INVITATION À LA VALSE

a) Reprise de la valse.

b) Contre-partie : la danse à la turcque.

c) La valse.

Durée totale 4 minutes.

d) Reprise du gros homme excentrique.

Durée 1 minute.

6.) ON S'AMUSE À LA FRANÇAISE

a) Danse espagnole.

Durée deux minutes.

b) Début de la Pavane ou de la figure des Lanciers ou telle autre danse à figures classiques.

Durée 1 minute.

7.) ON NE S'AMUSE PLUS; C'EST SÉRIEUX

a) Préparation de l'Apothéose, irruption du corps du ballet.

Durée 1 minute.

b) Agglomération de la danse classique et des figures de l'apothéose.

Durée 1 minute.

c) Intensité de la danse générale, corps du ballet, dont le groupe des gens du monde.

Durée 3 minutes.

d) Apogée. L'Apothéose proprement dite. Groupe central.
Immobilité.

Durée 1 minute.

8.) Le rire

a) Mécanisme de la chute.

Durée 1 minute.

b) Désordre, sortie brusque. Rappel du thème de la porte tournante.

Durée 1 minute.

9.) Bonsoir

a) Sortie brusque des gens du monde qui disparaissent sur le thème de la porte tournante. Transformation du décor. [Extérieur. C'est le matin.]

Durée 1 minute.

b) Les trois balayeurs. Thème de l'ouverture, amis plus chantant, populaire, ouvrier.

Durée 1 minute.

Durée totale du ballet : 25 minutes.

ANNEXE 2

ARGUMENT PRÉLIMINAIRE DE *RELÂCHE* DE FRANCIS PICABIA

Relâche [186]

Rideau blanc, à plat. Projection cinématographique à déterminer, de trente secondes environ, accompagnée de musique. Le rideau se lève; la scène se présente comme une voûte de forme ovoïde, entièrement tapissée de gros ballons blancs. Tapis blanc. Au fond, porte tournante articulée. La musique dure encore trente secondes après le lever du rideau.

Une femme se lève aux fauteuils d'orchestre; elle est en grande toilette de soirée, elle monte en scène à l'aide d'un praticable. Musique : 35 secondes. Au moment où elle apparaît en scène, la musique cesse.

La femme s'arrête au milieu de la scène et examine le décor puis elle s'immobilise. À ce moment, la musique reprend pendant une minute environ. Lorsqu'elle cesse, la femme se met à danser. Chorégraphie à régler. La musique reprend pendant une minute et demie; la femme remonte au fond de la scène et tourne trois fois avec le battant de la porte tournante, puis s'arrête face à la salle.

Pendant ce temps, trente hommes en habit noir, cravate blanche, gants blancs et chapeau claque, quittant l'un après l'autre des places de spectateurs, montent tour à tour sur la scène par le praticable. Durée de la musique : une minute et demie.

La musique s'arrête au moment où, par une danse à régler, ils entourent la femme revenue au milieu du plateau; en maillot de soie rose, entièrement collant. Musique pendant 40 secondes. Les hommes s'écartent, se rangent contre le décor; la femme reste immobile quelques secondes, pendant que la musique reprend durant 35 secondes. Quelques ballons éclatent au fond.

Danse générale; la femme est enlevée dans les cintres.

RIDEAU

PAS D'ENTR'ACTE, à proprement parler; la musique dure cinq minutes avec projections cinématographiques des auteurs assis face à face, échangeant une conversation dont le texte s'inscrira à l'écran durant dix minutes. Pas de musique pendant la projection écrite.

DEUXIÈME ACTE

Le rideau se lève. Musique de une minute. Sur un fond noir sont disposées des enseignes lumineuses et intermittentes où dominent alternativement les noms d'Erik Satie, de Francis Picabia, de Blaise Cendrars, en couleurs.

---

186. Bibliothèque Jacques Doucet, Dossier Francis Picabia, n° 10, p. 280. Publié originalement par Michel Snouillet, *Francis Picabia et « 391 » revue publiée de 1917 à 1924*, t. 2, p. 256-257. Reproduit dans Boulbès (dir.), *Écrits critiques*, p. 530-531.

Deux ou trois projecteurs puissants, très puissants, sont dirigés de la scène sur la salle ; ils éclairent le public et produisent des effets de noir et de blanc à l'aide de disques percés de trous. Les hommes rentrent un par un et se placent autour de la toilette de la femme, posée à terre, au milieu de la scène. Musique de vingt secondes.

La femme redescend des cintres toujours en maillot ; elle porte sur la tête une couronne de fleurs d'oranger ; elle se rhabille pendant que les hommes se dévêtissent à leur tour et apparaissent en maillots de soie blanche. Musique de vingt secondes. Danses à régler.

Les hommes un à un regagnent leur place où ils retrouvent leurs pardessus. Musique de trente secondes. La femme, restée seule, prend une brouette, y entasse les vêtements laissés par les hommes et va les verser dans un coin en tas ; puis, s'approchant le plus près possible de l'avant-scène, elle enlève sa couronne de mariée et la jette à l'un de ses danseurs qui ira la déposer sur la tête d'une femme connue se trouvant dans la salle.

Musique : quinze secondes.

Puis, la femme va à son tour rejoindre son fauteuil ; on baisse le rideau blanc, devant lequel apparaît une petite femme qui danse et chante une chanson.

Musique : 45 secondes.

ANNEXE 3

ENTR'ACTE CINÉMATOGRAPHIQUE, DÉCOUPAGE SYNOPTIQUE DE FRANCIS PICABIA

Mercredi soir

Mon cher ami, je vous envoie inclus la partie cinématographique du ballet. Bien sympathiquement vôtre.

Francis Picabia

Lever de rideau :

Charge d'un canon au ralenti par Satie et Picabia, le coup devra faire le plus de bruit possible. Durée totale : *1 minute.*

Pendant l'entre acte :

1 ° Assaut de boxe par des gants blancs, sur écran noir : durée 15 secondes. Projection écrite pour explication : *10 secondes.*

2 ° Partie d'échecs entre Duchamp et Man Ray. Jet d'eau manœuvré par Picabia balayant le jeu : durée *30 secondes.*

3 ° Jongleur et père Lacolique : durée 30 secondes.

4 ° Chasseur tirant sur un œuf d'autruche sur jet d'eau manœuvré par Picabia balayant l'œuf qui se pose sur la tête du chasseur ; un second chasseur tirant sur elle, tue le premier chasseur ; il tombe, l'oiseau s'envole : durée 1 minute. Projection écrite : *20 secondes.*

5 ° 21 personnes couchées sur le dos présentent le dessous de leurs pieds : *10 secondes.* Projection manuscrite : *15 secondes.*

6 ° Danseuse sur une glace transparente, cinématographiée par en dessous : durée une minute. Projection écrite : *5 secondes.*

7 ° Gonflage de ballons et paravents de caoutchouc, sur lesquels seront dessinées des figures accompagnées d'inscriptions : durée *35 secondes.*

8 ° Un enterrement : corbillard traîné par un chameau, etc. : durée : 6 minutes. Projection écrite : *1 minute.*

ANNEXE 4

ENTR'ACTE CINÉMATOGRAPHIQUE, SCÉNARIO DE RENÉ CLAIR

Un rêve d'enfant. Des cheminées penchées en tous sens. Le ciel à la place de la terre. Des poupées dont la tête se gonfle et explose. Une danseuse si légère qu'elle ne touche pas terre. Un bateau de papier qui flotte sur les toits et fait naufrage. Un chasseur comique qui ne peut arriver à casser un œuf en dansant sur un jet d'eau. L'œuf se dérobe, se divise, enfin reste à peu près en place. Le chasseur le brise. Une colombe sort de l'œuf et se pose sur la tête du chasseur, enchanté. Un autre chasseur survient, veut tuer la colombe, mais tue le chasseur. ~~qui est~~ L'enterrement du chasseur a lieu aussitôt. Une foule de grotesques dansants ~~accompagne le~~ suit le cortège qui prend de la vitesse et s'emballe. Le cortège se disperse dans la campagne. Une poursuite insensée à laquelle se mêlent des cyclistes, des avions, des bateaux. Enfin, le cercueil tombe. Le chasseur en sort, transformé en magicien. À l'aide de sa baguette il fait disparaître les poursuivants, un garçon de banque, une vieille dame, un coureur à pied. Puis il se fait disparaître lui-même. Il ne reste plus qu'un paysage. Le rêve s'est effacé.

ANNEXE 5

SYNOPSIS DE *RELÂCHE* [187]

Ouverture.

PREMIER ACTE. — Projection. Rideau. Entrée de la Femme.
La femme s'arrête au milieu de la scène et examine le décor.
Musique entre l'entrée de la Femme et sa « Danse sans musique » ;
Elle est assise, fume une cigarette et écoute le morceau.
Danse sans musique de la Femme.
Entrée de l'Homme.
Danse de la Porte tournante (l'Homme et la Femme).
Valse. Arrêt.
Entrée des Hommes. Danse des Hommes.
Danse de la Femme. Final.

DEUXIÈME ACTE. — Musique de rentrée.
Rentrée des Hommes.
Rentrée de la Femme.
Les Hommes se dévêtissent (La Femme se rhabille).

Danse de l'Homme et de la Femme.
Les Hommes regagnent leur place et retrouvent leur pardessus.

Danse de la brouette (la Femme et le danseur).

Danse de la Couronne (la Femme seule). Le Danseur dépose la couronne sur la tête d'une spectatrice. La Femme rejoint son fauteuil.

Petite danse finale (chanson mimée).

187. Reproduit dans Erik Satie, *Relâche, Ballet instantaéniste en deux actes, un Entr'acte cinématographique, et « La queue du chien »*, partition de piano pour le ballet seul, Paris, Salabert, ©1926.

ANNEXE 6

ESQUISSES DU PLAN TONAL DE *RELÂCHE*[188]

[Première partie]

Ton principal : *sol* maj. [mes.]

[5]	Ritournelle	*ré* maj.	24
[6]	Entrée de Borlin	*sib* maj.	32
[7]	Danse de la Porte Tournante		
	Valse	*sol* majeur	64
[8]	Entrée des hommes	*mi* maj.	32
[9]	Danse des hommes	*ut* maj.	32
[10]	Danse de la femme	*mib* maj.	32
[11]	Final	*sol* maj.	32

(Les numéros inscrits entre crochets correspondent à ceux qui ont été attribués dans le tableau 24.)

[Seconde partie]

Ton principal : *ré* maj.

1-[12]	Musique (64 mesures – *ré* maj.)
2-[13]	Entrée des Hommes – un par un (32 mesures – *la* maj.)
3-[14]	Entrée de la Femme (32 mesures – *fa* maj.)
4-[15]	Börlin le déshabille (32 mesures – *ré* maj.)
5-[16]	Danse de Börlin et de la Femme (64 mesures – *ré* maj. [*sol* maj.])
6-[17]	Les Hommes regagnent leur place (24 mesures – *si* ♭ maj.)
7-[18]	Danse de la Brouette de la Femme et du Danseur (64 mesures – *ré* maj.)
8-[19]	Danse de la Couronne – La Femme seule (32 mesures – *la* maj.)
9-[20]	Le Danseur dépose la couronne sur la tête d'une spectatrice (32 mesures – *fa* maj.)
10-[21]	La Femme rejoint son fauteuil (32 mesures – *si* ♭ maj.)
11-[22]	Petite danse finale (20 mesures – *ré* maj.) - chanson mimée
12-	Rideau (musique) *la* – *ré* [Ce mouvement a été intégré au n° 11]

188. Erik Satie, *Relâche*, esquisse de l'acte I de *Relâche*, manuscrit autographe, BnF, Département de la musique, Fonds Montpensier, Ms. 9622 (1), p. 12 et *Relâche*, esquisse de l'acte II de *Relâche*, manuscrit autographe, *ibid.*, Ms. 9622 (4), p. 1.

CONCLUSION

La scène parisienne a vu défiler toute une gamme de spectacles des plus singuliers et avant-gardistes, au cours des sept années qui séparent *Parade* de *Relâche*, premier et dernier ballets d'Erik Satie. Cette période spécifique située entre 1917 et 1924 correspond à l'arrivée des Années folles, durant lesquelles on assiste à l'émergence d'un nouveau mode de vie axé sur la soif de vivre et l'hédonisme, après les années sombres de la Grande Guerre. Le développement urbain et industriel participe également à cette transformation sociale qui laisse sa marque dans le milieu des arts.

En peinture, le cubisme de Pablo Picasso refait surface, jetant de nouvelles bases créatrices. Empruntés au monde du divertissement, les thèmes du cirque, du music-hall, voire du cinéma muet (surtout chez Fernand Léger), figurent dans les toiles de plusieurs artistes qui expriment ainsi la dimension mécanique de cette nouvelle société moderne en plein développement industriel. Le monde réel est alors représenté par un spectacle donné par des acrobates et des fantoches désarticulés composant un assemblage dynamique de formes géométriques. Les personnages forains illustrés dans les toiles sont ni plus ni moins des hommes-machines dont les gestes routiniers de pendule et de métronome évoquent le milieu urbain industrialisé.

La représentation géométrisée du monde, les couleurs franches, le collage d'objets hétéroclites, la juxtaposition d'éléments de styles contrastés (naturalistes et cubistes) et la structure symétrique sont les principales caractéristiques du cubisme d'après-guerre et des courants artistiques qui en découleront. Synonyme de modernité, cette nouvelle façon d'exprimer la réalité du monde intègre les arts de la scène parisienne, notamment les spectacles des Ballets russes et des Ballets suédois, qui deviennent ni plus ni moins des lieux d'expérimentation esthétique pour le cubisme, le futurisme, le surréalisme et le dadaïsme. Ces productions scéniques visent l'œuvre d'art totale, où se conjuguent littérature, peinture, danse et musique.

Tout au long de cet ouvrage, nous avons démontré comment l'alliance des arts se manifeste au sein des sept ballets créés durant cette période marquante allant de *Parade* à *Relâche*. Pour chacune des œuvres, nous avons relevé les caractéristiques sémantiques, esthétiques et formelles des composantes littéraire, visuelle, chorégraphique et musicale. Cette démarche a permis de faire ressortir la cohésion interartisque de ces œuvres scéniques porteuses d'un esthétisme moderniste bien défini. Une fois l'étude interartistique réalisée, nous sommes donc en mesure de dégager les traits spécifiques que se partagent ces ballets.

Sur le plan visuel, la caractéristique dominante du corpus, présente dans toutes les œuvres, est sans contredit la géométrisation des éléments scénographiques à travers laquelle le cubisme s'exprime explicitement. Ainsi, dans le décor picassien de *Parade* (1917) la représentation du boulevard parisien s'appuie sur un assemblage de formes géométriques. En prolongement du décor, Picasso conçoit, pour les personnages des Managers, d'immenses constructions sculpturales devenues en quelque sorte des objets du décor, des hommes-décors. Inspirée par cette scénographie, la chorégraphie de Léonide Massine adopte des gestes angulaires eux-mêmes rythmés par la musique fragmentaire de Satie, car la composition musicale est construite par blocs sonores clairement délimités donnant l'effet d'une géométrisation du tissu musical.

L'auteur de *Parade*, Jean Cocteau, reprend à sa manière le concept d'hommes-décors dans l'élaboration du ballet *Les Mariés de la tour Eiffel* (1921). Les « lieux communs », comme la tour Eiffel, forment la trame de fond de ce portrait surréaliste d'une noce « petite-bourgeoise » qui se déroule sur une musique populaire de fêtes de quartier. Pour rendre cette noce encore plus anonyme et absurde, les personnages portent un masque et un costume rembourré. Convertis en pantins de taille surhumaine, ils peinent à se mouvoir aisément sur scène. On n'assiste plus à un spectacle de ballet dans sa forme traditionnelle, mais plutôt à un genre de spectacle théâtral où la danse et la musique sont continuellement interrompues par un dialogue échangé par deux gigantesques mégaphones. Semblables aux Managers de *Parade*, ces personnages jouent ainsi le rôle d'objets-décors vivants.

Le cubisme se traduit d'une autre façon dans *L'Homme et son désir* (1921) de Paul Claudel. Influencée à la fois par les arts fauviste et cubiste, la peintre Audrey Parr recourt à une palette de couleurs vives pour illustrer le décor représentant l'univers sauvage de la forêt amazonienne. Formé de quatre étages, ce décor, qui emprunte le processus de schématisation cubiste, rassemble des formes géométriques pour représenter les éléments de la nature. Au milieu de cette forêt géométrisée se tient debout L'Homme endormi, transi par ses pulsions passionnelles. Son mouvement oscillatoire de va-et-vient redéfinit les gestes chorégraphiques en poses sculpturales. Cette influence picturale est également visible chez les autres personnages incarnant les êtres étranges de la forêt, qui utilisent masque et costume pour dissimuler leur identité humaine. Plusieurs éléments de ces costumes reprennent les formes géométriques posées sur le tapis du décor : les masques circulaires et figures triangulaires ou rectangulaires figurant sur quelques-uns établissent ce rapprochement avec la composition cubiste du dispositif scénique. En lien avec ce décor étagé où se déroulent plusieurs actions simultanées, Darius Milhaud conçoit une musique caractérisée par une écriture fortement polytonale (ou polymodale) et polymétrique. Ainsi, la partition, tel un système à paliers multiples, se compose d'une superposition de lignes mélodiques indépendantes présentant chacune une sonorité modale et une métrique distincte.

Dans *Skating Rink* (1922), « ballet-aux-patins » de Ricciotto Canudo, Léger déploie un concept scénographique comparable à celui des *Mariés de la tour Eiffel*, notamment dans l'élaboration des costumes. Transformée en patinoire, la scène expose le drame de trois individus cherchant à vivre leurs émotions, perdus au milieu d'une masse humaine conditionnée à faire des tours de piste, métaphore de l'urbanité et de la société moderne. Pour camoufler « le sens éperdu » [1] de leur état d'âme, le peintre habille les personnages de costumes rembourrés confectionnés par l'assemblage asymétrique de motifs géométriques. Ces personnages se déplacent sur scène comme des « objets mobiles » à l'intérieur d'un immense tableau cubo-futuriste composé de formes circulaires faisant écho aux multiples projecteurs entourant la patinoire. Dans sa composition musicale, Arthur Honegger accentue le crissement des coups de patins et la vivacité des interminables tours de piste effectués par les patineurs-danseurs par l'emploi d'ostinatos formés de courts motifs ascendants et descendants qui tournent continuellement autour des mêmes notes.

La réflexion de Léger sur l'« objet-spectacle » atteint une forme plus aboutie dans *La Création du monde* (1923). Dans ce « ballet-nègre » de Blaise Cendrars, Léger géométrise encore davantage les éléments du paysage montagneux de la toile de fond et pousse à son paroxysme la notion d'homme-décor. Tous les personnages figurant dans cette genèse du monde sont recouverts de superstructures et de masques d'influence africaine, aux formes angulaires et géométriques. La scène se transforme en un immense décor mobile cubiste se mouvant au son d'une musique fragmentaire d'inspiration afro-américaine, composée par Milhaud. Dans cette production cubo-primitiviste, les danseurs sont confinés au rôle d'objets dont les gestes et mouvements sont très limités. Les prouesses virtuoses du ballet traditionnel s'estompent pour céder la place aux aspirations esthétiques de l'artiste peintre.

Souvent statique et posturale, la chorégraphie se déploie en un assemblage de poses plastiques aux allures cubistes. En fait, le spectacle de ballet devient un immense *collage cubiste* en mouvement. Il est vrai que l'avènement du collage en peinture a marqué un tournant dans l'évolution du cubisme et entraîné des répercussions notables sur tous les arts, y compris la danse moderne.

Dans *Parade*, par exemple, le décor juxtapose divers éléments contrastants à la manière d'un collage, que ce soit lors du passage du *Rideau rouge* onirique au décor réaliste, par l'amalgame de thèmes urbains et forains ou par le mélange d'automates et de personnages réels. Ce collage d'éléments hétéroclites propre au cubisme se perçoit aussi, et tout particulièrement, dans les compositions musicales. Le premier exemple figure dans la partition de *Parade*, à laquelle Satie insère des bruits concrets (machine à écrire, coups de pistolet, etc.) et des bribes de mélodies connues issues de la musique populaire. Ces passages spécifiques *contrastent* avec ceux dont l'écriture est plus traditionnelle, comme le choral et la fugue.

1. Ricciotto Canudo, *Skating-Ring à Tabarin, Ballet-aux-patins pour la musique...*, dans le *Mercure de France*, n° 140, 15 mai 1920, p. 74-81 ; repris à la fin du chapitre V.

L'insertion de « bruits » au sein même de la composition musicale se révèle également dans la partition de *L'Homme et son désir*, de Milhaud. Pour traduire les bruits étranges de la forêt amazonienne, le compositeur recourt à une imposante section de percussion dont certains instruments sont étrangers à la nomenclature orchestrale, comme la machine à vent et le marteau sur planche. Les bruits produits par ces objets se mêlent aux lignes mélodiques très modernistes, soumises aux règles traditionnelles de l'écriture contrapuntique. Car, le canon et le contrepoint renversable sont les procédés privilégiés par Milhaud dans cette œuvre. Au sein des pages de lignes polytonales superposées, il intègre une ronde enfantine empruntée au folklore brésilien. Tout comme Satie dans *Parade*, le jeune compositeur applique ici le procédé du collage en y apposant des bribes de musique connue.

À l'instar du peintre cubiste, qui incorpore à ses tableaux des objets issus du quotidien, les compositeurs prennent alors l'habitude d'inclure des airs de musique populaire dans leurs compositions. Ainsi, encore plus que dans *Parade*, la référence aux « lieux communs » occupe une place prépondérante dans la musique des *Mariés de la tour Eiffel*, dont les pages musicales sont truffées de morceaux provenant des fanfares de quartier ou du music-hall. Même des extraits puisés du répertoire populaire de Charles Gounod et de Giuseppe Verdi font partie du collage musical des *Mariés*. La partition fournie par cinq compositeurs du Groupe des Six pour ce ballet témoigne aussi de cette notion de juxtaposition cubiste d'éléments contrastants, par sa combinaison de musique légère et de musique sérieuse, passant de la parodie à la tragédie dans une même œuvre.

Pour sa part, Milhaud applique ce concept de juxtaposition cubiste dans *La Création du monde* en faisant se côtoyer les langages du *blues* et du classique. Une application simultanée du passé et du présent se réalise également du fait que le compositeur soumet l'écriture *blues* au procédé baroque de la fugue. Or, la mixité jazz-classique n'est pas une nouveauté à l'époque de *La Création du monde*, en 1923. Satie est, de fait, le pionnier de cette pratique avec son « Rag-time du paquebot », composé en 1917 pour le « ballet réaliste » *Parade*.

Within the Quota (1923), de Gerald Murphy et Cole Porter, met le jazz à l'honneur plus que toute autre production. Dans ce « ballet américain » créé en même temps que *La Création du monde*, le jazz est choisi pour accompagner les péripéties d'un immigrant suédois tout juste débarqué à New York. À la manière d'un collage, le jazzman Porter y revisite les styles de musique populaire entendus sur Broadway. Ragtime, blues et fox-trot, entre autres, se juxtaposent tout en s'imprégnant d'éléments étrangers à la musique américaine, soit des procédés d'écriture empruntés à la musique française. De plus, la composition se construit à travers un collage de motifs présentés au début de l'œuvre. Ce procédé s'agence au décor de Murphy, lui-même un immense collage de coupures de journaux affichant les titres les plus sensationnels. Sur la scène défilent des personnages incarnant les icônes du cinéma américain, dont Mary Pickford avec ses boucles d'or, et ce, de façon plus convaincante que le personnage de la Petite fille américaine dans *Parade*, avec sa gestuelle imitant Charlot, ou encore que le Poète fou dans *Skating Rink*, vêtu d'habits rappelant ceux du célèbre personnage.

Outre la référence aux stéréotypes américains, les auteurs des ballets s'inspirent des procédés cinématographiques pour reproduire l'effet de collage d'images hétéroclites. Déjà, les spectacles *Les Mariés de la tour Eiffel* et *Within the Quota* se livrent à un collage d'événements inattendus, à la manière d'un montage filmique dans lequel différentes scènes absurdes se juxtaposent sans qu'il y ait nécessairement de lien entre elles. Mais *Relâche* (1924) pousse encore plus loin cette idée de juxtaposition d'images disparates. En effet, cette œuvre de Francis Picabia et de Satie s'affiche comme un « ballet instantanéiste » honorant la dérision sous toutes ses formes. À un collage de danses multiples, incluant un *strip-tease* de la Femme et un autre des Hommes, se joint un *Entr'acte cinématographique*, durant lequel défile sur l'écran, à un rythme délirant, une succession rapide d'images des plus insolites tournées dans Paris et remettant constamment en scène l'opposition dualiste entre la vie et la mort. Ainsi, dans ce spectacle qui juxtapose ballet et cinéma, tout concourt à évoquer l'effet de contraste.

De façon analogue à *Parade*, on assiste dans *Relâche* à une juxtaposition cubiste opposant le réel et l'irréel, à laquelle s'ajoutent les jeux théâtral et filmique. Alors que *Parade* et plusieurs autres ballets qui suivront unissent tradition et modernité, ancien et nouveau, *Relâche* se consacre exclusivement à l'instant présent, de façon à rompre avec les codes traditionnels. Dans ce spectacle multidisciplinaire, Satie adhère entièrement à l'esprit dadaïste de l'instantanéisme en composant des miniatures, véritables flashes cinématographiques qui ne durent qu'un instant. Cherchant à rendre la composition de *Relâche* des plus provocatrices, question de faire réagir les habitués des « chics » théâtres parisiens, Satie récupère des airs de chansons grivoises qu'il insère, à la manière d'« objets collés », aux morceaux de valse, de ballade et de marche militaire qui accompagnent la danseuse étoile brillamment vêtue, entourée de jeunes danseurs en tenue de soirée.

Quant à la composition *Cinéma* de Satie, entendue pendant la projection d'*Entr'acte cinématographique*, elle s'appuie principalement sur la répétition de courts segments énoncés au début de la pièce. En fait, son tissu musical se fragmente en blocs sonores clairement délimités, composés de quelques motifs qui se répètent incessamment. Ainsi conçue, la partition s'harmonise aux images brèves du film de René Clair, qui disparaissent et réapparaissent pendant une bonne partie du court métrage. La musique répétitive dans la composition de Satie [2] engendre le mouvement du perpétuel recommencement, de la même manière que la thématique de la vie et de la mort, omniprésente dans le film de Clair, porte en soi la même notion cyclique.

Or, cette notion de l'éternel recommencement est un élément commun à la plupart des ballets étudiés dans cet ouvrage. En effet, parmi les thèmes développés – la parade, la noce, la passion, le désir charnel, la création, l'universalité, l'unanimisme, la quête identitaire – toutes les œuvres ici analysées effectuent à leur façon un retour vers un point de départ. Cet aspect, clairement véhiculé aussi bien dans les livrets que dans les compositions, est très déterminant au sein de la construction formelle, qui reproduit constamment une seule et même structure : le palindrome. En fait, le dénominateur commun de ces ballets réside dans leur forme cyclique, ou *forme en arche*, comme le

2. Ce style de musique développé par Satie préfigure la musique minimaliste des années 1960 et la musique en boucle des jeux vidéo d'aujourd'hui.

démontrent tous les schémas formels présentés dans l'ouvrage. En plus, la caractéristique cyclique utilisée à plusieurs paliers de la structure compositionnelle mène, dans nombreux cas, vers la symétrie. Cette structure symétrique, si présente chez les cubistes, se reconnaît dans plusieurs constituants du ballet, que ce soit le livret, le décor, la scénographie et la musique. Aussi retrouvons-nous une adéquation exacte de la structure entre la musique et les arts.

C'est dans une perspective sémantique, esthétique et formelle que se réalise la rencontre de la musique avec les arts. Depuis que l'artiste peintre a pris la place du décorateur au début du XXe siècle, un changement important s'opère dans le domaine du ballet de sorte que le spectacle ne repose plus essentiellement sur la danse, alors gouvernée par le chorégraphe, mais bien sur l'ensemble des éléments artistiques qui le composent. Ainsi, le plasticien joue un rôle déterminant quant à l'orientation esthétique donnée aux productions, et ce, à partir d'une thématique originale conçue par l'écrivain. Le compositeur et le chorégraphe se joignent à eux dans un esprit collaboratif et de cohésion esthétique. Notons toutefois que dans les ballets inscrits dans cet ouvrage, le compositeur participe dès le départ au processus de création[3]. De ce fait, la musique ne remplit plus un simple rôle d'accompagnement des figures chorégraphiques, mais occupe désormais sa place entière dans la démarche artistique. Elle se définit comme le moteur créatif de la chorégraphie. En plus de son rôle face à la danse, la musique de ces ballets affiche une grande cohésion aussi bien dans son esthétisme, arrimé à celui des productions, que dans son propre discours motivico-thématique. Les analyses musicales exposées dans ce volume démontrent sans contredit le savoir-faire de ces compositeurs, la modernité de leur écriture ainsi que leur capacité de cohérence motivique et de personnification thématique. En fait, nous voyons avec quel aplomb ils ont su actualiser leur langage musical pour l'harmoniser au caractère avant-gardiste de ces spectacles.

Tout au long de cet ouvrage, nous avons systématiquement abordé la musique en tenant compte de la teneur sémantique et de la structure formelle du livret, en lien avec les caractéristiques esthétiques et formelles de l'ensemble de la scénographie. Tout comme le cubisme est un art de forme, c'est, entre autres, par cette voie formelle que la musique concrétise la rencontre entre les arts dans les ballets au tournant du XXe siècle. En ce sens, les Ballets russes et les Ballets suédois ont su insuffler à leurs spectacles cette fusion entre les divers modes d'expression artistiques afin d'exprimer une facette de la société moderne.

Les sept ballets examinés dans cet ouvrage témoignent ainsi d'une forte interaction entre les différents artistes, transformant le ballet en un art de synthèse artistique unissant la musique à la prose, à la peinture et à la danse. Le contexte socioculturel des Années folles a favorisé cet échange entre les artistes pour faire du ballet un spectacle où interagissent les arts dans un esprit de cohésion esthétique. Cette alliance interartistique a mené, après la Seconde Guerre mondiale, à des performances multidisciplinaires de tous genres. L'essor des médias constamment en émergence facilite les rencontres entre artistes, qui deviennent de plus en plus faciles et naturelles avec le développement de la technologie et des réseaux.

---

3. Seul le ballet *Skating Rink* fait exception à cette pratique.

Aussi Guillaume Apollinaire a-t-il vu juste lorsqu'en 1917, il décrit *Parade* comme « le point de départ d'une série de manifestations » de « cette alliance nouvelle » qui seront « à la hauteur des progrès scientifiques et industriels »[4] !

4. Guillaume Apollinaire, « *Parade* et l'esprit nouveau », *Programme des Ballets russes*, 18 mai 1917.

BIBLIOGRAPHIE

Sources d'archives et documents inédits

Bibliothèque historique de la Ville de Paris, Paris

Fonds Jean Cocteau, dossier « Les Mariés de la tour Eiffel »

Cocteau, Jean, *Les Mariés de la tour Eiffel. Préface*, texte autographe, 14 feuillets, MS-FS-05-0362.

—, *Les Mariés de la tour Eiffel*, Texte de la pièce 1, texte dactylographié avec corrections autographes, 33 feuillets, MS-FS-05-0360.

—, *Les Mariés de la tour Eiffel*, Texte de la pièce 2, texte dactylographié avec corrections autographes, 37 feuillets, MS-FS-05-0361.

Bibliothèque nationale de France, Paris

Bibliothèque-musée de l'Opéra

Fonds Dossier d'œuvre

Les Ballets suédois 1920-1924, programme général.

Claudel, Paul, *L'Homme et son désir, poème plastique*, Petrópolis, Brésil, 1918, Exemplaire n° 3, 14 pages recto-verso en accordéon, dédicace sur l'enveloppe à « Rolf de Maré le 8 juin 1921 », microfilm RES 2215.

La Danse, numéro spécial *Relâche*, nos 50-51, novembre-décembre 1924.

Département de l'Audiovisuel

Milhaud, Madeleine et Guerra, Oswaldo, entretien radiophonique réalisé par Francine Bloch, 21 juin 1978, enregistrement sonore, SDCR001303.

Département de la Musique

Fonds Montpensier

Clair, René, *Entr'acte cinématographique*, tableau synoptique, manuscrit autographe, 1 page papier à en-tête « Les Ballets Suédois », [s.d.], Ms. 9677 (9).

Porter, Cole, *Within the Quota*, partition pour trois pianos, manuscrit autographe, annotation de Charles Koechlin, 1923, Cons. Ms. 15472.

—, *Within the Quota*, partition pour trois pianos, manuscrit autographe, annotation de Charles Koechlin, 1923, Cons. Ms. 15472.

Satie, Erik, *Cinéma « Relâche »*, croquis de composition, manuscrit autographe, 5 feuillets (manque le feuillet « B »), [s.d.], Ms. 9678.

—, *Parade*, liste des instruments et d'objets à effets sonores, accompagnée des registres du xylophone et du bouteillophone, deux feuilles manuscrites, [1916], Ms. 9677 (5).

—, *Relâche*, esquisse de l'acte I, manuscrit autographe, 12 pages, [1924], Ms. 9622 (1), p. 12.

—, *Relâche*, esquisse de l'acte II de *Relâche*, manuscrit autographe, 6 pages, [1924], Ms. 9622 (4).

Département des Arts du spectacle, Fonds Rondel

Dossier « Les Mariés de la Tour Eiffel, *recueil factice d'articles de presse* »

Boissy, Gabriel, « *Les Mariés de la tour Eiffel* au Théâtre des Champs-Élysées », [extrait de journal non identifié], 20 juin 1921, [n.p.], MICR. R102195.

Collet, Henri, [extrait de journal non identifié], [juin 1921], [n.p.], MICR. R102195.

Francis, Ève, « Les Mariés de la tour Eiffel », [extrait de journal non identifié], [juin 1921], [n.p.], R81332.

Montboron, « *Les Mariés de la tour Eiffel* : soirée », *Comœdia*, 20 juin 1921, [n.p.], p. 1-2, R81332.

Laloy, Louis, « *Les Mariés de la tour Eiffel* », *Comœdia*, 20 juin 1921, p. 1, R81332.

Nozière, Fernand, « Au Théâtre des Champs-Élysées : *Les Mariés de la tour Eiffel* », [extrait de journal non identifié], 20 juin 1921, [n.p.], R102195.

Scize, Pierre, « *Les Mariés de la tour Eiffel* : Sottie ou Sottise ? », *Bonsoir*, 21 juin 1921, [n.p.], R102195.

Dossier « Parade, *recueil factice d'articles de presse* »

[Anonyme], « Picassottises », [extrait de journal non identifié], [n.p.], 4-RO-12535.

Caillavet, Simone de, « Ballets russes », 25 mai 1917, [n.p.], 4-RO-12535.

Guillot de Saix, Léon, « Les Ballets russes au Châtelet », 24 mai 1917, [n.p.], 4-RO-12535.

Noel, Guy, « Les Ballets russes », 27 mai 1917, [n.p.], 4-RO-12535.

Quittard, Henri, [extrait de journal non identifié], 18 mai 1917, [n.p.], 4-RO-12535.

Souday, Paul, « Un ballet cubiste », *Le Siècle*, 25 mai 1917 [n.p.], 4-RO-12535.

Département des Manuscrits

Fonds Paul Claudel, NAF 28255

Claudel, Paul, Parr, Audrey et Milhaud, Darius, *L'Homme et son désir, poème plastique*, Petrópolis, 1917, Rio, 1918, Exemplaire n° 1, 7 feuillets recto-verso en accordéon enluminées.

—, *L'Homme et son désir, poème plastique*, manuscrit autographe, Petrópolis, 1917, Rio, 1918, Exemplaire n° 52, 8 feuillets recto-verso en accordéon enluminées.

—, *L'Homme et son désir, poème plastique*, manuscrit autographe, 5 feuillets numérotés, annotation « version publiée 1935 » ajoutée à la mine au coin gauche du feuillet 1, au verso du feuillet 3 se trouve une autre version du texte sous-titrée « ballet ».

Réserve des livres rares

Claudel, Paul, Parr, Audrey et Milhaud, Darius, *L'Homme et son désir, poème plastique*, Petrópolis, 1917, Rio, 1918, Exemplaire n° 38, 8 feuillets recto-verso en accordéon enluminées.

Rolf de Maré Study Center - Dansmuseet, Stockholm

Fonds Ballets suédois

Coupures de presse

[Anonyme], « "Les Ballets Suédois" at Garrick », *Star*, 11 décembre 1923, [n.p.], classeur 11, CD II, p. 60.

[Anonyme], « The Capitol : Swedish Ballet », *Albany Journal*, 31 janvier 1924, [n.p.], classeur 11, CD II, p. 69.

[Anonyme], « Schubert : le Ballets suédois », *Inquirer*, 2 décembre 1923, [n.p.], coupure de presse, classeur 11, CD II, p. 53.

[Anonyme], « The Swedish Ballets », *The News* (New York), 11 décembre 1923. [n.p.], coupure de presse, classeur 11, CD II, p. 59.

Nozière, Fernand, [« *Within the Quota* »], *L'Avenir*, 27 octobre 1923, [n.p.], classeur 6, CD III, p. 108.

Dossier « La Création du monde »

Boîte des correspondances

LÉGER, Fernand, Lettre de Fernand Léger à Rolf de Maré, 12 septembre 1922, lettre manuscrite.

—, Lettre de Fernand Léger à Rolf de Maré, 1er octobre 1922, lettre manuscrite.

Dossier « L'Homme et son désir »

Boîte des correspondances

MARÉ, Rolf de, Lettre de Rolf de Maré à Darius Milhaud, 4 décembre 1920, lettre manuscrite.

MILHAUD, Darius, Lettre de Darius Milhaud à Rolf de Maré, [s.d.], lettre manuscrite.

Boîte des livrets

CLAUDEL, Paul, *L'Homme et son désir*, indications scéniques et description narrative, tapuscrit, 3 feuillets tapuscrits de papier pelure, [s.d.].

—, *L'Homme et la Forêt*, observations générales, tapuscrit autographe, 6 feuillets dactylographiés de papier pelure, [s.d.].

—, *L'Homme et la Forêt*, observations générales, 14 pages manuscrites dans un carnet de notes (pages 3 et 14 sont manquantes), au verso du carnet de notes se trouve l'inscription « Commission internationale du Slesvig - Le commissaire français », [1921].

— et MILHAUD, Darius, *L'Homme et son désir*, indications scéniques et description narrative, 1 page recto-verso de notes manuscrites pour la partition, suivie de 5 pages manuscrites du « scénario-livret » (manque la page 1), [s.d.].

Boîte des notes chorégraphiques

BÖRLIN, Jean, *L'Homme et son désir*, 2 pages manuscrites, description chorégraphique en texte narratif écrit en suédois et divisé en huit numéros conformément au scénario de Claudel, [s.d.].

Boîte des partitions manuscrites

MILHAUD, Darius, *L'Homme et son désir*, partition piano pour la répétition chorégraphique, manuscrit autographe, 25 pages numérotées recto-verso sur papier musique de 14 portées, à l'encre noire, avec annotations au crayon de papier. Ces annotations renvoient à des indications de tempo et de nuances et reproduisent certaines parties de batterie. Des lettres de répétitions sont indiquées au crayon vert, 1918.

—, *L'Homme et son désir*, partition d'orchestre, manuscrit autographe, 94 pages numérotées recto-verso sur papier musique de 24 portées, à l'encre noire, avec annotations au crayon vert pour les rideaux, les numéros de mouvements encadrés au crayon à l'encre rouge, les lettres de répétition encerclées au crayon bleu, [s.d.].

Dossier « Lettres de Fernand Léger »

LÉGER, Fernand, Lettre de Fernand Léger à Rolf de Maré, 21 novembre 1921.

Dossier « Les Mariés de la tour Eiffel »

Boîte des correspondances

COCTEAU, Jean, Lettre de Jean Cocteau à Irène Lagut, [s.d.], lettre manuscrite.

—, Lettre de Jean Cocteau à Rolf de Maré, 9 septembre 1921, lettre manuscrite.

Boîte des partitions d'orchestre manuscrites, « Les Mariés de la tour Eiffel »

AURIC, Georges, *Ritournelle (1)*, partition d'orchestre, manuscrit, copié en trois copies identiques par R. et J. Jakob (Paris), 9 pages recto-verso, encre noire, [s.d.].

—, *Trois ritournelles*, partition d'orchestre, manuscrit, 15 pages numérotées recto-verso, encre noire, annotations au crayon de papier ainsi qu'aux crayons vert et rouge (chemise du premier violon solo, la première chaise « Violin I, I. pult »), [s.d.].

MILHAUD, Darius, *Marche nuptiale*, partition d'orchestre, manuscrit, copiée par M. Roy, 21 pages numérotées recto-verso, encre noire, indications de nuances au crayon de papier et aux crayons rouge et vert aux pages 18-19, [s.d.].

—, *Le massacre de la noce (fugue)*, réduction de piano, manuscrit autographe, 1 copie double de papier musique 16 portées, recto-verso, encre noire, annotations de l'instrumentation au crayon de papier (ces annotations n'apparaissent que seulement pour les trois entrées de l'exposition), Aix, avril [s.d.].

—, *Sortie de la Noce*, partition d'orchestre, manuscrit, copié par R. et J. Jakob (Paris), 2 pages recto-verso, encre noire, [s.d.].

POULENC, Francis, *La Baigneuse de Trouville*, partition d'orchestre, manuscrit, page-titre et 22 pages numérotées recto-verso, encre noire, [le nom du copiste n'est pas mentionné], avec des indications au crayon de papier et aux crayons rouge, bleu et vert, [s.d.].

—, *Discours du Général*, partition d'orchestre, manuscrit autographe, encre bleue claire, page titre et 3 pages de feuilles de papier musique recto-verso, (manque 8 dernières mesures) et réduction de piano, manuscrit autographe, encre bleue, 1 page, 39 mesures, [s.d.].

TAILLEFERRE, Germaine, *Quadrille*, partition d'orchestre, manuscrit autographe, à l'encre bleue, page-titre et 33 pages numérotées, [il n'a pas de pages 5 et 6; la dernière mesure apparaît sur une nouvelle page qui est aussi numérotée 33 suivie d'une indication à la mine » ritournelles, presque tout de suite phonos très courts »], recto-verso, St-Jean-de Luz, février 1921.

—, *Valse des dépêches*, partition d'orchestre, manuscrit autographe, encre bleue avec des annotations aux crayons vert et rouge, page-titre et 25 pages, de feuilles de papier musique recto, Paris, [juin] 1921.

Boîte des tapuscrits (SvB3) (parmi les 11 documents)

COCTEAU, Jean, *La Noce massacrée ou Les Mariés de la Tour Eiffel, musique du Groupe des Six, Décor d'Irène Lagut, Costumes de Jean Hugo*, [« texte définitif » en rouge], tapuscrit, 25 pages numérotées, recto-verso, annotations manuscrites aux crayons rouge et bleu, didascalies et musique entre parenthèses et soulignées, [s.d.], document 6, cote SvBRK 3.

—, *The Newlyweds on the Eiffel Tower*, traduction de Lewis Galantiere, tapuscrit, 24 pages, annotations au crayon pour les emplacements de la musique, [s.d.], Dansmuseet, boîte des tapuscrits, document 10, [sans cote].

Dossier « Relâche »

Boîte des librettos et des descriptions

PICABIA, Francis, *Relâche*, « Explications », programme de salle du Théâtre des Champs-Élysées, 11 décembre 1924.

—, *Relâche*, tapuscrit, 3 feuillets numérotés, biffures au crayon bleu, [s.d.].

Dossier « Skating-Ring / Skating-Rink »

Boîte des correspondances et du livret

CANUDO, Ricciotto, *Skating-Ring à Tabarin, Ballet-aux-Patins pour la musique de Davico*, annotations de Jean Börlin sur la copie du *Mercure de France*, *Mercure de France*, n° 140, 15 mai 1920, p. 74-81.

HONEGGER, Arthur, Lettre de Arthur Honegger à Rolf de Maré, 1er décembre [1921], lettre manuscrite.

—, Lettre de Arthur Honegger à Rolf de Maré, 28 décembre [1921], lettre manuscrite.

MARÉ, Rolf de, Lettre de Rolf de Maré à Ricciotto Canudo, 4 septembre 1921.

Boîte des notes chorégraphiques

BÖRLIN, Jean, croquis chorégraphiques, crayon de graphite, [s.d.].

Boîte des partitions manuscrites

HONEGGER, Arthur, *Skating Rink*, « partition pour piano 2 mains schématique », manuscrit autographe, encre noire avec indication de nuances au crayon bleu et annotation des numéros de répétition au crayon rouge, 15 pages numérotées recto-verso sur papier musique de 24 portées, Zurich, décembre 1921.

—, *Skating Rink*, « réduction schématique pour piano », copie manuscrite, encre noire avec des annotations aux crayons bleu et rouge et au stylo rouge, 37 pages numérotées sur papier musique de 10 portées, [s.l.n.d.].

—, *Skating Rink*, partition d'orchestre, manuscrit autographe, encre noire et annotations de nuance et de coupures aux crayons rouge et bleu, 130 pages numérotées sur papier musique 24 portées, Paris, janvier 1922.

Dossier « Within the Quota »

Boîte des partitions manuscrites

PORTER, Cole, *Within the Quota*, partition pour trois pianos, manuscrit autographe, 1923.

—, *Within the Quota*, partition d'orchestre, orchestration de Charles Koechlin, manuscrit autographe, septembre 1923 (droits de Marc Lerique-Kœchlin).

Yale University Music Library, New Haven [Connecticut]

The Cole Porter Collection

PORTER, Cole, *Within the Quota*, partition d'orchestre, orchestration de William Bolcom, 1970.

PARTITIONS

AURIC, Georges, *Les Mariés de la tour Eiffel, Ouverture*, partition d'orchestre, Paris, Salabert, EAS 16877, ©1965.

—, *Les Mariés de la tour Eiffel, Ritournelle*, partition d'orchestre, Paris, Salabert, EAS 16896, ©1965.

HONEGGER, Arthur, *Les Mariés de la tour Eiffel, Marche funèbre*, partition d'orchestre, Paris, Salabert, EAS 16897, ©1965.

—, *Skating Rink. Symphonie chorégraphique*, partition d'orchestre (location), Wien / New York, Universal Edition A.G., ©1977 ; 2002.

MILHAUD, Darius, *La Création du monde*, partition pour deux pianos, Paris, Max Eshig, M. E. 1153, ©1923.

—, *La Création du monde*, partition pour orchestre, Paris, Max Eshig, M. E. 2402, ©1929.

—, *La Création du monde*, suite de concert (en *ré*) pour piano et quatuor à cordes, Paris, Max Eshig, M. E. 1739, ©1926.

—, *L'Homme et son désir. Poème plastique de Paul Claudel*, partition d'orchestre, Wien, Universal Edition A.G., UE 14284, ©1966.

—, *Les Mariés de la tour Eiffel, Fugue du massacre*, partition d'orchestre, Paris, Salabert, EAS 17000, ©1972.

—, *Les Mariés de la tour Eiffel, Marche*, partition d'orchestre, Paris, Salabert, EAS 16899, ©1965.

—, *Les Mariés de la tour Eiffel, Sortie de la noce*, partition d'orchestre, Paris, Salabert, EAS 16898, ©1965.

POULENC, Francis, *Les Mariés de la tour Eiffel, La Baigneuse de Trouville, Carte postale en couleur*, partition d'orchestre, Paris, Salabert, EAS 16795, ©1963.

—, *Les Mariés de la tour Eiffel, Discours du Général*, partition d'orchestre, Paris, Salabert, EAS 16794, ©1962.

SATIE, Erik, *Cinéma, Entr'acte symphonique de « Relâche »*, partition d'orchestre (location), Paris, Éditions Rouart-Lerolle / Salabert, ©1926.

—, *Cinéma, Entr'acte symphonique de « Relâche »*, réduction pour piano, Éditions Salabert, 1972.

—, *Parade*, ballet réaliste en un tableau, réduction pour piano à quatre mains, Paris, Éditions Rouart-Lerolle / Salabert, R. L. 10431, ©1917.

—, *Parade, ballet réaliste*, partition d'orchestre, Paris, Éditions Rouart-Lerolle / Salabert, EAS 16425, © 1917; éd. rév. par Gilbert Delor et Ornella Volta, introduction de Ornella Volta, Paris, Éditions Salabert, EAS 16425N, ©1999.

—, *Relâche, Ballet instantaéniste en deux actes, un Entr'acte cinématographique, et « La queue du chien »*, partition d'orchestre (location), Paris, Éditions Rouart-Lerolle / Salabert, EAS 17207, ©1926.

—, *Relâche, Ballet instantaéniste en deux actes, un Entr'acte cinématographique, et « La queue du chien »*, partition « Le ballet seul pour piano avec un frontispice de Francis Picabia, Paris, Éditions Rouart-Lerolle / Salabert, R. L. 11577, ©1926.

TAILLEFERRE, Germaine, *Les Mariés de la tour Eiffel, Quadrille*, partition d'orchestre, Paris, Salabert, EAS 16797, ©1963.

—, *Les Mariés de la tour Eiffel, Valse des Dépêches*, partition d'orchestre, Paris, Salabert, EAS 16796, ©1963.

Enregistrements

Cocteau, Jean, *Les Mariés de la tour Eiffel*, spectacle de Jean Cocteau, musique du Groupe des Six, 1er enregistrement intégral conforme à la création scénique du 18 juin 1921. Document audio de Jean-Christophe Averty produit par l'ORTF (Orchestre national de l'Office de radiodiffusion-télévision française), Orchestre de l'ORTF, sous la direction de Darius Milhaud avec les voix de Pierre Bertin et Jacques Duby, indications scéniques lues par Caroline Cler, disque 30 cm., Éditions Lucien Adès 15.501, 1966.

Clair, René, *Entr'acte cinématographique*, http://www.youtube.com/watch?=mpr8mXcS80Q, consulté le 3 septembre 2018.

Fax Culture, émission spéciale sur *La Création du monde*, extraits, reportages et discussions, réalisation Frédérique Chabloz; animation, Florence Heiniger, Genève, Télévision Suisse Romande, 18 décembre 2000.

Picabia, Francis, Satie, Erik et Börlin, Jean, *Relâche*, réalisation de Petter Jacobsson et Thomas Caley, Arte HD, 12 mai 2020, enregistrement vidéo, https://www.youtube.com/watch?v=q1jigihfIj0, consulté le 3 novembre 2020.

Porter, Cole, *Within the Quota*, enregistré en 1990, John McGlinn, chef d'orchestre, 1 disque compact, EMI Classics D105624, 1991.

Skating Rink, reconstruction par Millicent Hodson et Kenneth Archer, Zurich Ballet (1996) et Royal Swedish Ballet, Stockholm (1998), enregistrement vidéo, Dansmuseet, Stockholm.

Articles d'époque (1905-1924)

Achard, Paul, « "*Relâche*" et relâche », *Paris-midi*, 28 novembre 1924, p. 4.

[Anonyme], « American Ballet in Paris To-night [*Within the Quota*] », *New York Herald*, 25 octobre 1923, p. 1 et 6.

[Anonyme], « Ce soir au Théâtre des Champs-Élysées : [*Skating Rink*] », *Excelsior*, 20 janvier 1922, p. 5.

[Anonyme], « M. Jean Borlin [*sic*] gravement malade », *Comœdia*, 28 novembre 1924, p. 2.

[Anonyme, signé Intérim], « Relâche » ou la malechance [*sic*] de Picabia », *L'Éclair*, 29 novembre 1924, [n.p.].

[Anonyme], « Théâtre des Champs-Élysées : [*Skating Rink*] », *Comœdia*, 21 janvier 1922, p. 2 et 22 janvier, p. 3.

Auric, Georges, « Au Théâtre des Champs-Élysées : Ballets suédois », *Les Nouvelles littéraires*, 10 novembre 1923, [n.p.].

—, « Les Fortunes diverses de *Parade* », *Le Gaulois*, 8 juillet 1919, [n.p.].

—, « *Relâche*, les Ballets suédois », *Les Nouvelles littéraires, artistiques et scientifiques*, 13 décembre 1924, p. 7.

BANÈS, Antoine, « Les Premières. Théâtre des Champs-Élysées : *Skating-Rink* », [coupure de presse sans titre identifié], 22 janvier 1922, p. 4.

BERNIER, Jean, « *L'Homme et son désir* : Poème plastique de M. Paul Claudel, musique de M. Darius Milhaud, joué pour la première fois le 8 juin 1921 », *Comœdia illustré*, n° 9, 20 juin 1921, p. 462-463.

BERTRAND, Paul, « Théâtre des Champs-Élysées (Ballets suédois) : *Relâche*, ballet instantanéiste en deux actes, un entr'acte cinématographique et la Queue du chien, de M. F. Picabia, musique d'Erik Satie », *Le Ménestrel*, vol. 4624, n° 50, 12-18 décembre 1924, p. 518-519.

BIDOU, Henry, « Les Ballets russes », *Feuilleton du Journal des débats*, 21 mai 1917, [n.p.].

BOISSY, Gabriel, « Les Ballets : *Skating-Rink* au Théâtre des Champs-Élysées », *L'Intransigeant*, 22 janvier 1922, p. 2.

BORNE, Fernand Le, « Théâtre des Champs-Élysées : les Ballets suédois, *Relâche*, deux tableaux de MM. Picabia et Erik Satie », *Petit-Parisien*, 10 décembre 1924, p. 10.

BOUCHER, Maurice, « Théâtre des Champs-Élysées : *L'Homme et son désir* », *Le Monde musical*, vol. 32, n°s 11-12, juin 1921, p. 189.

BOUISSON, Maurice, « *Relâche – Entr'acte* de Picabia et Erik Satie », *L'Événement*, 5 décembre 1924, p. 3.

BRUNET, Raoul, « Répétition générale. Théâtre des Champs-Élysées : les Ballets suédois », *L'Œuvre*, 28 octobre 1923, [n.p.].

CANUDO, Ricciotto, « *Skating Ring à Tabarin*, Ballet-aux-patins pour la musique... », *Mercure de France*, n° 140, 15 mai 1920, p. 74-81.

CENDRARS, Blaise, « *La Création du monde* », *La Danse*, numéro spécial *Les Ballets suédois*, n° 37, octobre 1923.

—, *La Création du monde*, dans *L'Esprit Nouveau*, n° 18, novembre 1923.

CLAUDEL, Paul. « *L'Homme et son Désir* », *La Danse*, numéro spécial *Les Ballets suédois*, n° 9, juin 1921 ; repris dans Darius Milhaud, *L'Homme et son désir. Poème plastique de Paul Claudel*, partition d'orchestre, Wien, Universal Edition AG/U.E. 14284, ©1966.

COCTEAU, Jean, « Avant *Le Bœuf sur le toit* », *Comœdia*, n° 2623, 21 février 1920, p. 1 et 29 ; « Avant *Parade* », *Excelsior*, n° 2376, 18 mai 1917, p. 5 ; « À vol d'oiseau sur *Les Mariés de la tour Eiffel* », *La Danse*, numéro spécial *Les Ballets suédois*, n° 9, juin 1921, [n.p.] ; « Les Ballets suédois et les jeunes », *La Danse*, numéro spécial *Les Ballets suédois*, n° 9, juin 1921, [n.p.] ; « La Collaboration de *Parade* », *Nord-Sud*, n°s 4-5, juillet 1917, p. 29-31 ; repris dans David Gullentops et Malou Haine (éd.), *Écrits sur la musique*, Paris, Vrin, 2016, p. 182-185, 80-82, 201-204, 204 et 84-88, respectivement.

—, « *Les Mariés de la tour Eiffel* », *L'Avant-Scène,* numéro spécial, n°s 365-366, 1er-15 octobre 1966, p. 3-12.

CŒUROY, André, « *L'Homme et son désir*, scénario de Paul Claudel, musique de Darius Milhaud », *L'Ère nouvelle*, 8 juin 1921, [n.p.].

COLLET, Henri, « Les "Six" : Darius Milhaud, Louis Durey, Georges Auric, Arthur Honegger, Francis Poulenc et Germaine Tailleferre », *Comœdia*, le 23 janvier 1920.

—, « Un livre de Rimsky et un livre de Cocteau : les cinq Russes, les six Français et Erik Satie », *Comœdia*, le 16 janvier 1920.

CROZE, Jean-Louis, « "*Entr'acte*" : film de MM. Picabia et René Clair », *Comœdia*, 5 décembre 1924, p. 4.

DAMBLY, Paul, « "Les Ballets suédois", au Théâtre des Champs-Elysées : "RELÂCHE", de MM. Picabia et Erik Satie », *Le Petit Parisien*, 9 décembre 1924, p. 8.

DAVEN, André-L., « Entracte », *Comœdia*, 31 octobre 1924, p. 4.

DIVOIRE, Fernand, « La Danse », *La Revue de France*, novembre-décembre 1923, p. 653-656.

FLAMENT, Albert, « Tableaux de Paris : *Relâche* », *La Revue de Paris*, 1er janvier 1925, p. 196-200.

GANDREY-RETY, Jean, « "*Relâche*", Ballet instantanéiste en 2 actes et 1 entr'acte cinématographique et la queue du chien de Francis Picabia. Musique de M. Erik Satie. Entr'acte cinématographique de M. René Clair. Chorégraphie de M. Jean Borlin », *Comœdia*, 6 décembre 1294, p. 2.

GIGNOUX, Régis, « Avant-première : Théâtre du châtelet », *Le Figaro*, 18 mai 1917, p. 4.

HONEGGER, Arthur, « À propos de *Skating Ring* », *Excelsior*, 27 janvier 1922, p. 4.

—, « Théâtre des Champs-Élysées », *Comœdia*, 27 janvier 1922, p. 2.

LALOY, Louis, « Au Théâtre des Champs-Élysées : *L'Homme et son désir* », *Comœdia*, 10 juin 1921, p. 1.

—, « Au Théâtre des Champs-Élysées : *Skating Ring* », *Comœdia*, 22 janvier 1922, p. 1.

—, « *Bœuf sur le toit* », *Comœdia*, 26 mars 1920, p. 1.

—, « Concert de Danses par M. Jean Börlin », *Comœdia*, 26 mars 1920, p. 1.

LAPOMMERAYE, Pierre de, « Théâtre des Champs-Élysées – Ballets suédois », *Le Ménestrel*, vol. 85, n° 44, 2 novembre 1923, p. 453-454.

—, « *L'Homme et son désir* aux Champs-Élysées », *Le Ménestrel*, vol. 83, n° 24, 17 juin 1921, p. 252.

—, « *Skating-Ring* », *Le Ménestrel*, vol. 84, n° 4, 27 janvier 1922, p. 35.

LÉGER, Fernand, « Vive "*Relâche*" », *Paris-Midi*, 17 décembre 1924, p. 4.

LEVINSON, André, « L'Année chorégraphique », *Le Temps*, 29 septembre 1924, p. 4.

—, « Ballet cubiste », *L'Œuvre*, 27 octobre 1923, [n.p.].

—, « Les Ballets suédois : *La Création du monde*, *Comœdia*, 29 octobre 1923, p. 1.

—, « "*Relâche*" Ballet instantanéiste en 2 actes et 1 entr'acte cinématographique et la queue du chien de Francis Picabia. Musique de M. Erik Satie. Entr'acte cinématographique de M. René Clair. Chorégraphie de M. Jean Börlin », *Comedia*, 6 décembre 1924, p. 2.

MANGEOT, Auguste, « Les Ballets suédois. L'École d'Arcueil. *La Création du monde. L'Immigrant* », *Le Monde musical*, n° 34, novembre 1923, p. 358-359.

—, « *Les Mariés de la tour Eiffel* », *Le Monde musical*, n° 32, juin 1921, p. 189-190.

MARÉ, Rolf de, « À propos de "Relâche" », *Comœdia*, 27 novembre 1924, p. 2.

MARSAN, Eugène, « Au Théâtre des Champs-Élysées : *Les Mariés de la tour Eiffel* », *Paris-Journal*, 26 juin 1921, p. 2.

—, « Au Théâtre des Champs-Élysées : *Relâche*, ballet instantanéiste de Francis Picabia, musique d'Erik Satie, *Entr'acte cinématographique* de René Clair », *Paris-Journal*, 12 décembre 1924, p. 2.

MESSAGER, André, « Théâtre des Champs-Élysées. Représentation des Ballets suédois : *La Création du monde*, ballet de M. Blaise Cendrars, musique de M. Darius Milhaud; *Within the Quota*, ballet-sketch de M. Gerald Murphy, musique de M. Cole Porter. Partie de concert », *Le Figaro*, 27 octobre 1923, p. 3.

—, « Théâtre des Champs-Élysées : *Relâche*, ballet instantanéiste en 2 actes, 1 entr'acte cinématographique et la Queue du chien, de M. Francis Picabia, musique de M. Erik Satie, film réalisé par M. René Clair », *Le Figaro*, 9 décembre 1924, p. 5.

PARSONS, Jacques, « Le cinéma aux Ballets suédois : l'*Entr'acte* de René Clair », *Paris-Midi*, 5 décembre 1924, p. 4.

PAWLOWSKI, Gaston de, « *L'Homme et son désir* aux Champs-Élysées », *Le Journal*, 9 juin 1921, [n.p.].

PICABIA, Francis, « Erik Satie », *Paris-Journal*, 27 juin 1924, p. 1.

—, « Instantanéisme », *Comœdia*, 21 novembre 1924, p. 4.

—, « Pourquoi j'ai écrit "*Relâche*" », *Paris-Midi*, 26 novembre 1924, p. 4.

—, « Pourquoi "*Relâche*" a fait relâche », *Comœdia*, 2 décembre 1924, p. 1.

—, *Relâche*, dans *La Danse*, numéro spécial *Les Ballets suédois*, n°s 50-51, novembre-décembre 1924.

POUEIGH, Jean, « *Parade – Soleil de Nuit – Las Meninas* », *Le Carnet de la Semaine*, 3 juin 1917, p. 12.

RIEU, Marcel, « Les avant-premières : *L'Homme et son désir* au Théâtre des Champs-Élysées », *Comœdia*, 6 juin 1921, p. 1-2.

—, « Les avant-premières : *Skating-Ring* au Théâtre des Champs-Élysées », *Comœdia*, 20 janvier 1922, p. 3.

ROLAND-MANUEL, Alexis, « Adieu Satie », *Revue Pleyel*, n° 15, 15 décembre 1924, p. 21-22.

—, « Les Ballets suédois au théâtre des Champs-Élysées : *Relâche*, ballet instantanéiste en deux actes, un entr'acte cinématographique et la "Queue du chien" », *L'Éclair*, 9 décembre 1924, p. 2.

—, « *L'Homme et son désir*, ballet de MM. Paul Claudel et Darius Milhaud, *L'Éclair*, 9 [juillet] 1921, [n.p.].

—, « La Musique », dans « Au Théâtre des Champs-Élysées : *Relâche*, ballet instantanéiste de Francis Picabia, musique d'Erik Satie, *Entr'acte cinématographique* de René Clair », *Paris-Journal*, 12 décembre 1924, p. 2.

—, « La quinzaine musicale : [*La Création du monde*] », *L'Éclair*, 26 novembre 1923, [n.p.].

SCIZE, Pierre, « Jean Börlin, danseur », *Bonsoir*, 26 mars 1920, p. 13.

SOUDAY, Paul, « Hier aux Champs-Élysées : *Skating-Rink* », *Paris-Midi*, 21 janvier 1922, p. 1.

—, « Champs-Élysées : *L'Homme et son désir* », *Paris-Midi*, 14 juin 1921, p. 3.

TENROC, Charles, « Théâtre des Champs-Élysées : les Ballets suédois. – *La Création du monde* », *Le Courrier musical*, 15 novembre 1923, p. 356.

—, « Théâtre des Champs-Élysées : *L'Homme et son désir* », *Le Courrier musical*, [juin 1921], p. 194.

UDINE, Jean d', « Couleurs, mouvements et sons : les Ballets Russes, en 1917 », *Le Courrier musical*, n° 19, juin 1917, p. 239.

VAUXCELLES, Louis, « Le Salon d'automne », *Gil Blas*, Supplément à *Gil Blas*, 17 octobre 1905, [n.p.].

VUILLERMOZ, Émile, « Aux Ballets suédois : "*Relâche*" ballet instantanéiste en deux actes, un entr'acte cinématographique et la Queue du chien, de F. Picabia, musique d'Erik Satie », *Excelsior*, 6 décembre 1924, p. 5.

—, « Les premières. Théâtre des Champs-Élysées : *Skating-Ring* », *Excelsior*, 22 janvier 1922, p. 4.

WATELIN, Louis-Charles, « L'art décoratif, *L'Homme et son désir* », *Revue hebdomadaire*, 13 août 1921, p. 237-239.

ARTICLES ET OUVRAGES SÉLECTIFS [1]

AGEE, William C., « Gerald Murphy, Painter : Recent Discoveries, New Observations », *Arts*, n° 59, mai 1985, p. 81-89.

ALBRIGHT, Daniel, *Untwisting the Serpent : Modernism in Music, Literature, and Other Arts*, Chicago / London, The University of Chicago Press, 2000.

1. Les publications inscrites dans la bibliographie ont un lien direct avec les sujets discutés dans l'ouvrage. Les écrits périphériques aux sujets sont cités en notes de bas de page dans les chapitres.

AMIARD-CHEVREL, Claudine (dir.), *Théâtre et cinéma des années vingt : une quête de la modernité*, 2 vols, Lausanne, L'Âge d'homme, 1990.

APOLLINAIRE, Guillaume, « Parade et l'esprit nouveau », Programme des Ballets russes, 18 mai 1917 ; reproduit en fac-similé dans Annie Guédras (éd.), *Jean Cocteau à Montparnasse : ailleurs et après*, Paris, Éditions des Cendres / Musée de Montparnasse, 2001, p. 66-67.

ARMENGAUD, Jean-Paul, *Erik Satie*, Paris, Fayard, 2009.

ASCHENGREEN, Erik, *Jean Cocteau and the Dance*, Copenhagen, Gyldendal, 1986.

AUCLAIR, Mathias, CLAUSTRAT, Frank et PIVESAN, Inès (dir.), *Les Ballets suédois : une compagnie d'avant-garde*, Paris, Opéra national de Paris / Bibliothèque nationale de France / Montreuil, Gourcuff Gradenigo, 2014.

AURIC, Georges, *Quand j'étais là*, Paris, Grasset, 1979.

AXSOM, Richard Hayden, *"Parade" : Cubism as Theater*, New York, Garland, 1979.

BAER, Nancy Van Norman (dir.), *Paris Modern : The Swedish Ballet, 1920-1925*, San Francisco, Fine Arts Museums of San Francisco, 1995.

BATSON, Charles R., *Dance, Desire, and Anxiety in Early Twentieth-Century French Theater : Playing Identities*, Aldershot [Hants] / Burlington [Vermont], Ashgate, 2005.

BAUDOUIN, Dominique, « Étude historique et critique », dans Tristan Tzara, *Dada*, t. II, réimpression intégrale et dossier critique de la revue publiée de 1917 à 1922, éd. Michel Sanouillet et Dominique Baudoin, Nice, Centre du XXe siècle, 1983, p. 1-67.

BORSARO, Brigitte, *Cocteau, le cirque et le music-hall*, numéro spécial des *Cahiers Jean Cocteau*, nouv. série, n° 2, 2003, p. 9-162.

— et CAIZERGUES, Pierre (éd.), *Correspondance Jean Cocteau – Jean Hugo*, Montpellier, Centre d'étude du XXe siècle, Université Paul-Valéry, 1995.

BOUCHARD, Karine, *Les Relations entre la scène et le cinéma dans le spectacle d'avant-garde : une étude intermédiale et in situ de Relâche de Picabia, Satie et Clair*, mémoire de maîtrise, Montréal, Université de Montréal, 2009.

BOULBÈS, Carole, *Picabia, le saint masqué*, Paris, Jean-Michel Place, 1998.

—, *Relâche : dernier coup d'éclat des Ballets suédois*, Dijon, Les Presses du réel, 2017.

BOWLT, John E., TREGULOVA, Zelfira et GIORDANO ROSTICHER, Nathalie (dir.), *Étonne-moi ! Serge Diaghilev et les Ballets Russes*, catalogue d'exposition (Nouveau Musée national de Monaco, 9 juillet-27 septembre 2009), Milano, Skira, 2009.

BRETON, André, *Premier Manifeste du surréalisme*, dans *Œuvres complètes*, t. 1, édition établie par Marguerite Bonnet avec la collaboration de Philippe Bernier, Étienne-Alain Hubert et José Pierre, Paris, Gallimard, 1988, p. 311-346.

CABANNE, Pierre, *Le cubisme*, Paris, Terrail, 2001.

—, *Le Siècle de Picasso*, vol. I : *La jeunesse, le cubisme, le théâtre (1881-1937)*, Paris, Denoël, 1975 ; nouv. éd. rev. et aug., Paris, Gallimard, 1992.

Caizergues, Pierre (dir.), *Jean Cocteau et le théâtre*, Montpellier, Centre d'études du xxe siècle, Université Paul-Valéry, 2000.

—, (éd.), *Jean Hugo, peintre-poète*, avec *Deux cahiers Inédits* de Jean Hugo, Montpellier, Centre d'études du xxe siècle, Université Paul-Valéry, 1996.

Cathé, Philippe, Douche, Sylvie et Duchesneau, Michel (dir.), *Charles Koechlin, compositeur et humaniste*, Paris, Vrin, 2010.

Cendrars, Blaise, *Anthologie Nègre : Petits Contes nègres pour les enfants des Blancs. Comment les Blancs sont d'anciens Noirs. La Création du monde*, éd. Christiane Le Quellec Cottier, Paris, Denoël, 2005.

—, *Œuvres complètes*, t. 3, introduction de Raymond Dumay, éd. Nino Frank, Paris, Éditions Corréa, 1947 ; 1969.

Cendrars, Miriam, « Les métamorphoses parisiennes d'un ballet suédois », *Continent Cendrars*, 1986, vol. 1, p. 12-23.

Chimènes, Myriam et Massip, Catherine (dir.), *Portrait(s) de Darius Milhaud*, Paris, Bibliothèque nationale de France, 1998.

Clair, René, *Cinéma d'hier, cinéma d'aujourd'hui*, Paris, Gallimard, 1970.

—, « *Entr'acte / À nous la liberté* », *Avant-Scène Cinéma*, numéro spécial, n° 86, novembre 1968, p. 2-24.

Claudel, Paul. *Journal*, t. I : 1904-1932, éd. François Varillon et Jacques Petit, Paris, Gallimard, 1968.

—, *Lettres de Paul Claudel à Élisabeth Sainte-Marie Perrin et à Audrey Parr*, éd. Michel Lioure et Michel Malicet, introduction et notes de Marlène Sainte-Marie Perrin, dans *Cahiers Paul Claudel*, n° 13, 1990.

—, *L'Homme et son Désir. Scénario de ballet*, Paris, Gallimard, 1935 ; repris dans *Théâtre*, t. II, éd. Jacques Petit et François Varillon, Paris, Gallimard, 1969 ; éd. Didier Alexandre et Michel Autrand, Paris, Gallimard, 2011, p. 249-253.

—, *Théâtre*, t. II, éd. Didier Alexandre et Michel Autrand, Paris, Gallimard, 2011.

— [et] Milhaud, Darius, *Correspondance Paul Claudel – Darius Milhaud 1912-1953*, éd. Jacques Petit, préface de Henri Hoppenot, numéro spécial des *Cahiers Paul Claudel*, n° 3, 1961.

Cocteau, Jean, *Le Coq et l'Arlequin : notes autour de la musique, avec un portrait de l'auteur et Deux Monogrammes par Pablo Picasso*, Paris, La Sirène, 1918 [en réalité janvier 1919]. « Nouvelle édition » [suppression d'un aphorisme], 1918 [en réalité septembre 1919]. Troisième réédition avec de nombreuses suppressions et corrections dans *Le Rappel à l'ordre*, Paris, Stock, 1926. L'édition Stock de 1979 (et 1993) reproduit la « Nouvelle édition » de 1918 et y ajoute une préface de Georges Auric. Nouvelle édition scientifique dans Jean Cocteau, *Écrits sur la musique* [avec variantes de textes selon les éditions, manuscrits, dactylogrammes ou corrections d'épreuves d'imprimerie], éd. David Gullentops et Malou Haine, Paris, Vrin, 2016, p. 97-133.

—, *Écrits sur la musique*, éd. David Gullentops et Malou Haine, Paris, Vrin, 2016.

—, *Entre Picasso et Radiguet*, éd. André Fermigier, Paris, Hermann, 1967.

—, *Lettres à sa mère*, t. I : 1898-1918, éd. Pierre Caizergues et Pierre Chanel, Paris, Gallimard, 1989.

—, *Lettres à sa mère*, t. II : 1919-1938, texte établi et annoté par Jean Touzot avec la collaboration de Pierre Chanel, Paris, Gallimard, 2007.

—, *Parade*, dans *Œuvres complètes*, vol. 7, Genève, Marguerat, 1950, p. 301-303.

—, *Le Passé défini*, t. III, Paris, Gallimard, 1983.

—, *Le Rappel à l'ordre*, dans *Œuvres complètes* [1926], vol. 9, Genève, Marguerat, 1950, p. 13-226.

—, *Théâtre complet*, éd. Michel Décaudin *et alii*, Paris, Gallimard, 2003.

— et MILHAUD, Darius, *Correspondance*, éd. Pierre Caizergues et Josiane Mas, Montpellier, Centre d'études du XXe siècle, Université Paul-Valéry, 1992 ; éd. rev. et aug., St-Denis, Novetlé / [Paris], Massalia, 1999.

COLLAER, Paul, *Darius Milhaud*, Anvers, Nederlandsche Boekhandel, 1947 ; nouv. éd. rev. et aug., Paris, Slatkine, 1982.

COOPER, Douglas, *Picasso théâtre*, Paris, Cercle d'art, 1968 ; 1987.

DAIX, Pierre et Joan ROSSELET, *Le cubisme de Picasso : catalogue raisonné de l'œuvre 1907-1916*, texte de Pierre Daix et catalogue raisonné de Pierre Daix et Joan Rosselet, Neuchâtel, Éditions Ides et Calendes, 1979.

DAVIS, Mary E., *Erik Satie*, London, Reaktion Books, 2007.

DEBOLD, Conrad, *« Parade » and « Le Spectacle Intérieur » : The Role of Jean Cocteau in an Avant-garde Ballet*, thèse de doctorat, Atlanta, Emory University, 1982.

EVERLING, Germaine, *L'Anneau de Saturne*, Paris, Fayard, 1970.

FELL, George, *The Life That Late He Led*, London, W. H. Allen, 1967.

FREEMAN, Judi, « *Relâche* and *Entr'acte* », dans Gerd Fleischmann (dir.), *Picabia 1879-1953*, catalogue d'exposition, Edinburgh, Scottish National Gallery of Modern Art / Frankfurt, Main Galerie Neuendorf, 1988, p. 15-26.

GARAFOLA, Lynn et BAER, Nancy Van Normand (dir), *The Ballets Russes and its World*, New Haven, Yale University Press, 1999.

GILLMOR, Alan M., *Erik Satie*, New York / London, Norton, 1988.

GOETSCHEL, Pascale et LOYER, Emmanuelle, *Histoire culturelle de la France de la Belle Epoque à nos jours*, Paris, Armand Colin, 2005.

GOLD, Arthur et FIZDALE, Robert, *Misia, la vie de Misia Sert*, Paris, Gallimard, 1981.

GOLDING, John, *Le cubisme*, traduit de l'anglais par Françoise Cachin, Paris, René Juillard, 1965.

GOTTLIEB, Lynette Miller, « Images, Technology, and Music : The Ballet Suédois and *Les mariés de la tour Eiffel* », *The musical quarterly*, vol. 88, n° 4, 2005, p. 523-555.

GULLENTOPS, David (dir.), *Cocteau et la musique*, numéro spécial des *Cahiers Jean Cocteau*, nouvelle série n° 4, 2006.

— et HAINE, Malou (dir.), *Jean Cocteau : textes et musique*, Sprimont [Belgique], Mardaga, 2005.

— et HAINE, Malou, « Raymond Radiguet coauteur des *Mariés de la tour Eiffel* », dans *Le regard de la mémoire : sur les pas de Cocteau et Radiguet*, Le Lavandou, Réseau Lalan, 2003, p. 148-159.

HÄGER, Bengt, *Ballets suédois*, Paris, Jacques Damase, 1989.

HAINE, Malou, « Catalogue des textes de Cocteau mis en musique », dans David Gullentops et Malou Haine (dir.), *Jean Cocteau : textes et musique*, Sprimont [Belgique], Mardaga, 2005, p. 167-291.

—, « Cipa Godebski et les Apaches », *Revue belge de musicologie*, vol. 60, 2006, p. 221-266.

—, « Jean Cocteau, impresario musical à la croisée des arts », dans Sylvain Caron, François de Médicis et Michel Duchesneau (dir.), *Musique et modernité en France (1900 et 1945)*, Montréal, Presses de l'Université de Montréal, 2006, p. 69-134.

—, « *Le Songe d'une nuit d'été* : spectacle avorté de Jean Cocteau (1912-1915) », *Cahiers Jean Cocteau*, n° 18, 2020, p. 25-54; https://cahiersjeancocteau.com/articles/songe-d-une-nuit-d-ete.

— et GULLENTOPS, David, « Un manuscrit retrouvé de Jean Cocteau *Le Mirliton d'Irène*, "Cheveux d'anges" et *Les Mariés de la tour Eiffel* », *Annales d'Histoire de l'art et d'Archéologie*, vol. XXV, 2003, p. 83-107.

HALBREICH, Harry, *L'Œuvre d'Arthur Honegger : chronologie, catalogue raisonné, analyses, discographies*, Paris, Honoré Champion, 1994.

HARBEC, Jacinthe, « Le ballet chez Cocteau : vers une manifestation avant-gardiste en compagnie du Groupe des Six et des Ballets suédois », dans Tom Gordon [dir.], *Jean Cocteau : évangéliste de l'avant-garde*, numéro spécial de la *Revue de musique des universités canadiennes*, vol. 22, n° 1, 2001, p. 40-67.

—, « Le code Milhaud : primitivisme et symétrie », dans Jacinthe Harbec et Marie-Noëlle Lavoie (dir.), *Milhaud, compositeur et expérimentateur*, Paris, Vrin, 2013, p. 41-63.

—, « Géométrisme et mouvement dans *La Création du monde* : une étude interdisciplinaire », dans Josiane Mas (dir.), *Arts en mouvement : les Ballets Suédois de Rolf de Maré, Paris 1920-1925*, Montpellier, Presses universitaires de la Méditerranée (Centre d'étude du XXe siècle, Université Paul-Valéry), 2008, p. 153-173.

—, *Parade : les influences cubistes sur la composition musicale d'Erik Satie*, mémoire de maîtrise, Montréal, Université McGill, 1987.

—, « La musique dans les ballets et les spectacles de Jean Cocteau », dans David Gullentops et Malou Haine (dir.), *Jean Cocteau : textes et musique*, Mardaga, 2005, p. 33-60.

—, « Satie, *Relâche* and the Critics : Controversies and Legacy », dans Christopher Moore et Barbara Kelly (dir.), *Music Criticism in France, 1918-1939 : Authority, Advocacy, Legacy*, Woodbrige (Suffolk, UK), Boydell Press, 2018, p. 267-292.

—, « *Skating Rink*, la mixité formelle dans la symphonie chorégraphique d'Arthur Honegger sur le livret de Ricciotto Canudo », dans Giuseppe Montemagno et Michela Niccolai (dir.), *Beyond the Stage : Musical Theatre and Performing Arts between « fin de siècle » and the « Années folles »*, Bologne, Ut Orpheus Edizioni, 2017, p. 195-211.

—, « Temporalité, spatialité et modernité », dans le ballet *L'Homme et son désir* de Claudel et Milhaud », dans Sylvain Caron, François de Médicis et Michel Duchesneau (dir.), *Musique et modernité en France (1900-1945)*, Montréal, Presses de l'Université de Montréal, 2006, p. 193-219.

—, « *Le Train bleu* : déraillement stylistique entre la danse et la musique ? », *Les Cahiers de la Société québécoise de recherche en musique*, numéro spécial *Danse et musique : dialogues en mouvement*, Steven Huebner et Claudine Caron (dir.), vol. 13, n°s 1-2, 2012, p. 51-60.

—, « *Within the Quota* de Cole Porter et Charles Koechlin : La francisation du jazz américain », *Cahiers de la Société québécoise de recherche en musique*, numéro spécial *Transferts culturels et autres enjeux stylistiques*, vol. 16, n°s 1-2, 2015 (paru en 2017), p. 39-50.

— et LAVOIE, Marie-Noëlle (dir.), *Darius Milhaud, compositeur et expérimentateur*, Paris, Vrin, 2014.

HEYMANN, Jochen, « Un petit oiseau va sortir : le théâtre de Jean Cocteau et l'esthétique du *Ready-made* », dans Volker Kapp et Suzanne Winter (dir.), *Jean Cocteau et les arts*, numéro spécial de la revue *Œuvres critiques : revue internationale d'étude de la réception critique des œuvres littéraires de langue française*, vol. XXII, n° 1, 1997, p. 77-89.

HONEGGER, Arthur, *Je suis compositeur*, Paris, Éditions du Conquistador, 1951 ; repris dans Huguette Calmel (éd.), *Écrits*, Paris, Honoré Champion, 1992, p. 615-730.

—, *Lettres à ses parents (1912-1922)*, éd. Harry Halbreich, Genève, Éditions Papillon, 2005.

HUGO, Jean, *Avant d'oublier 1918-1931*, Paris, Fayard, 1976.

—, *Jean Hugo peintre-poète*, éd. Pierre Caizergues, Montpellier, Centre d'études du XXe siècle, Université Paul-Valéry, 1996.

KAPP, Volker et WINTER, Suzanne (dir.), *Jean Cocteau et les arts*, numéro spécial de *Œuvres critiques : revue internationale d'étude de la réception critique des œuvres littéraires de langue française*, vol. XXII, n° 1, 1997.

KELKEL, Manfred, *La musique de ballet en France de la Belle époque aux Années folles*, Paris, Vrin, 1992.

KELLY, Barbara L., *The Tradition and Style in the Works of Darius Milhaud (1912-1939)*, Aldershot [Hants] / Burlington [Vermont], Ashgate, 2003.

KIMBALL, Robert (dir.), *Cole*, accompagné d'un essai biographique de Brendan Gill, New York, Holt, Rinehart and Winston, 1971.

KOSINSKI, Dorothy, « Un langage pour le monde moderne », dans Dorothy Kosinski (dir.), *Fernand Léger : le rythme de la vie moderne 1911-1924*, catalogue d'exposition, Paris, Flammarion, 1994, p. 17-27.

LAGO, Manoel (Corrêa do Lago), « Brazilian Sources in Milhaud's *Le Bœuf sur le toit* : A Discussion and a Musical Analysis », *Latin American Music Review*, vol. 23, n° 1, 2002, p. 1-59.

—, *O Circulo Veloso-Guerra E Darius Milhaud no Brasil : modernismo musical no Rio de Janeiro antes da Semana*, thèse de doctorat, Rio de Janeiro, Université de Rio de Janeiro, 2005.

LAJOINIE, Vincent, *Erik Satie*, Lausanne, L'Âge d'Homme, 1985.

LASSALLE, Hélène (dir.), *Fernand Léger*, catalogue d'exposition (Villeneuve d'Ascq, Musée d'art moderne, 3 mars-17 juin 1990), Villeneuve-d'Ascq, Éditions Mazzotta, 1990, 1990.

LAVOIE, Marie-Noëlle, *Darius Milhaud et l'emprunt musical : procédés, répertoires et construction identitaire*, thèse de doctorat, Montréal, Université de Montréal, 2010.

—, « La réception de *La Création du monde* : un mélange des genres », dans Sylvain Caron, François de Médicis et Michel Duchesneau (dir.), *Musique et modernité en France (1900 et 1945)*, Montréal, Presses de l'Université de Montréal, 2006.

LÉCROART, Pascal, *Paul Claudel et la rénovation du drame musical*, Sprimont [Belgique], Mardaga, 2004.

LÉGER, Fernand, *Fonctions de la peinture*, Paris, Denoël-Gonthier, 1965 ; Galimard, 1997 ; nouv. éd. de Sylvie Forestier, 2004 ; 2009.

—, *Fernand Léger et le spectacle*, catalogue d'exposition (Biot, 30 juin-2 octobre 1995), Brigitte Hédel-Samson (dir.), Paris, Éditions de la Réunion des musées nationaux, 1995.

LEROY-TERQUEM, Mélanie (éd.), *Le surréalisme*, éd. Mélanie Leroy-Terquem, Paris, Flammarion, 2002 ; éd. rev. 2006.

LÉVY, Sophie (dir.), *Paris, capitale de l'Amérique : l'avant-garde Américaine à Paris 1918-1939*, catalogue d'exposition (Musée d'art américain Giverny, 31 août-30 novembre 2003), Giverny, Musée d'art américain, 2003.

LISTA, Giovanni, *Le futurisme : création et avant-garde*, Paris, Éditions de l'Amateur, 2001.

—, *Futurisme : manifestes, proclamations, documents*, Lausanne, L'Âge d'Homme, 1973.

—, « Léger scénographe et cinéaste », dans *Fernand Léger et le spectacle*, catalogue d'exposition (Biot, 30 juin-2 octobre), Brigitte Hédel-Samson (dir.), Paris, Éditions de la Réunion des musées nationaux, 1995, p. 31-86.

MARKS, Martin Millers, *Music and the Silent Film : Context and Cases Studies, 1895-1924*, New York, Oxford University Press, 1997.

—, « The Well-Furnished Film : Satie's Score for Entracte », *Canadian University Music Review*, n° 4, 1983, p. 245-275.

MAS, Josiane (dir.), *Arts en mouvement : les Ballets suédois de Rolf de Maré, Paris 1920-1925*, Montpellier, Presses universitaires de la Méditerranée (Centre d'étude du XXe siècle, Université Paul-Valéry), 2008.

—, « *Skating Rink*, une musique cinétique fidèle à l'intention unanimiste et symbolique du poème de Ricciotto Canudo », dans Peter Jost (dir.), *Arthur Honegger : Werk und Rezeption / L'œuvre et sa réception*, Bern, Peter Lang, 2009, p. 275-290.

MAWER, Deborah, *Darius Milhaud : Modality & Structure in Music of the 1920s*, Aldershot, Scolar Press / Brookfield (Vermont), Ashgate, 1997.

MCBRIEN, William, *Cole Porter : A Biography*, New York, Vintage Books, 1998.

MÉDICIS, François de, « La polytonalité selon Darius Milhaud : "Plus subtile dans la douceur, plus violente dans la force..." », dans Michel Fischer et Danièle Pistone (dir.), *Polytonalité – Polymodalité : Histoire et actualité*, Paris, Observatoire musical français, 2005, p. 91-115.

MILHAUD, Darius, *Entretiens avec Claude Rostand*, Paris, Belfond, 1992.

—, *Études*, Paris, Claude Aveline, 1927.

—, *Notes sans musique*, Paris, Julliard, 1949; 2e éd. rév. et aug., Paris, Julliard, 1963; nouv. éd. sous le titre *Ma Vie heureuse*, Paris, Belfond, 1987; réimpression, Bourg-la-Reine, Zurfluh, 1998.

—, *Notes sur la musique : essais et chroniques*, éd. Jeremy Drake, Paris, Flammarion, 1982.

MILHAUD, Madeleine et Darius, et HOPPENOT, Hélène et Henri, *Conversation : correspondance 1918-1974*, complétée par des pages du *Journal* d'Hélène Hoppenot, éd. Marie France Mousli, Paris, Gallimard, 2005.

NANTET, Marie-Victoire, *Paul Claudel et Audrey Parr : le poète et la fée*, Montélimar, Bleulefit, 2015.

NÄSLUND, Erik, *Rolf de Maré : fondateur des Ballets suédois, collectionneur d'art, créateur de musée*, traduit du suédois par Étienne Clotuche, Arles, Actes Sud / Stockholm, Bokförlaget Langenskiöld, 2008.

ORLEDGE, Robert, *Charles Koechlin (1867-1950) : His Life and Works*, Chur, Harwood Academic Publishers, 1989.

—, *Satie the Composer*, Cambridge, Cambridge University Press, 1990.

PICABIA, Francis, *Écrits : 1921-1953 et posthumes*, éd. Olivier Revault d'Allonnes et Dominique Bouissou, Paris, Pierre Belfond, 1978.

—, *Écrits critiques*, éd. Carole Boulbès, préf. Bernard Noël, Montréal, Mémoires du livre, 2005.

POTTER, Caroline, *Erik Satie : A Parisian Composer and his World*, Woodbridge (UK), Boydell Press, 2016.

POULENC, Francis, *Correspondance 1910-1963*, éd. Myriam Chimènes, Paris, Fayard, 1994.

ROTHSCHILD, Deborah Menaker, *Picasso's « Parade » from Street to Stage : Ballet by Jean Cocteau, Score by Eric Satie, Choreography by Léonide Massine*, London, Sotheby's Publications, 1991.

RUBIN, William, *The Painting of Gerald Murphy*, avec la collaboration de Carolyn Lanchner, préface de Archibald MacLeish, New York, The Museum of Modern Art, 1974.

SANOUILLET, Michel, *Francis Picabia et « 391 » revue publiée de 1917 à 1924*, t. II, réimpression intégrale, Paris, Belfond, 1966.

SATIE, Erik, *Correspondance presque complète*, éd. Ornella Volta, Paris, Fayard / IMEC, 2000 ; 2 e éd. rév., 2003.

SCHWARTZ, Charles, *Cole Porter : A Biography*, New York, The Dial Press, 1977.

STEEGMULLER, Francis, *Cocteau*, trad. de l'anglais par Marcelle Jossua, Paris, Buchet / Chastel, 1973.

TAILLEFERRE, Germaine, *Mémoires à l'emporte-pièce*, éd. Frédéric Robert, numéro spécial de la *Revue internationale de musique française*, n o 19, février 1986, p. 7-82.

TOMKINS, Calvin, *Tendre était la vie*, traduit de l'anglais par Laure Vernière, Paris, La Table Ronde, 2001.

TOURET, Michèle, « Un texte à voir, autour de *La Création du monde* », dans Maria Teresa de Freitas, Claude Leroy et Edmond Nogacki (dir.), *Blaise Cendrars et les arts*, numéro spécial de *Recherches valenciennoises*, n o 9, 2002, p. 233-245.

TUGAL, Pierre (dir.), *Les Ballets suédois dans l'art contemporain*, Paris, Éditions du Trianon, 1931.

VERGNAUD, Sabine, « De *La Fête nègre* à *La Création du monde*, de la musique de scène au ballet », dans Frédérique Toudoire-Surlapierre et Pascal Lécroart (dir.), *Marges de l'opéra : musique de scène, musique de film, musique radiophonique (1920-1950)*, Paris, Vrin, 2015, p. 43-52.

—, *La musique et les arts dans la collaboration du Groupe des Six avec les Ballets suédois (1920-1925)*, thèse de doctorat, Saint-Étienne, Université Jean-Monnet de Saint-Étienne, 2010.

VERNOZY, Delphine, « Décors et costumes d'Audrey Parr pour *L'Homme et son désir* : réception critique d'un "poème plastique" », *Bulletin de la Société Paul Claudel*, numéro spécial *Hommage à Audrey Parr*, n o 201, mars 2011, p. 38-48.

VILLERS, Jean-Pierre A. de (éd.), *Le Premier Manifeste du futurisme*, édition critique avec, en fac-similé, le manuscrit original de F. T. Marinetti, Ottawa, Éditions de l'Université d'Ottawa, 1986.

VOLTA, Ornella, *Satie / Cocteau : les malentendus d'une entente*, Bordeaux, Castor Astral, 1993.

—, *Satie et la danse*, Paris, Éditions Plume, 1992.

WASSERMAN, Michel, « De la Serra des Orgues au Théâtre des Champs-Élysées », *Bulletin de la Société Paul Claudel*, numéro spécial *Hommage à Audrey Parr*, n° 201, mars 2011, p. 21-29.

WATKINS, Glenn, *Pyramids at the Louvre : Music, Culture, and Collage from Stravinsky to the Postmodernists*, Cambridge, Harvard University Press, 1994.

WILD, Nicole et NECTOUX, Jean-Michel, *Diaghilev : les ballets russes*, catalogue d'exposition, Paris, Bibliothèque nationale de France, 1979.

WHITING, Steven Moore, *Satie The Bohemian : From Cabaret to Concert Hall*, Oxford, Oxford University Press. 1999.

YANG, Sandra Sedman, *The Composer and Dance Collaboration in the Twentieth Century : Darius Milhaud's Ballets, 1918-1958*, thèse de doctorat, Los Angeles, University of California, 1997.

INDEX DES NOMS ET DES ŒUVRES

COPYRIGHTS

p. 22 – ILLUSTRATION 1. Pablo Picasso, *Les Demoiselles d'Avignon*, 1907, huile sur toile, 243,9 x 333,7 cm, Museum of Modern art, New York / Bridgeman Images.
© Succession Picasso 2021

p. 25 – ILLUSTRATION 2. Pablo Picasso, *Guitare*, 1914, feuille de métal et fil de fer, 77,5 x 35 x 19,3 cm.
© 2021. Digital image, The Museum of Modern art, New York / Scala, Florence
© Succession Picasso 2021

p. 26 – ILLUSTRATION 3. Pablo Picasso, *Violon*, 1913, papiers collés, gouache et fusain, 64,8 x 49,5 cm., Philadelphia Museum of Art, Pennsylvania, PA, USA / A. E. Gallatin Collection, 1952 / Bridgeman Images.
© Succession Picasso 2021

p. 28 – ILLUSTRATION 4. Pablo Picasso, *Homme au chapeau melon assis dans un fauteuil*, 1915-1916, huile sur toile, 130,2 x 89,5 cm, The Art Institute of Chicago, IL, USA / Don de Mrs. Leigh B. Block en mémoire d'Albert D. Lasker / Bridgeman Images.
© Succession Picasso 2021

p. 29 – ILLUSTRATION 5. Pablo Picasso, *Arlequin*, 1915, huile sur toile, 183,5 x 105,1 cm, Museum of Modern Art, New York, USA / Bridgeman Images.
© Succession Picasso 2021

p. 33 – ILLUSTRATION 6. Fernand Léger, Charlot cubiste, 1924, éléments en bois peints cloués sur contreplaqué, 73,6 x 33,4 x 6 cm, Centre Pompidou, Paris.
Photo © Centre Pompidou, MNAM-CCI, Dist. RMN-Grand Palais / Jacques Faujour
© Adagp, Paris, 2021

p. 68 – ILLUSTRATION 7. Pablo Picasso, Rideau de scène pour le ballet *Parade*, 1917, peinture à la colle de peau sur toile de jute, 105 x 164 cm., Musée national d'art moderne, Paris.
Photo © Centre Pompidou, MNAM-CCI, Dist. RMN-Grand Palais / Christian Bahier / Philippe Migeat
© Succession Picasso 2021

p. 70 – ILLUSTRATION 8. Pablo Picasso, Décor de *Parade*, 1917, photographie, Fondation Erik Satie, IMEC.
© Succession Picasso 2021

p. 71 – ILLUSTRATION 9. Le Manager français, 1917, photographie, coll. Boris Kochno, Fondation Erik Satie, IMEC.

p. 72 – ILLUSTRATION 10. Le Manager américain, 1917, photographie, coll. Boris Kochno, photographie, Fondation Erik Satie, IMEC.

p. 73 – ILLUSTRATION 11. Le Manager à cheval, 1917, photographie, coll. Boris Kochno, photographie, Fondation Erik Satie, IMEC.

p. 75 – ILLUSTRATION 12. Le Prestidigitateur chinois, 1917, photographie, coll. Boris Kochno, photographie, Fondation Erik Satie, IMEC.

p. 75 – ILLUSTRATION 13. La Petite Fille Américaine, 1917, photographie, coll. Boris Kochno, photographie, Fondation Erik Satie, IMEC.

p. 76 – ILLUSTRATION 14. Les Acrobates, [1919], photographie Sotheby's London, coll. Boris Kochno, Fondation Erik Satie, IMEC.

p. 127 – ILLUSTRATION 15. *Les Mariés de la tour Eiffel*, 1921, scène du début, photographie Isabey.
© Dansmuseet, Stockholm

p. 147 – ILLUSTRATION 16. Irène Lagut, *Les Mariés de la tour Eiffel*, 1921, maquette du décor, aquarelle, Musée Carnavalet, Paris / Bridgeman Images.
© Adagp, Paris, 2021

p. 151 – ILLUSTRATION 17. Jean Hugo, *Les Mariés de la tour Eiffel*, 1921, croquis du costume de l'Autruche.
© Dansmusett, Stockholm
© Adagp, Paris, 2021

p. 155 – ILLUSTRATION 18. *Les Mariés de la tour Eiffel*, 1921, scène finale, photo Isabey.
© Dansmuseet, Stockholm

p. 217 – ILLUSTRATION 19. Audrey Parr, *L'Homme et son désir*, 1921, maquette du décor.
© Dansmuseet, Stockholm

p. 218 – ILLUSTRATION 20. Jean Börlin, le personnage de l'Homme dans *L'Homme et son désir*, 1921.
© Dansmuseet, Stockholm

p. 219 – ILLUSTRATION 21. Audrey Parr, *Danseuses à Grelots et danseur à la Flûte de Pan*, 1921, croquis.
© Dansmuseet, Stockholm

p. 220 – ILLUSTRATION 22. Audrey Parr, *Danseuses à la Harpe*, 1921, croquis.
© Dansmuseet, Stockholm

p. 221 – ILLUSTRATION 23. *L'Homme et son désir*, 1921, photographie Isabey.
© Dansmuseet, Stockholm

p. 264 – ILLUSTRATION 24. Fernand Léger, Rideau d'avant-scène pour *Skating-Rink*, 1921, graphite, aquarelle, gouache et encre de Chine, 40,5 x 48 cm.
© Dansmuseet, Stockholm
© Adagp, Paris, 2021

p. 266 – ILLUSTRATION 25. Fernand Léger, *Toile de fond pour Skating Rink*, 1921, graphite, aquarelle, gouache et encre de Chine, 29 x 59 cm.
© Dansmuseet, Stockholm
© Adagp, Paris, 2021

p. 267 – ILLUSTRATION 26. Fernand Léger, *Skating Rink*, 1921, photographie Isabey
© Dansmuseet, Stockholm.
© Adagp, Paris, 2021

p. 310 – ILLUSTRATION 27. Fernand Léger, Maquette de scène de *La Création du monde*, 1923, aquarelle, 39,5 x 61 cm.© Dansmuseet, Stockholm
© Adagp, Paris, 2021

p. 346 – ILLUSTRATION 28. Gerald Murphy, *Within the Quota*, 1923, aquarelle, gouache et collage sur papier, couverture du programme souvenir des Ballets suédois 1923-1924, 27,5 cm x 21 cm.
© Dansmuseet, Stockholm
© Adagp, Paris, 2021

p. 348 – ILLUSTRATION 29. Gerald Murphy, *Within the Quota*, 1923, photographie de la maquette du décor collage de la toile de fond, coll. Honoria M. Donnelly, New York.
© Dansmuseet, Stockholm
© Adagp, Paris, 2021

p. 352 – ILLUSTRATION 30. Gerald Murphy, Within the Quota, 1923, photographie de la maquette du décor et des personnages, coll. Honoria M. Donnelly, New York.
© Dansmuseet, Stockholm
© Adagp, Paris, 2021

p. 384 – ILLUSTRATION 31. Francis Picabia, « Page Relâche », La Danse, numéro spécial Relâche, n°s 50-51, novembre-décembre 1924, Bibliothèque-musée de l'Opéra de la BnF.
© BnF
© Adagp, Paris, 2021

p. 403 – ILLUSTRATION 32. Jean Börlin et Edith de Bonsdorff, *Relâche*, 1924, photographie Isabey.
© Dansmuseet, Stockholm

p. 406 – ILLUSTRATION 33. Erik Satie, *Relâche*, « Mesdames, voilà l'navet », 1924, transcription de l'air Le Marchand de Navets, manuscrit autographe, Fonds Montpensier, Ms. 9622 (1), Département de la musique, Bnf, Paris.
Photo © BnF

p. 407 – Illustration 34. Scène de *Relâche*, 1924, photographie Isabey.
© Dansmuseet, Stockholm

p. 421 – Illustration 35. Erik Satie, esquisse de l'acte I de *Relâche*, 1924, manuscrit autographe, Fonds Montpensier, Ms. 9622 (1), p. 12, Département de la musique, Bnf, Paris.
Photo © BnF

p. 421 – Illustration 36. Erik Satie, esquisse de l'acte II de *Relâche*, 1924, manuscrit autographe, Fonds Montpensier, Ms. 9622 (4), p. 1, Département de la musique, Bnf, Paris.
Photo © BnF

TABLE DES MATIÈRES

Achevé d'imprimer en novembre 2021 par

ISIPRINT

139 rue Rateau
93120 La Courneuve

Numéro d'impression : 161478

Imprimé en France